财智睿读

大学语文与应用文写作

主　编◎孙玉太
副主编◎牟　雷　范瑞雪　单凤娇

DAXUE YUWEN YU YINGYONGWEN XIEZUO

中国财经出版传媒集团
经济科学出版社
Economic Science Press
·北京·

图书在版编目（CIP）数据

大学语文与应用文写作 / 孙玉太主编 . -- 北京：经济科学出版社，2024.8. -- ISBN 978 - 7 - 5218 - 6282 - 9

Ⅰ . H152.3

中国国家版本馆 CIP 数据核字第 2024UP7251 号

责任编辑：宋　涛　李　林
责任校对：靳玉环
责任印制：范　艳

大学语文与应用文写作

主　编　孙玉太
副主编　牟　雷　范瑞雪　单凤娇

经济科学出版社出版、发行　新华书店经销
社址：北京市海淀区阜成路甲28号　邮编：100142
总编部电话：010 - 88191217　发行部电话：010 - 88191522
网址：www.esp.com.cn
电子邮箱：esp@esp.com.cn
天猫网店：经济科学出版社旗舰店
网址：http：//jjkxcbs.tmall.com
北京季蜂印刷有限公司印装
787×1092　16开　33.25印张　607000字
2024年8月第1版　2024年8月第1次印刷
ISBN 978 - 7 - 5218 - 6282 - 9　定价：69.00元
（图书出现印装问题，本社负责调换。电话：010 - 88191545）
（版权所有　侵权必究　打击盗版　举报热线：010 - 88191661
　QQ：2242791300　营销中心电话：010 - 88191537
　电子邮箱：dbts@esp.com.cn）

前　言

"大学语文"是我国高等学校面向非汉语言文学专业开设的一门公共课程，而"应用文写作"则可以说是我国高等学校面向所有专业开设的一门公共必修或选修课程。2022年11月，教育部、国家语委发布的《关于加强高等学校服务国家通用语言文字高质量推广普及的若干意见》指出："提高大学生语言文字应用能力。学生应具有'一种能力两种意识'（即语言文字应用能力和自觉规范使用国家通用语言文字的意识、自觉传承弘扬中华优秀语言文化的意识），高校要将其纳入学校人才培养方案，明确语言文字应用能力及标准并纳入毕业要求。强化学生口语表达、书面写作、汉字书写、经典诗文和书法赏析能力培养，促进语言文字规范使用。支持高校开设大学语文、应用文写作、口语表达、经典诵读等语言文化相关课程。"如何贯彻落实这一意见精神？我们认为，首先，必须尽快全面开设"大学语文""应用文写作"等相关课程；其次，则必须要有一部诗文选篇典范，注释精当，特色鲜明，质量较高，针对性强、切于实用，既便于教师讲授，又便于学生自学，体现工具性与人文性有机统一的教材。基于此种认识，为更好地适应山东财经大学燕山学院等高校融大学语文与应用文写作两部分内容于一体的实际需要，根据教育部关于加强文科教材建设的精神，编者认真分析研究了多年来全国各地编写出版的数十种"大学语文与应用文写作"教材的内容、体例、优长和不足，确定了本教材的编写体例、原则和特色。

本教材分上下两编，上编为大学语文部分，下编为应用文写作部分。大学语文部分是在孙玉太主编的财政部"十三五"规划教材《大学语文》（第四版）的基础上，经过删节修改而成的；其编写原则和主要特色体现在：

第一，鉴于大学语文主要培养学生对母语阅读、理解、鉴赏和评价能力，提高学生的中国语文表达能力，故所选作品皆为中国文学经典作品，始于先秦，止于1949年。

第二，以史为纲，即按照文学史发展的脉络，精选各个历史时期重要作家的代表性作品。依次分为先秦、秦汉、魏晋南北朝、隋唐五代、宋代、辽金元明清、现代七个部分，每部分依据诗歌、散文次序排列。选文标准是：思想内容健康，文化内涵丰富，艺术水平上乘，尽量避开中小学已学篇目。

第三，历代重要作家的诗文，尽量选其中某篇之全篇，力避节选，以便使学生阅读到相对完整的作品，增强其知识的系统性、完整性。

第四，注释力求详尽，对生僻字、多音字均注明现代汉语拼音，单字的通假意义一律用"通×"标明，古今字、异体字一律用"同×"表明，俾便学生自学。同时，注释博采众长，充分吸收历代校勘、研究成果，力求准确平实。

第五，设计的思考与练习题，兼顾工具性与人文性的宗旨，既注重提高学生的语文阅读、理解、鉴赏和评价能力，又注重培养学生的人文素养、健全人格和审美情趣。

应用文写作部分，旨在培养学生的应用文写作能力，为学生走向社会后的应用文写作实践打下坚实基础。该部分根据《党政机关公文处理工作条例》《党政机关公文格式》等有关文件规定编写，主要包括应用文写作的一般原理、党政机关公文、机关事务文书、财经专用文书四部分内容，对应用文的各种文体进行了详尽细致、通俗易懂的介绍。该部分内容力图突出创新性和实用性两大特色。创新性方面主要体现在：注重收录新文件，反映新规定，总结新经验，传授新知识；实用性方面主要体现在：每种文体皆选用经典、规范，贴近社会、贴近工作的例文，生动、形象地揭示出该文体的写作格式、写作特点，使广大学生和读者明白易懂，易于接受，具有很强的可操作性。每章末所设计的思考与练习题目，便于学生检验、巩固所学知识、技能，通过强化训练，切实提高应用文写作能力。

本教材既可以作为普通高等学校本科、专科学生大学语文与应用文写作课程的教材，也可以作为广大传统文化爱好者和应用文写作工作者的参考用书。

本教材编撰人员大多为多年从事大学语文及中国文学史、基础写作、应用文写作教学的教授、副教授。由孙玉太担任主编，牟雷、范瑞雪、单凤娇担任副主编。孙玉太提出总体构想、编写宗旨、原则、体例，并负责统稿、定稿。具体编写分工，大学语文部分之第一章——孙玉太；第二章——孙永兴；第三章——李劲松；第四章——孙化娟（唐代诗歌）、郭新洁（唐代散文）；第五章——郭新洁（宋代散文）、许涛（宋代诗词）；第六章——刘召明；第七章——牟雷。应用文写作部分，由孙玉太、牟雷、范瑞雪、刘召明、单凤娇、杨君谊共同编写。

  本教材编写过程中，山东财经大学燕山学院领导、教务处和通识教育学院院长潘寄青教授等给予大力支持，特表示衷心感谢。教材编写过程中，部分内容吸收了山东省教育发展研究微课题"数字化时代大学语文经典文本阅读教学研究（编号FJ350）"的研究成果，借鉴了前贤时哲的高论卓见，限于体例未能一一注明，在此，表示诚挚谢意。同时，经济科学出版社的编辑老师们为本教材的出版付出了辛勤的劳动，在此一并表示感谢。

  尽管我们已倾注了大量心力，自认为所编教材也具有一些鲜明的特色，但由于水平有限，疏漏不足之处在所难免，恳望得到广大读者批评指正，以便今后修订完善。

编　者
2024年7月

目 录

上编　大学语文

第一章　先秦部分 …………………………………… 3

先秦文学概述 ………………………………………… 3

　《诗经》　采薇 ………………………………………… 7
　屈原　离骚 …………………………………………… 11
　《左传》　齐伐楚盟于召陵 …………………………… 28
　《论语》　学而 ………………………………………… 31
　庄周　逍遥游 ………………………………………… 36
　韩非　说难 …………………………………………… 44

第二章　秦汉部分 …………………………………… 49

秦汉文学概述 ………………………………………… 49

　汉乐府　妇病行 ……………………………………… 53
　《古诗十九首》　明月何皎皎 ………………………… 55
　司马迁　史记·项羽本纪 …………………………… 57
　司马相如　上林赋 …………………………………… 94

第三章 魏晋南北朝部分 120

魏晋南北朝文学概述 120

　　曹植　七哀 122
　　阮籍　咏怀（其一） 124
　　陶渊明　移居（其一） 126
　　谢灵运　登池上楼 128
　　王粲　登楼赋 131
　　刘勰　文心雕龙·神思 135
　　刘义庆　《世说新语》四则 140

第四章 隋唐五代部分 144

隋唐五代文学概述 144

　　陈子昂　感遇诗（其二） 147
　　王维　终南山 149
　　高适　燕歌行 151
　　李白　梁甫吟 154
　　杜甫　秋兴八首（其一） 158
　　白居易　长恨歌 160
　　杜牧　题宣州开元寺水阁，阁下宛溪，夹溪居人 166
　　李商隐　无题 168
　　李煜　浪淘沙令 170
　　韩愈　张中丞传后叙 172
　　柳宗元　封建论 178

第五章 宋代部分 185

宋代文学概述 185

　　黄庭坚　寄黄几复 189
　　陆游　关山月 191
　　柳永　八声甘州 193
　　苏轼　临江仙·夜归临皋 195

周邦彦　兰陵王·柳 …………………………………………………… 197
李清照　凤凰台上忆吹箫 ……………………………………………… 200
辛弃疾　贺新郎 ………………………………………………………… 202
欧阳修　祭石曼卿文 …………………………………………………… 205
王安石　答司马谏议书 ………………………………………………… 208

第六章　辽金元明清部分 …………………………………………… 212

辽金元明清文学概述 …………………………………………………… 212

元好问　横波亭为青口帅赋 …………………………………………… 218
马致远　【双调·夜行船】秋思 ……………………………………… 220
高启　登金陵雨花台望大江 …………………………………………… 223
纳兰性德　金缕曲 ……………………………………………………… 226
龚自珍　咏史 …………………………………………………………… 228
张岱　西湖七月半 ……………………………………………………… 230
曹雪芹　甄士隐梦幻识通灵　贾雨村风尘怀闺秀 …………………… 233

第七章　现代部分 …………………………………………………… 242

现代文学概述 …………………………………………………………… 242

郭沫若　天狗 …………………………………………………………… 246
徐志摩　再别康桥 ……………………………………………………… 249
闻一多　死水 …………………………………………………………… 251
卞之琳　断章 …………………………………………………………… 253
戴望舒　雨巷 …………………………………………………………… 255
艾青　雪落在中国的土地上 …………………………………………… 258
鲁迅　难行和不信 ……………………………………………………… 262
胡适　容忍与自由 ……………………………………………………… 265
茅盾　谈月亮 …………………………………………………………… 270
郁达夫　钓台的春昼 …………………………………………………… 275
朱自清　桨声灯影里的秦淮河 ………………………………………… 281
老舍　趵突泉的欣赏 …………………………………………………… 288
沈从文　箱子岩 ………………………………………………………… 290
巴金　废园外 …………………………………………………………… 295

下编　应用文写作

第八章　应用文写作的一般原理 ... 301

第一节　绪论 ... 301
第二节　立意选材 ... 308
第三节　营构表达 ... 322

第九章　党政机关公文 ... 349

第一节　党政机关公文概述 ... 349
第二节　决议、决定、命令（令） ... 374
第三节　公报、公告、通告 ... 383
第四节　意见、通知、通报 ... 396
第五节　报告、请示、批复 ... 411
第六节　议案、函、纪要 ... 428

第十章　机关事务文书 ... 438

第一节　机关事务文书概述 ... 438
第二节　计划 ... 439
第三节　总结 ... 444
第四节　调查报告 ... 453
第五节　简报 ... 466

第十一章　财经专用文书 ... 475

第一节　财经专用文书概述 ... 475
第二节　市场调查报告 ... 476
第三节　合同 ... 485
第四节　审计报告 ... 490
第五节　经济新闻 ... 505
第六节　经济论文 ... 512

参考文献 ... 519

上 编

大学语文

第一章 先秦部分

先秦文学概述

中国文学的产生可以一直上溯到文字产生以前的远古时期，发展至秦统一中国，习惯上称为先秦文学。先秦文学是中国文学的源头，伴随历史的演进，先秦文学在不同阶段表现出不同的特点，大致可分为远古、夏商、西周春秋、战国四个时期。

远古的文学作品遗存至今的很少。远古时期的文学样式是歌谣和神话传说，因在漫长时间中口耳相传所导致的变异，后来形诸文字记载的原始文学可能已非原貌。这些远古歌谣和神话属于传说时期的文学。据说产生于神农时代的《蜡辞》："土反其宅，水归其壑，昆虫毋作，草木归其泽！"大约是上古时期的一首农事祭歌。《吴越春秋》卷九所载的弹歌："断竹，续竹，飞土，逐宍（古'肉'字）。"反映了原始人制造弹弓和狩猎的过程，语言古朴，但已经具有韵律，应当是一首十分古老的歌谣。诗歌是最古老的文学形式之一，远古时期的诗歌是与音乐、舞蹈密切结合在一起的。《吕氏春秋·古乐》说："昔葛天氏之乐，三人操牛尾，投足以歌八阕：一曰载民，二曰玄鸟，三曰遂草木，四曰奋五谷，五曰敬天常，六曰达帝功，七曰依地德，八曰总万物之极。"其中葛天氏当是传说时期的一位部落酋长，这八阕可能是现在所知最古的一套乐曲，有歌有舞，歌辞已佚，舞容极其简单，仅三人手持牛尾，边舞边唱。从八阕乐曲的题目可大致推知其内容："载民"当是歌唱始祖的；"玄鸟"即燕子，可能是本部落的图腾；"遂草木"是歌唱草木茂盛的；"奋五谷"是歌唱五谷生长的；"敬天常"即遵循自然法则；"达帝功"以下反映了原始人的宗教信仰。这套乐曲生动地展示了上古时代诗、乐、舞"三位一体"的原始形态，这一形态在文字已经成熟并广泛用于文献记录以后，还存在了相当长的一段时期，约在春秋以后，诗歌从乐舞中逐步分化独立出来。

远古时期的另一文学样式是神话。神话以故事的形式表现了远古人民对自然、社会现象的认识和愿望，是"通过人民的幻想用一种不自觉的艺术方式加工过的自然和社会形态本身。"（马克思《〈政治经济学批判〉导言》）神话对于先民十分重要。首先，人们讲述神话，为的是保持社会习俗及社会制度的意义和合理性，从文化心理上维系着人们的社会性；其次，由于生产力低下，尤其是面临着令人敬畏的自然界，个人必须把自己融入氏族之中才能生存，神话是把个人和集体联系为一体的一条强有力的精神纽带；最后，先民们在神秘而悲喜莫测的日常劳动和生活中，积聚相当丰富而强烈的情绪体验，神话故事可以使难以理解的现实呈现出种种戏剧性的属性，人们在对世界假想性的把握中宣泄了种种令人不安的情绪。中国在远古时代曾有过丰富的神话传说，只是由于时代的久远，神话在文献典籍中载录甚少，资料零散不全，不像古希腊神话那样被完整而系统地保留下来。中国古代文献中，除了《山海经》等书记载神话比较集中之外，其余则散见于经、史、子、集各类书中。如《诗经》《楚辞》《庄子》《吕氏春秋》《淮南子》等。神话故事中著名的有盘古开天地、女娲补天、鲧禹治水、黄帝擒蚩尤、后羿射日、夸父逐日、精卫填海、共工怒触不周山、嫦娥奔月等。中国古代神话体现了深重的忧患意识、厚生爱民意识以及顽强的抗争精神，作为远古时代的历史回音，它真实记录了中华民族童年期的幻想与苦难。

　　夏商文学主要包括诗歌、散文，它们与当时盛行的巫文化紧密相连。传说南音起于涂山氏所咏的《候人歌》，东音起于夏孔甲的《破斧歌》，可以相信夏商时代已有较完整的诗歌出现。如《楚辞》中提及夏启时的《九歌》，应是夏代流传下来的歌谣。据《山海经·大荒西经》记载，《九歌》是夏启得自"天"的，可见《九歌》与夏时祭天活动有关，应是祭祀歌谣。商代的韵文包括《周易》中某些卦爻辞，这些卦爻辞多采用谣谚的形式，如果去掉其中的"占断辞"，便是简短古朴的诗歌。至于散文，《尚书》中有《禹贡》和《甘誓》两篇，据说是夏代的遗文，并不可信。商代散文以《尚书》所录的《商书·盘庚》为可信，记录盘庚迁都到殷时的训辞，文辞古奥。商代甲骨文字和部分青铜器上的铭文，作为已知最早的中国文字，其文句简朴、单一，虽缺乏文学价值，却具有重大的历史文化意义，为口耳相传的文学发展成为书面文学提供了条件，标志着中国书面文学的萌芽。

　　进入周代，夏商时期盛行的巫术宗教文化逐渐被礼乐文化所取代。"礼乐"的精神实质是对社会秩序自觉的认同，它的概念或制度源自前代原始巫祭文化，目的是以礼仪的方式维护等级制度，而这些礼仪的核心是"德""仁"等一些政治伦理观念。周代敬礼重德的理性精神，使社会和个人的地位得到了肯定，各种神灵都受到了不同程度的怀疑和否定，殷商时期那种浓厚的巫术宗教色彩减弱了。在这一文化背景下成长起来的周代文学，更加关注历史、关注社会、关注人生。在社会变革的时代，出于从历史中寻找行为的根据和经验教训的目的，周代的历史意识空前发展起来，史官原来的宗教职责迅速淡化，他们以自己的历史知识和职业信念自觉地担负起对现实的责任，所谓"史官文化"因此而成熟。《尚书》所收《周书》中的"诰""誓"，以文献的形式，记录了西周初年征服商人的历史，反映了周初的社会关系和周人的政治理想。春秋时期各国均有史书，以鲁国《春秋》为代表。现存《春秋》相传经由孔子修订，其基本精神是讲求社会伦理秩序，并通过对历史事实的选择，暗寓褒贬，借此表达社会政治理想。春秋末年，还出现了《左传》和《国语》二书，它们继承并发扬了《春秋》的现实精神和表现手法，倡导儒家敬德崇礼、尊王攘夷、固本保民等思想。《左传》代表了先秦叙事散文的最高成就，下开《史记》《汉书》等史传散文之先河。《国语》以记言为主，其言辞典雅、精炼，通过人物语言描绘情节、刻画形象，文学成就虽略逊于《左传》，也对后世产生了深远的影响。

周代文学在诗歌方面的成就突出体现在《诗经》上。作为我国第一部诗歌总集，《诗经》主要收录了周初至春秋中叶五百多年间的作品，大约成书于公元前六世纪。《诗经》中的作品，反映了广阔地域内不同阶层的各方面生活，具有深厚丰富的文化内涵。它所奠定的抒情言志、风雅、比兴的文学传统，为后代所继承和发展，使抒情诗成为我国诗歌的主要形式。《诗经》以其多方面卓越的成就，牢笼千载，衣被后世，成为中国古代诗歌的光辉起点。

春秋时期，说理散文也得到了长足的发展，出现了《论语》《老子》等著作。《论语》是孔子门人对孔子言行的记录，是先秦礼乐德治思想最集中的体现，表达了孔子对现实热切的关怀，它所凸显的儒家思想成为中国传统文化的基石。《论语》文约旨博，言简意赅，具有一种雍容舒缓、含蓄蕴藉的风格。《老子》一书有见于社会的混乱和罪恶，提出了"无为而治"的社会政治理想，表达对现实的反省和批判，直接导致了道家学派的创立，在中国文学史和哲学史上有着巨大的影响。该书韵散相间，词约义丰，自然变化，不拘一格。

降及战国，周王室衰微，原本靠宗法亲情与道德观念维系的社会，在诸侯纷争的形势下土崩瓦解了，历史又进入了重大的变革时代。出于对社会的责任感和对人生的关怀，思想界各学派的代表人物纷纷著书立说，相互辩争，形成了"百家争鸣"的局面。诸子百家中，墨家的墨翟，道家的庄周，儒家的孟轲、荀卿，法家的韩非，以及纵横家的苏秦、张仪等，影响最为显著。《墨子》站在小生产者的立场，倡导一种平等、简朴、和平的社会生活方式。《墨子》发展了文章的逻辑性，文风朴实无华。《庄子》一书，思想上承老子，又加以光大。庄子所追求的体道人生，实为一种艺术的人生，与艺术家的精神指归相通，具有明显的文学特质。在思想的表述方式上，庄子主要运用了寓言、重言和卮言，使文章结构如行云流水般自然天成。而其想象虚构，则往往超越时空的局限和物我的分别，恢诡谲怪，奇幻异常，变化万千，表现出强烈的抒情性和超凡的想象力，构成瑰玮奇特的艺术境界，具有散文诗般的艺术效果，在先秦说理文中最富文学价值。《孟子》长于论辩，喜用逻辑推理，譬喻层出，气势浩然，有纵横家的风采。《孟子》继承《论语》《左传》《国语》的书面语言形式，形成一种精炼简约、深入浅出的语言风格。后来延续了两千多年的标准书面语，在《孟子》一书中已然成熟。《荀子》以其说理的清晰、论辩的透辟、逻辑的周密，在诸子著作中别具一格。全书理论系统严密，各篇之间颇有照应，绵密严谨，恢宏博大，风格浑厚。《韩非子》一书的文学意味，集中体现在数量居先秦散文之首的寓言故事上。这些寓言故事主要取材于历史事迹和现实，很少拟人化的动物故事和神话幻想故事，没有超越现实的虚幻境界和人物，是韩非有意识地收集、整理和创作的。《韩非子》论辩透彻，逻辑严密，是先秦说理文论辩艺术的集大成者。先秦说理散文以其思想的深邃，在中国文化史上具有崇高的地位，是中国传统文化的重要源泉。以儒、道两家为代表的先秦说理文，对中国文学产生了深远的影响，它以深厚的思想内涵和文化意蕴，确立了后世作家的人格理想，它的审美风范，成为中国古代文学的基石之一。

战国时期叙事散文的成就体现于《战国策》。此书主要记载了谋臣策士游说诸侯和谋议论辩时的政治主张和斗争策略，突出表现了纵横家的思想。全书运用了夸张、铺陈、排比、对偶、寓言故事、引类譬喻等多种文学手法，刻画了一批栩栩如生的士人形象，奇谲恣肆，雄隽华赡，姿态万方，光彩照人。同时，《战国策》在语言艺术方面，也达到了很高的水平，显示了辩丽横肆、铺张扬厉、气势充沛、纵横捭阖的特色。

此一时期，在南方的楚国出现了新的诗体——楚辞。作为这一诗体主要作家的屈原，以参差错落的句式、奇伟瑰丽的辞藻、丰富奔放的想象、深沉热烈的激情，展示了自己美好的政治理想和高尚的人格情操，开启了中国诗歌史上个人创作的新纪元，成为中国文学史上第一位伟大的诗人。屈原的创作，特别是其代表作《离骚》，使中国诗歌在《诗经》之后又达到了新的艺术境界，此后"风骚"并称，两者对中国文学发展产生了极为深远而广泛的影响。

《诗经》①

采 薇②

采薇采薇③，薇亦作止④。
曰归曰归，岁亦莫止⑤。
靡室靡家⑥，猃狁之故⑦。
不遑启居⑧，猃狁之故。

采薇采薇，薇亦柔止⑨。
曰归曰归，心亦忧止。
忧心烈烈⑩，载饥载渴⑪。
我戍未定，靡使归聘⑫。

采薇采薇，薇亦刚止⑬。
曰归曰归，岁亦阳止⑭。
王事靡盬⑮，不遑启处⑯。
忧心孔疚⑰，我行不来⑱。

彼尔维何⑲？维常之华⑳。
彼路斯何㉑？君子之车㉒。
戎车既驾，四牡业业㉓。
岂敢定居，一月三捷！㉔

驾彼四牡，四牡骙骙㉕。
君子所依，小人所腓㉖。
四牡翼翼㉗，象弭鱼服㉘。
岂不日戒㉙，猃狁孔棘㉚。

昔我往矣，杨柳依依㉛；
今我来思，雨雪霏霏㉜。
行道迟迟㉝，载渴载饥。
我心伤悲，莫知我哀！

【注释】

① 《诗经》是我国最早的一部诗歌总集，收录西周初年至春秋中叶的诗歌三百零

五篇。原名《诗》，又称"诗三百"，汉以后始称为《诗经》，约编成于春秋中叶，相传由孔子删定。全书分为"风""雅""颂"三部分："风"有十五国风，一百六十篇，多为民歌；"雅"有《大雅》《小雅》，一百零五篇，多为贵族、士大夫所作；"颂"有《周颂》《鲁颂》《商颂》，四十篇，是用于宗庙祭祀的诗。在内容上，《诗经》广泛反映了当时社会的政治、经济、文化状况和风俗习尚，一些作品还揭露了统治者剥削压迫劳动人民的现实，反映了下层人民的生活和感情。在艺术上，《诗经》以四言为主，常用重章叠句，多用比兴手法。《诗经》重在反映现实社会生活和灵活运用赋、比、兴艺术表现手法的创作风格，对后世文学艺术产生了深远的影响。

② 本篇选自《诗经·小雅》。这首诗反映了西周时代的戍卒生活。当时因防御狁狁而派兵戍边，有戍卒在归途中写下这首诗，追述征戍时的苦况。

③ 薇，野生的豆科植物，即野豌豆，冬天发芽，春天二三月长大，嫩苗可食。

④ 亦，助词，无义。作，《说文解字》："作，起也。"引申有始生之义。止，语气助词，表确定。

⑤ "曰归"二句，意思是说要回去，要回去，总不能实现，而一年又快完了。曰，助词，无义。莫，同"暮"。岁暮，年终。

⑥ "靡室"句，是说征人远戍于外，有家等于无家。靡，无。室，家。

⑦ 狁狁（xiǎn yǔn），同"猃狁"，西周时分布在西北的古族名，秦、汉时代称匈奴。

⑧ "不遑"句，等于说来不及休息。遑，暇。启，跪。居，坐。古人不论跪或坐都两膝着地。跪时腰部伸直，臀部离开足跟；坐时就把臀部贴在足跟上。启指前者，居指后者。这里连用，指安定下来。

⑨ 柔，柔嫩。春天薇初生时柔嫩可食。

⑩ 烈烈，火焰炽盛的样子。

⑪ "载饥"句：又饿又渴。载，助词，无义。

⑫ "我戍"二句，我驻防的地点总不能固定，无法使人捎信回去。聘，问，指对家人的问候。

⑬ 刚，指薇已开花结荚，茎叶老不堪食，而且有了毒性。

⑭ 阳，指夏历四月。《汉书·五行志》引左氏说，谓周六月、夏四月为正阳纯乾之月。

⑮ 盬（gǔ），止息，闲暇。

⑯ 启处，与"启居"同义。

⑰ 孔，非常。疚（jiù），痛苦。

⑱ "我行"句，从我行军之后，一直无法归来。来，返，归。不来，不回家。

⑲ 尔，同"苶"，音ěr，花朵盛开。维，助词，无义。

⑳ "维常"句，那是常棣的花。常，即常棣，植物名。花两三朵成一簇，开时向下垂，果实像李子。华，同"花"。

㉑ "彼路"句：那高大的车是什么车？路，同"辂（lù）"，大车。斯，助词，无义。

㉒ 君子，指军中主帅。车，兵车，即下文的戎车。

㉓ 牡，鸟兽的雄性。此处四牡，指驾车的四匹雄马。业业，形容马身体高大。

㉔"岂敢"二句，意思是说一个月里同敌人接触好多次，怎么敢在固定的地方住下。三，泛指次数的频繁。捷，通"接"，指彼此接战。
㉕骙骙（kuí），形容马强壮。
㉖"君子"二句，是说戎车是主帅所乘，也是兵卒借以隐蔽的器械。依，倚，靠，此指乘。小人，指兵卒。腓（féi），覆庇，倚庇。一说腓，通"庇"，庇荫。当时是车战，主帅在车上指挥，步兵随在车后，以车身作掩护。
㉗翼翼，行列整齐。
㉘象，象牙。弭（mǐ），弓两端受弦的地方。服，同"箙"，盛箭的箭袋。象弭鱼服，用象牙做的弓弭，用鲨鱼皮做的箭箙。弭和箙都是主帅所有。
㉙日戒，每日戒备。
㉚孔棘，非常紧急。孔，很，甚。棘，通"亟"，紧急。
㉛"昔我"二句，是说出征时是春天。杨柳，泛指柳树。依依，形容枝条迎风摆动。
㉜"今我"二句，是说归来时已是冬天。思，语气词。雨（yù），动词，下。雨雪，下雪。霏霏，形容雪下得很大。
㉝迟迟，迟缓。

提　示

　　这是一位戍边兵士在返乡途中所作的诗。《毛诗序》认为："《采薇》，遣戍役也。文王之时，西有昆夷之患，北有狁之难，以天子之命，命将率，遣戍役，以守卫中国。故歌《采薇》以遣之。《出车》以劳还，《杕杜》以勤归也。"崔述《丰镐考信录》云："《汉书》以为懿王之世'诗人疾而歌之'，《史记》称懿王时'诗人作刺'似亦指此而言。则是汉时'齐''鲁'诸家说诗皆如此也。今玩其词，但有伤感之情，绝无慰藉之语，非惟不似盛世之音，亦无一言及天子之命者，正与《史》《汉》之言相符。然则'齐''鲁'说此篇者必有所传而然，非安撰也。但谓为懿王之世，则经传皆无明文。"方玉润《诗经原始》亦认为诗"以戍役归者自作为近是。至作诗世代，或以为文王时，或以为宣王时，更或谓季历时，都不可考。大抵遣戍时世难以臆断，诗中情景不啻目前，又何必强不知以为知耶？"方说近是。

　　全诗共六章。前三章采用重章叠句的形式，在回环往复一唱三叹中，流露了远戍兵士思乡思归的急切心情。时间的推移，季节的转换，心绪的变化，以"薇"的自然生长的三个阶段（作、柔、刚）依次展示，这是一种十分巧妙的比兴手法，集中体现了《诗经》的艺术特色。四、五两章回忆疆场奔走战斗之劳。末章采用"杨柳依依"和"雨雪霏霏"两个诗歌意象，语言华美，意境幽远，显示出《诗经》在诗歌意象捕捉和运用方面达到的高度，为后代的诗歌创作提供了很好的启示。

这首诗一方面反映了作者忠于国家、勇敢抗敌的豪迈精神;另一方面反映了作者厌烦频繁的战争、向往和平的情绪,表现出中华民族自古已有的既保卫国家、不畏强敌,又反对战争、爱好和平的思想。

思考与练习

1. 分析这首诗以"采薇"起兴的艺术表现手法。

2. 《采薇》一诗是如何表现忠于国家和思念家乡这一矛盾的?你如何看待这一问题?

3. "昔我往矣,杨柳依依;今我来思,雨雪霏霏"为什么会成为千古传诵的佳句?

屈原①

离 骚②

帝高阳之苗裔兮,朕皇考曰伯庸③。
摄提贞于孟陬兮,惟庚寅吾以降④。
皇览揆余初度兮,肇锡余以嘉名⑤,
名余曰正则兮,字余曰灵均⑥。
纷吾既有此内美兮,又重之以修能⑦。
扈江离与辟芷兮,纫秋兰以为佩⑧。
汩余若将不及兮,恐年岁之不吾与⑨。
朝搴阰之木兰兮,夕揽洲之宿莽⑩。
日月忽其不淹兮,春与秋其代序⑪。
惟草木之零落兮,恐美人之迟暮⑫。
不抚壮而弃秽兮,何不改乎此度⑬?
乘骐骥以驰骋兮,来吾道夫先路⑭!
昔三后之纯粹兮,固众芳之所在⑮。
杂申椒与菌桂兮,岂惟纫夫蕙茞⑯!
彼尧舜之耿介兮,既遵道而得路⑰。
何桀纣之昌披兮,夫唯捷径以窘步⑱!
惟夫党人之偷乐兮,路幽昧以险隘⑲。
岂余身之惮殃兮,恐皇舆之败绩⑳!
忽奔走以先后兮,及前王之踵武㉑。
荃不察余之中情兮,反信谗而齌怒㉒。
余固知謇謇之为患兮,忍而不能舍也㉓。
指九天以为正兮,夫唯灵修之故也㉔!
曰黄昏以为期兮,羌中道而改路㉕!
初既与余成言兮,后悔遁而有他㉖。
余既不难夫离别兮,伤灵修之数化㉗。
余既滋兰之九畹兮,又树蕙之百亩㉘。
畦留夷与揭车兮,杂杜衡与芳芷㉙。
冀枝叶之峻茂兮,愿竢时乎吾将刈㉚。
虽萎绝其亦何伤兮,哀众芳之芜秽㉛。
众皆竞进以贪婪兮,凭不厌乎求索㉜。
羌内恕己以量人兮,各兴心而嫉妒㉝。

忽驰骛以追逐兮,非余心之所急㉞。
老冉冉其将至兮,恐修名之不立㉟。
朝饮木兰之坠露兮,夕餐秋菊之落英㊱。
苟余情其信姱以练要兮,长顑颔亦何伤㊲。
擥木根以结茝兮,贯薜荔之落蕊㊳。
矫菌桂以纫蕙兮,索胡绳之纚纚㊴。
謇吾法夫前修兮,非世俗之所服㊵。
虽不周于今之人兮,愿依彭咸之遗则㊶。
长太息以掩涕兮,哀民生之多艰㊷。
余虽好修姱以鞿羁兮,謇朝谇而夕替㊸。
既替余以蕙纕兮,又申之以揽茝㊹。
亦余心之所善兮,虽九死其犹未悔㊺。
怨灵修之浩荡兮,终不察夫民心㊻。
众女嫉余之蛾眉兮,谣诼谓余以善淫㊼。
固时俗之工巧兮,偭规矩而改错㊽。
背绳墨以追曲兮,竞周容以为度㊾。
忳郁邑余侘傺兮,吾独穷困乎此时也㊿。
宁溘死以流亡兮,余不忍为此态也㉛。
鸷鸟之不群兮,自前世而固然㉜。
何方圜之能周兮,夫孰异道而相安㉝!
屈心而抑志兮,忍尤而攘诟㉞。
伏清白以死直兮,固前圣之所厚㉟。
悔相道之不察兮,延伫乎吾将反㊱。
回朕车以复路兮,及行迷之未远㊲。
步余马于兰皋兮,驰椒丘且焉止息㊳。
进不入以离尤兮,退将复修吾初服㊴。
制芰荷以为衣兮,集芙蓉以为裳㊵。
不吾知其亦已兮,苟余情其信芳㊶。
高余冠之岌岌兮,长余佩之陆离㊷。
芳与泽其杂糅兮,唯昭质其犹未亏㊸。
忽反顾以游目兮,将往观乎四荒㊹。
佩缤纷其繁饰兮,芳菲菲其弥章㊺。
民生各有所乐兮,余独好修以为常㊻。
虽体解吾犹未变兮,岂余心之可惩㊼。
女媭之婵媛兮,申申其詈予㊽。
曰:"鲧婞直以亡身兮,终然殀乎羽之野㊾。
汝何博謇而好修兮,纷独有此姱节⑺?
薋菉葹以盈室兮,判独离而不服⑻。

众不可户说兮，孰云察余之中情[72]？
世并举而好朋兮，夫何茕独而不予听[73]！"
依前圣以节中兮，喟凭心而历兹[74]。
济沅湘以南征兮，就重华而陈词[75]：
"启九辩与九歌兮，夏康娱以自纵[76]。
不顾难以图后兮，五子用失乎家巷[77]。
羿淫游以佚畋兮，又好射夫封狐[78]。
固乱流其鲜终兮，浞又贪夫厥家[79]。
浇身被服强圉兮，纵欲而不忍[80]。
日康娱而自忘兮，厥首用夫颠陨[81]。
夏桀之常违兮，乃遂焉而逢殃[82]。
后辛之菹醢兮，殷宗用而不长[83]。
汤禹俨而祗敬兮，周论道而莫差[84]。
举贤而授能兮，循绳墨而不颇[85]。
皇天无私阿兮，览民德焉错辅[86]。
夫维圣哲以茂行兮，苟得用此下土[87]。
瞻前而顾后兮，相观民之计极[88]。
夫孰非义而可用兮？孰非善而可服[89]？
阽余身而危死兮，览余初其犹未悔[90]。
不量凿而正枘兮，固前修以菹醢[91]。"
曾歔欷余郁邑兮，哀朕时之不当[92]。
揽茹蕙以掩涕兮，沾余襟之浪浪[93]。
跪敷衽以陈辞兮，耿吾既得此中正[94]。
驷玉虬以乘鹥兮，溘埃风余上征[95]。
朝发轫于苍梧兮，夕余至乎悬圃[96]。
欲少留此灵琐兮，日忽忽其将暮[97]。
吾令羲和弭节兮，望崦嵫而勿迫[98]。
路曼曼其修远兮，吾将上下而求索[99]。
饮余马于咸池兮，总余辔乎扶桑[100]。
折若木以拂日兮，聊逍遥以相羊[101]。
前望舒使先驱兮，后飞廉使奔属[102]。
鸾皇为余先戒兮，雷师告余以未具[103]。
吾令凤鸟飞腾兮，继之以日夜[104]。
飘风屯其相离兮，帅云霓而来御[105]。
纷总总其离合兮，斑陆离其上下[106]。
吾令帝阍开关兮，倚阊阖而望予[107]。
时暧暧其将罢兮，结幽兰而延伫[108]。
世溷浊而不分兮，好蔽美而嫉妒[109]。

朝吾将济于白水兮，登阆风而绁马⑩。
忽反顾以流涕兮，哀高丘之无女⑪。
溘吾游此春宫兮，折琼枝以继佩⑫。
及荣华之未落兮，相下女之可诒⑬。
吾令丰隆乘云兮，求宓妃之所在⑭。
解佩纕以结言兮，吾令蹇修以为理⑮。
纷总总其离合兮，忽纬繣其难迁⑯。
夕归次于穷石兮，朝濯发乎洧盘⑰。
保厥美以骄傲兮，日康娱以淫游⑱。
虽信美而无礼兮，来违弃而改求⑲。
览相观于四极兮，周流乎天余乃下⑳。
望瑶台之偃蹇兮，见有娀之佚女㉑。
吾令鸩为媒兮，鸩告余以不好㉒。
雄鸠之鸣逝兮，余犹恶其佻巧㉓。
心犹豫而狐疑兮，欲自适而不可㉔。
凤皇既受诒兮，恐高辛之先我㉕。
欲远集而无所止兮，聊浮游以逍遥㉖。
及少康之未家兮，留有虞之二姚㉗。
理弱而媒拙兮，恐导言之不固㉘。
世溷浊而嫉贤兮，好蔽美而称恶㉙。
闺中既以邃远兮，哲王又不寤㉚。
怀朕情而不发兮，余焉能忍与此终古㉛！
索藑茅以筳篿兮，命灵氛为余占之㉜。
曰："两美其必合兮，孰信修而慕之㉝？
思九州之博大兮，岂唯是其有女㉞？"
曰："勉远逝而无狐疑兮，孰求美而释女㉟？
何所独无芳草兮，尔何怀乎故宇㊱？"
世幽昧以眩曜兮，孰云察余之善恶㊲？
民好恶其不同兮，惟此党人其独异。
户服艾以盈要兮，谓幽兰其不可佩㊳。
览察草木其犹未得兮，岂珵美之能当㊴？
苏粪壤以充帏兮，谓申椒其不芳㊵！
欲从灵氛之吉占兮，心犹豫而狐疑。
巫咸将夕降兮，怀椒糈而要之㊶。
百神翳其备降兮，九疑缤其并迎㊷。
皇剡剡其扬灵兮，告余以吉故㊸。
曰："勉升降以上下兮，求榘矱之所同㊹。
汤禹严而求合兮，挚、咎繇而能调㊺。

苟中情其好修兮,又何必用夫行媒⑭,
说操筑于傅岩兮,武丁用而不疑⑰。
吕望之鼓刀兮,遭周文而得举⑱。
宁戚之讴歌兮,齐桓闻以该辅⑲。"
及年岁之未晏兮,时亦犹其未央⑮。
恐鹈鴃之先鸣兮,使夫百草为之不芳⑮。
何琼佩之偃蹇兮,众薆然而蔽之⑮。
惟此党人之不谅兮,恐嫉妒而折之⑮。
时缤纷其变易兮,又何可以淹留⑭。
兰芷变而不芳兮,荃蕙化而为茅。
何昔日之芳草兮,今直为此萧艾也⑮?
岂其有他故兮,莫好修之害也!
余以兰为可恃兮,羌无实而容长⑮。
委厥美以从俗兮,苟得列乎众芳⑮。
椒专佞以慢慆兮,樧又欲充夫佩帏⑮。
既干进而务入兮,又何芳之能祗⑮!
固时俗之流从兮,又孰能无变化⑯?
览椒兰其若兹兮,又况揭车与江离?
惟兹佩之可贵兮,委厥美而历兹⑯。
芳菲菲而难亏兮,芬至今犹未沫⑯。
和调度以自娱兮,聊浮游而求女⑯。
及余饰之方壮兮,周流观乎上下⑯。
灵氛既告余以吉占兮,历吉日乎吾将行⑯。
折琼枝以为羞兮,精琼爢以为粻⑯。
为余驾飞龙兮,杂瑶象以为车⑯。
何离心之可同兮,吾将远逝以自疏⑯!
邅吾道夫昆仑兮,路修远以周流⑯。
扬云霓之晻蔼兮,鸣玉鸾之啾啾⑰。
朝发轫于天津兮,夕余至乎西极⑰。
凤皇翼其承旗兮,高翱翔之翼翼⑰。
忽吾行此流沙兮,遵赤水而容与⑰。
麾蛟龙使梁津兮,诏西皇使涉予⑰。
路修远以多艰兮,腾众车使径侍⑰。
路不周以左转兮,指西海以为期⑰。
屯余车其千乘兮,齐玉轪而并驰⑰。
驾八龙之婉婉兮,载云旗之委蛇⑱。
抑志而弭节兮,神高驰之邈邈⑲。
奏《九歌》而舞《韶》兮,聊假日以媮乐⑱。

陟升皇之赫戏兮,忽临睨乎旧乡⑱。
仆夫悲余马怀兮,蜷局顾而不行⑱。
乱曰⑱:已矣哉⑱!
国无人莫我知兮,又何怀乎故都⑱?
既莫足与为美政兮,吾将从彭咸之所居⑱!

【注释】

① 屈原,名平,战国时楚国人。约生于公元前340年(楚宣王三十年),卒于公元前278年(楚顷襄王二十一年)。他是楚王同姓贵族,曾任左徒、三闾大夫等官职。博闻强记,明于治乱,娴于辞令,具有远大的政治理想,主张任用贤能,修明法度,抵抗秦国侵略。楚怀王时期,入则与王图议国事,以出号令;出则接遇宾客,应对诸侯。甚得楚怀王信任。后为同僚上官大夫所谗毁,被怀王疏远。顷襄王时期,更因令尹子兰、上官大夫靳尚的陷害,被顷襄王放逐。最后他鉴于国家政治日益衰败,数为秦国欺凌,迫近危亡,悲愤忧郁,自投汨罗江而死。屈原是我国古代伟大的抒情诗人,作有《离骚》《九歌》《天问》《九章》等诗,强烈地反映了他的进步政治理想,坚决与黑暗现实抗争的性格和热爱祖国的精神。屈原的作品全部收入《楚辞》一书,以东汉王逸的《楚辞章句》和宋朱熹的《楚辞集注》最通行,比较适用。

② 这是屈原最主要的作品,是一首长篇抒情诗。诗中一面尖锐地抨击了当时贵族政治的投机取巧、苟且偷安;一面热烈地渴望着光明,表达了自己对祖国和人民的无限忠贞。根据《史记·屈原贾生列传》叙述的次第,并参照《楚世家》所排比的年代,这篇长诗大约成于楚怀王十六年(公元前313年),是屈原因被上官大夫谗毁而离去郢都时所作。"离骚"二字的含义,历来颇多不同解释。司马迁《史记·屈原贾生列传》说:"'离骚'者,犹离忧也。"班固《离骚赞序》说:"离,犹遭也。骚,忧也。明己遭忧作辞也。"二说略同,多为后人所宗。王逸《楚辞章句》说:"离,别也;骚,愁也。"释"离骚"为"别愁",在后世也很有影响。近人游国恩《楚辞概论》认为:"离骚"与《大招》中的"劳商"双声通转,"劳商"王逸注为古曲名,则"离骚"也应是古曲名,用于篇名与《九歌》《九辩》相若。萧兵《楚辞的文化破译》认为:"离"为太阳中的神鸟。"离骚"可能原是太阳神鸟的悲歌。黄灵庚《楚辞与简帛文献》考证认为:离,即离朱,是日神帝舜的精灵,是有虞氏的图腾鸟。骚,读作箫。"箫"即舜乐。"离骚"即"离箫"。离箫,是歌咏大舜的功德之乐,是歌咏有虞氏的图腾之歌,是属于有虞氏的凤鸟文化。因为楚人祖高阳,有虞氏也祖高阳。高阳氏、有虞氏是楚人同一血脉的先祖。萧、黄二说可从。

③ "帝高阳"句,屈原说自己是古帝王高阳氏的后裔,父亲的名字叫伯庸。高阳,远古帝王颛顼在位时的称号。颛顼是楚国的远祖。苗裔(yì),后代子孙。朕,我。古时不论贵贱,都可自称朕,至秦始皇始定为皇帝自称时的专用语。皇,伟大;光明。皇考,对亡父的敬称。

④ "摄提"句,意思是说自己是在夏历正月的庚寅日降生的。摄提,即摄提格,

古代"星岁纪年法"的一个术语，相当于寅年。贞，正，当，等于说正指着。孟陬，夏历正月，这个月是寅月。孟，开始。陬（zōu），《尔雅》："正月为陬。"正月是一年的开始，故叫"孟陬"。庚寅，庚寅日。降，降生。以上两句系屈原自述出生在寅年寅月寅日。据郭沫若《屈原研究》推算，在公元前三四〇年，正月初七日。浦江清《屈原生年月日的推算问题》则推算为公元前三三九年正月十四日或十五日。

⑤"皇览"句，我父亲根据我初生时节，开始赐给我一个美好的名字。皇，即上文"皇考"的简称。览，观察。揆，估量。初度，初生时。肇，开始。锡，赐。嘉，美。一本"揆余"下有"于"字。

⑥"名余"句，屈原名平，平，是公平的意思。正，公正。则，法则。公正而有法则，正隐括"平"字的含义。原，是屈原的字，本指高而平坦的土地。灵，美，善。均，形容地势均衡平坦。美好而平坦的地势，正隐括"原"字的含义。

⑦纷，形容盛多。内美，指先天具有的美好品质。重（chóng），加上。修能，朱熹《楚辞集注》："修，长也。能，才也。"一说，能，古"态"字。朱骏声《楚辞补注》说："能，读为态，姿有余也。按，巧艺高材曰态，经传多借能字为之。"其说可从。

⑧扈，披在身上。江离，又写作"江蓠"，香草名，即川芎。辟，同"僻"。芷，香草名。辟芷，生在幽僻处的芷草。纫（rèn），本指绳索，这里作动词用，连缀成串的意思。兰，香草名。秋兰，即兰草或泽兰（一类二种），因在秋季开花，所以这里称为"秋兰"。佩，指佩在身上的饰物。

⑨汩（yù），形容水流迅疾，这里比喻年华如逝水。与，待。不吾与，不等待我。

⑩搴（qiān），拔取。阰（pí），大土坡。木兰，香木名，又叫辛夷。揽，采。宿莽，一种经冬不死的香草。

⑪日月，指时光。忽，倏忽，形容时光迅速。淹，久留。代，更。序，次序。一说序，同"谢"。代序，即代谢，轮换、更替的意思。

⑫惟，语助词。美人，比喻国君，可能指楚怀王。迟暮，指年老。

⑬"不抚壮"句，意思是说楚王不能趁年富力强的时候抛弃秽政而有所作为，为什么不改变这种作风呢？抚，凭借。壮，指年壮的时候。度，指楚王的器度。《左传·昭公十二年》："思我王度，式如玉，式如金。形民之力，而无醉饱之心。"

⑭"乘骐骥"句，意思是说楚王如肯委任贤臣，那么自己愿为前驱，导引着楚王实现自己的政治理想。骐骥，骏马，喻贤臣。道，同"导"。先路，前驱。

⑮三后，一说指夏禹、商汤、周文王。戴震《屈原赋注》则认为："三后，谓楚之先君贤而昭显者，故径省其辞，以国人共知之也。其熊绎、若敖、蚡冒三君乎？"纯粹，指德行精美。众芳，即下文椒、桂、蕙、茝等香草，比喻群贤。在，集中在一起的意思。

⑯"杂申椒"句，是说岂但把蕙、茝等香草联结成串，并且还杂有椒、桂等芳香之物。申，重，一说地名。菌桂，即肉桂。维，通"唯"，独。蕙，一种多花的兰。茝（zhǐ），即白芷。武威医药汉简"白芷"皆作"白茝"，证明汉代以前字本作"茝"，"茝"为"芷"的古字。本诗中各处出现的"茝"，皆音

zhǐ。清代段玉裁《说文解字注》说："茝，《本草经》谓之白芷，茝芷同字，臣声止声同在一部也。"宋代洪兴祖《楚辞补注》说："茝，白芷也，昌改切。"宋代吴仁杰《离骚草木疏》认为，《楚辞》中"茝"与"芷"非一物，"茝"当音"昌亥切"，亦名"蘪"或"药"（均草名），亦即荑蒲。

⑰"彼尧舜"句，意思是说尧、舜是光明正直的君王，他们循着治国的正途前进，自然获得了康庄大道。耿，光明。介，正直。道，指治国的正确路线。

⑱"何桀纣"句，意思说桀、纣是放纵自恣、为所欲为的君王，他们走上斜出的窄路，因此寸步难行。猖披，衣不束带之貌，引申为放纵不检。夫，彼。捷径，斜出的小路，比喻不由正途。窘步，困窘失足的意思。

⑲党人，指当时结党营私、垄断政权的贵族集团。偷乐，苟安享乐。路，比喻国家前途。幽昧，昏暗不明。险隘，危险狭隘。

⑳"岂余身"句，意思说自己并非惧祸，而是怕国家遭到颠覆。惮，畏惧。殃，灾祸。皇舆，本是国王的车子，这里比喻国家前途。败绩，本指军队大败，兵车颠覆，这里比喻国家危亡。

㉑"忽奔走"句，承上文而言，仍以行路乘车比喻治理国家。奔走以先后，指在车的前后帮助推挽照料，比喻辅佐楚王执政。及，追及，赶上。前王，指上文尧、舜和三后。踵武，足迹。

㉒荃（quán），朱熹引一本作"荪"。在《楚辞》中，荃、荪多通用，是一种香草名，即溪荪，俗名石菖蒲，这里用来比喻楚王。中情，本心。齌（jì），火上加油的意思。齌怒，燃烧起怒火。

㉓謇謇，尽忠而直言。謇，音jiǎn。忍而不能舍，想忍耐却止不住。

㉔"指九天"句，意思是指天为誓，让上天证明自己的忠贞是为了王室。九天，指九重天。正，同"证"。灵修，等于说"神明"，是对楚王的尊称。

㉕"曰黄昏"句，据洪兴祖《楚辞补注》的考订，这句是衍文，应该删去。

㉖"初既"句，先同我已有成约，可是后来竟改变初衷，有了另外的打算。成言，有成约。悔遁，因反悔而改变心意。

㉗不难夫离别，不怕因被国君疏远而离去。数（shuò）化，屡次改变主意。

㉘滋、树，都是栽种的意思，这里指培养贤人。畹（wǎn），十二亩是一畹。兰、蕙，比喻贤人。

㉙畦（qí），田垄，这里是动词，指一垄一垄地种植。留夷、揭车、杜衡，都是香草名，皆比喻贤人。衡，一作"蘅"。芳芷，即白芷。

㉚冀，希望。峻茂，高大茂盛。竢，同"俟"，等待。时，指众芳成长之时。刈（yì），割；这里指收割。

㉛萎绝，枯萎夭折，比喻所培植的人受到排挤迫害。众芳芜秽，比喻贤者变节。

㉜众，指群小。竞进，争先恐后地追逐利禄权势。婪（lán），与"贪"同义。凭，满，形容求索之甚。厌，满足。求索，追求勒索。

㉝"羌内恕己"句，是说这些小人看不见自己的卑鄙，却以嫉妒之心对待屈原。羌，楚方言，语助词。恕，忖度。兴，生。兴心，起意。

㉞驰骛，骑着马奔跑。骛（wù），追逐，指追求权势利禄。

㉟冉冉，渐渐。修名，高洁的名誉。

㊱英，花瓣。落英，即落花。一说，落是始的意思。落英，初生的花瓣。后说

可供参考。
㊲"苟余情"句，意思说只要自己真是品质高洁、操守坚定，即使贫困也没有关系。信，果真。姱（kuā），美好。以，同"与"。练要，朱熹《楚辞集注》说，"言所修精练，所守要约也。"即精诚而坚定的意思。长，永远。顑颔（kǎnhàn），形容脸色黄瘦，这里比喻因廉洁而贫困。
㊳"擥木根"句，把木根采来结在一起，再把薜荔的花蕊贯串起来。擥，同"揽"。结，系。这里的"木根"和"茝"泛指香草的根，比喻人立身的根本。薜荔，香草名。
㊴矫，举，拿。索，作动词用，指把胡绳搓成绳索。胡绳，一种蔓生香草，叶可作绳。纚纚，形容长长的一串。纚（xǐ），相连属貌，形容绳索的美好。
㊵"謇吾"句，意思说自己这样做是效仿前贤，不是世俗的人所能照办的。謇，楚方言，语助词。法，效法。前修，前代贤人。服，用。
㊶周，相合，相容。依，依据。彭咸，旧说是殷时大夫，投水而死，恐不可信。彭咸可能就是传说中的彭祖，彭祖名翦，或说姓篯名铿，颛顼玄孙，或说颛顼之师，即上文的前修。遗则，遗留下来的法则。
㊷太息，叹息。掩涕，拭泪。民，人。民生，即人生。
㊸好修姱，爱慕美好的行为。鞿（jī），马缰绳。羁，马笼头。这里的鞿羁作动词用，指洁身自好。谇（suì），诟骂。替，《古文辞类纂》引清代吴辟疆说："朝谇夕替之替当作潛，与艰韵。""替"如作"潛"，则朝谇夕潛谓谗毁之不停，于文义极可通。一说谇，同"讯"，进言。替，废弃。意谓自己早上进谏，晚上即遭废弃。
㊹"既替余"句：意思是说自己的好行为一件件为群小所诽谤。纕（xiāng），佩带。申之，加上。
㊺善，崇尚。九死，等于说九死而无一生。
㊻浩荡，茫然。民心，即人心，指屈原自己的用心。
㊼众女，比喻群小。蛾眉，形容女子的眉毛秀丽像蚕蛾的眉一样，这里指美德。谣诼，造谣诬蔑。诼（zhuó），谮毁，诬蔑。
㊽固，诚然是。时俗，时俗之人。工巧，善于取巧。偭（miǎn），背弃。规矩，指法度。错，同"措"。改错，指不走正道。
㊾"背绳墨"句，是说世俗违反了正直之道而追求邪曲之行，竟以苟合取容为正当的方式。背，违反。绳墨，测量时用来取直的工具，这里指正直之道。周容，苟合以取悦于人。
㊿"忳郁邑"句：是说忧愁苦闷，自己独处困境。忳（tún），忧愁很深，是附加于"郁邑"的副词。郁邑，烦恼苦闷，是附加于"侘傺"的形容词。邑，同"悒"。侘傺（chàchì），抑郁不得志的样子。
� 宁，宁可。溘（kè），忽然。此态，指苟合取容的态度。
㊷鸷鸟，指鹰、鹯一类的猛禽，这里比喻刚强正直的人。不群，不同流合污。自前世而固然，从古以来就是如此。
㊸方，方的凿子，比喻方正的君子。圜，同"圆"，圆孔，比喻圆滑的小人。异道，志趣不同。相安，相安无事。
㊹屈心、抑志，指精神上受尽压抑。尤，罪过。攘，取。诟，辱。忍尤、攘诟，

等于说忍耻含辱。

(55)伏，同“服”，保持。死直，因行为正直而死。厚，嘉许。

(56)“悔相道”句，意思说自己又后悔对于前途没有探视清楚，因此逗留不进而想回去看看。相（xiàng），视，看。道，路。不察，没有考察清楚。延，指伸长脖颈。伫（zhù），指踮起脚跟。这里的“延伫”有低回迟疑的意思。反，同“返”。

(57)复路，走回头路。及，趁着。行迷，走迷了路。

(58)步，与驰为对文，指马徐行。皋，水旁陆地。兰皋，有兰草的皋。椒丘，有椒树的小山。且焉止息，暂且在那儿休息一下。

(59)进不入，进身于君前而不被君所用。离尤，同“罹尤”，获罪。退，指只好从君前离开。修吾初服，指修身洁行。初服，等于说夙志、初衷。

(60)制，裁剪。芰（jì），菱。荷，荷叶。集，积聚。芙蓉，即荷花。裳（cháng），下衣。

(61)不吾知，等于说不知我。亦已，也就算了。

(62)岌岌（jí），高高的样子。陆离，长长的样子。

(63)芳，指香草的芬芳。泽，指佩玉的润泽。糅（róu），混杂。杂糅，集于一处的意思。昭质，光辉纯洁的品质。亏，亏损。

(64)“忽反顾”句，是说自己忽然回顾，纵目远望，打算到远方看看有没有重视自己的人。预为下文“上下求索”伏笔。四荒，四方荒远之地。

(65)“佩缤纷”句，是说所佩的饰物很多，所穿的衣服都用香草制成，香气也极盛。缤纷，形容盛多。菲菲，形容香气浓烈。章，同“彰”。弥章，愈益显著。

(66)“民生”句，是说人生各有所好，小人喜爱权势利禄，自己则喜爱修身洁行。以为常，习以为常。

(67)“虽体解”句，意思说即使粉身碎骨也不改变初衷，自己的心是不会怨悔的。体解，即肢解。惩（chéng），创。

(68)女媭，可能指屈原的姐姐。《说文》引贾逵说：“楚人谓姊为媭。”媭，音 xū。婵媛，“啴咺”的假借字，音 chányuán，喘息不定。扬雄《方言》：“凡恐而噎噫，南楚江湘之间曰啴咺。”此言女媭因代屈原忧惧以致呼吸急促。申申，一再地。詈（lì），骂。予，同“余”，我，屈原自称。

(69)“鲧婞直”句，是告诫屈原的话，意思是说直道而行，将招致与鲧相类似的结局。鲧，同鲧（gǔn），人名，禹的父亲。相传鲧偷了天帝的息壤来治洪水，被天帝杀死在羽山的郊野。婞，同“悻”（xìng）。亡，同“忘”。婞直以亡身，因秉性刚正而不顾生命危险。终然，终于。殀（yāo），短命，早死。羽，即羽山，相传在北方最阴冷的地方。

(70)博謇，过分的尽忠直言。姱节，美好的行为。

(71)薋（cí），形容积草很多。菉（lù）、葹（shī）都是恶草名，比喻谗邪。盈室，堆满屋子。判，区别的意思，这里形容其坚决和突出。判独离，截然独自地离开那些恶草。

(72)“众不可”句，意思说对于一般人既不可能一户户地去说，那么谁又能体谅你的本心呢。余，是女媭代屈原设想之词。

(73)世并举，世俗之人彼此标榜。好朋，爱好结党营私。茕（qióng）独，孤独。不予听，不听我的话。予，女媭自称。女媭的话到此为止。

㉔"依前圣"句，是说自己的行动以前代圣哲为准则，可叹的是心多愤懑一直到今天。前圣，即下文的重华。节，节度。中，中正之道。喟，叹。凭，懑。凭心，愤懑的心情。历兹，直到今天。

㉕济，渡过。沅、湘，二水名，都在今湖南省境内。征，行。重华，即舜。相传舜死于苍梧之野，在今湖南省宁远县境内。陈词，一作"陈辞"，指向舜陈述意见。

㉖启，与夏为互文见义，指夏启。启是禹的儿子，继禹为君。《九辩》《九歌》，相传都是天帝的乐章，被启偷下来用于人间。康娱，安逸享乐。纵，放纵。

㉗"不顾难"句，指启的儿子武观发生了内乱。难，读去声。图，考虑。后，指后患。五子，即五观，又作武观，启的幼子。据《竹书纪年》和《墨子·非乐篇》，武观因不满启的荒淫享乐而作乱。失，应是衍文。用，因。巷，同"閧（hòng）"，相斗。家巷，等于说起内乱。

㉘羿，夏时有穷国的君主。淫、佚，都是过分、无节制的意思。游，出外游乐。畋，射猎。封，大。

㉙流，流辈。乱流，荒淫作乱的家伙，指羿。鲜终，很少有好结果。浞（zhuó），人名，即寒浞，羿的相。厥家，他的家属，指羿的妻。相传寒浞把羿害死，掳羿妻为己有。

㉚浇，同"奡"，音 ào，人名，寒浞之子。被服，同"披服"，穿着。强圉（yǔ），坚厚的甲。纵欲而不忍，放纵嗜欲而不能自制，后来被夏少康所杀。

㉛厥首，指浇的头颅。颠陨，落地。

㉜常违，违常的倒文，违背正常之理。遂，终，竟。乃遂焉，于是就这样。据《史记·殷本纪》，夏桀被汤放逐于南巢（今安徽省巢县附近），因而亡国。

㉝后辛，即殷纣王。菹醢（zūhǎi），把人剁成肉酱。据《史记·殷本纪》，纣王杀比干，醢梅伯，终致亡国。宗，宗祀。

㉞俨，畏，指敬畏天意。祇，敬。周，指周文王、武王。论道，讲论道义。莫差，没有过失。

㉟举，选拔。授能，把政事交给有才能的人。循绳墨，行正道。颇，偏斜。

㊱"皇天"句，意思说皇天是最公正的，看谁有德，就施予辅助。阿，偏袒。民，人。错，同"措"，施。

㊲"夫维"句，意思说只有圣哲的君王、美好的德行，才能享有天下。圣哲，指古代有德行才智的帝王。茂行，美行，指好的政治作为。苟得，等于说才可以。用，享有。下土，即天下，这是从上天的角度来说的。

㊳"瞻前"句，是说看一看前朝后代这一系列史实，就可以知道人到底该怎么打算了。相（xiàng）观，观察。计极，计谋的终极。

㊴"夫孰"句，意思说哪个不义、不善的国君能够享国长久呢。服与"用"同义。

㊵"阽余身"句，是说自己虽然处境险恶，但回顾初衷并无悔意。阽，音 diàn，又音 yán，邻近危险。"危死"，濒于死亡。

㊶"不量凿"句，意思说前代贤臣所以遭到杀身之祸，正由于他们不善于以苟活取荣的处世之道来事君。凿（záo），斧上插柄的孔。枘（ruì），斧柄。不量凿以正枘，没有量一下插柄的孔就削好斧柄，比喻自己缺乏看风使舵的处事作风。菹醢，指被处死刑。从"启《九辩》"句到这里，是向重华"陈词"的内容。

⑨²曾，同"增"。欷（xūxī），悲泣之声。当，值，遇到。时之不当，等于说生不逢辰。

⑨³茹蕙，柔软的蕙草。浪浪（lánglánɡ），形容眼泪流个不止。以上两句是描写"陈词"后的感慨。

⑨⁴跪敷衽，跪在地上，把衣服的前襟铺开。耿，心里亮堂。得此中正，已得到最正确的做人之道。

⑨⁵驷，用四匹马驾车。虬（qiú），无角的龙。鹥（yī），凤凰一类的鸟。宋代洪兴祖说："言以鹥为车，而驾以玉虬也。"乘鹥，以鹥为车而乘之。溘，掩。溘埃风，乘着有尘埃的大风。上征，向天上飞行。

⑨⁶轫（rèn），停车时抵住车轮的木头。发轫，车将行时，必先撤轫，因此引申为动身、启程的意思。苍梧，山名，即九疑山，在今湖南省宁远县东南。传说舜死于苍梧之野，葬在九疑山。这是"陈词"以后的行动，便从苍梧出发。悬圃，神话传说中的山名，在昆仑山中部。

⑨⁷琐，门上雕刻的花纹，这里是门的代称。灵琐，指神人所居的宫门，与上文悬圃可能同指一地而变其名称。琐，或以为就是"薮"字。

⑨⁸"吾令"句，意思说自己命令太阳慢点走，不要很快地落山。羲和，相传是为太阳驾车的神。弭，按，抑。节，行车的节度。弭节，按节徐行。崦嵫，神话中的山名，相传是日落的地方。迫，迫近。

⑨⁹曼曼，同"漫漫"，形容路远。上下求索，指寻求理想中的人。

⑩⁰饮余马，给我的马饮水。饮，读去声。咸池，神话中的水名，相传是太阳洗浴的地方。总，系。扶桑，神话中的树名，相传太阳就从这里升起。

⑩¹"折若木"句，是说折下若木的枝条来拂拭太阳，使它放出光明，好让自己从容一些。若木，神话中的树名，相传太阳就落到它的下面。聊，姑且，暂且。逍遥和相羊，都是徘徊逗留的意思。相羊，同"徜徉"。

⑩²望舒，相传是为月亮驾车的神。先驱，在前面开路。飞廉，风神的名字。奔，紧随在后面奔跑。属（zhǔ），跟随的意思。

⑩³皇，同"凰"。鸾、皇，都是凤一类的鸟。先戒，在前面作警卫。雷师，雷神，名叫丰隆。未具，指旅行用具还未备齐。

⑩⁴凤鸟，传说中的神鸟。诗人命令凤鸟准备夜以继日不停求索。

⑩⁵"飘风"句，是说旋风结聚不散，率领云霓来迎接自己。飘风，方向无定的风，即旋风。屯，聚集。离，同"丽"，附着。帅，同"率"，率领。霓，同"蜺（ní）"。雨后因折光关系，天上有时出现两道虹。里圈的叫虹，外圈的叫霓。云霓连用，泛指云霞。御，同"迓"，迎接。

⑩⁶总总，簇聚在一起，指云霓之多。离合，指云霓在飘风中聚散不定。斑，五光十色。陆离，参差错杂，这里指云霓的色彩变化多端。上下，指云霓忽高忽低。

⑩⁷阍（hūn），看门的人。帝阍，给天帝守门的人。关，门栓。开关，把门打开。阊阖（chānghé），即天门。望予，望我，表示袖手不管的意思。

⑩⁸时，指日光。暧暧，逐渐昏暗。罢，尽。将罢，一天将要过完。结幽兰而延伫，是说手结幽兰，在天门外徘徊逗留。

⑩⁹溷，同"浑"。不分，指美恶不分。蔽，妨碍。

⑩白水，水名，相传源出于昆仑山。阆（làng，又音 láng）风，山名，在昆仑山

第一章 先秦部分

上。继（xiè），系。

⑪高丘，高山，即指阆风。一说是楚山名。女，神女。一说是巫山神女。

⑫溘，忽，匆忙地，迅速地。春宫，东方青帝所居的地方。琼，美玉。琼枝，指玉树的枝。继佩，加添到自己的玉佩上。

⑬"及荣华"句，是说趁自己容颜还未衰老，赶紧物色一个美女，把琼枝赠给她。荣华，本指花朵，这里比喻容颜。落，衰谢。相，看。下女，侍女。诒，同"贻"，赠送。赠给侍女，正是想亲近女主人。

⑭丰隆，雷师，雷神。宓，通"伏"。宓妃，相传是伏羲氏的女儿，溺死于洛水，遂为洛水之神。

⑮纕（xiāng），与"佩"同义，佩饰。结言，定盟约。謇修，人名。汪瑗说："謇修，博謇好修之人。设为此名耳。盖媒妁之别名也。夫为媒理者，必须轻捷嬛媚之人，今以謇修为理，所以不能遇也。"戴震说："謇修，媒之美称，謇謇而修治，不阿曲也。"根据屈辞文例，此处謇修当是一个假设的人物；而这一人物之所以被名为謇修，则汪瑗、戴震二说均可通。理，使者，媒人。

⑯纷总总，集合貌，指宓妃侍从之盛。离合，若即若离，指宓妃的态度暧昧。纬繣（huà），违拗，乖戾。迁，变动。纬繣难迁，指事情没有活动商量的余地。

⑰"夕归次"句，仍是写宓妃。次，住宿。穷石，山名，相传是羿的国土所在。《天问》："帝降夷羿，革孽夏民（剪除人民的忧患）；胡（何以）射夫河伯，而妻彼雒（洛）嫔？"可见古代传说，宓妃同羿有爱情关系。濯，洗。洧（wěi）盘，神话中的水名，发源于崦嵫山。

⑱"保厥美"句，是说宓妃自恃美丽而放纵游荡，即下句所谓"美而无礼"。保，恃。厥，指宓妃。淫游，过分地游乐。

⑲信，诚然。来，乃。违弃，指抛弃宓妃。改求，另外寻求女子。

⑳览、相、观，三字同义而连用。四极，指天的四极。流，游。周流乎天，在天上普遍经行。下，下降于地。

㉑瑶台，用美玉砌成的台。偃蹇，形容台高。有娀（sōng），国名。佚女，美女。有娀之佚女，指帝喾的妃，名简狄。她是商代祖先契的母亲。

㉒鸩（zhèn），鸟名，羽毛有毒，比喻奸险的人。好，美。

㉓鸠，鸟名，似鹊，善鸣，比喻花言巧语的人。鸣逝，边飞边叫。恶（wù），憎嫌。佻巧，指口吻轻薄，言词不实。

㉔犹豫、狐疑，都是行动不能决断的意思。欲自适，想自己去找简狄。不可，不合礼法。

㉕"凤皇"句，是说凤凰当然是个好媒人，可是它既已受了高辛氏的委托，自己就更少希望。相传简狄吞了玄鸟的卵而生契，见《诗经·商颂·玄鸟》、屈原《天问》和《史记·殷本纪》。这里的凤皇，即指玄鸟。受诒，指受高辛氏的委托。高辛，即帝喾。先我，在自己之先娶到了简狄。

㉖集、止同义，停留、居住的意思。欲远集，想到远方去寄居。无所止，无处可容身。浮游，飘荡。

㉗"及少康"句，是说趁着少康还没有成家，我先聘下有虞氏的二姚吧。少康，夏代中兴的君主。有虞，国名，国君姓姚，是舜的后裔。二姚，有虞国的两

个公主。据《左传·哀公元年》，少康是夏后相的儿子。寒浞使浇杀死了相，少康逃到有虞，国君就把两个女儿嫁给他。后来少康乃灭浇而中兴。

⑫⑧ 理、媒同义。弱，无能。拙，指口才笨拙。导言，媒人撮合时通达双方意见的话。不固，没有成效。

⑫⑨ "世溷浊"句，说明导言不固的原因。称，传播。

⑬⑩ "闺中"句，收束上文求女之意，归结到楚王的不明。闺中，上述诸美女的代称。邃远，深远。哲王，指楚怀王。寤，同"悟"，觉醒。

⑬① 情，指忠贞之情。发，抒泄。终古，永远。焉能忍与此终古，怎能永远这样忍受下去。

⑬② "索藑茅"句，是说用藑茅和筳竹让灵氛给自己占卦。索，取。藑茅，一种灵草，可用来占卦。藑，音qióng。以，同"与"。筳（tíng），占卦用的小竹片。篿（zhuān），楚方言，指结草析竹来占卦。灵氛，神巫的名字。

⑬③ 两美，指男女双方，这里比喻君臣。必合，必能成为配偶，比喻良臣必遇明君。慕，可能是莫念二字连写之误。孰信修而莫念之，是说谁真正修洁却无人想念他呢。之，屈原自称。以上二句是屈原问卜之词。

⑬④ "思九州"句，意思说：天下极为广阔，难道只在这个地方才有女子吗？

⑬⑤ 勉，劝屈原自勉，等于说好自为之。远逝，远行。孰求美而释女，如果有人诚心寻求美才，谁也不会把你放过。女，同"汝"，指屈原。

⑬⑥ 何所，任何地方。芳草，比喻贤君。故宇，故国。以上两句是灵氛的话。

⑬⑦ 世，这里指楚国。炫耀，纷乱迷惑。

⑬⑧ 户，家家户户，指群小。服，佩带。艾，恶草名。盈要，满腰。要，同"腰"。

⑬⑨ "览察"句，是说小人对草木的美恶都不能得到正确的认识，何况对美玉的估价呢。得，指正确的理解。瑾（chéng），美玉。当，指对美玉的认识和估价。

⑭⓪ 苏，取。粪壤，秽土。充，装满。帏（wéi），指古人身上佩带的香袋。

⑭① 巫咸，神巫的名字。怀，储藏。椒，香料，焚椒敬神，类似后世的烧香。糈（xǔ），精米，也是用来敬神的。要（yāo），迎接，迎候。

⑭② "百神"句，当百神齐降的时候，楚地的九疑之神也纷纷相迎。这可能因为百神是宾，九疑之神是主。百神，泛指天上诸神。翳，遮蔽，指遮天蔽日而来。备降，一齐降临。九疑，山名，即苍梧山，在楚国境内。这里是九疑之神的省称。据戴震《屈原赋注》考订，迎，应作"迓"，是。

⑭③ "皇剡剡"句，写巫咸的灵验。皇剡剡（yǎn），等于说光闪闪。扬灵，显示灵验。故，指前代的史实。吉故，指前代君臣遇合的佳话，即下文汤、禹和挚、咎繇等人的事迹。

⑭④ "勉升降"句，意思说希望屈原勉力访求政治上与自己见解相同的人。升降，指上天下地。榘，同"矩"，画方形的工具。矱（yuē），量长短的工具。这里的榘矱引申为政治主张。

⑭⑤ 严，真心诚意。求合，访求志同道合的人。挚，即伊尹，汤的贤相。咎繇，即皋陶（gāoyáo），禹的贤臣。调，协调，指君臣和睦。

⑭⑥ "苟中情"句，意思说只要君臣之间都修洁自好，就可以无媒而自合。中情，内心。用，因，凭藉。行媒，往来撮合的媒人。

⑭⑦ 说（yuè），即傅说。筑，即版筑，筑墙用的工具。操筑，手拿版筑从事劳动。

傅岩，地名，在今山西省平陆县附近，傅说即以这地名为姓。武丁，殷高宗的名字。相传武丁梦得贤臣，后来发现傅说与梦中所遇的人形貌相同，就用他为相。

⑭ 吕望，即太公姜尚。相传他做过屠夫，后来遇到周文王才被重用。鼓，鸣。鼓刀，摆弄屠刀使其发出响声。

⑭ 宁戚，春秋时卫国的贤士。相传他曾为商贾，宿于齐东门外，齐桓公夜出，见宁戚正在饲牛，用手敲着牛角唱歌，倾诉自己的怀才不遇。桓公就用他做客卿。讴歌，即徒歌，指唱歌时没有音乐伴奏。该，备。该辅，居于辅佐大臣的位置。自"勉升降"句到这句是巫咸的话。以下是屈原自己的话。

⑮ 年岁未晏，是说趁时光尚早。晏，晚。犹其，其犹的倒文。央，中，半。

⑮ 鹈鴂（tíjué），据说这种鸟一叫，草木开始凋零；这里比喻小人为害。

⑮ 琼佩，佩玉，比喻有美德的人，亦即屈原自比。偃蹇，高尚不凡。菱然，掩蔽，形容下文"蔽"的副词。

⑮ 谅，直。不谅，指党人颠倒是非。折，损害。

⑮ 缤纷，变化多端，是形容"变易"的副词。淹留，指久留于故国。

⑮ "何昔日"句，与上"兰芷"句同义。直，简直。萧，恶草名。

⑮ 无实而容长，虚有其表而无实德。容，外表。长，好，多。

⑮ "委厥美"句，写兰之变易。委，弃。委厥美，抛弃了它固有的美质。苟，苟且。列乎众芳，忝居于众芳的行列。

⑮ 专，大权独揽。佞，谄媚人。慢慆（tāo），傲慢，放肆。榝（shā），恶草名。

⑮ "既干进"句，意思说这些只想向上爬的人是无法振作自新，以芳洁自许的。干，钻营。务，营求。进和入都指向上爬。祗，振。何芳之能祗，不能以芳洁自励。

⑯ 流从，从流的倒文。时俗流从，世俗之人随波逐流，一往而不返。变化，指由美变恶。

⑯ "惟兹佩"句，是说自己珍视高洁的品德，虽然这种美质被人委弃至今。

⑯ 芳、芬同义。亏，减少。沫（mèi），通"昧"，暗淡。

⑯ 黄灵庚《楚辞与简帛文献》认为：和调度，聊浮游，对举成文。和，读如爰，犹聊、且也。《汉书·酷吏传附尹赏》："安所求子死，桓东少年场。"如淳曰："陈、宋之俗桓声近和。"爰、桓古字通用。和，楚语也。调度，读如跮踱（diéduó）。调从周声，跮从至声；从至声与从周声之字古通用。声之转或作涤荡，或作遥荡，或作游荡，或作佚荡，或作倜傥、俶傥、跌荡、跌宕等，均根源于宽缓自如之意。其说可从。聊浮游，姑且到远方去飘荡一番。求女，追求理想中的、志同道合的淑女。

⑯ 壮，盛。周流，等于说周游。

⑯ 历，选。吉日，好日子。

⑯ 羞，脯，干肉。精，凿碎，舂使之精。糜（mí），同"糜"，细屑。琼糜，玉屑。粻（zhāng），粮食。

⑯ 驾飞龙，指以飞龙为马，使它驾车。杂瑶象，指杂用美玉、象牙来装饰车子。

⑯ 离心，与己离异的心。自疏，主动疏远。

⑯ 邅（zhān），楚方言，转弯，转道。

⑰扬,举起。云霓,指以云霓为旗。晻蔼(yǎnǎi),因云霞蔽日而光线变暗。玉鸾,指马身上的鸾铃,啾啾(jiū),铃声。

⑰天津,天河。西极,西方的尽头。

⑰翼,动词,指张开两翼。承旗,用两翼负荷着旌旗。翱翔,鸟飞。两翼一上一下地飞叫翱,两翼不动直向天飞叫翔。翼翼,指飞得整齐有节奏。

⑰流沙,指沙漠地带,想象中西方极险之地。遵,顺着、沿着。赤水,神话中的水名,相传源出昆仑山。容与,从容宽缓的意思,这里指放慢行路的速度。

⑰麾,指挥。梁津,横在水上当桥梁。诏,命令。西皇,西方的神,相传即少皞氏。使涉予,让他把我渡过水去。

⑰腾,超过。径,径直地。侍,侍卫。使径侍,让众车来保卫着。侍,一本作待。

⑰路,动词,经过的意思。不周,神话中的山名,在昆仑山的西北。西海,神话中的海,在最西方。期,约会,这里指约会之地,即目的地。

⑰屯,积聚。千乘,一千辆。齐,排列整齐。玉轪,指车轴上镶饰着玉的轮子。轪(dài),根据戴震、段玉裁之说,车轴之端露于毂(轴承)外,为防磨损而以金属为其帽盖;玉轪,即以玉为轴端的帽盖,言其坚而且贵。一说即车轮。并驰,齐驱并进。过不周山后路途平坦,所以又齐驱并进。

⑰八龙,即上文的飞龙。婉婉,同"蜿蜒",龙身一伸一曲的样子。云旗,即上文的云霓。委蛇(wēiyí),形容旌旗随风招展。

⑰抑志,从容的意思。神,精神。高驰,飞得很远。邈邈,遥远无边。

⑱《韶》,即《九韶》,舜的舞乐。假,借。娱(yú),通"愉",与"乐"同义。聊假日以娱乐,姑且借此余闲来娱乐自己。

⑱"陟升皇"句,在初日的光明里,我一下子看到了故乡。陟(zhì),上升。升皇,指初从东方升起的太阳。一说陟升同义,言上而益上也。皇,天空。赫戏,形容太阳光明地照耀。戏,同"曦"。临,居高临下的意思。睨(nì),旁视。旧乡,即故乡。

⑱"仆夫"句,通过马的不肯往前走,说出诗人怀念故国的无限心情。仆夫,随侍的仆从,指马夫。怀,忧伤的意思。蜷(quán)局,拳曲不伸,指马匹不肯前行。

⑱乱,本指乐舞之末众乐交奏,众声齐唱,而舞者亦纵情肆意,失其序列。屈原《离骚》等诗运用之,乃古诗入乐之遗意,等于说尾声。

⑱已矣哉,等于说算了罢。

⑱无人,指无贤人。故都,郢都,也就是朝廷。

⑱美政,指屈原的政治理想。从彭咸之所居,依照彭咸一生的行止来安排自己的生活道路。

提　示

《离骚》是屈原的代表作,大约创作于楚怀王十六年(公元前313年)。全诗三百七十三句,二千四百九十余字。

作为我国古代文学作品中最长的一首抒情诗,《离骚》的思想内容十分丰富,充分反映了屈原对楚国黑暗腐朽政治的愤慨,以及热爱祖国、愿为之效力而不可得的悲痛心情,也抒发了自己对于遭到不公平待遇的哀怨。全诗缠绵悱恻，感情十分强烈，他的苦闷、哀伤不可遏制地反复迸发，从而形成了诗歌形式上的回旋复沓，初看起来好像无章次文理可寻，其实是他思想感情激荡冲突的反映。《离骚》大致可分为前后两个部分。前一部分从开头到"岂余心之可惩"。诗中屈原首先自叙家世生平，以为自己出身高贵，又出生在一个美好的日子里，因此具有"内美"。他勤勉不懈地坚持自我修养，希望引导君王，使祖国兴盛强大，实现"美政"理想。但由于"党人"谗言陷害和君王的动摇多变，使自己蒙冤受屈。在理想和现实的尖锐冲突之下，屈原表示"虽体解吾犹未变兮，岂余心之可惩"，显示了坚贞的情操。后一部分从"女媭之婵媛兮"到结尾。诗篇浪漫诡奇，变幻莫测，在向重华（舜）陈述心中愤懑之后，屈原开始"周流上下"，"浮游求女"，但这些行动都以不遂其愿而告终。在最后一次飞翔中，由于眷念祖国而再次流连不行。这些象征性的行为，显示了屈原在苦闷彷徨中何去何从的艰难选择，突出了屈原对祖国的挚爱之情。

《离骚》在艺术上也有极高的成就和鲜明的风格。这是一篇具有深刻现实性的浪漫主义诗歌。它发展了我国古代人民口头创作——神话的浪漫主义，成为我国文学浪漫主义的直接源头。本诗主观感情色彩强烈，诗人巧妙地糅合神话传说、历史人物和自然现象编织幻想的境界，大胆地运用夸张的手法突出事物的特征。同时，继承和发展了《诗经》的比兴传统，以"香草美人"作比兴象征，形成了十分鲜明的风格，大大增强了诗的生动性、丰富性和艺术感染力。《离骚》思想上、艺术上的成就及其鲜明独特的风格，推进了我国古代的诗歌创作，对后世文学产生了深远的影响。

思考与练习

1. 熟读全诗。
2. 《离骚》表达了诗人怎样的思想感情？反映了诗人怎样的伟大人格？
3. 一般认为，《离骚》的主旨是爱国和忠君，你是怎样理解的？
4. 分析《离骚》的艺术成就，以及《离骚》对于今天诗歌创作的借鉴意义。
5. 《离骚》多用比兴手法，正如东汉王逸所说的"善鸟香草，以配忠贞；恶禽臭物，以比谗佞；灵修美人，以媲于君；宓妃佚女，以譬贤臣；虬龙鸾凤，以托君子；飘风云霓，以为小人。"请结合作品进行分析。

《左传》①

齐伐楚盟于召陵②

四年春,齐侯以诸侯之师侵蔡③,蔡溃,遂伐楚④。楚子使与师言曰⑤:"君处北海⑥,寡人处南海,唯是风马牛不相及也⑦。不虞君之涉吾地也⑧,何故?"管仲对曰⑨:"昔召康公命我先君大公曰⑩:'五侯九伯⑪,女实征之⑫,以夹辅周室。'赐我先君履⑬:东至于海,西至于河⑭,南至于穆陵⑮,北至于无棣⑯。尔贡包茅不入⑰,王祭不共,无以缩酒⑱,寡人是征⑲;昭王南征而不复⑳,寡人是问。"对曰:"贡之不入,寡君之罪也,敢不共给?昭王不复,君其问诸水滨㉑。"

师进,次于陉㉒。

夏,楚子使屈完如师㉓。师退,次于召陵㉔。

齐侯陈诸侯之师㉕,与屈完乘而观之㉖。齐侯曰:"岂不谷是为?先君之好是继㉗。与不谷同好㉘,如何?"对曰:"君惠徼福于敝邑之社稷㉙,辱收寡君㉚,寡君之愿也。"齐侯曰:"以此众战,谁能御之?㉛以此攻城,何城不克?"对曰:"君若以德绥㉜诸侯,谁敢不服?君若以力,楚国方城㉝以为城,汉水以为池,虽众,无所用之!㉞"

屈完及诸侯盟。

【注释】

①《左传》,又称《春秋左氏传》或《左氏春秋》,与《春秋公羊传》《春秋穀梁传》一起被合称为"春秋三传"。《左传》的作者,司马迁、班固说是与孔子同时的鲁国史官左丘明,唐宋以后人们开始怀疑此说。目前学术界一般认为,《左传》当是战国初期一位熟谙春秋历史的人所撰。《左传》是中国第一部形式完备的编年体史书,记叙了春秋时期自鲁隐公元年(公元前722年)至鲁悼公四年(公元前463年)二百五十多年间各诸侯国的政治、军事、经济、外交等方面的历史事件。

②本文选自《左传·僖公四年》。标题从通行的版本。召陵,通说认为在今河南省郾师县东南三十五里。

③齐侯,齐桓公。诸侯,当时参与此次战役的有鲁、宋、陈、卫、郑、许、曹等国。蔡,国名,今河南上蔡、新蔡等县地。当时齐桓公向南进军,有扩展势力的意图。师,军队。

④遂伐楚,遂以诸侯的军队向楚进兵。

⑤楚子,楚成王,名熊頵(jūn),鲁庄公四十六年(公元前671年)即位,在位四十六年。
⑥北海,泛指北方边远的地方,下句南海泛指南方边远的地方。寡人,楚子谦称,犹言寡德之人。
⑦唯,但是。是,这个。风马牛不相及,风与放通,此指两国相去极远,虽马牛放逸,也无从相及。
⑧不虞,不料。
⑨管仲,齐大夫。
⑩召康公,周成王时太保召公奭(shì)。先君,后代君臣对本国已故的君主的称呼。大公读作太公,即姜尚,齐之始祖。
⑪五侯,公、侯、伯、子、男五等诸侯。九伯,九州之长。此处统指天下的诸侯。
⑫女,同"汝"。实,同"寔",有。女实征之,汝有对他们进行征伐之权。
⑬履,所践履之界。指得以征伐的范围。
⑭河,黄河。
⑮穆陵,古地名,在楚境内。今湖北省麻城县西北一百多里有穆陵关,疑即此地。
⑯无棣,地名。《水经·淇水注》引京相璠曰,"旧说无棣在辽西孤竹县",则当在今河北省卢龙县一带。或以为在今山东省无棣县北三十里,恐不确。
⑰尔,指楚王。包,当作苞,丛生曰苞。茅,即箐茅,楚国的特产植物。苞茅,是楚国向周王进贡的礼物。不入,没有进贡。
⑱"王祭"两句,共,同"供"。缩,同"滑(xǔ)",滤去酒糟。苞茅是楚国的贡物,用以滤去酒糟以供祭祀。楚国不贡苞茅,无法滤去酒糟,因此周王的祭祀供应上不了。
⑲征,追究,问罪。
⑳昭王,即周昭王。复,返回。昭王晚年荒于国政,人民对他很厌恶。当他巡狩南方渡过汉水时,当地人民给他一只坏船(据说这只船是用胶粘的),行至中流,船身解体,昭王和他的从臣都淹死了,没能回国。征,巡狩。
㉑这句说,您请到水滨去问吧。意思是楚国对于昭王的淹死,不能负责。诸,之于二字的连用,有时可做之乎二字的连用。
㉒陉(xíng),山名,在今河南省郾城县南。
㉓屈完,楚大夫。如师,前往齐桓公的大军。
㉔次,驻扎。召陵,地名,楚国地名,今河南省漯河市东。
㉕陈,陈列。齐桓公把诸侯的军队摆开,向楚国示威。
㉖乘,共载。
㉗"岂不谷是为"两句,谷是粮食,可以养人,因此有善的含义。不谷,犹言不善,古代天子自贬之称。楚子僭称王,犹不敢袭用"余一人"之自称,而从天子降名之例曰"不谷"。
㉘与不谷同好,你们也和我友好。
㉙徼(jiǎo),求。这句说,您的惠临为楚国的社稷求福。
㉚辱,表敬副词。收,绥,安抚。寡君,对自己国君的谦称。
㉛御,抵御。

㉜绥，安抚。
㉝方城，春秋时楚国所筑长城，北起今河南省方城县北，南至今泌阳县东北。一说山名，在今河南省叶县。
㉞虽众这两句，齐国和诸侯的军队虽多，但是也没有用处。

提　示

　　本文记述齐桓公会同诸侯伐楚及订盟过程。文中出场的人物主要有四个，一是楚国使者，二是齐国大夫管仲，三是齐桓公，四是楚国大夫屈完。管仲作为诸侯联军的重要人物质问楚国使者，疾言厉色，强词夺理，咄咄逼人，霸气十足。楚国使者面对强敌，不卑不亢，软中带硬，丝毫不让管仲在言语上占上风。齐桓公作为强大的诸侯联军的统帅，既向前来议和的楚大夫屈完列阵示威，又语言温中带厉，显示出攻无不克、战无不胜的十足霸气。屈完，作为处于守势的楚国大夫，一方面同前面那位楚国使者一样，不卑不亢；另一方面为齐桓公陈说利害：若以德绥诸侯，则无有不服者；若以力绥诸侯，则楚国依据方城、汉水之天然屏障，拼死抵抗，那么，齐国及诸侯联军也是无能为力的。屈完终于将齐桓公说服，使其不得不停战订盟。

　　本文在艺术上的突出特点是，通过人物的语言来表现人物性格及其内心世界和精神面貌。

思考与练习

1. 屈完与齐桓公的对话，揭示了一个什么样的道理？
2. 本文是怎样通过人物语言来表现人物性格及其精神面貌的？

《论语》①

学 而②

子曰③:"学而时习之④,不亦说乎⑤?有朋自远方来⑥,不亦乐乎?人不知⑦,而不愠⑧,不亦君子乎⑨?"

有子曰⑩:"其为人也孝弟⑪,而好犯上者⑫,鲜矣⑬;不好犯上,而好作乱者,未之有也⑭。君子务本,本立而道生。孝弟也者,其为仁之本与⑮!"

子曰:"巧言令色⑯,鲜矣仁!"

曾子曰⑰:"吾日三省吾身⑱——为人谋而不忠乎?与朋友交而不信乎⑲?传不习乎⑳?"

子曰:"道千乘之国㉑,敬事而信㉒,节用而爱人㉓,使民以时㉔。"

子曰:"弟子㉕,入则孝㉖,出则悌㉗,谨而信㉘,泛爱众,而亲仁㉙。行有余力,则以学文。"

子夏曰㉚:"贤贤易色㉛;事父母,能竭其力;事君,能致其身㉜;与朋友交,言而有信。虽曰未学,吾必谓之学矣。"

子曰:"君子不重㉝,则不威;学则不固。主忠信㉞。无友不如己者㉟。过,则勿惮改。"

曾子曰:"慎终㊱,追远㊲,民德归厚矣。"

子禽问于子贡曰㊳:"夫子至于是邦也㊴,必闻其政,求之与?抑与之与?"子贡曰:"夫子温、良、恭、俭、让以得之。夫子之求之也,其诸异乎人之求之与㊵?"

子曰:"父在,观其志㊶;父没,观其行㊷;三年无改于父之道㊸,可谓孝矣。"

有子曰:"礼之用,和为贵㊹。先王之道,斯为美;小大由之。有所不行㊺,知和而和,不以礼节之,亦不可行也。"

有子曰:"信近于义,言可复也㊻。恭近于礼,远耻辱也㊼。因㊽不失其亲,亦可宗也。㊾"

子曰:"君子食无求饱㊿,居无求安,敏于事而慎于言,就有道而正焉㉛,可谓好学也已。"

子贡曰:"贫而无谄,富而无骄,何如㊷?"子曰:"可也;未若贫而乐㊳,富而好礼者也。"子贡曰:"《诗》云:'如切如磋,如琢如磨㊴',其斯之谓与?"子曰:"赐也㊵,始可与言《诗》已矣,告诸往而知来者㊿。"

子曰："不患人之不己知，患不知人也。"

【注释】

①《论语》，是一部记述孔子及其弟子言语行事的语录体著作，由孔门后学编纂而成，被奉为儒家经典。
②学而，《论语》的第一篇，取第一章孔子话的前二字为篇名。
③"子"，古代对有道德、有学问的人的尊称。子曰，《论语》"子曰"的"子"，都是指孔子而言。孔子（公元前551年~前479年），名丘，字仲尼，春秋末期鲁国陬（zōu）邑（今山东省曲阜市）人。儒家学派创始者，是对后世影响深远的教育家、思想家。他出生于一个没落贵族家庭，汲汲于从政之道，曾出任鲁国中都宰、司空、大司寇，摄行相事三个月。孔子主张以"仁"为核心，以"礼"为手段，"祖述尧舜，宪章文武"。但是，鲁国当政者不能接受这些主张，孔子便率领弟子周游列国，宣传他的学说。他几乎走遍各国，但没有一个国君采纳他的主张。晚年返回鲁国，致力于教育和文献整理事业。孔子思想的核心是"仁"，政治上维护"礼治""正名"，伦理上提倡孝、悌、忠、恕，文化学术上主张"和而不同"，首创私人讲学的风气，在教育方面提出了"有教无类""因材施教""温故知新"等精辟见解。
④时，在周秦时候如果作副词用，则意思是"在一定的时候"或者"在适当的时候"。朱熹《论语集注》解为"时常"，是用后代的词义解释古书。习，一般人解释为"温习"，但在古书中，它还有"实习""演习"的意义，如《礼记·射义》的"习礼乐""习射"。
⑤说，音读和意义跟"悦"字相同，高兴、愉快的意思。
⑥有朋，古本有作"友朋"的。旧注说："同门曰朋"。宋翔凤《朴学斋札记》说，这里的"朋"字即指"弟子"，即《史记·孔子世家》说的"故孔子不仕，退而修《诗》《书》、礼乐，弟子弥众，至自远方"。
⑦人不知，人家不了解我。
⑧愠（yùn），怨恨。
⑨君子，德才出众的人。
⑩有子，孔子学生，姓有，名若，比孔子小十三岁，一说小三十三岁，以小三十三岁之说较可信。《论语》记载孔子的学生一般称字，独曾参和有若称"子"（另外，冉有和闵子骞偶一称"子"，又当别论），因此很多人推测《论语》就是由他们两人的学生所纂述的。但是有若称"子"，可能是由于他在孔子死后曾一度为孔门弟子所尊重的缘故（这一史实可参阅《礼记·檀弓上》《孟子·滕文公上》《史记·仲尼弟子列传》）。至于《左传·哀公八年》说有若是一个"国士"，还未必是足以使他被尊称为"子"的原因。
⑪孝弟，孝，子女对待父母的正确态度；弟，音读和意义跟"悌"（tì）相同，弟弟对待兄长的正确态度。
⑫犯，抵触，违反，冒犯。
⑬鲜（xiǎn），少。

⑭未之有也，"未有之也"的倒装形式。古代句法有一条这样的规律：否定句，宾语若是指代词，一般放在动词前。

⑮"孝弟"二句，"仁"是孔子的一种最高道德的名称。宋人陈善《扪虱新语》说，这"仁"字就是"人"字，古书"仁""人"两字本有很多写混了的。这里是说"孝悌是做人的根本"。此说虽然也讲得通，但不能和"本立而道生"一句相呼应，未必符合有子的原意。《管子·戒篇》说，"孝弟者，仁之祖也"，也是这个意思。与，音读和意义跟"欤"字相同，《论语》的"欤"字都写作"与"。

⑯巧言令色，朱熹注云："好其言，善其色，致饰与外，务以说人。"指花言巧语和伪善的面貌。

⑰曾子，孔子学生，名参（shēn），字子舆，南武城（故城在今天的山东平邑县附近）人，比孔子小四十六岁（公元前505年～前435年）。

⑱三省，"省"（xǐng），自我检查，反省，内省。三省的"三"表示多次的意思。古代在有动作性的动词上加数字，这数字一般表示动作频率。而"三""九"等字，又一般表示次数的多，不要轻易地去看待。这里所反省的是三件事，和"三省"的"三"只是巧合。如果这"三"字是指以下三件事而言，依《论语》的句法便应该这样说："吾日省者三。"同《宪问篇》的"君子道者三"一样。

⑲信，诚也。

⑳传（chuán），动词作名词用，教师的传授。习，和"学而时习之"的"习"一样，包括温习、实习、演习、复习的意思。

㉑道，通"导"，治理的意思。乘（shèng），古代用四匹马拉着的一辆兵车为一乘。千乘之国，古代按土地出兵车，能出一千辆兵车的是一个拥有一百平方里面积的诸侯国。

㉒敬事，"敬"字一般用于表示工作态度严肃、认真，因之常和"事"字连用，如《卫灵公》的"事君敬其事而后其食"。

㉓爱人，古代"人"字有广狭两义。广义的"人"，指所有的人；狭义的"人"，只指士大夫以上各阶层的人。这里和"民"（使"民"以时）对言，用的是狭义。

㉔使民以时，古代以农业为主，"使民以时"即是《孟子·梁惠王上》的"不违农时"。

㉕弟子，一般有两种意义：一是指年纪幼小的人；二是指学生。这里用的是第一种意义。

㉖入，《礼记·内则》："由命士以上，父子皆异宫"，则知这里的"弟子"是指"命士"以上的人物而言。"入"是"入父宫"。

㉗出，出己宫。

㉘谨，寡言。

㉙仁，即"仁人"，和《雍也篇》第六章的"井有仁焉"的"仁"一样。古代的词汇经常运用这样一种规律：用某一具体人和事物的性质、特征甚至原料来代表那一具体的人和事物。

㉚子夏，孔子学生，姓卜，名商，字子夏，比孔子小四十四岁（公元前507年～？）。

㉛贤贤易色，这句话，一般的解释是："用尊贵优秀品德的心来交换（或者改

变）爱好美色的心。"照这种解释，这句话的意义就比较空泛。陈祖范的《经咫》、宋翔凤的《朴学斋札记》等书却说，以下三句，事父母、事君、交朋友，各指一定的人事关系，那么，"贤贤易色"也应该是指某一种人事关系而言，不能是一般的泛指。奴隶社会和封建社会把夫妻关系看得极重，认为是"人伦之始"和"王化之基"，这里开始便谈到它，是不足为奇的。"易"有交换、改变的意义，也有轻视（如言"轻易"）、简慢的意义。因之，根据《汉书》卷七十五《李寻传》颜师古注的说法，本句可解释为：对妻子，重品德，不重容貌。

㉜致，有"委弃""献纳"等意义，致其身，即豁出生命。

㉝君子，这一词一直贯串到本段末尾。

㉞主忠信，《颜渊篇》也说，"主忠信，徙义，崇德也"，可见"忠信"是道德。

㉟无友不如己者，一般解释为，不要跟不如自己的人交朋友。

㊱慎终，郑玄的注："老死曰终。"可见这"终"字是指父母的死亡。慎终的内容，刘宝楠《论语正义》引《檀弓》曾子的话是指附身（装殓）、附棺（埋葬）的事必诚必信，不要有后悔。

㊲追远，追念远代祖先，具体地说是指"祭祀尽其敬"。

㊳子禽，陈亢（gāng），字子禽。从《子张篇》所载的事看来，恐怕不是孔子的学生。《史记·仲尼弟子列传》也不载此人。但郑玄注《论语》和《檀弓》都说他是孔子学生，不知有什么根据。子贡，孔子学生，姓端木，名赐，字子贡，卫人，比孔子小三十一岁（公元前520年～？）。

㊴夫子，这是古代的一种敬称，凡是做过大夫的人，都可以取得这一敬称。孔子曾为鲁国的司寇，所以他的学生称他为夫子，后来因此沿袭以称呼老师。在一定的场合下，也用以特指孔子。

㊵其诸，洪颐煊《读书丛录》云："其诸"是齐鲁间语例，用来表示不肯定的语气。黄家岱《嬹艺轩杂著》说"其诸"意为"或者"，大致得之。

㊶其，指儿子，不是指父亲。

㊷其，指儿子。行，行动，行为。

㊸三年，古人这种数字，经常只表示很长的时间。道，有时候是一般意义的名词，无论好坏、善恶都可以叫做道。但更多的时候是积极意义的名词，表示善的好的东西。这里应该这样看，所以可释为合理部分。

㊹和，《礼记·中庸》："喜怒哀乐之未发谓之中，发而皆中节谓之和。"杨树达《论语疏证》说："事之中节者皆谓之和，不独喜怒哀乐之发一事也。《说文》云：'龢，调也。''盉，调味也。'乐调谓之龢，味调谓之盉，事之调适者谓之和，其义一也。和，今言适合，言恰当，言恰到好处。"

㊺有所不行，意即如有行不通的地方。

㊻复，实行，履行。《左传·僖公九年》荀息说："吾与先君言矣，不可以贰，能欲复言而爱身乎？"这里"复言"是实践诺言之义。《论语》此义当同于此。朱熹《集注》云："复，践言也。"

㊼远，动词，使动用法，使之远离的意思。亦可以释为避免。

㊽因，依靠，凭借。

㊾宗，主，可靠。一般解释为"尊敬"，不妥。

㊾君子，《论语》的"君子"有时指"有位之人"，有时指"有德之人"。但有的地方究竟是指有位者，还是指有德者，很难分别。此处大概是指有德者。
㊿正，《论语》中"正"字用了很多次。当动词用时，都作"匡正"或"端正"讲。
㉑何如，怎么样。
㉒贫而乐，皇侃本"乐"下有"道"字。郑玄注云："乐谓志于道，不以贫为忧苦。"本句可释为贫穷却乐于道。
㉓如切如磋，如琢如磨，见于《诗经·卫风·淇奥》。《尔雅·释器》："骨谓之切，象（象牙）谓之磋，玉谓之琢，石谓之磨。"用来比喻君子研究学问和陶冶品行的精益求精。
㉔赐，子贡名。孔子对学生都称名。
㉕告诸往而知来者，诸，在这里用法同"之"一样。往，过去的事，这里譬为已知的事。来者，未来的事，这里譬为未知的事。孔子赞美子贡能运用《诗经》作譬，表示学问道德都要提高一步看。

提　示

　　本文为《论语》二十篇之第一篇，通行注本将其分为十六章。发表言论的包括孔子、有子、曾子、子夏、子禽、子贡六人。言论的内容十分丰富，主要包括增进学业、修养人格和探讨治国方略等方面。

　　孔子认为，增进学问，要"学而时习之"，要庄重、认真，要达到举一反三、"告诸往而知来者"的理想境界。曾子也将"传不习乎"（教师传授的内容复习没有）作为每天多次反省的内容之一，子夏则提出了一条检验人们是否学习过的重要标准："贤贤易色；事父母，能竭其力；事君，能致其身；与朋友交，言而有信。"

　　修养人格方面，孔子认为人应当孝顺父母，敬爱兄长，诚实守信，博爱大众，亲近有仁德的人。要"敏于事而慎于言，就有道而正焉"；要贫而乐道，富而好礼。要跟比自己强的人交朋友。有了过错，就不要怕改正。有子认为孝悌为仁之本。曾子则提出了"吾日三省吾身"的加强人格修养的重要途径。

　　探讨治国方略方面，孔子认为，应当严肃认真地对待工作，诚实守信，节约费用，爱护官吏，役使老百姓要在农闲时间。这些见解深刻独到，对后世产生了深远的影响。同时，本篇同《论语》其他篇一样，具有语言生动形象、清新自然、简洁明快、含义深远等特点。

思考与练习

　　1. 孔子关于增进学问的论述对我们有何借鉴意义？
　　2. 为什么说曾子的"吾日三省吾身"是修养人格的重要途径？
　　3. 孔子、有子、曾子等提倡的忠、信、孝、悌、仁、和思想在今天有何借鉴意义？

庄周①

逍 遥 游②

北冥有鱼，其名为鲲③。鲲之大，不知其几千里也；化而为鸟，其名为鹏④。鹏之背，不知其几千里也；怒而飞，其翼若垂天之云⑤。是鸟也，海运则将徙于南冥⑥；南冥者，天池也⑦。齐谐者，志怪者也⑧；谐之言曰："鹏之徙于南冥也，水击三千里⑨，抟扶摇而上者九万里⑩，去以六月息者也⑪。"野马也⑫，尘埃也，生物之以息相吹也⑬。天之苍苍，其正色邪？其远而无所至极邪？其视下也，亦若是则已矣⑭。且夫水之积也不厚，则其负大舟也无力。覆杯水于坳堂之上⑮，则芥为之舟⑯，置杯焉则胶⑰，水浅而舟大也。风之积也不厚，则其负大翼也无力。故九万里则风斯在下矣⑱，而后乃今培风⑲；背负青天而莫之夭阏者⑳，而后乃今将图南。蜩与学鸠笑之曰㉒："我决起而飞㉓，枪榆枋㉔，时则不至㉕，而控于地而已矣㉖；奚以之九万里而南为㉗！"适莽苍者㉘，三飡而反㉙，腹犹果然㉚；适百里者，宿舂粮㉛；适千里者，三月聚粮。之二虫㉜，又何知！小知不及大知㉝，小年不及大年。奚以知其然也？朝菌不知晦朔㉞，蟪蛄不知春秋㉟，此小年也。楚之南有冥灵者㊱，以五百岁为春，五百岁为秋；上古有大椿者㊲，以八千岁为春，八千岁为秋，此大年也㊳。而彭祖乃今以久特闻，众人匹之㊴，不亦悲乎？

汤之问棘也是已㊵："穷发之北㊶，有冥海者，天池也。有鱼焉，其广数千里，未有知其修者㊷，其名为鲲。有鸟焉，其名为鹏，背若泰山，翼若垂天之云；抟扶摇羊角而上者九万里㊸，绝云气㊹，负青天，然后图南，且适南冥也。斥鴳笑之曰㊺：'彼且奚适也！我腾跃而上，不过数仞而下㊻，翱翔蓬蒿之间，此亦飞之至也。而彼且奚适也！'"此小大之辨也㊼。

故夫知效一官㊽，行比一乡㊾，德合一君，而征一国者㊿，其自视也亦若此矣㉕①。而宋荣子犹然笑之㉕②。且举世誉之而不加劝㉕③，举世非之而不加沮㉕④，定乎内外之分㉕⑤，辨乎荣辱之境，斯已矣㉕⑥；彼其于世，未数数然也㉕⑦。虽然，犹有未树也㉕⑧。夫列子御风而行㉕⑨，泠然善也㉖⓪，旬有五日而后反；彼于致福者，未数数然也㉖①。此虽免乎行，犹有所待者也㉖②。若夫乘天地之正㉖③，而御六气之辩㉖④，以游无穷者㉖⑤，彼且恶乎待哉！故曰：至人无己㉖⑥，神人无功㉖⑦，圣人无名㉖⑧。

尧让天下于许由㉖⑨，曰："日月出矣，而爝火不息㊀⓪；其于光也，不亦难乎！时雨降矣，而犹浸灌⑦；其于泽也⑫，不亦劳乎！夫子立而天下治，而我犹尸之⑬，吾自视缺然⑭，请致天下⑮。"许由曰："子治天下，天下既已治也；而我犹代子，吾将为名乎？名者，实之宾也；吾将为宾乎⑯？鹪鹩巢于深林⑰，不过一枝；偃鼠饮河⑱，不过满腹。归休乎君⑲，予无所用天下为⑳！庖人虽不治庖㉑，尸祝不越樽俎而代之矣㉒！"

肩吾问于连叔曰㉓："吾闻言于接舆㉔：大而无当，往而不反㉕；吾惊怖其言，犹河汉而无极也㉖，大有迳庭㉗，不近人情焉。"连叔曰："其言谓何哉？"曰："'藐姑射之山㉘，有神人居焉；肌肤若冰雪，淖约若处子㉙，不食五谷，吸风饮露，乘云气，御飞龙，而游乎四海之外；其神凝㉚，使物不疵疠而年谷熟㉛。'吾以是狂而不信也㉜。"连叔曰："然。瞽者无以与乎文章之观㉝，聋者无以与乎钟鼓之声；岂唯形骸有聋盲哉！夫知亦有之㉞。是其言也，犹时女也㉟。之人也，之德也，将旁礴万物以为一世蕲乎乱㊱，孰弊弊焉以天下为事㊲！之人也，物莫之伤：大浸稽天而不溺㊳，大旱金石流、土山焦而不热。是其尘垢秕糠将犹陶铸尧、舜者也㊴，孰肯以物为事！宋人资章甫而适诸越㊵，越人断发文身㊶，无所用之。尧治天下之民，平海内之政，往见四子藐姑射之山㊷，汾水之阳㊸，窅然丧其天下焉㊹。"

惠子谓庄子曰㊺："魏王贻我大瓠之种㊻，我树之成而实五石㊼。以盛水浆，其坚不能自举也㊽。剖之以为瓢，则瓠落无所容㊾。非不呺然大也㊿，吾为其无用而掊之(51)。"庄子曰："夫子固拙于用大矣(52)！宋人有善为不龟手之药者(53)，世世以洴澼絖为事(54)。客闻之，请买其方百金(55)。聚族而谋曰：'我世世为洴澼絖，不过数金；今一朝而鬻技百金(56)，请与之。'客得之，以说吴王。越有难，吴王使之将，冬与越人水战，大败越人(57)，裂地而封之。能不龟手一也；或以封，或不免于洴澼絖，则所用之异也。今子有五石之瓠，何不虑以为大樽而浮于江湖(58)，而忧其瓠落无所容，则夫子犹有蓬之心也夫(59)！"

惠子谓庄子曰："吾有大树(60)，人谓之樗；其大本拥肿而不中绳墨(61)，其小枝卷曲而不中规矩(62)。立之涂(63)，匠者不顾。今子之言，大而无用，众所同去也。"庄子曰："子独不见狸狌乎？卑身而伏，以候敖者(64)；东西跳梁(65)，不辟高下(66)，中于机辟(67)，死于罔罟(68)。今夫斄牛(69)，其大若垂天之云；此能为大矣，而不能执鼠。今子有大树，患其无用，何不树之于无何有之乡(70)，广莫之野(71)，彷徨乎无为其侧(72)，逍遥乎寝卧其下；不夭斤斧(73)，物无害者(74)。无所可用，安所困苦哉(75)？"

【注释】

① 庄周，战国时宋国蒙（约今河南省商丘市东北）人。约生于公元前369年（周烈王七年），卒于公元前286年（周赧王二十九年）。与梁惠王、齐宣王同时。曾为漆园吏。《史记·老子韩非列传》说："其学无所不窥，然其要本归于老子之言；故其著书十余万言，大抵率寓言也。作《渔父》《盗跖》《胠箧》以诋訿孔子之徒，以明老子之术。《畏累虚》《亢桑子》之属，皆空语无事实。然善属书离辞，指事类情，用剽剥儒、墨，虽当世宿学，不能自解免也。其言洸洋自恣以适己，故自王公大人，不能器之。"比较概括地指出他的思想特色、学术渊源和文章风格。《汉书·艺文志》道家著录《庄子》五十二篇。今本《庄子》有三十三篇，《内篇》七，《外篇》十五，《杂篇》十一。研究者们多认为《内篇》是庄子所作，《外篇》《杂篇》多出于庄子后学所追记。

② 本篇为《庄子》一书的首篇，从思想上或艺术上讲都是《庄子》一书的代表作品。它主要说明庄子追求绝对自由的人生观，指出大至高飞九万里的鹏，小至蜩与学鸠，都是有所待而不自由的，只有消除了物我界限，无所待而游于无穷，达到无己、无功、无名的境界，才是绝对的自由，这就是逍遥游。

③ 北冥，即北海。海色深黑，故叫冥。冥，一作溟。鲲，鱼卵，这里借作大鱼名。

④ 鹏，即古"凤"字，大鸟名。

⑤ 垂，同"陲"，边，垂天，犹天边。这句形容鹏翼之大，像天边的一块大云。

⑥ 海运，海波动荡。海动时必有大风，鹏即乘此风徙往南海。一说，运作行解。

⑦ 天池，造化所形成的大池，不是人工所造。

⑧ 齐谐，书名。一说，人名。志，记载。志怪，记载怪异之事。

⑨ 水击，指鹏起飞时两翼拍击水面而行。

⑩ 抟（tuán），一作"搏"，作拍、拊解。扶摇，风名，一种从地面上升的暴风。这句说，鹏借风力，拍翼飞上九万里的高空。一说，抟，圜，作迴旋上升解。

⑪ 这句说，大鹏一飞半年，到天池而休息。一说，息，作风解。这句说，大鹏去南海是乘六月时的大风的。

⑫ 野马，指游气。春天阳气发动，远望野外林泽间，有气上扬，犹如奔马，故叫野马。

⑬ 息，气息。这三句意思说，野马、尘埃等微细之物，因被生物之息所吹动而在空中游荡。高飞九万里的大鹏，和它们虽大小悬殊，但都是任自然之力而动的。

⑭ "其视下"两句，其，指在九万里上空的鹏。这两句说，鹏在高空俯视下界，也如同在下界的视天，只见一片苍苍之色，不辨正色。

⑮ 坳（ào），室内低洼处。

⑯ 芥，小草。

⑰ 胶，胶着而不能动。

⑱ 这句话意思说，大鹏能飞至九万里的高空，由于下面有深厚巨大的风力在负托着它。

⑲培,通"凭"。培风,犹乘风。这句说,然后才能乘风而行。
⑳夭,挫折。阏(è),阻止。
㉑图南,图谋飞往南方。
㉒蜩(tiáo),即蝉。学鸠,小鸟名。学,一作鸴,音同。
㉓决(xuè),迅疾貌。
㉔枪,张默生《庄子新释》认为:"'枪'或'抢'字之误。"抢,突过。榆、枋,两种树名。枋(fāng),即檀。
㉕则,犹或。
㉖控,投,落下。
㉗为,疑问助词。这句说,何必高飞到九万里之上而到那遥远的南方去呢?
㉘莽苍,郊野的颜色,意谓遥望不甚分明,这里即指郊野。
㉙飡,同"餐"。反,同"返"。
㉚果然,饱貌。
㉛宿(xiǔ)舂粮,隔宿捣米储粮。
㉜之,此。二虫,指蜩与学鸠。
㉝知,同"智"。
㉞朝菌,朝生暮死的菌。晦,农历每月最后一天。朔,农历每月第一天。
㉟惠蛄,即寒蝉,春生夏死,夏生秋死。春秋指一年。
㊱冥灵,大木名。一说,大龟名。
㊲椿,乔木名,高三四丈,质料坚实。
㊳"此大年也"句,原文阙,今据宋人陈景元《庄子阙误》所考补足。
㊴"而彭祖"两句,彭祖,相传姓籛名铿,唐尧的臣子,封于彭,寿七百余岁,以长寿著称。匹,犹比。
㊵棘,一作革,人名,相传是商汤的大夫。《列子·汤问》篇作夏革。已,同"矣"。
㊶穷发,北方不生草木之地。发,指草木。穷发,犹不毛。
㊷修,长度。
㊸羊角,旋风。
㊹绝,超越。
㊺斥,小泽。鷃(yàn),雀。斥鷃,小泽中的雀。一说,斥,与"尺"通。斥鷃,犹小雀。
㊻仞,八尺,或云七尺。
㊼这句说,这就是大和小的分辨啊。
㊽知,同"智"。效,胜任的意思。一官,一项工作。
㊾比,吴汝纶云:"比,犹'庇'也。"
㊿合,投合。郭庆藩云:而,当读"能",因古声近而通用。征,信。这句说,品德能使国君满意而又能取信于一国之人者。一说而,连词,连接"合—君"和"征—国"两个意思。
㉛此,指斥鷃。
㉜宋荣子,即宋钘(xíng),学说近墨家。犹然,笑貌。之,指上述这类人。
㉝劝,勉励。
㉞沮,沮丧。

(55)分（fèn），界，际。这句说，宋荣子能够确定自我与外物的区别。
(56)斯已矣，如此而已。
(57)数数（shuò），频频，常常。这两句说，这种人在世上是不常见的。
(58)未树，指未能树立至德。
(59)列子，名御寇，郑人。御风，驾风而行。相传列子得风仙之道，能乘风而行。
(60)泠（líng）然，轻妙貌。
(61)致，得。福，备。章炳麟说："备者，百顺之名也。无所不顺之谓备。此'福'即谓无所不顺。"这两句说，御风而无往不顺，泠然而善，能像列子这样的，世上也不是常见的。
(62)"此虽"两句，意思说，这虽然免于步行，还必有待于风。待，凭借、依靠。
(63)正，指万物自然之性。即自然界的正常现象。
(64)六气，阴、阳、风、雨、晦、明。辩，通"变"，指六气的变化。
(65)游无穷，遨游于无穷的宇宙。
(66)至人，修养最高的人。无己，能任顺自然，忘了自己。
(67)神人，修养达到神化不测境界的人。无功，无意于求功。
(68)无名，无意于求名。成玄英《庄子疏》说："至言其体，神言其用，圣言其名，其实一也。"所谓至人、神人、圣人，其实是一种人，即顺天地、忘物我而获得绝对自由的得道之人。
(69)许由，相传字武仲，颍川人，尧让天下给他，他不受而逃，隐于箕山。
(70)爝（jué 爵）火，小火把，言光之小者。
(71)浸灌，犹灌溉。
(72)泽，润泽。
(73)夫子，指许由。尸，古代祭祖的神主，后来引申为无其实而徒居名位之意，所谓"尸位"。"尸"作动词用。
(74)缺然，不足貌。
(75)致天下，把天下奉交给你。
(76)"名者"三句，宾，从生物，附属品。这三句意思是说，名是依附于实而产生的事物。你已把天下治理得很好了，再把天下让给我，那我就将成为徒拥虚名、有名无实的人，将成为一种附属品。
(77)鹪鹩（jiāoliáo），小鸟名。喜欢居于树林深处，巧于筑巢。
(78)偃（yǎn）鼠，土鼠名，一作鼹鼠，常穿耕地而行，喜饮河水。
(79)归休乎君，是"君归休乎"的倒装句，犹说："您回去吧，算了吧！"君，您，指尧。
(80)这句说，天下对于我是没有什么用处的。
(81)庖人，掌管庖厨的人。不治庖，谓没有供应好牲畜等祭品。
(82)祝，执掌祭祀之官，因他对神主而祝，故称尸祝。樽，盛酒器。俎，盛肉器。这句说，尸祝、庖人各有其分位，尸祝不能超越权限代庖人行事。
(83)肩吾、连叔，疑是作者虚构的人物。
(84)接舆，楚国的狂士，隐居不仕。
(85)往而不反，犹今言"说到那里是那里"，不着边际。
(86)河汉，指天上银河。这句说，接舆的话像银河那样漫无边际。
(87)迳庭，差别很大的意思。迳，门外小路。庭，庭院之中。门外小路和中庭，一偏一正，差别很大。这句连下句意思说，接舆的话与人情相去甚远。
⑧藐，辽远之意。姑射（yè），传说中仙山名。一说藐姑射三字连读，山名。
⑨淖约，同"绰约"，美好、柔弱貌。处子，即处女。
⑩其神凝，他的精神凝聚、专一。一说凝作静解。
⑪疵疠，疾病。
⑫是，此，指接舆的话。狂，借为"诳"。这句说，我认为这是诳言而不相信。
⑬与，参与。下同。文章，指有文彩的东西。
⑭知，同"智"。
⑮"是其"两句，时，同"是"。女，同"汝"。这两句意思说，上面所说这些话，指的就是你啊。
⑯旁礴（bó），广被万物，形容无所不包、无所不及。旁，又作"磅"。蕲，同"祈"，作求解。乱，作治解。
⑰弊弊，劳苦貌。
⑱大浸，大水。稽，至。
⑲粃糠，谷不熟为粃，谷皮叫糠。这里均指琐细的东西。陶，制瓦器。铸，制金器。这里均作动词用。这句说，用神人身上的琐细尘垢都将陶铸出尧舜来。
⑳资，采购。章甫，冠名。适，往。适诸越，到越国出售。
㉑断，剪短头发，原作短，据郭庆藩《庄子集释》本改。文身，身涂文彩。
㉒四子，相传指王倪、啮（niè）缺、被衣、许由。《庄子》书中认为是古代得道之人。
㉓汾水之阳，汾水的北面。指今山西省临汾县一带，曾为尧都。
㉔窅（yǎo）然，怅然。丧，犹忘。这句意思说，尧见了四子之后，怅然忘掉了自己的天下。
㉕惠子，即惠施，庄子友，宋人，曾为梁（即魏）国相。
㉖瓠（hù），葫芦。
㉗实，作容受、容纳解。十斗为一石。实五石，中间可以容纳五石的东西。
㉘坚，坚固程度。这句意思说，葫芦质地脆，盛水太多，就不能胜任，无法提举。
㉙瓠落，犹廓落，大而平浅。无所容，指不能容纳东西。
㉚呺（xiāo）然，虚大貌。
㉛掊（pǒu），击破。
㉜拙于用大，不善于使用大的东西。
㉝龟（jūn），同"皲"，皮肤受冻而裂。不龟手之药，防治手上皮肤冻坏的药。
㉞洴澼（píngpì），在水中漂洗。絖（kuàng），同"纩"，细棉絮。以洴澼絖为事，犹言以洗衣为生也。
㉟这句说，请求用一百斤金来购买他的药方。古代金大一方寸重一斤为一金。
㊱鬻（yù），卖。技，指制药的技能。
㊲"冬与"两句，因为吴人用不龟手之药预防，虽冬天水战，皮肤不冻裂，故取得胜利。
㊳虑，作结缚解。一说，虑是"摅"的假借，作挖空解。大樽，一名腰舟，形如酒器，缚在身上，浮于江湖，可以自渡。这句说，为什么不把它系结在身上（或挖空了）作为大樽用？

⑲蓬，短而不畅之物。蓬之心，指见解迂曲。一说，蓬是蒙的假借字；蓬之心，谓心有所蒙蔽。
⑳樗（chū），亦称臭椿，一种劣质的大木。
㉑大本，指主干。拥肿，同"臃肿"，指木上多赘瘤。中，合。绳墨，匠人用以求直的工具。
㉒卷曲，同"蜷曲"。规矩，匠人用以求圆、求方的工具。以上两句说，大树的枝干都不中用。
㉓涂，同"途"。
㉔狸，野猫。狌，俗名黄鼠狼。
㉕敖，同"遨"，作游解。敖者，指往来的小动物，狸狌取食的对象。
㉖跳梁，同"跳踉"，跳跃，窜越。
㉗辟，同"避"。
㉘机，弩机；辟，陷阱；均用以捕兽者。
㉙罔，同"网"。罟（gǔ），网的通称。
㉚斄（lí）牛，即牦牛，产于我国西南部的一种牛。
㉛无何有，什么都没有。
㉜广莫，广大。
㉝彷徨，徘徊。
㉞夭，夭折。斤，砍木头的斧子。这句说，不因斧斤砍伐而夭折。
㉟物无害者，没有什么东西会侵害它。
㊱"无所"两句，它没有什么用处，又哪里有什么困苦呢？

提　示

《逍遥游》是《庄子》的第一篇，表现庄子追求绝对自由的思想。清代学者王先谦在《庄子集解》中说："无所待而游于无穷，方是《逍遥游》一篇纲目。"全文可以分为三层。第一层，描绘了一幅广大无边的世界，南溟天池中，鹏鸟双翅若垂天之云，水击三千里，飞升九万里，但是鹏鸟要凭借风的流动；反推出只有"无己""无功""无名"的人才能"乘天地之正""御六气之辩"，达到无所待而游无穷的境界。第二层，借尧与许由、肩吾与连叔的对话，突出去"名"和去"位"（即"功"）的方式和重要性，以达到"无己"的境界。第三层，通过惠施和庄子的对话，突出"无用之用"的意义。大樗无所用而不受斧斤之害，人无己而不受功名利禄之困。第三层看似偏离前面两层，但实际上是对前面两层的深化。

庄子追求逍遥游的精神绝对自由的境界，反对人为物所役，认为人应当突破功、名、权、位等的束缚，回归人的本性，达到"天地与我并生，万物与我为一"的境界。所以，《逍遥游》中的"无己"，不是彻底消灭人的主体性，而是在现实生活中要独善其身，与天地万物同游，在更高的层次上实现人的主体性。

《逍遥游》喜欢用"寓言"说理，人物、地方，无所凭据，充满神奇的想象。李白在《大鹏赋》中赞扬庄子"吐峥嵘之高论，开浩荡之奇言，征志怪于齐谐"。庄子擅长借用和同时代人对话的方式，阐明事理，富有真实感。同时，作者大量运用比喻以及排比、反诘等句式，造成文章纵横捭阖、汪洋恣肆的气势，增强了说理的力量。

思考与练习

1. 谈谈你对《逍遥游》思想内容的理解。
2. 如何理解庄子提出的"至人无己，神人无功，圣人无名"？
3. 请分析本文的艺术特色。

韩非①

说　难②

　　凡说之难：非吾知之有以说之之难也③，又非吾辩之能明吾意之难也④，又非吾敢横失而能尽之难也⑤。凡说之难：在知所说之心，可以吾说当之⑥。所说出于为名高者也，而说之以厚利，则见下节而遇卑贱，必弃远矣⑦。所说出于厚利者也，而说之以名高，则见无心而远事情，必不收矣⑧。所说阴为厚利而显为名高者也，而说之以名高，则阳收其身而实疏之；说之以厚利，则阴用其言显弃其身矣。此不可不察也。

　　夫事以密成⑨，语以泄败。未必其身泄之也，而语及所匿之事⑩，如此者身危⑪。彼显有所出事，而乃以成他故⑫，说者不徒知所出而已矣⑬，又知其所以为，如此者身危⑭。规异事而当⑮，知者揣之外而得之⑯，事泄于外，必以为己也，如此者身危⑰。周泽未渥也⑱，而语极知，说行而有功，则德忘⑲；说不行而有败，则见疑⑳，如此者身危。贵人有过端㉑，而说者明言礼义以挑其恶㉒，如此者身危。贵人或得计而欲自以为功㉓，说者与知焉㉔，如此者身危㉕。强以其所不能为㉖，止以其所不能已，如此者身危。故与之论大人，则以为间己矣；与之论细人，则以为卖重㉗。论其所爱，则以为借资㉘；论其所憎，则以为尝己也，径省其说，则以为不智而拙之；米盐博辩，则以为多而久之。略事陈意，则曰怯懦而不尽；虑事广肆，则曰草野而倨侮㉙。此说之难，不可不知也。

　　凡说之务，在知饰所说之所矜而灭其所耻。彼有私急也，必以公义示而强之㉚。其意有下也，然而不能已，说者因为之饰其美而少其不为也。其心有高也，而实不能及，说者为之举其过而见㉛其恶，而多其不行也。有欲矜以智能，则为之举异事之同类者，多为之地，使之资说于我，而佯不知也以资其智。欲内相存之言㉜，则必以美名明之，而微见其合于私利也。欲陈危害之事，则显其毁诽而微见其合于私患也㉝。誉异人与同行者，规异事与同计者。有与同污者，则必以大饰其无伤也；有与同败者，则必以明饰其无失也。彼自多其力，则毋以其难概之也㉞；自勇其断，则无以其谪怒之㉟；自智其计，则毋以其败穷之。大意无所拂悟㊱，辞言无所系縻㊲，然后极骋智辩焉。此道所得，亲近不疑而得尽辞也。伊尹为宰㊳，百里奚为虏㊴，皆所以干其上也㊵。此二人者，皆圣人也；然犹不能无役身以进㊶，如此其污也！今以吾言为宰虏⁴²，而可以听用而振世⁴³，此非能仕之所耻也⁴⁴。夫旷日离久，而周泽既渥，深计而不疑，引争而不罪，则明割利害以致其功⁴⁵，直指是非以饰其身⁴⁶，以此相持，此说之成也。

昔者郑武公欲伐胡⁴⁷，故先以其女妻胡君以娱其意。因问于群臣："吾欲用兵，谁可伐者？"大夫关其思对曰⁴⁸："胡可伐。"武公怒而戮之，曰："胡，兄弟之国也。子言伐之，何也？"胡君闻之，以郑为亲己，遂不备郑。郑人袭胡，取之。宋有富人⁴⁹，天雨墙坏。其子曰："不筑，必将有盗。"其邻人之父亦云。暮而果大亡其财⁵⁰。其家甚智其子⁵¹，而疑邻人之父。此二人说者皆当矣，厚者为戮，薄者见疑，则非知之难也，处知则难也⁵²。故绕朝之言当矣⁵³，其为圣人于晋，而为戮于秦也⁵⁴，此不可不察。

昔者弥子瑕有宠于卫君⁵⁵。卫国之法⁵⁶：窃驾君车者罪刖⁵⁷。弥子瑕母病，人间往夜告弥子⁵⁸，弥子矫驾君车以出。君闻而贤之⁵⁹，曰："孝哉！为母之故，忘其刖罪。"异日，与君游于果园，食桃而甘，不尽，以其半啖君⁶⁰。君曰："爱我哉！忘其口味以啖寡人⁶¹。"及弥子色衰爱弛，得罪于君，君曰："是固尝矫驾吾车⁶²，又尝啖我以馀桃。"故弥子之行未变于初也，而以前之所以见贤而后获罪者，爱憎之变也。故有爱于主，则智当而加亲；有憎于主，则智不当见罪而加疏。故谏说谈论之士，不可不察爱憎之主而后说焉。

夫龙之为虫也⁶³，柔可狎而骑也⁶⁴；然其喉下有逆鳞径尺⁶⁵，若人有婴之者⁶⁶，则必杀人。人主亦有逆鳞，说者能无婴人主之逆鳞，则几矣⁶⁷。

【注释】

①韩非，生于周赧王三十五年，卒于秦王政十四年（约前281年～前233年），为韩国公子，战国末期韩国（今河南省新郑）人。是先秦时期法家思想的集大成者，后世称"韩非"或"韩非子"。韩非的著作，是他去世后，后人辑集而成的。据《汉书·艺文志》著录《韩子》五十五篇，《隋书·经籍志》著录二十卷，张守节《史记正义》引阮孝绪《七录》也说："《韩子》二十卷。"篇数、卷数皆与今本相符，可见今本并无残缺。自汉而后，《韩非子》版本渐多，其中陈启天《韩非子校释》、陈奇猷《韩非子集释》尤为校注详赡，考订精确；梁启雄《韩子浅解》尤为简明扼要，深入浅出。
②说（shuì），游说、劝说之意。说难，就是游说的困难。本文为《韩非子》第十二篇，专门论述了游说君主的困难，并详尽地分析了游说成功与失败的原因，从而提出了相应的游说方法。
③非吾知之有以说之之难也，顾广圻解说得清楚准确："案此文首三句三'吾'字皆吾说者也，与下文'所说'相对，言在吾者之非难，所以起下文在所说者之难也。在吾者，必先知之有以说，然后辩之能明吾意，又然后敢横佚而

能尽，三者相乘。"本句连用三个"之"字，意思各不相同。第一个"之"是代词，指事理；第二个"之"是代词，指游说的对象；第三个"之"是结构助词，相当于"的"。

④又非吾辩之能明吾意之难也，此句两个"之"字，第一个"之"是代词，指事理；第二个"之"是结构助词，相当于"的"。辩，辩才。这句说，也并不是我有辩才且能表明我的意思的难处。

⑤横失，失通"佚（yì）"；横佚，横行放肆，指毫无顾忌而畅所欲言。以上三个"非吾……之难也"，说明游说的困难不在于进"说"者一方。游说君主的困难，不在于我言之无理、词不达意、没有胆气。

⑥当，音dàng，合，适。

⑦这句说，所游说的对象属于追求高尚名声的人，而进说者却用厚利去打动他，就会被看成是节操低下而得到卑贱的待遇，必然被抛弃或疏远。一说，遇，当作"偶"。遇卑贱，合于卑贱，意谓其志与卑贱者合也。

⑧这句说，所说之人意在厚利，今以名高说之，此则为自己没有相时之心而阔远事情。无心，没有心计。情，犹实也。远事情，即不切实际。收，接受，采用。

⑨夫（fú），发语词。以，因为，由于。

⑩及，连及，触及。匿，隐藏。

⑪这句说，事情因为保密而成功，讲话因为泄密而失败。未必是游说者本人泄露了秘密，而是在谈话中无意地触及到了君主心中所隐藏着的事情，这样游说者就会遭遇危险。

⑫故，事。他故，其他事情。

⑬徒，只，仅仅。

⑭这句说，君主公开地在做某件事，内心却想借此办成另一件事，游说者不但知道君主表面上所做的事，而且知道他所以这样做的意图，这样游说者就会遭遇危险。

⑮规，规划，筹划。异事，不平常的事情。

⑯知，通"智"。揣，猜测。

⑰这句说，进说者替君主筹划一件不平常的事情，而且合于他的心意，聪明人从外部迹象上把这件事猜测出来了，事情泄露出来，君主必定认为是进说者自己泄露的，这样就会身遭危险。

⑱周，亲密。泽，恩惠。渥，深厚。

⑲德，功德。

⑳见疑，被怀疑。

㉑贵人，指君主。过端，过错。

㉒挑，挑出，揭露。

㉓或，有时。得计，计谋得当。

㉔与（yù），同。

㉕这句说，君主有时计谋得当，而想以此作为他个人独到的功绩，但进说者也知道这个计谋，这样就会身遭危险。

㉖强，音qiǎng，勉强。

㉗卖重，卖弄权势。

㉘借资，借，依靠。资，凭借。
㉙倨侮，傲慢。
㉚强（qiǎng），鼓励。
㉛见，同“现”。
㉜内，通“纳”。
㉝毁诽，毁，败坏。诽，诽议。
㉞概，古代量米粟时刮平斗斛的器具，引申为压平、压抑。
㉟谪，过失。
㊱悟，通“忤”。拂悟，违逆。
㊲系縻（mí），抵触，摩擦。
㊳伊尹，名挚，商汤的相。宰，厨师。
㊴百里奚，春秋时虞国大夫，后为秦国大夫。虏，奴隶。
㊵干（gān），求。
㊶役身，身为贱役。
㊷今，假如。
㊸振世，救世。
㊹仕。通“士”。能仕，智能之士。
㊺割，剖析。
㊻饰，通“饬”（chì），修治，端正。
㊼郑武公，名掘突，春秋初期郑国君主。胡，诸侯国名，位于今河南省郾城县西南。
㊽关其思，郑国大夫，生平不详。
㊾宋，诸侯国名，范围包括今河南省东部和山东、江苏省部分地区。
㊿亡，失，这里指被窃。
(51)甚智其子，认为其子很聪明。
(52)处，对待，处理。
(53)绕朝，春秋时秦国的大夫。据《左传》文公十三年记载，晋大夫士会因事奔秦，为秦所用。晋国用计谋诱骗士会回国，绕朝识破这种计谋，劝秦康公不要让士会回晋国，秦康公不听。计得逞，士会欲行，秦大夫绕朝赠之以策，曰：“子无谓秦无人，吾谋适不用也。”
(54)为戮于秦，士会回到晋国后，用反间计，说绕朝和他同谋，因此秦国把绕朝杀了。
(55)弥子瑕，卫灵公宠幸的臣子。卫君，指卫灵公，名元，春秋时卫国国君。
(56)卫国，诸侯国名，范围包括今河南省东北部和河北省、山东省部分地区。
(57)罪刖，罪该处以刖刑。刖，砍掉脚的刑罚。
(58)间，抄近道。
(59)贤之，认为他有德行。
(60)以其半啖君，把自己吃剩的半个给君主吃。
(61)寡人，君主的谦称。
(62)固，本来。
(63)虫，泛指动物。
(64)柔，驯服，狎，戏弄。

㉕逆鳞,倒长的鳞片。径尺,长一尺左右。
㉖婴,通"撄",触动。
㉗几,差不多。

提　示

《说难》是《韩非子》55篇中最重要的作品之一,文章以犀利的笔触剖析了君主幽微隐秘的心理活动,对君主猜忌、多疑、虚荣、伪诈、阴险、多变等品性做了入木三分的刻画。

文章分两大部分,前半部分备言说难,后半部分细言说成。讲说难,第二大段的内容和文采尤堪注意。"夫事以密成,语以泄败"以下,一连排举了七条"如此者身危",即因游说失当而招致身首异处的危险,不禁使人毛骨悚然!"七危"之外,还有"八难"。其中四难是来自宣传游说涉及的人事不妥而遇到的,四难是由于方法和词语不当而遇到的。整大段文章中的七危八难全用排比句段,条分缕析而切中肌理。

第二部分是正面论述"凡说之务",要点是"在知饰所说之所矜,而灭其所耻",并抱着"大意无所拂悟,辞言无所系縻"的策略,借以达到和人主"亲近不疑""周泽既渥"的关系,而后再驰骋辩说而得尽其游说之辞。最后,告诫游说者一定要注意仰承人主的爱憎厚薄,断不可撄人主的"逆鳞"。就表达形式而言,《说难》一文确能代表韩非文章那种分析透彻、解剖不留情而又峭拔挺峻、气吞山岳的风格。

梁启雄先生认为:"韩非子指出游说之士发言之难,及其遭遇之险,是一篇反映出人情世故和君主心理的作品。""韩子的本旨似乎在于针砭纵横家之作风,使人知所鉴戒,绝不是提倡游说之术。"

思考与练习

1. 熟读本文。
2. 《说难》是一篇正面论述游说技巧的文章吗?
3. 本文的论点及论辩方法是什么?
4. 游说之难主要表现在哪些方面?

第二章 秦汉部分

秦汉文学概述

秦代和两汉文学，由于秦代历时短暂，文学成就不高，因而主要是以两汉文学为主体。从文学样式看，秦汉文学主要在辞赋、史传文、政论文和乐府诗歌四个方面取得较高成就。

自秦始皇二十六年（前221年）统一中国，至子婴降于刘邦，秦朝仅存续15年。秦王朝实行极端的文化专制主义，"史官非《秦纪》皆烧之，非博士官所职，天下敢有藏《诗》《书》百家语者，悉诣守尉杂烧之，有敢偶语《诗》《书》弃市，以古非今者族，吏见知不举者与同罪"（《史记·秦始皇本纪》），不仅如此，秦王朝还对儒生实行肉体灭绝政策，曾一举坑杀儒生460余人。在这样严酷的统治下，秦代的文学难有重要的建树，仅有的成绩是一些杂赋、仙诗和碑文。"秦世不文，颇有杂赋"（《文心雕龙·诠赋》），"秦皇灭典，亦造仙诗"（《文心雕龙·明诗》）。但这些杂赋、仙诗亦皆亡佚。秦代文学仅存的是秦始皇巡行各地时，由李斯撰写的歌颂功德的碑文。由于它们刻在各地山石之上，后世称为秦刻石。它们在形式上模仿雅颂，为四言韵文，多以三句为韵，文学价值不高。由于它们是最古的碑文，对后世的碑志文有一定影响。此外，秦时还有民歌流传，但今所传者，仅有见于《水经注·河水》的《长城之歌》。

秦代文学的唯一作家是李斯。鲁迅说："秦之文章，李斯一人而已。"（《汉文学史纲要》第五篇）李斯的代表作是《谏逐客书》。作品文辞华美，又很善于排比铺张。文章写于秦统一天下前，属于战国时期的作品。由于李斯卒于秦代，李斯的作品通常被纳入秦代文学中。秦统一六国前的作品还有秦相吕不韦召集门客编成的《吕氏春秋》，一般被归入先秦文学。

汉王朝建立初期，统治者汲取秦王朝骤然覆灭的教训，以黄老的"无为而治"学说作为治国思想，在政治上恢复了分封同姓侯王制度，以巩固自己的统治基础，在经济上采取了一系列减轻农民负担的政策和措施，以恢复和发展农业生产，在文化政策方面，惠帝时废除了秦的挟书律，"大收篇籍，广开献书之路"（《汉书·艺文志》），加之战国以来百家之学的影响，各地侯王也仿效战国诸公子，延揽各种人才于自己的门下，这使汉初的思想比较活跃自由，促进了学术文化的发展。

汉初文学成就，主要表现在政论文和辞赋的发展上。汉初文士有战国游士的余风，喜欢奔走于诸侯、权贵之门，比较关心国家和社会问题，并勇于发表自己的见解，这就促进了政论文的发展。汉初政论文作者以贾谊和晁错为最著名。他们注意总结秦王朝由弱转强、政权得而复失的经验教训，对如何巩固汉王朝的统治，表达了自己的政治主张。这些政论文议论宏阔，说理畅达，感情充沛，富于文采，对唐宋以后散文创作有明显的影响。汉初的辞赋属于战国辞赋的余绪，但作者们缺乏战国辞赋作家那样的强烈感情，多为模拟之作，作品亦多亡佚。现存的《招隐士》，其气象、格调逼近屈宋，为其中的佼佼者。贾谊在贬谪长沙时写有《吊屈原赋》和《鵩鸟赋》，其中渗透了个人的身世感叹，抒发了自己的政治抱负，特别是后者，在体制和写法上，显示了由楚辞到汉赋过渡的征象。枚乘是文景时期的重要作家，他的《七发》虽然不是以赋名篇，但就其写法和格局而言都可以说是汉大赋的第一篇作品，在汉赋发展上占有重要地位。

经过汉初以来六七十年的休养生息，至汉武帝时代，西汉王朝进入了全盛时期。汉武帝变无为政治为有为政治，开始重用儒生，倡导儒学，以董仲舒为代表的汉代新儒学应运而生。战国以来百家争鸣的局面到此结束，思想定于一尊，这对当时和以后的学术和文化发展有重大影响。

汉武帝时期至西汉末，文学上的成就，主要是乐府机关的创设和发展、辞赋创作的繁荣、《史记》的出现以及西汉末期政论文的创作。

乐府设立于汉初，其主要职能是管理郊庙、朝会的乐章。但由于"大汉初定，日不暇给"（班固《两都赋序》），还无力进行大规模的"定制度，兴礼乐"（《汉书·礼乐志》）的工作。汉武帝以"兴废继绝，润色鸿业"（班固《两都赋序》），"以兴太平"（《汉书·礼乐志》）为目的，把乐府规模和职能加以扩大，大规模搜集各地的民间歌谣，以丰富朝廷乐章。乐府机关的设立和扩大，使各地民歌有了记录、集中和提高的条件，这在中国文学史上有着划时代的意义，对中国古代诗歌的发展有着深远的影响。据《汉书·艺文志》所载篇目，西汉乐府民歌有138首，但现存的总共不过三四十首，其中较重要的有汉高祖唐山夫人以"楚声"为基础创作的《安世房中歌》，创作于武帝时期的《郊祀歌》《铙歌十八曲》。

辞赋的创作也因为"润色鸿业"的需要,在汉武帝时得到极大的发展,进入了汉赋创作最兴盛的时期。据《汉书·艺文志》著录,西汉的赋,不算杂赋,有900余篇,而武帝时的赋就有400余篇。汉武帝周围,"言语侍从之臣,若司马相如、虞丘寿王、东方朔、枚皋、王褒、刘向之属,朝夕论思,日月献纳,而公卿大臣,御史大夫倪宽、太常孔臧、太中大夫董仲舒、宗正刘德、太子太傅萧望之等,时时间作"(班固《两都赋序》),从而形成了汉赋创作盛极一时的局面。司马相如是这一时期汉赋创作最有成就的作家。他的《子虚》《上林》赋,以宏大的结构、绚烂的文采和夸张铺陈的手法,描写了汉天子上林苑的壮丽和天子田猎场面的盛大,迎合了汉武帝好大喜功的心理,表现出汉赋作为宫廷文学的特质。

西汉末期,宣帝好辞赋,他仿效汉武帝故事,招揽了不少辞赋家,有王褒、张子侨、刘向、华龙等。他们的作品大都为描写帝王的宫苑、歌颂帝王的田猎、游乐而作,现在大都失传。除歌功颂德的大赋外,一种"辩丽可喜""虞说耳目"(《汉书·王褒传》)的咏物小赋大量出现,作品现亦大多不存。《文选》中保存的王褒《洞箫赋》,可见一斑。扬雄是西汉末年著名辞赋家,他写了《甘泉》《河东》《羽猎》《长杨》四赋,歌颂汉朝的声威和皇帝的功德,作品处处仿效司马相如,缺乏创造性,但由于才高学博,他的赋写得流畅,有气魄,如《羽猎赋》《长杨赋》。

辞赋是西汉文学发展的重要成就。但就思想和艺术来说,真正代表这个时代文学发展最高成就的是司马迁的《史记》。汉武帝时,"建藏书之策,置写书之官,下及诸子传说,皆充秘府"(《汉书·艺文志》),这就为《史记》的写作准备了物质条件。司马迁独立完成了"网罗天下放失旧闻,考之行事,稽其成败兴坏之理","穷天人之际,通古今之变,成一家之言"(司马迁《报任安书》)的《史记》,为中国文化的发展,树立了一块丰碑。《史记》以人物传记为中心,不仅开创了纪传体的史学,也开创了纪传体的文学,鲁迅所说的"史家之绝唱,无韵之《离骚》"(《汉文学史纲要》第十篇),精辟地评价了司马迁在史学和文学发展上的贡献。

西汉后期,政论文创作取得突出成就,桓宽的《盐铁论》和刘向的奏疏、校雠古书的叙录是这方面的代表。《盐铁论》从现实问题出发,针砭时弊,颇中要害,并具有浑朴质实的特点。刘向的文章用意深切,辞浅理畅,在舒缓的陈述中流露出作者匡救时弊的热情。

建武元年(25年),刘秀定都洛阳,史称东汉。东汉王朝建立后,刘秀推崇在西汉末年开始兴起的谶纬之学,它与今古文经学合流而泛滥于一时,成为思想文化领域的统治思想。在这样的文化环境的影响下,东汉文学也有了新的变化和发展。

班固的《汉书》是东汉史传文学的代表。它沿袭《史记》体例而小有变动，记叙西汉的历史，开创了中国断代史的先例，其中一些人物传记，记述详赡严密。旧时史汉、班马并称，说明《汉书》同《史记》一样对后世的史学和文学都产生了巨大影响。东汉政论文如王符的《潜夫论》、仲长统的《昌言》、崔寔的《政论》、荀悦的《申鉴》等，沿袭了汉代散文一直发展着的骈偶化传统，文章更为整齐工丽。东汉后期著名散文家蔡邕的文章，清丽典雅，开创了新的风气，在当时和后来均极受重视。除以上诸名家之外，东汉后期还有一些散文名篇，如陈蕃的《理李膺等疏》、李固的《遗黄琼书》、朱穆的《与刘伯宗绝交书》和《崇厚论》、秦嘉的《与妻徐淑书》和《重报妻书》等。此外，王充的文艺批评对魏晋以后的文艺思想有很大的影响，他批判了当时"华而不实，伪而不真"的文风，提出了一系列文学主张。

　　东汉辞赋仍在司马相如的影响之下，模拟因袭的风气盛行，但以班固《两都赋》为开端的京都大赋，由宫苑而都城，在题材开拓上是一个进步。东汉中叶以后，政治极端黑暗，赋风开始转变，张衡的《归田赋》以清丽的语言、情景交融的手法，表现了作者归隐田园的恬静心绪，是这一转变的标志。桓灵以后，一些愤世嫉俗的士人，更多地创作一些批判现实的抒情小赋，如赵壹的《刺世疾邪赋》和蔡邕的《述行赋》等。祢衡的《鹦鹉赋》也是抒情小赋的名篇。这类抒情小赋数量虽然不多，但它突破了沿袭已久的赋颂传统，是魏晋六朝抒情赋的先导。

　　现存汉乐府民歌大多是东汉的作品。这些民歌形式多样，反映了东汉时期人民的苦难处境和思想感情，是东汉文学的重大收获。东汉文学的另一重大收获，是在乐府民歌和民谣影响下，文人五言诗的形成。无名氏的《古诗十九首》标志着东汉文人五言诗的成熟，代表了东汉文人五言诗的最高艺术成就。这些诗歌反映了东汉后期中下层士人的生活和思想。它们的作者有一定的文化素养，在创作中既保持了乐府民歌的朴素自然、平易流畅的特色，又能借鉴《诗经》《楚辞》的艺术手法，在朴素自然中求工整，在平易流畅中见清丽，极大地提高了诗歌的表现力和抒情性，对魏晋五言诗的发展有巨大的影响。

汉乐府

妇病行①

妇病连年累岁,传呼丈人前②。一言当言③,未及得言④,不知泪下一何翩翩⑤。"属累君两三孤子⑥,莫我儿饥且寒,有过慎莫笞答⑦,行当折摇⑧,思复念之⑨!"

乱曰⑩:抱时无衣⑪,襦复无里⑫。闭门塞牖⑬,舍孤儿到市⑭。道逢亲交⑮,泣坐不能起。从乞求与孤买饵⑯。对交啼泣,泪不可止。"我欲不伤悲不能已。"探怀中钱持授交。入门见孤儿,啼索其母抱。徘徊空舍中,"行复尔耳⑰,弃置勿复道⑱"。

【注释】

① 这是一首汉乐府诗歌。乐府是掌管音乐的官署。秦及西汉惠帝时均设有乐府令。武帝时乐府规模较大。乐府的具体任务因时而异,但总体而言是制定乐谱、采集歌词和训练乐官。乐府后由机构名演变为诗体名。作为诗体名,本指乐府官署所采集、创作的乐歌,也用以称魏晋至唐代可以入乐的诗歌和后人仿效乐府古题的作品。宋元以后的词、散曲和剧曲,因配合音乐,有时也称乐府。宋人郭茂倩所编《乐府诗集》搜罗汉魏至五代乐府诗歌最为完备。《妇病行》选自《乐府诗集·相和歌辞·瑟调曲》。按《乐府诗集》的分类,"相和歌辞"是汉人所采各地的俗乐。
② 丈人,男子的统称,此指丈夫。传,传达。此句大意是请人把丈夫叫来。
③ 意思是有一句话应当说。
④ 此句意思是话还没说出口。
⑤ 不知,不知不觉。一何,多么。翩翩,连绵不断的样子。
⑥ 属累(zhǔlěi),托付。君,称丈夫。孤,幼年丧父或父母双亡的,这里指失去母亲的。
⑦ 慎,千万,切切。莫,不要。笞(dá),鞭打。答(chī),用鞭、杖或竹板打。笞答,用鞭、杖或竹板打。
⑧ 行当,将要。折摇,即折夭,夭折。病妇将要死亡的时候年龄尚轻,故自称"折摇"。此句是说病妇自知不起,一说指病妇预料孩子离开母亲也难久活。
⑨ 意思是多多思念我这番话吧。
⑩ 乱,乐歌的卒章,一说是合唱的部分。"乱曰"以下写病妇死后的事。
⑪ 衣,指长衣。
⑫ 襦(rú),短袄。里,衣服的里层。"抱时"二句,是说父亲本想带孩子到集市上,但孩子们既无长衣,短袄又衣里破碎,不能御寒。

⑬牖（yǒu），窗户。塞牖，穷人家的窗户没有窗扇或窗格，外出时只能用物堵塞，所以说"塞牖"。

⑭舍，放下。因为孩子们既无长衣，短袄又不能御寒，父亲只好把他们留在家里，自己到集市上去。

⑮亲交，亲近的友人。

⑯从，就，向。乞求，请求。与，为，替。饵，糕饼之类的食物。

⑰行，即将。复，又，亦。尔，这样，如此。耳，语气词，表示肯定。这句是说，要不了多久，孩子们也要像妈妈一样了。

⑱这句话是说还是丢开这件事，不提它吧。

提　示

诗歌叙述了年轻的妻子临终前对丈夫的嘱托和妻子死后父子生活的孤苦和无奈，反映了汉代下层人民生活的困苦。

诗中有感人肺腑的故事情节和栩栩如生的人物形象，体现了汉乐府民歌以叙事为主的特色。诗歌对事件并不做有头有尾的叙述，而是恰当地截取病妇生前死后两个悲剧性的生活片段集中描绘，虽然篇幅短小，但因叙事时剪裁精当，故事依然典型生动。诗的结构看似松散，实则紧密。病妇生前反复叮嘱的"莫我儿饥且寒"在"乱曰"部分中得到了充分的回应。诗中人物质朴自然的话语，字字泪痕，句句传神，使这首诗感人肺腑，令人过目难忘。

思考与练习

1. 有学者主张"闭门塞牖，舍孤儿到市"的断句应为"闭门塞牖舍，孤儿到市"，你是否同意这种主张？为什么？

2. 阅读有关著作，了解乐府诗的源流和分类。

3. 汉乐府民歌长于叙事，结合这首诗和其他已学过的作品谈谈你的看法。

《古诗十九首》

明月何皎皎①

明月何皎皎②,照我罗床帏③。忧愁不能寐,揽衣起徘徊④。客行虽云乐,不如早旋归⑤。出户独彷徨⑥,愁思当告谁?引领还入房⑦,泪下沾裳衣⑧。

【注释】

①《明月何皎皎》是《古诗十九首》的第十九首。原无诗题,依习惯以诗的第一句作题目。"古诗"即古代人所作的诗。汉代的一些文人五言诗,流传至六朝,已不能确定其作者和创作年代,六朝人就统称之为"古诗"。梁代萧统所编《文选》收录这样的作品十九首,题为《古诗十九首》,后世遂沿用这一称谓称呼这十九首作品。李善认为这十九首诗是东汉作品,现代研究者大抵认为是东汉后期作品,主要是写逐臣弃友、思妇劳人、贫士游子的失意苦闷、感喟哀伤之情,言近语浅,意味深长。
②何,多么,表示感叹。皎皎,洁白明亮的样子。
③罗,一种稀疏而柔软的丝织品。帏(wéi),同"帷",帐子。罗床帏,罗质的床帐。
④揽,执持,撮持。
⑤旋归,回归。
⑥户,门。彷徨,徘徊。
⑦引领,伸颈远望。这句话的意思是,远望一番,依旧孤独,只得再回到房中。
⑧裳(cháng),下身穿的裙服。衣,上身穿的衣服。裳衣,裳与衣,此处泛指衣服。

提 示

关于这首诗的内容,历来有两种说法。一说是思妇闺中望夫之词,一说是游子久客思归之词。从诗的辞气情调看,看作思妇之词较恰当。

《古诗十九首》长于抒情。这首诗通过一系列极为具体的行动,曲折有致地刻画了思妇的情感活动。抒情中带有叙事意味。诗歌首四句以夜景引出空闺孤寂,通过月夜不寐、揽衣起床、徘徊不宁等一系列动作,写出思妇忧愁之深。中二句写思妇盼望丈夫归来,却从揣度对方处境入手,笔曲意幽。末四句是出户彷徨、愁思无告、徒劳远望、凄然还房、泪下沾衣，写尽相思之苦。

作品还巧妙地运用月色渲染出一种清冷的气氛。

思考与练习

1. 这首诗是写思妇望夫还是写游子思归的？
2. 谈谈"客行虽云乐，不如早旋归"这句话的含义。
3. 阅读《古诗十九首》，谈谈《古诗十九首》的艺术成就。

司马迁①

史记·项羽本纪②

项籍者，下相人也，字羽③。初起时④，年二十四。其季父项梁⑤。梁父即楚将项燕⑥，为秦将王翦所戮者也⑦。项氏世世为楚将，封于项⑧，故姓项氏⑨。

项籍少时，学书不成⑩，去⑪，学剑，又不成。项梁怒之。籍曰："书足以记名姓而已。剑，一人敌，不足学。学万人敌！"于是项梁乃教籍兵法。籍大喜，略知其意，又不肯竟学⑫。

项梁尝有栎阳逮⑬，乃请蕲狱掾曹咎书⑭，抵栎阳狱掾司马欣⑮，以故事得已⑯。项梁杀人，与籍避仇于吴中⑰。吴中贤士大夫皆出项梁下⑱。每吴中有大繇役及丧⑲，项梁常为主办⑳，阴以兵法部勒宾客及子弟㉑，以是知其能㉒。

秦始皇帝游会稽，渡浙江㉓，梁与籍俱观。籍曰："彼可取而代也！"梁掩其口，曰："毋妄言，族矣㉔！"梁以此奇籍。籍长八尺余㉕，力能扛鼎㉖，才气过人㉗，虽吴中子弟，皆已惮籍矣㉘。

秦二世元年七月㉙，陈涉等起大泽中㉚。其九月，会稽守通谓梁曰㉛："江西皆反㉜，此亦天亡秦之时也。吾闻先即制人，后则为人所制㉝。吾欲发兵，使公及桓楚将㉞。"是时桓楚亡在泽中㉟。梁曰："桓楚亡，人莫知其处㊱，独籍知之耳。"梁乃出，诫籍持剑居外待㊲。梁复入，与守坐，曰："请召籍，使受命召桓楚。"守曰："诺㊳。"梁召籍入。须臾㊴，梁眴籍曰㊵："可行矣㊶！"于是籍遂拔剑斩守头。项梁持守头，佩其印绶㊷。门下大惊㊸，扰乱㊹，籍所击杀数十百人㊺，一府中皆慑伏㊻，莫敢起。

梁乃召故所知豪吏㊼，谕以所为起大事㊽。遂举吴中兵㊾。使人收下县㊿，得精兵八千人。梁部署吴中豪杰为校尉、候、司马㉛。有一人不得用，自言于梁。梁曰："前时某丧，使公主某事㉜，不能办㉝，以此不任用公。"众乃皆伏㊴。

于是梁为会稽守㉟，籍为裨将㊱，徇下县㊲。

广陵人召平于是为陈王徇广陵㊳，未能下㊴。闻陈王败走㊵，秦兵又且至㊶，乃渡江矫陈王命㊷，拜梁为楚王上柱国㊸。曰："江东已定，急引兵西击秦。"项梁乃以八千人渡江而西。

闻陈婴已下东阳㊹，使使欲与连和俱西㊺。陈婴者，故东阳令史⁶⁶,居县中,素信谨⁶⁷,称为长者⁶⁸。东阳少年杀其令⁶⁹,相聚数千人,欲置长⁷⁰,无适用⁷¹,乃请陈婴⁷²。婴谢不能⁷³,遂强立婴为长,县中从者得二万人。少年欲立婴便为王⁷⁴,异军苍头特起⁷⁵。陈婴母谓婴曰:"自我为汝家妇,未尝闻汝先古之有贵者⁷⁶。今暴得大名⁷⁷,不祥。不如有所属⁷⁸,事成犹得封侯,事败易以亡⁷⁹,非世所指名也⁸⁰。"婴乃不敢为王。谓其军吏曰:"项氏世世将家,有名于楚。今欲举大事,将非其人,不可。我倚名族,亡秦必矣。"于是众从其言,以兵属项梁。

项梁渡淮,黥布⁸¹、蒲将军亦以兵属焉⁸²。凡六七万人⁸³,军下邳⁸⁴。

当是时,秦嘉已立景驹为楚王⁸⁵,军彭城东⁸⁶,欲距项梁⁸⁷。项梁谓军吏曰:"陈王先首事⁸⁸,战不利,未闻所在⁸⁹。今秦嘉倍陈王而立景驹⁹⁰,逆无道。"乃进兵击秦嘉。秦嘉军败走,追之至胡陵⁹¹。嘉还战一日⁹²,嘉死,军降。景驹走死梁地⁹³。

项梁已并秦嘉军,军胡陵,将引军而西。

章邯军至栗⁹⁴,项梁使别将朱鸡石、余樊君与战⁹⁵。余樊君死。朱鸡石军败,亡走胡陵⁹⁶。项梁乃引兵入薛⁹⁷,诛鸡石。项梁前使项羽别攻襄城⁹⁸,襄城坚守不下。已拔⁹⁹,皆坑之。还报项梁。

项梁闻陈王定死¹⁰⁰,召诸别将会薛计事。此时沛公亦起沛¹⁰¹,往焉。

居鄒人范增¹⁰²,年七十,素居家¹⁰³,好奇计,往说项梁曰¹⁰⁴:"陈胜败固当¹⁰⁵。夫秦灭六国¹⁰⁶,楚最无罪。自怀王入秦不反¹⁰⁷,楚人怜之至今,故楚南公曰¹⁰⁸:'楚虽三户,亡秦必楚也¹⁰⁹!'今陈胜首事,不立楚后而自立,其势不长。今君起江东,楚蜂午之将皆争附君者¹¹⁰,以君世世楚将,为能复立楚之后也。"于是项梁然其言¹¹¹,乃求楚怀王孙心民间¹¹²,为人牧羊,立以为楚怀王¹¹³,从民所望也。陈婴为楚上柱国,封五县,与怀王都盱台¹¹⁴。项梁自号为武信君。

居数月¹¹⁵,引兵攻亢父¹¹⁶,与齐田荣、司马龙且军救东阿¹¹⁷,大破秦军于东阿。田荣即引兵归,逐其王假。假亡走楚。假相田角亡走赵¹¹⁸。角弟田间,故齐将,居赵不敢归。田荣立田儋子市为齐王。项梁已破东阿下军,遂追秦军。数使使趣齐兵¹¹⁹,欲与俱西。田荣曰:"楚杀田假,赵杀田角、田间,乃发兵。"项梁曰:"田假为与国之王¹²⁰,穷来从我¹²¹,不忍杀之。"赵亦不杀田角、田间以市于齐¹²²。齐遂不肯发兵助楚。

项梁使沛公及项羽别攻城阳¹²³,屠之¹²⁴。西破秦军濮阳东¹²⁵,秦兵收入濮阳。沛公、项羽乃攻定陶¹²⁶。定陶未下,去,西略地至雍丘¹²⁷,大破秦军,斩李由¹²⁸。还攻外黄¹²⁹,外黄未下。

项梁起东阿,西,北至定陶¹³⁰,再破秦军,项羽等又斩李由,益轻秦，有骄色。宋义乃谏项梁曰㉝："战胜而将骄卒惰者败。今卒少惰矣㉞，秦兵日益㉟，臣为君畏之㉞！"项梁弗听。乃使宋义使于齐。道遇齐使者高陵君显㉟，曰："公将见武信君乎？"曰："然。"曰："臣论武信君军必败。公徐行即免死㉟，疾行则及祸㉟。"秦果悉起兵益章邯㉟，击楚军，大破之定陶，项梁死。

沛公、项羽去外黄⑭，攻陈留⑭，陈留坚守不能下。沛公、项羽相与谋曰："今项梁军破，士卒恐。"乃与吕臣军俱引兵而东⑭。吕臣军彭城东，项羽军彭城西，沛公军砀⑭。

章邯已破项梁军，则以为楚地兵不足忧，乃渡河击赵⑭，大破之。

当此时，赵歇为王⑭，陈余为将⑭，张耳为相⑭，皆走入巨鹿城⑭。章邯令王离⑭、涉间围巨鹿。章邯军其南，筑甬道而输之粟⑮。陈余为将，将卒数万人而军巨鹿之北，此所谓河北之军也。

楚兵已破于定陶，怀王恐，从盱台之彭城⑮，并项羽、吕臣军自将之⑮。以吕臣为司徒⑮，以其父吕青为令尹⑮，以沛公为砀郡长⑮，封为武安侯，将砀郡兵。

初，宋义所遇齐使者高陵君显在楚军，见楚王曰："宋义论武信君之军必败，居数日，军果败。兵未战而先见败征，此可谓知兵矣。"王召宋义与计事而大说之⑮，因置以为上将军⑮，项羽为鲁公⑮，为次将，范增为末将⑯，救赵。诸别将皆属宋义，号为"卿子冠军⑯"。

行至安阳⑯，留四十六日不进。项羽曰："吾闻秦军围赵王巨鹿，疾引兵渡河，楚击其外，赵应其内，破秦军必矣！"宋义曰："不然！夫搏牛之虻⑯，不可以破虮虱⑯。今秦攻赵，战胜则兵罢⑯，我承其敝⑯；不胜，则我引兵鼓行而西⑯，必举秦矣⑯。故不如先斗秦、赵⑯。夫被坚执锐⑰，义不如公；坐而运策⑰，公不如义。"因下令军中曰："猛如虎，很如羊⑰，贪如狼，强不可使者⑰，皆斩之。"乃遣其子宋襄相齐，身送之至无盐⑰，饮酒高会⑰。天寒大雨，士卒冻饥。项羽曰："将戮力而攻秦⑰，久留不行⑱。今岁饥民贫⑰，士卒食芋菽⑱，军无见粮⑱，乃饮酒高会，不引兵渡河，因赵食⑱，与赵并力攻秦，乃曰'承其敝'。夫以秦之强，攻新造之赵⑱，其势必举赵。赵举而秦强，何敝之承！且国兵新破⑱，王坐不安席，埽境内而专属于将军⑱，国家安危，在此一举。今不恤士卒而徇其私⑱，非社稷之臣⑰！"项羽晨朝上将军宋义⑱，即其帐中斩宋义头⑱，出令军中曰："宋义与齐谋反楚，楚王阴令羽诛之⑱。"当是时，诸将皆慑服，莫敢枝梧⑲，皆曰："首立楚者，将军家也。今将军诛乱！"乃相与共立羽为假上将军⑲。使人追宋义子，及之齐⑲，杀之。使桓楚报命于怀王。怀王因使项羽为上将军，当阳君⑭、蒲将军皆属项羽。

项羽已杀卿子冠军，威震楚国，名闻诸侯。乃遣当阳君、蒲将军将卒二万渡河⁽¹⁹⁵⁾，救巨鹿。战少利⁽¹⁹⁶⁾，陈余复请兵。项羽乃悉引兵渡河⁽¹⁹⁷⁾，皆沉船，破釜甑⁽¹⁹⁸⁾，烧庐舍⁽¹⁹⁹⁾，持三日粮，以示士卒必死，无一还心。于是至则围王离，与秦军遇，九战，绝其甬道，大破之，杀苏角⁽²⁰⁰⁾，虏王离。涉间不降楚，自烧杀。

当是时，楚兵冠诸侯⁽²⁰¹⁾。诸侯军救巨鹿下者十余壁⁽²⁰²⁾，莫敢纵兵⁽²⁰³⁾。及楚击秦，诸将皆从壁上观。楚战士无不一以当十，楚兵呼声动天，诸侯军无不人人慴恐⁽²⁰⁴⁾。于是已破秦军，项羽召见诸侯将，入辕门⁽²⁰⁵⁾，无不膝行而前，莫敢仰视。项羽由是始为诸侯上将军⁽²⁰⁶⁾，诸侯皆属焉⁽²⁰⁷⁾。

章邯军棘原⁽²⁰⁸⁾，项羽军漳南⁽²⁰⁹⁾，相持未战。秦军数却，二世使人让章邯⁽²¹⁰⁾。章邯恐，使长史欣请事⁽²¹¹⁾。至咸阳，留司马门三日⁽²¹²⁾，赵高不见⁽²¹⁴⁾，有不信之心。长史欣恐，还走其军⁽²¹⁵⁾，不敢出故道⁽²¹⁶⁾。赵高果使人追之，不及。欣至军，报曰："赵高用事于中⁽²¹⁷⁾，下无可为者⁽²¹⁸⁾。今战能胜，高必疾妒吾功⁽²¹⁹⁾；战不能胜，不免于死。愿将军孰计之⁽²²⁰⁾。"陈余亦遗章邯书曰⁽²²¹⁾："白起为秦将⁽²²²⁾，南征鄢郢⁽²²³⁾，北坑马服⁽²²⁴⁾，攻城略地⁽²²⁵⁾，不可胜计⁽²²⁶⁾，而竟赐死。蒙恬为秦将⁽²²⁷⁾，北逐戎人⁽²²⁸⁾，开榆中地数千里⁽²²⁹⁾，竟斩阳周⁽²³⁰⁾。何者？功多，秦不能尽封，因以法诛之⁽²³¹⁾。今将军为秦将三岁矣，所亡失以十万数，而诸侯并起滋益多⁽²³²⁾。彼赵高素谀日久⁽²³³⁾，今事急，亦恐二世诛之，故欲以法诛将军以塞责⁽²³⁴⁾，使人更代将军以脱其祸。夫将军居外久，多内却⁽²³⁵⁾，有功亦诛，无功亦诛。且天之亡秦，无愚智皆知之⁽²³⁶⁾。今将军内不能直谏⁽²³⁷⁾，外为亡国将，孤特独立而欲常存，岂不哀哉！将军何不还兵与诸侯为从⁽²³⁸⁾，约共攻秦，分王其地⁽²³⁹⁾，南面称孤⁽²⁴⁰⁾，此孰与身伏铁质⁽²⁴¹⁾，妻子为僇乎⁽²⁴²⁾？"章邯狐疑⁽²⁴³⁾，阴使候始成使项羽⁽²⁴⁴⁾，欲约⁽²⁴⁵⁾。约未成，项羽使蒲将军日夜引兵度三户⁽²⁴⁶⁾，军漳南⁽²⁴⁷⁾，与秦战，再破之。项羽悉引兵击秦军汙水上⁽²⁴⁸⁾，大破之。

章邯使人见项羽，欲约。项羽召军吏谋曰："粮少，欲听其约。"军吏皆曰："善。"项羽乃与期洹水南殷虚上⁽²⁴⁹⁾。已盟⁽²⁵⁰⁾，章邯见项羽而流涕⁽²⁵¹⁾，为言赵高⁽²⁵²⁾。项羽乃立章邯为雍王⁽²⁵³⁾，置楚军中。使长史欣为上将军，将秦军为前行⁽²⁵⁴⁾。

到新安⁽²⁵⁵⁾。诸侯吏卒异时故繇使屯戍过秦中⁽²⁵⁶⁾，秦中吏卒遇之多无状⁽²⁵⁷⁾。及秦军降诸侯，诸侯吏卒乘胜多奴虏使之⁽²⁵⁸⁾，轻折辱秦吏卒⁽²⁵⁹⁾。秦吏卒多窃言曰⁽²⁶⁰⁾："章将军等诈吾属降诸侯⁽²⁶¹⁾，今能入关破秦，大善；即不能⁽²⁶²⁾，诸侯虏吾属而东，秦必尽诛吾父母妻子。"诸将微闻其计⁽²⁶³⁾，以告项羽。项羽乃召黥布、蒲将军计曰："秦吏卒尚众，其心不服，至关中不听⁽²⁶⁴⁾，事必危，不如击杀之，而独与章邯、长史欣、都尉翳入秦⁽²⁶⁵⁾。"于是楚军夜击坑秦卒二十余万人新安城南。

行略定秦地⁽²⁶⁶⁾。函谷关有兵守关⁽²⁶⁷⁾，不得入。又闻沛公已破咸阳，项羽大怒，使当阳君等击关。项羽遂入，至于戏西⁽²⁶⁸⁾。

沛公军霸上⁽²⁶⁹⁾，未得与项羽相见。沛公左司马曹无伤使人言于项羽曰⁽²⁷⁰⁾："沛公欲王关中⁽²⁷¹⁾，使子婴为相⁽²⁷²⁾，珍宝尽有之。"项羽大怒，曰："旦日飨士卒，为击破沛公军⁽²⁷³⁾！"当是时，项羽兵四十万，在新丰鸿门⁽²⁷⁵⁾，沛公兵十万，在霸上。范增说项羽曰："沛公居山东时⁽²⁷⁷⁾，贪于财货，好美姬⁽²⁷⁸⁾。今入关，财物无所取，妇女无所幸⁽²⁷⁹⁾，此其志不在小。吾令人望其气⁽²⁸⁰⁾，皆为龙虎，成五采⁽²⁸¹⁾，此天子气也。急击勿失。"

楚左尹项伯者⁽²⁸²⁾，项羽季父也，素善留侯张良⁽²⁸³⁾。张良是时从沛公，项伯乃夜驰之沛公军⁽²⁸⁴⁾，私见张良，具告以事⁽²⁸⁵⁾，欲呼张良与俱去。曰："毋从俱死也。"张良曰："臣为韩王送沛公⁽²⁸⁶⁾，沛公今事有急，亡去不义⁽²⁸⁷⁾，不可不语⁽²⁸⁸⁾。"

良乃入，具告沛公。沛公大惊，曰："为之奈何⁽²⁸⁹⁾？"张良曰："谁为大王为此计者？"曰："鲰生说我曰⁽²⁹⁰⁾：'距关⁽²⁹¹⁾，毋内诸侯⁽²⁹²⁾，秦地可尽王也⁽²⁹³⁾。'故听之。"良曰："料大王士卒足以当项王乎？"沛公默然，曰："固不如也，且为之奈何？"张良曰："请往谓项伯⁽²⁹⁴⁾，言沛公不敢背项王也⁽²⁹⁵⁾。"沛公曰："君安与项伯有故？"张良曰："秦时与臣游，项伯杀人，臣活之。今事有急，故幸来告良⁽²⁹⁷⁾。"沛公曰："孰与君少长？"⁽²⁹⁸⁾良曰："长于臣。"沛公曰："君为我呼入，吾得兄事之⁽²⁹⁹⁾。"

张良出，要项伯⁽³⁰⁰⁾。项伯即入见沛公。沛公奉卮酒为寿⁽³⁰¹⁾，约为婚姻，曰："吾入关，秋豪不敢有所近⁽³⁰²⁾，籍吏民⁽³⁰³⁾，封府库⁽³⁰⁴⁾，而待将军⁽³⁰⁵⁾。所以遣将守关者，备他盗之出入与非常也⁽³⁰⁶⁾。日夜望将军至，岂敢反乎！愿伯具言臣之不敢倍德也⁽³⁰⁷⁾。"项伯许诺，谓沛公曰："旦日不可不蚤自来谢项王⁽³⁰⁸⁾。"沛公曰："诺。"

于是项伯复夜去，至军中，具以沛公言报项王。因言曰："沛公不先破关中，公岂敢入乎？今人有大功而击之，不义也，不如因善遇之⁽³⁰⁹⁾。"项王许诺。

沛公旦日从百余骑来见项王⁽³¹⁰⁾，至鸿门，谢曰："臣与将军戮力而攻秦，将军战河北⁽³¹¹⁾，臣战河南，然不自意能先入关破秦⁽³¹²⁾，得复见将军于此。今者有小人之言，令将军与臣有郤。"项王曰："此沛公左司马曹无伤言之，不然，籍何以至此？"

项王即日因留沛公与饮。项王、项伯东向坐⁽³¹³⁾，亚父南向坐⁽³¹⁴⁾。亚父者，范增也。沛公北向坐，张良西向侍。范增数目项王⁽³¹⁵⁾，举所佩玉玦以示之者三⁽³¹⁶⁾，项王默然不应。

范增起，出召项庄⁽³¹⁷⁾，谓曰："君王为人不忍⁽³¹⁸⁾，若入前为寿⁽³¹⁹⁾，寿毕，请以剑舞，因击沛公于坐，杀之。不者⁽³²⁰⁾，若属皆且为所虏⁽³²¹⁾。"庄则入为寿。寿毕，曰："君王与沛公饮，军中无以为乐，请以剑舞。"项王曰:"诺。"项庄拔剑起舞,项伯亦拔剑起舞,常以身翼蔽沛公,庄不得击。

于是张良至军门㉜,见樊哙。樊哙曰:"今日之事何如?"良曰:"甚急!今者项庄拔剑舞,其意常在沛公也。"哙曰:"此迫矣!臣请入,与之同命㉝!"哙即带剑拥盾入军门。交戟之卫士欲止不内,樊哙侧其盾以撞,卫士仆地㉞,哙遂入,披帷西向立㉟,瞋目视项王㊱,头发上指,目眦尽裂。项王按剑而跽㊲,曰:"客何为者?"张良曰:"沛公之参乘樊哙者也㊳。"项王曰:"壮士!赐之卮酒。"则与斗卮酒。哙拜谢,起,立而饮之。项王曰:"赐之彘肩㊴。"则与一生彘肩。樊哙覆其盾于地㊵,加彘肩上,拔剑切而啖之㊶。项王:"壮士!能复饮乎?"樊哙曰:"臣死且不避,卮酒安足辞!夫秦王有虎狼之心,杀人如不能举㊷,刑人如恐不胜㊸,天下皆叛之。怀王与诸将约,曰:'先破秦入咸阳者王之。'今沛公先破秦入咸阳,豪毛不敢有所近,封闭宫室,还军霸上,以待大王来。故遣将守关者,备他盗出入与非常也。劳苦而功高如此,未有封侯之赏,而听细说㊹,欲诛有功之人,此亡秦之续耳㊺,窃为大王不取也㊻。"项王未有以应,曰:"坐。"樊哙从良坐㊼。

坐须臾,沛公起如厕㊽,因招樊哙出。沛公已出,项王使都尉陈平召沛公㊾。沛公曰:"今者出,未辞也,为之奈何?"樊哙曰:"大行不顾细谨㊿,大礼不辞小让。如今人方为刀俎,我为鱼肉,何辞为?"于是遂去。乃令张良留谢。良问曰:"大王来何操?"曰:"我持白璧一双,欲献项王,玉斗一双,欲与亚父,会其怒,不敢献。公为我献之。"张良曰:"谨诺。"

当是时,项王军在鸿门下,沛公军在霸上,相去四十里。沛公则置车骑,脱身独骑,与樊哙、夏侯婴、靳强、纪信等四人持剑盾步走,从郦山下,道芷阳间行。沛公谓张良曰:"从此道至吾军,不过二十里耳。度我至军中,公乃入。"

沛公已去,间至军中,张良入谢,曰:"沛公不胜杯杓,不能辞。谨使臣良奉白璧一双,再拜献大王足下;玉斗一双,再拜奉大将军足下。"项王曰:"沛公安在?"良曰:"闻大王有意督过之,脱身独去,已至军矣。"项王则受璧,置之坐上。亚父受玉斗,置之地,拔剑撞而破之,曰:"唉!竖子不足与谋!夺项王天下者,必沛公也!吾属今为之虏矣!"

沛公至军,立诛杀曹无伤。

居数日,项羽引兵西屠咸阳,杀秦降王子婴。烧秦宫室,火三月不灭。收其货宝妇女而东。

人或说项王曰:"关中阻山河四塞,地肥饶,可都以霸。"项王见秦宫室皆以烧残破,又心怀思欲东归,曰:"富贵不归故乡，如衣绣夜行㊄，谁知之者！"说者曰："人言楚人沐猴而冠耳㊅，果然㊆。"项王闻之，烹说者㊇。

项王使人致命怀王㊈。怀王曰："如约㊉。"乃尊怀王为义帝㊊。项王欲自王㊋，先王诸将相。谓曰："天下初发难时㊌，假立诸侯后以伐秦㊍。然身被坚执锐首事，暴露于野三年㊎，灭秦定天下者，皆将相诸君与籍之力也。义帝虽无功，故当分其地而王之㊏。"诸将皆曰："善。"乃分天下，立诸将为侯王㊐。

项王、范增疑沛公之有天下㊑，业已讲解㊒，又恶负约㊓，恐诸侯叛之，乃阴谋曰㊔："巴、蜀道险㊕，秦之迁人皆居蜀㊖。"乃曰："巴、蜀亦关中地也。"故立沛公为汉王，王巴、蜀、汉中㊗，都南郑㊘。而三分关中，王秦降将以距塞汉王㊙。

项王乃立章邯为雍王，王咸阳以西，都废丘㊚。长史欣者，故为栎阳狱掾，尝有德于项梁；都尉董翳者，本劝章邯降楚。故立司马欣为塞王㊛，王咸阳以东至河，都栎阳；立董翳为翟王⑩，王上郡⑪，都高奴⑫。徙魏王豹为西魏王⑬，王河东⑭，都平阳⑮。瑕丘申阳者⑯，张耳嬖臣也⑰，先下河南郡⑱，迎楚河上⑲，故立申阳为河南王，都雒阳⑳。韩王成因故都㉑，都阳翟㉒。赵将司马卬定河内，数有功，故立卬为殷王㉓，王河内，都朝歌㉔。徙赵王歇为代王㉕。赵相张耳素贤，又从入关，故立耳为常山王㉖，王赵地㉗，都襄国㉘。当阳君黥布为楚将，常冠军㉙，故立布为九江王㉚，都六㉛。鄱君吴芮率百越佐诸侯㉜，又从入关，故立芮为衡山王㉝，都邾㉞。义帝柱国共敖将兵击南郡㉟，功多，因立敖为临江王㊱，都江陵㊲。徙燕王韩广为辽东王㊳。燕将臧荼从楚救赵㊴，因从入关，故立荼为燕王，都蓟㊵。徙齐王田市为胶东王㊶。齐将田都从共救赵，因从入关，故立都为齐王，都临菑㊷。故秦所灭齐王建孙田安，项羽方渡河救赵，田安下济北数城㊸，引其兵降项羽，故立安为济北王，都博阳㊹。田荣者，数负项梁，又不肯将兵从楚击秦，以故不封。成安君陈馀弃将印去㊺，不从入关，然素闻其贤，有功于赵，闻其在南皮㊻，故因环封三县㊼。番君将梅鋗功多㊽，故封十万户侯㊾。项王自立为西楚霸王㊿，王九郡㉑，都彭城。

汉之元年四月㉒，诸侯罢戏下㉓，各就国㉔。项王出之国㉕，使人徙义帝㉖，曰："古之帝者地方千里，必居上游㉗。"乃使使徙义帝长沙郴县㉘。趣义帝行㉙。其群臣稍稍背叛之㉚，乃阴令衡山、临江王击杀之江中㉛。韩王成无军功，项王不使之国，与俱至彭城，废以为侯，已又杀之㉜。臧荼之国，因逐韩广之辽东，广弗听，荼击杀广无终㉝，并王其地。

田荣闻项羽徙齐王市胶东，而立齐将田都为齐王，乃大怒，不肯遣齐王之胶东，因以齐反，迎击田都。田都走楚。齐王市畏项王，乃亡之胶东就国。田荣怒，追击杀之即墨㊼。荣因自立为齐王，而西击杀济北王田安，并王三齐㊽。荣与彭越将军印㊾，令反梁地㊿。

陈余阴使张同、夏说说齐王田荣曰㊉："项羽为天下宰㊊，不平㊋。今尽王故王于丑地㊌，而王其群臣诸将善地，逐其故主，赵王乃北居代，余以为不可。闻大王起兵，且不听不义㊍，愿大王资余兵㊎，请以击常山，以复赵王㊏，请以国为扞蔽㊐。"齐王许之，因遣兵之赵。陈余悉发三县兵，与齐并力击常山，大破之。张耳走归汉。陈余迎故赵王歇于代，反之赵。赵王因立陈余为代王。

是时，汉还定三秦㊑。项羽闻汉王皆已并关中，且东㊒，齐、赵叛之㊓，大怒。乃以故吴令郑昌为韩王以距汉㊔，令萧公角等击彭越㊕。彭越败萧公角等。汉使张良徇韩，乃遗项王书曰："汉王失职㊖，欲得关中，如约即止㊗，不敢东。"又以齐、梁反书遗项王曰㊘："齐欲与赵并灭楚。"楚以此故无西意，而北击齐。征兵九江王布。布称疾不往，使将将㊙数千人行。项王由此怨布也。

汉之二年冬㊚，项羽遂北至城阳，田荣亦将兵会战。田荣不胜，走至平原㊛，平原民杀之。遂北烧夷齐城郭室屋㊜，皆坑田荣降卒，系虏其老弱妇女㊝。徇齐至北海㊞，多所残灭㊟。齐人相聚而叛之。于是田荣弟田横收齐亡卒得数万人㊠，反城阳㊡。项王因留，连战未能下。

春，汉王部五诸侯兵㊢，凡五十六万人，东伐楚。项王闻之，即令诸将击齐，而自以精兵三万人南从鲁出胡陵㊣。四月，汉皆已入彭城，收其货宝美人，日置酒高会。项王乃西㊤，从萧晨击汉军㊥，而东至彭城㊦，日中㊧，大破汉军。汉军皆走，相随入榖、泗水㊨，杀汉卒十余万人。汉卒皆南走山㊩，楚又追击至灵璧东睢水上㊪。汉军却，为楚所挤㊫，多杀，汉卒十余万人皆入睢水，睢水为之不流㊬。围汉王三匝㊭。于是大风从西北而起㊮，折木发屋㊯，扬沙石，窈冥昼晦㊰，逢迎楚军㊱。楚军大乱，坏散㊲，而汉王乃得与数十骑遁去。欲过沛，收家室而西㊳。楚亦使人追之沛，取汉王家。家皆亡，不与汉王相见。汉王道逢得孝惠、鲁元㊴，乃载行。楚骑追汉王，汉王急，推堕孝惠、鲁元车下，滕公常下收载之㊵。如是者三。曰："虽急不可以驱㊶，奈何弃之㊷？"于是遂得脱。求太公、吕后不相遇㊸。审食其从太公、吕后间行㊹，求汉王，反遇楚军。楚军遂与归，报项王，项王常置军中。

是时吕后兄周吕侯为汉将兵居下邑㊺，汉王间往从之㊻，稍稍收其士卒㊼。至荥阳㊽，诸败军皆会，萧何亦发关中老弱未傅悉诣荥阳㊾，复大振。

楚起于彭城，常乘胜逐北㊿，与汉战荥阳南京、索间㈠，汉败楚，楚以故不能过荥阳而西。项王之救彭城，追汉王至荥阳，田横亦得收齐，立田荣子广为齐王。

汉王之败彭城，诸侯皆复与楚而背汉⑰。汉军荥阳，筑甬道属之河⑱，以取敖仓粟⑲。汉之三年⑳，项王数侵夺汉甬道，汉王食乏，恐，请和，割荥阳以西为汉㉑。项王欲听之。历阳侯范增曰㉒："汉易与耳㉓，今释弗取㉔，后必悔之！"项王乃与范增急围荥阳。汉王患之，乃用陈平计间项王㉕。项王使者来，为太牢具㉖，举欲进之㉗。见使者，详惊愕曰㉘："吾以为亚父使者，乃反项王使者㉙！"更持去㉚，以恶食食项王使者㉛。使者归报项王，项王乃疑范增与汉有私，稍夺之权㉜。范增大怒，曰："天下事大定矣！君王自为之。原赐骸骨归卒伍㉝。"项王许之。行未至彭城，疽发背而死㉞。

汉将纪信说汉王曰："事已急矣，请为王诳楚为王㉟，王可以间出。"于是汉王夜出女子荥阳东门㊱，被甲二千人㊲，楚兵四面击之。纪信乘黄屋车㊳，傅左纛㊴，曰："城中食尽，汉王降。"楚军皆呼万岁㊵。汉王亦与数十骑从城西门出，走成皋㊶。项王见纪信，问："汉王安在？"信曰："汉王已出矣。"项王烧杀纪信。

汉王使御史大夫周苛、枞公、魏豹守荥阳㊷。周苛、枞公谋曰："反国之王㊸，难与守城。"乃共杀魏豹。楚下荥阳城，生得周苛㊹。项王谓周苛曰："为我将，我以公为上将军，封三万户。"周苛骂曰："若不趣降汉㊺，汉今虏若㊻。若非汉敌也！"项王怒，烹周苛，并杀枞公。

汉王之出荥阳，南走宛、叶㊼，得九江王布，行收兵㊽，复入保成皋。汉之四年，项王进兵围成皋。汉王逃，独与滕公出成皋北门，渡河走修武，从张耳、韩信军㊾。诸将稍稍得出成皋，从汉王。楚遂拔成皋，欲西。汉使兵距之巩㊿，令其不得西。

是时，彭越渡河击楚东阿，杀楚将军薛公。项王乃自东击彭越。汉王得淮阴侯兵，欲渡河南㉛，郑忠说汉王，乃止壁河内㉜。使刘贾将兵佐彭越㉝，烧楚积聚㉞。项王东击破之，走彭越。汉王则引兵渡河，复取成皋，军广武㉟，就敖仓食。项王已定东海㊱来西㊲，与汉俱临广武而军㊳，相守数月。

当此时，彭越数反梁地，绝楚粮食，项王患之。为高俎㊴，置太公其上，告汉王曰："今不急下，吾烹太公。"汉王曰："吾与项羽俱北面受命怀王㊵，曰：'约为兄弟。'吾翁即若翁，必欲烹而翁㊶，则幸分我一杯羹㊷。"项王怒，欲杀之。项伯曰："天下事未可知，且为天下者不顾家㊸，虽杀之无益，祗益祸耳㊹。"项王从之。

楚汉久相持未决，丁壮苦军旅㊺，老弱罢转漕㊻。项王谓汉王曰："天下匈匈数岁者㊼，徒以吾两人耳㊽，愿与汉王挑战决雌雄，毋徒苦天下之民父子为也㊾。"汉王笑谢曰："吾宁斗智㊿，不能斗力。"项王令壮士出挑战。汉有善骑射者楼烦，楚挑战三合，楼烦辄射杀之㊿。项王大怒，乃自被甲持戟挑战。楼烦欲射之，项王瞋目叱之㊿，楼烦目不敢视，手不敢发，遂走还入壁，不敢复出。汉王使人间问之㊿，乃项王也。汉王大惊。于是项王乃即汉王相与临广武间而语㊿。汉王数之㊿，项王怒，欲一战，汉王不听。项王伏弩射中汉王㊿，汉王伤，走入成皋。

项王闻淮阴侯已举河北㊿，破齐、赵㊿，且欲击楚，乃使龙且往击之。淮阴侯与战，骑将灌婴击之㊿，大破楚军，杀龙且。韩信因自立为齐王。项王闻龙且军破，则恐，使盱台人武涉往说淮阴侯㊿。淮阴侯弗听。是时，彭越复反，下梁地，绝楚粮。项王乃谓海春侯大司马曹咎等曰㊿："谨守成皋，则汉欲挑战㊿，慎勿与战，毋令得东而已。我十五日必诛彭越，定梁地，复从将军㊿。"乃东，行击陈留、外黄㊿。

外黄不下。数日，已降，项王怒，悉令男子年十五已上诣城东㊿，欲坑之。外黄令舍人儿年十三㊿，往说项王曰："彭越强劫外黄，外黄恐，故且降㊿，待大王。大王至，又皆坑之，百姓岂有归心㊿？从此以东，梁地十余城皆恐，莫肯下矣㊿。"项王然其言，乃赦外黄当坑者。东至睢阳㊿，闻之皆争下项王㊿。

汉果数挑楚军战，楚军不出。使人辱之，五六日，大司马怒，渡兵汜水㊿。士卒半渡，汉击之，大破楚军，尽得楚国货赂㊿。大司马咎、长史翳、塞王欣皆自刭汜水上㊿。大司马咎者，故蕲狱掾，长史欣亦故栎阳狱吏，两人尝有德于项梁，是以项王信任之。当是时，项王在睢阳，闻海春侯军败，则引兵还。汉军方围钟离眜于荥阳东㊿，项王至，汉军畏楚，尽走险阻㊿。

是时，汉兵盛，食多，项王兵罢，食绝。汉遣陆贾说项王㊿，请太公㊿，项王弗听。汉王复使侯公往说项王㊿，项王乃与汉约，中分天下㊿，割鸿沟以西者为汉㊿，鸿沟而东者为楚。项王许之，即归汉王父母妻子㊿。军皆呼万岁㊿。汉王乃封侯公为平国君。匿弗肯复见㊿，曰："此天下辩士，所居倾国㊿，故号为平国君㊿。"项王已约，乃引兵解而东归。

汉欲西归，张良、陈平说曰："汉有天下太半㊿，而诸侯皆附之。楚兵罢食尽，此天亡楚之时也，不如因其机而遂取之。今释弗击，此所谓'养虎自遗患'也㊿。"汉王听之。汉五年，汉王乃追项王至阳夏南㊿，止军㊿，与淮阴侯韩信、建成侯彭越期会而击楚军㊿。至固陵㊿，而信、越之兵不会。楚击汉军，大破之。汉王复入壁，深堑而自守㊿。谓张子房曰㊿："诸侯不从约㊿，为之奈何？"对曰："楚兵且破，信、越未有分地㊿，其不至固宜㊿。君王能与共分天下，今可立致也㊿。即不能㊿，事未可知也。君王能自陈以东傅海㊿，尽与韩信；睢阳以北至谷城㊿，以与彭越：使各自为战㊿，则楚易败也。"汉王曰："善。"于是乃发使者，告韩信、彭越曰："并力击楚。楚破，自陈以东傅海与齐王，睢阳以北至谷城与彭相国。"使者至，韩信、彭越皆报曰："请今进兵。"韩信乃从齐往，刘贾军从寿春并行㊲，屠城父㊳，至垓下㊴。大司马周殷叛楚，以舒屠六㊵，举九江兵，随刘贾、彭越，皆会垓下㊶，诣项王㊷。

项王军壁垓下㊸，兵少食尽，汉军及诸侯兵围之数重。夜闻汉军四面皆楚歌㊹，项王乃大惊曰："汉皆已得楚乎？是何楚人之多也！"项王则夜起㊺，饮帐中。有美人名虞㊻，常幸从㊼；骏马名骓㊽，常骑之。于是项王乃悲歌忼慨㊾，自为诗曰："力拔山兮气盖世，时不利兮骓不逝㊿。骓不逝兮可奈何₍₅₈₎，虞兮虞兮奈若何₍₅₉₎！"歌数阕₍₆₀₎，美人和之₍₆₁₎。项王泣数行下₍₆₂₎，左右皆泣，莫能仰视。

于是项王乃上马骑₍₆₃₎，麾下壮士骑从者八百余人，直夜溃围南出₍₆₄₎，驰走。平明₍₆₅₎，汉军乃觉之，令骑将灌婴以五千骑追之。项王渡淮，骑能属者百余人耳₍₆₆₎。项王至阴陵₍₆₇₎，迷失道₍₆₈₎，问一田父₍₆₉₎，田父绐曰："左"。左，乃陷大泽中₍₇₀₎。以故汉追及之。项王乃复引兵而东，至东城₍₇₁₎，乃有二十八骑₍₇₂₎。汉骑追者数千人。项王自度不得脱₍₇₃₎，谓其骑曰："吾起兵至今八岁矣，身七十余战₍₇₄₎，所当者破₍₇₅₎，所击者服，未尝败北，遂霸有天下。然今卒困于此，此天之亡我，非战之罪也₍₇₆₎。今日固决死₍₇₇₎，愿为诸君快战₍₇₈₎，必三胜之，为诸君溃围、斩将、刈旗₍₇₉₎，令诸君知天亡我，非战之罪也。"乃分其骑以为四队，四向₍₈₀₎。汉军围之数重。项王谓其骑曰："吾为公取彼一将₍₈₁₎。"令四面骑驰下，期山东为三处₍₈₂₎。于是项王大呼驰下，汉军皆披靡₍₈₃₎，遂斩汉一将。是时，赤泉侯为骑将₍₈₄₎，追项王，项王瞋目而叱之，赤泉侯人马俱惊，辟易数里₍₈₅₎。与其骑会为三处。汉军不知项王所在，乃分军为三，复围之。项王乃驰，复斩汉一都尉，杀数十百人，复聚其骑，亡其两骑耳。乃谓其骑曰："何如？"骑皆伏曰₍₈₆₎："如大王言。"

于是项王乃欲东渡乌江₍₈₇₎。乌江亭长舣船待₍₈₈₎，谓项王曰："江东虽小，地方千里，众数十万人，亦足王也₍₈₉₎。愿大王急渡。今独臣有船，汉军至，无以渡。"项王笑曰："天之亡我，我何渡为₍₉₀₎！且籍与江东子弟八千人渡江而西，今无一人还，纵江东父兄怜而王我₍₉₁₎，我何面目见之？纵彼不言，籍独不愧于心乎₍₉₂₎？"乃谓亭长曰："吾知公长者₍₉₃₎。吾骑此马五岁，所当无敌，尝一日行千里，不忍杀之，以赐公。"乃令骑皆下马步行，持短兵接战₍₉₄₎。独籍所杀汉军数百人。项王身亦被十余创₍₉₅₎。顾见汉骑司马吕马童，曰："若非吾故人乎₍₉₆₎？"马童面之，指王翳曰₍₉₇₎："此项王也。"项王乃曰："吾闻汉购我头千金₍₉₈₎，邑万户₍₉₉₎，吾为若德₍₁₀₀₎！"乃自刎而死。王翳取其头，余骑相蹂践争项王₍₁₀₁₎，相杀者数十人。最其后₍₁₀₂₎，郎中骑杨喜、骑司马吕马童、郎中吕胜⁶⁹⁶、杨武各得其一体。五人共会其体,皆是。故分其地为五⁶⁹⁷:封吕马童为中水侯⁶⁹⁸,封王翳为杜衍侯⁶⁹⁹,封杨喜为赤泉侯,封杨武为吴防侯⁷⁰⁰,封吕胜为涅阳侯⁷⁰¹。

项王已死,楚地皆降汉,独鲁不下。汉乃引天下兵,欲屠之。为其守礼义,为主死节⁷⁰²,乃持项王头视鲁⁷⁰³,鲁父兄乃降。始,楚怀王初封项籍为鲁公,及其死,鲁最后下,故以鲁公礼葬项王谷城⁷⁰⁴。汉王为发哀⁷⁰⁵,泣之而去。

诸项氏枝属⁷⁰⁶,汉王皆不诛。乃封项伯为射阳侯⁷⁰⁷。桃侯、平皋侯、玄武侯皆项氏⁷⁰⁸,赐姓刘。

太史公曰⁷⁰⁹:吾闻之周生曰⁷¹⁰:"舜目盖重瞳子⁷¹¹。"又闻项羽亦重瞳子。羽岂其苗裔邪⁷¹²?何兴之暴也⁷¹³!夫秦失其政⁷¹⁴,陈涉首难⁷¹⁵,豪杰蜂起,相与并争,不可胜数。然羽非有尺寸⁷¹⁶,乘埶起陇亩之中⁷¹⁷,三年,遂将五诸侯灭秦⁷¹⁸,分裂天下,而封王侯,政由羽出⁷¹⁹,号为"霸王",位虽不终⁷²⁰,近古以来未尝有也⁷²¹。及羽背关怀楚⁷²²,放逐义帝而自立,怨王侯叛己,难矣。自矜功伐⁷²³,奋其私智而不师古⁷²⁴,谓霸王之业,欲以力征经营天下⁷²⁵,五年卒亡其国,身死东城,尚不觉寤而不自责⁷²⁷,过矣⁷²⁸。乃引"天亡我,非用兵之罪也",岂不谬哉!

【注释】

①司马迁(约前145年或前135年~?),西汉史学家、文学家、思想家。字子长,夏阳(今陕西韩城南)人。先代世为周代史官。父谈,武帝建元、元封年间任太史令。司马迁少而好学,曾周游南北,考察风俗,采集史料。初任郎中,元封三年(前108年)继父职,任太史令。博览政府所藏文献。太初元年(前104年)着手编写《史记》。天汉二年(前99年),因替李陵败降匈奴事辩解,获罪下狱,受腐刑。狱中仍继续写作。太始元年(前96年)被赦,出任中书令。忍辱含垢,继续著述。征和初年(前92年)左右,基本完成,不久即去世。司马迁在自序中称其书为《太史公书》。《史记》之名最早见于东汉末年桓、灵之际。

②项羽(前232年~前202年),秦末反秦起义领袖。名籍,字羽。下相(今江苏宿迁西南)人。楚国贵族出身。秦二世元年(前209年),从叔父项梁在吴县(秦置,会稽郡治,辖境约相当于今江苏苏州)起义。在巨鹿(今河北平乡)之战中率军摧毁秦军主力。秦亡后,自立为西楚霸王,并大封诸侯王。楚汉战争中为刘邦所败。最后在乌江浦(今在安徽和县东北)自杀身亡。本纪,本意为根本纲纪,在史书中指历代帝王传记。在纪传体史书中,本纪备见一代史实,为全书纲领。司马迁撰《史记》即用本纪记述帝王,按年月排比大事。后来的"正史"都沿用此称,也有简称"纪"的。《史记》的体例,除十二本纪外,还有十表、八书、三十世家、七十列传。表是大事记,书是

经济、文化等的分类史,世家写诸侯,列传写帝王、诸侯以外的人。《项羽本纪》在《史记》的第七卷。项羽虽不是帝王,但在秦灭汉兴期间实际行使帝王权力,所以司马迁也把他列入"本纪"。《史记》各版本,文字略有出入,此处据1999年中华书局简体字本排印。

③ 字,即表字,本名外与本名意义相关的另一名字。过去成年人交游,多用表字相称。按《太史公自序》,项羽的表字又叫子羽。

④ 初起时,指项梁项羽初起义兵之时,据下文,在秦二世元年。

⑤ 季父,叔父。《释名·释亲属》:"叔之弟曰季父。季,癸,甲乙之次,癸最在下,季亦然也。"项梁(?~前208年),秦末反秦起义领袖,下相人。秦二世元年,与其侄项羽在吴县起兵。陈胜失败后,立楚怀王孙心为王,自号武信君。后因轻敌,在定陶(今属山东)战死。

⑥ 项燕(yān),战国末楚将。

⑦ 秦始皇二十三年(前224年),秦将王翦击破楚,虏楚王,楚将项燕立昌平君为王,在淮南地方反秦。明年,王翦、蒙武攻破楚军,昌平君死,项燕自杀。事见《秦始皇本纪》。项燕自杀与此处项燕为"王翦所戮"说不同。大概项燕为王翦所围,被逼自杀,所以两处记载应无矛盾。

⑧ 项,本古国名,春秋时为鲁所灭,其后楚灭鲁,以其地封项燕先人。故城在今河南项城东北。

⑨ 古代姓、氏有别。姓为原始部落之号,氏为后起氏族之称,有以官名为氏、以所封地名为氏等复杂来历,项氏即以所封之地为氏。沿至汉代,姓、氏乃混淆不分。

⑩ 学书,学习识字写字。书,指文字,故下文云"书足以记名姓而已"。

⑪ 去,抛开,舍弃,这里犹言半途而废。

⑫ 竟学,学完。竟,完毕,终了。

⑬ 栎(yuè)阳,献公和孝公时秦国都城,故址在今陕西西安阎良区。逮,及,因事牵连。这句话是说项梁曾因受人连累而被栎阳官吏追捕。一说,逮,逮捕。

⑭ 蕲(qí),县名,秦置,故城在今安徽宿县东南。狱,争讼,官司。掾(yuàn),佐吏,属官。狱掾,掌管诉讼的佐吏。此言项梁请托蕲县管理诉讼的官吏曹咎写了一封说情的信。

⑮ 抵,到达。司马欣(?~前204年),秦吏,陈胜起兵后辅佐章邯作战,任长史,后投降楚军,被项羽封为塞王,都栎阳,后在成皋被汉军击败,与曹咎一同自刭于汜水上。

⑯ 以故,因此之故。已,止息。这句话是说,因为这个缘故,被牵累的事得以了结。

⑰ 吴中,指吴县,因居吴地之中,故称。

⑱ 贤士,品行才能出众的人。大夫,泛指官吏。皆出项梁下,声望才能都不及项梁。

⑲ 繇役,劳役。繇,同"徭"。丧(sāng),丧仪。

⑳ 主办,主持办理。

㉑ 阴,暗中。部勒,部署约束。宾客,贵族的门客、策士等。子弟,指当地丁壮。

㉒以是，因此。知其能，因部勒宾客子弟而知道他们个人的能力。

㉓"秦始皇帝"二句，会稽（kuài jī），郡名，秦于原吴越地置，包括今江苏东部和浙江西部及安徽部分地区，治吴县，浙江，据清·洪颐煊《读书丛录》卷十七，即南江，位于吴县南。一说，会稽，即会稽山，在今浙江绍兴东南，浙江，即钱塘江，秦始皇常出都巡游，刻石记功，游会稽山为始皇末次巡游。

㉔族，灭族，古代一人犯罪，刑及亲族的刑罚。

㉕历史上尺的长短因时而异，一般而言，古代的尺比现代短。西汉的尺与公制厘米的对应关系，学者们的推算略有出入。据罗福颐《传世古尺录》和矩斋《古尺考》，西汉一尺略等于今天二十三点一厘米。

㉖扛（gāng），用两手举。鼎，古代炊器，亦为盛熟牲之器。多用青铜或陶土制成。圆鼎两耳三足，方鼎两耳四足。

㉗才气，才能气魄。

㉘惮，畏惧，这里有敬畏之意。"虽吴中"二句是说，项羽客居吴中，但因才力过人，当地子弟都敬畏他。

㉙秦二世，即二世皇帝，名胡亥，始皇少子。秦二世元年，即公元前209年。

㉚陈涉，即陈胜，字涉，阳城（今河南登封东南）人。大泽，乡名，当时属蕲县。秦二世元年七月，陈涉被遣远戍渔阳（今北京密云西南），行至大泽乡，因雨失期，法当斩首，陈涉乃与吴广起义，六月而败。

㉛会稽，会稽郡。守，一郡之长。通，人名，姓殷。

㉜江西，长江自今安徽省境斜行而北，直达今江苏镇江，这一带的两岸，自古有江东、江西之名，即今所谓江南、江北。江西即今皖北一带及淮河下游，江东即今南京、镇江、苏州、常州、松江、嘉兴等地。

㉝"吾闻"二句，即，则，古时通用。制，控制。"先即制人，后则为人所制"为当时成语。

㉞公，对人的尊称。桓楚，楚人，《汉书》称为吴中奇士。将（jiàng），带兵。

㉟亡，逃亡。泽中，泛指山林薮泽之中。

㊱"桓楚"二句另一读法是"桓楚亡人，莫知其处"。

㊲诫，嘱咐。

㊳诺，应承之辞，犹言"好吧"。

㊴须臾，一会儿。

㊵眴（shùn），使眼色。

㊶行，行动。

㊷印绶，"印"为铜制的官印，"绶"为丝制的穿印纽的带子。

㊸门下，指郡守的属吏、侍从、守卫等。

㊹扰乱，混乱，慌乱。

㊺数十百人，不定数，犹"百八十人"。

㊻慑，惊惧。伏，伏地，一说，通"服"。

㊼故，旧时，从前。豪吏，有权势的官吏。

㊽谕，同"喻"，告知。起，发动。大事，重大的事情，指夺取政权。

㊾举，发动。

㊿收，收服，攻取。下县，指一郡之中非郡治所在的属县。下，次序等级在后的。

(51)部署，安排，分派。校尉，军职名，其地位在将级以下。候，军候，军中负责侦察敌情的军官。司马，军中执行军法的军官。
(52)主，主持。
(53)办，办理。
(54)伏，通“服”。
(55)于是，当此时。
(56)裨（pí）将，副将。裨，辅助。
(57)徇（xùn），镇抚。
(58)广陵，县名，秦置，治今江苏扬州。于是，当此之时。陈王，即陈涉，陈涉起事后在陈县（今河南淮阳）建立政权，被推为陈王。
(59)下，攻克。
(60)败走，战败逃跑。走，跑。现代的“走”，古代称“行”。
(61)且，将要。
(62)矫，假托。
(63)拜，授予。上柱国，战国时楚官名，为最高武官，也称“柱国”。
(64)东阳，秦所置县，故治在今安徽天长西北。
(65)使使，派遣使者。连和，联合交好。
(66)令史，县令属下的掌文书事务的官。
(67)素，向来，一向。信谨，诚信谨慎。
(68)长者，忠厚老成之人。
(69)少年，青年男子。令，一县之长。
(70)置长，推举首领。
(71)无适用，没有地位相当的人可任用。官爵相同叫“适”。
(72)请，延请。
(73)谢，谢绝。
(74)便，即刻。
(75)这句是说，成立一支与众不同的军队，用青黑色头巾裹头作为标志，以区别于他军，有独树一帜之意。
(76)先古，祖上。
(77)暴，骤然。
(78)属，隶属，归属。
(79)亡，逃亡。
(80)指名，指得出名姓。此句言名姓不为世人所知，易于逃亡。
(81)黥（qíng），古墨刑，即在罪犯的面额上刺字，然后用墨染黑。黥布，本姓英，因犯罪被黥，改名黥布。初归项羽，后降汉，封淮南王。韩信、彭越等被诛，乃发兵拒刘邦，为刘邦所杀。
(82)蒲将军，姓蒲，名不详。
(83)凡，总共，一共。
(84)军，驻屯。下邳，秦所置县，故治在今江苏邳县东。
(85)秦嘉，淩县（江苏泗阳西北部）人，秦末起义首领。景驹，楚之同族，故秦嘉立以为楚王。
(86)彭城，秦所置县，今江苏徐州。

⑧⑦距，通"拒"，抗拒。

⑧⑧陈王，指陈涉。首事，首先发难。

⑧⑨时陈涉已为章邯所败，生死不明。

⑨⓪倍，通"背"，背叛。

⑨①胡陵，秦所置县，故治在今山东鱼台东南。

⑨②还，返回，此指掉转头来。

⑨③走死，逃亡他处而死。梁地，六国时魏境。魏都大梁（今河南开封），故魏也称梁。

⑨④章邯，秦将，后降项羽。栗，秦所置县，今河南夏邑。

⑨⑤别将，别部将领，即配合主力军作战的部队将领。朱鸡石，符离（县名，秦置，治所在今安徽省宿县东北）人。余樊君，生平不详。

⑨⑥亡，逃亡。亡走，逃跑。

⑨⑦薛，秦所置县，故治在今山东滕州东南。

⑨⑧别攻，另外分兵攻打。襄城，秦所置县，今河南襄城。

⑨⑨拔，攻克。

⑩⓪定，确实。

⑩①公，对人的尊称。沛公，即汉高祖刘邦，因在沛县起兵，所以称沛公。沛，秦所置县，故治在今江苏沛县东。

⑩②居鄛（cháo），秦所置县，治所在今安徽巢湖市居巢区辖区内，一说治所在今安徽桐城南。范增，秦末反秦将领，从项梁起兵反秦，后属项羽，为项羽主要谋士，被项羽尊为"亚父"。

⑩③此句是说，范增一向居家，不曾出仕。

⑩④说（shuì），劝说，说服。

⑩⑤固，本来。当（dāng），应该。

⑩⑥夫，助词，有提示作用。

⑩⑦怀王，楚威王子，名槐，在位三十六年，为秦昭襄王诱骗入秦，扣留不放，竟死于秦。反，返回，这个意义后来写作"返"。

⑩⑧楚南公，楚人，善言阴阳。

⑩⑨虽，假设之辞，犹"即使""纵然"。此句是当时流行谶语。亡，灭。

⑩⑩午，纵横相交。《仪礼·大射》"度尺而午"郑玄注："一纵一横曰午。"蜂午，纷杂众多貌。

⑪①然，赞同。

⑪②求，寻找。

⑪③立心为王，仍袭祖号，以便号召。

⑪④盱台（xūyí），今作"盱眙"。秦所置县，故城在今江苏盱眙东北。

⑪⑤居，停留。

⑪⑥亢父（gāngfǔ），秦所置县，在今山东济宁南。

⑪⑦田荣，齐人田儋（dān）从弟，龙且（jū），楚之骁将，时为司马。东阿（ē），秦时邑名，汉置东阿县，今山东东阿。陈涉起义后，故齐王族田儋起兵，略定齐地，自立为齐王，都临淄（今属山东淄博），后引兵救魏，为秦将章邯所杀，其从弟田荣收集余兵，走保东阿。齐人乃立故齐王建之弟田假为王，以田角为相，田间为将。章邯围追田荣于东阿，项梁发兵，与龙且共救荣。东

阿围解，田荣即引兵归，逐其王假，立儋子市为齐王，自为齐相。

(118)相，官名，百官之长，后通称“宰相”。

(119)数（shuò），屡屡。趣（cù），通“促”，催促。

(120)与国，盟国，友邦。与，结交，党与。

(121)穷，处境困厄。

(122)市，做交易。

(123)城阳，汉所置县，在今山东菏泽东北。

(124)屠之，指攻破城阳时杀尽城中居民。

(125)濮阳，汉所置县，在今河南濮阳南。

(126)定陶，秦所置县，故治在今山东定陶西北。

(127)略，攻取。雍丘，本春秋时杞国，汉置雍丘县，即今河南杞县治。

(128)李由，秦将，秦相李斯之子，时为三川郡守。

(129)外黄，春秋时宋邑，汉置外黄县，故城在今河南杞县东北。

(130)“北”，当依《汉书》作“比”。比，及，等到。

(131)宋义，项梁部属，故楚令尹。谏，劝诫，一般用于对尊长。

(132)少，稍微，稍稍。宋义谏项梁，不便直说“将骄”，故云“卒少惰矣”。

(133)日，天天。益，增加。

(134)臣，古时对人自谦的称呼，不一定有君臣之分。为，替。

(135)高陵，汉时琅邪郡属县，其地不详，当在今山东境内。高陵君显，封于高陵之贵臣，名显。

(136)论，推断。

(137)徐，缓慢。

(138)疾，急速。及，赶上。

(139)果，果然，果真。益，增加，此处指增援。

(140)去，离开。

(141)陈留，秦所置县，故治在今河南开封境内。

(142)吕臣，本楚将，后从刘邦。

(143)砀（dàng），秦郡名，以境内有砀山得名，故治在今江苏砀山。

(144)河，黄河。

(145)赵歇，赵之后裔。陈涉初起，令陈（秦所置县，治今河南淮阳）人武臣徇赵地，下赵数十城，至邯郸，自立为赵王，后为部将所杀，武臣校尉张耳、陈余乃求得赵歇，立以为王。陈余为将，张耳为相。

(146)陈余，魏大梁（魏国都城，故城在今河南开封西北）人，与张耳俱为魏之名士，陈胜起义后，两人从武臣至赵，武臣死后，两人共立赵歇为王。

(147)张耳，魏大梁人，从赵歇为相，后归项羽，最后降汉。

(148)走，逃奔。巨鹿，秦所置县，即今河北平乡，与今巨鹿不同。

(149)王离，秦将。

(150)涉间（jiàn），秦将。

(151)甬道，两旁筑墙以防敌人劫夺的道路。粟（sù），谷子，此处泛指粮食。

(152)之，往。

(153)将，率领。怀王已有疑忌项氏之意，所以“自将之”。

(154)司徒，本是掌文教的官，今人王伯祥认为这里可能是指掌管财政的军需官，见王伯祥《史记选》。

⑮令尹，楚执政官，相当于宰相。

⑯长，犹郡守。

⑰说（yuè），高兴，这个意义后来写作"悦"。

⑱因，副词，于是，就。置，任命。上将军，诸将军的首领，即主帅。

⑲《史记·高祖本纪》："秦二世三年，楚怀王……封项羽为长安侯，号为鲁公。"

⑯末将，位次次于次将，与后世偏裨将校谦称"末将"不同。

⑯卿子，当时对人的尊称，犹言"公子"。冠军，位在诸军之上。宋义时为上将军，为诸军首领，因此称"卿子冠军"。

⑯安阳，地名，在今山东曹县东南，与河南安阳并非一地。

⑯搏，击，斗。虻（méng），一种能刺螫牲畜的吸血昆虫，其寄生于牛身上者名"牛虻"。

⑯虮（jǐ），虱的卵。"夫搏牛"二句应为当时俗语，言牛虻虽然能攻击牛，但不能破虮虱，喻巨鹿城虽小却坚，秦兵一时难以攻破它。

⑯罢（pí），通"疲"。

⑯承，通"乘"，趁。敝，疲惫，衰败。

⑯鼓行，进军，此言公行无忌。古人行军，击鼓则进，鸣金则退。

⑯举，攻克。

⑯先斗秦、赵，先让秦赵相斗。

⑰披坚执锐，指冲锋陷阵。被（pī），披在身上或穿在身上，这个意义后来写作"披"。坚，坚甲。锐，锐利的武器。

⑰运策，筹划。

⑰很，倔强执拗而不肯前行。

⑰强（jiàng），倔强，固执。使，命令，差遣。以上四句皆暗指项羽。

⑰宋义欲结援田荣，故遣其子宋襄相齐。相齐，为齐相。

⑰身，亲自。无盐，战国时齐邑，汉置无盐县，故治在今山东东平东。

⑰高会，大会，盛会，此处用为动词。

⑰戮（lù）力，并力，合力。

⑰行，离去。汉·王褒《洞箫赋》："时奏狡弄，则彷徨翱翔，或留而不行，或行而不留。"

⑰饥，年荒。原文作"饑"，与"飢"不同。岁不熟曰"饑"，不得饱曰"飢"。

⑱芋，芋艿，通称"芋头"，这里指薯类植物。菽（shū），豆类植物的总称。

⑱见，"现"的古字，现成。

⑱因，利用，依靠。因赵食，利用赵地粮草。

⑱此句指攻打新建立起来的赵国。

⑱此句指楚军刚在定陶被秦军打败。

⑱埽（sǎo），古同"扫"，聚集，尽括。属（zhǔ），委托。这句是说，把楚国境内的全部军力都交托给宋义。

⑱恤，体恤。徇，谋求，营求。田荣与项梁有隙，宋义与项羽不协，宋义结援田荣，项羽指摘宋义"徇其私"利，实则疑其欲图项氏。

⑱社，土神。稷，谷神。古以社稷指国家。社稷之臣，与国家休戚与共的大臣。

⑱朝，谒见。
⑲帐，营帐，这里指宋义的营帐。
⑲阴，秘密。
⑲枝梧，斜而相抵的支柱。引申为对抗、抗拒。
⑲假，摄，代理。
⑲及，追上，赶上。"使人"二句，谓派人追杀宋义子，一直追他到齐国才赶上。
⑭当阳君，黥布的封号。
⑮河，此指漳河。漳河发源于山西，流经河北南部入卫河。
⑯这句是说战事未取得多大胜利。利，胜。
⑰引，率领。河，指漳河。
⑱釜，古炊器，敛口，圆底，或有二耳，其用如鬲，置于灶口，上置甑（zèng）以蒸煮。甑，蒸食炊器，其底有孔，古用陶制，殷周时代有以青铜制者，后多用木制，俗叫甑子。
⑲庐舍（shè），房屋。
⑳苏角，秦将。
㉑冠，位居第一。
㉒下，指巨鹿城下。壁，营垒。
㉓纵，发。
㉔惴（zhuì），恐惧。
㉕辕门，即营门。车辕竖起，相对为门，故称。
㉖诸侯上将军，诸侯的军事统帅。
㉗属，归属。
㉘棘原，无考，今人王伯祥认为当在河北平乡南，见王伯祥《史记选》。
㉙漳南，漳河之南。
㉚让，责备。
㉛欣，即司马欣，时为章邯部下，任长（zhǎng）史。史，官佐之称。长史，诸史之长，犹现代的秘书长。请事，犹"请示"。
㉜咸阳，秦都，故城在今陕西咸阳东。
㉝司马门，宫廷的外门。宫垣之内，兵卫所在，四面皆有司马，主武事，故总言宫之外门为"司马门"。
㉞赵高（？~前207年），本赵国贵族，入秦为宦官（一说赵高为"宦官"乃后世曲解），任中车府令，兼行符玺令事。始皇死后，他与李斯篡改遗诏，逼始皇长子扶苏自杀，另立胡亥为帝，并自任郎中令。居中用事，控制朝政。后又陷杀李斯，任中丞相。不久迫二世自杀，另立子婴。旋为子婴所杀。
㉟还走，逃回。
㊱故道，原路。
㊲用事，当权。中，中央，指皇帝禁宫之内。
㊳下，指位在赵高之下的官员。无可为者，没有能做成事的。
㊴疾，同"嫉"。
㊵孰，仔细，周详。这个意义后写作"熟"。
㊶遗（wèi），给。
㊷白起，秦昭王时名将，为秦攻伐六国，屡建战功，后忤昭王，又为国相范雎

所忌，被迫自杀。

㉒㉓鄢（yān），今湖北宜城，楚惠王之初曾迁都于此。郢（yǐng），时为楚国都城，故城在今湖北江陵东南。

㉒㉔白起北破赵括，坑赵降卒四十万。赵括封马服君，故云"北坑马服"。

㉒㉕略，夺取。

㉒㉖胜，统读shèng，见《普通话异读词审音表》。

㉒㉗蒙恬，秦始皇名将，曾率兵三十万，北逐匈奴，修筑长城，始皇死，赵高、李斯欲立二世胡亥，恐恬不服，乃矫始皇命，令恬饮药自杀。

㉒㉘戎，指当时匈奴。

㉒㉙榆中，地名，即榆林塞。蒙恬北逐匈奴，树榆为塞，故名。其地当在今内蒙古鄂尔多斯黄河北岸一带。里，据推算，秦汉一里约等于四百一十五点八米。

㉓㉚斩，实为被逼饮药自杀，"斩"在此有强调义。阳周，秦县名，故城在今陕西子长县北。

㉓㉛因，连词，因而。

㉓㉜滋益多，犹言越来越多。滋，增长。益，增加。

㉓㉝素，向来，一向。谀，奉承蒙蔽。

㉓㉞塞（sè）责，抵消罪责，弥补任事之不足。

㉓㉟郤，同"隙"，嫌隙，隔阂。内郤，指与赵高有矛盾，难以相容。

㉓㊱无，不论。

㉓㊲直谏，直言规谏。

㉓㊳还兵，谓回兵内向以攻秦。诸侯，起兵反秦的各方势力。从（zòng），战国时六国结成的反秦联盟，这个意义后来写作"纵"。因六国大致呈南北分布，故称"从"。与诸侯为从，指加入秦末反秦势力。

㉓㊴王（wàng），称王。这句话是说分割秦地，各立为王。

㉔㊵南面，古代天子、诸侯皆南面听政。称孤，称王、称帝。孤，帝王自称之谦辞。

㉔㊶铁（fū）质，古时腰斩的刑具。铁，铡刀。质，垫在铡刀下面的砧板，这个意义后来写作"锧"。

㉔㊷僇，同"戮"。

㉔㊸狐疑，犹豫不定。

㉔㊹候，军候，古代军中负责侦察敌情的军官。始成，军候的名字。使，出使。

㉔㊺约，订约。这里指签订降约。

㉔㊻度，渡过。这个意义后来写作"渡"。三户，即三户津，漳河上的一个渡口，在今河北临漳西。

㉔㊼前已云"项羽军漳南"，又云遣军渡三户，则此处"军漳南"当指项羽主力仍军漳南。一说"漳南"当作"漳北"。

㉔㊽汙（yú）水，在临漳西南，今已干涸堙灭。

㉔㊾期，约定时间在某处见面。洹（huán）水，水名，在今河南安阳北。殷虚，殷代都城故址，在今河南安阳西小屯村。虚，废墟，这个意义后来写作"墟"。

㉕㊿盟，在神前立誓缔约，一般的誓约是后起意义。

㉕㈤流涕，流泪，哭。

㉒为（wèi），对，向。
㉓雍，春秋时秦都，秦置雍县，治今陕西凤翔县南。
㉔前行，先锋部队。
㉕新安，汉所置县，故城在今河南渑池县东。
㉖诸侯，指起兵反秦的各方势力。异时，从前。故，曾经。繇，同"徭"。繇使，被派服徭役。屯，驻扎。戍，防守。秦中，泛指秦地，即关中。这句话是说，各路反秦的将士，从前曾经因服劳役和充军戍边路过秦中。
㉗遇，对待。无状，不像样子，即无礼。这句话是说秦地吏卒对他们非常无礼。
㉘奴虏使之，像奴隶或俘虏那样使唤秦吏卒。
㉙轻，随意。折辱，侮辱。
㉚窃，私下。
㉛吾属，吾辈。属，类。
㉜即，假使。
㉝微闻，隐约听到。一说，微，通"覹"，伺察，侦察。微闻，暗中访知。计，盘算，商议。
㉞关中，函谷关内，即秦国境内。
㉟都尉，副官、参谋官之类的武官。长史欣、都尉翳（yì），即长史司马欣、都尉董翳。董翳（？～前204年），秦将，春秋晋国太史董狐后裔。陈胜起兵后辅佐章邯作战，任都尉，后投降楚军，获项羽封为翟王，都高奴，后在成皋被汉军击败，死于汜水之畔。
㊱行，将要。这句话是说，将自新安引兵西向，直取关中。
㊲函谷关，战国秦置，因关在谷中，深险如函得名。故址在今河南灵宝东北。时刘邦已先入关破秦，派兵东守函谷关，故云"有兵守关"。
㊳戏，戏水，源出骊山，下流入渭。
㊴霸上，地名，即今陕西西安东灞水西白鹿原，一说在今西安市东郊灞桥东北谢王庄附近。
㊵司马，执行军法之官。此称"左司马"，则当时沛公的属官尚有右司马。曹无伤（？～前206年），刘邦手下将领，官至左司马，因出卖刘邦被处死。
㊶沛公西略时，怀王与诸将约："先破秦入咸阳者王之。"今沛公先入定关中，故言"欲王关中"。
㊷子婴，秦始皇孙，秦二世胡亥长兄扶苏之子。赵高逼杀胡亥，立子婴为王。子婴设计杀赵高。为秦王四十六日，刘邦攻破武关（在今陕西商县东），子婴素车白马降，后为项羽所杀。
㊸旦日，明日。飨（xiǎng），用酒食犒赏。
㊹"为"后略"尔"字。一说，为，副词，将要。
㊺新丰，秦时为骊邑，汉初置新丰县，其地在今陕西临潼东。鸿门，坂名，在新丰东，今名项王营。鸿门东接戏水，南临高原，北依渭河，因雨水冲刷，北端出口处其形如门，故名。
㊻说，音 shuì。
㊼山东，战国时泛指六国，以其在崤函之东，故称。此云"居山东时"，指未入关前。
㊽姬，美女。

㉗⑨幸，指帝王与女子同房。
㉘⓪望其气，观望其头上云气。古代有所谓望气之术，谓觇候人头上云气，可知其人吉凶命运。当时军中有专司觇候者。
㉘①五采，指青、黄、赤、白、黑五种颜色。采，颜色。这个意义后来写作"彩"。
㉘②左尹，楚官名，又有右尹，皆令尹之佐，为楚国之卿。项伯，项羽的族叔，名缠，后封射阳侯。
㉘③素，向来，一向。善，交好，亲善。张良，字子房，刘邦谋士，后封于留（县名，秦置，治所在今江苏沛县东南），因称留侯。
㉘④驰，驱马疾行。
㉘⑤具，详备。这句话说，将项羽欲击沛公之事备细告知张良。
㉘⑥张良前说项梁立韩公子成为韩王，良为韩申徒（即司徒，相当于国相）。刘邦从洛阳南出，良引兵从之。刘邦乃令韩王成留守，与良俱西入武关，故良云"臣为韩王送沛公"。
㉘⑦亡去，犹溜走。
㉘⑧语，告知。
㉘⑨奈，原作"柰"，据中华书局1999年简体版《史记》改。下同。奈何，怎么办。
㉙⓪鲰（zōu），小鱼。鲰生，浅陋小人，对人的蔑称。《史记索隐》引《楚汉春秋》："解先生说沛公遣将守函谷关，无入项王。"则此人姓解。
㉙①距，通"拒"，据守。关，指函谷关。
㉙②内（nà），使进入，放入。这个意义后来写作"纳"。
㉙③此句是说，可以占领整个秦地而称王。王（wàng），称王。
㉙④请，请允许，表示自己愿做某事而请求对方允许。
㉙⑤背，违背。
㉙⑥故，旧交谊。
㉙⑦幸，幸亏。
㉙⑧少长，音shào zhǎng。
㉙⑨得（dé），能够，可以。事，侍奉。
㉚⓪要，同"邀"，邀请，约请。
㉚①卮（zhī），古代盛酒的圆形器皿。卮酒，犹一杯酒。为寿，敬酒祝寿。
㉚②豪，通"毫"，长而细的毛。秋豪，兽类新秋更生之毛，喻微细之物。
㉚③籍，记录。
㉚④府库，国家贮藏财物、兵甲的处所。
㉚⑤将军，这里指项羽。
㉚⑥备，防备。非常，意外的变故。
㉚⑦具，全，都。具言，备言，详细告诉。倍，通"背"，违背。倍德，背弃道德。
㉚⑧蚤，通"早"。谢，致歉。
㉚⑨遇，对待。
㉚⑩从，使跟从，使跟随，谓带领，这个意义旧读zòng。骑，骑兵，在这个意义上，传统上读作jì，但《普通话异读词审音表》规定统读qí。

⑪河，指黄河。
⑫不自意，自己没有料到。意，料想。
⑬东向坐，面向东坐。古时室中以东向为尊，堂上以南向为尊。
⑭亚父，仅次于父亲的人。这是项羽对范增的尊称，犹齐桓公尊管仲为仲父。亚，次。
⑮数（shuò），屡次。目，看，这里指使眼色。
⑯玦（jué），玉佩名，环形，有缺口，古时常用以表示决断。范增举玦以示项羽，欲使其决意杀刘邦。
⑰项庄，项羽堂弟。
⑱不忍，不忍心。
⑲若，你。
⑳不（fǒu），同"否"。不者，不然的话。
㉑若属，你等。且，将。
㉒军门，辕门。
㉓樊哙，沛人，以屠狗为业，从刘邦攻秦，屡有功，后封舞阳侯，汉惠帝六年（前189年）卒。
㉔此句是说与项羽共生死，一说，与项庄拼命。
㉕戟，古时一种长柄武器，合戈、矛为一体，略似戈。交戟，持戟交叉，禁止出入。内，音 nà。
㉖仆，俯倒。
㉗披，分开。帷，帐幕。
㉘瞋（chēn）目，睁大眼睛怒目而视。
㉙眦（zì），眼角。
㉚跽，半跪，长跪。古人席地而坐，以两膝着地，两股贴在两脚跟上为坐，股不着脚跟持拜伏姿势为跪，跪而挺直腰身为跽。
㉛参（cān），通"骖"。参乘，坐于车右侍卫之人，又叫陪乘。
㉜斗（dǒu），一种较大的酒器。斗卮酒，一大斗酒。一说，"斗"为衍字。
㉝彘（zhì）肩，猪前腿。先秦时彘、豕指大猪，猪、豚指小猪，后来没有大小之别。
㉞覆，仰之反。这句是说将盾牌扣于地上。
㉟啖（dàn），食。
㊱举，尽。此句犹言杀人多得数不过来。
㊲刑人，惩罚人。胜，尽。按，《普通话异读词审音表》，"胜"统读 shèng。
㊳豪，通"毫"。
㊴细说，小人之谗言。
㊵续，继续，延续。
㊶窃，自谦之辞。为，认为。
㊷从良坐，坐于张良旁。
㊸如，往。
㊹陈平，阳武户牖乡（在今河南兰考县东北）人，时属项羽，第二年归刘邦，为刘邦重要谋士，后任丞相。
㊺大行，行大事。细谨，小心谨慎的言行。

㉞⑥大礼,庄严隆重的典礼。辞,推辞。小让,细小的责让,一说,细小的礼让。"大行"二句为当时成语,大意是,做大事不必拘泥小节,行大礼不必避忌小的责让,意谓不应因小失大。

㉞⑦俎(zǔ),切肉的砧板。

㉞⑧为,在句末表疑问。

㉞⑨操,执,持。

㉟⓪斗,一种酒器。

㉟①会,适逢。

㉟②谨诺,应允的敬语,犹敬诺。

㉟③置,留下。

㉟④夏侯婴,沛人,从刘邦起义,后以功封汝阴侯。靳(jìn)强,刘邦部属,积功封汾阳侯。纪信,成纪(今甘肃天水)人,一说巴郡阆中(今四川西充)人,事刘邦为将军,后刘邦被项羽围于荥阳,纪信假装刘邦诳楚军,刘邦得脱,纪信因而被项羽烧死。步走,徒步逃走。

㉟⑤郦山,即骊山,在鸿门之西,今陕西临潼东南。

㉟⑥道,经由。芷(zhǐ)阳,秦所置县,故治在今陕西长安县东。间(jiàn)行,抄小路走。

㉟⑦度(duó),揣度。

㉟⑧间(jiàn),秘密地,悄悄地。

㉟⑨胜,承受。杓,同"勺",这里指取酒的勺。杯杓,酒杯和勺子,借指酒。这句话的意思是承受不住酒力,犹言已醉。

㉠⓪谨,在这里表示恭敬。

㉠①再拜,拜了又拜,表示恭敬,为古代的一种礼节。足下,敬辞,犹言左右,秦汉以前多用以称人主,后世乃泛称一般人。

㉠②奉,进献。大将军,指范增。

㉠③督过,督察责罚。这里指找岔子。

㉠④脱身,摆脱某件事情。

㉠⑤坐,坐位,坐席,这个意义后来写作"座"。

㉠⑥唉,叹恨之辞。

㉠⑦竖子,骂人语,犹言奴才、小子。此句明斥项庄辈,实则暗讥项羽。

㉠⑧立,立刻,马上。

㉠⑨秦宫室,据今人考古推断,当指秦都咸阳宫或其他宫室,而非前人认定的阿房宫。

㉡⓪或,指不确指之人。

㉡①山河,指华山、渭河等山川。四塞,东有函谷,南有武关,西有散关(即大散关,在今陕西宝鸡西南),北有萧关(在今甘肃环县西北),四面皆有要塞可守,故云"四塞"。

㉡②都,建都。

㉡③以,因,一说,已。

㉡④怀思,怀念,思念。

㉡⑤衣(yì),穿。绣,有彩色花纹的丝织品。衣绣夜行,穿了锦绣衣裳在夜间出行,此为当时成语,比喻虽居高位,却不能使人看到自己的荣耀显贵。

(376)沐猴而冠，沐猴，猕猴，此盖讥项羽如猕猴戴帽学人样，徒具人形而已，虽表面上做事轰轰烈烈，其实不具备成大事之才。一说，猕猴不任久著冠带，喻楚人性情暴躁。

(377)果然，果真如此。

(378)烹，投于鼎镬中煮。

(379)致命，报告并请示。这句话是说，使人将入关破秦经过报告怀王，并向他请示。

(380)如约，照前与诸将所言“先破秦入咸阳者王之”之约。

(381)义，假的，名义上的。义帝，指有名无实之帝。项羽握有实权，故尊怀王为义帝。一说，众所尊戴者曰义，故称义帝。

(382)王（wàng），称王。下句同。

(383)发难（nàn），起义，起事。

(384)假，非正式。项羽言“假立”，有不承认之义。诸侯后，指六国之后。

(385)首事，首举大事。

(386)暴（pù）露，露在外面，无所遮蔽。暴，晒，这个意义后来写作“曝”。暴露于野，言军中辛苦，风餐露宿。三年，自秦二世时起兵，至此时恰为三年。

(387)故，通“固”，本来。

(388)侯王，即诸侯王。

(389)有天下，统一天下。此句是说，刘邦先入关破秦，地居形势之要，项羽、范增疑其发展而据有天下。

(390)业已，已经。讲解，和解。

(391)恶（wù），嫌忌。负约，指背“先破秦入咸阳者王之”之约。

(392)阴谋，暗中策划，秘密计议。

(393)巴，本周姬姓封国，战国时为秦所灭，置巴郡，地当今四川东部及重庆。蜀，古蜀族建立的国家，战国时为秦所灭，置蜀郡，地当今四川中部偏西。

(394)迁人，被强迫迁移的罪人。当时巴蜀，北阻山险，东扼三峡，交通偏塞，被秦视为恶地，故流放罪人，多使居巴蜀。

(395)汉中，秦郡名，在汉水上游，约当今陕西秦岭以南地区及湖北西北部。

(396)南郑，今陕西南郑。

(397)距，通“拒”，抵抗，抵御。距塞，抵御阻塞。“而三分”二句，项羽分关中为雍、塞、翟三国，以秦降将章邯为雍王，司马欣为塞王，董翳为翟王，以遮断刘邦东出之路。

(398)废丘，即西周时之犬丘，周懿王自镐迁都于此，秦改名废丘，汉置槐里县，故城在今陕西兴平东南。

(399)塞王，境内有黄河、华山之固为厄塞，故取以为号。一说，“塞”指桃林塞，在陕西长安东。

(400)翟（dí），通“狄”。翟王，因其封境本春秋时白狄（古代少数民族名）之地，故取以为封号。

(401)上郡，秦郡名，故地在今陕西北部及内蒙古乌审旗等地。

(402)高奴，秦县名，故城在今陕西延长县。

(403)陈胜起兵，下魏地，立魏诸公子宁陵君咎为魏王。秦将章邯击败之，咎自杀。其弟魏豹奔楚，楚怀王心使复定魏地，立为魏王。魏王豹引兵从项羽入关，欲有梁地，而项羽欲自王梁、楚，遂徙魏王豹为西魏王。
④④河东，秦所置郡，其故地在今山西西南部黄河以东。
④⑤平阳，故尧都，故城在今山西临汾南。
④⑥瑕丘，春秋鲁负瑕邑，秦改瑕丘，汉置瑕丘县，治今山东兖州东北。申阳，人名，姓申名阳。
④⑦嬖（bì）臣，受宠幸的近臣。
④⑧下，攻下。河南郡，秦灭东周，置三川郡，汉改河南郡，当今河南西北大部。
④⑨这句话是说在河南郡境内黄河岸上迎接楚军。
④⑩雒阳，秦所置县，为三川郡治所，汉为河南郡郡治，三国魏改称"洛阳"，故城在今河南洛阳东北。
④⑪因，沿袭。因旧都，仍居旧都。
④⑫阳翟（dí），战国韩之国都，秦于此置阳翟县，即今河南禹州市。
④⑬卬，"昂"的本字。河内，古代帝王都城，多在河东、河北一带，故称河北为河内，河南为河外。此指河南黄河以北、山西东南部及河北南端一带。汉于此置河南郡。
④⑭殷王，因封于殷商故地，故名。
④⑮朝歌，本殷都，汉置朝歌县，故治在今河南淇县东北。
④⑯代，本古国，战国时为赵国代郡，秦仍之。地跨今山西、河北两省北部。项羽分封时，以代为赵地，故徙赵王歇为代王。
④⑰常山，本名"恒山"，战国时为赵地，秦置恒山郡，西汉避文帝讳改为常山郡，其故地在今河北中部及山西东中之一部分。
④⑱封地本为赵地，故云"王赵地"。
④⑲襄国，古邢国，秦于此置信都县，项羽改称襄国。故城在今河北邢台西南。
④⑳冠军，列于诸军之首。
㉑九江，秦所置郡，故地在今江苏、安徽两省长江以北、淮河以南一带，以及江西全境。封黥布为九江王时，江苏境内之地已划入西楚。
㉒六（lù），春秋时六国，秦置六县，后汉改六安县，故治在今安徽六安北。
㉓鄱（pó），本楚之番（pó）邑，秦置鄱阳县于此，即今江西鄱阳。吴芮为鄱阳令，因其甚得民心，人称鄱君。百越，春秋越国遗族。楚灭越，越人退守五岭一带山地中，更移徙福建、广东各地，随地立君，故称"百越"。
㉔衡山王，封地包有今湖北东部、湖南全境及广东北境偏西一部，以境内有衡山，故名。
㉕邾（zhū），汉县名，故治在今湖北黄冈西北。
㉖柱国，战国楚始置之官，为楚最高武官，位仅次于令尹，后世转为勋官。共（gōng），姓氏。南郡，秦灭楚置，其地约当今湖北襄阳以南地区。
㉗临江王，项羽以共敖击南郡功多，立敖为临江王。其封地南郡地临长江，故以为称号。
㉘江陵，本春秋楚郢都，汉于此置江陵县，即今湖北江陵。
㉙韩广，本为赵王武臣之将，领兵北略燕地，自立为燕王。辽东，秦所置郡，约当今辽宁及河北东北部。辽东王都无终。无终，秦所置县，隋改渔阳县，即今天津蓟县治。
㉚臧荼（tú），燕王韩广之将。

㊃㉛蓟，秦所置县，故城在今北京西南，与辽东王治所无终不是一地。
㊃㉜胶东，齐地的东部。项羽分齐地为三，中部仍为齐，东部为胶东，西北部为济北，史称三齐。胶东王都即墨。即墨本齐邑，汉置即墨县，故治在今山东平度西南，与今即墨市并非一地。
㊃㉝临菑，即"临淄"，世为齐国国都，秦灭齐，置临淄县，即今山东淄博市临淄区。
㊃㉞济北，济水以北。济水，古四渎之一，发源于今河南济源县西王屋山，其故道本过今黄河而南，东流至山东，与黄河平行入海，后下流为黄河夺占。
㊃㉟博阳，从来多以山东泰安东南之博县故城当之，近人王伯祥"疑博阳为齐之博陵邑"。王说近是。博陵邑，汉置博平县，故城在今山东茌平县西博平镇西北。
㊃㊱陈余本与张耳为至交。章邯围巨鹿，陈余兵屯扎河北。张耳在围中，数使人促陈余进救。及巨鹿围解，耳、余相见，耳责余不肯相救，余怒，解将印交与张耳，独与麾下亲善者数百人往河上泽中渔猎。陈余因不从入关，只以南皮周围三县封之。后陈余不满于项羽和张耳，因借齐王田荣兵（此时田荣已叛楚）袭常山王张耳。张耳败走投汉王。陈余皆复收赵地，迎赵王歇于代，复为赵王。赵王封陈余为代王，号成安君。
㊃㊲南皮，秦所置县，故治在今河北南皮东北。
㊃㊳因，就。环封三县，以环绕南皮之三县封给陈馀。
㊃㊴番（pó）君，即鄱阳令吴芮。梅鋗，吴芮别将，从刘邦攻陷析、郦等地，又从刘邦入武关。
㊃㊵项羽既封吴芮为衡山王，遂封鋗为列侯，食十万户。侯，指列侯。秦汉爵制，列侯（秦至汉武帝前称"彻侯"）为最高。
㊃㊶西楚，旧以江陵一带为南楚，吴为东楚，彭城一带为西楚。项羽兼王梁、楚，而都彭城，故以西楚为号。霸王，诸王之盟主。
㊃㊷九郡，梁、楚九郡之地。九郡之目，旧注不详，近世学者，又各以意说。其地域大抵为淮河流域、山东南部和浙江一带。
㊃㊸汉之元年，即公元前206年。是年二月，刘邦称汉王。其时刘邦尚未统一天下，各国仍各自纪元。司马迁为汉臣，故于秦亡后接用汉之纪元。
㊃㊹罢，罢归。戏（huī），通"麾"。戏下，即麾下，犹言帅旗下。
㊃㊺各就国，当时项羽为诸侯统帅，诸侯受封已毕，各辞帅旗，罢兵就国。
㊃㊻之国，就国。之，往。
㊃㊼徙，迁移。
㊃㊽"古之帝者"二句乃项羽设辞。上游，河川上游。
㊃㊾长沙，秦所置郡，其故地在今湖南资水以东全部及广东北部偏西一带。长沙郡本战国楚之南荒地带，项羽徙义帝于彼，无异于流放。郴县，时为长沙郡属县，治所在今湖南郴州市区。
㊃㊿趣（cù），通"促"。
㊄㊀稍稍，逐渐。
㊄㊁义帝徙长沙，道出九江、衡山、临江，项羽阴令衡山王吴芮、临江王共敖、九江王黥布击杀之。衡山、临江二王虽受羽命而不奉行，于是黥布独遣将追杀之郴县。

㊋已,不久。
㊌无终,今天津蓟县治。详见前"韩广"注。
㊍即墨,胶东国都。详见前"胶东"注。
㊎三齐,即齐、胶东、济北。详见前"胶东"注。
㊏彭越,字仲,昌邑(秦所置县,故治在今山东济宁金乡西北,与潍坊昌邑非一地)人。时在大野泽(在今山东巨野北),有兵万余人,无所属,故田荣以将军印诱之。
㊐此句言使彭越在梁地反叛项羽。
㊑张同、夏说(yuè),皆人名,事迹不详。说(shuì),劝说。
⑯宰,主宰。
⑰平,公平。
⑱丑,恶,不好。
⑲不义,指不义的命令。不听不义,指违抗项羽之命,自为三齐之王。
⑳资,资助。
㉑陈余实欲以复赵为由,打击张耳。
㉒捍蔽,犹屏藩。此句言举国为齐之外卫。
㉓还,指刘邦从汉中回到关中。三秦,指雍王章邯、塞王欣、翟王翳三人封地,因其地原为秦地,故称。汉元年八月,刘邦用韩信计,自汉中暗出陈仓,袭破雍王章邯,二年,塞王欣、翟王翳皆降汉,故云"还定三秦"。
㉔且东,将引兵东向。且,将要。
㉕田荣赶走田都,击杀田市、田安,并王三齐,是齐叛,陈余破常山王,迎还代王歇复为赵王,是赵叛。
㉖故,原来的。吴,吴县。令,县令。秦制,县令、县长有别,万户以上为令,万户以下为长。郑昌,人名,事迹不详。韩王成既被杀,乃以故吴令郑昌为韩王。
㉗萧,秦所置县。故治在今安徽萧县西北。公,县令。楚汉之际,多沿楚制,县令皆称公。角,萧公名角者。
㉘失职,失去了应得的封职。按照怀王旧约,刘邦应封在关中,项羽改封刘邦为汉王,自然失去约定的封职,故下句言"欲得关中"。
㉙此句言如实现楚怀王旧约,得到关中,就会满足而停止进兵。
㉚齐、梁,(日)泷川资言《史记会注考证》以为"齐、赵"之误。反书,报告叛乱的文书。
㉛将将,前一"将"字为名词,音jiàng;后一"将"字为动词,音jiāng。
㉜汉之二年,公元前205年。冬,此时虽纪元为汉之二年,但尚沿用秦历,以十月为岁首,故冬天为汉之二年第一个季节,春为当年第二个季节。下文"春,汉王部五诸侯兵"之"春",仍为汉二年之春。
㉝平原,古邑名,汉置平原县,故治在今山东平原南。
㉞夷,夷平。城郭,城墙。内城之墙为城,外城之墙为郭。
㉟系(xì),捆缚。虏,把人抢走,这个意义后来写作"掳"。
㊱北海,郡名,汉置,今山东临淄以东、掖县以西一带。
㊲残,毁坏。灭,消灭。
㊳亡卒,逃亡的兵卒。

㊤反城阳，据城阳以反叛项羽。田横于楚汉交争之际，收取齐地，立田荣子田广为齐王，自为齐相。后田广为韩信所虏，田横自立为王。不久为汉军所破，投奔彭越。汉朝建立，率徒党五百余人入居海岛。今山东即墨市田横岛因此得名。汉帝命他前往洛阳，横被迫前往，因不愿称臣于汉，于途中自杀，居岛徒党闻田横死，也全部自杀。

㊣部，部勒。五诸侯，据《汉书》颜师古注，刘邦还定三秦，引兵东出，常山王张耳、河南王申阳、韩王郑昌、魏王豹俱降汉，而汉又虏得殷王卬，因此，"五诸侯"指常山、河南、韩、魏、殷五国。除此说外，他说尚多。

㊥鲁，古国名，战国时为楚所灭，此指鲁国国都曲阜（今属山东）。南从鲁出胡陵，南向从曲阜之西绕出胡陵（即今山东鱼台）东南。

㊦乃西，从胡陵引兵西出。

㊧从萧晨击汉军，清晨从萧县出发攻击汉军。

㊨东至彭城，楚军向东一路征战，攻到彭城。

㊩日中，正午。

㊪"项王"四句，旦击之，至日中大破，可见项羽兵势之迅猛。

㊫走，逃跑。

㊬相随，指楚军在后紧追。一说指汉军紧相推挤。榖，水名，在今江苏砀山南。泗水，源出山东泗水县东蒙山南麓，流经山东江苏两省。榖水、泗水古时皆流经彭城东北。

㊭此处"汉卒"非入榖、泗水之汉卒。汉军为楚军所破，被断为两截。北半截被迫入水，南半截欲据山自固，故南逃山地。走山，逃往山地。

㊮壁，一本作"壁"。灵壁，地名，故城在今安徽宿州西北，与宿州东南之灵壁县不是一地。睢（suī）水，战国魏所开鸿沟支派之一，故道自今河南开封东从鸿沟分出东流，至安徽宿迁南注入古泗水，今已大半湮塞。睢水上，睢水岸上。

㊯挤，推挤。

㊰为，因为。

㊱匝（zā），周，圈。

㊲于是，于此时，这时。

㊳折，折断。发，打开。发屋，掀去屋顶。

㊴窈冥，幽深阴暗。晦，黑夜。昼晦，白昼暗如黑夜。

㊵逢迎，迎面相逢。

㊶坏散，崩溃。

㊷收，接取。家室，家眷。刘邦本沛人，故有家眷在彼处。

㊸孝惠，刘邦嫡子，名盈，后嗣位为帝，死后谥孝惠。鲁元，刘邦之女，盈之姊，后嫁张耳子张敖，生子张偃，封为鲁王，母以子贵，故为鲁太后，死谥元，故称"鲁元太后"。此皆从后追书之辞，并非当时即有此称谓。

㊹滕公，即夏侯婴，时为太仆，为汉王御车，因曾为滕县令，故称。楚制，县令称公。

㊺驱，驱赶车马，此指急驱车马前进。此句谓虽然情况危急，马也不能赶得再快。

㊻奈何，怎么，为何。

⑧求,寻找。太公,刘邦之父,其名不详。吕后,刘邦之妻吕雉。

⑨审食其(yìjī),沛人,以舍人侍吕后,后封辟阳(汉所置县,故城在今河北冀县东南),为左丞相,文帝时为淮南王刘长所杀。

⑩周吕侯,刘邦妻兄吕泽,后封周吕侯。此亦事后追记之辞,当时吕泽尚未封侯。下邑,县名,秦置,治今安徽砀山,北魏移治今河南夏邑。

⑪间(jiàn),秘密地,悄悄地。

⑫稍稍,逐渐。

⑬荥(xíng)阳,战国韩荥阳邑,秦置县,治所在今河南荥阳东北,北魏移今治。

⑭萧何,沛人,从刘邦入关,先收秦宫所藏图籍,因知天下厄塞与户口详情。此时坐镇关中,为刘邦调兵筹饷。后封酂(音cuó,古县名,秦置,治今河南永城西)侯,为汉开国名相。傅,古时登记姓名于册籍以备服役。老弱未傅,指不合服兵役而未记入簿籍之老弱之人。诣,前往。

⑮北,败走,此处用作名词。

⑯京,本春秋郑邑,秦置县,故城在今河南荥阳东南。索,即索亭,古城名,亦称大索城,即今河南荥阳老城。

⑰与,亲附。塞王欣、翟王翳于此时叛汉降楚,陈余知张耳不死,亦于此时背汉,魏王豹以归视亲疾为名,亦叛汉与楚和,齐亦反汉与楚和,故言"诸侯皆复与楚而背汉"。

⑱甬道,两边筑墙之路,已见前注。属(zhǔ),连缀。属之河,连接到黄河南岸。

⑲敖仓,秦于敖山上所置谷仓,故址在今河南荥阳北敖山。粟,泛指粮食,已见前注。

⑳汉之三年,即公元前204年。

㉑荥阳以西包括大片楚地,以荥阳为界,东属楚,西属汉,实为割楚地以益汉,故此处曰"割"。

㉒历阳,秦所置县,范增封地,其城即今安徽和县。

㉓与,对付。

㉔取,攻取。

㉕间(jiàn),离间。此指离间范增与项羽。

㉖为(wéi),做,此处指置办。太牢,古代祭祀,牛羊豕三牲具备谓之太牢,此处泛指盛馔。具,酒食。

㉗举,陈设,一说,高捧。

㉘详,通"佯",假装。惊愕,吃惊而发愣。

㉙亚父,即范增,已见前注。

㉚乃,竟然。反,反而。

㉛更(gèng),又,表示更进一步。

㉜句中第二个"食"字音sì,拿东西给人吃。

㉝有私,有私心。

㉞稍,逐渐。

㉟骸骨,身体。古时事君,犹以身许人,进退不能自主,故辞官叫"乞骸骨",也叫"乞身","愿赐骸骨"意思与此相同。卒伍,士卒。

(536)疽（jū），筋骨间之疮肿。发背，指毒疽透背。
(537)诳（kuáng），诓骗。诳楚为王，假充汉王去诓骗楚兵。
(538)出，使出。
(539)被（pī），搭在身上或穿在身上，这个意义后来写作“披”。被甲，此句指披甲的士兵。
(540)黄屋车，以黄缯为车盖里子，天子所乘。
(541)傅，安上，加上，此指竖立于车上。纛（dào），饰以羽毛的大旗。因竖立于乘舆车衡左方，故曰“左纛”。“纪信”二句，汉王未为天子，纪信盛陈天子威仪，盖为引诱楚军瞩目。
(542)万岁，祝颂之词，意为千秋万世，永远存在。此处为楚军见汉王出降而自相称庆之辞。
(543)成皋（gāo），本春秋时郑制邑，又名虎牢，秦置成皋县，故址在今河南荥阳汜水镇。
(544)御史大夫，秦汉官名，三公之一，地位仅次于丞相，掌管弹劾纠察。时周苛在汉任此职。周苛（？~前203），沛人，秦时四川郡小官，刘邦起义后跟随刘邦，并随刘邦入关中，后被刘邦任命为御史大夫，汉四年，守荥阳，被项羽攻破，宁死不屈，被烹杀。枞（cōng）公，姓枞，名不详。魏豹，本叛汉，时又降汉。
(545)反国之王，指魏豹。反，叛。
(546)生得，活捉。
(547)若，你。趣（cù），通“促”，赶快。
(548)今，即，马上。
(549)宛（yuān），县名，秦置，治所在今河南南阳。叶（shè），本楚叶邑，汉置叶县，故治在今河南叶县南。
(550)行，即，就。收兵，收集溃兵。
(551)修武，本古春秋晋宁邑，汉置修武县，故治在今河南获嘉县。张耳、韩信扎营修武，汉王东渡河，驰宿修武。明晨，自称汉使，驰入赵壁。张耳、韩信未起，即其卧内夺其印符，以麾召诸将，易置之。耳、信起，乃知汉王来，大惊。汉王夺两人军，即令张耳备守赵地，拜韩信为相国，收赵兵未发者击齐。故下句云“汉王得淮阴侯兵”。
(552)韩信，淮阴（在今江苏淮安市淮阴区西南）人，初属项羽，继归刘邦，为汉大将，助刘邦统一天下，封淮阴侯，后为吕后所杀。
(553)巩，秦所置县，故城在今河南巩县西南。
(554)淮阴侯，此处称“淮阴侯”，乃史家追书之辞，因是时韩信尚未封侯。
(555)欲渡河南，欲渡河而南。
(556)郑忠时为汉郎中，劝汉王高垒深堑，暂勿与楚战，汉王听其计。
(557)止，停留。壁，坚守营垒，驻守。河内，泛称黄河以北地区，此指黄河北岸。参见“印”字注。
(558)刘贾，刘邦从兄，汉封为荆王，后为黥布所杀。刘贾与卢绾奉刘邦之命，将卒二万及骑兵数百，渡白马津（在今河南滑县北，已湮塞），入楚地，佐彭越击楚军，下梁地十余城。
(559)积聚，储积的财物。

(560)广武，山名，在今河南荥阳东北。
(561)东海，泛指东方，此指彭越统辖的地区。
(562)指项王击定梁地，引兵而西，与汉王决斗。
(563)楚汉于广武分筑东西二城，东广武城为楚所筑，西广武城为汉所筑，中有绝涧，名广武涧，楚汉临涧筑城以驻军，故言“临广武而军”。
(564)高俎（zǔ），置于几上的砧板，一说，车上供瞭望的高台。
(565)下，屈服，投降。
(566)北面，古时君主坐北朝南，臣子北面听命。刘邦、项羽都曾是怀王的臣下，故曰“北面受命怀王”。
(567)而，你的，与“若”“汝”“尔”同。
(568)幸，希望。羹，用肉或菜等做成的带汁的食物。
(569)为天下，犹“打天下”“争天下”。
(570)祇（zhī），正，恰。一说同“只”，仅仅。
(571)丁壮，成年可服兵役之人。苦军旅，苦于久居军旅长期征战。
(572)罢（pí），通“疲”。转，路运，漕，水运。罢转漕，疲于水路运输军备的劳役。
(573)匈匈，动荡纷扰。
(574)徒，只。以，因。
(575)徒，徒然，白白地。为也，语气词，用以加重语气。
(576)宁，宁可。
(577)楼烦，北方部族名，其人善射，故善射者取以为号，非必实指楼烦人。一说，当时楚、汉双方，都有楼烦士卒，此处指汉军中的楼烦战士。
(578)合，两军交锋。
(579)辄（zhé），总是。
(580)瞋（chēn）目，睁大眼睛。叱，大声呵斥。
(581)间问，犹言打听。
(582)即，就，趁着。即汉王，趁着汉王在，此言项羽迁就刘邦。相与，共同，一道。据学者考证，“间”当作“涧”。这句话是说刘邦、项羽二人隔广武涧而语。
(583)数（shǔ），数落。《史记·高祖本纪》载刘邦斥项羽十罪，责其负约及杀义帝等。
(584)弩（nǔ），用机械射箭的弓。伏弩，隐伏的弓箭手。
(585)河，黄河。
(586)破齐，指当时定临淄，追田广。破赵，指上年袭赵壁，斩陈馀。齐、赵皆破，故曰“淮阴侯已举河北”。
(587)骑将，骑兵将领。灌婴，睢阳（秦所置县，故治在今河南商丘南）人，少以贩缯为业，从刘邦定天下，封颍阴侯，文帝时官至丞相。
(588)武涉劝韩信背汉与楚，三分中国，信不忍背汉，涉乃去。
(589)曹咎等，指曹咎、司马欣、董翳。大司马，官名，掌军事。时曹咎为大司马，封海春侯，与司马欣、董翳守成皋。
(590)则，即使。
(591)复从将军，指回兵复与咎等汇合。

592 行，即，就。

593 已，以。

594 外黄令舍儿，外黄县令的门客之子。年十三，与上"年十五以上"呼应，明言不在当坑者之内。

595 且，暂且。

596 归心，归附之心。

597 下，降。

598 睢阳，县名，秦置，治所在今河南商丘南。

599 下，降。

600 氾（sì）水，发源于河南巩义市东南，北流经荥阳市汜水镇西，北流入黄河。

601 货赂，财物。

602 自刭，自刎，以刃割颈部自杀。

603 钟离眛（mò），钟离，姓，眛，一作"昧"（mèi），名，楚将，项王死，投奔韩信，汉令信捕之，眛自刭死。

604 险阻，险要难行之地，此处指荥阳附近山区。

605 陆贾，楚人，能言善辩，长于外交，以客从汉王，拜太中大夫。

606 请太公，请求释放太公。

607 侯公，侯姓，其名及身份不详。

608 中分，平分。

609 鸿沟，古运河名，战国魏惠王时开凿，自今河南荥阳北引黄河水，东流至淮阳入颍水，东汉后，逐渐淤塞。

610 据赵翼《廿二史札记》考证，"母"指刘邦的庶母，"子"指孝惠帝庶兄悼惠王刘肥。

611 军，谓汉军。

612 此句言汉王避而不肯再见侯公。

613 所居倾国，指侯公巧言善辩，其所到之处，有倾覆他人国家的危险。

614 平，安定，太平，此处用为动词。"平"与"倾"相对，侯公有倾覆他人国家的危险，故给予一个相反的封号。

615 太半，过半。此时巴、蜀、三秦、燕、赵、韩、魏、齐、梁皆属汉，故云"太半"。

616 因，趁。机，机会，一本作饥饿之"飢"，一本作饥荒之"饑"，皆可通。

617 养虎自遗患，此当时成语，后写作"养虎遗患"，谓姑息敌人必留后患。遗（yí），遗留。自遗，留给自己。

618 阳夏（jiǎ），汉所置县，即今河南太康。

619 止军，屯军不进。

620 此时韩信已破齐、赵，自立为齐王。彭越时为魏相国，《史记》中《汉兴以来诸侯年表》及《魏豹彭越列传》均无建成侯封号。期会，约期会合。

621 固陵，古聚落名，在今河南淮阳西北。

622 堑，壕沟。

623 子房，张良的表字。

624 诸侯不从约，指韩信、彭越不守约定。

625 分（fēn）地，诸侯的封地。

㉖固，本来。宜，应该，应当。

㉗致，招引，引来。

㉘即，假如。

㉙陈，古国名，都宛丘（今河南淮阳），战国前夕为楚所灭。傅，至，达。自陈以东傅海，其地包括安徽、江苏两省淮河以北地区。

㉚谷城，春秋齐之谷邑，秦称谷城，后汉置县，故治在今山东东阿南。睢阳以北至谷城，其地包有今河南东部及山东西部地区。

㉛各自为战，各自独立作战。

㉜寿春，本楚邑，楚考烈王自宛丘迁都于此，亦称郢，秦置寿春县，即今安徽寿县。此句言刘贾军从寿春迎黥布并行。

㉝城父（fǔ），春秋陈之夷邑，汉置城父县，故治在今安徽亳县东南城父村。

㉞垓（gāi）下，聚落名，在今安徽灵璧县东南。

㉟周殷时为项羽大司马，因刘邦使人招降叛楚。

㊱舒，春秋时舒国，汉置县，即今安徽舒城，时为周殷所据。六，古国名，相传为皋陶之后，偃姓，春秋时为楚所灭，其故都在今安徽六安北。以舒屠六，带领舒地兵卒屠戮六地军民。

㊲举，发动。举九江兵，发动九江王黥布出兵。时布已叛项羽。

㊳皆会垓下，梁玉绳《史记志疑》云，韩信从齐往，彭越乃从魏往，刘贾军从寿春迎黥布，并行，屠城父，大司马周殷叛楚，以舒屠六，举九江兵，随刘贾、黥布，皆会垓下。此言诸路兵马都汇集到项羽所在之处。另据《史记·高祖本纪》，项羽被围前，楚汉尚有一场大战，项羽大败。

㊴诣，到，往。

㊵壁，营垒，此处作动词，筑营驻扎。

㊶楚歌，楚人歌曲，犹言越吟、蔡讴。汉军四面皆楚歌，围困项王的汉军皆唱楚歌，是楚人多已降汉。

㊷则，乃。

㊸美人，秦汉妃嫔有夫人、美人等称号与级别。名虞，古时妇人从夫姓，以己姓为名，虞当为美人姓氏。

㊹幸从，因得宠而随从，通常指跟随帝王。

㊺骏马，好马。骓（zhuī），毛色青白相间的马。

㊻忼慨，情绪愤激貌，亦作"慷慨"。

㊼逝，奔驰。

㊽可，能。可奈何，犹言无可奈何。

㊾兮，语气词，表示停顿。奈……何，拿……怎么办。若，你。

㊿阕（què），乐曲终了一次曰阕。

㋀和（hè），应和着一同歌唱。

㋁行，行列。

㋂骑，衍文。一说"骑"非衍文，"马骑"，谓乘坐之马。

㋃直，当。直夜，当夜，一说半夜。溃，决。溃围，突破围困。

㋄平明，天刚亮。

㋅属（zhǔ），跟随。

㋆阴陵，秦所置县，故治在今安徽定远西北。

⑱迷失道，迷而失道，因辨不清方向而走错道路。
⑲田父（fǔ），老农。
⑳绐（dài），同"诒"，欺骗。
㉑泽，泥泞低湿之地。项羽所陷大泽，地处阴陵以西。
㉒东城，秦所置县，故治在今安徽定远东南。
㉓乃，仅仅。
㉔度（duó），揣测，估计。脱，脱身。
㉕身，亲自，此处用为动词，亲身参加的意思。
㉖当（dāng），遇到。下文"所当无敌"的"当"同此。
㉗罪，过错，过失。
㉘固，本来。决，一定。决死，必死。
㉙快战，痛快地一战。
㉚刈（yì），斩断，砍倒。
㉛四向，指四队骑兵，背皆向内，面向四方，围成一阵。
㉜公，对人的敬称。
㉝"期山东"句，约定在山的东面，分做三处集合。期，约定。山，即四隤（tuí）山，在今安徽和县北。
㉞披靡，草木随风散乱倾倒貌，此处形容人马溃乱。
㉟赤泉侯，即杨喜，华阴（县名，汉置，治所在今陕西华阴市东南）人，此时尚未封侯，为史家追书之辞。时杨喜为郎中骑，故云"为骑将"。郎中骑为郎中令属下三将（车、户、骑）之一。赤泉，县名，即秦丹水，司马贞索引"疑赤泉后改"，故城在今河南淅川西。
㊱辟易，退避。
㊲伏，通"服"，信服。
㊳乌江，今安徽和县东北乌江浦，即乌江入长江处，为一重要渡口。
㊴亭长，秦汉制度，十里一亭，亭有亭长，亭长为主亭之吏，其职责为照料行旅之人食宿与治理当地人民诉讼。枻（yǐ），同"舣"，拢船靠岸。
㊵王（wàng），称王。
㊶为，语气词，表疑问。
㊷纵，即使。王，称王，此处用为及物动词。
㊸独，副词，表反问，犹难道。
㊹长者，谨厚者之称。
㊺短兵，短小轻便的兵器，如刀、剑等。
㊻被，受。创，伤。
㊼顾，回头看。骑司马，骑将衔名，为项羽军中官职。吕马童，项王旧部，此时已叛楚投汉。
㊽故人，旧交。
㊾"马童"二句，面向项王，审知为项王，然后把项王指给王翳看。一说，面，背，转身背对项王，手指王翳，告知项王所在。
㊿购，悬赏。千金，一千斤金子。汉称金一斤为一金。汉代一斤约为今半市斤。
邑，封地，食邑。汉代食邑万户以上者为列侯。

⑩㉒吾为若德，我就送给你这个人情吧。为德，犹言施恩。
⑩㉓自刭，割颈部自杀。
⑩㉔蹂践，踩踏。
⑩㉕最其后，最后。
⑩㉖郎中，官名，始于战国，秦汉沿置，属郎中令，管理车骑、门户，并内从侍卫，外从作战。
⑩㉗分其地，谓分地以封吕马童等五人为侯，非指分项王之地。其，指吕马童等人。
⑩㉘中水，汉县名，其地在今河北献县西北。中水侯为县侯，以下四侯同。汉制，列侯大者食县，小者食乡、亭。
⑩㉙杜衍，汉县名，其地在今河南南阳西南。
⑦⓪吴防，汉县名，其地即今河南遂平。
⑦①涅阳，汉县名，其地在今河南镇平南。
⑦②死节，为保全节操而死。此处指宁愿牺牲也不肯丧失节操。
⑦③视，通"示"，给人看。
⑦④谷（穀）城，春秋时齐国谷（穀）邑，秦称"谷城"，后置县，故址在今山东平阴西南东阿镇。
⑦⑤发哀，举丧，发丧。
⑦⑥枝属，宗族旁枝。
⑦⑦射阳，汉县名，其地在今江苏淮安东南。射阳侯为县侯。
⑦⑧桃侯，名襄。桃，汉县名，其地在今河北冀县西北。平皋侯，名佗。平皋，汉县名，其地在今河南温县东。玄武侯，未详，疑始立而即废。
⑦⑨太史公，即太史令，司马迁自称。太史令之称太史公，为当时官府通称。"太史公曰"以下为司马迁论赞之辞。自司马迁创立此体，后世史家，都沿用不改。
⑦⑩周生，汉时儒者，姓周，名不详。生，古时称读书人为"生"。
⑦⑪瞳子，眸子，瞳孔。重瞳子，双眸子。
⑦⑫裔（yì），衣服的边缘。苗裔，后代子孙。
⑦⑬暴，突然。
⑦⑭失其政，即失政，不以其道治国，国政失当。
⑦⑮首难，首先发难。
⑦⑯非有尺寸，言无尺寸之权柄（一说土地）可以凭借。
⑦⑰埶，"势"之本字。乘埶，乘秦末大乱之势。陇亩，田野，此指民间。
⑦⑱将，率领。五诸侯，指故齐、赵、韩、魏、燕五国之众。东方六国，灭秦乃以楚为首，故云"将五诸侯"。
⑦⑲政，政令。
⑦⑳位，天子或王侯之位，此处指其霸王地位。终，穷，极。不终，未持续到底。
⑦㉑近古，指距今不远的古代，与远古相对而言。
⑦㉒背，背离，离开。背关怀楚，背弃关中，怀念楚地，指舍弃关中形胜之地而定都彭城。
⑦㉓矜（jīn），夸耀。功伐，功业。伐，与"功"义近。按司马迁的理解，功伐是以武力建立的功劳，而不是以德建立的。《史记·高祖功臣侯者年表序》："以德立宗庙定社稷曰勋，以言曰劳，用力曰功，明其等曰伐，积日曰阅。"因此

下文说"欲以力征经营天下"。

㉔奋，逞。私智，个人才智。师古，师法古人成就帝王事业的经验。

㉕谓，称，叫。谓霸王之业，称其事业为霸王之业，此言项羽志在做霸王而非帝王。

㉖力征，武力征伐。经营，规划营治。此句言欲以武力征伐治理天下。

㉗寤（wù），醒悟，觉醒。

㉘过，错。

提 示

《项羽本纪》是《史记》的名篇之一。作品记述了项羽由起义到灭秦，由楚汉战争到兵败自刎的全过程，赞颂了项羽的英勇善战和他在灭秦战争中所建立的功勋，也写出了他的残暴不仁和他在一系列政策策略上的严重错误，同时真实地勾画出了秦汉之际错综复杂的斗争形势。

作品塑造了项羽复杂矛盾的性格，写了他的英姿雄风，写了他的柔情悲怀，又写了他的性格弱点。作品把特写和泛写结合起来，既有巨鹿之战、鸿门宴、垓下之围的精雕细刻，又有对当时政治、军事和外交斗争的疏略勾勒。在叙述项羽一步步走向失败的过程时，作品把英雄形象的塑造和浓郁的悲剧氛围的营造结合起来，使项羽的形象意蕴深厚。此外内心描写与形象描写、事件记叙巧妙结合。这一切，使这部作品具有鲜明的文学色彩。

思考与练习

1. 你是怎样理解司马迁把项羽传记归入本纪的？
2. 阅读全文，分析项羽性格的矛盾之处。
3. 结合文末论赞一段，分析项羽功过及其失败原因。

司马相如①

上 林 赋②

亡是公听然而笑曰③："楚则失矣而齐亦未为得也④。夫使诸侯纳贡者⑤，非为财币⑥，所以述职也⑦；封疆画界者⑧，非为守御，所以禁淫也⑨。今齐列为东藩⑩，而外私肃慎⑪，捐国逾限⑫，越海而田⑬，其于义固未可也⑭。且二君之论⑮，不务明君臣之义⑯，正诸侯之礼⑰，徒事争于游戏之乐⑱、苑囿之大⑲，欲以奢侈相胜、荒淫相越⑳，此不可以扬名发誉，而适足以贬君自损也㉑。

且夫齐楚之事又乌足道乎㉒！君未睹夫巨丽也㉓？独不闻天子之上林乎㉔？左苍梧㉕，右西极㉖。丹水更其南㉗，紫渊径其北㉘。终始灞浐㉙，出入泾渭㉚。酆镐潦潏㉛，纡余委蛇㉜，经营乎其内㉝。荡荡乎八川分流㉞，相背而异态㉟。东西南北，驰骛往来㊱。出乎椒丘之阙㊲，行乎洲淤之浦㊳。经乎桂林之中㊴，过乎泱漭之野㊵。汩乎混流㊶，顺阿而下㊷，赴隘狭之口㊸。触穿石㊹，激堆埼，沸乎暴怒㊺，汹涌彭湃㊻。滭弗宓汩㊽，逼侧泌㊾，横流逆折㊿，转腾潎洌㉛，滂濞沆溉㉜，穹隆云桡㉝，宛潬胶盭㉞，逾波趋浥㉟，莅莅下濑㊱。批岩冲拥㊲，奔扬滞沛㊳。临坻注壑，瀺灂霣坠㉠，沈沈隐隐㉡，砰磅訇磕㉢。潏潏淈淈㉣，湁潗鼎沸㉤。驰波跳沫㉥，汨濦漂疾㉦，悠远长怀㉧。寂漻无声㉨，肆乎永归㉩。然后灏溔潢漾㉪，安翔徐回㉫。翯乎滈滈㉬，东注太湖㉭，衍溢陂池㉮。

于是乎蛟龙赤螭㉯，𩽹鰽渐离㉰，鰅鳙鳍魠㉱，禺禺魼鰨㉲，揵鳍掉尾㉳，振鳞奋翼，潜处乎深岩㉴。鱼鳖欢声㉵，万物众伙。明月珠子㉶，的皪江靡㉷，蜀石黄硬㉸，水玉磊砢㉹。磷磷烂烂㉺，采色澔汗㉻，丛积乎其中㉼。鸿鹔鹄鸨㉽，鴐鹅属玉㉾。交精旋目，烦鹜庸渠㊀。箴疵鵁卢㊁，群浮乎其上㊂。泛淫泛滥㊃，随风澹淡㊄。与波摇荡㊅，奄薄水渚㊆。唼喋菁藻㊇，咀嚼菱藕㊈。

于是乎崇山矗矗㊉，巃嵷崔巍㊊。深林巨木㊋，崭岩参差㊌。九嵕嶻嶭㊍，南山峨峨㊎。岩陁甗锜㊏，摧崣崛崎㊐。振溪通谷，蹇产沟渎㊑。谽呀豁閕㊒，阜陵别隝㊓，崴磈嵔廆㊔，丘虚堀礨㊕。隐辚郁㊖，登降施靡㊗，陂池貏豸㊘。沇溶淫鬻㊙，散涣夷陆㊚。亭皋千里㊛，靡不被筑㊜。揜以绿蕙㊝，被以江蓠㊞。糅以蘪芜，杂以留夷㊟。布结缕㊠，欑戾莎㊡，揭车衡兰㊢，槀本射干㊣。茈姜蘘荷，葴持若荪㊤。鲜支黄砾㊥，蒋芧青薠㊦。布濩闳泽㊧，延曼太原㊨。离靡广衍[138]，应风披靡[139]。吐芳扬烈[140]，郁郁菲菲[141]。众香发越[142]，肸蠁布写[143]，晻薆咇茀[144]。

于是乎周览泛观[145]，缤纷轧芴[146]，芒芒恍忽[147]。视之无端[148]，察之无涯[149]。日出东沼[150]，入乎西陂[151]。其南则隆冬生长[152]，涌水跃波。其兽则㺎旄貘犛[154]，沈牛麈麋[155]。赤首圜题[156]，穷奇象犀[157]。其北则盛夏含冻裂地[158]，涉冰揭河[159]。其兽则麒麟角端[160]，騊駼橐驼[161]。蛩蛩驒騱[162]，駃騠驴骡[163]。

于是乎离宫别馆[164]，弥山跨谷[165]。高廊四注[166]，重坐曲阁[167]。华榱璧珰[168]，辇道𦆑属[169]。步櫩周流[170]，长途中宿[171]。夷嵕筑堂[172]，累台增成[173]。岩窔洞房[174]。俯杳眇而无见[175]，仰攀橑而扪天[176]。奔星更于闺闼[177]，宛虹拖于楯轩[178]。青龙蚴蟉于东箱[179]，象舆婉僤于西清[180]。灵圉燕于闲馆[181]，偓佺之伦[182]，暴于南荣[183]。醴泉涌于清室[184]，通川过于中庭[185]。盘石振崖[186]，嵚岩倚倾[187]。嵯峨嶵嶭[188]，刻削峥嵘[189]。玫瑰碧琳[190]，珊瑚丛生[191]。珉玉旁唐[192]，玢豳文鳞[193]。赤瑕驳荦[194]，杂臿其间[195]。晁采琬琰[196]，和氏出焉[197]。

于是乎卢橘夏熟[198]，黄甘橙楱[199]。枇杷橪柿[200]，亭奈厚朴[201]。梬枣杨梅[202]，樱桃蒲陶[203]。隐夫薁棣[204]，荅沓离支[205]。罗乎后宫，列乎北园[207]。貤丘陵[208]，下平原[209]。扬翠叶[210]，扤紫茎[211]。发红华[212]，垂朱荣[213]。煌煌扈扈[214]，照曜钜野[215]。沙棠栎槠[216]，华枫枰栌[217]。留落胥邪[218]，仁频并闾[219]。欀檀木兰[220]，豫章女贞[221]。长千仞[222]，大连抱[223]。夸条直畅[224]，实叶葰楙[225]。攒立丛倚，连卷欐佹[226]。崔错登骫[227]，坑衡閜砢[228]。垂条扶疏[229]，落英幡纚[230]。纷溶萷蔘[231]，猗柅从风[232]。藰莅芔歙[233]，盖象金石之声[234]，管钥之音[235]。柴池茈虒[236]，旋还乎后宫[237]。杂袭累辑[238]，被山缘谷[239]，循坂下隰[240]，视之无端[241]，究之无穷[242]。

于是乎玄猿素雌[243]，蜼玃飞蠝[244]，蛭蜩蠗蝚[245]，獑胡縠蛫[246]，栖息乎其间[247]。长啸哀鸣[248]，翩幡互经[249]，夭蟜枝格[250]，偃蹇杪颠[251]。隃绝梁[252]，腾殊榛[253]，捷垂条[254]，掉希间[255]。牢落陆离[256]，烂漫远迁。若此者数百千处[258]，娱游往来，宫宿馆舍[260]。庖厨不徙，后宫不移，百官备具[261]。

于是乎背秋涉冬[262]，天子校猎。乘镂象[263]，六玉虬[264]。拖蜺旌[265]，靡云旗[266]。前皮轩[267]，后道游。孙叔奉辔[268]，卫公参乘。扈从横行[269]，出乎四校之中[270]。鼓严簿[271]，纵猎者，河江为阹，泰山为橹[272]。车骑雷起[273]，殷天动地。先后陆离，离散别追[274]。淫淫裔裔[275]，缘陵流泽[276]，云布雨施。生貔豹，搏豺狼[277]。手熊罴[278]，足野羊[279]。蒙鹖苏[280]，绔白虎。被豳文，跨野马。陵三嵕之危，下碛历之坻[281]。径峻赴险[282]，越壑厉水。椎蜚廉[283]，弄獬豸[284]。格虾蛤[285]，鋋猛氏[286]。羂騕褭[287]，射封豕[288]。箭不苟害[289]，解脰陷脑。弓不虚发[290]，应声而倒[291]。

于是乘舆弭节徘徊⑪,翱翔往来⑪。睨部曲之进退⑫,览将帅之变态⑬。然后侵淫促节⑭,倏夐远去⑮。流离轻禽⑯,蹴履狡兽⑰。轊白鹿⑱,捷狡兔⑲。轶赤电⑳,遗光耀㉑。追怪物,出宇宙。弯蕃弱㉔,满白羽,射游枭㉖,栎蜚遽㉗。择肉而后发,先中而命处。弦矢分㉚,艺殪仆。然后扬节而上浮㉜,凌惊风㉝,历骇猋㉞,乘虚无㉟,与神俱㊱。躏玄鹤㊲,乱昆鸡㊳。遒孔鸾㊴,促骏鸃㊵。拂鹥鸟㊶,捎凤凰㊷。捷鹓鶵㊸,揜焦明㊹。道尽途殚㊺,回车而还。消摇乎襄羊㊼,降集乎北纮㊽。率乎直指㊾,晻乎反乡㊿。蹷石阙㊿,历封峦。过鳷鹊,望露寒。下棠梨,息宜春。西驰宣曲,濯鹢牛首。登龙台,掩细柳。观士大夫之勤略,均猎者之所得获。徒车之所辚轹,步骑之所蹂若,人臣之所蹈籍,与其穷极倦骇,惊惮詟伏,不被创刃而死者,他他籍籍,填坑满谷,掩平弥泽。

于是乎游戏懈怠,置酒乎颢天之台,张乐乎胶葛之㝢。撞千石之钟,立万石之虡。建翠华之旗,树灵鼍之鼓,奏陶唐氏之舞,听葛天氏之歌。千人唱,万人和。山陵为之震动,川谷为之荡波。巴渝宋蔡,淮南干遮,文成颠歌。族居递奏,金鼓迭起。铿枪闛鞳,洞心骇耳。荆吴郑卫之声,韶濩武象之乐,阴淫案衍之音。鄢郢缤纷,激楚结风。俳优侏儒,狄鞮之倡。所以娱耳目乐心意者,丽靡烂漫于前。靡曼美色,若夫青琴宓妃之徒,绝殊离俗,妖冶娴都。靓糚刻饰,便嬛绰约。柔桡嬛嬛,妩媚孅弱。曳独茧之褕袘,眇阎易以恤削。便姗嫳屑,与俗殊服。芬芳沤郁,酷烈淑郁。皓齿粲烂,宜笑的皪。长眉连娟,微睇绵藐。色授魂与,心愉于侧。

于是酒中乐酣,天子芒然而思,似若有亡,曰:'嗟乎,此大奢侈!朕以览听余闲,无事弃日。顺天道以杀伐,时休息于此。恐后叶靡丽,遂往而不返,非所以为继嗣创业垂统也。'于是乎乃解酒罢猎,而命有司曰:'地可垦辟,悉为农郊,以赡萌隶,隤墙填堑,使山泽之人得至焉。实陂池而勿禁,虚宫馆而勿仞。发仓廪以救贫穷,补不足。恤鳏寡,存孤独。出德号,省刑罚。改制度,易服色。革正朔,与天下为更始。'

于是历吉日以斋戒,袭朝服,乘法驾,建华旗,鸣玉鸾,游于六艺之囿,驰骛乎仁义之涂。览观春秋之林,射狸首,兼驺虞。弋玄鹤,舞干戚。载云罕,揜群雅。悲伐檀,乐乐胥。修容乎礼园,翱翔乎书圃。述易道,放怪兽。登明堂,坐清庙。次群臣,奏得失。四海之内,靡不受获。于斯之时,天下大说,乡风而听,随流而化,芔然兴道而迁义,刑错而不用[183]，德隆于三王[184]，而功羡于五帝[185]。若此[186]，故猎乃可喜也[187]。若夫终日驰骋[188]，劳神苦形。罢车马之用[189]，抏士卒之精[190]。费府库之财[192]，而无德厚之恩。务在独乐[194]，不顾众庶[195]。忘国家之政[196]，贪雉兔之获[197]。则仁者不繇也[198]。从此观之[199]，齐楚之事[200]，岂不哀哉[501]！地方不过千里[502]，而囿居九百[503]，是草木不得垦辟[504]，而人无所食也[505]。夫以诸侯之细[506]，而乐万乘之侈[507]，仆恐百姓被其尤也[508]。"

于是二子愀然改容[509]，超若自失[510]，逡巡避席[511]，曰："鄙人固陋[512]，不知忌讳[513]，乃今日见教[514]，谨受命矣[515]。"

【注释】

①司马相如，字长卿，蜀郡成都人，约生于前179年（汉文帝元年），卒于前118年（汉武帝元狩五年）。西汉著名辞赋家。景帝时为武骑常侍，因病免。客游梁（都城在今河南商丘南），为梁孝王门客，与邹阳、枚乘、严忌等辞赋家交游。所作《子虚赋》为武帝所赏识，因得召见，又作《上林赋》，武帝用为郎。奉使西南有功。后为孝文园令。著名作品尚有《大人赋》《长门赋》和散文《喻巴蜀檄》《难蜀父老》等。《隋书·经籍志》有《司马相如集》一卷，已散佚。辑本有明·张溥编《司马文园集》一卷、明·汪士贤校《司马长卿集》一卷。

②《上林赋》在《史记》与《汉书》本传中与《子虚赋》著录为一篇，《文选》始分而为二。两赋内容相承接。《子虚赋》主要铺演楚王游云梦事，《上林赋》详述汉天子校猎上林苑之壮观情景。《上林赋》在不同的典籍中文字互有异同。此处据上海古籍出版社1986年标点本《文选》排印。

③亡（wú），通"无"。亡是公，即无是公，史上实无此人，作者藉以为辞，以明天子之义。听（yǐn）然，笑貌。

④《子虚赋》中，子虚应乌有先生问，夸耀楚王在云梦游猎的盛况非齐王所及，乌有先生不服，加以诘难。这两句是说，子虚的应答不对，乌有先生的辩解也没说到正道上。失，失对，回答不得当。得，得理。

⑤纳贡，古代诸侯定期朝见天子并进献一定数额方物。

⑥财币，钱财。

⑦述职，指诸侯定期朝见天子，向天子陈述履行职务情况。《尚书大传》卷一上："古者诸侯之于天子，五年一朝。朝见其身，述其职。述其职者，述其所职也。"

⑧封疆，堆土以表识疆境。画界，在封土之间建立墙垣以划分界域。封疆画界，划定疆域界限。

⑨此谓天子划定诸侯疆界，是为防止诸侯有无节制之欲求。淫，过度。

⑩藩，指诸侯。诸侯对周王畿起屏藩作用，故称。东藩，东方屏藩之国。

⑪外私，指与诸夏外之夷狄私相交通。古以天子所封之诸侯国，即诸夏为内，以夷狄为外，故有是说。"私"用作动词。肃慎，古族名。商、周时居今长白

山北，东滨大海，北至黑龙江中下游。从事狩猎。

⑫捐，弃，这里指离开。捐国，离开本土。限，指国界。逾限，超越国境。

⑬田，同"畋"，打猎。越海而田，指《子虚赋》中齐王渡海至青丘畋猎之事。青丘旧注有二说。一说为海外国名，当在辽东、高丽一带。一说为海外岛名，盖指蓬莱诸岛。青丘畋猎为赋家夸饰之辞，固不可详考。

⑭义，依照正义或道德所确立之行为准则。

⑮二君，指《子虚赋》中子虚与乌有先生。

⑯君臣之义，君臣间之道义，即为君之义与为臣之义。

⑰正，匡正。礼，礼仪。

⑱徒，徒然。事，从事。争，争辩。游戏，游乐嬉戏。

⑲苑囿，古代畜养禽兽以供帝王游玩之园林。

⑳"欲以"二句，谓子虚与乌有先生互相以奢侈荒淫之事争胜。越，超越。

㉑"此不"二句可与《子虚赋》"彰君恶，伤私义"互参。扬名发誉，谓发扬声誉。贬君自损，谓贬其国君之威德，而损己为臣之义。

㉒齐楚之事，《子虚赋》中子虚所言楚王游云梦事及乌有先生所言齐国繁盛景象及游猎之乐。

㉓臣丽，极美好之事物。也，同"耶"。

㉔独，岂，难道。上林，苑名，在长安（故城在今西安市西北）之西，本秦时旧苑，汉武帝时扩建，南傍终南山，北滨渭水，周围三百里，苑门十二，中有苑三十六、离宫七十所，能容千乘万骑，然或后于司马相如为《上林赋》之时。相如为此赋之所依据，当为其为武骑常侍时或曾亲览之秦之故苑。故文中所述，多夸饰之词。

㉕左，指东方。古人坐北面南，故常以东为左，以西为右。苍梧，即九嶷山，在今湖南宁远县南，传说为舜之葬地。此处非实指，作者假上林以东之山以象苍梧。

㉖右，指西方。极，尽头。西极指西极之汦水，具体方位待考。与苍梧一样，西极亦非实指，作者假上林以西之河渠以象汦水。赋家立言虚实参错，文中所叙种种，皆应灵活看待，不应拘泥于史实。

㉗丹水，水名，发源于陕西商县西北之冢岭山，东流入河南境。更（gēng），经过。丹水在汉京畿附近东西横亘，故曰"更其南"。

㉘紫渊，水名，在上林北。径（jīng），同"经"。

㉙终始，即始终，作动词用，指灞（bà）、浐（chǎn）两水由源头到尽头皆在上林苑中。灞，灞水，源出今陕西蓝田县，经长安过灞桥，西北流合浐水而注入渭水。浐，浐水，源出今蓝田县西南谷中，西北流经长安，合灞水而注入渭水。

㉚出入，谓泾、渭两水从上林苑外流入，又出上林苑而去。泾，泾水，有南北二源，南源出甘肃华亭，北源出甘肃平凉，至泾川汇合，东南流至陕西高陵南注入渭水。渭，渭河，源出今甘肃渭源西北鸟鼠山，东南流经清水县，入陕西境，东西横贯渭河平原，至潼关注入黄河。

㉛酆（fēng），酆水，源出今陕西宁陕县东北之秦岭，西北流经长安，纳潏（yù，或音jué）水，又西北分流，并注入渭水。镐，镐水，源出长安南，下游经镐池（原为西周都城故址，后沦为池）北注入渭水。唐以后镐池湮废，故今之

镐水仅存上游，已改道北流注入潏水。潦（láo），潦水，源出今陕西户县南，北流至长安县界，入于渭。潏，潏水，源于秦岭，西北流歧为二支，一支北流为皂水，注入渭水，一支西南流，合镐水注入酆水。

㉜纡（yū）余，迂回曲折貌。委蛇（wēi yí），同“逶迤”，绵延屈曲貌。

㉝经营，犹言“周旋”，此谓众水曲折婉转，运行于上林苑中。

㉞荡荡，广远貌。八川，即上文灞、浐、泾、渭、酆、镐、潦、潏八水，又称“关中八川”。

㉟相背，相反，谓八川流向不同方向。

㊱驰骛（wù），疾驰。往来，来去。

㊲椒丘，尖削的高丘，一说生有花椒树的丘陵。阙（què），古代于宫殿、祠庙、陵墓前建二台，台上起楼观，因两者之间有空缺以为通道，故名阙。此处喻两峰对峙如阙。

㊳淤（yū），洲，水中陆地。古时长安一带方言呼洲为淤。浦（pǔ），水涯。此句谓河水从沙洲边流过。

㊴桂林，桂树林。

㊵泱（yāng）漭，广大貌。

㊶汩（yù），水流迅疾貌。乎，助词，用于修饰语后，表状态。混（hùn），水势盛大。

㊷阿（ē），大丘陵。

㊸隘狭，即“狭隘”，狭窄。隘狭之口，两岸间相迫近之河段。

㊹穹石，大石。

㊺激，水流因受阻而腾涌飞溅。堆埼（qí），沙堆和曲岸，一说指泥沙堆起之曲岸。

㊻沸，通“怫”（fèi），暴怒不安貌。

㊼汹涌，水势翻腾上涌。彭（péng）湃，波涛相激荡貌。

㊽滭弗（bìfú），泉盛出貌。宓汩（mìyù），水流迅疾貌，一说水于稍平处得以安通。

㊾逼侧，相逼迫，一说水惊涌貌。泌瀄（bìzhì），水流相击，一说水急出。

㊿横流（héngliú），大水不循道而泛滥。逆折，水流回旋。

(51)转腾，波浪汹涌翻滚如沸腾。潎洌（piēliè），象声词，波涛翻滚冲击之声。

(52)滂濞（pēngpì），即“澎湃”，波涛相激荡貌。沆溉（hàngxiè），水徐流，一说波涛起伏不平貌。

(53)穹隆，水势高起貌。桡（náo），曲。云桡，指水势低回曲折如云。此句言水势起伏，乍穹然而上隆，旋如云而低曲。

(54)宛潬（shàn），水流盘曲貌。盭，古“戾”字。胶盭，水流纠缠萦绕貌。

(55)逾，超越。逾波，后浪逾越前浪。浥（yà），卑下幽湿之处。趋浥，水趋向卑下幽湿之处。

(56)莅（lì）莅，水声，一说水疾流貌。下，流下。濑，水流于沙滩石碛之上而成为急湍叫濑。

(57)批，击。岩，指崖岸之岩石。拥（擁），通“壅”，崖岸委曲处。

(58)奔扬，水之奔腾沸扬。滞沛，谓水流遇阻，稍作停滞即沛然直奔之貌。

(59)坻（chí），水中小块陆地。壑，水坑；水沟。

㉍瀺灂（chánzhuó），小水声。霣，通"陨"。霣坠，水下坠于溪壑。此句连上句，言水流沙坻或溪壑时，水势渐缓，发出细小的声音而坠入沟壑中。

㉑沈（chén），同"沉"。沈沈，水深貌。隐隐，水盛貌，一说水声洪大。

㉒砰磅（pēngpāng），象声词，水流激荡之声。訇礚（hōngkē），象声词，水流宏大之声。

㉓潏（jué）潏，淈（gǔ）淈，皆水涌出貌。

㉔湁潗（chìjí），水沸涌貌。鼎沸，水涌流翻腾貌。

㉕弛波跳沫，言水波急驰，水沫跳起。

㉖汩（yù），迅疾貌。㴔（yì），原作"濦"，据胡克家《文选考异》改。㴔，水流急貌。汩㴔，急转貌。漂（piào），同"剽"。漂疾，指水势猛悍迅疾。

㉗怀，归往。悠远长怀，言水势悠远，长归于湖中。

㉘寂漻（liáo），同"寂寥"，此指水流平缓无声。

㉙肆，安。永，水流长。肆乎永归，安然而长往。

㉚灏，同"浩"。灏溔（hàoyǎo），水无边际貌。潢漾（huángyàng），浩荡无际貌。

㉛安翔，舒缓行进。徐，缓慢。回，回旋。安翔徐回，指水流迂徐回旋。

㉜翯（hè），水波泛白光貌。滈（hào）滈，同"浩浩"，指水势浩大。

㉝太，极大。太湖，泛指巨泽渚水，此处指关中巨泽，一说，指上林苑东南之昆明池。按，关中八川皆流入大河，并未流入湖中。此句乃赋家夸大之词，以极言太湖之大。

㉞衍溢，指水涨满溢出。陂（bēi），池塘湖泊。陂池，池沼。词句连上句谓诸水东流注入太湖，并衍溢于其他池塘之中。

㉟于是乎，连词，于是，表承接。龙，鳞虫之长，能幽能明，春分而登天，秋分而入川。蛟（jiāo）龙、赤螭（chī），皆龙属，有鳞曰蛟龙，有翼曰应龙，有角曰虬（qiú）龙，无角曰螭龙。

㊱鰽鳙（gèngméng），蜀地方言，即"鲔"，鲟鱼与鳇鱼之古称。渐离，鱼名，形状不详，或疑是蚌蟹一类。

㊲鰅（yú），鱼名，皮有文采，相传出于朝鲜海内。鳙（yōng），同"鳙"，鱼名，似鲢而黑，亦名花鲢、黑鲢。鰬（qián），鱼名，即大鲇鱼，一说，即鳗鱼。魠（tuō），鱼名，一名黄颊鱼，颊黄口大，能食小鱼。

㊳禺（yóng）禺，鱼名，皮有毛，黄地黑文。魼（qū），比目鱼，细鳞紫色，两相合乃得行。鳎（tǎ），鳀鱼，似鲇，有四足，声如婴儿。一说魼鳎，比目鱼一类，为一物，非二物。

㊴揵（qián），扬起。掉，摇摆。

㊵振，抖动，摇动。奋，扬起。翘起。翼，指鱼腮边之两鳍。

㊶深岩，水底之岩穴。

㊷欢，喧哗，一说，通"喧"，惊呼。

㊸伙（huǒ），众多。

㊹明月，大珠，一说，即海月，亦称窗贝，蛤蚌类，贝壳近圆形，肉可食。珠子，小珠。

㊺的皪（dìlì），同"玓瓅"，光亮鲜明貌。靡（méi），通"湄"。江靡，江边。此句谓明月珠子，光耀江边。

⑯蜀石，产于蜀地次于玉的石。碝（ruǎn），石名，白者如水，半有赤色。黄碝，黄色碝石。
⑰水玉，水晶石。磊砢（luǒ），石累积貌，此处用以壮蜀石、黄碝、水玉之多。
⑱磷磷，同"粼粼"，水石等明净貌。烂烂，光芒闪耀貌。
⑲采色，灿烂美丽之色彩。澔（hào）汗，同"皓旰（hàn）"，光彩灼烁，相互辉映。
⑳丛积，聚集。其中，指水中。
㉑鸿，大雁。鹔（sù），鹔鹴（shuāng），雁属，头高而颈长，羽毛呈绿色。鹄（hú），天鹅，似雁而大，颈长，飞翔甚高，羽毛洁白，亦有黄、红者。鸨（bǎo），鸟名，似雁而略大，无后趾。
㉒䴘（gē）鹅，野鹅。属（zhǔ）玉，鸟名，似鸭而大，长颈赤目，羽毛呈紫绀色，性善斗。
㉓交精，鸟名，形似凫，脚高，有红毛冠。旋目，水鸟名，大于鹭而短尾，羽毛呈红白色。
㉔烦鹜（wù），鸟名，似鸭而小。庸渠，鸟名，俗名水鸡，似凫，灰色而鸡脚，一说，壮如山鸡，黑身赤足。
㉕箴疵（zhēncī），水鸟名，毛呈苍黑色。䴔（jiāo）卢，即䴔鹮，水鸟名，善捕鱼。
㉖其上，指水上。
㉗泛淫，浮游不定貌，指鸟在水面上自在游动。泛滥，犹沉浮。
㉘澹（dàn）淡，漂浮貌。
㉙与，随着。
㉚奄（yǎn），通"掩"，止，息。薄，集。一说，奄（yān）薄，同"淹薄"，停泊。水渚，水中小块陆地。
㉛喋（zhá），同"唼"。唼（shà）喋，水鸟啄食。菁（jīng）、藻，皆水草。
㉜菱藕，菱与藕，为两种植物，菱有刺，藕有丝。
㉝崇，山大而高。崇山，高山。蠱蠱，高起貌。
㉞巃嵸（lóngzōng），山势高峻貌，一说云气瀸郁貌，用以喻山之高峻。崔巍（cuīwēi），高峻貌。
㉟深林，茂密的树林。
㊱崭（chán），同"巉"。崭岩，险峻貌。参嵯（cēncī），不齐貌。此连上文言山上有深林大木，而山势或极险峻，或高下不齐。
㊲嵕（zōng），数峰并峙之山。九嵕，山名，在今陕西醴泉东北，因有九峰高耸，故名。巘峗（jiéniè），高峻貌。
㊳南山，即终南山，属秦岭山脉，横亘关中南面，绵延八百里，此处当指上林苑南终南山之主峰。峨（é）峨，高貌。
㊴岩，险峻。陁（yǐ），倾斜。甗（yǎn），古代一种炊器，以青铜或陶为之，分两层，上部是透底之甑，下部是鬲，上可蒸，下可煮，外形上大下小，此指山形似甗。锜（qí），三足之釜，此亦以喻山形。此句四字，各为一义，分别状不同之山势。
㊵摧崣（wěi），高貌，一说即崔巍，高峻。崛崎（juéqí），陡峻貌，一说即崎

岖，山路不平。

⑪振，收敛。振溪，指山水收敛于山溪之中。一说，振，众。通，指水流相通。通谷，言溪水流通于山谷之间。

⑫蹇（jiǎn）产，曲折貌。沟渎（dú），田间水道，此泛指溪谷所汇集之水流。

⑬谽呀（hānxiā），同"谽谺"，山谷大而空貌。豁閕（huòxiǎ），山谷开敞貌。两词义同，同义词叠用。

⑭阜（fù），土山。陵，阜之大者。阜陵，大小丘陵。别，各自。隝（dǎo），同"岛"。别隝，言阜陵居在水中，各自为岛。

⑮崴魂（wēiwěi）、嵬廆（wěihuì），皆高峻貌。两词同义叠用。

⑯丘虚，同"丘墟"，堆垄不平貌。一说，山陵。堀礨（kūlěi），起伏不平貌。

⑰隐辚（lín），险峻不平貌。郁㠑（lù），同"郁律"，山势险曲突兀貌。两词同义叠用。

⑱登降，指地势升降起伏。施（yǐ）靡，同"陁靡"，倾斜貌。

⑲陂池（pōtuó），同"陂陁""陂陒""陂陀"，倾斜貌。貏豸（bǐzhì，又读bèizhì），山渐平貌。一说，貏，同"卑"，豸，虫无足者。凡虫无足者，身恒长，行走时穹隆其脊背。貏豸，以虫喻山形，谓其渐低而隆长。

⑳沇（wěi）溶，水流盛大貌。淫鬻，水流激荡貌，一说山川繁郁貌。

㉑散涣，水流分散貌。夷陆，平地。此句言水流分散于广大平野之上。

㉒亭，平。皋（gāo），水边高地。里，周制以三百步为一里，汉制资料暂缺。

㉓靡，无，没有。被，施加，加以。靡不被筑，无不经人工修筑。

㉔揜（yǎn），同"掩"，覆盖。蕙，熏草，兰属，俗称佩兰，古人佩之或作香焚以避疫。

㉕被（bèi），覆盖。江蓠，香草名，芎藭嫩苗。

㉖糅，混杂。蘪（mí）芜，同"蘼芜"，芎藭叶。

㉗留夷，芍药。

㉘布，遍布。结缕，草名，蔓生，着地之处皆生细根，如线相结，故名。

㉙攒（cuán），丛聚。戾（lì），同"荩""綟"，草名，有绿荩、紫荩两种，可用以染色，此指绿色。莎（suō），莎草，根可染紫色。戾莎，绿色莎草。

㉚揭车，香草名，高数尺，黄叶白花。衡，杜衡，马兜铃科，多年生草本，下端集生多数肉质根，叶一二枚，生于茎端，单花顶生。兰，泽兰，多年生草本植物，菊科，叶对生，叶片卵圆形或披针状，秋季开白花，通常生长于山坡草丛，茎叶含芳香油，可做调香原料。

㉛藁（gǎo）本，香草，茎叶有细毛，叶呈羽状，夏开白花，根可入药。射（yè）干，多年生草本植物，叶剑形排成两行，夏季开花，花被橘红色，有深红斑点，根可入药。

㉜茈（zǐ），通"紫"。茈姜，即子姜，盖子姜呈紫色，故名。蘘（ráng）荷，多年生草本植物，叶互生，椭圆状披针形，冬枯，夏秋开花，花白色或淡黄，根似姜，可入药。

㉝葴（zhēn）持，"持"通"藬（zhī）"。葴藬，一名寒浆，又名酸浆草，花小而白，茎中心呈黄色。若，杜若，香草名，多年生草本，高一二尺，叶广披针形，味辛香，夏日开白花。荪（sūn），即荃（quán），菖蒲，多年生草本植物，生水边，有淡红色根茎，叶子呈剑形，夏天开花，淡黄色，根茎可做

香料。

⑬鲜（xiān）支，香草名，可染红色，一名燃（yān）支，又名焉支或燕（yān）支。砾（礫），通"药（藥）"。黄药，香草名，可染黄色，其茎高二三尺，柔而有节，似藤，叶大如拳，其根外褐内黄。

⑬蒋（jiāng），即菰蒲草，俗称茭白。芧（zhù），草名，即三棱草，亦名荆三棱，叶长，茎三棱如削，高五六尺，茎端开花。芧原文误作"苎"，据胡克家《文选考异》改正。青薠（fán），草名，似莎草而高大。

⑬濩（hù），布散。布濩，布满。闳，同"宏"。闳泽，大泽。

⑬曼，同"蔓"。延曼，蔓延。太，极大。太原，广原，广阔原野。

⑬离靡（mǐ），相连不绝貌。衍，分布。广衍，广布。

⑬应风，随风。披靡（mǐ），草木倒伏，此指草木摇曳。

⑭吐芳，发出香气。扬，散发。烈，指浓烈的香气。

⑭郁郁，菲菲，皆指香气浓郁貌。

⑭发越，播散，散发。

⑭肸（xī），声响四布。蠁（xiǎng），知声虫，似蚕而大。肸蠁，以蠁之云集喻散布，此言香气四散弥漫。布写，分布流散。一说，写，同"泻"，布写，遍布四溢。

⑭晻薆（yèài）、咇茀（bìfú），皆形容香气之盛，同义叠用。

⑭泛观，遍观，与"周览"同义叠用。

⑭缜（zhěn）纷，众多繁盛。芬（hū），通"忽"。轧（yà）芬，悠远而不分明貌。

⑭芒芒，广远貌。恍忽，隐约不清。"忽""惚"同。

⑭无端，没有终点。

⑭无涯，无边无际。

⑮东沼，指上林苑东边之池。沼，池。

⑮陂（bēi），池塘湖泊。西陂，池名，在上林苑西。此句连上句，极言上林苑由东至西之广阔。

⑮隆冬，严冬。生长，指草木生长。

⑮"涌水""跃波"同义，指波涛起伏不停。此句连上句，谓纵是严冬季节，上林苑南域亦草木不凋，河池不冻，极言苑囿之广大。

⑮猶（yōng），同"獞""犦"，牛类，颈上有肉堆，有力而善走。旄，即今之牦牛，四肢有毛，体上之毛杂黑白二色。貘（mò），同"貊"，兽名，形似熊，齿锐利，毛呈黄黑色，亦有黑白间杂者。犛（máo），兽名，似旄而小，体黑毛长。

⑮沈（chén）牛，水牛，能沉于水中，故名。麈（zhǔ），兽名，似鹿而尾大，头生一角。麋（mí），麋鹿，兽名，毛淡褐色，性温顺，以植物为食，亦称"四不像"。

⑮赤首，异兽名，见于《山海经·东山经》及《山海经·中山经》。圜，同"圆"。题，额，一说为"踶"字之误，即"蹄"。圜题，异兽名，王先谦《汉书补注》以为即《汉书·武帝纪》注之"圆蹄、一角"之麟。两兽皆以其形得名。

⑮穷奇，传说中食人猛兽，其状如牛，见于《山海经·西山经》及《山海经·

海内北经》。犀,犀牛,体粗大,吻上有一角或二角。

⑱含冻,犹凝冰、结冰。裂地,地面坼裂。

⑲涉,步行渡水。揭(qì),褰衣而渡。此句连上句,谓上林苑之北域虽盛暑而河流结冰地面冻裂,须揭衣涉冰而过,极言苑囿北延之远。

⑯麒麟,传说中瑞兽名,异说不一,其形大致像鹿,头上有角,全身有鳞甲,尾像牛尾。角端,兽名,牛类,其角可制弓,因其角生在头顶正中,故名。

⑯騊駼(táotú),良马名,色青,产于北方。橐(luò)驼,同"骆驼"。

⑯蛩(qióng)蛩,兽名,状如马,青色,善奔走。驒騱(diānxí),野马名,毛呈青黑色,上有白鳞,花纹似鼍鱼。

⑯駃騠(juétí),兽名,公马母驴所生。騾,兽名,公驴母马所生。

⑯离宫,帝王于都城之外所建之宫殿。别馆,行宫,都城以外供帝王出行时居住之宫室。

⑯弥,满,遍。谷,溪谷。跨谷,溪谷低处,以浮梁承柱而跨越之。

⑯廊,屋檐下过道或独立有顶过道。注,连接。四注,谓高廊四相连接。

⑯重(chóng)坐,重轩,层层栏杆,此处泛指高屋,一说即重室,双层楼房。曲阁,阁之屈曲相连者。

⑯华,指雕绘着花纹。榱(cuī),屋椽。华榱,屋椽之雕绘花纹者。璧,泛指美玉。珰(dāng),瓦当。璧珰,饰有璧玉之瓦当。一说,椽首之装饰。以璧为之,故称。

⑯辇,天子之车乘。辇道,可乘辇往来之阁道(宫苑中架空通车之道)。纚属(lǐzhǔ),连接,此谓辇道回环连属。

⑰橝,古"檐"字。步橝,走廊。周流,周遍流行,此谓走廊互相连接,四通八达。

⑰长途中宿(sù),此句极言步橝之长,谓其途长远,虽经日行之,尚不能达,须中途而宿。

⑰夷,平。嵕(zōng),数峰并峙之山,一说,山名,即九嵕山,在今陕西醴泉县东北,属相如赋中所言上林苑区域。夷嵕筑堂,夷平高山(或即九嵕山)以筑宫室。

⑰累,堆集。累台,累土为台。增,通"层(層)",重叠。成,重,一重即一成。增成,犹言层层,重重。累台增成,累土为重重高台。

⑰岩,洞穴。窔(yào,又音 yǎo),幽深貌。岩窔,幽深貌。洞,深。洞房,深邃之内室。

⑰杳眇(yǎomiǎo),深邃貌。

⑰橑(lǎo),屋椽。扣,用手摸。此句连上句,极言楼台之高,谓俯视则杳眇不见地,仰攀其橑则可以触天。

⑰奔星,流星。更(gēng),经过。闺闼(tà),宫中小门。

⑰宛,弯曲。虹,彩虹。扡(tuō),同"拖",曳引。楯(shǔn),栏槛。轩,窗。此句连上句,并言楼宇之高,奔星宛虹得经行曳引其上。

⑰青龙,指为下文灵圄、偓佺等仙人驾车之马。蚴蟉(yǒuliú),屈折行动貌。箱,同"厢",厢房。东箱,正房东侧之房屋。箱原文误作"箝",据胡克家《文选考异》改正。

⑱象舆,象驾之车。婉僤(shàn),行动曲折貌。西清,与上句之"东箱"对

举，当指西厢清净之处，言"清"者，避重复之故。
⑱灵圉（yǔ），同"灵圉"，众仙总称。燕（yān），闲居。闲馆，幽寂清净之馆舍。
⑲偓佺（wòquán），仙人名，好食松子，体生毛数寸，方眼，善走。伦，侪辈。
⑳暴，同"曝"，晒太阳。荣，飞檐，即屋檐两端上翘部分。南荣，南檐。此句言偓佺等众仙人偃卧南檐下晒太阳。
㉑醴泉，甘泉。清室，清静之室。
㉒通川，川流不息之水。中庭，庭院之中。此句连上句，言醴泉于室中涌出，通流为川，从中庭而过。
㉓盘石，指巨石。振，通"整"，整顿。崖，水崖。振崖，整治通川之崖岸。另据胡克家《文选考异》，振当作"裖（zhěn）"。裖，重叠密集堆积起来，则振崖当指以石修砌通川崖岸。
㉔嵚（qīn），高险。岩，高峻。嵚岩，深险貌。一说，岩指山岩，嵚岩谓险峻之山岩。倚（yǐ）倾，欹斜倾侧。
㉕嵯峨（cuóé），高大貌。嶵巀（jíyè），山石高危貌。
㉖刻削（xiāo），指山石纹理深刻，轮廓有峰棱，如经人工刻削者然。峥嵘，高峻貌。
㉗玫瑰（guī），一种紫色玉石，一说即火齐珠，宝珠之一种，色黄赤，或谓火齐珠为石之似珠者。碧琳，玉之青绿者。
㉘珊瑚丛生，此夸饰之词，言上林苑水中盛产珊瑚。
㉙珉（mín）玉，同"珉玉"，美石似玉者。旁唐，石有纹理者，一说，同"磅唐""磅礴"，广大貌。
㉚玢（bīn），玉之纹理。豳（bān），杂色花纹。玢豳，玉有文理貌。文鳞，言纹理斑然如鳞。一说，玢豳、文鳞，皆玉之纹理，则玢豳当指杂色纹理，文鳞当指鳞状纹理。
㉛赤瑕，有赤色斑点之玉。驳，色彩错杂貌。荦（luò），文彩交错貌。驳荦，色彩斑驳不纯。
㉜㪉（chā），夹杂，穿插，后写作"插"。杂㪉，错综夹杂。此句言赤玉夹杂于岩石之间。
㉝晁（zhāo），古朝字。晁采，美玉名，每旦有白虹之气，光彩上出，故名。琬琰（wǎnyǎn），璧之大者。
㉞和氏，此指和氏璧。和氏本春秋时楚人，即卞和，善识玉，得玉璞于楚山中，奉而献之楚厉王与武王。厉王、武王使玉人相之，均曰："石也。"以诳欺罪，被刖去两足，后又献之楚文王，使玉人理之，果得宝玉，称和氏璧。
㉟卢，黑色。卢橘，橘属，秋天结实，次年二月果实渐青黑，至夏始熟，熟则呈金黄色，故有卢橘、金橘之名。此处指卢橘果实。
㊱黄甘，即黄柑，橘属，实似橘而大，霜后始熟，味甘美，故名。楱（còu），橘属，实小，皮有皱纹，故又名小橘、皱子。按，宋·王十朋《会稽风俗赋序》以为"黄甘"与上句"卢橘"，"盖上林所无者，犹庄生之寓言也"。
㊲樃（rǎn），木名，即酸枣树。
㊳亭，同"桿"，即棠梨，今俗名海棠果。奈，同"柰"，木名，与沙果同类，果实较沙果大。朴，木皮。厚朴，落叶乔木，因其皮厚，故名。花白色，有

浓香，果实呈圆柱形，树皮可入药。

㉒樱（yīng）枣，木名，其蒂四出，枝叶皆似柿，结实亦似柿而极小，秋晚而红，干之则紫黑如葡萄，其大小亦然。杨梅，常绿乔木，叶长椭圆形，花褐色，核果球形，表面有粒状突起，味酸甜，可食。

㉓蒲陶，同"葡萄"。

㉔隐夫，木名，其形未详。高步瀛《文选李注义疏》谓"隐夫乃夫栘"，近是。夫栘（yí）即棠棣，亦名"栘杨"，为白杨同类，花先开而后合。薁（yù），同"郁"。薁棣，即常棣，又名郁李，花及子并似李，唯子小如樱桃，熟赤色，味酸，可食，又可入药。

㉕荅沓（dátà），木名，果似李。离（lì）支，同"荔枝"，木名。

㉖罗，列。后宫，妃嫔所居宫殿。

㉗列，陈列。北园，指北部园林。

㉘貤（yì），同"迤"，延展，指果树绵延而生。

㉙下，此指由丘陵延展而下。

㉚扬，飞起，飘扬。

㉛扤（wù），摇动，摆动。

㉜发，长出。华，同"花"。

㉝荣，花。《尔雅·释木》："木谓之荣，草谓之华。"

㉞煌煌，光彩盛貌。扈（hù）扈，美。一说，煌煌、扈扈互文，皆光彩盛貌。

㉟巨野，广大原野。

㊱沙棠，木名，其状如棠，黄花。栎（lì），木名，一名"柞"，叶长椭圆形，花黄褐色，坚果卵圆形，幼叶可饲柞蚕，木质坚实。楮（zhū），似柞，叶长椭圆形，花黄绿色，果实球形，木质坚硬。

㊲华（huà），木名，后作"桦"，落叶乔木或灌木，有白桦、黑桦、红桦等。枫（fēng），木名，落叶乔木，叶入秋经霜变红，树脂甚香。枰（píng），木名，即银杏树，俗称白果，落叶乔木，叶扇形，实椭圆，仁可食。栌（lú）木名，即黄栌，落叶灌木，叶卵形或倒卵形，初夏开花。

㊳留，同"刘"，即"刘杙（yì）"，木名，实如梨，味酸甜而核坚。落，即"檴（huò）"，叶似榆，皮坚韧，可做绳索。一说，留落为一物，即刘杙，一说，留落即石榴。邪，通"椰"。胥（xū）邪，即椰子树，常绿乔木，实大呈椭圆形，肉可食，汁甘美。

㊴仁频，即槟榔（bīnglánɡ）树，常绿乔木，干高，果实可食，也可供药用。并闾（lú），即棕榈树，常绿乔木，叶梢纤维可制绳索。

㊵欃（chán）檀，即檀树，落叶乔木，木质坚硬，乃做器具之上等材料。木兰，香木名，一名杜兰，其花内白外紫，皮似桂而香，花、皮均可入药。

㊶豫章，即樟木，木名，常绿乔木，全株均有樟脑香气，木质致密。一说，豫为枕木，章乃樟木。枕木，木名，即钓樟，又名乌樟，落叶亚乔木，高丈余，叶长椭圆，花色黄。女贞，即冬青树，以其凌冬青翠，有贞守之操，故名女贞。

㊷仞，古人以八尺为一仞。千仞，极言其长。

㊸大连抱，谓树干粗大，须数人方能合抱。

㊹夸，"荂"之省文。荂，即"华"，俗作"花"。条，枝条。夸条直畅，"条直

花畅"之变文,谓枝条舒展而花朵盛放。
㉕莜,大,一说,"俊"或"峻"之假借字。俊、峻,大。楸,古"茂"字。实叶莜楸,"叶楸实莜"之变文,谓枝叶茂盛,果实硕大。
㉖攒(cuán),同"攒"。"攒""丛"同义,皆指树木丛聚而生。攒立丛倚,此言树木或丛聚一处,或相倚而立。
㉗连卷,同"连蜷",屈曲貌。欐(lí),同"丽(麗)",依附。佹(guǐ),背戾。欐佹,树之枝柯相依附而又相背戾。
㉘崔(cuī),同"璀"。崔错,壮丽而文饰繁杂貌,此处犹言交相错杂。登骫(báwěi),盘纡纠结貌。
㉙坑,"抗"之假借字。坑衡,言枝干不相避让,相抗争衡。或训抗为高举,"衡"通"横",以壮枝干争相高举横出。閜砢(ěluǒ),相互扶持。
㉚条,枝条。垂条,悬垂之枝条。疏,同"疏"。扶疏,枝叶繁茂分披貌。
㉛落英,落花。幡纚(fānsǎ),飞扬貌。
㉜纷溶,枝叶高耸挺拔貌,一说,繁盛貌。箾蔘,通"萧森",草木盛貌。
㉝猗犯,同"旖旎",柔和而美好。从风,犹言随风。
㉞䓞蒞(liúlì),象声词,风吹草木所发之凄清之声。芔,"卉"之省文,音 hū。芔歙(xī),犹"呼吸",这里形容风声迅疾。
㉟象,似。金石,指乐器,金谓钟,石谓磬。
㊱管,乐器名,即笙。钥(yuè),乐器名,旧说谓单独乐管之乐器,似笛,近人郭沫若考证为编管乐器,似排箫,见郭氏《甲骨文字研究·释和言》。
㊲傑(cī)池,即差(cī)池,犹言参差不齐。茈虒(cǐzhì),义同"傑池",同义词叠用。
㊳还,同"环"。旋还,周旋环绕。
㊴杂袭,众多而重叠貌。絫(lěi),古"累"字。辑,同"集"。絫辑,犹言累积。
㊵被(bèi),覆盖。缘,沿着。谷,溪谷。
㊶循,顺,沿。坂,山坡。隰,低湿之地。
㊷无端,无边。
㊸究,探求。
㊹玄,黑色。玄猿,此指黑色雄猿。素,白色。素雌,白色雌猿。
㊺蜼(wèi),一种长尾猿,似猕猴而大,黄黑色,尾长数尺,鼻露向上。貜(jué),大母猴,一说,猕猴之老寿者。蠝,原作"蜼",据胡克家《文选考异》改。蠝(lěi),鼠名,即鼯鼠,外形似松鼠,能在树间滑翔,古人误以为鸟类。
㊻蛭(zhì),传说中兽名,能飞,据云身生四翼。蜩(tiáo),传说中兽名,大如驴,状如猴,善缘木。蠷猱(juénáo),即猕猴。
㊼獑(chán)胡,同"獑猢(hú)",兽名,似猿,足短,善腾跃。縠,钱大昭《汉书辨疑》以为乃"豰"之形误。豰(hù),兽名,犬属,腰以上呈黄色,腰以下呈黑色,以猴为食。蛫(guǐ),异兽名,其状如龟,赤身白首,一说为猿类动物。
㊽栖息,止息。
㊾哀鸣,叫声凄厉如悲号。

㉚翩幡，同"翩翻"，鸟飞轻疾貌，此处指猿属腾跃之矫捷。互经，往来穿梭。

㉛夭蟜（jiǎo），同"夭矫（矫）"，屈伸。枝格，枝柯。

㉜偃蹇（yǎnjiǎn），蹲卧。杪（miǎo），树梢，颠，顶端。

㉝踰，通"踰"。踰（yú），同"逾"，逾越。绝，断。梁，桥梁。绝梁，犹言断桥，此处指无桥梁可越之溪谷。

㉞腾，跨越。榛，丛生之木。殊榛，奇异丛生之木。一说，榛为果木名，殊榛，谓林中特立而出之榛木。

㉟捷，通"接"。条，枝条。捷垂条，指猿属攀持悬垂之枝条。

㊱掉，通"踔（chuō）"。踔，腾跃，跳跃。希，同"稀"，稀疏。间（jiàn），空隙。掉希间，谓猿属在树枝稀疏间隙之处腾空跳跃。

㊲牢落，犹"辽落"，即稀疏散漫之意。陆离，参差错综貌。牢落陆离，谓猿类聚散不恒。

㊳烂漫，散乱。烂漫远迁，杂乱移徙。

㊴数百千，数百数千，言其多。

㊵娱，"媱"之误字。媱，"嬉（xī）"之古字。嬉，嬉戏。娱游，戏乐游玩。

㊶宫、馆，指上文所言离宫别馆。宿（sù），住宿。舍（shè），居住。宫宿馆舍，"宿宫舍馆"之变文，言天子宿于宫而舍于馆。

㊷庖（páo）厨，厨工。徙，迁徙。

㊸后宫，妃嫔侍妾所居宫殿，此处代指妃嫔侍妾。

㊹百官，臣僚。此句连上两句，言苑中各离宫别馆，庖厨、后宫、百官之属自具，天子巡幸各处，庖人嫔妃百官等不必随从移徙，一说，离宫别馆中皆有侍奉天子之人，不必从朝廷调来。

㊺背，离。涉，至。背秋涉冬，去秋入冬。

㊻校（jiào），栅栏。校猎，遮拦禽兽以猎取之。按：古代以农为本，强调使民以时，畋猎习武之事皆在仲秋至仲冬之前，故此处有"背秋涉冬，天子校猎"之说。

㊼镂象，以象牙镶镂车辂之车，一说，有雕镂之象舆。

㊽六，指乘六匹马。虬（qiú），无角龙，此处代指骏马。玉虬，用玉饰镳勒之骏马。

㊾拖，曳引，一说，摇曳。蜺（ní），同"霓"。蜺旌，即旌，用牦牛尾或兼五彩羽毛饰竿头之旗帜，因旗上缀以缕，羽毛染以五彩，似有霓虹之气，故名。

㊿靡，同"麾"，今作"麾"，挥动。一说，倾斜。云旗，正幅画有熊虎之旗，因似有云气，故名，一说，画有熊虎之旗，其高至云，故名。

㊶轩，车厢。皮轩，汉代天子出行时有兵众相从车厢蒙以虎皮之前导车。

㊷道（dào），道车，即"象辂"，天子御车之一种，以象牙为饰，用于朝夕出入。因帝王据以宣示道德，故名道车。游，游车，即"木辂"，御车之一种，只涂漆而不覆以革，亦无金、玉、象牙之饰，因帝王用以畋猎郊游，故名。此句连上句，谓皮轩最居前，道车、游车随其后，然后乃天子乘舆及其随从之乘骑。

㊸孙叔，指古之善御者孙阳。孙阳即伯乐，秦穆公时人，姓孙，名阳，以善相马著称。赋家此类描写，不必指实其人，赋中"天子"，亦未必实指武帝。

奉，同"捧"。辔（pèi），驭马之缰绳。捧辔，驾车。

⑭卫公，指古之善御者卫庄公。卫庄公乃灵公太子蒯聩。据《左传·哀公二年》，晋赵简子与郑战，时卫太子流亡于晋，为参乘，郑人击简子中肩，获其旗，卫太子救之以戈，郑师败北。参，同"骖（cān）"。参乘，古代乘车，尊者在左，御者居中，一人在右陪乘或护卫，称"参乘"或"车右"，此处指在车右为卫。

⑮扈（hù），护卫。扈从，侍卫。横（héng）行，不循正道而行。

⑯四校（xiào），当即屯骑、步兵、射击、虎贲四校尉，皆天子行猎必当随从者。此句连上句，谓扈从之徒随侍天子横行出入于四校所属之部曲中。

⑰鼓，击鼓。严，威严。簿，即卤簿，古代帝王驾出时扈从之仪仗侍卫队伍。卤，通"橹"，大盾。簿，册籍。因其甲盾及部伍车驾先后次第，皆著之簿籍，故名卤簿。卤簿自汉以后亦用于妃、太子、王公大臣，唐制四品以上皆给卤簿。鼓严簿，击鼓于森严之卤簿中。按：严，或训严格，或训警戒，则严簿谓严格按照簿籍部署与行进之卤簿，或警戒中之卤簿。

⑱纵，放纵。

⑲河江，泛指江河，一说指黄河、长江。陆，依山谷为牛马圈曰陆（qū），此指为遮捕禽兽所围之阵。

⑳泰，同"太"。太，即大。泰山，犹言大山。一说，泰山，即今东岳泰山。橹，望楼。此句连上句，谓以江河围遮禽兽，以泰山为望楼，极言天子畋猎所涉地域之广远。

㉑靁，古"雷"字。起，作。车骑靁起，言车骑之声如雷霆大作。

㉒殷（yǐn），震。

㉓陆离，分散貌。此句谓放猎之时，车骑卒徒先后陆续分散。

㉔离散别追，言车骑卒徒分散开来，各自追逐禽兽。

㉕淫淫、裔裔，皆行貌，形容队伍络绎不绝以次渐进。

㉖缘陵流泽，言车骑徒卒循山陵、顺川泽行进。

㉗施，散布。云布雨施，形容车骑士卒众多，遍布陵泽，如云布天空，雨降地面。

㉘生，生擒。貔（pí），虎豹类猛兽，又名白狐、白罴、执夷。

㉙搏，用手搏击。豺（chái），兽名，犬科，形似狼而小，性凶猛，俗名豺狗。

㉚手，用手击杀。熊，兽名，头大，四肢短而粗，形似大猪，脚掌大，能攀缘，冬多穴居，始春而出。罴（pí），熊之一种，俗称人熊或马熊，黄白纹，长头高脚，猛憨多力，能拔树。

㉛足，以足蹴踏而获之。野羊，或谓羚羊，或谓羱羊，并通。

㉜蒙，戴。鹖（hé），鸟名，似雉而大，黄黑色，头有毛角如冠，性猛好斗，至死不却，其尾羽可以为冠饰。苏，鸟尾。鹖苏，此指鹖冠，以鹖羽为饰之武冠，取鹖勇猛之意。

㉝绔（kù），"袴"之古字，指左右各一，分裹两胫之套裤，以别于满裆之裈，此处做动词，指穿套裤。白虎，指织有白虎纹之套裤，为虎贲及将领之服饰。

㉞被，"披"之古字，穿。班，同"斑"。班文，指虎豹之皮，一说，指有虎豹纹饰之衣服。班文为虎贲及骑兵之服饰。

㉟跨，乘，骑。野马，指驹骡，此处喻所跨之骏捷。

(296)陵，上，登，或训弛。嵕（zōng），数峰并峙之山。三嵕，三峰并峙之山，一说，指三重之山，即峰峦重叠之山，三，言其多。危，高处，此指山最高处。

(297)碛（qì）历，二字叠韵，谓不平貌。坻（dǐ），山坡。

(298)径，同“经”，经过。峻，高峻。险，险峻，此处与“峻”一并用为名词。

(299)越，跨越。壑，山谷。历，连衣下水而涉。

(300)椎（chuí），击杀。蜚（fēi），同“飞”。蜚廉，神禽名，即龙雀，鸟身鹿头，有角，蛇尾，豹纹，能致风气。

(301)弄，摆弄。獬豸（xièzhì），神兽名，一角，性别曲直，见人斗，则触不直者，闻人争，则咋不正者。

(302)格，搏击而杀之。蝦蛤，旧注仅言为兽名，其形其性不详，读音亦待考，梅维恒（Victor H. Mair）《汉语大词典词目音序索引》标注为“xiāgé”，不知何据。

(303)鋋（chán），铁柄短矛，此处用为动词，指用鋋刺杀。猛氏，状如熊而小，毛浅有光泽。

(304)羂（juàn），同“罥”，用绳索绊取，一说，张网罗以击捕禽兽。騕褭（yǎoniǎo），古骏马名，赤喙玄身，日行五千里。

(305)封豕（shǐ），大猪。

(306)苟，任意。害，伤。

(307)解，剖裂。脰（dòu），颈项。陷，刺入。脑，头颅。此句连上句，言箭之所射，必中要害，如颈项头颅等部位，而非随意射到其他无关紧要之处。

(308)弓不虚发，与“箭不苟害”同义。

(309)应（yìng）声，随着声音，形容快速。

(310)乘舆，特指天子和诸侯所乘之车。弭（mǐ），按，止。节，本为音乐之节奏，此处引申为车马行进之节奏。弭节，犹“按节”，徐步，徐行。

(311)翱翔，徘徊不进。

(312)睨（nì），视。部曲，汉代军队编制，犹今之师团之类。汉制大将军营五部，部校尉一人，比二千石，军司马一人，比千石。部下有曲，曲有军侯一人，比六百石。其余将军置以征伐，无员职，亦有部曲、司马、军候以领兵。

(313)变态，各种姿态。

(314)侵淫，渐进。促节，与“弭节”相对，犹言疾驰。

(315)倏（shū），极快。敻（xiòng），远。倏敻，忽然远去貌。

(316)流离，离散，一说，困苦之，意指用网掩捕，使之困苦而无所逃遁，如此，则上文“羂”当作“张网罗以击捕”解。轻禽，飞鸟。

(317)蹴（cù），踩，踏。履，踩踏。蹴履，践踏。狡，矫健凶猛。

(318)轊（wèi），同“軎”，套在车轴末端之金属圆筒状物，即车轴头，此处谓以车轴头击杀之，一说，“轊”通“躛（wèi）”，践踏。白鹿，白色鹿，古时以为祥瑞。

(319)捷，疾取。狡，狡猾。

(320)轶，超过。赤电，赤色闪电。

(321)遗，遗留于后。光耀，光芒。此句连上句，总谓迅疾，言猎骑行疾，超轶赤电而遗其光耀于后。

(322)怪物，指下文“游枭”“蜚遽”。

㉓宇宙,天地四方曰宇,古往今来曰宙,此云"出宇宙",但指空间,言追踪之远,超乎宇宙之外。

㉔弯,开弓。蕃弱,夏朝时良弓名,其矢亦良。

㉕满,引弓尽箭头。白羽,尾部缀鸟羽之箭。

㉖游,游走。枭,一名枭羊,似人,长唇,反踵披发,食人。王先谦《汉书补注》以为即狒狒。

㉗栎(轹,lì),同"轹",击。蜚(fēi),同"飞"。蜚遽(jù),天上神兽,鹿头而龙身。

㉘择肉而后发,择其肥者而后射,一说,择其身上可射之处而后射。

㉙命,名。先中而命处,每射先指明将射之处,然后依言而中之,谓矢不苟发,发必中。

㉚弦矢分,箭离弦。

㉛艺,应作"槷(niè)","臬"之古字(一说,"臬"之假借字),射的,即箭靶,此处指所射之兽。殪(yì),一箭射毙。仆(pū),倒毙。此句连上句,谓箭甫一离弦,禽兽即被射中而倒毙。

㉜扬,举。节,指旌节,古代使者所持之节,以竹为之,饰以牦牛尾或羽毛,用以为凭信,此代指天子之行所用旌旗,一说,节,策也,即马鞭。上浮,指上游于天空。

㉝凌,乘,御。惊风,骤疾之风。

㉞历,经。猋(biāo),同"飙",暴风。骇猋,与"惊风"互文,亦指骤疾之风。

㉟乘,登,升。虚无,指天空。

㊱神,此指天神。俱,在一起。

㊲躏(lìn),践踏。玄鹤,传说中寿鸟名。晋·崔豹《古今注·鸟兽》:"鹤千岁则变苍,又二千岁变黑,所谓玄鹤也。"《汉书·司马相如传》颜师古注引《相鹤经》:"鹤寿满二百六十岁则色纯黑。"

㊳乱,指乱其行列。昆鸡,同"鹍鸡",水鸟名,似鹤,黄白色,长颈赤喙。

㊴遒(qiú),古作"逎",迫,此指逼迫而掩捕之。孔,孔雀。鸾(luán),传说之瑞鸟,其说多异。《说文》谓鸾"赤色五彩,鸡形,鸣中有五音",段注谓"鸾似凤多青",《初学记》引《毛诗草虫经》谓"雄曰凤,雌曰凰,其雏为鸾"。

㊵促,与上句"遒"同义,此处亦指逼迫而掩捕之。骏鸃(jùnyí),鸟名,即锦鸡,似山鸡而小冠,背毛黄,腹下赤,项绿色,尾毛红赤,光彩鲜明,一说,即凤凰。

㊶拂(fú),过而击之。翳,同"鹥",鸟名,凤凰之属,羽毛呈五彩,纹如凤,飞蔽一乡。

㊷捎,与上句"拂"同义,一说,"矟(shuò)"之假借字,以竿击打。

㊸捷,疾取。鸳雏(yuānchú),鸟名,凤凰之属。

㊹掩(yǎn),同"掩",捕捉。焦明,南方鸟名,长喙,疏翼,圆尾,亦凤凰一类。

㊺殚,尽。"道尽"与"途殚"互文。

㊻回车,掉转车头。此句连上句,谓追逐禽兽至苑之尽头,乃回车而返。

(347)消，通“逍”。消摇，即逍遥，悠闲自得貌。乎，助词，用于修饰语后，表状态。襄（xiāng）羊，即徜徉，徘徊。

(348)集，止。降集，谓自天空降下止息。因自天空而还，故云“降”。纮（hóng），犹维，维系，指天地之周界。古人以为天地八方有八纮，其北纮曰委羽。此处北纮用为夸饰之词，指苑中极北之地。

(349)率，迅疾，一说，直。乎，助词，用于修饰语后，表状态。直指，一直前往。

(350)晻（yǎn），同“奄”，忽然。乡（鄉），同“向（嚮）”。反乡，反向而归。

(351)蹷（jué），同“蹶”，踏，此处指涉历登览。“石阙”与下文“封峦”“鳷鹊”“露寒”同为观名，皆为汉武帝建元年间所建，位于甘泉宫外。按，甘泉宫本秦之离宫，后由汉武帝扩建，在今陕西淳化西北甘泉山上，宫因山得名。又按，观为宫门外之双阙。

(352)封峦，见“蹷石阙”注。

(353)鳷（zhī）鹊，见“蹷石阙”注。

(354)露寒，见“蹷石阙”注。

(355)下，从京畿到地方曰下。棠梨，宫名，在昆明池西，甘泉宫南三十里。

(356)息，止息。宜春，宫名，在长安南，近曲江池。按，汉长安城筑于惠帝时，故城在今西安市西北。

(357)弛，车马疾行。宣曲，宫名，在昆明池西。

(358)濯，通“櫂（棹，zhào）”。棹，划船。鹢，水鸟名，形如鹭而大，羽色苍白，善高飞，此指船头彩绘鹢首（以厌水神）之船。牛首，池名，在上林苑西头。

(359)龙台，观名，在陕西户县东北，丰水西北，靠近渭水。

(360)掩，止。细柳，观名，在长安西南，昆明池南。

(361)士大夫，将士。勤，辛勤。略，掠取。

(362)均，平均分配。古畋猎所获分取之法，大兽输之于公，小兽私之，取左耳以记功，故上句“观勤略”当为记功，此句均所获当为均分禽兽以给予将帅部曲。

(363)徒，徒兵，古代一辆战车配备徒兵若干人。轥轹（lìnlì），车轮碾轧。

(364)步骑（qí），步兵与骑兵。蹂若，践踏。

(365)人臣，臣下。蹈籍，践踏。

(366)穷极，困厄至极，走投无路。倦（jí），疲极。倦𠜱，极度疲倦。

(367)惊惮，惊惧。詟（zhé），惧怕。詟伏，因恐惧而匍匐不动。

(368)被，遭受。创（chuāng）刃，刀剑之类所伤。

(369)他他（tuótuó）籍籍，纵横交错貌，一说，众多。

(370)坑，沟壑。谷，溪谷。

(371)掩，遮蔽。平，平野。弥（mí），满。泽，众水汇聚处。

(372)游戏，游乐嬉戏。懈，同“懈”。懈怠，松懈懒惰。

(373)置酒，陈设酒宴。颢（hào）天，同“昊天”，天空，苍天。颢天之台，上干颢天之台，极言台之高。一说，颢天，台名，因台高接天，故名。

(374)张乐，置乐。胶葛，义犹寥廓，高远空旷。寓，古“宇”字，屋宇，一说，原野。

(375)石（dàn），据《汉书·律历志上》，一石为一百二十斤，据吴承洛《中国度量衡史》，西汉时一斤约合 258.24 克。钟，原作“鍾”，同“鐘”（亦简化为

"钟"），打击乐器名，中空，以铜、青铜或铁制成，悬挂于架上，以槌扣击发音，用于祭祀或宴飨，亦用于战斗中指挥进退。

㊗ 虡（jù），钟磬支架之两侧立柱。

㊗ 建，树立。华（huá），即"葆"，车上或旗杆顶部等处之盖状饰物。翠，翠鸟之羽毛。按，翠鸟，鸟名，头大，体小，嘴强而直，羽毛以翠绿色为主，生活在水边，吃鱼虾等。翠华之旗，以翠羽为华之旗。

㊗ 树，义同上句"建"。鼍（tuó），即扬子鳄，爬行动物，体长丈余，背部与尾部有角质鳞甲，穴居于江河岸边和湖沼底部，其皮可以制鼓。灵鼍，鼍之美称。灵鼍之鼓，蒙以鼍皮之鼓。

㊗ 奏，演奏。陶唐氏，即唐尧，尧初封于陶，后封于唐，故号陶唐氏。陶唐氏之舞，即咸池之舞，黄帝所作，尧增修而用之。一说，陶唐氏系阴康氏之误。阴康氏，古帝号名，在葛天氏之后。

㊗ 葛天氏，伏羲之后之古帝王。《吕氏春秋·古乐篇》："葛天氏之乐，三人操牛尾，投足以歌八阕。"

㊗ 千，非确数。唱，同"倡"，领唱。

㊗ 万，非确数。和（hè），以声相应。

㊗ 山陵，山岳。

㊗ 川谷，河流。

㊗ 巴，古代巴国，秦灭巴置郡，汉因之，辖今川东一带地域。渝，古水名，即今四川南江及其下游渠江，古賨国故地。巴渝，指巴渝舞。巴人、渝人（賨人）皆刚勇好舞，汉高祖初为汉王，得巴渝人，与之定三秦，灭楚，后使乐府习其舞，因名巴渝舞。宋，周诸侯国名，故地在今河南商丘。蔡，周代诸侯国名，故地在今河南上蔡。宋蔡，此处以国名代指两地音乐。

㊗ 淮南，国名，汉高帝五年置，在今苏皖二省江淮之间，武帝元狩初除为九江郡，此处指其地音乐。干遮，乐曲名，胡克家《文选考异》谓"干"当从《史记》《汉书》作"于"。

㊗ 文成，汉置县，属辽西郡，在今河北卢龙县境，其县人善歌。此代指其地歌曲。颠，同"滇"，古国名，战国时楚将庄蹻始建，汉武帝开西南夷，以其地置益州郡，故地在今云南东部滇池附近地区。

㊗ 族，众。居，通"举"。族居，众乐同时并举。递，交替。递奏，诸乐交替而奏。

㊗ 金鼓，此指钟鼓。迭起，指钟鼓声交替而起。

㊗ 枪，原作"鎗"。铿（kēng）枪，同"铿锵"，象声词，形容钟声。闛鞳（tāngtà），同"镗鞳"，象声词，形容鼓声。

㊗ 洞，通，彻。洞心，指响彻内心。骇耳，使人听后震惊。

㊗ 荆，楚国旧号，因当初建国于荆山一带，故名。此处"荆"与"吴"相对，当指疆域为古荆州地区（今湖北湖南一带）时之楚国。吴，古吴国，据有今江苏、上海大部和安徽、浙江一部分，春秋末为越所灭，战国时并于楚。荆吴，此指荆吴两地音乐，即南方音乐，统称楚声。屈原《九歌》《离骚》，刘邦《大风歌》等汉宫诸乐及"相和"诸曲中楚、侧二调，均为楚声。郑，古国名，战国时为韩所灭。卫，古国名，前209年为秦所灭。郑卫两国辖境基本在今河南省境。郑卫之声，指中原有别于"雅""颂"之新声，多靡靡之音。

㊳韶，乐名，周代六乐之一，一般以为作于虞舜时代，秦时犹存，因乐分九段，先秦典籍多作"九招"。濩（hù），同"頀"，周代六乐之一，又名"大濩""大頀"，相传商汤伐桀以后，命伊尹作"大頀"以纪功。武，乐名，一名"大武"，颂武王克殷武功之乐，为周代六乐之一，至秦时犹存。象，乐名，又名"三象"，周公之乐。《吕氏春秋·古乐》："成王立，殷民反，王命周公践伐之，商人服象，为虐于东夷，周公遂以师逐之，至于江南，乃为三象，以嘉其德。"

㊞阴，弱。淫，过。阴淫，放荡颓废，多用以状乐声。案，下。衍，长。案衍，低平绵延，用以状声音，为柔靡之意。

㊟鄢，楚别都，在今湖北宜城南。郢，楚故都，今湖北江陵纪南城。此处指两地舞蹈。缤纷，形容舞态错综复杂，一说，古歌必兼舞蹈，此指楚歌楚舞交杂并进。

㊴激楚，指楚地歌曲。楚国民风强悍，乐调亦激切昂扬，故称。结，聚合。结风，歌舞激昂激切，可以掀起回风。

㊲俳（pái）优，古代以乐舞戏谑为业之艺人统称为"优"，以表演乐舞为主者称"倡优"，以表演戏谑为主者称"俳优"。《说文·人部》："倡，乐也。"又曰："俳，戏也。"段玉裁注："以其戏言之谓之俳，以其音乐言之谓之倡。"侏儒，身材异常短小之俳优弄人。

㊳狄鞮（dī），古地名，在黄河以北，出善唱者，余不详。倡，歌唱、演奏音乐之乐人，一说，同"娼"，以歌唱为业之女艺人。

㊴所以，用以。娱，使快乐。乐，使欢乐。

㊵丽靡（lìmǐ），柔靡。烂漫，放浪。

㊶靡曼，肌肤柔腻。美色，姣美姿色，此指美女。

㊷青琴，传说中女神名。宓（fú），同"伏"。宓妃，传说为伏羲氏之女，溺死洛水，遂为洛水之神。青琴宓妃，皆以喻美女。

㊸绝殊，与众不同。离俗，超出凡俗。

㊹妖冶，艳丽妩媚。都（dū），娴雅。娴都，文雅。

㊺糚，同"妆"。靓（jìng）糚，以粉黛妆饰面容。刻饰，以胶刷鬓发，使齐整如刻画。

㊻便嬛（piánxuān），轻盈美好貌。绰（chuò）约，柔婉美好貌。

㊼桡（náo），弯曲。柔桡，柔美婉曲。嬛（yuān）嬛，美好。"嬛嬛"原做"嫚嫚"，据胡克家《文选考异》改。

㊽妩媚，姿容美好动人。孅（xiān），细，小。孅弱，体态轻柔细弱。

㊾曳，拖。独茧，一茧之丝，言丝色纯正，绝无杂色，如出一茧。褕（yú），罩在内衣外之直襟单衣。绁（yì），原作"绁"，同"袣"，衣裙下端之边缘。此句言女子身穿直襟单衣，其边缘拖曳于地上。

㊿眇，美好，一说，微细貌。阎（yán）易，衣长貌。以，而。恤削，衣服裁制合体貌，一说，衣裙边缘整齐貌。

⑪姗（xiān），同"姍"。便（pián）姗，步履安详貌，一说，衣服婆娑貌。嫳（bié）屑，衣服婆娑貌。

⑫与俗殊服，谓衣裙卓异，不同于流俗。

⑬芬芳，香气。沤（òu）郁，香气浓郁。

⑭酷烈，浓烈。淑，清美。郁，浓厚。
⑮皓齿，洁白之牙齿。粲，同"灿"。粲烂，鲜明貌。
⑯笑，同"笑"。宜笑，露齿之笑。的皪（lì），鲜明貌。
⑰连娟，弯曲而纤细。
⑱睇（dì），斜视。微睇，微微斜视。绵藐（miǎo），目光美好貌。
⑲与，义同"授"，给予。色授魂与，谓美女以容颜（色）与精神（魂）吸引人。
⑳愉，通"输"，送。心愉，犹"魂与"。于侧，指在天子左右。
㉑中，指一个时期之中间。酒中，饮宴中途。乐酣，音乐演奏至酣畅之时。
㉒芒然，同"茫然"，疑惑不解貌。
㉓亡，失。似若有亡，犹言如有所失。
㉔嗟（jiē）乎，表感叹。
㉕大，同"太"。
㉖以，于。览，指阅览文书。听，垂听政事。览听，处理政务。余闲，余暇。
㉗弃日，虚掷时日。事，致力于。无事弃日，不去虚度时光。一说，"无事弃日"谓无所事事而虚度光阴。
㉘天道，天意。秋天有萧杀气象，应主杀伐之事，故此处所谓"顺天道"指于秋天狩猎。杀伐，杀戮。
㉙时，按时，指于秋季。休息，此指暂停政务。此，指上林苑。
㉚恐，担心。后叶，后世。靡丽，奢靡。
㉛往而不返，沉溺于奢靡生活，不知回头。
㉜所以，用来。继嗣，后嗣，此特指天子之继位者。创业，开创事业。统，此指皇统。垂统，将世代相继之皇统传之后世。此句谓这不是为后世创业垂统之行为。
㉝解，罢。解酒，罢饮。罢猎，停止狩猎。
㉞司，职掌。有司，官吏。古代设官分职，各有专司，古称。
㉟垦辟（pì），开垦。
㊱农郊，指郊野之农田。
㊲赡，供给，一说，丰赡。萌，通"氓（méng）"，民。隶，低贱之人。萌隶，下层百姓。
㊳隤（tuí），同"颓"，崩颓，此处指使崩颓。墙，指护苑之围墙。堑，壕沟，此指护苑之人工河道。
㊴山泽之人，依靠渔猎采伐谋生之人，一说，指居于山野之百姓。至，指到此谋生。
㊵实，充满。陂（bēi）池，池塘。"陂"言其外之堤岸，"池"言内之所蓄之水。实陂池，多养鱼鳖于池中。勿禁，指不禁止百姓捕取。
㊶宫馆，指离宫别馆。仞，通"牣（rèn）"，满。此句谓清空离宫别馆，不再止宿其中。
㊷发，开启。仓廪，米仓。谷藏曰仓，米藏曰廪。发仓廪，指分发谷米。
㊸不足，指衣食不足之贫民。
㊹恤，周济。鳏，老而无妻曰鳏。寡，老而无夫曰寡。

(445)存，抚慰。孤，幼而无父曰孤。独，老而无子曰独。

(446)出，发布。德，恩德。号，号令。德号，施恩于民之号令。

(447)省刑罚，减轻刑罚。轻刑薄敛为儒家仁政思想之重要内容。

(448)制度，法令礼俗，此指各级贵族应遵守之礼节法令。

(449)易，改易。服色，朝廷规定之衣服车马祭牲之颜色。按，西汉帝王多次依循五行之变迁而变易服色。

(450)正（zhēng），岁首正月。朔（shuò），每月初一。革正朔，指改变历法。按，考日月运行而改历法与依五行变迁而易服色，向为朝廷大事。西汉帝王亦多次改订历法。又按，终西汉两百年，于制度、服色、正朔争论不休，相如作此言，正应当时之时尚。

(451)更（gēng）始，除旧布新。与天下为更始，犹“与民更始”，与百姓一道去旧立新。

(452)历，原作“歷”，选择。斋戒，在祭祀等活动前沐浴更衣、整洁身心，以示虔诚。自“历吉日”至下文“四海之内，靡不受获”，皆以游猎为喻，语意双关，实则指修文教、兴礼乐之事。

(453)袭，穿。朝服，君臣于朝会时所穿之服。

(454)法驾，天子车驾之一种，其卤簿较大驾为小，较小驾为大。《后汉书·舆服志上》：“用法驾则由奉车郎御车，侍中骖乘，属车四十六乘。”西汉时，大驾仅用于祀天及祭甘泉宫等隆重场合，其他情形多用法驾。

(455)建，树立。华旗，华美之旌旗，此指法驾卤簿中之旗帜。《后汉书·舆服志上》：“（法驾）前驱有九斿云罕，凤凰闟戟，皮轩鸾旗，皆大夫载。鸾旗者，编羽旄，列系幢旁。”

(456)玉鸾，车铃之美称，其声如鸾鸟之鸣，故名。此亦法驾卤簿之组成部分。

(457)游，游泳，此处喻人之习于六艺，有自如之乐。六艺，亦称“六经”，指《诗》《书》《礼》《乐》《易》《春秋》。囿（yòu），帝王畜养禽兽以供观赏之园林，此处喻经籍萃集之处。

(458)驰骛（wù），疾驰，此处喻推行仁义并有所建树。涂，同“途”，道途，此处喻施政方向。

(459)览观，观察，此处喻阅览。春秋，编年体史书名，相传孔子据鲁史修订而成，所记起于鲁隐公元年，止于鲁哀公十四年，凡二百四十二年，叙事极简，但隐喻褒贬。林，林薮，此处喻《春秋》之繁茂义理。此句意在以古为鉴。按，自此句起至“述易道，放怪兽”分言习于六艺之事。

(460)狸，猫属动物，圆头大尾，头部有黑色条纹，躯干有黑褐色斑点，以鸟、鼠等小动物为食，常盗食家禽。射狸首，此为双关语，从字面看，本为畋猎之事，但“狸首”又为古逸诗之一篇，诸侯行射礼时则奏《狸首》之乐章以为节，取诸侯当以定期朝会天子为志，则此句实指讲求射礼之事。射《狸首》，即“奏《狸首》”以射。

(461)兼，此承上句而言，谓兼及。驺（zōu）虞，传说中义兽名，白质黑纹，尾长于躯，其性仁慈，不食生物，不践生草，有至信之德则应之。兼驺虞，亦双关语，字面上为畋猎之事，而“驺虞”又为《诗·召南》篇名，天子行射礼时则奏《驺虞》之乐章以为节，取天子以尊贤纳士为志，则此句实亦指讲求射礼之事。一下四句仿此。

㉒弋（yì），以带丝绳之箭射飞鸟。玄鹤，见前"蹲玄鹤"注。弋玄鹤，此亦双关语，字面上指射取禽鸟，但相传有乐歌曰《和伯之乐》，奏时舞玄鹤以为瑞，则此句实指奏古乐，演古舞，盖谓以舜之礼乐为法式。按，玄鹤，一说为古乐名，一说为舞具。

㉓干，盾。戚，同"鏚"，古兵器名，形状似斧，刃蹙缩向前。舞干戚，此亦双关语，字面上指舞动兵器，但相传舜修教三年，执干戚舞，有苗来服，则"干戚"亦为舞具，"舞干戚"盖亦谓以舜之礼乐为法式。

㉔罕，同"罕"，旌旗，亦指捕鸟之长柄小网。载云罕，此亦双关语。"云罕"指张于天空捕鸟之罗网，但亦指法驾卤簿之组成部分，为天子出行时前驱者所举之旌旗。

㉕掩（yǎn），同"掩"，捕取。雅，古"鸦"字，音yā，上古音，影鱼，又有文雅义，音yǎ，上古音，疑鱼。掩群雅，此亦双关语。"群雅"本指群鸦，又双关众文雅之士。此句连上句，从字面上看，言将捕鸟之罗网载于车上去掩捕群鸦，实则指天子亲自出行以访求贤俊雅士。按，群雅，一说以为与上文"狸首""驺虞""玄鹤"相同，皆以兽名双关乐舞，则此处当兼指《大雅》《小雅》。

㉖伐檀，《诗经·魏风》篇名，旧说以为其刺贤者不遇明王。悲伐檀，言天子积极网罗贤俊，故读《伐檀》而兴悲。此句当为双关语，具体情形待考。

㉗乐胥（lèxū），指《诗经·小雅·桑扈篇》"君子乐胥，受天之祜"诗句。胥，有才智之人。祜，福。诗句谓王者乐得才智之人使在位，故天与之福禄。乐胥，此句与上句相对成文，言天子以得贤士为乐，故读"乐胥"诗句而感到快乐。此句当为双关语，具体情形待考。

㉘修容，修饰威仪。礼，礼仪。园，皇家花园，此处喻事物聚集之处。礼所以整威仪自修饰，故言"修容乎礼园"。礼，此处又为双关语，兼指六艺之《礼》，则此句实天子为修饰仪容、整肃朝政而读《礼》。

㉙翱翔，徘徊游赏。书，书籍。圃，种植蔬菜、花果或苗木之园地，此处喻事物萃聚之处。"书"于此处又为双关语，兼指六艺之《书》。《书》即《尚书》。此句实指天子为上知远古、通达政事而研读《尚书》。

㉚述，阐述。易，指六艺之《易》。道，事理。《易》道，阴阳刚柔相推而生变化之道。此句指天子为顺天道、察世情而读《易》。此句当为双关语，具体情形待考。

㉛放，释放。怪兽，指珍禽异兽。放怪兽，谓天子既已游于六艺之囿而驰骋于仁义之途，故苑中怪兽不复猎而放之。

㉜明堂，天子朝见诸侯、明诸侯尊卑之处。

㉝清庙，太庙，明堂中央之室。此为明堂举行典礼之处，非祭祖宗之地，故句中言"坐"。按，西汉之明堂，武帝规划未就，至莽始成立，故上句"登明堂"，此云"坐清庙"，皆假设之言。

㉞次，第。次群臣，使群臣依次进奏。按，次，《史记》《汉书》及五臣本《文选》皆作"恣"，谓使群臣恣意进奏，亦通。

㉟奏得失，奏狩猎得失，参见"观士大夫之勤略"注。此句为双关语，兼指群臣奏议朝政之得失。

㊱四海之内，犹言天下。

⑰靡（mǐ），无。受，得到。获，指猎获物。受获，指分得猎物，参见"均猎者之所得获"注。此句连上句为双关语，以畋猎有所获喻天下百姓得到恩惠。
⑱于斯之时，此时。
⑲说（yuè），"悦"之古字。
⑳乡（鄉），同"向（嚮）"。风，喻教化。乡风而听，谓天下皆拥戴天子之教化。
㉑流，亦喻教化。化，改变。随流而化，谓百姓因天子修文教兴礼乐而受到教化。
㉒欻（hū），"歘"之省文，迅疾。欻然，犹勃然。兴道，指提倡仁义之道。迁义，归向仁义。
㉓刑，刑罚。错，同"措"，弃置。此句谓百姓皆兴道迁义，故弃置刑罚而不用。
㉔隆，高。三王，夏、商、周三代之开国贤君，即夏禹、商汤、周文王、周武王，胡克家《文选考异》以为当作"三皇"。
㉕功，功勋。羡，同"羡"，超过。五帝，传说中上古五位帝王，说法不一，通常指黄帝、颛顼、帝喾、唐尧、虞舜。
㉖若此，如此。
㉗故，则。乃，才。可喜，令人高兴。
㉘若夫，至于，用于句首或段落之开始，表示另提一事。驰骋，指畋猎。
㉙劳，劳苦。神：精神。苦，辛苦。形：形体。
㉚罢，同"疲"，作动词用。
㉛抏（wán），消耗。精，精力。
㉜府库，国家贮藏财物、兵甲之处。财，金钱、物资之总称。
㉝德厚，德泽宽厚。
㉞务，致力。务在独乐，此对"与民同乐"而言，谓贪图个人享受而不顾百姓疾苦。
㉟众庶（shù），百姓。
㊱忘国家之政，谓荒怠朝政。
㊲雉（zhì），鸟名，通称"野鸡"。雄者羽色美丽，尾长，可做装饰品，雌者尾较短，灰褐色。善走，不能远飞。获，猎获物。
㊳仁者，有德行之人。繇，通"由"，遵从。此句谓上述做法乃仁君所不为。
㊴从此观之，由此看来。
㊵齐楚之事，指《子虚赋》中子虚、乌有先生所述之事。
㊶哀，悲哀。
㊷地方，领域，此处指齐楚两国各自区域面积。不过，仅仅。里，周制以三百步为一里，此处指平方里。
㊸居，占。九百，指九百平方里。
㊹是，则。垦辟（pì），开垦。
㊺人，民。
㊻夫（fú），助词，用于句首，表发端。以，介词，介绍所具有之身份或资格。细，地位卑微。
㊼乐，乐于。万乘，指天子。周制，天子地方千里，能出兵车万乘，故称。
㊽仆，自称之谦词。被（bèi），遭受。尤（yóu），过失。被其尤，谓遭受其过失

之害，犹言"受其祸"。

509 二子，指子虚和乌有先生。愀（qiǎo）然，容色变貌。改容，改变脸色。

510 超，通"怊（chāo）"，惆怅。若，然。按，朱骏声《说文通训定声·小部》以为"超"假借为"惆"。又按，郑珍《说文新附考》以为"超"乃"惆"之俗别字。超然，怅然，失意不乐貌。自失，茫无所措。

511 逡（qūn）巡，却行表恭顺。廗，古"席"字。避廗，离开席位以示尊敬。

512 鄙人，鄙野之人，自称之谦词。固陋，鄙陋。

513 忌讳，避忌。

514 乃，才。见教，受到指教。

515 谨，恭敬。命，教诲。受命，犹受教，接受教诲。矣，用于句末，表示肯定。

提　示

《上林赋》是司马相如最著名的赋篇之一，也是中国文学史上最著名的赋篇之一。它描写了上林苑的盛景、汉天子的游猎之乐，以与《子虚赋》中楚王的云梦泽、齐王的山川相对照，暗含着作者贬抑诸侯王，抬高汉天子的用意。最后写汉天子幡然悔悟，转而关心黎民农桑，致力于礼乐教化，这对汉天子的淫风，不失为一种劝谏。其所渲染的景武之际的国富民殷和帝王的气魄，传达出一种积极向上的气息，非粉饰太平者可比。

《上林赋》全文规模宏大，气势雄伟，以人物问答组织成篇，以"于是"联结成文，对事物的描绘精细而又夸张，首尾用散，篇中用韵，选韵变化不定，句式长短不一，文辞绮丽而古雅，它与《子虚赋》一起，奠定了一种铺张扬厉的大赋体制。

思考与练习

1. 试用起承转合的理论分析此文的结构。
2. 作者立言虚实参错，这样做有什么意义？
3. 作品中有大量奇词僻字，你怎么评价这种现象？

第三章 魏晋南北朝部分

魏晋南北朝文学概述

魏晋南北朝文学，包括汉献帝初平元年（190年）到隋文帝开皇元年（581年）的文学创作。这一时期，是中国历史上分裂时间最长的乱世，四百年间，政权更迭频繁，社会动荡不安，民族矛盾尖锐。政治上，门阀士族占据统治地位，造成"上品无寒门，下品无势族"的状况，也引起了下层文人的强烈不满。思想上，玄学、佛教、道教的兴盛风行，打破了两汉儒学独尊的局面，思想的解放，有力地促进了文学艺术的发展。魏晋南北朝是一个文学自觉的时代，文学日益摆脱经学的影响，而获得独立的发展。诗歌、散文、辞赋、骈文、小说等文学样式，都取得了显著的成就。

汉末建安年间，在"世积乱离，风衰俗怨"（《文心雕龙·时序》）的社会背景下，文人诗歌创作进入了"五言腾踊"的大发展时期。这一时期以曹操、曹丕、曹植父子为核心，加上孔融、王粲、刘桢、陈琳等所谓"建安七子"组成的邺下文人集团，创造了"建安文学"的辉煌。建安文人作品具有的"慷慨任气"的共同的时代风格被后人称为"建安风骨"。其中曹操的诗歌沉雄悲壮，反映了动乱的社会现实，表露了诗人渴望建功立业、统一天下的雄心壮志。曹植的文学成就最高，人称"建安之杰"，他是中国文学史上第一位大力创作五言诗的作家，其诗"骨气奇高，辞采华茂"，成为当时诗坛最杰出的代表。他的散文和辞赋也表现出很高的思想性和艺术性。"七子"中最有成就的作家是王粲，他的《七哀》诗、《登楼赋》等篇章，是建安文学中具有现实主义精神的杰作。

魏晋之交，随着世风的变易，诗歌创作呈现出与建安时代不同的风貌。阮籍、嵇康的作品，或词旨渊永，或风调峻切，他们继承了建安文学的优秀传统，进一步推动了诗歌的发展。西晋太康时期诗歌繁荣，诗人有"三张二陆两潘一左"之称，但多数作品流于华采繁缛，唯左思的诗歌骨力遒劲，承传建安文学的精神，其《咏史》诗开启了咏史和咏怀结合的新路子。东晋诗歌创作因玄学的影响，"理过其辞，淡乎寡味"的玄言诗泛滥一时，能够超越流俗的大诗人是陶渊明。陶渊明因贫而出仕，目睹官场黑暗，不愿同流合污，决心辞官归隐，保持自我的人格精神。他的田园诗描绘自然风光的美丽，歌颂田园生活的平和，也表现了亲身参加农业生产劳动的喜悦和辛劳，创造了情、景、事、理相融合，平淡和醇美相统一的艺术境界。陶渊明的诗对后世影响很大，尤其唐代的山水田园诗派更是受其直接影响。陶渊明的文学成就是多方面的，他的散文、辞赋，数量虽不多，却非常出色，著名的有《桃花源记》《归去来兮辞》等。

南北朝时期，许多文人专力于文学创作，而主要运用的文学样式是诗歌和骈文。南朝诗歌，山水诗在谢灵运手上大放光芒，其后谢朓的山水诗写得清新圆熟，谢灵运与谢朓被称为"大小谢"。鲍照出身寒微，擅长用七言古体来抒发愤世嫉俗的情怀，他隔句押韵的七言歌行为七言诗的发展作出了贡献。同时，鲍照的《登大雷岸与妹书》《芜城赋》则是骈文、骈赋的名篇。总的来说，南朝作家们对形式声律的追求，为唐代文学，尤其是唐代近体诗的定型和成熟，做了充分的准备。

北方文苑稍嫌荒寂，但散文方面也不乏佳作，如北魏郦道元的《水经注》、杨衔之的《洛阳伽蓝记》、北齐颜之推的《颜氏家训》。最有成就的是由南入北的作家庾信。他的诗作集南北文学之大成，将南方精美圆熟的艺术技巧和北方刚健爽朗的精神融合，成为唐代诗风的先声，《哀江南赋》（并序）则是非常优秀的骈赋、骈文作品。

此外，南北朝乐府民歌也足以与汉乐府诗前后辉映。南朝的吴歌、西曲明丽柔婉，北朝民歌则多刚健亢爽，风格各异，但都情意真切。

魏晋南北朝是我国古代小说体裁形成和发展的重要阶段，出现了志怪小说和志人小说。其中东晋干宝的《搜神记》和南朝刘宋宗室刘义庆的《世说新语》最值得重视。《世说新语》记载了自汉至晋不少上层士族人物的轶事言谈，写人生动传神，语言简洁精妙，开后世笔记小说先声。

由于文学意识的渐趋自觉，魏晋南北朝时期出现了探讨文学观念、分析创作过程、批评作家作品的理论文章和著述，如曹丕的《典论·论文》、陆机的《文赋》、刘勰的《文心雕龙》、钟嵘的《诗品》，其中《文心雕龙》的出现标志着中国文学理论和文学批评建立了完整的体系，《诗品》则是我国古代现存最早的诗论专著。

曹植①

七　哀②

明月照高楼，流光正徘徊③。
上有愁思妇，悲叹有余哀。
借问叹者谁，言是宕子妻④。
君行逾十年⑤，孤妾常独栖。
君若清路尘，妾若浊水泥。
浮沉各异势，会合何时谐⑥？
愿为西南风，长逝入君怀⑦。
君怀良不开⑧，贱妾当何依？

【注释】

①曹植（192年~232年），字子建，沛国谯（今安徽亳州）人，曹操第三子，魏文帝曹丕同母弟，汉末、三国时期著名文学家。曹植自幼颖慧，深得曹操的宠爱，一度欲立为太子，及曹丕、曹叡相继为帝，备受猜忌压迫，郁郁而终。曹植曾被封陈王，卒谥"思"，故世称陈王、思王或陈思王。曹植的诗歌创作以曹丕即位（220年）为界分为前后两期，前期主要歌唱理想和抱负，洋溢着乐观、浪漫的情调；后期则充满悲愤，抒写受到压抑的不平之感和追求个人自由解脱的心情。曹植是第一位大力写作五言诗的文人，其诗"骨气奇高，辞采华茂"（钟嵘《诗品》），达到了风骨与文采的完美结合，成为当时诗坛最杰出的代表。著有《曹子建集》。

②本篇《文选》列入"哀伤"类。"七哀"之义旧注说法不一，其中以清人俞樾《文体通释》之说最为切近："古人之词，少则曰一，多则曰九，半则曰五，小半曰三，大半曰七。是以枚乘《七发》，至七而止；屈原《九歌》，至九而终。"因此，"七"表示哀之多，并非定数。

③流光，明澈晃动如流水的月光。

④宕子，游子。宕，同"荡"。

⑤逾，超过。

⑥"君若"四句，夫妻如尘与泥本是一体，而如今丈夫像路上清尘随风浮扬，自己像水中浊泥永沉水底，地位趋向各不相同，不知何时才能会合。

⑦逝，往，去。

⑧良，诚然，确实。

提　示

　　本诗属于曹植的后期作品，内容抒写思妇怀念丈夫的哀怨之情。作品分为两个部分：首六句用第三人称的叙述引出楼头思妇；后十句转为第一人称，以思妇自述的形式表达夫君远游、会合难期的哀怨，"长逝入君怀"的期盼，以及君怀不开、此身何依的忧虑。全诗情景呼应，将思妇复杂的情绪摹写得真切动人。

　　本诗在艺术上成就尤其突出：首先，继承了屈原香草美人的比兴象征手法，以弃妇自比，以夫喻君，表现了作者在其兄曹丕迫害压抑下的复杂心态，将闺怨与讽喻巧妙地融合无间。其次，语言朴素自然，绝无华饰，全以真情至性取胜，与诗人其他"辞采华茂""语多绮靡"的诗作相比，风格独异。

　　本诗起调不凡，取喻精当。曹植"极工起调"，这首诗的起句看似信手拈来，实则意蕴深远。一方面，如水月色给全诗染上一层凄凉的基调；另一方面，月光徘徊又正是思妇彻夜不眠哀思萦回的写照和见证。"君若清路尘，妾若浊水泥"两句将远行不归的丈夫譬作路上飞腾远飏的轻尘，将自己喻为水中沉积不移的淤泥，尘土和淤泥本是一物，但因所处不同而浮沉异势，会合无时，这一譬喻可谓新颖而妥帖。

思考与练习

1. 结合曹植生平，谈谈你对本诗融闺怨与讽喻于一体的理解。
2. 分析本诗起句的艺术效果。
3. 试析本诗中叙事角度的转换及其表达效果。
4. 背诵这首诗。

阮籍①

咏怀②（其一）

夜中不能寐，起坐弹鸣琴。
薄帷鉴明月③，清风吹我襟。
孤鸿号外野④，翔鸟鸣北林⑤。
徘徊将何见？忧思独伤心。

【注释】

①阮籍（210年~263年），字嗣宗，陈留尉氏（今河南尉氏县）人，"建安七子"中阮瑀之子，"竹林七贤"之一，曾任魏步兵校尉，世称阮步兵。阮籍生活在魏晋易代之际，本有济世之志，但不满于司马氏的擅权专制，故以纵酒谈玄、不问世事来逃避迫害，最后郁郁而终。阮籍是"正始（魏齐王年号）之音"的代表作家，主要作品是八十二首五言《咏怀》诗，散文《大人先生传》也很著名。著有《阮步兵集》。
②咏怀，阮籍生平诗作的总题。《咏怀》诗现存八十二首，非一时一地所作。这些诗作抒感慨、发议论、写理想，开创了中国文学史上政治抒情组诗的先河，对后世产生了重大影响。本篇是其中的第一首。
③鉴，照。
④号，鸣叫。
⑤翔鸟，飞翔的鸟。因为月明，所以鸟在夜里飞翔。《文选》作"朔鸟"。

提 示

阮籍身处魏晋易代之际，政局动荡，统治集团内部的斗争十分残酷，许多仁人志士无辜地受到了牵连和杀害，朝野上下人人忧心忡忡，惶惶不可终日。在这种情况下，诗人感到极度的苦闷、彷徨，却又不敢明白表露自己的态度，因而在诗中采用比兴、寄托、象征等手法，形成了"虽志在刺讥，而文多隐避"（李善《文选·咏怀诗注》）的特点。本诗是《咏怀》组诗的第一首，作者写"明月""清风""孤鸿""翔鸟"等意象，也写自己不寐弹琴、忧思徘徊的形象，但却没有指明或暗示意象的指向和忧思的具体内容，言近旨远，寄托遥深。

"孤鸿"四句写诗人所见所闻，所见者清风吹襟、明月照帷，所闻者鸿号、鸟鸣，皆以动写静，写出环境的寂静凄清，以映衬诗人孤独苦闷的心情，景中有情，情景交融。结尾表现了诗人孤独失望、愁闷痛苦的心情，为整组诗歌定下了基调。

思考与练习

1. 以本诗为例，分析阮籍诗歌曲折隐晦的艺术特点并讨论其成因。
2. 分析本诗景物描写的特点。
3. 熟读这首诗。

陶渊明①

移居②（其一）

昔欲居南村，非为卜其宅③。
闻多素心人④，乐与数晨夕⑤。
怀此颇有年，今日从兹役⑥。
弊庐何必广，取足蔽床席。
邻曲时时来⑦，抗言谈在昔⑧。
奇文共欣赏，疑义相与析⑨。

【注释】

①陶渊明（365年～427年），字元亮，一说名潜字渊明，卒后朋友私谥"靖节"，浔阳柴桑（今江西九江）人。陶渊明的曾祖是东晋初大司马陶侃，祖父、父亲亦曾出仕，但到陶渊明时家境已经败落。陶渊明从二十九岁时开始出仕，曾任江州祭酒、镇军参军、彭泽令等地位不高的官职，四十一岁时因厌恶官场污浊，遂退隐田园，此后一直过着躬耕隐居的生活。陶渊明是中国文学史上的伟大文学家之一，诗文创作都取得了极高的成就，尤其开创了田园诗这一新的诗歌题材，诗风质朴自然而形象鲜明，对后世文学创作产生了极大的影响。著有《陶渊明集》。

②《移居》诗是作者在东晋安帝义熙六年（410年）四十六岁时移居至南里之南村（今江西九江西南）时所作。《移居》诗共两首，这里选取的是其中的第一首。

③卜其宅，占卜问宅之吉凶，用古谚语"非宅是卜，惟邻是卜"（《左传·昭公三年》）之意。此二句言从前想要往居南村，并不是因为它的地宅好（而是为了求得好邻居）。

④素心人，心性质朴的人。

⑤数（shuò），屡。数晨夕，谓朝夕频繁来往。

⑥兹役，指移居这件事。役，事。

⑦邻曲，邻居。

⑧抗言，热烈地对谈。在昔，往古之事。

⑨析，剖析。

提　示

这首诗表现迁居南里后得良友过从谈论之乐。诗人注意选取自己农村生活中有典型意义的场面和细节进行描写，如邻曲相访、奇文共赏，充分表现了农村的那种自由自在的生活气氛。朋友之间淳朴率直、无拘无束、彼此相得的感情洋溢在字里行间。

陶渊明的语言，淡而有味。他很少刻意描述对象本身，而是诉诸直觉，直接叙述他对情景事理的感受，如本诗以"素心"写新邻，以"抗言"写相谈，以"欣赏"写奇文，皆平淡自然，耐人寻味。

思考与练习

1. 本诗描绘了诗人在田园生活中感受到的什么乐趣？这种乐趣是怎样表现的？
2. 结合具体诗句分析陶渊明诗歌语言的特点。
3. 谈谈你对陶渊明诗歌"质而实绮，癯而实腴"的理解。
4. 背诵这首诗。

谢灵运①

登池上楼②

潜虬媚幽姿③，飞鸿响远音④。
薄霄愧云浮⑤，栖川怍渊沉⑥。
进德智所拙⑦，退耕力不任⑧。
徇禄反穷海⑨，卧疴对空林⑩。
衾枕昧节候⑪，褰开暂窥临⑫。
倾耳聆波澜⑬，举目眺岖嵚⑭。
初景革绪风⑮，新阳改故阴⑯。
池塘生春草⑰，园柳变鸣禽⑱。
祁祁伤豳歌⑲，萋萋感楚吟⑳。
索居易永久㉑，离群难处心㉒。
持操岂独古㉓，无闷征在今㉔。

【注释】

①谢灵运（385年~433年），名公义，字灵运，小名客儿，祖籍陈郡阳夏（今河南太康），出生于会稽始宁（今浙江上虞）。东晋名将谢玄之孙，十八岁左右袭封康乐公，故世称谢康乐。入宋后，曾任永嘉太守、侍中、临川内史等职，终因政治纠葛被杀。谢灵运是中国文学史上第一个大力摹写山水风景的作家，他把诗歌从"淡乎寡味"的空谈玄理中解放出来，完成了玄言诗到山水诗的演变，加强了诗歌的艺术技巧和表现力，影响了南朝的一代新诗风。著有《谢康乐集》。

②本篇作于南朝宋少帝景平元年（423年）永嘉（今浙江温州）太守任上。谢灵运因卷入皇子间的争斗，在宋武帝永初三年（422年）以"非毁执政"的理由被贬为永嘉太守，抵达不久即患病卧床，到第二年春天才算痊愈，病愈登楼观览风景，而作此篇。池，在今浙江温州市永嘉县西北，后人名之为谢公池。

③潜虬，潜于水中的虬龙，喻隐者。虬（qiú），传说中有角的小龙。媚，自赏、自爱。幽姿，潜隐的姿态。

④飞鸿，高飞的鸿雁，喻仕进者。远音，因鸿飞得高，所以鸣声听起来觉得很远。

⑤薄，迫近。云浮，指飞鸿。

⑥怍（zuò），惭愧。渊沉，指潜虬。以上四句的意思是，潜虬栖于深渊，飞鸿上薄云霄，皆能各得其所，自己却进退不得，因此感到惭愧。

⑦进德,进德修业,指增进道德、建功立业。出自《周易·乾卦》:"君子进德修业,欲及时也。"
⑧以上两句的意思是,想进德修业,但却是自己的智力所不能企及的;想退耕田园,但又是自己的体力所担当不了的。
⑨徇禄,追求禄位。反,归、到。穷海,荒僻的海边,指永嘉。
⑩疴(ē),病。
⑪"衾枕"句,因卧病与衾枕为伴,不明季节变化。昧,不明白。
⑫褰(qiān),撩起,揭开。窥临,临窗眺望。
⑬聆(líng),听。
⑭岖嵚(qūqīn),山高峻的样子,这里指山。
⑮初景,初春的阳光。革,驱除。绪风,余风,指冬天残余下来的寒风。
⑯新阳,指春。故阴,指冬。
⑰池塘,池边堤岸。塘,堤岸。
⑱变,指禽鸟的种类有了变化。
⑲祁祁,众多的样子。豳(bīn)歌,指《诗经·豳风·七月》,诗中有"春日迟迟,采蘩祁祁"的句子。按照《诗序》《诗谱》等的解释,《七月》是周公遭受流言、出居东都以避谗害时所作,作者用此典故,意指自己因政治迫害而避处永嘉的遭遇。
⑳萋萋,草茂盛的样子。楚吟,指《楚辞·招隐士》,篇中有"王孙游兮不归,春草生兮萋萋"的句子。作者用此典故,表达自己对隐士生活的感怀向往。
㉑索居,离群独居。易永久,容易感到时光漫长。
㉒处心,安心。
㉓持操,保持高尚的节操。独古,独有古人。
㉔无闷,指避世而无苦闷烦恼,出自《周易·乾卦》:"龙,德而隐者也,不易世,不成名,遁世无闷。"征在今,验于我之今日。

提　示

刘宋初期,谢灵运与宋武帝刘裕次子刘义真过从甚密,期望通过他在政治上能有所作为,永初三年(422年)刘裕病逝,太子刘义符即位为少帝,刘义真被迫离京出为豫州刺史,谢灵运也于7月间被逐出京都,担任偏僻的永嘉郡太守,这是谢灵运在政治上受到的沉重打击。到永嘉后的第一个冬天,他长久卧病,至次年(宋少帝景平元年)初春始愈,于是登楼观景,托物起兴,写下了这首著名的《登池上楼》。

此诗抒写诗人久病初起登楼临眺时的所见所感,描写了初春景物的鲜丽可爱,抒发了自己官场失意的颓丧心情和进退失据的无奈情绪,最终表达了归隐的愿望。作品分为三个层次:前八句为第一层,主要写政治失意后的不满与当时矛盾的处境,懊悔自己既不能像潜虬那样安然退隐,又不能像飞鸿那样声震四方、建功立业;"衾枕"以下八句为第二层,写登楼所闻所见,并以"池塘生春草,园柳变鸣禽"这样细微而典型的镜头，写出了初春时节的蓬勃生气；最后六句为第三层，借用古代描写春景的诗句，表达自己遭受谗害的感慨和对隐士生活的向往，最终以决心归隐收结全篇。

"池塘生春草，园柳变鸣禽"是谢灵运最著名的诗句之一，其佳处在于：其一，描写景物有声有色而细致入微，池塘周围因为得池水滋润，又有坡地挡住寒风，故春草复苏得早，其青青之色也特别鲜嫩；柳枝上已有刚刚迁徙来的鸟儿在鸣叫，充满欣欣向荣的生气，这都是早春细微的、不易察觉的变化，而被作者慧眼摄入诗篇。其二，自然天成而富有韵味，尤其"池塘生春草"一句，全无雕琢刻画痕迹，信口道来，如有神助。其三，景中寓情、景物描写与作者心情完美契合，谢灵运久病初起、满怀郁愤，早春万物勃发的细微变化更容易被察觉捕捉到，并触动其政治失意中的伤感愤懑，也自然引发了下文向往归隐的情怀。

思考与练习

1. 本诗表达了作者怎样的心绪情怀？请结合作者生平做具体分析。

2. 分析"池塘生春草，园柳变鸣禽"一句的艺术效果。

3. 熟读这首诗。

王粲①

登 楼 赋②

　　登兹楼以四望兮③,聊暇日以销忧④。览斯宇之所处兮⑤,实显敞而寡仇⑥。挟清漳之通浦兮⑦,倚曲沮之长洲⑧。背坟衍之广陆兮⑨,临皋隰之沃流⑩。北弥陶牧⑪,西接昭丘⑫。华实蔽野⑬,黍稷盈畴⑭。虽信美而非吾土兮⑮,曾何足以少留⑯!

　　遭纷浊而迁逝兮⑰,漫逾纪以迄今⑱。情眷眷而怀归兮,孰忧思之可任⑲?凭轩槛以遥望兮⑳,向北风而开襟㉑。平原远而极目,蔽荆山之高岑㉒。路逶迤而修迥兮㉓,川既漾而济深㉔。悲旧乡之壅隔兮㉕,涕横坠而弗禁。昔尼父之在陈兮㉖,有归欤之叹音。钟仪幽而楚奏兮㉗,庄舃显而越吟㉘。人情同于怀土兮㉙,岂穷达而异心㉚!

　　惟日月之逾迈兮㉛,俟河清其未极㉜。冀王道之一平兮㉝,假高衢而骋力㉞。惧匏瓜之徒悬兮㉟,畏井渫之莫食㊱。步栖迟以徙倚兮㊲,白日忽其将匿㊳。风萧瑟而并兴兮㊴,天惨惨而无色。兽狂顾以求群兮㊵,鸟相鸣而举翼。原野阒其无人兮㊶,征夫行而未息㊷。心凄怆以感发兮㊸,意忉怛而憯恻㊹。循阶除而下降兮㊺,气交愤于胸臆。夜参半而不寐兮㊻,怅盘桓以反侧㊼。

【注释】

①王粲(177 年~217 年),字仲宣,山阳高平(今山东邹城市西南)人,东汉末年著名文学家。王粲出身名门世家,少有才名,但生逢乱世。汉献帝初平元年(190 年)董卓劫持汉室君臣从洛阳西迁长安,粲与父随行,后以西京扰乱,乃南至荆州依附刘表,因其貌丑体弱,不为刘表所重。后归曹操,为丞相掾,赐爵关内侯,官至侍中。由于"遭乱流寓,自伤情多"(谢灵运《拟魏太子邺中集八首·王粲》诗序),王粲诗赋中感时伤乱、情调悲凉的作品较能深刻地反映当时社会的动乱和人民的苦难,在"建安七子"中成就最高,与曹植并称"曹王"。著有辑本《王侍中集》。
②本篇是王粲在荆州依附刘表时于建安九年(205 年)登麦城(故城在今湖北当阳东南,漳、沮二水汇合处)城楼所作。
③兹楼,此楼。指麦城城楼。
④聊,姑且,暂且。暇日,假借此日。暇,通"假",借。销忧,消除忧愁。
⑤斯宇,此楼。
⑥显敞,明亮宽敞。寡仇,很少能与之匹敌。仇,匹敌。

⑦挟，带。漳，漳水，在麦城东。浦，大水有小口别通曰浦。此言城楼临于漳水有别支汇入之处，宛如挟带着清澄的漳水一般。

⑧沮（jū），沮水，在麦城西，与漳水汇合南流入长江。长洲，水边长形的陆地。此言城楼位于曲折的沮水边，宛如倚长洲而立。

⑨背，背靠，指北面。坟衍，地势高起为坟，广平为衍。

⑩临，面对，指南面。皋隰（xí），水边之地为皋，低湿之地为隰。沃，肥美。沃流，指可以灌溉的流水。

⑪弥，终极。陶，指陶朱公，即春秋时越国大夫范蠡。牧，郊外。相传湖北江陵附近有陶朱公的坟墓，故称其地为"陶牧"。

⑫昭丘，楚昭王墓，在麦城西面的沮水边。楚昭王是春秋时楚国的明君。

⑬华，同"花"。

⑭畴，田地。盈畴，长满田野。

⑮信美，确实很好。信，诚然，确实。

⑯曾（zēng），副词，此处用以加强反问语气。少，稍许。

⑰纷浊，纷扰污秽，比喻乱世。迁逝，迁徙流亡。

⑱漫，犹"漫漫"，长远貌。纪，一纪为十二年。

⑲孰，谁。任，当，禁受。

⑳轩槛（jiàn），栏干。

㉑向北风，王粲家乡在荆州之北，故云。

㉒荆山，在今湖北南漳，漳水发源于此。岑，小而高的山。

㉓逶迤，长而曲折之貌。修，长。迥，远。

㉔漾，水流漫长。济，渡，此处与"川"对文，指河水。此二句言路长而川深，归途遥远而艰难。

㉕壅隔，阻塞隔绝。横，交错。

㉖"昔尼父"二句，尼父，即孔子。孔子在陈绝粮，叹曰"归欤！归欤！"（见《论语·公冶长》），朱熹《四书章句集注》解释说："此孔子周流四方，道不行而思归之叹也。"此处王粲用以比喻自己的思归之情。

㉗"钟仪"句，钟仪是楚国乐官，被晋所俘，晋侯命其操琴，他弹的是南方楚国的乐调，所以《左传·成公九年》说："乐操土风，不忘旧也。"幽，囚禁。

㉘"庄舄（xì）"句，越人庄舄在楚国做大官，病中呻吟，仍为越国的方音（见《史记·张仪列传》）。显，显达，做大官。

㉙土，故土，故乡。

㉚穷，困厄，不得志。达，显达，得志。"穷""达"相对。

㉛惟，念。日月，指光阴。逾迈，逝去。

㉜河清，古人以黄河水清比喻时代太平。逸《诗》有"俟河之清，人寿几何"的说法（见《左传·襄公八年》）。相传黄河水一千年清一次，故人寿难及。极，至，到。

㉝冀，希望。王道，即王政，朝廷政局。一，统一。平，平定。

㉞假，借。高衢，大道，以喻帝王的良好措施。骋力，施展才力。

㉟"惧匏（páo）瓜"句，孔子曾说"吾岂匏瓜也哉，焉能系而不食？"（见《论语·阳货》），意思说，我不能像匏瓜那样只是挂在那里，不能为世所用。这里比喻作者害怕无法获得施展才力的机会。匏瓜，葫芦。

㊱"畏井渫（xiè）"句，《周易·井卦》："井渫不食，为我心恻。"意思说，淘干净了井而没有人吃水，是很让人痛心的。这里比喻自己"修身全洁，畏时君之不用也"（《文选》李周翰注）。渫，除去井中污浊。

㊲栖迟，欲行而止的样子。徙倚，流连徘徊。

㊳忽，快速。

㊴并兴，指风从四面同时俱起。

㊵狂顾，遑急顾盼。

㊶阒（qù），寂静。

㊷征夫，行人。此二句言"原野阒无农人，但有征夫而已"（《文选》李善注）。

㊸凄怆，悲伤。感发，感触。

㊹忉怛（dāodá），悲痛。憯（cǎn）恻，凄伤。

㊺阶除，阶梯。

㊻夜参半，犹言直到半夜。参，及。

㊼盘桓，原为徘徊不进的样子，这里借指思来想去。反侧，翻来覆去，难以入睡。

提　示

　　《登楼赋》作于作者避难荆州之时，是建安时期抒情小赋的代表作品。

　　全文三段，起首一个"忧"字奠定抒情基调，并通贯全篇。第一段写登临所见，于写景中透露"忧思"信息；第二段正面写作者望乡而不可见、盼归而不可能的内心悲痛；第三段对思乡之情作进一步开掘，揭示其"忧思"的深层政治内涵：并非一己的乡土私情，而是无法实现经邦治国理想的苦闷和怨愤。赋的结尾遥顾开头，以"循阶除而下降"呼应"登兹楼以四望"；以"气交愤于胸臆"呼应"聊暇日以销忧"，在浓重的使人压抑的悲愁气氛中，将一个夜半不寐、辗转反侧的自我抒情形象突现在读者面前，文章至此戛然而止，余味无穷。

　　此赋每段写景，而且景物描写与感情抒发巧妙契合。第一段所写之景承"四望"而来，为登楼所见实景，且重在衬托作者心目中的"显敞""信美"，所以明朗开阔；第二段写景意在配合怀土之思，所以主观虚撰，写山高水长的遥想；第三段作者情绪已发展为凄怆忉怛，所以景物描写一变而为秋日黄昏的萧瑟惨淡。

　　东汉末年到魏晋时代，人们开始对自我的生命价值重新发现、思索和追求，这就是一般所说的"人的觉醒"。作家关注自己的生存处境，在乱世中慨叹岁月短促，功名未立，于是发出了"怀才不遇"这样一种时代的典型音调。王粲在《登楼赋》中抒发的苦闷和怨愤，表达出了身处困境但心志甚高的文人的共同感受，故颇能激起历代有志者的强烈共鸣。王粲登楼，已成为人们耳熟能详的典故。

思考与练习

1. 本文中抒发忧思的内涵是如何逐步深化的？
2. 说明本文的景物描写对抒情的作用。
3. 说明作者所用典故的出处及在文中的含义。
4. 试分析"王粲登楼"的典型意义。

刘勰①

文心雕龙·神思②

古人云:"形在江海之上,心存魏阙之下。"神思之谓也③。文之思也,其神远矣。故寂然凝虑,思接千载;悄焉动容④,视通万里。吟咏之间,吐纳珠玉之声⑤;眉睫之前,卷舒风云之色:其思理之致乎⑥!故思理为妙,神与物游⑦。神居胸臆,而志气统其关键⑧;物沿耳目,而辞令管其枢机⑨。枢机方通⑩,则物无隐貌;关键将塞,则神有遁心⑪。是以陶钧文思⑫,贵在虚静,疏瀹五藏,澡雪精神⑬。积学以储宝⑭,酌理以富才⑮,研阅以穷照⑯,驯致以怿辞⑰。然后使玄解之宰⑱,寻声律而定墨⑲;独照之匠⑳,窥意象而运斤㉑。此盖驭文之首术㉒,谋篇之大端㉓。夫神思方运,万涂竞萌㉔,规矩虚位㉕,刻镂无形㉖。登山则情满于山㉗,观海则意溢于海,我才之多少,将与风云而并驱矣。方其搦翰㉘,气倍辞前㉙;暨乎篇成㉚,半折心始㉛。何则?意翻空而易奇,言征实而难巧也㉜。是以意授于思,言授于意,密则无际,疏则千里㉝。或理在方寸而求之域表㉞,或义在咫尺而思隔山河。是以秉心养术㉟,无务苦虑;含章司契㊱,不必劳情也。

人之禀才,迟速异分㊲;文之制体,大小殊功㊳。相如含笔而腐毫㊴,扬雄辍翰而惊梦㊵,桓谭疾感于苦思㊶,王充气竭于思虑㊷,张衡研《京》以十年㊸,左思练《都》以一纪㊹:虽有巨文,亦思之缓也。淮南崇朝而赋《骚》㊺,枚皋应诏而成赋㊻,子建援牍如口诵㊼,仲宣举笔似宿构㊽,阮瑀据案而制书㊾,祢衡当食而草奏㊿:虽有短篇,亦思之速也。若夫骏发之士㉛,心总要术㉜,敏在虑前,应机立断;覃思之人㉝,情饶歧路㉞,鉴在疑后㉟,研虑方定。机敏故造次而成功㊱,虑疑故愈久而致绩㊲。难易虽殊,并资博练㊳。若学浅而空迟,才疏而徒速,以斯成器㊴,未之前闻。是以临篇缀虑㊵,必有二患:理郁者苦贫㊶,辞溺者伤乱㊷。然则博见为馈贫之粮㊸,贯一为拯乱之药㊹,博而能一㊺,亦有助乎心力矣。

若情数诡杂㊻,体变迁贸㊼,拙辞或孕于巧义㊽,庸事或萌于新意㊾。视布于麻,虽云未费㊿;杼轴献功,焕然乃珍。至于思表纤旨,文外曲致,言所不追,笔固知止。至精而后阐其妙,至变而后通其数。伊挚不能言鼎,轮扁不能语斤,其微矣乎!

赞曰:神用象通,情变所孕。物以貌求,心以理应。刻镂声律,萌芽比兴。结虑司契,垂帷制胜。

【注释】

①刘勰（465年？～521年？），字彦和，东莞莒（今山东莒县）人，寄居京口（今江苏镇江），早孤，家贫不能婚娶，依附沙门僧佑生活。梁武帝天监二年（503年）为奉朝请，刘勰开始步入仕途，其后历任南康王萧绩记室、东宫通事舍人等职，深为昭明太子萧统所重，晚年出家为僧，改名慧地。撰有文学理论著作《文心雕龙》。

②本篇选自《文心雕龙》卷六。《文心雕龙》成书于齐代，是我国现存最早的有系统的文学理论专著，共十卷五十篇，分上下两编。上编论述文学的基本原则、阐明各种文体的渊源和流变；下编的主要内容属于文学创作论，是全书的精华所在。本篇是《文心雕龙》的第二十六篇，下编首篇；是刘勰创作论的总纲，主要探讨了艺术构思的问题。神思，艺术创作中的精神性活动。

③"形在"二句，语出《庄子·让王》："中山公子牟谓瞻子曰：'身在江海之上，心居乎魏阙之下，奈何。'"原意是讽刺身在江湖而心怀高官厚禄的人，这里是指作家写作构思时思维可以不受时空的限制。魏阙，指宫门外两边巍然高出的台观，代指朝廷。

④悄（qiǎo）焉动容，面容的隐约变动。

⑤吟咏，吟哦构思。吐纳，偏义复词，此指"吐"，发出。

⑥思理，指艺术构思。致，状。

⑦神，作家的想象。物，事物的形象。游，活动，此处指精神接触外界。

⑧志气，情志气质。

⑨辞令，言辞。枢机，犹言关键。

⑩枢机，这里指"辞令"。

⑪关键，这里指"志气"。

⑫陶钧，制作陶器所用的转轮。这里引申为写作构思。

⑬"疏瀹（yuè）"句，语出《庄子·知北游》："老聃曰：'汝斋戒疏瀹而心，澡雪而精神。'"意谓使内心通畅，精神净化。瀹，疏通。藏，同"脏"。雪，洗涤。

⑭储宝，积累知识。

⑮酌理，斟酌、辨析事理。

⑯研阅，研究观察。穷照，透彻地了解（物象）。

⑰驯，顺。怿（yì），一作"绎"，以作"绎"为胜。绎，整理、运用。

⑱玄解，指懂得深奥的道理。宰，主宰，这里指作家的头脑。

⑲声律，音节，这里用以代表一切写作技巧。定墨，即落笔。

⑳独照之匠，指有独到见解的人。

㉑意象，指构思过程中客观事物在作者头脑中构成的形象。运斤，语出《庄子·徐无鬼》："石匠运斤成风。"本指挥动斧头，这里指写作。斤，斧子。

㉒驭文，就是写作。驭，驾驭、控制。术，方法。

㉓大端，要点。

㉔涂，即"途"，道路。万涂，指无数的想法。

㉕规矩，本指工匠画圆形和方形的工具，这里作动词，指赋予事物一定的形态。虚位，指尚未定型的文思。
㉖无形，和上句"虚位"意同。
㉗登山，指构思中想到登山的情景。下句"观海"同。
㉘搦（nuò）翰，握笔。
㉙气倍辞前，在文章写成之前勇气很足。
㉚暨（jì），及。
㉛半折，对折。半折心始，达不到原先设想的一半。
㉜"意翻空"二句，谓构思时，文意出于想象，故容易出色；起草时，语言却要具体表现实际的事物，故难以做到精巧。
㉝"密则"二句，指思、意、辞三者的配合密切或疏松。际，空隙。
㉞方寸，指心。域表，疆界之外，指很远的地方。
㉟秉，操持、掌握。术，指为文之术。
㊱章，文采。契，约券，引申为规则。
㊲迟速，指构思的迟缓迅速。
㊳制体，指文章的体裁、篇幅等。功，功用。
㊴"相如"句，相如即司马相如，西汉著名作家，相传他文思较慢。含笔腐毫，古人写作前常以口润笔，兼行构思，含笔而至笔头腐坏，形容构思时间之长。
㊵"扬雄"句，据载扬雄作成《甘泉赋》后，因用心过度，困倦而卧，"梦其五脏出在地，以手收而内之"（《全汉文》卷十四辑桓谭《新论·祛蔽》）。扬雄，西汉著名作家。辍翰，停笔。
㊶"桓谭"句，《新论·祛蔽》中说，桓谭想学习扬雄的赋，因用心太剧而得病。桓谭，东汉初年著名学者。
㊷"王充"句，据说王充因写《论衡》一书而气力耗尽，事载《后汉书·王充传》。王充，东汉著名思想家。
㊸"张衡"句，《后汉书·张衡传》载张衡作《两京赋》"十年乃成"。张衡，东汉著名科学家、文学家。
㊹"左思"句，《文选·三都赋序》李善注引臧荣绪《晋书》说左思"欲作《三都赋》，乃诣著作郎张载访岷邛之事。遂构思十稔"。左思，西晋著名文学家。练，煮缣使洁白，这里指推敲文辞、构思作品。一纪，十二年。
㊺"淮南"句，淮南指淮南王刘安，西汉前期思想家和文学家，文思敏捷，高诱《淮南子序》载："孝文皇帝甚重之，诏使为《离骚赋》，自旦受诏，日早食已上。"崇，终。
㊻"枚皋"句，枚皋是西汉辞赋家，才思敏捷，《汉书·枚乘传》载皋"为文疾，受诏辄成，故所赋者多。"
㊼"子建"句，杨修《答临淄侯笺》说曹植"握牍执笔，有所造作，若成诵在心。"（见《文选》卷十四）子建，曹植字，汉末曹植曾封临淄侯。援牍，手持木简（这里指纸）。
㊽"仲宣"句，《三国志·魏书·王粲传》载粲"善属文，举笔便成，无所改定，时人常以为宿构。"仲宣，王粲字，东汉末年著名文学家。宿构，预先构思好的。宿，预先、早先。
㊾"阮瑀"句，《三国志·魏书·王粲传》注引《典略》曰："太祖尝使瑀作书

与韩遂，时太祖适近出，瑀随从，因于马上草具，书成呈之，太祖揽笔欲有所定，而竟不能增损。”阮瑀，汉末文学家，“建安七子”之一。案，当作“鞍”。

(50)“祢衡”句，据《后汉书·祢衡传》载：“黄祖长子射，时大会宾客，人有献鹦鹉者，射举卮于衡曰：‘愿先生赋之，以娱嘉宾。’祢览笔而作，文无加点，辞采甚丽。”“当食”应指此。又载“刘表尝与诸文人共草奏章，并极其才思。时衡出，还见之，开省未周，因毁以抵地。表怃然为骇。衡乃从求笔札，须臾立成，辞义可观。表大悦，益重之。”“草奏”应指此。祢衡，东汉末作家。

(51)骏发，指文思敏捷。

(52)要术，重要的写作方法。

(53)覃（tán）思，深思，这里指花很长时间思考，即文思迟缓。

(54)饶，多。

(55)鉴，明察、看清楚。

(56)研虑，细细推究。

(57)造次，仓猝，这里指迅速。

(58)致绩，获得成功。

(59)博练，博学而练达，兼指上文“积学”“酌理”“研阅”“驯致”四个方面。

(60)成器，有所成就。

(61)缀虑，联结思维，指构思。

(62)理郁，思路不畅达。

(63)辞溺，滥用辞藻。溺，沉迷、过分。

(64)馈，赠送，这里可释作帮助解决。

(65)贯一，指要求有一个中心，即要有重点的意思。

(66)博而能一，指上述“博见”与“贯一”的结合。

(67)情数，情理，人的思想感情。

(68)体，风格。贸，变化。

(69)拙辞，粗糙的文辞。

(70)庸事，平凡的叙事。

(71)布，这里指麻布。费，耗损，指质地、性质的变化。一作“贵”。

(72)杼（zhù）轴，织机，这里作动词用，指加工。献功，产生功效。

(73)焕然，有光彩。

(74)思表，思维以外。纤旨，细微的旨意。

(75)文外，笔墨所不能表达的。曲致，曲折的情致。

(76)通其数，指掌握写作的规律。数，技巧、规律。

(77)“伊挚”句，《吕氏春秋·本味》载伊尹借烹饪的道理比喻治国平天下的方法，曾说“鼎中之变，精妙微纤，口弗能言，志弗能喻。”伊挚，即伊尹，名挚，商汤之臣。

(78)“轮扁”句，《庄子·天道》篇载轮扁讲运用斧子的巧妙难于说明：“徐则甘而不固，疾则苦而不入，不徐不疾，得之于手而应于心，口不能言，有数存焉于其间。”轮扁，春秋时期齐国善于斫轮的工匠，名扁。

(79)象，指物象。

(80)刻镂，指运用。

㉛萌芽，开始产生。
㉜结虑，构思。司契，掌握规则。
㉝垂帷，下帷。《史记·儒林列传·董仲舒传》："以治《春秋》，孝景时为博士。下帷讲诵，弟子以久次相受业，或莫见其面。盖三年，董仲舒不观于舍园。其精如此。""垂帷制胜"，重申"积学""博见"的重要性。

提　示

　　《神思》是《文心雕龙》的第二十六篇，创作论的第一篇，主要探讨艺术构思问题，是刘勰创作论的总纲。

　　本篇分三部分。第一部分从文思酝酿中的想象讲起，认为想象是"驭文之首术，谋篇之大端"，对于艺术想象在文学作品创作过程中所起的作用给予高度的评价，并论述了想象与文思、文思与表达的关系；第二部分以作家为例，说明艺术构思的不同类型，认为无论作家构思的快慢难易如何不同，除都需要经常练习写作外，更要努力增进见识，强调认识对写作的重要作用；第三部分提出艺术加工的必要性，并指出艺术构思的具体情况比较复杂，难以用言语表达；但又认为，掌握了至精技术的人，虽然不能说清楚道理，但通过长期的实践，还是能把纤旨曲致表现出来。

　　《文心雕龙》具有议论文的性质，采用的体裁是骈文。刘勰汲取魏晋以来以骈俪偶语论事析理的经验，从而使骈文的说理艺术得到淋漓尽致的发挥。在《神思》篇中，作者以生动的比喻描述艺术想象的自由性及其超时空的特点，表现出卓尔不凡的骈文才力。篇末赞语为四言韵语，既有理趣，亦富诗意。

思考与练习

1. 概括本文所论述的想象与文学创作之间的关系。
2. 就本文所论述的"艺术加工"的观点，谈谈你的看法。
3. 分析本文作为骈体文的基本特点，并思考以骈文说理的利弊优劣。

刘义庆①

《世说新语》四则②

过江诸人③

过江诸人④,每至美日,辄相邀新亭⑤,藉卉饮宴⑥。周侯中座而叹曰⑦:"风景不殊⑧,正自有山河之异⑨!"皆相视流泪。唯王丞相愀然变色曰⑩:"当共戮力王室⑪,克复神州⑫,何至作楚囚相对⑬!"

【注释】

①刘义庆(403年~444年),彭城(今江苏徐州)人,南朝刘宋宗室,袭封临川王,性喜文学,当时许多才学之士聚集在他的门下,《世说新语》就是他和这些门下文士一起编纂而成的。
②《世说新语》,笔记小说集,集中故事采用文言,篇幅短小,今本共三卷,按内容分为"德行""言语""政事""文学"等三十六门类,记载汉末到东晋士族的轶事和言谈,是魏晋"志人"体小说的代表作品。
③这一则选自《世说新语》"言语门"。题目为编者所加,下同。
④过江诸人,指晋室南迁之际,随之南渡的北方士族官吏。
⑤新亭,故址在今江苏省南京市南,三国时吴所建。
⑥藉(jiè)卉,坐在草地上。藉,用草编的垫,引申为坐卧在某物上。卉,草的总称。
⑦周侯,周𫖮(yǐ),字伯仁,官至尚书左仆射,后在王敦之乱中被害。
⑧不殊,没有不同。
⑨正自,只是。山河之异,谓领土变异,指当时北方广大土地为少数民族统治者所占领。
⑩王丞相,王导,字茂弘,临沂(今山东临沂)人,东晋元帝时为丞相。愀(qiǎo)然,脸色严肃的样子。
⑪戮力,尽力。
⑫神州,此指沦丧于异族之手的中原地区。
⑬楚囚,春秋时楚人钟仪为晋所俘,晋人称他为楚囚。后世用来泛指囚徒,或处于困境中的人。

王子猷居山阴①

王子猷居山阴②,夜大雪,眠觉,开室,命酌酒,四望皎然。因起仿偟③,咏左思《招隐》诗④,忽忆戴安道⑤。时戴在剡⑥,即便夜乘小船就之⑦。经宿方至⑧,造门不前而返⑨。人问其故,王曰:"吾本乘兴而行,兴尽而返,何必见戴?"

【注释】

①这一则选自"任诞门"。
②王子猷(yóu),名徽之,字子猷,王羲之的儿子。山阴,今浙江绍兴。
③仿偟,同"彷徨",徘徊、走来走去。
④左思,西晋著名文学家,其《招隐》诗有句云:"杖策招隐士,荒涂横古今。岩穴无结构,丘中有鸣琴。白云停阴冈,丹葩曜阳林。"
⑤戴安道,名逵,学问广博,多才多艺,隐居不仕。
⑥剡(shàn),今浙江嵊(shèng)州市。
⑦即便,即、便同义相用,就。就,往……去,前往。
⑧经宿(xiǔ),经过一个晚上。
⑨造门,到了门口。

石崇与王恺争豪①

石崇与王恺争豪②,并穷绮丽以饰舆服③。武帝,恺之甥也,每助恺④。尝以一珊瑚树高二尺许赐恺,枝柯扶疏⑤,世罕其比。恺以示崇,崇视讫,以铁如意击之⑥,应手而碎。恺既惋惜,又以为疾己之宝⑦,声色甚厉。崇曰:"不足恨⑧,今还卿。"乃命左右悉取珊瑚树,有三尺、四尺,条干绝世,光彩溢目者六七枚⑨,如恺许比甚众⑩。恺惘然自失。

【注释】

①这一则选自"汰侈门"。汰侈,过分奢侈、骄纵。
②石崇,字季伦,西晋富豪,历任刺史、卫尉等官职,后为赵王伦所杀。王恺,字君夫,姊嫁司马昭,生晋武帝司马炎。官至龙骧将军、骁骑将军、散骑将军、散骑常侍。争豪,比赛富有。
③穷,极,尽。舆服,车辆和衣冠。
④每,每每,常常。
⑤枝柯,枝条。扶疏,繁茂貌。
⑥如意,器物名,一名搔杖,用以搔背痒,因能解痒如人意,故名如意。
⑦疾,同"嫉",妒忌。

⑧恨，懊悔，遗憾。
⑨光彩，明亮而华丽。
⑩"如恺"句，像王恺这样同等的珊瑚树很多。

王蓝田性急①

王蓝田性急。尝食鸡子②，以箸刺之③，不得，便大怒，举以掷地。鸡子于地圆转未止，仍下地以屐齿蹍之④，又不得。瞋甚⑤，复于地取内口中⑥，啮破即吐之。王右军闻而大笑曰⑦："使安期有此性⑧，犹当无一豪可论⑨，况蓝田邪！"

【注释】

①这一则选自"忿狷门"。王蓝田，即王述，字怀祖，袭封蓝田侯，官至散骑常侍、尚书令。
②鸡子，鸡蛋。
③箸（zhù），筷子。刺，探取，夹取。或释为"扎"。
④仍，就，于是。蹍（zhǎn，《现代汉语词典》只保留方言音 niǎn），踏，踩。
⑤瞋（chēn），怒。
⑥内，通"纳"，放入。
⑦王右军，即王羲之，曾任右军将军。
⑧安期，王述父王承的字，王承曾任东海内史、从事中郎。
⑨豪，通"毫"。当时士族名士尤重从容不迫，故王羲之对王述性急有此贬评。

提　示

《世说新语》记述士人的生活，所长在于文字简洁与传神。

第一则重在记言语。写过江诸人新亭对泣，寥寥数十字，场景、气氛与人物的表情、风貌俱跃然纸上。周颢的感慨与王导的呵斥之间的对比，则鲜明生动地传达出各自不同的精神境界。此后，"新亭对泣""楚囚相对"已传为成语。

第二则重在记行为。王子猷雪夜访戴，竟"造门不前"，"乘兴而行，兴尽而返"，这种但凭兴之所至、"寄兴趣于生活过程的本身价值而不拘泥于目的"的惊世骇俗的行为，十分鲜明地体现出当时士人所崇尚的率性任诞、不拘形迹的"魏晋风度"，有窥一斑而见全豹之效。眠觉、开室、命酒、赏雪、咏诗、乘船、造门、突返、答问，一连串动态细节均历历在目，虽言简文约，却形神毕现，气韵生动。

第三则重在记事件。写石崇与王恺斗富，揭露豪门贵族的奢侈、骄纵。石崇以铁如意击碎珊瑚树这一典型细节，使人物精神全出。一边是皇亲国戚，武帝"每助"之，一边是富的无以复加，通过二人之间生动鲜明的对比,将石崇的巨富和跋扈衬托到了极致。对王恺心理变化的点染,也恰到好处。

第四则重在刻画人物性格。作者抓住人物的本质特征,突出其性格的"急",选取吃鸡蛋这样一件小事,妙用动词"刺、掷、蹍、啮、吐",进行典型的动作描写,用"怒""瞋"作神态刻画,使读者如见其状,如闻其声,而终得其神,留下极其鲜明而深刻的印象。

思考与练习

1. "新亭对泣"的含义是什么?
2. 分析《王子猷居山阴》以行为传精神的特点。
3. 试析《石崇与王恺争豪》中的铺垫、对比手法。
4. 《王蓝田性急》是怎样刻画人物的?

第四章　隋唐五代部分

隋唐五代文学概述

　　隋唐五代时期，中国古代文学发展到了一个全面繁荣的新阶段。诗歌的发展，达到了高度成熟的黄金时代。在唐代不到三百年的时间中，遗留下来的诗歌将近五万首，数量之多、成就之高、影响之大，都是前所未有的。而李白、杜甫的成就，更达到诗歌创作的顶峰。在散文方面，由于韩愈等人大力倡导古文运动，创作出许多传记、游记、寓言、杂说等新型文学散文。在小说方面，也出现了许多打破六朝志怪小说格局、独具机杼、富于文采与意想的传奇作品。除了这些前代已有的文体在这个时期获得辉煌的成就外，变文一类通俗讲唱文体也在民间广泛流传；词也从民间到文人，从萌芽到成熟；这些都为后代文学的新发展开拓了道路。

　　隋唐五代文学在发展过程中，不同时期具有不同的特色。隋朝前后只统治了三十多年，作家大半是南北朝旧人，受南朝文风影响极深，加上隋炀帝大力提倡梁陈宫体，因此浮艳淫靡文风仍然泛滥文坛。但隋初的一些诗歌，尤其是边塞诗歌中，也曾出现了一些比较清新刚健的作品，这又表明隋代文风开始向唐代过渡的特点。

　　唐初诗歌，并没有随着政治的统一和经济的繁荣而迅速转变其风格；相反，齐梁诗风还继续统治着诗坛。唐太宗时的虞世南、高宗时的上官仪，都是皇帝优宠的专写浮艳的宫廷诗的代表人物。武后时的沈佺期、宋之问也写了大量宫廷诗，但是他们继承前人的成绩，完成了五言、七言律诗形式的定型，对诗歌发展有一定的贡献。高宗时，"初唐四杰"王勃、杨炯、卢照邻和骆宾王崛起于诗坛，他们虽然还没有脱尽齐梁诗风的影响，但是已经提出了轻"绮碎"，重"骨气"的主张，对以上官仪为代表的宫廷诗风，深表不满。他们的诗或表现从军报国的壮志，或抒发自己怀才不遇的悲愤，题材内容扩大了，思想感情也开始变化了。武后时代，陈子昂标举"风雅兴寄""汉魏风骨"，在诗歌理论和实践上都表现了鲜明的革新精神。在创作上完全摆脱了齐梁浮艳习气，显示了刚健的风骨，端正了唐诗发展的方向。

盛唐时代，唐诗的发展达到了繁荣的顶峰。充满蓬勃向上精神的浪漫主义的诗风是这一时期诗坛的主流。以高适、岑参为主，并有王昌龄、李颀等共同形成的边塞诗派，是浪漫主义中的一个重要流派。他们的诗表现了将士们从军报国的英雄气概，不畏边塞艰苦的乐观精神，描绘了雄奇壮丽的边塞风光，也反映了战士们怀土思家的情怀，揭示了将帅与士卒之间苦乐悬殊的不合理现象，使唐诗增加了无限新鲜壮丽的光彩。以王维、孟浩然为代表的山水田园诗派，他们的作品以描写悠闲宁静的山水田园生活为主，格调高雅，意境幽美。人称王诗"诗中有画"，有很高的审美价值。接着是李白与杜甫先后崛起，被称为中国诗歌史上雄视古今的"双子星座"。李白诗歌歌颂祖国的大好河山，表现个人理想与社会现实的矛盾，感情奔放炽烈，风格豪放飘逸，凝结着盛唐的时代精神。有"诗史"美誉的杜甫诗歌广阔而深刻地反映了安史之乱前后的时代风貌，感情内在深沉，风格沉郁顿挫。李白与杜甫，分别以其极高的艺术成就而成为泽被百代的伟大诗人。

安史之乱后，进入中唐时期。中唐文学是盛唐的延续。中唐之初，继续写山水诗的有刘长卿、韦应物；写边塞诗的有李益、卢纶；而元结、顾况等则更注意关心国计民生，成为杜甫的同调。唐宪宗元和年间，白居易、元稹、张籍、王建等继承杜甫的传统，进一步主张"文章合为时而著，歌诗合为事而作"，掀起新乐府运动。《新乐府》五十首、《秦中吟》十首对时弊进行讽喻批评，形象鲜明，具有强烈的社会性。白居易的叙事长诗《长恨歌》《琵琶行》更是广为传诵的名篇。和元稹、白居易诗风殊趣的，有以韩愈、孟郊为首的崇尚险怪、以理入诗的一派。此外，各具艺术个性的诗人还有柳宗元、刘禹锡、贾岛等。在中晚唐之交出现的李贺，以其诡异的诗风独树一帜，并启迪了晚唐诗歌。

晚唐诗歌，随着国势的衰危动乱，风格面貌也有很大的变化，染上浓厚的感伤色彩。这一时期最有成就的诗人是杜牧和李商隐。他们的诗歌，在艺术上有一些新的发展，杜牧长于七绝，内容多伤春惜别和咏史怀古，风格俊爽自然；李商隐的七律沉博绝丽，以爱情诗独擅胜场，其"无题"诗工于比兴，意蕴深永，有些作品则未免晦涩难解。

散文是唐代文学的又一重大收获。我国古代的散文，早在先秦、两汉时期已经取得了辉煌成就。到六朝时期，写作技巧又有新的提高，但与此同时，一种追求辞藻华丽、堆砌典故的倾向也已存在，形成骈俪浮艳的文风。唐代初年，骈文盛行，虽然不断有人反对，但影响不大。到中唐，韩愈、柳宗元以恢复先秦、两汉的优良传统作号召，致力于恢复散文的主导地位，领导了一场其实质是文学革新的古文运动。在这种思想指导下，韩、柳二人写了许多有比较充实的思想内容，力求反映各种社会问题的政论散文，以及传记、杂文、寓言、游记之类的文学散文。韩文气势磅礴，雄浑奔放；柳文条理井然，意味深长。他们以深厚的功力、独特的风格，显示了散文在艺术表现上的优越性，终于使骈体文在文坛上失去了统治的地位。晚唐骈文虽然继续流行，但皮日休、陆龟蒙、罗隐等人继承韩、柳散文的传统，写出了许多风格犀利的小品文，也显示了散文的艺术力量。由于古文运动的濡染，晚唐还产生了散文化的赋，如杜牧的《阿房宫赋》等。

诗歌、散文之外，唐传奇的成就也令人瞩目。唐传奇源于六朝志怪，以后渐渐脱离了六朝志怪中记录奇异传闻的性质，而成为有意识的文学创作。唐传奇的极盛时期在中唐。唐传奇的题材是多方面的，人物也有各种类型，其中写文人生活的最为集中，许多优秀作品都牵涉到士子与妓女的爱情纠葛，反映了唐代文人浪漫的生活情调，有时也透露出唐代市井民众的生活气息。唐传奇的出现，标志着我国文言小说作为一种文体的成熟。

由于唐代帝王提倡佛教，当时寺庙中讲唱佛经故事之风相当盛行，于是产生了变文。后来更产生了讲唱历史故事和时事的变文。这种讲唱文学，初盛唐已经存在，中晚唐更为盛行。除讲唱结合的变文外，还有只唱不讲的词文，以及只讲不唱的话本。这些通俗讲唱文学，故事情节多想象夸张，语言多铺排渲染，艺术比较粗糙，但对后来的白话小说有较大的影响。

词是盛唐以后配合新兴的燕乐歌唱的一种新诗体，最早起源于民间，中唐以后有些著名的文人也参加了词的写作，到晚唐，则出现了温庭筠这样大量写作词的文人。五代时，文人词已经很兴盛，西蜀和南唐成为词的创作中心，第一部文人词总集《花间集》问世。五代十国词人中成就最高的是南唐后主李煜，他在亡国以后写的一些词篇，直抒胸臆，写个人国破家亡的感受，扩大了词的表现范围，艺术上也有独到的成就。

陈子昂①

感遇诗②（其二）

兰若生春夏，芊蔚何青青③。
幽独空林色④，朱蕤冒紫茎⑤。
迟迟白日晚，袅袅秋风生⑥。
岁华尽摇落⑦，芳意竟何成⑧。

【注释】

①陈子昂（661年~702年），字伯玉，梓州射洪（今属四川）人。唐睿宗文明元年（684）登进士第，诣阙上书，受到武则天的赏识，拜麟台正字。武后垂拱二年从军北征，归朝，补右卫胄曹参军，迁右拾遗，因此后世也称陈拾遗。万岁通天元年，以参谋从武攸宜北讨契丹，立志报国，然不为所有，贬署军曹。军回，辞官还乡。为县令段简诬陷下狱，被迫害致死。陈子昂是初唐著名诗人，论诗标举《诗经》和汉魏古诗，鄙夷齐梁的靡丽诗风，是唐代文学风气转变的先驱。其诗作最有代表性的是《感遇》诗三十八首、《蓟丘览古赠卢居士藏用》七首及《登幽州台歌》。著有《陈伯玉文集》。
②陈子昂的感遇诗共三十八首，为五言古体，非一时一地之作，内容丰富，主要抒写生活感受和对政治、道德、命运等一系列问题的观照和思考，以感慨身世及时政为主旨，风格类似阮籍的《咏怀》。
③芊（qiān）蔚，草木茂盛。
④幽独，幽雅独秀。空，空绝。
⑤蕤（ruí），花下垂貌，此指花。冒：突出，此指开放。
⑥袅袅，柔软细长貌。
⑦岁华，指兰若一年一度开的花。华，同"花"，双关人生的青春年华。摇落，动摇脱落。《楚辞·九辩》："草木摇落而变衰。"
⑧芳意，香花的美意，双关作者的理想抱负。

提　示

本篇是陈子昂所写三十八首感遇诗中的第二首，诗中以香兰杜若自喻，托物感怀，透露出自己虽怀美质却无法实现理想的苦闷。

前四句赞美春夏间香兰、杜若幽雅秀丽的风采，后四句感叹在风刀霜剑的摧残下，朱蕤紫茎的枯萎、凋零。表层看通篇咏香兰杜若，实则是诗人托物自喻，以"幽独空林色"比喻自己出众的才华，以

"白日晚""秋风生""岁华摇落""芳意不成"写年华流逝，理想破灭。用兰若在一年中的遭际，比况自己一生中的播迁，形象完整。"岁华""芳意"用语双关，寄慨遥深，寓意凄婉。

用香草、美人喻君子是屈原以来的传统技法。陈子昂继承此传统，这首诗比兴不落痕迹，清新自然，风格隽永。

思考与练习

1. 作者笔下的兰若有什么特点？
2. 陈子昂借兰若抒发了怎样的感慨？请结合全诗作简要分析。
3. 你认为这首诗中哪些词语用得好？并说明好在何处。
4. 背诵这首诗。

王维①

终 南 山②

太乙近天都③，连山到海隅④。
白云回望合，青霭入看无⑤。
分野中峰变⑥，阴晴众壑殊⑦。
欲投人处宿⑧，隔水问樵夫。

【注释】

①王维（701年？~761年），字摩诘，祖籍祁（今山西祁县），后移居蒲州（今山西永济）。唐代著名诗人。开元九年（721年）进士及第，官至尚书右丞，世称王右丞。他的诗对物象体察精细，描绘简洁传神，充溢着诗情画意，以"诗中有画"著称。其诗各体兼工，以五言律绝最为出色。著有《王右丞集》。
②终南山即秦岭，又名中南山或南山，山脉很长，西起今甘肃省天水市，东至今河南省陕县。
③太乙，又名太一，是终南山的主峰，这里代指终南山。天都，天帝居住的地方。
④海隅，海边、海角。
⑤霭，雾气。
⑥"分野"句，意谓终南山盘踞的地域极为广阔，中峰的两侧竟然属于不同的分野。分野：古人将天上星宿和地上的区域相互联系，凡地上某个区域归属某一星空范围之内称某地在某星宿的分野。
⑦壑，山谷。殊，不同。
⑧人处，人家。

提 示

五律《终南山》是王维山水诗中的名篇。作者选取了四个图景，写出了终南山雄伟磅礴的气势和变化万千的韵致。首联写远眺中的景象，以"近天都""到海隅"的夸张手法写出终南山高大绵亘的气势。颔联写山中烟云变幻的景象，两句互文，真切生动地写出游山情景与感受。颈联为立足"中峰"纵目四望的景象，以"分野"之"变"，"阴晴"之"殊"，写出山的绵延广阔，雄伟苍莽，极具尺幅万里之势。尾联写问宿，"欲投""隔水问"，写出山之深远荒寂和人迹罕至，暗示诗人陶醉其间，欲明日再游。以"问"字收束全诗，在静景描述中点缀声音，留不尽之余味。整首诗都在写景，有动景，有静景，有山水，有人物，浩大中透着恬淡，不言情而情自溢。

思考与练习

1. 结合自己的登山经历赏析"白云回望合，青霭入看无"两句的精妙之处。

2. 终南山这样的大山，可以写的地方很多，作者是选取了哪些图景勾画终南山的？他这样选景的意义何在？

3. 对此诗的尾联，历来有不同的理解和评价。有人认为它以声入画，以人显景，极妙；有人认为与前三联不统一、不相称。你如何理解评价此联？

4. 背诵这首诗。

高适①

燕 歌 行②

　　开元二十六年,客有从元戎出塞而还者,作《燕歌行》以示,适感征戍之事,因而和焉③。

　　　　汉家烟尘在东北④,汉将辞家破残贼⑤。
　　　　男儿本自重横行⑥,天子非常赐颜色⑦。
　　　　摐金伐鼓下榆关⑧,旌旆逶迤碣石间⑨。
　　　　校尉羽书飞瀚海⑩,单于猎火照狼山⑪。
　　　　山川萧条极边土⑫,胡骑凭陵杂风雨⑬。
　　　　战士军前半死生⑭,美人帐下犹歌舞⑮!
　　　　大漠穷秋塞草腓⑯,孤城落日斗兵稀。
　　　　身当恩遇恒轻敌⑰,力尽关山未解围。
　　　　铁衣远戍辛勤久⑱,玉箸应啼别离后⑲。
　　　　少妇城南欲断肠,征人蓟北空回首⑳。
　　　　边庭飘飖那可度㉑,绝域苍茫更何有㉒!
　　　　杀气三时作阵云㉓,寒声一夜传刁斗㉔。
　　　　相看白刃血纷纷,死节从来岂顾勋㉕?
　　　　君不见沙场征战苦,至今犹忆李将军㉖!

【注释】

①高适(702年?~765年),字达夫,渤海蓨(tiáo,今河北景县南)人。盛唐边塞诗派的代表作家。早年生活困顿,仕途失志,长期浪游梁宋一带。后经人举荐,中"有道科",授封丘县尉,不得志,弃官而去。后客游河西,为河西节度使哥舒翰掌书记。"安史之乱"期间,得到唐肃宗的重用,历任淮南、西川节度使等职,官终散骑常侍,封渤海县侯。高适诗以七言歌行见长,笔墨老成,风格雄放。与岑参齐名,并称"高岑"。著有《高常侍集》。
②《燕歌行》,汉乐府《相和歌辞·平调曲》旧题。
③元戎,军事统帅,此处指张守珪。当时,营州都督、河北节度副大使张守珪部为契丹所败,张隐匿败绩,谎报军功,诗人得悉真情,写了这首诗,以抒感慨,寓讽刺之意。
④汉家,借指唐朝。借汉喻唐,是唐代诗人的习惯用法。烟尘,指发生战争。
⑤残贼,凶残的敌人。
⑥横行,指驰骋疆场。司马迁《史记·季布栾布列传》中樊哙曾对吕后说:"臣

愿得十万众，横行匈奴中。"

⑦赐颜色，赏脸、器重、厚加礼遇。

⑧摐（chuāng）金伐鼓，即敲锣打鼓，指行军。古代军中以击鼓鸣金为进退信号。摐，敲击。金，指军中所用的锣之类的铜制响器。榆关，山海关，在今河北秦皇岛市，是通往东北的要隘。

⑨旌旆，泛指军中各种旗帜。旌，竿头上饰有羽毛的旗。旆，大旗。逶迤，宛延绵长的样子。碣石，山名，在今河北省。

⑩校尉，武官名，位次于将军。羽书，插有羽毛的信，指军中的紧急文书。瀚海，大沙漠。

⑪单于，本是匈奴部落酋长的称号，这里借指侵扰唐帝国的契丹等部落的首领。猎火，打猎时燃起的火光，这里借指战火。狼山，即狼居胥山，这里泛指接战之地。

⑫萧条，荒凉。极，到达……尽头。边土，边境。

⑬胡骑，敌人的骑兵。胡，古代汉族人对北方少数民族的通称。凭陵，侵凌、侵扰。杂风雨，风雨交加，形容敌人骑兵来势迅猛，犹如暴风骤雨。

⑭半死生，死生各半，形容伤亡惨重。

⑮帐下，指将帅的营帐之中。犹，还、还在。

⑯大漠，指边塞荒凉地区。穷秋，深秋。腓（féi），枯萎，变黄。

⑰身当，身受。恩遇，皇帝的恩德和优厚待遇。恒，常常、总是，一作"常"。

⑱铁衣，金属制的铠甲，借指出征的战士。

⑲玉箸，玉制的筷子，比喻思妇的眼泪。刘孝威《独不见》："谁怜双玉箸，流面复流襟。"

⑳蓟北，蓟州之北，泛指北部边塞地区。

㉑边庭，边疆。庭，一作"风"。飘飖，随风飘荡的样子。飘飖，一作"飘飘"。

㉒绝域，极远的地方，指人烟稀少、环境荒凉的塞外。苍茫，迷茫无际的样子。

㉓三时，指晨、午、晚，即一整天。阵云，战云。

㉔刁斗，古代军中值宿巡更时敲击的铜器，白天用来煮饭。

㉕死节，指为国牺牲。顾，顾及、关心。勋，功劳。

㉖李将军，指汉代名将李广。他智勇双全，爱护士卒。《史记·李将军列传》："……广之将兵，乏绝之处，见水，士卒不尽饮，广不近水；士卒不尽食，广不尝食。宽缓不苛，士以此爱乐为用。"也有人认为，李将军指战国时期赵国名将李牧。

提　示

这首七言古诗表达的思想感情极为复杂，既有对男儿横行天下、报效国家的英雄气概的表彰，也有对战争给征人及家庭带来痛苦的同情；既有对士卒不计个人得失浴血奋战的精神的颂扬，也有对将领歌舞作乐、不恤士卒的不满。内容丰富深刻，格调悲壮苍凉。无论是氛围的渲染、描绘的生动，还是思想的深刻，都超过前人，成为唐代边塞诗的代表作。

这首诗的一个突出特点是运用对比手法。诗中有士卒的殊死奋战和将帅的纵情声色、临战失职构成的对比；有士卒的效命死节与将帅的恃宠贪功构成的对比；有汉将李广与唐军将帅构成的对比等。这些对比都深化了主题并产生了强烈的艺术效果。"战士军前半死生，美人帐下犹歌舞"，为历来传颂的警句，诗人只是陈述事实，并未下评语加以褒贬，但旨意显豁，对比鲜明。

本诗气势雄浑，笔力矫健。用韵平仄相间，抑扬有节，音调和美。

思考与练习

1. 诗前小序说这首诗是为"感征戍之事"而作，作者具体抒发了哪些感慨？
2. 诗中哪些地方是把叙事、写景、抒情、议论等手法结合运用的？
3. 举出诗中你认为最悲壮、最生动的句子。
4. 结尾写"至今犹忆李将军"有什么深长意味？

李白①

梁甫吟②

长啸《梁甫吟》，何时见阳春③？
君不见朝歌屠叟辞棘津④，八十西来钓渭滨。
宁羞白发照清水⑤，逢时壮气思经纶⑥。
广张三千六百钓⑦，风期暗与文王亲⑧。
大贤虎变愚不测⑨，当年颇似寻常人。
君不见高阳酒徒起草中，长揖山东隆准公。
入门不拜骋雄辩，两女辍洗来趋风⑩。
东下齐城七十二⑪，指麾楚汉如旋蓬⑫。
狂客落魄尚如此⑬，何况壮士当群雄⑭！
我欲攀龙见明主⑮，雷公砰訇震天鼓⑯。
帝旁投壶多玉女⑰。三时大笑开电光⑱，倏烁晦冥起风雨⑲。
阊阖九门不可通⑳，以额叩关阍者怒㉑。
白日不照我精诚㉒，杞国无事忧天倾㉓。
猰貐磨牙竞人肉㉔，驺虞不折生草茎㉕。
手接飞猱搏雕虎㉖，侧足焦原未言苦㉗。
智者可卷愚者豪，世人见我轻鸿毛㉘。
力排南山三壮士，齐相杀之费二桃㉙。
吴楚弄兵无剧孟㉚，亚夫咍尔为徒劳㉛。
《梁甫吟》，声正悲。
张公两龙剑，神物合有时㉜。
风云感会起屠钓，大人𡾋𡾋当安之㉝。

【注释】

①李白（701年～762年），字太白，号青莲居士，祖籍陇西成纪（今甘肃秦安），隋末其先人迁碎叶城（今巴尔喀什湖南的楚河流域）。约五岁时，随父迁居绵州昌隆县（今四川江油）的青莲乡。唐代最伟大的诗人之一。李白青年时，就漫游全国各地。天宝初曾应召入京，供奉翰林，一年后遭谗离去。安史乱起，因参加永王李璘幕府被牵累，以"附逆"罪名流放夜郎，遇赦后寓居当涂（今属安徽），困穷而终。李白的诗歌充满浪漫色彩，感情奔放豪迈，想象奇特丰富，词采瑰伟绚丽，风格飘逸自然。其作品中，对光明的向

往与对黑暗的抨击，构成强烈对比，表现出李白正直、傲岸的性格。诗作体裁以古体、绝句见长。著有《李太白集》。

②《梁甫吟》又作《梁父吟》，乐府旧题。梁父是泰山下小山名。郭茂倩谓"《梁甫吟》，盖言人死葬此山，亦葬歌也。"今存古辞乃题名为诸葛亮所作，主题是感怀齐相晏婴用二桃杀三士之事。《三国志·蜀志·诸葛亮传》："亮躬耕陇亩，好为《梁父吟》。"《文选》卷二十九张衡《四愁诗》："我所思兮在太山，欲往从之梁父艰。"刘良注："太山，东岳也。愿辅佐君王致于有德而为小人谗邪之所阻难也。"此诗即取此义。

③阳春，温暖的春天。此喻知遇明主以施展抱负。诗人于天宝初供奉翰林时曾作《阳春歌》以抒发得意之情，可推测此诗当作于未遇明主之时。

④朝（zhāo）歌，殷代京城，在今河南淇县。屠叟，屠夫，此指吕望（姜太公吕尚）。棘津，古渡名，在今河南延津县东北。相传吕尚五十岁时在棘津卖食，七十岁时在朝歌屠牛，八十岁时在渭水垂钓，九十岁时遇到文王被重用，辅佐周文王，成就一代功业。《韩诗外传》卷七："吕望行年五十，卖食棘津，年七十屠于朝歌，九十乃为天子师，则遇文王也。"又卷八："太公望……屠牛朝歌，赁于棘津，钓于磻溪，文王举而用之，封于齐。"

⑤清水，一作"渌水"。

⑥壮气，振奋的样子，一作"吐气"。经纶，此指治国安邦之术。

⑦三千六百钓，吕望八十钓于渭水边，九十遇文王，垂钓十年，共三千六百日，故说三千六百钓。一说：渭水之钓，志在天下。三千六百，偶举其数，无所取义。

⑧风期，一作"风雅"，犹风度。此为谋略。暗，指冥冥之中早已注定。

⑨虎变，《易·革》"大人虎变"。以虎的皮毛季节更换后焕发光彩比喻政治上得志。此句是说贤者一旦遇到机会，便能骤然得志，不是愚人所能预料的。

⑩"君不见"四句，《史记·郦生陆贾列传》：郦食（yì）其（jī）是汉初陈留高阳（今河南杞县）人，好读书，自称高阳酒徒。刘邦率军过陈留时，郦食其到门前谒见。当时刘邦正在叫两个女子为其洗脚，听说郦食其是儒生打扮，拒绝接见。郦食其高喊："我是高阳酒徒，并非儒生。"刘邦于是相见。起草中，喻出身微贱。隆，高。准，鼻子。隆准公，指刘邦。《史记·高祖本纪》"……高祖为人，隆准而龙颜。"入门开说，一作"入门不拜"，又作"一开游说"。趋风，疾风至下风，表示向对方致敬。一说疾趋如风前来迎接。

⑪东下齐城七十二，《史记·郦生陆贾列传》：郦食其常为刘邦出谋划策，后又游说齐王田广，不费一兵一卒而使齐七十余城归汉。

⑫麾，一作"挥"。如旋蓬，像随风旋转的蓬草，形容轻而易举。

⑬狂客，一作"狂生"，郦食其曾被人称为狂生。魄，一作"拓"。

⑭壮士，李白自指。

⑮攀龙，喻依附帝王以建功立业。

⑯雷公，雷神。砰訇（pēnghōng），形容声音洪大。震天鼓，指打雷。《初学记》卷一引《抱朴子》："雷，天之鼓也"。

⑰投壶，古代的一种游戏，个人依次将箭投入壶中，负者喝酒。玉女，喻指被皇帝宠幸的小人。

⑱三时，指早、中、晚一整天。大笑，指天笑。古人称天不下雨而有闪电为天笑。开电光，一作"生电光"，指闪电。

⑲倏（shū）烁，形容电光闪动。晦冥，昏暗。萧士赟注："喻权奸女谒用事政令无常也"。

⑳阊阖（chāng hé），神话中的天门。九门，神话中的九道天门。

㉑阍（hūn）者，看守天门的人。

㉒白日，喻皇帝。

㉓"杞国"句，《列子·天瑞》："杞国有人忧天地崩坠，身亡所寄，废寝食者。"二句意谓皇帝不理解我，还以为我是杞人忧天。此自嘲之意。

㉔猰貐（yà yǔ），古代神话中一种吃人的野兽。这里比喻阴险凶恶的人物。竞人肉，争吃人肉。

㉕驺（zōu）虞：古代神话中一种仁兽，白质黑纹，不伤人畜，不践踏生草。这里李白以驺虞自比，表示不与奸人同流合污。

㉖飞猱（náo），猿类动物，身体便捷，善攀援，故称飞猱。雕虎，条纹斑驳的老虎。

㉗焦原，传说春秋时莒国有一块约五十步方圆的大石，名叫焦原，下有百丈深渊，只有无畏的人才敢站上去。《尸子》卷下曰："莒国有石焦原者，广长五十步，临百仞之溪，莒国莫敢近也。"未言苦，不以为惧。

㉘"智者"两句，卷：曲，收而不用，指不参与政事。《论语·卫灵公》"蘧伯玉！邦有道，则仕；邦无道，则可卷而怀之。"豪：放纵，指不知进退，逞强好能。此两句意思是说有智慧的人受压抑，而愚蠢的人得以放肆，因此，世俗的人将我看得比鸿毛还轻。

㉙"力排"两句，据《晏子春秋·内篇》载：春秋时齐国有三个壮士——公孙接、田开疆、古冶子并以勇力闻名，因事得罪晏子。晏子请齐景公以二桃赐赠三人，让三人论功食桃。公孙接、田开疆各争得一个桃子。结果，通过表功，古冶子的功劳最大，反而没有得到桃子。二人感到惭愧，自杀了。古冶子觉得为争得桃子而害得二人自杀，于声誉有亏，也自杀了。后常用"二桃杀三士"喻用阴谋借刀杀人。此二句是说即使是像公孙接、田开疆、古冶子那样的壮士，到头来也被晏婴用谋略轻易杀掉。前人多认为李白此处暗指裴敦复、李邕等被奸相李林甫陷害致死。齐相：指晏婴，春秋时人。

㉚吴楚弄兵，指西汉景帝三年（前145年）发生的吴、楚七国之乱。剧孟，西汉洛阳人，汉景帝时期贤人、侠士。

㉛亚夫，西汉名将周亚夫，是周勃之子，汉景帝派他去平叛七国之乱。咍（hāi），嗤笑。尔，语助词。《史记·游侠列传》载：周亚夫率兵到河南时，得到了剧孟，高兴地说："吴楚举大事而不求孟，吾知其无能为已矣。"此二句说失去了剧孟那样的贤才，要想成大事，只能是徒劳。此为李白以剧孟自比。

㉜"张公"两句，张公，指西晋张华。两龙剑，《晋书·张华传》载：丰城县令雷焕掘得二剑，遣使者送给张华一柄，自己留下一柄。张华得到剑后，写给雷焕的信中说："详观剑文，乃干将也。莫邪何复不至？天生神物，终当合耳。"后来，张华被杀，他的剑不知去向。雷焕死后，他的儿子雷华佩戴着父亲所遗之剑，经过延平津，剑忽然从其腰间跃入水中，雷华遣人下水捞剑，只见水中有两条长有数丈的龙，不见了宝剑。雷华叹曰："先君化去之言，张公终合之论，此其验乎？"二句即用此典，谓才士与明主终有遇合之时。神物：指两龙剑。合：会合。有时：有早已注定的时机。

㉝风云感会,指君臣遇合。屠钓:吕望曾屠牛、钓鱼,因借指。大人:雄才大略之人。峓峿(niè wù):不安的样子。此二句是说迟早会有风云际会君臣相得之日,且自安心,以待天时。

提　示

关于这首诗的创作时期,前人探讨颇多,观点不一。细品此篇,诗人虽悲不遇,犹寄希望于未来。每于感叹唏嘘之际,尚能自慰自解,故当为李白在开元二十一年(733年)初入长安被张垍所阻而未见明主后所作。

诗歌主要抒写作者怀才不遇的痛苦和对理想的期待。全诗大致可分为四个部分。前十八句为第一部分,开头两句"长啸梁甫吟,何时见阳春?"为全诗定下了感情的基调,接着,诗人连用两组"君不见"提出两个历史典故,寄寓自己的理想与抱负。第二部分自"我欲攀龙见明主"句起,诗人以《离骚》式的想象,写谒见天帝的阻隔。从乐观陷入了痛苦。第三部分自"白日不照吾精诚"以下十二句,诗人用一系列传说或历史故事,激烈地抨击了现实生活中的不合理现象。这一部分的显著特点是思维的跳跃,诗人忽而自负,忽而自伤,忽而自慰。第四部分为最后六句,"梁甫吟,声正悲",直接呼应篇首两句,接着,作者笔锋一转,以神剑传说表达信心。

此诗感情炽热,气势奔放,一气呵成。无论是节奏的变化,还是思维的跳跃,读来全然不觉有安排的痕迹,是李白的代表作之一。

思考与练习

1. 这首诗表达了李白怎样的思想感情?
2. 李白最终也没有实现自己的政治抱负,你认为原因是什么?
3. 诸葛亮在《泰山梁甫吟》中写道:"步出齐城门,遥望荡阴里。里中有三坟,累累正相似。问是谁家墓?田疆古冶子。力能排南山,文能绝地纪。一朝被谗言,二桃杀三士。谁能为此谋?国相齐晏子。"李白与诸葛亮在《梁甫吟》中都写了"二桃杀三士"的故事,比较他们各自作品的情感基调以及表现方式的同异。
4. 在理解的基础上背诵这首诗。

杜甫①

秋兴八首② （其一）

玉露凋伤枫树林③，巫山巫峡气萧森④。
江间波浪兼天涌，塞上风云接地阴⑤。
丛菊两开他日泪⑥，孤舟一系故园心⑦。
寒衣处处催刀尺⑧，白帝城高急暮砧⑨。

【注释】

①杜甫（712年~770年），字子美，河南巩县（今河南巩义）人，祖籍襄阳。唐代最伟大的诗人之一。天宝六年（747年），应制举，未第，即客居长安（曾住杜陵附近之少陵，故世称杜少陵）。"安史之乱"期间，杜甫历经离乱，备尝艰辛。先寄身于秦州、同谷等地，后携妻儿入川。到代宗大历年间离川东归，不久即病逝于湘江舟中。杜甫在蜀时，曾因西川节度使严武的举荐，得检校工部员外郎之衔，后世因称杜工部。他的众多优秀诗篇，深刻地反映了唐王朝由盛转衰过程中的社会风貌和时代苦难，被后人誉为"诗史"。杜诗在艺术上卓有建树，他各体皆长，五古、七律成绩尤高。其五古措辞质朴厚实，格调沉郁顿挫；其七律语句精练，属对工切，且严守声律，一丝不苟。著有《杜少陵集》。
②《秋兴八首》是代宗大历元年（766年）杜甫流寓夔州（今重庆市奉节）时所作。这是一组八首蝉联、结构严密、抒情深挚的七言律诗，体现了诗人晚年的思想感情和艺术成就。这里选的是第一首。秋兴，因秋而感兴。
③玉露，秋天的霜露，因其白，故以玉喻之。凋伤，草木在秋风中凋零。
④巫山，山名，由今重庆市巫山县向东绵延一百六十余里，奇峰峭壁，夹江而立，因而也称巫峡。气萧森，秋气萧瑟阴森。
⑤"江间"二句，描绘自然界的景象，也寓有国家局势动荡、时世艰难之感。兼天涌，波浪滔天。塞，关隘险要之地，塞上，这里指形势险要的巫峡上空。接地阴，天地一片阴沉沉。
⑥"丛菊"句，是说客居夔州已经两年，东归之愿仍未实现，每见菊花开绽就伤心落泪。开，语义双关，既指花开，又指引发诗人伤心落泪。他日泪，因回忆往事而落泪。一说，"他日"指将来。
⑦"孤舟"句，既以孤舟长系岸边不发，暗示不能启行东归；又以孤舟自喻，谓虽飘零在外，而此心长系故园。系，语义双关，就船而言，是停系不发；就心而言，是牵系不忘。故园心，东归长安的心愿，杜甫以长安为第二故乡。
⑧寒衣，御寒的衣服，冬衣。催刀尺，指赶制冬衣。刀尺，指制衣时用的工具。

⑨白帝城，在夔州城东的白帝山上，传为汉代公孙述所筑。急暮砧，薄暮时分，捣制冬衣的砧声一阵紧似一阵。砧，捣衣的垫石。

提　示

　　这首诗借写夔州一带的秋景寄寓诗人自伤漂泊、思念故园、忧怀国事的心情。

　　全诗写景与抒情结合密洽、融汇无间。首联以枫叶凋零、秋气萧森，奠定全诗的基调。颔联紧承首联，写江间骇浪滔天，塞上阴云接地，既表现出景物的外部特征，又有意强调了动荡与阴沉，以象征国家形势的动荡不安和阴晦不明，或隐喻诗人自身的心潮翻卷和忧思不散。颈联倾诉思乡衷曲，借"丛菊两开""孤舟一系"的图景，显现出思乡之情的浓烈和欲归不得的无奈与凄伤。尾联则以暮色秋风里，一片捣衣声的环境气氛，含茹游子无家可归的惆怅悲凉，含不尽之意于言外。

　　这首七律，艺术上已臻精美圆熟。章法谨严，语言练达，对偶精当工稳，句式富于创新变化。尤其颈联两句的遣词造句，于平易流畅中显出新警奇特，笔墨老成，出神入化。

思考与练习

1. 以颔联、颈联为例，说明杜甫此诗在遣词造句上的特点。
2. 试析本诗情景交融的艺术特点。
3. 背诵这首诗。

白居易①

长 恨 歌②

汉皇重色思倾国③,御宇多年求不得④。
杨家有女初长成,养在深闺人未识。
天生丽质难自弃,一朝选在君王侧。
回眸一笑百媚生,六宫粉黛无颜色⑤。
春寒赐浴华清池⑥,温泉水滑洗凝脂⑦。
侍儿扶起娇无力,始是新承恩泽时。
云鬓花颜金步摇⑧,芙蓉帐暖度春宵⑨。
春宵苦短日高起,从此君王不早朝。
承欢侍宴无闲暇,春从春游夜专夜。
后宫佳丽三千人,三千宠爱在一身。
金屋妆成娇侍夜⑩,玉楼宴罢醉和春。
姊妹弟兄皆列土⑪,可怜光彩生门户⑫。
遂令天下父母心,不重生男重生女⑬。

骊宫高处入青云⑭,仙乐风飘处处闻。
缓歌慢舞凝丝竹⑮,尽日君王看不足。
渔阳鼙鼓动地来⑯,惊破霓裳羽衣曲⑰。
九重城阙烟尘生⑱,千乘万骑西南行⑲。
翠华摇摇行复止,西出都门百余里。
六军不发无奈何,宛转蛾眉马前死⑳。
花钿委地无人收㉑,翠翘金雀玉搔头㉒。
君王掩面救不得,回看血泪相和流。
黄埃散漫风萧索,云栈萦纡登剑阁㉓。
峨嵋山下少人行㉔,旌旗无光日色薄。
蜀江水碧蜀山青,圣主朝朝暮暮情。
行宫见月伤心色㉕,夜雨闻铃肠断声㉖。
天旋日转回龙驭㉗,到此踌躇不能去。
马嵬坡下泥土中,不见玉颜空死处㉘。

君臣相顾尽沾衣,东望都门信马归㉙。
归来池苑皆依旧,太液芙蓉未央柳㉚。

芙蓉如面柳如眉，对此如何不泪垂。
春风桃李花开日㉛，秋雨梧桐叶落时。
西宫南内多秋草㉜，落叶满阶红不扫。
梨园弟子白发新㉝，椒房阿监青娥老㉞。
夕殿萤飞思悄然，孤灯挑尽未成眠㉟。
迟迟钟鼓初长夜㊱，耿耿星河欲曙天㊲。
鸳鸯瓦冷霜华重㊳，翡翠衾寒谁与共㊴？
悠悠生死别经年，魂魄不曾来入梦。

临邛道士鸿都客㊵，能以精诚至魂魄㊶。
为感君王辗转思，遂教方士殷勤觅。
排空驭气奔如电㊷，升天入地求之遍。
上穷碧落下黄泉㊸，两处茫茫皆不见。
忽闻海上有仙山，山在虚无缥缈间。
楼阁玲珑五云起㊹，其中绰约多仙子㊺。
中有一人字太真，雪肤花貌参差是㊻。
金阙西厢叩玉扃㊼，转教小玉报双成㊽。
闻道汉家天子使，九华帐里梦魂惊㊾。
揽衣推枕起徘徊，珠箔银屏迤逦开㊿。
云鬓半偏新睡觉㉛，花冠不整下堂来。
风吹仙袂飘飘举㉒，犹似霓裳羽衣舞。
玉容寂寞泪阑干㉓，梨花一枝春带雨。
含情凝睇谢君王㉔，一别音容两渺茫。
昭阳殿里恩爱绝㉕，蓬莱宫中日月长㉖。
回头下望人寰处，不见长安见尘雾。
唯将旧物表深情㉗，钿盒金钗寄将去㉘。
钗留一股盒一扇，钗擘黄金盒分钿㉙。
但教心似金钿坚，天上人间会相见。
临别殷勤重寄词，词中有誓两心知。
七月七日长生殿㉖⁰，夜半无人私语时。
在天愿作比翼鸟㉖¹，在地愿为连理枝㉖²。
天长地久有时尽，此恨绵绵无绝期。

【注释】

①白居易（772年~846年），字乐天，晚号香山居士。原籍太原，后迁居下邽（今陕西渭南）。唐代杰出诗人。唐德宗贞元十六年（800年）进士，由校书郎累官至左拾遗。白居易主张"文章合为时而著，歌诗合为事而作"（《与元

九书》)。他与元稹一起,倡导旨在揭露时弊的"新乐府运动",写下《秦中吟》十首、《新乐府》五十首等,对当时社会的黑暗现实作了深刻批判。在艺术上,他的诗歌以平易晓畅著称,在当时就流布很广。著有《白氏长庆集》,存诗近三千首,数量之多,为唐人之冠。

②唐宪宗元和元年,白居易任盩厔(今陕西省周至)县尉,一日,与友人陈鸿、王质夫到马嵬驿附近的游仙寺游览,谈及唐玄宗与杨贵妃的情事。王质夫认为,像这样突出的事情,如无大手笔加工润色,就会随着时间的迁移而消没。他鼓励白居易:"乐天深于诗,多于情者也,试为歌之如何?"于是,白居易写下了此诗。陈鸿同时写了一篇传奇《长恨歌传》。恨,遗憾。

③汉皇,本指汉武帝刘彻,此处借指唐玄宗李隆基。重色,爱好女色。倾国,指绝色女子,语出汉李延年诗:"北方有佳人,绝世而独立。一顾倾人城,再顾倾人国。宁不知倾城与倾国,佳人难再得!"

④御宇,驾驭宇内,即统治天下。

⑤六宫粉黛,指宫内所有的嫔妃。粉黛,粉抹脸,黛描眉,均为女子化妆用品。这里指代宫妃。无颜色,意谓相比之下,显得不漂亮了。

⑥华清池,骊山上多温泉,李隆基常去避寒,辟浴池多处,建温泉宫,后改名华清宫。

⑦凝脂,形容皮肤白嫩而柔滑。

⑧金步摇,一种首饰,用金丝制成花枝形状,上缀珠玉,插于发髻,行走时随步履摇动,因名"步摇"。

⑨芙蓉帐,绣绘着荷花图案的帐幔。芙蓉,荷花。

⑩金屋,据《太真外传》说,杨玉环在华清宫有梳妆之所,名端正楼。此言金屋,系用汉武帝"金屋藏娇"语意。

⑪"姊妹"句,杨玉环被册封为贵妃后,家族沾光受宠。她的大姐封韩国夫人,三姐封虢国夫人,八姐封秦国夫人,堂兄弟杨铦官鸿胪卿,杨锜官侍御史。从祖兄杨钊,赐名国忠,官右丞相,封魏国公。列土,裂土受封。列,通"裂"。

⑫可怜,可羡。怜,爱、羡慕。

⑬"不重"句,《长恨歌传》记载当时民谣说:"生女勿悲酸,生男勿喜欢";"男不封侯女作妃,看女却为门上楣"。

⑭骊宫,即华清宫,因在骊山上,故称骊宫。

⑮凝,凝结。此指歌、舞与乐曲密切吻合,丝丝入扣。

⑯"渔阳"句,指安禄山发动叛乱。渔阳,唐郡名,是范阳节度使安禄山所辖八郡之一。鼙(pí),古代军中所用小鼓。

⑰霓裳羽衣曲,唐代著名舞曲。传说是唐玄宗依据西凉节度使杨敬述所献乐曲加工润色而成。

⑱九重城阙,指京城长安。古人以为天有九重,京城为天子所居之地,故云。烟尘生,指发生战乱。

⑲"千乘(shèng)"句,天宝十五载(756年)六月,安史叛军破潼关,李隆基由延秋门出长安,仓皇向西南逃奔。乘,马车。

⑳"翠华"四句,李隆基西奔至距长安百余里的马嵬驿(今属陕西兴平),扈从禁卫军发难,不肯行进,请诛杨国忠、杨玉环兄妹以平民怨,玄宗为保住自

己，只得照办。翠华，用翠鸟羽毛装饰的旗子，用作皇帝的仪仗。六军，此指皇帝的护卫军。宛转，缠绵委屈的样子。蛾眉，美女的代称，语出《诗经·卫风·硕人》："螓首蛾眉"。这里指杨贵妃。

㉑花钿（diàn），镶嵌金花的首饰。委地，委弃在地。

㉒翠翘，形状似翠鸟尾巴的头饰。金雀，雀形的金钗。玉搔头，玉簪。

㉓云栈，高入云霄的栈道。剑阁，即剑门关，是大剑山与小剑山之间的一座关隘，在今四川剑阁县北。

㉔峨嵋山，在今四川峨眉山市境内。玄宗奔蜀途中，并未经过峨眉山，这里泛指蜀中高山。

㉕行宫，皇帝离京出行时的住处。

㉖"夜雨"句，《明皇杂录·补遗》："明皇既幸蜀，西南行，初入斜谷，霖雨涉旬，于栈道中闻铃音，与山相应。上既悼念贵妃，采其声为《雨霖铃曲》以寄恨焉。"这里暗咏此事。

㉗天旋日转，犹言云开雾散，喻局势转变。回龙驭，郭子仪军收复长安后，唐肃宗派太子太师韦见素至蜀迎玄宗还京。龙驭，皇帝的车驾。

㉘空死处，空见死处。空，徒然。

㉙信，任、任随。

㉚太液、未央，分别是汉朝宫廷内的池名和殿名。这儿借以指称唐代的宫殿池苑。

㉛日，一作"夜"。

㉜"西宫"句，玄宗还京后，初居兴庆宫，肃宗及其亲信唯恐他东山再起，将他迁至太极宫内，近于变相的软禁。西宫，唐太极宫，也称西内。南内，唐兴庆宫，也称南苑。

㉝梨园弟子，玄宗过去亲自调教的一批艺人。《雍录》卷九："开元二年，置教坊于蓬莱宫，上自教法曲，谓之'梨园弟子'。至天宝中，即东宫置宜春北苑，命宫女数百人为梨园弟子，即是。'梨园'者，按乐之地；而预教者，名为'弟子'耳。"

㉞椒房，后妃所住的宫殿，因用花椒和泥涂壁以取其香暖而多子，故名椒房。阿监，宫中女侍官名。青娥，青春的美好容颜，《方言》卷二："秦、晋之间，美貌谓之娥。"

㉟"孤灯"句，古时用油灯照明，为使灯火明亮，过一会儿就要把灯草挑一挑。——唐时宫廷夜间点燃烛而不点油灯，此处旨在形容玄宗晚年生活环境的凄苦。

㊱迟迟，异常迟缓，用以形容长夜难眠时的心情。报更钟鼓声起止原有定时，这里意在强调唐玄宗的主观感受。

㊲耿耿，微明的样子。

㊳鸳鸯瓦，两片一俯一仰扣在一起的瓦，简称鸳瓦。霜华，霜花。

㊴翡翠衾，绣饰有翡翠鸟的被子。

㊵"临邛"句，意谓有个从临邛来的道士客居在长安。临邛，县名（今四川邛崃）。鸿都，东汉首都洛阳宫门名，此借指长安。

㊶至，一作"致"。

㊷排空驭气，犹言腾云驾雾。

㊸碧落、黄泉，古人认为，天有九重，最上一层叫碧落；地有九层，最下一层叫黄泉。因而也称九天、九泉。

㊹五云，五彩云霞。

㊺绰约，形容风姿美好。

㊻参差，这里是仿佛、差不多之意。

㊼金阙，金碧辉煌的神仙宫殿。叩，叩击、敲。扃（jiōng），本指门闩或门环，此指门扉。

㊽“转教”句，意谓仙府庭院重重，须经辗转通报。小玉、双成，均为古代神话传说中的女子名，此处借以指杨玉环所在仙府的侍婢。小玉，传说中吴王夫差之女。双成，传说为西王母的侍女。

㊾九华帐，绘饰华美的帐幔。

㊿珠箔（bó），用珍珠串编成的帘子。屏，屏风。迤逦，接连不断。

(51)髻，一作“鬓”。新睡觉，刚睡醒。觉（jiào），睡醒。

(52)袂（mèi），衣袖。

(53)阑干，纵横流淌的样子。

(54)凝睇（dì），凝视。

(55)昭阳殿，汉代宫殿名，为赵飞燕所居，这里借指杨玉环生前在长安的寝宫。绝，断。

(56)蓬莱宫，指杨玉环在仙府的居室。蓬莱，传说中海上三仙山之一。

(57)旧物，指生前与玄宗定情的信物。

(58)钿盒，镶嵌有金花的盒子。寄将去，托道士捎去。

(59)擘（bò），分开。盒分钿，钿盒上的金花图案各得一半。

(60)长生殿，唐朝宫殿名，天宝元年建，在骊山华清宫内。一说，唐代后妃所居寝宫，通称为长生殿。

(61)比翼鸟，《尔雅·释地》载，南方有比翼鸟，名叫鹣鹣，飞时雌雄相从，比翼齐飞。

(62)连理枝，异本草木，两棵树不同根而枝叶连生在一起。

提　示

《长恨歌》是一首抒情色彩浓郁的长篇叙事诗，“长恨”是其中心。诗歌通过对李、杨情事的描写，一方面讽刺了唐玄宗的耽乐误国；另一方面又对他们的爱情悲剧及彼此间的诚笃相思赋予了深切同情。故事曲折动人，主题意蕴丰厚。

全诗大致可分为四段。第一段从开头到“不重生男重生女”，写李、杨会合的经过及李对杨的宠幸。第二段从“骊宫高处入青云”到“不见玉颜空死处”，写变乱爆发，贵妃殒命，玄宗伤痛不已。第三段从“君臣相顾尽沾衣”到“魂魄不曾来入梦”，写李重归长安后对杨的无穷思念。第四段从“临邛道士鸿都客”到结尾写杨对李的忠贞不渝之情。

本诗情节曲折生动。按照史实，至贵妃身死，悲剧故事已经完成，而作者却匠心独运，大肆铺写玄宗在幸蜀途中，还京路上以及回长安后对杨的苦苦思念，细致地写出了人物的情感活动，推动情节继续深入发展。这不仅生发出了整个第四段的一系列情节，使诗波澜再起，别开生面，而且还在皇帝身上写出了如常人一般的真切感情，大大加重了故事的悲剧气氛，强化了"长恨"的主题。

作者塑造了两个人物形象。对唐玄宗，主要突出了他早先的耽乐误国和晚来对杨的苦苦思念；对杨贵妃，则着重描写了她的美丽风姿和身登仙界后依然对玄宗的忠贞不渝之情。作者将笔触深入两个人物的内心世界，生动地写出了他们的心理活动。如第三段"夕殿萤飞思悄然"以下八句，写玄宗从傍晚到入夜、到夜深、到黎明的整整一夜的心理活动；再如第四段"闻道汉家天子使"以下诸句，写贵妃的震惊、激动、惶惑、急切、悲楚、委屈、感激等诸般感触，诗人尽力揣摩人物的内心活动，又充分发挥艺术想象，故写得颇合情理。

此诗叙事有致，张弛自如；抒情深挚，缠绵细腻；章法上下贯通，前后勾连；语言优美明丽，自然流畅；运用对偶、顶真等修辞手法娴熟圆美。诗歌婉转动人，缠绵悱恻，确为古代叙事诗名篇。

思考与练习

1. 谈谈你对本诗"长恨"主题的理解。
2. 第三段玄宗思念贵妃的有关描写，对故事情节的发展有什么作用？
3. 第四段对刻画杨贵妃的形象及表现"长恨"的主旨有什么作用？
4. 你认为本诗中写得最精彩的句子有哪些？试说明其精彩之处。

杜牧①

题宣州开元寺水阁，阁下宛溪，夹溪居人②

六朝文物草连空，天淡云闲今古同③。
鸟去鸟来山色里，人歌人哭水声中④。
深秋帘幕千家雨，落日楼台一笛风。
惆怅无因见范蠡⑤，参差烟树五湖东⑥。

【注释】

① 杜牧（803年~853年），字牧之，京兆万年（今陕西西安）人。晚年居长安城南的樊川别墅，故世称杜樊川。晚唐著名诗人。唐文宗大和二年（828年）进士，又制策登科，授弘文馆校书郎，历任黄州、池州、湖州刺史等职，官终中书舍人。杜牧诗、赋、古文并工，诗歌成就尤高。他的古体诗雄豪健峭，骨气遒劲；近体诗情致俊爽，风调清朗，七绝最为人称道。著有《樊川集》。
② 宣州开元寺，建于东晋，寺址在今安徽宣城。宛溪，在宣城东，又称东溪。这首诗是杜牧任宣州团练判官时作，抒写了诗人在开元寺水阁上，俯瞰宛溪，眺望敬亭时的古今之慨。
③ "六朝"二句，意谓六朝繁华已化为荒烟野草，而风景依旧。六朝，指吴、东晋、宋、齐、梁、陈六个建都于金陵的朝代。
④ 人歌人哭，语出《礼记·檀弓》晋献文子成室，张老曰："美哉轮焉，美哉奂焉！歌于斯，哭于斯，聚国族于斯！""人歌"句，意谓宛溪两岸的人们世世代代悲欢离合的故事都发生在水边。
⑤ "惆怅"句，感慨不能像范蠡那样功成身退。范蠡，春秋时辅佐越王勾践打败吴国后，泛舟归隐。
⑥ 五湖，太湖及与其相属的四个小湖。

提　示

　　这首七言律诗为登临之作。首联直接抒发诗人登临游赏所引起的古今联想，造成一种笼罩全篇的气氛。颔联看似写实，实则是诗人对人生的感悟与概括。山色掩映中的鸟去鸟来，宛溪两岸的人歌人哭，表现了居民在这一环境背景里悲欢离合的世代生活。颈联描摹了两幅不可能同时出现的画面，是诗人对宣州、对宛溪长期以来获得的印象。深秋的密雨和落日中的楼台，形成了鲜明的对比，仿佛是人生的遭际。面对自然的永恒与人生的短暂，诗人在尾联借范蠡功成后乘扁舟归隐于太湖的典故，表达了自己的人生追求。整首诗既有对六朝繁华逝去的感叹，又有对宣州独特风物的流连，还包含有诗人功成身退的理想。

这首诗描绘婉曲细腻，意蕴悠长。节奏和语调轻快爽利，体现了杜牧诗歌豪宕俊爽、空灵深婉的特点。

思考与练习

1. 这首诗表现了诗人怎样的思想感情？
2. 有人说："此诗景中写情，极洒脱，极含蓄，读之再三，神味益出"，结合颔联、颈联分析诗人是如何景中写情的。
3. 背诵这首诗。

李商隐①

无 题②

来是空言去绝踪③,月斜楼上五更钟④。
梦为远别啼难唤,书被催成墨未浓⑤。
蜡照半笼金翡翠⑥,麝熏微度绣芙蓉⑦。
刘郎已恨蓬山远,更隔蓬山一万重⑧。

【注释】

①李商隐(约813年~约858年),字义山,号玉谿生,又号樊南生,怀州河内(今河南沁阳)人。晚唐著名诗人。唐文宗开成二年(837年)进士,历官秘书郎、东川节度使判官等。素有济世雄心,因深受朋党倾轧的牵累,终生不得志,未满五十即抑郁而逝。其诗各体皆工,成就斐然,尤以七律最为突出。他的一些七律,辞采华美,属对精工,擅用比兴、象征、暗示等手法,给人以兴寄深微、声情俱美的感觉,耐人玩味。某些无题篇章或因顾虑太多,不敢明说,旨意过于朦胧而流于晦涩,使人不易解索。著有《李义山诗集》和《樊南文集》。

②李商隐有部分诗以"无题"为题,内容多是写爱情的,有的是借写爱情而寄托政治内容。但由于年代久远,文献不足,一些诗的本身背景已无从考察。这首诗写别后思念成梦,梦醒情更难堪的情景。

③"来是"句,是梦醒后的感叹,梦中恋人前来相会,梦境是虚幻的,所以说"来是空言";梦醒时幻影消失,所以说"去绝踪"。

④"月斜"句,写梦醒后的实境:月光斜照,钟报五更。

⑤"梦为"二句,写梦中远别,不禁悲啼,但却唤不出声来。梦醒后被强烈的思念之情所催迫,急切地写成给对方的书信,这才发现刚才匆忙中竟连墨还未磨浓。

⑥蜡照,烛光。照,这里用作名词,光的意思。笼,笼罩,引申为"映照"。金翡翠,指带有用金线绣成的翡翠鸟图案的帷帐。

⑦麝熏,指麝香熏发的香气。麝,一种动物,其分泌物可作香料,叫麝香,古时富贵人家的妇女用以熏衣服、衾、帐等。熏,这里用作名词,香味、香气的意思。微度,细细地透过。绣芙蓉,指绣有芙蓉花的锦衾。芙蓉,荷花。

⑧"刘郎"二句,意谓和所思念的人是很难相会的。刘郎,指东汉时的刘晨。《神仙传》载,刘晨、阮肇入天台山采药迷路,遇二仙女,被邀至家,结为眷属。半年后返回故里,子孙已历七世。后重入天台访女,踪迹杳然,已不复得。蓬山,泛指仙山。

提 示

　　李商隐的无题诗，善于把生活的素材，提炼升华为感情的琼浆，将一切具体的事情都消融得几乎不留痕迹。这首七律写一位男子对阻隔重重的所爱女子的思念。全诗围绕着"梦"来抒写"远别"之情：首联从梦醒时分的情景写起，突出抒情主人公的空虚、孤寂、怅惘的感受；颔联出句追溯梦中情景，对句用细节描写表现出主人公梦醒后刻骨的相思之情；颈联是实境与幻觉的交融，通过对室内氛围的细致刻画，暗示出往昔爱情生活的美好，反衬如今室空人散的孤寂与落寞；尾联借用刘晨重入天台寻觅仙侣不遇的典故，点明爱情受阻的主题，令人回味无穷。

　　本诗意象空灵，情韵绵邈，抒情旋律回环往复。尾联"刘郎已恨蓬山远，更隔蓬山一万重"，"蓬山"一词反复，"已""更"两个虚词呼应，造成回环层递的咏叹语调，很好地表现了怅恨无穷的心理和感情。

思考与练习

1. 这首诗是按照怎样的顺序抒写"远别"之情的？
2. 此诗第二句写景，与第一句有什么内在联系？
3. 请写一篇你对本诗的赏析文章。
4. 背诵这首诗。

李煜①

浪淘沙令②

帘外雨潺潺③,春意阑珊④。罗衾不耐五更寒⑤。梦里不知身是客,一饷贪欢⑥。独自莫凭阑⑦,无限江山⑧。别时容易见时难⑨。流水落花春去也⑩,天上人间⑪!

【注释】

①李煜(937年~978年),字重光,号钟隐、莲峰居士等。南唐最后一位君主,史称李后主。国亡后被俘至宋都汴京(今河南开封),过了三年囚徒般的屈辱生活,相传被宋太宗用牵机药毒死。李煜能诗善画,精通音律,擅长诗词,尤以词著名,亡国后的作品突破了晚唐五代词以艳情为主的窠臼,表现出浓厚的感伤情绪。艺术上多直抒胸臆,真率天然,形象鲜明生动,情韵隽永深长。后人将他与其父的词合辑为《南唐二主词》。

②浪淘沙令,词牌名。原为唐教坊曲,后用为词牌。又名《浪淘沙》《卖花声》《过龙门》等。

③潺(chán)潺,水声,这里指雨声。柳宗元《雨中赠仙人山贾山人》诗:"寒江夜雨声潺潺,晓云遮尽仙人山。"

④阑珊,衰残,这里指春日将尽。一作"将阑"。

⑤罗衾(qīn),丝绸所制的被子。不耐,一作"不暖"。

⑥一饷(shǎng),片刻。白居易《对酒》诗:"无如饮此销愁物,一饷愁消直万金。"一作"一晌",义同。

⑦"独自"句,故土已属他人,如果凭栏,只会引起内心无限痛楚,所以说"莫凭栏"。莫,一作"暮"。阑,同"栏",栏杆。

⑧无限江山,指南唐河山。江山,一作"关山"。

⑨"别时"句,曹丕《燕歌行》诗:"别日何易会日难。"

⑩流水落花,流水带走落花,一去不返,用以表达惆怅失落的心情。春,一作"归"。

⑪天上人间,天上与人间,悬殊巨大,这里是形容先后境遇的巨大落差。张泌《浣溪沙》:"天上人间何处去,旧欢新梦觉来时。"

提 示

这首词作于南唐亡国、李煜被俘之后。全词以现实的囚徒生活和片刻欢娱的梦境作对比,于婉转凄苦、低沉悲怆的基调中道出了一位亡国之君的故国之思。

上片先写梦醒五更，寒意侵人，帘外雨声潺潺，春意渐去，渲染出一种令人惆怅的氛围。再写梦中情事，梦醒忆梦。一个"客"字点出被囚身份，"一晌贪欢"既是对往事的沉迷和追攀，也暗含着醒后长久的悔恨和哀痛，情绪极为复杂。

下片拓开，写凭栏远眺，与梦境相配合，写自己的亡国之恨。"别时容易见时难"之"别"当指与家国山川之别。最后以无可奈何的"春去也"长叹收束，既与上片开头的"春意阑珊"相呼应，又将悔恨、悲苦、怅惘等种种复杂情绪概括在了岁月流逝不可挽回，天上人间无可改变的意象之中。

整首词以心理活动的表露来贯穿意象，结构回环往复，首尾呼应。作者善用口语和白描手法抒怀，本色而不加雕琢，情至语痛，极富艺术感染力，而从生活实际出发，抒写心底深哀巨痛的词句，如"别时容易见时难""流水落花春去也"，不仅寄慨极深，而且概括面极广，能引起人们普遍的感情共鸣。

思考与练习

1. 有些版本"独自莫凭栏"作"独自暮凭栏"，你认为"莫"与"暮"哪个字更好，为什么？

2. 对这首词"流水"二句有不同的理解，有人认为，此二句承上句而来，用春去不返比喻故土难再，用天上人间的巨大差距比喻今昔处境。一说，"流水"两句，即承上申说不久于人世之意，水流尽矣，花落尽矣，春归去矣，而人亦将亡矣。也有人认为，大好的春光随着流水落花而飘逝，不知是在天上还是在人间，表示惆怅迷离的心境。你怎么看待这种现象？你是怎样理解这两句词的？

3. 唐圭璋在《南唐二主词汇笺》中评价李后主的词"尤其后主晚期，自抒真情，直用赋体白描，不用典、不雕琢，血泪凝成，感人至深。"请结合本篇谈谈你对这一评价的看法。

韩愈①

张中丞传后叙②

元和二年四月十三日夜③,愈与吴郡张籍阅家中旧书④,得李翰所为《张巡传》⑤。翰以文章自名⑥,为此传颇详密。然尚恨有阙者⑦:不为许远立传⑧,又不载雷万春事首尾⑨。

远虽材若不及巡者⑩,开门纳巡⑪,位本在巡上,授之柄而处其下⑫,无所疑忌,竟与巡俱守死⑬,成功名。城陷而虏⑭,与巡死先后异耳⑮。两家子弟材智下⑯,不能通知二父志⑰,以为巡死而远就虏⑱,疑畏死而辞服于贼⑲。远诚畏死⑳,何苦守尺寸之地㉑,食其所爱之肉㉒,以与贼抗而不降乎?当其围守时,外无蚍蜉蚁子之援㉓,所欲忠者,国与主耳㉔,而贼语以国亡主灭㉕。远见救援不至,而贼来益众,必以其言为信,外无待而犹死守㉖,人相食且尽㉗,虽愚人亦能数日而知死处矣㉘。远之不畏死亦明矣!乌有城坏其徒俱死㉙,独蒙愧耻求活?虽至愚者不忍为㉚,呜呼!而谓远之贤而为之邪!

说者又谓远与巡分城而守㉛,城之陷,自远所分始。以此诟远㉜,此又与儿童之见无异。人之将死㉝,其藏腑必有先受其病者㉞;引绳而绝之㉟,其绝必有处㊱。观者见其然,从而尤之㊲,其亦不达于理矣㊳!小人之好议论,不乐成人之美㊴,如是哉㊵!如巡、远之所成就,如此卓卓㊶,犹不得免,其他则又何说!

当二公之初守也,宁能知人之卒不救,弃城而逆遁㊷?苟此不能守㊸,虽避之他处何益?及其无救而且穷也㊹,将其创残饿赢之余㊺,虽欲去㊻,必不达。二公之贤,其讲之精矣㊼!守一城,捍天下,以千百就尽之卒㊽,战百万日滋之师㊾,蔽遮江淮,沮遏其势㊿,天下之不亡,其谁之功也!当是时,弃城而图存者,不可一二数[51];擅强兵坐而观者,相环也[52]。不追议此[53],而责二公以死守,亦见其自比于逆乱[54],设淫辞而助之攻也[55]。

愈尝从事于汴徐二府[56],屡道于两府间[57],亲祭于其所谓双庙者[58]。其老人往往说巡、远时事云[59]:南霁云之乞救于贺兰也[60],贺兰嫉巡、远之声威功绩出己上[61],不肯出师救;爱霁云之勇且壮,不听其语,强留之,具食与乐[62],延霁云坐[63]。霁云慷慨语曰:"云来时,睢阳之人,不食月余日矣[64]!云虽欲独食,义不忍[65];虽食,且不下咽!"因拔所佩刀,断一指,血淋漓,以示贺兰。一座大惊,皆感激为云泣下[66]。云知贺兰终无为云出师意,即驰去;将出城,抽矢射佛寺浮图⁶⁷，矢着其上砖半箭⁶⁸，曰："吾归破贼，必灭贺兰，此矢所以志也⁶⁹。"愈贞元中过泗州⁷⁰，船上人犹指以相语。城陷，贼以刃胁降巡⁷¹，巡不屈，即牵去，将斩之；又降霁云，云未应。巡呼云曰："南八⁷²，男儿死耳，不可为不义屈！"云笑曰："欲将以有为也⁷³；公有言，云敢不死⁷⁴！"即不屈。

张籍曰："有于嵩者，少依于巡；及巡起事⁷⁵，嵩常在围中⁷⁶。籍大历中于和州乌江县见嵩⁷⁷，嵩时年六十余矣。以巡初尝得临涣县尉⁷⁸，好学无所不读。籍时尚小，粗问巡、远事，不能细也。云巡长七尺余，须髯若神。尝见嵩读《汉书》，谓嵩曰：'何为久读此？'嵩曰：'未熟也。'巡曰：'吾于书读不过三遍，终身不忘也。'因诵嵩所读书，尽卷不错一字⁷⁹。嵩惊，以为巡偶熟此卷，因乱抽他帙以试⁸⁰，无不尽然⁸¹。嵩又取架上诸书试以问巡，巡应口诵无疑。嵩从巡久，亦不见巡常读书也。为文章，操纸笔立书⁸²，未尝起草。初守睢阳时，士卒仅万人⁸³，城中居人户，亦且数万，巡因一见问姓名，其后无不识者。巡怒，须髯辄张。及城陷，贼缚巡等数十人坐，且将戮。巡起旋⁸⁴，其众见巡起，或起或泣。巡曰：'汝勿怖！死，命也。'众泣不能仰视。巡就戮时，颜色不乱⁸⁵，阳阳如平常⁸⁶。远宽厚长者，貌如其心⁸⁷；与巡同年生，月日后于巡，呼巡为兄，死时年四十九。"嵩贞元初死于亳宋间⁸⁸。或传嵩有田在亳宋间，武人夺而有之⁸⁹，嵩将诣州讼理⁹⁰，为所杀。嵩无子。张籍云。

【注释】

①韩愈（768年~824年），字退之，河内河阳（今河南孟县）人。自称郡望为昌黎（今属河北），世称韩昌黎。唐代著名政治家、文学家。幼孤贫，刻苦好学，德宗贞元八年（792年）进士。曾任监察御史，因上疏请免灾民赋役，贬阳山令。后随宰相裴度平定淮西，迁刑部侍郎。不久即因谏迎佛骨，贬潮州刺史。官终吏部侍郎。卒谥"文"，故世称韩文公。韩愈是中唐古文运动的倡导者，主张文以载道，文道合一。诗文都有很高成就，尤以文章著称。其文内容殷实，气势壮盛，辞锋峻利，语言练达，名列"唐宋八大家"之首。著有《昌黎先生集》。

②张中丞，即张巡（709年~757年），邓州南阳（今河南南阳）人。唐玄宗开元末进士，由太子通事舍人出任清河县令，调真源县令。玄宗天宝十四载（755年）安禄山叛变，张巡在雍丘、宁陵一带起兵抗击，后与许远同守睢（suī）阳（今河南商丘）孤城，被围经年，终因兵尽粮绝，援兵不至，于肃宗至德二载（757年）城破被俘，与部将等36人同时殉难。张巡守睢阳时朝廷封其为御史中丞，故称"张中丞"。《张中丞传》，即《张巡传》，唐李翰撰，今已失传。后叙，也作"后序"，用以对诗文、著作的正文进行说明、考订、补充或议论的部分，本文是对《张巡传》的补充，故称"后叙"。

③元和，唐宪宗李纯年号（806年～820年）。
④吴郡张籍，张籍，字文昌，吴郡（治所在今江苏苏州）人，唐代著名诗人，韩愈的学生。
⑤李翰，字子羽，赵州赞皇（今河北元氏）人，官至翰林学士。与张巡友善，曾客居睢阳，亲见张巡战守事迹。张巡死后，有人诬其降贼，因撰《张巡传》上肃宗，并有《进张中丞传表》（见《全唐文》卷四百三十）。
⑥自名，自负。
⑦恨，遗憾。阙，缺陷，不足。
⑧许远，字令威，杭州盐官（今浙江海宁）人。安史乱时，任睢阳太守，后与张巡合守孤城，城陷被掳往洛阳，至偃师被害。
⑨雷万春，张巡部下勇将。——这里当是"南霁云"三字之误，如此，方与后文相应。首尾，始末。
⑩"远虽"句，许远的才能虽然似乎比不上张巡。《新唐书·张巡传》："远自以材不及巡，请禀军事而居其下，巡受不辞，远专治军粮战具。"
⑪开门纳巡，肃宗至德二载正月，叛军安庆绪部将尹子奇带兵十三万围睢阳，时许远为睢阳太守，向张巡告急，张巡自宁陵率军入睢阳城。纳，接纳。
⑫"授之"句，把兵权交给张巡，自己甘居下位。柄，权柄。处，居于。
⑬竟，终于，最终。
⑭城陷而虏，至德二载十月，睢阳陷落，张巡、许远被虏。
⑮"与巡"句，（许远）和张巡只是牺牲时间有先后不同罢了。城破之后，张巡与部将等36人被斩，许远被送往洛阳邀功，后被害于偃师。
⑯"两家"句，安史之乱平定后，大历年间，张巡之子张去疾轻信小人挑拨，上书唐代宗，谓城破后张巡等被害，唯许远独存，是屈降叛军，请追夺许远官爵。诏令去疾与许远子许岘及百官议此事。两家子弟，指张去疾、许岘。材智下，才智低下，指轻信谣言、不辨是非。
⑰通知，通晓，透彻了解。
⑱就虏，被俘虏。
⑲辞服，认罪屈服。辞，此指口供。
⑳诚，假如。
㉑尺寸之地，指睢阳孤城。
㉒"食其"句，《资治通鉴》卷二二〇载："尹子奇久围睢阳，城中食尽，……罗雀掘鼠；鼠雀又尽，巡出爱妾，杀以食士，远亦杀其奴；然后括城中妇人食之，继以男子老弱。人知必死，莫有叛者。"
㉓"外无"句，形容没有一点极为微弱的援助。蚍蜉（pífú），黑色大蚁。蚁子，幼蚁。
㉔国与主，国家与皇上。
㉕"而贼"句，叛军就拿"国亡主灭"为词来招降张、许。安史之乱时，长安、洛阳陷落，玄宗逃往西蜀，国势危殆。
㉖外无待，外面没有援兵可以依靠。睢阳被围时，贺兰进明等人皆拥兵观望，不来相救。
㉗且，将。
㉘"虽愚人"句，即使是愚人也会计算日期而知道自己的死所。意指早有城破

身亡的准备。数，计算。
㉙乌有，哪有。
㉚不忍为，不愿这样做。
㉛“说者”句，张巡和许远分兵把守睢阳，张守东北，许守西南。城陷时叛军先从西南处攻入，所以有这种议论。说者，发议论的人，指张去疾等。
㉜诟（gòu），辱骂，指责。
㉝人之将死，人将死的时候。
㉞藏腑，同“脏腑”。
㉟“引绳”句，拉紧绳子，使它断裂。引，拉。
㊱“其绝”句，绳子必有一个先断裂的地方。
㊲尤之，意指归咎于先受害的脏腑和绳先断的地方。尤，埋怨，责怪。
㊳不达于理，不通事理。
㊴“不乐”句，《论语·颜渊》：“君子成人之美，不成人之恶，小人反是。”
㊵如是哉，指竟然到这样的地步。
㊶卓卓，卓越出众。
㊷“宁能”二句，怎么能知道他人最终不来救援，从而预先弃城逃走呢？宁，岂。卒，最终。弃城而逆遁，当时原有弃城他去之议。《新唐书·张巡传》：“众议东奔，巡、远议，以睢阳江淮保障也，若弃之，贼乘胜鼓而南，江淮必亡，且帅饥众行，必不达。”逆，事先。遁，逃跑。
㊸苟，假如。
㊹穷，困厄。
㊺“将其”句，意指率领那些残兵败将。将，率领。羸（léi），瘦弱。
㊻去，逃走。
㊼讲之精，谋划得很周密。讲，研究，谋划。
㊽就尽，濒临灭亡。
㊾日滋，一天天增多。
㊿沮（jǔ）遏，阻止。
(51)不可一二数，意思是不在少数。
(52)相环，即一个连着一个，众多的意思。
(53)追议，追究、评论。
(54)自比于逆乱，把自己放在与逆乱之人同类的地位。比，并列。逆乱，指安史叛军。
(55)设淫词，编造荒谬的言辞。
(56)“愈尝”句，韩愈曾先后在汴州、徐州任推官之职。从事，任职。唐时称幕僚为从事，这里作动词用。
(57)屡道，几次经过。
(58)双庙，张巡、许远死后，后人在睢阳立庙祭二人，称为双庙。
(59)其老人，指睢阳一带的老人。
(60)南霁云，魏州顿丘（今河南清丰西南）人，出身贫贱，安禄山反时，参加平叛，被遣至睢阳与张巡议事，为巡所感，遂留为部将。贺兰，复姓，指贺兰进明。时为御史大夫、河南节度使，驻节于临淮（今江苏泗洪东南）一带。
(61)嫉，妒忌。

(62)具食与乐，准备了酒食与音乐。
(63)延，请。
(64)“不食”句，已经一个多月没有东西吃了。
(65)义，道义。
(66)感激，感动。
(67)浮图，佛塔。
(68)着，射入，附着。
(69)“此矢”句，这支箭就用来作为标记。志，标记。
(70)贞元，唐德宗李适年号（785 年 ~805 年）。泗州，唐属河南道，州治在临淮，当时贺兰进明即屯兵于此。
(71)胁降巡，逼迫张巡投降。
(72)南八，南霁云排行第八，故称。
(73)有为，有所作为，指暂时隐忍以图报仇。
(74)敢，岂敢。
(75)起事，指起兵抗击叛军。
(76)常在围中，曾在围城（睢阳）之中。常，通“尝”，曾经。
(77)大历，唐代宗李豫年号（766 年 ~779 年）。和州乌江县，在今安徽省和县东北。
(78)“以巡”句，因为张巡的关系，当初曾受临涣县尉之职。以，因。临涣县，故城在今安徽省宿县西南。
(79)尽卷，读完一卷。
(80)帙（zhì），书套，这里指书本。
(81)尽然，都这样。
(82)立书，马上书写。意指一挥而就。
(83)仅（jìn），将近，几乎。
(84)起旋，起身小便。
(85)颜色不乱，指脸色不变。
(86)阳阳，安详的样子。
(87)貌如其心，相貌和他的内心一样宽厚。
(88)亳（bó），亳州，今安徽省亳县。宋，宋州，即睢阳。
(89)有，占有。
(90)诣（yì），往，到。讼（sòng）理，诉讼。

提　示

张巡和许远是唐朝“安史之乱”时英勇抗击叛军的两位爱国将领。他们合守睢阳，孤军奋战，力挫叛军锐气，屏蔽了朝廷财赋主要来源的江淮地区，为以后官军全面反攻、收复失地创造了有利时机和条件。但乱平之后，朝中却不断有人散布两人降贼有罪的谣言，制造破坏国家统一的舆论，为割据势力张目。有感于此，韩愈写下了这篇文章，以补叙英雄事迹，驳斥小人攻击，澄清是非，伸张正义。

本文的最大特点是议论与叙事紧密结合。前半部分为张巡、许远辩诬,侧重议论,议中有叙,在驳斥中补叙许远的事迹,以补《张巡传》之不足。后半部分补叙南霁云、张巡等人的轶事,侧重叙事,叙中有议。全文夹叙夹议,义正词严,包含着作者对小人攻击的愤慨和对英雄的崇敬之情。

文中几个英雄人物形象生动,光彩照人,这首先得力于传神的细节描写。如南霁云的断指拒食、抽矢射塔,张巡的背诵《汉书》、广识军民、临刑不乱,都是文中的精彩片段。其次,作者有意让英雄人物的不同性格互相映衬,如张巡的从容镇定、博闻强识、视死如归,许远的宽厚谦和、甘心让贤,南霁云的忠勇刚烈、疾恶如仇,相互辉映,相得益彰。此外,反面人物贺兰进明的卑劣无耻,也有力地反衬出英雄们的磊落胸襟和凛然正气。

本文气势充沛,激情饱满,无论叙事抒情,作者的主观感情色彩都极为浓厚,充分体现了韩愈以"气"主"文",气盛则言宜的文学主张。

思考与练习

1. 韩愈为什么要写这篇"后叙"?
2. 请分析本文议论和叙事相结合的特点。
3. 本文是怎样塑造张巡、许远和南霁云等人物形象的?试作具体分析。

柳宗元①

封建论②

　　天地果无初乎？吾不得而知之也。生人果有初乎③？吾不得而知之也。然则孰为近？曰：有初为近。孰明之？由封建而明之也。彼封建者，更古圣王尧、舜、禹、汤、文、武而莫能去之④。盖非不欲去之也，势不可也。势之来，其生人之初乎？不初，无以有封建；封建，非圣人意也。

　　彼其初与万物皆生，草木榛榛⑤，鹿豕狉狉⑥，人不能搏噬，而且无毛羽，莫克自奉自卫；荀卿有言：必将假物以为用者也⑦。夫假物者必争，争而不已，必就其能断曲直者而听命焉⑧。其智而明者，所伏必众；告之以直而不改，必痛之而后畏⑨；由是君长刑政生焉。故近者聚而为群；群之分，其争必大，大而后有兵有德⑩。又有大者，众群之长又就而听命焉，以安其属。于是有诸侯之列⑪，则其争又有大者焉。德又大者，诸侯之列又就而听命焉，以安其封⑫。于是有方伯、连帅之类⑬，则其争又有大者焉。德又大者，方伯、连帅之类又就而听命焉，以安其人，然后天下会于一。是故有里胥而后有县大夫⑭，有县大夫而后有诸侯，有诸侯而后有方伯、连帅，有方伯、连帅而后有天子。自天子至于里胥，其德在人者，死必求其嗣而奉之。故封建非圣人意也，势也。

　　夫尧、舜、禹、汤之事远矣，及有周而甚详⑮。周有天下，裂土田而瓜分之，设五等⑯，邦群后⑰，布履星罗⑱，四周于天下，轮运而辐集⑲；合为朝觐会同⑳，离为守臣捍城㉑。然而降于夷王，害礼伤尊，下堂而迎觐者㉒。历于宣王，挟中兴复古之德，雄南征北伐之威，卒不能定鲁侯之嗣㉓。陵夷迄于幽、厉，王室东徙，而自列为诸侯矣㉔。厥后问鼎之轻重者有之㉕，射王中肩者有之㉖，伐凡伯、诛苌弘者有之㉗，天下乖戾㉘，无君君之心。余以为周之丧久矣，徒建空名于公侯之上耳！得非诸侯之盛强，末大不掉之咎欤㉙？遂判为十二㉚，合为七国㉛，威分于陪臣之邦㉜，国殄于后封之秦㉝，则周之败端，其在乎此矣。秦有天下，裂都会而为之郡邑㉞，废侯卫而为之守宰㉟，据天下之雄图㊱，都六合之上游㊲，摄制四海㊳，运于掌握之内，此其所以为得也。不数载而天下大坏，其有由矣：亟役万人㊴，暴其威刑，竭其货贿；负锄梃谪戍之徒㊵，圜视而合从㊶，大呼而成群；时则有叛人而无叛吏，人怨于下，而吏畏于上，天下相合，杀守劫令而并起。咎在人怨，非郡邑之制失也。汉有天下，矫秦之枉，徇周之制㊷，剖海内而立宗子㊸，封功臣。数年之间，奔命扶伤之不暇㊹，困平城㊺，病流矢㊻，陵迟不救者三代㊼；后乃谋臣献画，而离削自守矣㊽。然而封建之始，郡邑居半㊾，时则有叛国而无叛郡，秦制之得，亦以明矣㊿。继汉而帝者，虽百代可知也。唐兴，制州邑，立守宰，此其所以为宜也。然犹桀猾时起㉛，虐害方域者，失不在于州，而在于兵，时则有叛将而无叛州，州县之设，固不可革也。

或者曰："封建者，必私其土，子其人，适其俗，修其理㉜，施化易也。守宰者，苟其心㉝，思迁其秩而已㉞，何能理乎？"余又非之。周之事迹断可见矣㉟：列侯骄盈，黩货事戎㊱，大凡乱国多，理国寡；侯伯不得变其政㊲，天子不得变其君，私土子人者，百不有一。失在于制，不在于政，周事然也。秦之事迹亦断可见矣：有理人之制，而不委郡邑是矣；有理人之臣，而不使守宰是矣；郡邑不得正其制，守宰不得行其理；酷刑苦役，而万人侧目㊳。失在于政，不在于制，秦事然也。汉兴，天子之政行于郡，不行于国；制其守宰，不制其侯王。侯王虽乱，不可变也；国人虽病，不可除也；及夫大逆不道，然后掩捕而迁之，勒兵而夷之耳㊴。大逆未彰，奸利浚财，怙势作威，大刻于民者㊵，无如之何；及夫郡邑，可谓理且安矣㊶。何以言之？且汉知孟舒于田叔㊷，得魏尚于冯唐㊸，闻黄霸之明审㊹，睹汲黯之简靖㊺；拜之可也，复其位可也，卧而委之以辑一方可也㊻。有罪得以黜㊼，有能得以赏，朝拜而不道，夕斥之矣；夕受而不法，朝斥之矣。设使汉室尽城邑而侯王之，纵令其乱人，戚之而已㊽。孟舒、魏尚之术莫得而施，黄霸、汲黯之化莫得而行。明谯而导之，拜受而退已违矣；下令而削之，缔交合从之谋，周于同列，则相顾裂眦，勃然而起㊾；幸而不起，则削其半，削其半，民犹瘁矣㊿。曷若举而移之以全其人乎㉛？汉事然也。今国家尽制郡邑，连置守宰，其不可变也固矣。善制兵，谨择守，则理平矣。

或者又曰："夏、商、周、汉封建而延，秦郡邑而促。"尤非所谓知理者也。魏之承汉也，封爵犹建，晋之承魏也，因循不革；而二姓陵替，不闻延祚㉜。今矫而变之，垂二百祀㉝，大业弥固，何系于诸侯哉？

或者又以为："殷、周，圣王也，而不革其制，固不当复议也。"是大不然。夫殷周之不革者，是不得已也。盖以诸侯归殷者三千焉，资以黜夏㉞，汤不得而废；归周者八百焉，资以胜殷，武王不得而易。徇之以为安，仍之以为俗㉟，汤、武之所不得已也。夫不得已，非公之大者也，私其力于己也，私其卫于子孙也㊱。秦之所以革之者，其为制，公之大者也，其情，私也，私其一己之威也，私其尽臣畜于我也。然而公天下之端自秦始。

夫天下之道，理安斯得人者也。使贤者居上，不肖者居下，而后可以理安。今夫封建者，继世而理⑰；继世而理者，上果贤乎，下果不肖乎？则生人之理乱，未可知也。将欲利其社稷，以一其人之视听，则又有世大夫世食禄邑，以尽其封略，圣贤生于其时，亦无以立于天下，封建者为之也⑱。岂圣人之制使至于是乎？吾固曰："非圣人之意也，势也。"

【注释】

①柳宗元（773年~819年），字子厚，河东（今山西永济）人。唐代著名政治家、文学家。唐贞元九年（793年）进士，后又中博学宏词科。曾任集贤殿正字、监察御史里行等职。他为官力主改革弊政，反对宦官擅权和藩镇割据，曾参与王叔文集团的政治革新活动。永贞元年（805年）九月，革新失败，贬永州司马。十年后迁柳州刺史，卒于任所。柳宗元与韩愈一起倡导古文运动，并称"韩柳"，为"唐宋八大家"之一。文学主张与韩愈相似，文学创作大胆干预时政，笔锋犀利，真实反映社会生活。他的政论、传记、寓言均颇有特色，山水游记以刻画细致，寄慨深远在文学史上享有崇高声誉。著有《柳河东集》。

②本文选自《柳河东集》卷三，是一篇著名的政治论文，约作于贬谪永州的后期。封建，指周代"封国土，建诸侯"的贵族领主制，与现在所说的"封建社会"含义有别。

③生人，即生民，指人类。唐人避唐太宗李世民的讳，一般用"人"代替"民"。初，开端。

④更（gēng），经历。

⑤榛榛，杂乱丛生的样子。

⑥狉狉（pīpī），野兽成群奔走的样子。

⑦"荀卿"二句，这是概括《荀子·劝学》："君子生非异也，善假于物也。"一段的意思。荀卿，战国时人对荀况的尊称。

⑧"必就"句，一定会去找那些能够判断是非的人而听从他的命令。就，走近，走向。

⑨痛之，使他痛。指惩罚理屈而不改的人。

⑩兵，武力，军队。德，恩德，威望。

⑪"于是"句，于是便产生一大批诸侯。列，行列，言其多。

⑫封，封疆。此指封域内的人民。

⑬方伯，殷周时一州诸侯的领袖。《礼记·王制》："千里之外，设方伯。……二百一十国以为州，州有伯。"连帅，十国诸侯的领袖。《礼记·王制》："十国以为连，连有帅。"

⑭里胥，里长，古代的基层官吏，有里正、闾胥等名目。县大夫，指县的长官。

⑮有周，周朝。有，词头。

⑯五等，指公、侯、伯、子、男五等爵位。

⑰邦群后，分封诸侯。邦，封国，用作动词。后，君长，这里指诸侯。
⑱布履星罗，指诸侯国遍布天下，犹如繁星罗列。布，分布。履，指诸侯足迹践履所及。
⑲轮运而辐集，这句是说周朝实行封建初期，令行天下，有如车轮运转；诸侯尊奉王室，有如众辐条集中在车毂（车轮中心的圆木）上。辐，轮中的直木条。
⑳合，会合。朝觐（jìn）会同，据《周礼》，周代诸侯朝见天子，春天见叫朝，秋天见叫觐，随时去叫会，一同去叫同。
㉑离，分散。守臣，守卫疆土的臣子。捍城，保卫。
㉒"然而"三句，夷王，名燮，周代的第九代国君，公元前869年～前858年在位。下堂而迎觐者，指周夷王亲下朝堂去迎接前来朝觐的诸侯，即表示诸侯势力强大，周天子中央权力削弱。《礼记·郊特牲》："觐礼：天子不下堂而见诸侯。下堂而见诸侯，天子之失礼也，由夷王以下。"
㉓"历于"四句，宣王，名静，周代的第十一代国君。公元前827年继位后，任用贤能，逐渐恢复成王、康王时代的隆盛。先后出兵伐西北方的西戎和北方的狁狁；又征服南方的荆蛮，东南的淮夷、徐戎，声威大震，号称中兴。公元前817年，鲁武公带着儿子括和戏来朝见，宣王立戏为鲁君的继承人。武公死后，鲁人杀戏而立括。次年，宣王伐鲁，另立戏弟称为鲁君。（见《国语·周语上》）
㉔"陵夷"三句，陵夷，日渐衰落。厉王，名胡，周代第十代国君。公元前857年～前842年在位，后被国人驱逐，死于彘（今山西霍县东北）。幽王，名宫涅，周代第十二代国君。公元前781年即位，公元前771年被犬戎杀死在骊山下。幽王死，太子宜臼即位，是为平王。为避犬戎的威胁，在公元前770年从镐京迁都洛邑。从此周王朝日渐卑弱，沦于诸侯的地位。
㉕厥后，其后，从此以后。问鼎之轻重，周定王元年（公元前606年），楚庄王伐陆浑之戎（当时居于今河南嵩山一带的部族），路过周都洛邑，在周的疆土上举行军事阅兵，炫耀兵威。定王派大夫王孙满去劳军，庄王向王孙满询问王室所藏九鼎的大小轻重。（见《左传·宣公三年》）九鼎，相传为夏禹收九州之金所铸，象征九州，三代时看作传国重宝。问鼎轻重，表示藐视王室，有取而代之之意。
㉖射王中肩，周桓王十三年（公元前707年），桓王率诸侯伐郑，郑庄公反击，王师大败。郑大夫祝聃射中了桓王的肩膀。（见《左传·桓公五年》）
㉗伐凡伯，凡伯，周卿士。周桓王四年（公元前716年）凡伯奉王命出使鲁国，回来的路上在楚丘（今山东曹县东南）遭戎人攻打，被绑架而去。（见《左传·隐公七年》）伐，攻而取之。诛苌弘，苌弘，周大夫。周敬王二十三年（公元前497年），晋国发生政争，大夫范吉射和赵鞅互相攻伐，苌弘支持了范氏，赵鞅向周提出责问，周不得已杀苌弘以谢。（见《国语·周语下》）
㉘乖盭（lì），背离，反常。盭，同"戾"，反常。
㉙末大不掉，即尾大不掉。比喻诸侯强于王室，无法指挥调度。《左传·昭公十一年》："末大必折，尾大不掉。"掉，摇动。
㉚判，分。十二，指春秋时的鲁、齐、晋、秦、楚、宋、卫、陈、蔡、曹、郑、燕十二国。

㉛合为七国，指战国后期，天下合并成魏、韩、赵、楚、燕、齐、秦七国。

㉜陪臣，诸侯大夫对周王的自称。陪臣之邦，指魏、赵、韩、齐诸国。公元前403年，晋国大夫魏斯、赵籍、韩虔瓜分晋地，建立魏、赵、韩三国。公元前386年，齐国大夫田和篡夺君位，自立为齐侯。

㉝"国殄（tiǎn）"这句，秦在西周时，原为附庸之国。平王东迁，秦襄公带兵护送有功，才被封为诸侯，故曰"后封"。秦庄襄王元年（公元前249年），命相国吕不韦诛灭东周君，周亡。殄，灭绝。

㉞"裂都会"这句，指废除周代的封建制而设立郡县。秦始皇二十六年（公元前221年），分天下为三十六郡。(见《史记·秦始皇本纪》)都会，指诸侯国的都城。

㉟"废侯卫"这句，指废除诸侯而设置郡守、县宰。侯，侯服。卫，卫服。周代以远近划分王畿以外的土地为九服（服，服事于天子），侯、卫是其中的两服，这里是举以借指诸侯。

㊱雄图，指形势险要的地方。图，古代区划地方的单位名称，引申为区域的意思。

㊲"都六合"这句，秦建都咸阳（今陕西咸阳市东），地处西北，东向控制天下，居高临下，形势便利，犹如居河流的上游。都，动词，建都。六合，上、下和东、南、西、北四方，借指天下。

㊳摄制，控制。

㊴亟（qì）役万人，一再役使万民。指秦始皇多次征发人民从事开边、造阿房宫、筑长城、修陵墓等事。亟，多次。

㊵"负锄梃（tǐng）"这句，指陈胜、吴广等起义农民。梃，木棍。

㊶阛（huán）视，互相顾视。合从，同"合纵"，原指战国时六国联合以抗秦，这里指连接成一体。

㊷徇周之制，沿袭着周代的封建制。徇，从。

㊸宗子，原指嫡长子，此处泛指同宗子弟。

㊹"奔命"这句，汉初大封同姓王和异姓王，数年之内，诸侯王一再反叛，朝廷为平息叛乱，疲于奔命。

㊺困平城，汉高祖六年（公元前201年），韩王信叛降匈奴。次年，高祖前往讨伐，信和匈奴联兵抗拒。高祖到平城（今山西大同东），被匈奴围困七天。(见《汉书·高帝纪下》)

㊻病流矢，汉高祖十一年（公元前196年），淮南王英布反，高祖前往镇压，被流矢射中，第二年因伤病死。(见《汉书·高帝纪下》)

㊼陵迟，日渐衰败。不救，无法挽救。三代，指高祖以后的汉惠帝、汉文帝和汉景帝，汉朝在这三代不时有诸侯谋反。

㊽"后乃"二句，谋臣，指贾谊、晁错、主父偃等。献画，贾谊向汉文帝建议，把一个诸侯国划分成几个小国，分给最初受封人的子孙，晁错向景帝献策，削减诸侯国的封地，主父偃向武帝献策，使诸侯王把土地分封给自己的子弟。画，策划。离削自守，使诸侯势力分散，土地削减，无力反抗中央，仅能自守。

㊾郡邑，一本作"郡国"。

㊿以，通"已"。

(51)桀猾，凶猛狡黠的人。

(52)修其理，修明国家的政治。理，治。下文的“理”字意义多同。

(53)苟，苟且。用作使动。

(54)秩，官职的品级。

(55)断，断然，毫无疑问。

(56)黩货，贪污财货。事戎，用兵好战。

(57)侯伯，诸侯的霸主。

(58)侧目，斜着眼睛看，怨恨、恼怒的样子。

(59)“然后”二句，掩捕，乘人不备而加以逮捕。迁，放逐。勒兵，带兵，出兵。夷，平定。

(60)“奸利”三句，奸利，非法取利。浚（jùn）财，搜刮财货。浚，挖取，榨取。怙（hù），倚恃。刻，苛刻，伤害。

(61)理，治理得很好。

(62)“且汉知”这句，汉高祖时，孟舒任云中郡太守，因郡地受匈奴劫掠惨重，被免官。文帝即位，召见汉中郡太守田叔问曰：“公知天下长者乎?”田叔答曰：“故云中守孟舒，长者也。”文帝便重召孟舒任云中太守。（见《史记·田叔列传》）且，提起连词。

(63)“得魏尚”这句，汉文帝时，云中太守魏尚爱护士兵，守土有功。一次上报战绩时，多报了六颗首级，被削爵罚劳役。后经中郎署长冯唐代为辩白，终得恢复原职。（见《史记·冯唐列传》）

(64)黄霸，淮阳阳夏（今河南太康）人。精明温良，施政能得人心。宣帝即位，听说他执法公平，召为廷尉正。后任颍川郡太守，外宽内明，深受吏民爱戴，治绩为当时天下第一。晚年官至丞相，封建成侯。（见《汉书·循吏传》）明审，明察精细。

(65)汲黯，濮阳（今河南濮阳）人。尊尚黄老学说，武帝时任东海郡太守，清静无为，不苛查细小，常躺在住处，不大出门，一年后，东海大治。后因事免官。有一次武帝又召他任淮阳郡太守，他因病辞谢。武帝对他说：“淮阳地方官民关系不好，我只是要借你的威望，你可以躺着治理淮阳。”黯到淮阳，和在东海郡时一样施政，淮阳政清。（见《史记·汲黯列传》）靖，通“静”。简靖，简约、清静。

(66)卧而委之，见注65。辑，和睦，安抚。

(67)黜，贬斥。

(68)“设使”三句，假使汉朝把城邑全部都分封给侯王（实行封建制），即使侯王们虐害人民，朝廷也只有发愁而已。纵令，即使。戚，忧虑。

(69)“下令”五句，意为诸侯王联合起来，举兵反叛朝廷。指汉景帝三年（公元前154年），用晁错之计削减诸侯封地，吴、楚等七国诸侯联合起来反叛之事。周，遍及。裂眦（zì），眼眶裂开，形容盛怒的样子。

(70)瘁，困病，劳苦。

(71)曷若，何如。举而移之，指把诸侯完全废除掉。全其人，保全那里的人民。

(72)“而二姓”二句，指魏、晋两代，不久衰亡，国运不长。二姓，指曹氏、司马氏。陵替，衰落。延，长久。祚，帝位，国运。曹魏传五帝四十六年而亡。司马氏传四帝五十二年而西晋亡，南渡后又传十一帝一百零三年而东晋亡。

⑬垂二百祀,将近二百年。祀,年。
⑭资以黜夏,藉以亡夏。资,凭借。黜,摒斥。
⑮"徇之"二句,沿用它(封建制)来求得安定,因袭它来作为习俗。仍,因袭。
⑯"私其"二句,私,用作动词,"从私心出发""为私"的意思。其,指诸侯。力于己,给自己出力。卫于子孙,保卫子孙。
⑰继世而理,一代继承一代以治理所封国土。
⑱"将欲"七句,封建王侯为了利其封国,统一视听,又有世袭大夫世世享受俸禄的封邑,以尽其封地。这样一来,即使圣贤生于其时,也无以立足于天下,这就是封建造成的。世大夫,世袭的大夫。尽其封略,占有全部疆域。封略,疆界。

提　示

秦始皇统一中国后,废除了周代分封诸侯的制度,设置郡县,进行了一系列改革,建立了中央集权的地主阶级专政国家,把中国社会推进了一步。但是封建的中央集权与地方分权的斗争并未停止,直到唐代仍有人为封建制招魂,用来作为藩镇割据的理论根据。柳宗元站在反对藩镇,维护统一的立场上,写了这篇有名的政治论文。

文章根据各个时期的历史事实,驳斥了各种企图复辟倒退和美化分封制的谬论,从理论上雄辩地论证了"郡县制"优于"封建制"的道理。在一定程度上从唯物主义的角度说明历史发展是由客观情势所决定的,打击了君权神授,"圣人"意志决定一切等唯心史观,并肯定了秦始皇的历史作用。当然,作者把国家的形成,推源于统治者的"智明德大""能断曲直";把社会发展的动力,归根于人民的物质要求和有限物资的矛盾;又从维护君权出发,以郡县制为"公天下"的最好政制,这些则反映了其思想上的局限。

在写作上,文章具有高屋建瓴之势,论点集中,论辩雄峻,逻辑严密,富有战斗性。文中以立论为主,驳论为辅,论析时能纵观古今,洞察治乱,卓识远见,不可移易;批驳庸人之见时,明快犀利,雄奇峭拔,凿凿有据。文章首尾呼应,议论明确,借古喻今,堪称千古杰作。另外,本文的语言也是议论语体的典范,它既准确严密、精练概括又生动流畅、富于变化,充分表现了柳宗元这位古文大家的语言功力。

思考与练习

1. 作者写作本文的意义何在?
2. 作者是怎样以周、秦、汉、唐四代史实作依据论证封建制的弊端,说明郡县制的优越的?
3. 联系历史事实,谈谈你对封建制的认识。

第五章 宋代部分

宋代文学概述

　　宋朝的建立，结束了唐末以来的混乱分裂局面，基本上实现了中国的统一。宋代民族矛盾与阶级矛盾相互交织，统治阶级内部的党派之争也始终不断，两宋三百多年来，历受辽、西夏、金、元等少数民族政权的巨大威胁，长期处于积贫守弱的屈辱地位。宋王朝在政治和军事上软弱无力，但经济和文化却相对繁荣。宋王朝采用重文抑武、崇儒尊道的政策，使经济得到一定的恢复与发展，尤其是城市经济高度繁荣。宋代文学，在诗、词和散文方面都取得了很高成就，特别是词发展到了鼎盛时期，成为宋代文学的主要标志。另外，在小说和戏剧方面，宋代也有突出的创造。

　　宋诗是在对唐诗这座艺术高峰的突破中发展起来的，开拓出了新的诗歌境界，形成了自己独特的风貌。北宋初期，诗歌主要是中晚唐诗风余韵的沿袭，大致可归为三体。最初是效法白居易诗风的白体，稍后流行诗坛的是师承贾岛、姚合的晚唐体，声势最为浩大的是推崇李商隐的西昆体，代表诗人有杨亿、刘筠、钱惟演等。西昆体用典精巧，词采缛丽，雍容华贵，丰赡秾艳，但缺乏深刻的思想内容与鲜明的时代精神。北宋仁宗庆历时期，欧阳修、梅尧臣和苏舜钦等的诗歌创作，转变了西昆体重雕琢、尚侈丽的流弊，主气格，重雄放，求淡远，显示出散文化倾向，形成平易舒畅的古淡诗风，宋诗从此揭开新的一页。北宋神宗熙丰时期到哲宗元祐时期，为宋诗创作的成熟阶段，代表人物有王安石、苏轼和黄庭坚。王安石的早期之作注重现实民生，精于议论，峭刻简劲；晚年之作讲求技巧法度，诗律精严，兴象玲珑。苏轼才思横溢，转益多师，其诗题材丰富，风格多样。苏诗说理抒情，自由奔放，能出新意于法度之中，寄妙理于豪放之外，高风绝尘，韵致洒脱，大大开拓了宋诗的境界，发展了宋诗好议论、散文化的倾向，代表了北宋诗歌革新运动的最高成就。黄庭坚提倡

"点铁成金""脱胎换骨",推崇学识技法,诗风瘦硬峭劲,生新奇拗,具有独特的宋人气象,突出地体现了宋诗的艺术特征,成为江西诗派的宗主。南宋诗人的杰出代表是陆游、杨万里和范成大,他们都出于江西诗派,但最终都能摆脱其束缚,自成一家。陆游是宋代最突出的爱国诗人,他的诗取材广,用力深,诗风雄健悲壮,意境开阔宏大,各体兼工,不囿一格;杨万里师法自然,诗风活泼,意象生新谐趣,语言通俗流畅,形成了别开生面的"诚斋体";范成大面向生活,风格轻巧工致,温润流婉,其田园诗在中国诗史上独树一帜。南宋后期出现了反对江西诗派、取径晚唐的"永嘉四灵"与江湖诗派,诗歌题材比较狭窄,雕琢琐碎,气格卑弱。南宋末年,文天祥、汪元量等爱国诗人或高唱慷慨悲壮的战歌,或低吟沉郁苍凉的哀思,内容宏阔,正气凛然,充满民族气节和爱国豪情,成为宋诗光辉的结束。

词至宋代发展到了鼎盛时期,是宋代最具影响力的代表文体。宋初的词承袭五代旧习,未脱花间一派的婉约绮靡之风,主要词人是以晏殊、欧阳修为代表的士大夫文人,他们多以小令抒写男女情事,娴雅旷达,秀丽精巧。晏殊之子晏几道,由于仕途坎坷,且经历了由富贵到贫穷的生活,常常在回环曲折的笔致中透露出哀怨感伤的情调,词风深婉蕴藉,真挚动人。范仲淹则异军突起,别树一帜,其边塞词苍凉开阔,豪放悲壮。柳永对宋词的发展作出了创造性的贡献。柳永是北宋大量创作慢词的第一人,他自创新调,把源于民间市井新声的慢词发扬光大,以长调慢词取代先前的小令;他从都市下层人民生活中汲取创作素材,以清新俚俗的市井风情取代先前精致典雅的贵族格调;他讲究铺叙,喜用白描,丰富了词的艺术表现手法。北宋词风至苏轼为一大变,苏轼借词体表现士大夫的自我人格和性情抱负,所咏的题材极为广泛,叙事、咏史、抒情、说理、谈禅,"无意不可入,无事不可言",彻底打破了词体的题材内容的局限,提高了词的意境;苏轼在词的创作中不尚雕琢,不严格律,随手挥洒而自然高妙,使词在一定程度上突破了音律的束缚,成为独立的新诗体。他的"以诗为词"给北宋词带来了新气象,并启迪了南宋豪放词派的诞生。北宋后期,主要词人有秦观、黄庭坚、贺铸、周邦彦等。秦观词一向被认为是婉约派的正宗,多写男女情爱的悲苦与失志文士的幽怨,情韵兼胜,词境凄婉,自成一家。周邦彦被推崇为北宋词的"集大成者",注重音律法度,风格醇雅浑成,章法缜密圆熟,语言典丽精工,是后来格律派的先导。李清照是宋代最杰出的女词人,她主张词"别是一家",进一步确立了词体的独立地位。李清照善于采用白描手法,提炼日常生活中的口语,以浅近清新的语言表现深挚的情感,形成清新自然而又精警真切的语言风格,人称"易安体"。宋室南渡以后,感时伤乱、抗金爱国成为词的一大主题。南宋前期的主要词人如张元幹、张孝祥、朱敦儒等,在国难当头之际,继承苏轼的豪放词风,把词从离情别绪、红情绿意的浅斟低唱中解放出来,给词作注入了鲜明的时代性和强烈的战斗性,词风慷慨悲壮、沉郁苍凉,为南宋爱国词高潮的到来奏响了先声。南宋最伟大的爱国词人当推辛弃疾,他使宋词的思想境界达到了新的高度,在词的艺术表现手法方面也有新的突破和创造:辛词题材广泛,内容丰富,抒写了英雄失路、报国无门的激愤;辛词多种风格并存,或壮怀激烈、豪气逼人,或缠绵哀怨、清新活泼;辛弃疾以文为词,空前地解放了词体,增强了词的艺术表现力。属于辛派的词人有陈亮、刘过等,他们用词来反映民族矛盾,抒发自己的怨懑,激越雄壮的风格与辛词相近。在宋金对峙、政局相对稳定的南宋中后期,有一些词人宗法周邦彦,走上了尚风雅、主格律的创作道路。姜夔精通音律,他的词格律谨严,词风清空峭拔,词境虚灵幽冷,语言瘦劲疏淡,在辛派词人之外别具一格,被奉为雅词的典范。史达祖、高观国等是他的羽翼。吴文英的词在艺术技巧方面有创新,突出表现是在艺术思维方式上,彻底改变正常的思维习惯,将常人眼中的实景化为虚幻,将常人心中的虚无化为实有,通过奇特的艺术想象和联想,创造出如梦如幻的艺术境界。吴文英的词结构绵密,语言华丽,用典深辟,措辞隐晦,可谓一枝独秀。南宋末期,词坛出现了两大流派。一派继承辛弃疾的词风,用粗豪的笔调,抒写激愤的心情,慷慨悲歌,主题鲜明,主要代表有刘克庄、刘辰翁、文天祥等爱国词人。另一派奉姜夔为圭臬,重要词家有张炎、周密、王沂孙等,重视格律技巧,词作凄凉哀怨,格调空灵低婉。总的看来,这两派词人因袭过多而创新不足,但他们作为两宋词史的终结者,也写下了重要的一页。

  散文在唐代古文运动以后渐成颓势,至宋初仍未改观。宋初散文秉承五代流风,趋于骈俪。到宋仁宗庆历年间,在政治革新潮流的鼓荡下,欧阳修主盟文坛,发起并领导了一场声势浩大的诗文革新运动,浮华文风得以廓清。经欧阳修、苏轼诸家的努力,宋代散文的发展达到了高潮。欧阳修的诗文革新理论与韩愈一脉相承,主张"文以明道",重视"道"对"文"的决定作用,注重文章反映现实,使之为政治改革服务。在文章形式方面,他坚决摒弃了韩愈奇崛险怪的一面,而继承发展了韩文"文从字顺"的一面,建立起一种平易自然、明朗流畅的文风。欧阳修奖掖后进,在他的提携下,文坛人才辈出,王安石、曾巩、苏洵、苏轼、苏辙都是一时俊杰。王安石的散文,多属政论。作为政治家的王安石,他的散文带有强烈的经世色彩,主张文章应"有补于世"。其文立意超卓,具有较强的概括力与逻辑性,言之有物,雄辩简洁,一扫文人浮泛之习。苏轼是宋代最有成就的散文家。他才气横溢,所写散文,诸体兼备,自由驰骋,纵横多变。他自评作文"大略如行云流水，初无定质；但常行于所当行，常止于所不可不止。"大抵飘忽变化如庄子，雄健俊朗如贾谊，圆转周到如陆贽。苏轼佳作极多，许多散文名篇，是诗文革新运动丰硕成果的重要标志，代表了宋代散文创作的最高成就。苏洵的散文以议论见长，文笔雄健，结构缜密；苏辙善写游记，笔致洒脱，神气流荡；曾巩为文，叙事议论，委曲周详。欧阳修、王安石、三苏（苏洵、苏轼、苏辙）、曾巩六家与唐代的韩愈、柳宗元被后人尊称为"唐宋八大家"，他们的作品一直是人们学习古代散文的楷模。

此外，随着商品经济的繁荣，宋代的通俗文学也得到了发展。在唐代讲唱文学的基础上演化产生了话本，成为后世白话小说的滥觞。诸宫调和南戏的发展，为元杂剧的兴盛奠定了基础。

黄庭坚①

寄黄几复②

我居北海君南海③,寄雁传书谢不能④。
桃李春风一杯酒,江湖夜雨十年灯。
持家但有四立壁⑤,治病不蕲三折肱⑥。
想得读书头已白,隔溪猿哭瘴溪藤⑦。

【注释】

①黄庭坚(1045年~1105年),字鲁直,号山谷道人、涪翁,洪州分宁(今江西修水)人。北宋著名文学家、书法家。宋英宗治平四年(1067年)进士。任国子监教授,知太和县,召为校书郎、秘书丞。哲宗时因事贬涪州(今四川涪陵)别驾,徽宗时被流放宜州(今广西宜山),直至病逝。黄庭坚主张"无一字无来处""点铁成金",重视格律技巧,被推为江西诗派宗主。其诗宗法杜甫,风格奇拗瘦硬,在宋代影响颇大,与苏轼并称"苏黄"。亦能词,兼擅书法。著有《山谷集》。
②此诗作于神宗元丰八年(1085年),其时黄庭坚监德州(今属山东)德平镇。黄几复,名介,是黄庭坚的同乡、朋友,时知四会(今属广东)。
③《左传·僖公四年》:"齐侯以诸侯之师侵蔡,蔡溃,遂伐楚。楚子使与师言曰:'君处北海,寡人处南海,唯是风马牛不相及也。'"春秋时齐国处于北方近海之地,楚国处于南方近海之地,故一称北海,一称南海。此处化用其语。
④寄雁传书,指互通书信,典出《汉书·苏武传》。谢不能,传说湖南衡阳有回雁峰,雁至此不再南飞。四会在衡阳之南,故设想雁推辞不能传书。谢,推辞。
⑤四立壁,家里穷得只有四面墙壁。《史记·司马相如列传》:"文君夜奔相如,相如驰归成都,家徒四壁立。"
⑥蕲,通"祈",求。三折肱(gōng),喻阅历多。《左传·定公十三年》:"三折肱,知为良医。"
⑦瘴溪,旧指岭南有瘴气的溪水。一作"瘴烟"。

提 示

黄庭坚主张"无一字无来处""点铁成金",推陈出新,这首诗就体现出他的特点。

首联字句看似平常,实际分别暗用了两个典故,写二人相隔之远和对友人的思念。"寄雁传书",是陈熟之典,但继之以"谢不能",立刻变陈熟为生新。颔联浓缩了对昔日良辰美景、欢聚畅饮的怀念和其后天涯漂泊、寂寞凄凉的情怀。这一联不用一个动词,而通过景物意象的对照叠加,暗示了深沉的人生感慨。正如霍松林先生所说:"'桃李春风'与'江湖夜雨',这是'乐'与'哀'的对照,快意与失望,暂聚与久别,往日的交情与当前的思念,都从时、地、景、事、情的强烈对照中表现出来,令人寻味无穷。"(《宋诗鉴赏辞典》)颈联两句分别化用司马相如的典故以及《左传》之语,赞扬了黄几复的清正廉洁,也表达了对友人处境的不平。尾联以"想见"领起,与首句"我居北海君南海"相照应。上句是叙事抒情,下句却又插入景物描写,不平之鸣,怜才之意,都蕴含其中,余意不尽。

思考与练习

1. 本诗颔联被称为"奇语",请简要赏析它使用的艺术手法。
2. 诗歌最后两联表达了作者怎样的情感?请简要分析。
3. 背诵这首诗。

陆游①

关山月②

和戎诏下十五年③,将军不战空临边。
朱门沉沉按歌舞④,厩马肥死弓断弦⑤。
戍楼刁斗催落月⑥,三十从军今白发。
笛里谁知壮士心⑦,沙头空照征人骨。
中原干戈古亦闻,岂有逆胡传子孙⑧!
遗民忍死望恢复⑨,几处今宵垂泪痕。

【注释】

① 陆游(1125年~1210年),字务观,号放翁,越州山阴(今浙江绍兴)人,南宋杰出的爱国诗人。宋高宗时应礼部试,名列前茅,因"喜论恢复",为秦桧所黜。孝宗即位,赐进士出身,历任镇江、隆兴通判,因支持张浚北伐而落职,孝宗乾道六年(1170年)入蜀,任夔州通判。曾参加王炎、范成大幕府,共谋恢复大计,一度亲历军事前线。后被劾罢归,闲居山阴达20年。陆游平生志在恢复,坚持抗金,多次遭弹劾免职,而抗战救国之志百折不挠。陆游的诗作近万首,与尤袤、杨万里、范成大并称"南宋四大家"。其诗题材广阔,风格多样。其中有大量作品抒发政治抱负,反映人民疾苦,批判当时统治集团的屈辱投降,风格雄浑豪放,表现出渴望恢复国家统一的强烈爱国热情;而抒写日常生活,也多清新之作。词和散文的成就也很高,著有《剑南诗稿》《渭南文集》。
② 关山月,乐府旧题,属汉乐府《鼓角横吹曲》十五曲之一,横吹曲是一种军乐、战歌,故《关山月》常用以抒写征人思妇怨离伤别之情。这首诗是以乐府旧题写时事,作于孝宗淳熙四年(1177年)陆游在成都时。
③ 和戎诏,宋孝宗隆兴元年(1163年)下诏与金人议和,定金、宋为叔侄之国。至作者作此诗时,历时为十五年。和戎,原意是与少数民族和睦相处,此指宋朝向金人屈膝求安。
④ 朱门,红漆大门,借指豪门贵族。沉沉,形容屋宇深邃。按,依着音乐的节拍。
⑤ 厩(jiù),马棚。
⑥ 戍楼,边界上用以守望的岗楼。刁斗,古代一种军用铜器,形似锅,可以做饭,也可用来打更。
⑦ 笛里,《关山月》本是笛曲,这里借指《关山月》曲调。王昌龄《从军行》(其一):"更吹羌笛《关山月》,无那金闺万里愁。"

⑧逆胡传子孙，金国自太祖阿骨打建国，其后侵灭北宋，盘踞中原，至南宋孝宗时已传国五世。逆胡，指女真族统治者。

⑨遗民，指金占领区的原宋朝百姓。

提　示

　　这首诗是以乐府旧题写时事，作于陆游罢官闲居成都时。诗中痛斥了南宋朝廷文恬武嬉、不恤国难的态度，表现了爱国将士报国无门的苦闷以及中原百姓切望恢复的愿望，体现了诗人忧国忧民、渴望统一的爱国情怀。

　　全诗十二句，每四句一转韵，表达一层意思，分别写将军权贵沉湎酒色致使战备荒废、戍边战士年华蹉跎而功业无成和中原百姓渴望恢复却屡盼屡空。诗人构思非常巧妙，紧扣题目着笔，以月夜统摄全篇，将三个场景融成一个整体，写出了三种人不同的境遇和心情，构成一幅关山月夜的全景图，成为当时南宋社会的一个缩影。诗人还选取了一些典型事物，如朱门、厩马、断弓、白发、征人骨、遗民泪等，并通过不同生活场景的鲜明对照，来表明自己的思想倾向与爱憎情感。全诗意境杳远空阔，声调激越苍凉，风格雄浑豪放，颇能体现陆游爱国诗的艺术风貌。

思考与练习

　　1. 《关山月》是乐府旧题，多用来表现边关将士征戍之苦和征人远别、闺中愁思。陆游选用此题，表现的是同类主题吗？

　　2. 诗人描述了月夜下几个不同的场景？通过它们表现了不同人们的何种生活状况和心情？

　　3. 这首诗中不同生活场景的交相辉映，产生了什么样的艺术效果？

柳永①

八声甘州②

对潇潇暮雨洒江天③,一番洗清秋。渐霜风凄紧④,关河冷落⑤,残照当楼。是处红衰翠减⑥,苒苒物华休⑦。惟有长江水,无语东流。

不忍登高临远,望故乡渺邈⑧,归思难收。叹年来踪迹,何事苦淹留⑨?想佳人、妆楼颙望⑩,误几回、天际识归舟⑪。争知我、倚栏干处⑫,正恁凝愁⑬。

【注释】

①柳永(约987年~1053年),原名三变,字耆卿,崇安(今福建武夷山市)人,北宋著名词人。年轻时屡试不第,流连坊曲,为乐工、歌妓作词,以词声传一时,以至于"凡有井水饮处,即能歌柳词"。仁宗景祐元年(1034年)始登进士第,历任余杭县令、盐场大使,官终屯田员外郎,故世称"柳屯田"。柳永是北宋第一个专力填词的作家。他精通音律,借鉴民间的俗曲新腔,大量创制慢词,推动了词体的发展。柳永对词的题材也有一定拓展,其词多描绘城市风光和歌妓生活,尤长于抒写羁旅行役之情。艺术上以铺叙见长,语言则通俗而不失雅趣。著有《乐章集》。
②八声甘州,词调名,一名《甘州》。《甘州》本唐玄宗时教坊大曲名,来自西域,后用为词调。据王灼《碧鸡漫志》卷三,因全词共八韵,故称"八声"。
③潇潇,雨声。
④霜风,秋风。凄紧,形容寒而急。
⑤关河,泛指河山。
⑥是处,到处。红衰翠减,形容花叶凋零。李商隐《赠荷花》:"翠减红衰愁煞人。"
⑦苒苒(rǎn),光阴渐渐流逝。物华,美好的景物。
⑧渺邈,遥远的样子。
⑨何事,为什么。淹留,久留。
⑩颙(yóng)望,举首凝望。
⑪"误几回"句,谢朓《之宣城郡出新林浦向板桥》:"天际识归舟,云中辨江树。"此用其成句。
⑫争,怎。
⑬恁(nèn),如此。凝愁,愁苦凝结,难以化解。

提 示

柳永词善于表达羁旅行役之苦,此篇就是代表作之一。词人通过羁旅中的主人公在秋日黄昏登高望远所见所思的描写，抒发了思乡怀人的愁思和淹留异乡的痛苦，以及仕途坎坷、功业无成的苦闷。

这首词通篇贯串一个"望"字，上片写登高所见，融情入景，层层铺叙。起首二句，以"对"字领起，写登临纵目所见暮雨潇潇，洒遍江天，清澈如洗，显出秋色的萧瑟凄凉。紧接着，以"渐"字领起"霜风凄紧，关河冷落，残照当楼"三句，在深秋萧瑟廖廓的景象中表现游子情怀，具有盛唐诗歌博大高远的气象。"是处"四句在写景中寄托了时光消逝、青春不再的感伤。上片全是写景，兴象高远，无论景物、气氛，都笼罩着悲凉的秋意，触动着抒情主人公的归思。下片写望中所思，从自己的望乡想到意中人的望归，如此着笔，便把本来的独望变成了双方关山远隔的千里相望，从而暗示读者：其人未归而其心已归，这就更见出归思之切。下片抒情回环往复，细腻深婉，耐人寻味。

这首词章法结构细密，写景抒情融为一体，以铺叙见长。而白描手法，通俗自然的语言，则将词人内心的复杂意绪表达得明白如话。

思考与练习

1. 细致而有层次的铺叙手法，是柳词的一大特色。试析这首词上片写景层层铺叙的特点。

2. 这首词下片转写佳人颙望，这对抒发羁旅之情有何作用？

3. "渐霜风凄紧，关河冷落，残照当楼"三句，苏东坡叹为"不减唐人高处"。请谈谈你的感受。

苏轼[1]

临江仙[2]

夜归临皋[3]

夜饮东坡醒复醉[4],归来仿佛三更。家童鼻息已雷鸣[5]。敲门都不应,倚杖听江声。长恨此身非我有[6],何时忘却营营[7]。夜阑风静縠纹平[8]。小舟从此逝,江海寄余生。

【注释】

[1]苏轼(1037年~1101年),字子瞻,号东坡居士,眉州(今四川眉山)人。北宋著名文学家。与父苏洵、弟苏辙合称"三苏"。宋仁宗嘉祐二年(1057年)进士。神宗熙宁年间,因与王安石政见不合,自请外放,历任杭州通判,密州、徐州、湖州知州。神宗元丰二年(1079年)陷入"乌台诗案",后贬为黄州(今湖北黄冈)团练副使。哲宗时累官中书舍人、翰林学士,又出任杭州、颍州等地知州。晚年又因受朝内党争之累,被远谪惠州、儋州。后遇赦北还,徽宗建中靖国元年(1101年)卒于常州,谥"文忠"。苏轼一生大起大落,历尽坎坷,而始终旷达乐观。苏轼在文艺创作的各个方面都有突出的成就。诗歌取材广泛,风格多样,富有哲理和谐趣,与黄庭坚并称"苏黄";词开豪放一派,突破了词为"艳科"的传统格局,与辛弃疾并称"苏辛";散文自然畅达,挥洒自如,为"唐宋八大家"之一;绘画、书法也有很高造诣。著有《苏东坡集》《东坡乐府》等。

[2]临江仙,词调名。

[3]临皋(gāo),地名,在湖北黄州城南长江边。苏轼因乌台诗案谪贬黄州,居于此地。宋叶梦得《避暑录话》卷二:"子瞻在黄州……与数客饮江上。夜归,江面际天,风露皓然,有当其意,乃作歌辞,所谓'夜阑风静縠纹平。小舟从此逝,江海寄余生'者,与客大歌数过而散。翌日,喧传子瞻夜作此词,挂冠服江边,拏舟长啸去矣。郡守徐君猷闻之,惊且惧,以为州失罪人,急命驾往谒,则子瞻鼻鼾如雷,犹未兴也。然此语卒传至京师,虽裕陵亦闻而疑之。"

[4]东坡,原是黄州城东一片旧营地,苏轼贬居黄州时,友人马正卿向官府请求,批准给苏轼垦种。苏轼于此营造草屋数间,取名"东坡雪堂",后以"东坡"为号。苏轼居黄州时,经常来往于雪堂与临皋之间。

[5]鼻息,鼾声。

[6]此身非我有,我的身体不归我所有,即自己的命运不掌握在自己的手里,这

是道家对人生的看法。《庄子·知北游》："舜问乎丞曰：'道可得而有乎？'曰：'汝身非汝有也，汝何得有夫道？'舜曰：'吾身非吾有也，孰有之哉？'曰：'是天地之委形也。'"

⑦营营，劳而不知休息，忙碌。《庄子·庚桑楚》："无使汝思虑营营"。引申为钻营追逐。

⑧縠（hú），绉纱。縠纹，水纹如绉纱。

提　示

这首《临江仙》写于宋神宗元丰五年（1082年）三月，即苏轼因"乌台诗案"谪居黄州的第三年。记一次夜饮雪堂，醉归临皋住所之事和当时旷达而又伤感的心境。上片记事，下片抒情。

上片写醉归，夜深无人开门的尴尬情景。开头二句醒而又醉的情状，表现词人借酒浇愁的心态。但是待他转身"倚杖听江声"时，却又心境一片开阔，表现出词人随遇而安和随缘自适的心态。

下片则集中抒发感慨。开头用庄子寓言，表现人在红尘俗世中没有自由，流露出对污垢尘世和功名利禄的厌倦情绪，再以江面的风平浪静暗示对宁静生活境界的向往，最后以想象中的行为的放纵旷达，表现心灵的自由解放，词人面对苦难的那一份洒脱跃然笔端。

全词以超然而幽默的眼光观照人生，观照自我，具有深沉的历史感和人生感悟。

这首词将叙事、议论、写景、抒情相结合，语言舒展自如，简练生动，表现了苏轼独特的语言风格。

思考与练习

1. 苏轼《临江仙》（夜归临皋）一词中"小舟从此逝"两句，在艺术手法上有何特点？
2. 这首词何以具有与一般词作不同的"理趣"？
3. 通过《临江仙》（夜归临皋）一词的学习，理解苏轼的文化人格。

周邦彦①

兰陵王②

柳

柳阴直③,烟里丝丝弄碧④。隋堤上⑤、曾见几番,拂水飘绵送行色⑥。登临望故国⑦。谁识,京华倦客⑧?长亭路⑨,年去岁来,应折柔条过千尺⑩。　　闲寻旧踪迹,又酒趁哀弦⑪,灯照离席。梨花榆火催寒食⑫。愁一箭风快,半篙波暖,回头迢递便数驿⑬。望人在天北⑭。　　凄恻⑮,恨堆积!渐别浦萦回⑯,津堠岑寂⑰,斜阳冉冉春无极⑱。念月榭携手,露桥闻笛⑲。沉思前事,似梦里,泪暗滴。

【注释】

①周邦彦(1056年~1121年),字美成,号清真居士,钱塘(今浙江杭州)人,北宋著名词人。少年落拓不羁,后因向宋神宗献《汴都赋》而大获赏识,由太学诸生擢为太学正。历任地方官职多年,宋徽宗时提举大晟府。周邦彦是北宋继柳永、苏轼之后的一位重要词人,被认为是婉约派的集大成者和格律派的创始人,对南宋姜夔一派词人及后世词坛影响很大。他精通音律,能自度曲。其词言情体物,穷极工巧,善于铺叙,格律精严。著有《片玉词》,一名《清真集》。
②兰陵王,词调名。当是古曲入词,《碧鸡漫志》卷四引《北齐史》及《隋唐嘉话》云:"齐文襄之子长恭,封兰陵王。与周师战,尝著假面对敌,击周师金墉城下,勇冠三军。武士共歌谣之,曰《兰陵王入阵曲》。"
③柳阴直,堤上柳树成行,浓荫连成一片。《东京梦华录》载:"东都外城方圆四十余里,城壕曰护龙河,阔十余丈,壕之内外,皆植杨柳。"
④"烟里"句,笼罩在雾气里的柳丝,随风飘舞,呈现出一片碧绿的颜色。
⑤隋堤,汴河堤。隋炀帝开凿通济渠,沿河筑堤种柳,后人称为隋堤。通济渠有一段和汴京城外三里的汴河相重,故其在汴河故道者,又称汴堤。
⑥飘绵,飘飞的柳絮。行色,行人出发时的情景。
⑦故国,此处指故乡。
⑧京华倦客,作者自指。因长时间客居京师,感觉厌倦。
⑨长亭,古代设在驿路边供行人休息的亭舍,也常用作饯别的处所。有十里一长亭,五里一短亭的说法。
⑩"应折"句,古人有折柳送别的习俗。柔条,指柳枝。
⑪趁,逐,伴随。

⑫"梨花"句，指时间正是梨花盛开、榆火新点的寒食节前后。寒食，节令名，即清明前一日或二日。相传介之推抱木焚死，晋文公为表示哀悼，定于此日禁火寒食，节后另取新火。唐宋时朝廷于清明日取榆柳之火赐朝中百官。

⑬"愁一箭风快"三句，船顺风顺水，快如飞箭，春江水暖，撑船的竹篙半入水中，回头看时已过了好几个驿站。迢递，遥远的样子。

⑭"望人"句，回望送行的人，已在远远的北边了。

⑮凄恻，凄凉悲伤。

⑯别浦萦回，（船与人都已远去）送行处只有水波在回旋着。别浦，河流注入江海之处，亦称浦。此处指船行的水道。

⑰津堠（hòu），指渡口码头。津，渡口。堠，古代守望兼记里数的土堡，五里一堠。岑寂，寂静。

⑱"斜阳"句，斜阳缓缓西沉，春色无边，引起人无限的惆怅。冉冉，渐渐，慢慢。

⑲"念月榭"句，月榭、露桥，泛指昔日旧游之地。闻笛，化用李白《春夜洛城闻笛》："谁家玉笛暗飞声，散入春风满洛城。此夜曲中闻折柳，何人不起故园情。"

提　示

我国古代有折柳送别的习俗，所以诗词里常用柳来渲染别情。这首词的题目为"柳"，内容却不是咏柳，而是以柳起兴，借柳写离愁，并抒发自己长期旅居京华的厌倦苦闷之情。这种咏物而不说物，专说与物相关之事的写法，与通常咏物之作多缀集相关典故、前人用语，处处句句不离本题的写法是很不一样的。

这首词共分成三片，是有名的长调。第一片起首两句直接点题，借柳起兴，渲染离愁别绪。"登临"二句陡然转写作者自身的久客思乡之感。"长亭路"三句写折柳送别，与起首两句呼应，更见多年来漂泊之苦。第二片写送别时的情景。"闲寻旧踪迹"承接上片，写词人因送行而跌入对往事的回忆，交游相继别去，往事都成旧梦。"又酒趁"三句，将意思推进一层，从幻梦回到现实，写眼前的别筵，且说明这种饯别往昔已经历多次。"愁一箭"四句，转换角度，不从送别者方面来写，而是用虚拟之笔，设想离去者的感受和心情，兼顾人我两方，使别情的抒写更加饱满。第三片正面写离恨。"凄恻"二句直接点出离别的哀伤。别浦、津堠，斜阳冉冉，另开拓了一种绮丽悲壮的境界，更衬出别后凄凉意味。然后以"念"字转出"月榭携手，露桥闻笛"等"前事"，是"旧踪迹"的具体落实。"沉思"比"念"更递进一层，一经回味，前事都如梦里，伤心至极，又与第一片倦客淹留京华之苦相呼应，上下贯通而不着痕迹。

全词章法严密而结构回环往复。第一片写自我的漂泊，挽合今昔。第二片写目前送别情景，既有往事的回忆，又有别后愁苦的设想。第三片又由眼前景折回到前事。今昔回环，情、景、事交错，极具吞吐之妙。

思考与练习

1. 这首词与一般的咏物之作有何不同？
2. 以第二片为例，说明作者运用虚实结合的表现手法有何妙处？
3. 举例说明这首词结构上回环往复的特点。

李清照①

凤凰台上忆吹箫②

香冷金猊③,被翻红浪④,起来慵自梳头。任宝奁尘满,日上帘钩。生怕离怀别苦⑤,多少事、欲说还休。新来瘦,非干病酒⑥,不是悲秋。　　休休⑦!这回去也,千万遍《阳关》⑧,也则难留。念武陵人远⑨,烟锁秦楼⑩。惟有楼前流水⑪,应念我、终日凝眸。凝眸处,从今又添,一段新愁。

【注释】

①李清照(1084年~1155年),号易安居士,历城(今山东济南)人,宋代杰出女词人。父亲李格非是著名学者,丈夫赵明诚为著名金石学家。婚后夫妇唱和,共同从事书画金石的收藏研究。北宋灭亡,南渡不久,赵明诚病故,她亲历变乱,颠沛流离,在寂寞中度过晚年。李清照以词著名,兼工诗文,早年词作多写相思之情,南渡之后词作多感慨身世飘零。她工于造语、创意出奇而长于白描,塑造出鲜明的艺术形象。有《漱玉词》。

②凤凰台上忆吹箫,《列仙传拾遗》:"萧史善吹箫,作鸾凤之响。秦穆公有女弄玉,善吹箫,公以妻之,遂教弄玉作凤鸣。居十数年,凤凰来止,公为作凤台,夫妇止其上。数年,弄玉乘凤,萧史乘龙去。""凤凰台上忆吹箫"即由此而来,作为词调名则始见于晁补之《晁氏琴趣外篇》。

③香冷,香料已经燃尽。金猊(ní),猊(suān)猊形的铜香炉。猊,狻猊的省称,传说中的一种猛兽。

④被翻红浪,红锦被成波浪状堆放在床上。柳永《凤栖梧》:"鸳鸯绣被翻红浪。"

⑤离怀别苦,一作"闲愁暗恨"。

⑥非干,不关。病酒,因饮酒过量而身体不适。

⑦休休,罢了,罢了。

⑧《阳关》,即送行曲《阳关三叠》。

⑨武陵,武陵源,即桃花源。武陵人指远在异乡的爱人。

⑩秦楼,即秦穆公之女弄玉与其夫萧史所居的凤台(见注释2)。一说秦楼即汉乐府《陌上桑》之"秦氏楼"。此处借指自己所住的妆楼。

⑪惟有,一作"记取"。

提　示

李清照婚后与丈夫赵明诚感情甚笃,只因丈夫仕途奔波及其他原因，夫妻曾多次离别。这样，抒写离愁别恨，便成了李清照前期词的重要主题，这首词便是如此。

上片描写将别之愁。开头五句着意刻画人物行动举止、精神状态的慵懒。"生怕"两句，进而写内心活动，点明自己如此慵懒而没心情的原因，正在于"离怀别苦"四字。本来有许许多多的心事，想要说给爱人，但是话到口边，又忍住了。这种自我克制，是包含有许多曲折、许多苦恼在内的。"新来瘦"三句，又转回来，从自己体态容颜的变化来说，用排除法来突出离愁是唯一折磨自己、使人消瘦的原因。

下片想象别后之苦。用叠字起句，以加重语气，极写词人的失望之情。《阳关三叠》是伤离之曲，纵使歌唱千万遍，也无法挽留住行者。分别既成定局，不可变更，因此以下就转而想到别后。"念武陵人远，烟锁秦楼"两句，运用了两个典故，想象丈夫远去，徒有烟雾笼罩住自己的妆楼，传达出无限思念之情。"惟有楼前流水"两句，则已是情深而至于痴。末尾以"一段新愁"回应前面的"新来瘦"，再次突出了主题。

这首词写离愁，步步深入，层次井然。上片用"慵"来点染，用"瘦"来形容，下片用"念"来深化，由物到人，由表及里，层层开掘，揭示到人物灵魂的深处。全词写愁苦之情婉转曲折，逼真感人。

词中多用口语，有许多词语往往脱口而出：如"起来""生怕""新来""这回"等，通篇语言，既流畅易懂，又细密精美。

思考与练习

1. 体会这首词以委婉曲折的笔调来表现复杂微妙的情感变化的特点。

2. 以这首词为例，谈谈李清照词的语言特点。

3. 背诵这首词。

辛弃疾①

贺新郎②

邑中园亭③,仆皆为赋此词④。一日,独坐停云⑤,水声山色,竞来相娱。意溪山欲援例者⑥,遂作数语,庶几仿佛渊明思亲友之意云⑦。

甚矣吾衰矣⑧。怅平生、交游零落,只今余几!白发空垂三千丈⑨,一笑人间万事。问何物、能令公喜⑩?我见青山多妩媚⑪,料青山见我应如是。情与貌,略相似。　一尊搔首东窗里。想渊明《停云》诗就,此时风味⑫。江左沉酣求名者,岂识浊醪妙理⑬。回首叫、云飞风起⑭。不恨古人吾不见,恨古人不见吾狂耳⑮。知我者,二三子⑯。

【注释】

①辛弃疾(1140年~1207年),字幼安,号稼轩,历城(今山东济南)人,南宋杰出的爱国词人。他出生时家乡已沦陷,二十一岁参加抗金义军,不久归南宋,历任湖北、江西、湖南、福建、浙东安抚使等职。一生坚决主张抗金,曾先后进呈《美芹十论》《九议》等奏疏。但他所提出的抗金建议,均未被采纳,并遭到主和派的打击,曾长期落职闲居。稼轩词今存620余首,题材广泛,意境深远,手法多样,善于用典。其词抒写力图恢复国家统一的爱国热情,倾诉壮志难酬的悲愤,热情洋溢,慷慨悲壮,笔力雄厚,是南宋豪放词派的主要代表之一,与苏轼并称为"苏辛"。著有《稼轩长短句》。
②贺新郎,词调名。
③邑,指铅(yán)山县。辛弃疾在江西铅山期思渡瓢泉旁建有别墅。
④仆,自我谦称。此词,指《贺新郎》词调。
⑤停云:停云堂,取陶渊明《停云》诗意命名,在瓢泉别墅。
⑥意,猜度,料想。援例,依照前例。指以《贺新郎》词调咏铅山县园亭。
⑦庶几,差不多。渊明思亲友,东晋诗人陶渊明有《停云》诗四首,自谓是"思亲友"之作。
⑧甚矣吾衰矣,《论语·述而》记孔子语:"甚矣吾衰矣,久矣吾不复梦见周公。"作者借此感叹自己十分衰老,壮志难酬。
⑨"白发"句,化用李白《秋浦歌》:"白发三千丈,缘愁似个长。"以夸张手法写愁之盛。空,白白地。

⑩能令公喜，《世说新语·宠礼篇》记郗超、王恂并有奇才，为大司马桓温所赏识，荆州人说此二人"能令公（桓温）喜，能令公怒。"辛词借用此语。

⑪妩媚，形容青山秀丽美好。按：此句借用唐太宗赞赏魏征语："人言征举动疏慢，我但见其妩媚耳。"（《新唐书·魏征传》）

⑫"一尊"三句，我现时对酒思友的情绪，想必正与当年陶潜写《停云》诗时相仿。一尊搔首东窗里，化用陶潜的《停云》诗："静寄东轩，春醪独抚。良朋悠悠，搔首延伫。"搔首，挠头，烦急貌。就，成。

⑬"江左"两句，当年江左的名士，以酣酒而求名利，哪里真知酒中的妙理。江左沉酣求名者，指南朝的那些纵酒放浪的名士清流。苏轼《和陶潜饮酒诗》："江左风流人，醉中亦求名。"江左，长江以东。晋室南渡，东晋及宋、齐、梁、陈相继建都金陵，占领江左一带。浊醪（láo），浊酒。

⑭云飞风起，化用刘邦《大风歌》中的诗句"大风起兮云飞扬，威加海内兮归故乡，安得猛士兮守四方。"

⑮"不恨"两句，袭用南朝张融语："不恨我不见古人，恨古人不见我"。（《南史·张融传》）狂，指愤世嫉俗的狂态。

⑯二三子，借用孔子对其学生的称谓，指少数几个知心朋友。《论语·先进》："颜渊死，门人欲厚葬之。子曰：'不可。'门人厚葬之。子曰：'回也视予犹父也，予不得视犹子也。非我也，夫二三子也。'"

提　示

据邓广铭《稼轩词编年笺注》考证，此词作于宋宁宗庆元四年（1198）左右。此时辛弃疾被投闲置散又已四年。这首为他在瓢泉所造的"停云堂"而作的题词，仿效陶渊明《停云》诗的格局，主要写思亲友和饮酒两个方面，但不是简单地承袭古人，而是借以抒发自己年华空老，壮志未酬和知音难求的孤寂和怨愤，以及寄情山水，不愿追逐世俗名利的节操。

上片从"思亲友"起端，主要抒发年华空逝、知音稀少的孤寂和苦闷。起句一声感慨，借用孔子感叹之语，直抒胸臆，自伤政治失意、徒然衰老。然后以"怅"字领起，感叹交游零落，知音难求。接下来又连用李白《秋浦歌》"白发三千丈"和《世说新语·宠礼篇》记郗超、王恂"能令公喜"等典故，抒发自己年华流逝而一事无成，又找不到知己的悲凉落寞，为下文移情于物作张本。"我见青山多妩媚，料青山见我应如是"，写法一变，用婉曲的笔触，拟人化的手法，移情于物，把青山视为忘形相交的知音。"情与貌，略相似"，对自己与青山的"妩媚"作出解释，表明为何青山堪称自己的精神知己。作者在人世缺少知音，只好引青山为知己。如此顿挫曲折之笔，比前面的尽情宣泄，更深刻地揭示了自己孤寂幽单的处境。下片从饮酒着笔，前三句借像陶渊明那样饮酒解忧，暗示自己类同渊明的精神品质和感情状态。这里暗中呼应开头的"交游零落",使词作针脚绵密。"江左"二句抨击江左"沉酣求名"之辈,实是借古喻今,暗刺南宋已无陶渊明式真知酒之"妙理"的高洁之士,而只有一些追名逐利之徒。"回首叫"一句化用刘邦《大风歌》的名句,表明自己饮酒时想的仍是国家大事,心中渴求的是再上战场,叱咤风云。"不恨"二句套用古人成句,表现自己因知音难觅、国事难为、心愿不得实现而生出的疏狂之态。近人况周颐《蕙风词话》解说词人之"狂"道:"狂者,所谓一肚皮不合时宜,发见于外者也。"辛弃疾这里所写的"狂",正是一种对现实社会深感"不合时宜"的怨愤之情。结尾二句再次感叹知音稀少,强调自己的孤独感。结尾又一次与开篇的"交游零落"相呼应,形成篇章结构上的圆美效果。

辛弃疾的词,善用典故。这首词中的典故都使用得很灵活,没有堆砌之感。如"甚矣吾衰矣""不恨古人吾不见,恨古人不见吾狂耳""二三子"等句,采自古代散文和史传,却浑如己出,可见功力深厚。

思考与练习

1. 这首词使用了哪些典故?它们表达了词人怎样的思想感情?
2. "我见青山多妩媚,料青山见我应如是"两句,与李白《敬亭独坐》"相看两不厌"是同一艺术手法,分析这种艺术手法的作用。
3. 背诵这首词。

欧阳修①

祭石曼卿文②

维治平四年七月日③,具官欧阳修④,谨遣尚书都省令史李敭⑤,至于太清⑥,以清酌庶羞之奠⑦,致祭于亡友曼卿之墓下,而吊之以文曰:

呜呼曼卿!生而为英⑧,死而为灵⑨。其同乎万物生死,而复归于无物者,暂聚之形;不与万物共尽,而卓然其不朽者,后世之名⑩。此自古圣贤莫不皆然,而著在简册者⑪,昭如日星⑫。

呜呼曼卿!吾不见子久矣,犹能仿佛子之平生⑬。其轩昂磊落,突兀峥嵘⑭,而埋藏于地下者,意其不化为朽壤⑮,而为金玉之精⑯;不然,生长松之千尺,产灵芝而九茎⑰。奈何荒烟野蔓,荆棘纵横;风凄露下,走磷飞萤⑱?但见牧童樵叟,歌吟而上下;与夫惊禽骇兽,悲鸣踯躅而咿嘤⑲。今固如此,更千秋而万岁兮⑳,安知其不穴藏狐貉与鼯鼪㉑?此自古圣贤亦皆然兮,独不见夫累累乎旷野与荒城?

呜呼曼卿!盛衰之理㉒,吾固知其如此;而感念畴昔㉓,悲凉凄怆,不觉临风而陨涕者㉔,有愧乎太上之忘情㉕。尚飨㉖!

【注释】

①欧阳修(1007年~1072年),字永叔,号醉翁、六一居士,庐陵(今江西吉安)人。北宋著名文学家、史学家。仁宗天圣八年(1030年)进士,庆历三年(1043年)任谏官。为人耿直,敢于谏诤,支持范仲淹等开明派的政治革新,屡遭排挤打击。晚年官至枢密副使、参知政事。卒谥"文忠"。欧阳修是北宋诗文革新运动的领袖,主张文章应"明道""致用""事信""言文",反对宋初浮艳文风,倡导效法韩愈,在散文、诗、词、评论诸方面均有很高成就,尤以散文著称,是"唐宋八大家"之一。有《欧阳文忠公文集》《新五代史》和《新唐书》(与宋祁合撰)等。
②本文是作者为悼念亡友石曼卿而作的祭文。石曼卿(994年~1041年),名延年,宋州宋城(今河南商丘)人。能诗,知兵,当时有"天下奇才"之誉,然一生不得志,颓然自放,中寿而亡。《宋史》有传。
③维,发语词。治平四年,公元1067年。治平,宋英宗年号。
④具官,唐宋以来,官吏在公文函牍或其他应酬文字上,常把应写明的官爵品级写为"具官",以示谦敬。当时欧阳修的官职是观文殿学士、刑部尚书、知亳州军州事。

⑤尚书都省，即尚书省，官署名。令史，官名，三省、六部中的一种低级事务官吏。
⑥太清，地名，指永成县太清乡（今河南商丘南），石曼卿的墓地在此。
⑦清酌，酒。庶羞，多种馔肴。奠，祭品。
⑧英，精英，英俊不凡的人物。
⑨灵，神灵。
⑩"其同乎"六句，是说石曼卿的形体虽同万物一样，有生有死，但他的名声却不同万物一样死后消失，而会永传不朽。暂聚之形，指躯体。
⑪简册，指史书。
⑫昭如日星，像日月星辰一样明亮。
⑬仿佛，想象。
⑭"其轩昂"二句，形容石曼卿气度不凡，才能出众。
⑮朽壤，腐朽的土壤。
⑯为金玉之精，是像金、玉一样长存不坏。
⑰灵芝而九茎，长有九茎的灵芝，为灵芝的上品。灵芝，一种菌类植物，古人把它看作是瑞草神品。
⑱走磷，磷火在空气中飘动。磷，磷火，人或动物尸体腐烂时分解出磷质，并自动燃烧，夜间发出白色带蓝绿色火焰，俗称"鬼火"。
⑲咿嘤（yīyīng），象声词，鸟兽啼叫声。
⑳更（gēng），经过。
㉑貉（hé），兽名，外形似狐。鼯（wú），俗称飞鼠。鼪（shēng），黄鼠狼。
㉒盛衰，此指人之生死。
㉓畴昔，往日，过去。
㉔陨涕，落泪。
㉕"有愧"句，指自己因怀念故人而动情，不能如古代圣人一样忘情，因而有愧。太上，最上，指圣人。忘情，超脱人世之情。《世说新语·伤逝》记王戎丧子，悲不自胜，有人相劝，戎曰："圣人忘情，最下不及情，情之所钟，正在我辈。"
㉖尚飨（xiǎng），旧时祭文结束时的套语。即希望死者来享用祭品。

提　示

石曼卿是欧阳修的挚友，曼卿去世后，欧阳修曾作《哭曼卿》《石曼卿墓表》等诗文以悼之。此文作于治平四年，时距曼卿之死已26年。这一年神宗即位，欧阳修罢参知政事，由尚书左丞贬为亳州知州。祭文通过对亡友的真诚称颂和深切悼念，表达了作者深挚的感念之情，同时也反映了作者由政治上的失意所引起的孤寂悲凉心情。

正文中三呼曼卿，情真意厚，一气呵成。一呼曼卿，赞其英名长垂后世，表达无限崇敬之意；再呼曼卿，感叹其坟墓荒芜凄凉，寄托哀伤痛悼之情；三呼曼卿，感念往昔交谊，抒发人生凄怆悲凉的感慨。全文从忘情达观始，于难以忘情终。

略于叙事，详于抒情、议论，在议论中融注深厚的情感是本文的一大特色。祭文没有过多追叙石曼卿的生平事迹，而是主要通过对物之盛衰、人之生死、形名之存亡的议论来抒发对挚友的怀念之情。在议论中交织着主观与客观、常理与心理的矛盾，千回百转，低回凄恻，越转越深，体现出欧文"纡余委备，往复百折"的特点。

文章在句式上用了不少排偶句，又间之以散句，整散结合，长短错落，转折变化；声律上，平仄交错，一韵到底，兼有句法上的参差美和声调上的和谐美，读之音节抑扬，朗朗上口，值得反复吟味。

思考与练习

1. 联系写作背景，分析本文寄寓了作者怎样的情感？
2. 作者是怎样把感情抒发得层层深入、淋漓尽致的？
3. 熟读课文。

王安石①

答司马谏议书②

某启③:昨日蒙教④,窃以为与君实游处相好之日久⑤,而议事每不合⑥,所操之术多异故也⑦。虽欲强聒⑧,终必不蒙见察⑨,故略上报⑩,不复一一自辨。重念蒙君实视遇厚⑪,于反复不宜卤莽⑫,故今具道所以⑬,冀君实或见恕也⑭。

盖儒者所争⑮,尤在于名实⑯,名实已明,而天下之理得矣⑰。今君实所以见教者⑱,以为侵官⑲、生事⑳、征利㉑、拒谏㉒,以致天下怨谤也㉓。某则以谓受命于人主㉔,议法度而修之于朝廷㉕,以授之于有司㉖,不为侵官;举先王之政㉗,以兴利除弊,不为生事;为天下理财,不为征利;辟邪说㉘,难壬人㉙,不为拒谏。

至于怨诽之多㉚,则固前知其如此也㉛。人习于苟且非一日㉜,士大夫多以不恤国事、同俗自媚于众为善㉝。上乃欲变此㉞,而某不量敌之众寡㉟。欲出力助上以抗之,则众何为而不汹汹然㊱。盘庚之迁,胥怨者民也㊲,非特朝廷士大夫而已㊳。盘庚不为怨者故改其度㊴,度义而后动㊵,是而不见可悔故也㊶。

如君实责我以在位久,未能助上大有为,以膏泽斯民㊷,则某知罪矣;如曰今日当一切不事事㊸,守前所为而已㊹,则非某之所敢知㊺。

无由会晤,不任区区向往之至㊻。

【注释】

①王安石(1021年~1086年),字介甫,号半山,临川(今江西抚州)人,北宋著名政治家和文学家。宋仁宗庆历二年(1042年)进士,做过多年地方官。嘉祐三年(1058年)写《上宋仁宗皇帝言事书》,提出系统的变法主张。神宗继位,以知制诰知江宁府,召为翰林学士兼侍讲。熙宁二年(1069年)任参知政事,次年拜相,大力推行新法,遭反对派抵制,成效不大。两次出任宰相,两次被迫辞职,晚年退居金陵,潜心著述。封荆国公,世称王荆公。王安石在诗、词、散文等方面均有成就。散文以见识高超、议论犀利、逻辑严谨、笔力雄健著称,为"唐宋八大家"之一。著有《临川先生文集》。
②本篇是宋神宗熙宁三年(1070年)时任宰相的王安石写给司马光的一封回信。司马谏议,即司马光,当时任右谏议大夫(向皇上提意见的官)。谏议,谏议大夫的简称。

③某，作者自称。在文集中，作者自己称名处多以"某"字代替，正式书信上要写本人的字。启，古人写信的惯用语，表示要开始陈述。
④蒙教，承蒙指教。这是接到别人来信的客套话。指司马光于熙宁三年三月三日给王安石的第二封信。
⑤窃，私自、私下，谦词。君实，司马光的字。古人同辈交往，自称称名，称人称字。游处，交游相处，作者与司马光早年同官共事，相熟已久。
⑥每，往往，常常。
⑦操，持，采取。术，方法，这里指政治上的主张。
⑧强聒（guō），强作解释。聒，语声嘈杂乱耳。
⑨见察，被谅解。察，省察，了解。
⑩上报，写回信的客气说法。这里指王安石的上一次回信。
⑪重（chóng）念，又考虑。视遇，看待。
⑫反复，指书信来往。卤莽，同"鲁莽"，草草了事。
⑬具道所以，详细地说明理由。
⑭冀，希望。或，也许。见恕，得到谅解。
⑮盖，句首语气词，表示下文要发议论。
⑯尤在于名实，特别注重名义和实际。
⑰"天下"这句，天下事物的道理就能掌握了。得，获得，掌握。
⑱见教，教导我，这是一种客气话。
⑲侵官，王安石设"制置三司条例司"作为推行新法的总机构，掌握国家的财权，司马光认为这是侵夺了原来三司使的职权。
⑳生事，司马光认为变法是生事扰民。司马光给王安石的第一封信（《与王介甫书》）中写道："（老子）又曰'我无为而民自化，我好静而民自正，我无事而民自富，我无欲而民自朴。'又曰：'治大国若烹小鲜。'今介甫为政，尽变更祖宗旧法，先者后之，上者下之，右者左之，成者毁之，矻矻焉穷日力，继之以夜而不得息，使上自朝廷，下及田野，内起京师，外周四海，士吏兵农工商僧道，无一人得袭故而守常者，纷纷扰扰，莫安其居，此岂老氏之志乎？"（王安石爱好《老子》书，司马光引老子的话诘责他。）
㉑征利，设法生财，与民争利。征，取。《与王介甫书》："今介甫为政，首建制置条例司，大讲财利之事，又命薛向行均输法于江淮，欲尽夺商贾之利，又分遣使者散青苗钱于天下，而收其息。使人愁痛，父子不相见，兄弟妻子离散。"
㉒拒谏，拒绝劝告。《与王介甫书》："或所见小异、微言新令之不便者，介甫则艴然如怒，或诟詈以辱之，或言于上而逐之，不待其辞之毕也。明主宽容如此，而介甫拒谏乃尔，无乃不足于恕乎？"
㉓怨谤，怨恨、诽谤。
㉔以谓，以为。人主，皇帝。
㉕法度，法令制度。修之于朝廷，在朝廷上讨论、修正。
㉖"授之"句，交给主管官吏去执行。有司，指专职的官吏。古代设官分职，各有专司。
㉗举，推行，施行。先王，泛指前代的贤明君主。
㉘辟，驳斥、排除。邪说，荒谬的言论。

㉙难,责难,批驳。壬(rén)人,善以巧言献媚的人。
㉚怨诽之多,《与王介甫书》:"今介甫从政始期年,而士大夫在朝廷及自四方来者,莫不非议介甫,如出一口,至闾阎细民小吏走卒,亦窃窃怨叹,人人归咎于介甫,不知介甫亦尝闻其言,而知其故乎?"
㉛固,本来。前知,事先知道。
㉜苟且,因循苟安,得过且过。
㉝恤(xù),顾念,关心。同俗,附和世俗之见。自媚于众,讨好众人。
㉞上,皇上,指宋神宗。
㉟量,估量。敌,对手,指反对新法的人。
㊱汹(xiōng)汹然,大吵大闹的样子。司马光给王安石的第二封信中有"光不忍视天下议论之汹汹"的话。
㊲"盘庚"二句,盘庚,商朝中兴的君主。商朝最初建都于亳(故址在今河南商丘北),后几经迁易。盘庚执政时,决定迁都于殷(今河南安阳),人民怨恨,都不愿意迁徙。见《尚书·盘庚》和《史记·殷本纪》。胥(xū),互相。
㊳非特,不仅。特,仅,只。
㊴不为怨者,不因为埋怨的人。度(dù),法令,计划。
㊵"度义"句,考虑到(这样做)合理,然后坚决行动。度(duó),估量,考虑。义,合理,正确。
㊶"是而"句,认为是正确的,就看不出有什么可以后悔的。是,正确。
㊷膏泽,恩泽。这里作动词用。斯民,指当时的老百姓。斯,指示代词,这。
㊸一切不事事,什么事情都不做。前一个"事"是动词。
㊹守前所为,墨守祖宗的陈规旧法。
㊺敢知,敢于领教,接受。
㊻"不任"句,表示诚心的极度的敬仰之意,是古代书信中的客套话。不任,不胜。区区,诚恳的样子。向往之至,仰慕到极点。

提 示

北宋中期,为改变"积贫积弱"的局面,朝廷上下提出了不少改革朝政的意见和建议。熙宁二年,神宗任命王安石为参知政事,实行变法,力图通过整军理财以求富国强兵。新法的实行,抑制了官僚豪强的特权,激起了既得利益者的强烈反对。熙宁三年,司马光写了一封长达三千三百余字的长信给王安石,要求罢黜新法,恢复旧制。王安石当时只写了一封简短的回信,未作实质性的答复。这封复信,是王安石收到司马光第二封来信后写的。信中驳斥了对方对新法的种种责难,批判了士大夫因循守旧、苟且偷安、不恤国事的保守思想,表示了坚持改革、决不为流言俗议所动的决心。

本文是一篇驳论文章,作者一开始就摆脱司马光原信中一大堆具体问题的纠缠,把司马光对新法的责难和自己的回答,提到名实之辨的高度,使司马光这样以儒家忠实信徒自居的人陷于被动。接着,把司马光的长篇大论浓缩为"侵官""生事""征利""拒谏"八个字，抓住要害，各个击破，干净利落。文章观点鲜明，言简意赅，理足气盛，劲悍廉厉，体现了王安石政论文简洁明快的特点。

本文属于书信文体，虽措辞委婉、语气平和，但维护新法的态度决绝斩截，具有寓刚于柔的特点。

思考与练习

1. 本篇采用了什么驳论方法？作者是怎样进行反驳的？
2. 文中"如君实责我以在位久"一段，包含了哪些意思？作者为什么要这样写？
3. 清人吴汝纶有这样的评价"（王安石）固由兀傲性成，亦理足气盛，故劲悍廉厉无枝叶如此。"请结合本文谈谈你对这一评价的看法。

第六章 辽金元明清部分

辽金元明清文学概述

两宋时期,北方的辽、金在文学方面也取得了较高的成就。辽是契丹族建立的政权,始于907年,终于1125年,和整个五代、北宋时期的历史时间基本一致。契丹族虽然是以游牧、渔猎为主的少数民族,但是他们喜爱汉族文化和汉字典籍,崇尚文雅,也创作了一些文学作品。据统计,辽诗流传下来的有70多首,作者主要是王室人员,包括君主、后妃和皇族。辽代文学受唐宋文学影响最大,对白居易和苏轼尤其推崇。

金是女真族在北方建立的政权,始于1115年,终于1234年。金灭辽、北宋后,占领了淮河以北大部分地区。他们重视汉族文化,利用辽和北宋的遗民,加快政治制度和文化建设,汉化的程度越来越高。金代初期,主要作家是辽、北宋的遗民,如宇文虚中、蔡松年等。中期,各民族文化融合程度越来越高,许多汉人作家在朝中担任官职,文学创作相对繁荣。主要代表作家有党怀英、蔡珪等。金代后期,国势衰退,蒙古族南下侵犯,社会动荡不安,人民流离失所。这一时期成就最高、影响最大的诗人是元好问。元好问的"纪乱诗"真切地反映了金、元之际的历史动荡,抒发了沉痛悲凉的沧桑之感。

1234年,成吉思汗的儿子窝阔台灭金,占领了淮河以北原金人统治区。此后,蒙古与南宋形成对峙局面,长达45年。1279年,元灭南宋,以蒙古贵族为核心的元代政权统一中国,直到1368年朱元璋建立明朝。从南宋灭亡到明朝建立,元朝统一中国89年。

元杂剧是元代的代表性文学,是在宋代杂剧、金代院本的基础上形成的综合性艺术形式。元杂剧的作家和作品非常之多。根据《录鬼薄》和《录鬼薄续编》,元代杂剧作家有名有姓的220多人,不知姓名的也不在少数。现存杂剧剧本名目530多种。元杂剧的发展以1300年为界,分为前后两个创作时期。前期的创作中心在大都(今北京市），代表作家有关汉卿、王实甫、白朴、马致远、纪君祥等，主要作品有《窦娥冤》《西厢记》《梧桐雨》《汉宫秋》《赵氏孤儿》等。后期创作中心南移至杭州，并走向衰落。代表作家有郑光祖、乔吉、宫天挺等，主要作品有《倩女离魂》《两世姻缘》《范张鸡黍》等。元杂剧衰落时，发源于南宋温州一带的南曲戏文（也称"南戏"）再度兴盛，并产生了《琵琶记》《荆钗记》《白兔记》《拜月亭》《杀狗记》等剧作。

散曲是元代文学的新样式，是继唐诗、宋词后的一种新诗体。散曲分为小令和套数两大类。小令是独立的只曲，形式短小，语言精练。套数是由同一宫调的多种曲牌连合而成的组曲。据近人隋树森《全元散曲》，有姓名可考的元代散曲作家有 212 人，作品 4310 首。元代散曲总体上分为前后两个时期。前期散曲通俗、本色、泼辣，代表散曲家有关汉卿、马致远、白朴。后期散曲辞藻华美，风格典雅，代表作家有张可久、乔吉等。

与元杂剧、散曲相比，元代诗文成就总体不高，没有特别杰出的作家作品。主要代表性的作家有虞集、萨都剌、杨维桢等。

1368 年，朱元璋灭元，建都南京，明朝建立。1644 年，李自成领导的农民起义军攻入北京，崇祯帝自缢，统治中国 276 年的明朝灭亡。明代统治者在思想领域内实行文化专制。一方面，通过大力提倡程朱理学，规定"四书""五经"为科举考试内容，束缚、阻碍文人的思想自由。另一方面，通过大兴文字狱、宦官专权、设立东厂西厂等压制、打击、杀戮被认为有碍专制统治的文人和官吏，蔽塞言路，扼杀"异端"。正如有学者指出的，有明一代 300 年间，几乎没有一个明君。（郭预衡主编《中国古代文学史简编》）在强大的封建专制体制面前，经济领域内资本主义生产关系的萌芽和思想领域个性解放的潮流等新变最终被扼杀，从此中国的发展陷入困境，中国与世界的差距也越来越大。

明代初年，除了产生于元末明初的历史演义小说《三国演义》和英雄传奇小说《水浒传》外，诗文方面的创作成就普遍不高。刘基、宋濂、高启等诗人的大多数诗作歌功颂德，粉饰太平；杨士奇、杨溥、杨荣等台阁大臣多"台阁体"诗作，内容枯燥无聊，一派雍容华贵之气。明中叶，文坛兴起复古之风。"前七子""后七子"倡导"文必秦汉，诗必盛唐"，陷入一味拟古的形式主义之中。以归有光、唐顺之为代表的"唐宋派"号召学习唐宋古文名家，反对八股时文，反对模拟之风，对散文的发展起到了一定的推动作用。

明中叶以后，东南沿海一带城市经济繁荣，市民阶层不断扩大，文人走出书斋，走向世俗化，文学创作也走向商品化、娱乐化，这进一步推动了小说、戏曲等通俗文学的发展。在长篇小说领域，《西游记》《金瓶梅》问世，与《三国演义》《水浒传》并称为明代"四大奇书"。其中，《金瓶梅》作为我国第一部文人独自创作的小说，被称为古代长篇小说的标志之作。在短篇小说领域，模拟宋元话本创作的"拟话本"标志着古代白话短篇小说进入新的历史时期。据统计，明代拟话本有数百篇之多。其中影响最大的就是冯梦龙的"三言"：《喻世明言》《警世通言》《醒世恒言》和凌濛初的"二拍"：《初刻拍案惊奇》《二刻拍案惊奇》。

在戏曲方面，第一部昆山腔传奇梁辰鱼的《浣纱记》以西施、范蠡的悲欢离合写吴、越两国的兴亡成败，使昆山腔迅速传播，传奇创作出现了"曲海词山"的兴盛局面。汤显祖的浪漫主义杰作《牡丹亭》则标志着传奇创作的新高度。《牡丹亭》通过描写杜丽娘、柳梦梅由生入死、死而复生的爱情故事，批判了"存天理、灭人欲"的程朱理学，高扬了晚明时期个性解放的思想潮流。明代的杂剧创作也产生了一些较优秀的作品，如康海的《中山狼》和徐渭的《四声猿》（包括《狂鼓史》《玉禅师》《雌木兰》《女状元》四个杂剧）。

在诗文领域，在李贽"童心说"的影响下，以袁宏道为代表的"公安派"，倡导"独抒性灵，不拘格套"，诗文创作个性鲜明，风格清新。公安派的散文以抒情小品、游记、传记著称，但其末流往往寄情山水，刻意描写琐闻逸事，作品流于浅薄、俚俗。针对公安派的流弊，湖北竟陵人钟惺、谭元春为首的"竟陵派"，主张"引古人之精神，接后人之耳目"，追求"幽深孤峭"的风格，把文学引向了奇僻险怪的道路，步入了另一条形式主义的迷途。而以张岱、王思任为代表的晚明小品文的兴起，标志着古代散文发展的新成就。小品文注重表现个人化、生活化的真情实感，表达感兴式的审美感受，率真直露，意趣盎然。

清王朝是元代之后另一个少数民族统治中国的朝代。始于1644年，终于1911年。为了笼络人才，控制思想，实现长治久安，清政府实行了恩威并施的极端专制措施。一是严禁文人结社，大兴文字狱。清朝的文字狱数量在中国历史上是空前绝后的。康熙、雍正、乾隆三朝的文字狱多达七八十起，著名的庄廷鑨"明史案"株连200多人，戴名世《南山集》案100多人被杀，数百人被流放。另外，还有吕留良案、沈天甫案、汪景棋案等。在此氛围之下，文人普遍噤若寒蝉、忧惧惶恐，其情形正如龚自珍诗所言："避席畏闻文字狱，著书都为稻粱谋。"（《咏史》）二是沿袭明代科举制度，依照"四书""五经"，实行八股取士。通过科举考试，消耗知识分子的精力，禁锢他们独立自由的思想权利，以达到稳定政权统治的目的。三是开设博学鸿词科，广招人才，组织编纂大型文化典籍，引导知识分子钻进故纸堆，以达到消磨斗志的目的。《四库全书》《古今图书集成》

《康熙字典》《佩文韵府》《全唐诗》等都是规模浩大的文化工程。编纂这些图书，一方面保存了古代文献，对学术文化的发展有一定的贡献，如著名的"乾嘉考据学"就形成于这样的背景之下；另一方面借机销毁了大量反清、反对封建专制的历史典籍，对文化来说又是一种劫难。据统计，乾隆时期被禁毁的书籍与《四库全书》收录的书籍数量相当。清朝统治者在思想文化领域实行的极端专制政策，深刻影响了知识分子的思想与精神状态，也直接影响了清代的文学创作。如桐城派古文的兴起与科举考试、乾嘉学风有密切的关系。诗坛上翁方纲的"肌理说"，小说中的《镜花缘》《东周列国志》等也深受乾嘉学风的影响。

清朝是中国最后一个封建王朝，也是中国古代文学全面复兴的时代。各种文体再度辉煌，蔚为大观。

清代诗人数量和诗歌流派众多。近代人徐世昌所编《晚晴簃诗汇》收录清代诗人6100多人，比《全唐诗》收录的2200人多得多。这一数字也决定了清诗在中国文学史上的重要地位。从流派来看，清初有以顾炎武、王夫之、黄宗羲、屈大均为代表的遗民诗人；有以钱谦益、吴伟业为代表的贰臣诗人；稍后有"南施北宋"之称的宋琬、施闰章；有提倡"神韵说"的文坛领袖王士禛。清中叶诗坛，有提倡"格调说"的台阁体诗人沈德潜；提倡"肌理说"的考据派诗人翁方纲；提倡"性灵说"的个性派诗人袁枚。此外，还有与袁枚号称"乾隆三大家"的赵翼、蒋士铨，著名诗人郑板桥、黄景仁、张问陶等。

清代词人辈出，词作兴盛，流派纷呈，呈现出"中兴气象"，其成就堪与宋词相媲美。据叶恭绰《全清词钞》，清代有3196位词人，比宋代多出两倍。清初成就较高的词人主要有陈维崧、朱彝尊、纳兰性德、顾贞观、曹贞吉等。清中叶后，浙派词风笼罩词坛，词作推重形式而脱离现实，为此嘉庆年间张惠言开创常州词派，崇尚含蓄婉约，比兴寄托，对扭转词风起到积极的作用。

清代散文亦颇有成就。明末清初顾炎武、王夫之、黄宗羲等的散文，抨击封建专制，有强烈的爱国情怀与民族意识，所作文章以政论与学术论文为主。清初文坛有"散文三大家"侯方域、魏禧、汪琬。其中，侯方域的人物传记，继承韩、欧传统，融入小说笔法，成就最高。清初还有其他散文家如李渔、戴名世、全祖望等。清中叶的桐城派被认为是继韩愈、柳宗元后中国古代散文创作的又一高潮。桐城派创始于方苞，经过刘大櫆、姚鼐的继承、发展，成为清中叶文坛上的最大流派。因方苞、刘大櫆、姚鼐都是安徽桐城人，故称桐城派。桐城派在长期的发展中形成了自己的理论体系，讲究"义法"，追求"雅正"，主张义理、考据、辞章相结合。桐城派居于清代文坛正统地位，追随者众，影响深远，一直延续到"五四"新文化运动前后。骈体文在宋元已经衰落，明末有抬头之势，至清中叶全面复兴。主要代表作家有汪中、阮元、李兆洛等。

与元明两代相比，清代戏曲也不逊色。明末清初，李玉为代表的苏州派作家创作了大量反映现实生活的剧作，贴近生活，曲词本色自然，深受观众喜爱。其中，李玉一人创作剧本多达40种，今存18种，以"一人永占"（《一捧雪》《人兽关》《永团圆》《占花魁》）最为有名。以小说家兼戏剧家的李渔，不仅创作传奇10余种，而且结合舞台演出实践，著有《闲情偶寄》，成为中国古代著名的戏曲理论家。代表清代戏曲最高成就的是"南洪北孔"，即洪升的《长生殿》和孔尚任的《桃花扇》。这两部剧作"借离合之情，写兴亡之感"，艺术成就高超，思想内容厚重。《长生殿》以唐明皇李隆基和贵妃杨玉环的爱情为主线，以"安史之乱"为辅线，敷演唐王朝由盛而衰的历史，结构宏伟，曲词优美，音律精妙，一向受到曲家推崇。《桃花扇》以复社文人侯方域与秦淮名妓李香君悲欢离合的爱情故事为线索，集中反映了南明弘光王朝灭亡的深刻原因，抒发了作者对南明覆亡的亡国之痛与故国之思。清中叶后，地方戏曲逐渐兴盛，传奇创作日趋衰微。

清代成就最大的当属小说。蒲松龄《聊斋志异》继承了六朝志怪小说、唐代传奇的优秀传统，"用传奇法而以志怪，"（鲁迅《中国小说史略》）代表了中国文言小说的最高成就。《聊斋志异》借花妖狐魅的故事或反映社会黑暗，或揭露科举弊端，或表现美好爱情，情节曲折离奇，语言精练生动，把中国文言短篇小说推向艺术最高峰。署名"西周生"的《醒世姻缘传》是继《金瓶梅》之后又一部反映世俗生活的长篇世情小说。小说主要描写了两世姻缘冤仇相报的故事。小说真实展现了清代初年的社会生活画卷，全用山东方言，极富乡土气息。李汝珍《镜花缘》以丰富的学识与想象，寄托理想，讽喻现实，表现出了对妇女地位、境遇的关注与思考，在长篇小说中独具特色。吴敬梓《儒林外史》是中国第一部长篇讽刺小说，"机锋所向，尤在士林，"（鲁迅《中国小说史略》）批判了科举制度的罪恶和深受科举毒害的知识分子的虚伪与丑恶。曹雪芹《红楼梦》代表了中国古典小说的最高成就。小说以贾宝玉、林黛玉、薛宝钗之间的恋爱、婚姻悲剧为中心，描写了以贾府为代表的四大家族由盛而衰的过程，全面展示了18世纪中国封建社会的面貌，艺术地表现了作者对社会生活的思考，寄寓了作者深刻、丰富的人生经验与感悟。由于《红楼梦》巨大而深远的影响，对这部小说的研究形成了一种专门之学："红学"。

中国近代文学是指从1840年"鸦片战争"开始，到1919年

"五四"新文化运动前夕的文学。近代文学从作家身份、文学观念到文学载体、接受对象都逐渐发生了根本性的变化,显示出与此前封建时代文学明显不同的特点。

近代文学是中国古代文学向现代文学艰难嬗变的转型时期,历经80年,可分为三个时期:第一,资产阶级启蒙时期(1840~1894年)。这是中国近代文学首开风气的时期,代表作家有龚自珍、魏源等。龚自珍是近代文学史上开风气之先的杰出作家,被柳亚子誉为"三百年来第一流"。他反对封建专制统治,主张社会变革和个性解放,表现出新的进步思想。第二,资产阶级改良运动时期(1895~1905年)。这是中国近代文学全面发展、繁荣昌盛的时期。代表作家有黄遵宪、梁启超等。戊戌变法前后,梁启超等人提出"诗界革命""小说界革命""文界革命"。在"小说界革命"的号召下,出现了以暴露社会黑暗为主要内容的晚清"四大谴责小说":李伯元《官场现形记》、吴趼人《二十年目睹之怪现状》、刘鹗《老残游记》、曾朴《孽海花》。梁启超创作的"新文体"散文,平易畅达,融会多种艺术手段,大胆抒写己见,成为我国散文由文言向白话过渡的桥梁,对"五四"文学革命有着直接影响。第三,资产阶级民主革命时期(1905~1919年)。这是中国近代文学继续向前发展的时期。代表作家有章炳麟、秋瑾、柳亚子、曾朴等。辛亥革命后,小说创作步入低谷,出现了以消闲、趣味为创作宗旨的"鸳鸯蝴蝶派"小说和"黑幕小说",思想和艺术价值都较低下。这一时期,陈去病、柳亚子等发起成立了资产阶级革命派的文学团体——"南社",创办戏剧专刊《二十世纪大舞台》,有意识地运用文学为资产阶级革命服务。这一时期随着外国文学作品大量传入中国,翻译文学兴盛,并产生了新的文学体裁——话剧。影响最大的话剧团体是留日学生组织的"春柳社",影响最大的剧本是改编自美国斯陀夫人小说的《黑奴吁天录》。

元好问①

横波亭为青口帅赋②

孤亭突兀插横流,气压元龙百尺楼③。
万里风涛接瀛海④,千年豪杰壮山丘。
疏星淡月鱼龙夜⑤,老木清霜鸿雁秋⑥。
倚剑长歌一杯酒,浮云西北是神州。

【注释】

①元好问(1190年~1257年),字裕之,号遗山,太原秀容(今山西忻州)人。32岁登进士第,曾任南阳等县的县令,后入朝任右司都事等职。金亡,被元兵押解到聊城,后回到家乡从事著述。元好问是金元之际最伟大的文学家,存诗1400多首,词300多首,有《遗山集》。元好问的诗、词、文代表了金元文学的最高成就,其《论诗绝句三十首》是中国文学批评史上的重要作品。
②横波亭,在江苏省赣榆县南。青口,地名,在赣榆县东南。青口帅,指金将移剌粘合。他在驻防青口时,与元好问时有往来。
③元龙,三国时陈登字元龙。相传许汜去见陈登,陈登自己睡在大床上,让许汜睡在床下。后来许汜对刘备讲了这事,称元龙为"湖海之士,豪气不除"。刘备批评许汜:"君有国士之名,今天下大乱,君主失所,望君忧国忘家,有救世之意,而君求田问舍,言无可采。是元龙所讳也,何缘当与君语!如备欲卧百尺楼上,卧君于地,何但上下床之间邪?"这句诗的意思是说,登亭远眺,豪气满怀,壮志高过陈登、刘备。
④瀛海,大海。
⑤鱼龙夜,秋夜。杜甫《秦州杂诗》之一:"水落鱼龙夜,山空鸟鼠秋。"
⑥这句诗的意思是说,严霜满地,枯树在秋风中瑟瑟抖动。寥廓的秋空,划过一声声鸿雁的哀鸣。

提　示

　　此诗以屹立中流的横波亭为喻,借咏山亭周围气势,寄寓了对移剌粘合重整河山、收复故土的热切希冀。

　　作者从横波亭的雄峻落笔,描绘山亭的高耸特立与非凡气势,并通过刘备、许汜的典故把横波亭的雄豪气势推向极致,同时以之暗喻移剌粘合将帅意气风发、豪气干云的气魄。接着诗人分别从空间与时间的角度,写横波亭气象壮阔及古徐州豪杰辈出的地灵人杰之美。面对寥廓秋空,疏星淡月,作者笔锋一转,以鸿雁的凄厉哀鸣引发出对大半河山惨遭蒙古铁蹄蹂躏、广大人民身处水深火热的忧怀之思。"倚剑长歌一杯酒,浮云西北是神州",是全诗的落脚点,寄寓了作者对青口帅救国于危亡,挽狂澜于既倒的期冀。忧国之情,溢于笔端。

这首诗魄力沉雄,气格遒壮。时人李治称元好问诗"律切精深,有豪放迈往之气。"此诗恰可配此赞语。

思考与练习

1. 这首诗寄寓了作者怎样的情感?
2. 分析本诗是如何把写景与抒怀结合起来的?
3. 背诵这首诗。

马致远①

【双调·夜行船】秋思②

百岁光阴如梦蝶③,重回首往事堪嗟。今日春来,明朝花谢。急罚盏夜阑灯灭④。

【乔木查】想秦宫汉阙,都做了衰草牛羊野。不恁渔樵无话说⑤。纵荒坟横断碑,不辨龙蛇⑥。

【庆宣和】投至狐踪与兔穴⑦,多少豪杰。鼎足三分半腰折⑧,魏耶?晋耶?

【落梅风】天教富,莫太奢。无多时好天良夜。看钱奴硬将心似铁,空辜负锦堂风月。

【风入松】眼前红日又西斜,疾似下坡车。晓来清镜添白雪,上床与鞋履相别。莫笑鸠巢计拙⑨,葫芦提一向装呆⑩。

【拨不断】名利竭,是非绝。红尘不向门前惹,绿树偏宜屋角遮,青山正补墙头缺,竹篱茅舍。

【离亭宴煞】蛩吟一觉方宁贴⑪,鸡鸣万事无休歇。争名利,何年是彻⑫?密匝匝蚁排兵,乱纷纷蜂酿蜜,闹攘攘蝇争血。裴公绿野堂⑬,陶令白莲社⑭。爱秋来那些:和露摘黄花,带霜烹紫蟹,煮酒烧红叶。人生有限杯,几个登高节?嘱咐俺顽童记者:便北海探吾来⑮,道东篱醉了也⑯。

【注释】

①马致远(1250年?~1324年?),号东篱,大都(今北京)人。元代著名杂剧、散曲作家。马致远年轻时热衷功名,但未得志。中年时做过江浙行省务官。50岁以后,他便离开官场,退居田园,以诗酒自娱。马致远在元代文坛享有"曲状元"的美称,并与关汉卿、白朴、郑光祖被称为"元曲四大家"。著有杂剧15种,流传下来的有7种,以《汉宫秋》最为著名。流传下来的小令104首,套数17套。马致远因写有著名散曲《天净沙·秋思》,又被称为"秋思之祖"。

②双调,这套散曲的宫调名。夜行船,套曲中第一支散曲的曲牌名。

③梦蝶,《庄子·齐物论》:"昔者庄周梦为蝴蝶,栩栩然蝴蝶也。……俄然觉,则蘧蘧然周也。"此处取其虚幻、短暂之意,谓人生如梦。

④"急罚盏"这句,赶快行令罚酒,直至夜深灯熄。夜阑,夜深。

⑤不恁(nèn),不如此。

⑥龙蛇，指刻在碑上的文字。古人常以龙蛇喻笔势的飞动。
⑦投至，及至，等到。
⑧"鼎足三分"这句，指三国时期魏、蜀、吴三足鼎立，没有谁得到最后的胜利。
⑨鸠巢计拙，指不善于经营生计。《诗经·召南·鹊巢》："维鹊有巢，维鸠居之。"朱熹注云："鸠性拙不能为巢，或有居鹊之成巢者。"
⑩葫芦提，宋元俗语，糊里糊涂。
⑪蛩（qióng），蟋蟀。宁贴：安宁。
⑫彻，了结。
⑬裴公，指裴度，唐宪宗时宰相，消除藩镇有政绩。晚年因见宦官当权，国事日非，辞官退居洛阳。在洛阳，修筑别墅"绿野堂"，与白居易、刘禹锡等饮酒赋诗，不问政事。
⑭陶令，指陶渊明，因其曾任彭泽令，故称陶令。相传陶渊明曾经参加东晋僧人慧远法师在庐山虎溪东林寺组织的白莲社活动。
⑮北海，指东汉的孔融，因其曾任北海相，世称为孔北海。孔融有惜才好客之名，曾云："座上客恒满，樽中酒不空，吾无忧矣。"
⑯东篱，指马致远。马致远羡慕陶渊明的隐逸生活，因陶诗《饮酒》中有"采菊东篱下，悠然见南山"之句，乃自号为"东篱"。

提　示

这支散套表现了马致远辞官隐居后对人生的感悟与思考。这支散套由七支曲子组成。第一支曲子【夜行船】是引子，从人生短促、虚幻写起，引出下文对痴迷名利者的批判和对人生价值的思考。【乔木查】【庆宣和】【落梅风】三曲叹古讽今，分别指出无论帝王将相、英雄豪杰，还是商贾富翁，其人生无一永恒，终归虚空，进而批判了痴迷于权力名位、城池土地、金钱财富者的人生取向。【风入松】【拨不断】两曲表明了作者参透名利后与世无争、自得其乐的人生态度：既然岁月无情，人生易老，那么远离红尘，寄情自然无疑是最佳选择。最后一曲【离亭宴煞】对比两种人生，总括全文。一为熙来攘往的名利之徒，勾心斗角，尔虞我诈，你死我活；一为超然物外的山林高士，红叶煮酒，纵兴放歌，逍遥自得。很显然，后者正是作者的人生志向。

这支散套在语言、形象与趣味方面表现了作者的艺术技巧与作品的艺术魅力。语言明快率真，本色当行，韵味自然。精巧的鼎足对，别致的设色字，也表现出作者深厚的语言功力。作者善用比喻，以"梦蝶"喻人生，以"白雪"喻白发，尤其以"蚁排兵""蜂酿蜜""蝇争血"比喻名利场，形象生动，引人深思。同时，作者在字里行间表现了情趣盎然的人生真味，如"绿树偏宜屋角遮，青山正补墙头缺"中的调侃，"和露摘黄花，带霜烹紫蟹，煮酒烧红叶"中的农趣，"道东篱醉了也"中的洒脱，都会让读者在俯察世事、冥思人生中会意无穷。

　　这支散套纵横古今，淋漓奔放，指点人生，切中肯綮，被誉为元散曲中"万中无一"之作。

思考与练习

1. 这支套曲表现了作者怎样的人生价值取向？
2. 这支套曲有何艺术表现技巧？
3. 背诵本篇。

高启①

登金陵雨花台望大江②

大江来从万山中，山势尽与江流东。
钟山如龙独西上，欲破巨浪乘长风③。
江山相雄不相让，形胜争夸天下壮。
秦皇空此瘗黄金，佳气葱葱至今王④。
我怀郁塞何由开，酒酣走上城南台⑤。
坐觉苍茫万古意，远自荒烟落日之中来。
石头城下涛声怒⑥，武骑千群谁敢渡⑦？
黄旗入洛竟何祥⑧，铁锁横江未为固⑨。
前三国，后六朝⑩，草生宫阙何萧萧！
英雄乘时务割据，几度战血流寒潮。
我生幸逢圣人起南国⑪，祸乱初平事休息。
从今四海永为家⑫，不用长江限南北。

【注释】

①高启（1336年～1374年），字季迪，号槎轩，又号青丘子。长洲（今江苏苏州）人。明初著名诗人。曾参与编修《元史》。其诗清新超拔，雄健豪迈，众体皆长，尤工于歌行。著有《青丘高季迪诗文集》。
②本诗作于明洪武二年（1369年），时作者应诏入京修《元史》。
③钟山，一名紫金山，在南京市中山门外。这两句说沿江的山势都是向东的，只有钟山由东向西，好像逆江流而上。破巨浪乘长风，用《南史·宗悫传》"愿乘长风破万里浪"语。
④"秦皇"二句，秦始皇曾用埋金之法镇压此地的王气，但此地仍是佳气葱葱，为龙盘虎踞之地。《丹阳记》："秦始皇埋金玉杂宝以压天子气，故曰金陵。"《后汉书·光武帝纪论》："后望气者苏伯阿为王莽使至南阳，遥望见春陵郭，喟（jiè）曰：'气佳哉！郁郁葱葱然！'"瘗（yì），掩埋。
⑤城南台，即雨花台。在今南京市南聚宝山上。相传梁武帝时云光法师讲经于此，感动得天雨赐花，故名。此地据冈阜最高处，遥望大江，俯瞰城市，历历在目。
⑥石头城，故址在今南京市清凉山。本为楚金陵城，孙权重筑改名。六朝时，江流迫近山麓，城负山面江，南邻秦淮河口，当交通要冲。

⑦"武骑"这句,南朝陈末,贺若弼、韩擒虎率领数十万大军准备渡江,佞臣孔范却对陈后主说:"长江天堑,古来限隔,虏军岂能飞渡?"陈后主笑以为然,遂不设防。事见《南史·孔范传》。

⑧"黄旗"这句,《三国志·吴书·孙皓传》裴松之注引《江表传》云:"初,丹阳刁玄使吴,得司马徽与刘廙论运命历数事。玄诈增其文诳国人曰:'黄旗紫盖见于东南,终有天下者,荆、扬之君乎!'又得中国降人,言寿春有童谣曰:'吴天子当上。'皓闻之,喜曰:'此天命也。'即载其母、妻、子及后宫数千人,从牛渚陆道西上,云青盖入洛阳,以顺天命。行遇大雪,道途陷坏,兵士被甲持杖,百人共引一车,寒冻殆死。兵人不堪,皆曰:'若遇敌,便当倒戈耳。'皓闻之,乃还。"祥,吉凶的征兆。

⑨"铁锁"这句,《晋书·王濬传》:"吴人于江险碛要害之处,并以铁锁横截之。又作铁锥长丈馀,暗置江中,以逆距船。……濬乃作大筏数十,亦方百馀步,缚草为人,被甲持杖,令善水者以筏先行。筏遇铁锥,锥辄著筏去。又作火炬,长十馀丈,大数十围,灌以麻油,在船前。遇锁,燃炬烧之,须臾,融液断绝,于是船无所碍。"

⑩六朝,本指吴、东晋、宋、齐、梁、陈六个朝代,这六个朝代都以金陵为都。诗中专指南朝宋、齐、梁、陈四代,与吴对举。

⑪"我生"这句,指朱元璋于江南起事,终成大业。圣人,指朱元璋,安徽凤阳人,初从郭子兴起兵于濠州,后夺取天下,建立了明朝。

⑫"从今"这句,用刘禹锡《西塞山怀古》诗"从今四海为家日"句意。

提 示

这是一篇登临怀古之作。

全诗先言金陵形胜,尽显帝王之气;由此怀古,感叹建都于此的六朝之兴亡;再感今,表达了对王者兴起、四海为家,人民得以休养生息的喜悦之情。开头八句写景,雄奇壮阔,落笔不凡,既写出了长江天堑不可逾越的险要地利,也写出了钟山龙盘虎踞的凌厉气势,为后文六朝自恃天险,未尽人事,终于覆亡做了铺垫。在感叹六朝的兴亡时,作者又以孙皓与陈后主为典型,讽刺他们昏庸误政、国破身亡的凄惨结局。作者以荒烟落日、宫草萧萧的衰败景象与所谓的葱茏王气形成鲜明的对比,彰显王朝兴亡、朝代更迭的内在原因,并由此表现对战争与动乱的厌恶,表达对天下一统、百姓安定的渴望之情。言外之意,天下治乱的根本原因在于能否顺应潮流、赢得民心,而所谓的地形之险、王气之盛实不足恃。末句虽似歌功颂德,言外又有讽谏之意。

这首七言歌行感情激越,气势磅礴,大起大落,层层转折,"有博大昌明气象"。而且全诗四句一韵,音韵铿锵,间用短句,纵横自如,与李白诗风"不惟形似,而且神似"。

思考与练习

1. 本诗的题旨是什么?
2. 试分析本诗是如何把怀古与讽今结合起来的?
3. 分析这首诗的艺术特点。

纳兰性德①

金缕曲②

此恨何时已?滴空阶、寒更雨歇,葬花天气③。三载悠悠魂梦杳,是梦久应醒矣!料也觉、人间无味。不及夜台尘土隔,冷清清、一片埋愁地④。钗钿约,竟抛弃⑤!

重泉若有双鱼寄⑥,好知他、年来苦乐,与谁相倚?我自终宵成转侧,忍听湘弦重理⑦?待结个、他生知己,还怕两人俱薄命,再缘悭、剩月零风里⑧。清泪尽,纸灰起。

【注释】

①纳兰性德(1654年~1685年),字容若,号楞伽山人,满洲正黄旗人,大学士明珠之子。康熙十五年(1676年)进士,官至一等侍卫。清初著名词人,与朱彝尊、陈维崧并称"清词三大家"。纳兰词内容多写离情别绪及个人的闲愁哀怨,情感真挚自然,词境婉丽清新,善用白描,不事雕琢,形成了个人的独特风格。词集有《饮水词》。
②此词为纳兰性德悼念妻子卢氏所作。
③葬花天气,农历五月下旬,正是落花时节,故云。此处意含双关。既是实写眼前时令,也是暗喻卢氏之亡亦如花之凋谢。
④夜台,坟墓。李白《哭善酿纪叟》:"夜台无李白,沽酒与何人?"
⑤钗钿,钗钿系女人之饰物,即"金钗""钿合"。这里借指夫妻的盟誓。
⑥重泉,犹黄泉、九泉,指坟墓里。双鱼,书信。《文选·古乐府之一》:"客从远方来,遗我双鲤鱼。呼儿烹鲤鱼,中有尺素书。"后以"双鱼""双鲤"代指书信。
⑦"忍听"这句:湘弦,即湘灵鼓瑟之弦。湘灵,湘水之神,传说为虞舜之妃,溺湘水而亡,成为水神。《楚辞·远游》:"使湘灵鼓瑟兮,命海若舞冯夷。"后于诗词中常用以代指鼓瑟弹琴,或表示伤悼女子亡故,或为吟咏湘江风物等。如贺铸《雁后归》:"湘弦弹未半,凄怨不堪听。"纳兰此词的意思是不忍再弹那哀怨凄婉的琴弦。
⑧剩月零风,比喻美好的光景、美好的情缘不长久。

提 示

这首词是纳兰性德悼亡词中的代表作。词中起句突兀:"此恨何时已?"此乃化用李煜"春花秋月何时了",是作者哀思愁恨难以排遣后、无奈而又沉痛的呐喊，反衬出对亡妻思念之情的深切绵长、无穷无尽。进而作者从空阶滴雨、仲夏葬花写来，以凄凉氛围烘衬悼亡之思；接以人生无味无聊、夜台悠远阻隔，转出对钗钿之约未能善终的痛惜。在生死苍茫、阴阳相隔的现实面前，作者冷静下来追念卢氏的苦乐孤朋，并痴情地想象来生再结情缘。然而，又担心在生命的轮回中薄命如斯，所谓"他生未卜此生休"。可以看出词人缠绵真挚的情感在超越生死的时空中层层递进，转折起伏。

"清泪尽，纸灰起"六个字，以景结情，把词人万念俱灰、无限凄凉沉痛的心境抒写得淋漓尽致，令人肝肠寸断、难以卒读。

全词虚实相间，层层深入，真切自然，质朴感人。

思考与练习

1. 这首词是如何抒发悼亡之情的？
2. "清泪尽，纸灰起"句在抒情上有什么特点？
3. 具体分析这首词在结构上的特点。

龚自珍①

咏 史②

金粉东南十五州③,万重恩怨属名流④。牢盆狎客操全算⑤,团扇才人踞上游⑥。避席畏闻文字狱⑦,著书都为稻粱谋⑧。田横五百人安在,难道归来尽列侯⑨?

【注释】
----

①龚自珍(1792年~1841年),字璱人,号定盦,浙江仁和(今杭州市)人。近代启蒙思想家,文学史上开风气之先的杰出作家。道光九年(1829年)进士。曾先后任内阁中书、礼部主客司主事等职。道光十九年(1839年),因忤其长官辞官南归,两年后暴卒于江苏丹阳云阳书院。龚自珍诗、文、词各体兼擅,其诗反映了鸦片战争前夕黑暗的社会现实,具有渴望变革、追求理想的精神。文辞瑰丽豪放,想象丰富,别开生面。著有《龚自珍全集》。

②此诗作于道光五年十二月。时作者寓居昆山,目睹江南一带所谓的名流人物流连声色犬马,醉心功名利禄,而文人在当时的高压政策下庸庸碌碌,苟安自保。作者借咏史表达了他的愤慨和讽刺。

③金粉,古代妇女化妆用的铅粉。多用以形容繁华绮丽的生活。十五州,泛指经济发达的长江下游地区。

④名流,官场士林人士。

⑤牢盆,煮盐的器具。《汉书·食货志》:"官与牢盆"。古代盐业属官营,故以代指达官贵人。狎客,指出入权贵家的帮闲清客。全算,全局计划。

⑥团扇才人,《宋书·乐志》载,东晋王导之孙王珉喜持白团扇,与嫂婢相爱,事发,嫂挞婢,婢作《团扇歌》。此处用此故事,以指流连声色的文人。上游,上层社会。

⑦避席,古人席地而坐,离席而起,以示敬意,谓之避席。文字狱,是统治者迫害知识分子的一种冤狱,即故意在作者诗文中摘取字句,罗织成罪。清代康熙、雍正、乾隆几代文字狱尤为酷烈。此句意谓,文人听到文字狱之事,无不畏惧,离席而起。

⑧稻粱谋,谋生活。杜甫《同诸公登慈恩寺塔》:"君看随阳雁,各有稻粱谋。"

⑨"田横"二句:田横,秦末狄县(战国齐邑,秦置县,治所在今山东省高青东南)人。楚汉相争时,自立为齐王,后为汉军所破,投归彭越。汉朝建立,率其随从五百余人入海岛。刘邦恐其作乱,召之曰:"田横来,大者王,小者乃侯耳!不来,且举兵加诛焉。"田横被迫前往洛阳,至洛阳外三十里处,因耻于侍奉刘邦,遂自刎。海岛中五百余人闻横死,亦皆自杀。见《史记·田儋列传》。

提　示

　　诗人借咏南朝史事寄寓了对时代风气的愤慨与痛惜。诗中既有对无才政客的讽刺，又有对无行文人的鞭挞，更有对广大士子慑服于清王朝的险恶统治，庸俗苟安，埋头著书的痛心。"避席畏闻文字狱，著书都为稻粱谋"，是对一代士风真实形象的写照。作为一个目光敏锐、有志于变革现实的诗人，龚自珍对江南金粉之地士风萎靡的现状既痛心疾首，却又黯然无奈。诗末更用田横抗汉故事，揭穿清王朝以名利诱骗文士的用心："田横五百人安在，难道归来尽列侯？"在清王朝高压与怀柔政策的双重作用下，思想学术界畏避文网，万马齐喑，全无生气。龚自珍以敏锐的洞察力看到了封建社会的没落，以婉转之笔撕下了清王朝"盛世"的面纱。

　　诗人以敏锐的眼光、深邃的识见、精警的语言，深刻揭示了末世王朝的腐朽本质及其没落趋势，给人以震撼警醒的艺术力量。全诗造语凝重，属对工切，境界开阔，寓理深远。

思考与练习

1. 本诗对当时的社会现实有何针对性？
2. 诗人引用田横及其五百部下殉难的典故有何寓意？
3. 背诵这首诗。

张岱[①]

西湖七月半[②]

　　西湖七月半,一无可看,只可看看七月半之人。看七月半之人,以五类看之:其一,楼船箫鼓[③],峨冠盛筵,灯火优傒[④],声光相乱,名为看月而实不见月者,看之;其一,亦船亦楼,名娃闺秀,携及童娈[⑤],笑啼杂之,还坐露台[⑥],左右盼望,身在月下而实不看月者,看之;其一,亦船亦声歌,名妓闲僧,浅斟低唱[⑦],弱管轻丝[⑧],竹肉相发[⑨],亦在月下,亦看月而欲人看其看月者,看之;其一,不舟不车,不衫不帻[⑩],酒醉饭饱,呼群三五,跻入人丛[⑪],昭庆、断桥[⑫],嘄呼嘈杂[⑬],装假醉,唱无腔曲,月亦看,看月者亦看,不看月者亦看,而实无一看者,看之;其一,小船轻幌,净几暖炉,茶铛旋煮[⑭],素瓷静递,好友佳人,邀月同坐,或匿影树下,或逃嚣里湖[⑮],看月而人不见其看月之态,亦不作意看月者[⑯],看之。

　　杭人游湖,巳出酉归[⑰],避月如仇[⑱]。是夕好名,逐队争出,多犒门军酒钱。轿夫擎燎[⑲],列俟岸上[⑳]。一入舟,速舟子急放断桥[㉑],赶入胜会。以故二鼓以前[㉒],人声鼓吹,如沸如撼,如魇如呓,如聋如哑。大船小船一齐凑岸,一无所见,止见篙击篙,舟触舟,肩摩肩,面看面而已。少刻兴尽,官府席散,皂隶喝道去。轿夫叫船上,怖以关门[㉓],灯笼火把如列星,一一簇拥而去。岸上人亦逐队赶门,渐稀渐薄,顷刻散尽矣。

　　吾辈始舣舟近岸[㉔],断桥石磴始凉,席其上,呼客共饮。此时月色如镜新磨,山复整妆,湖复颒面[㉕],向之浅斟低唱者出,匿影树下者亦出。吾辈往通声气,拉与同坐。韵友来[㉖],名妓至,杯箸安,竹肉发。月色苍凉,东方将白,客方散去。吾辈纵舟,酣睡于十里荷花之中,香气拍人[㉗],清梦甚惬。

【注释】

① 张岱(1597年~1689年),字宗子,又字石公,号陶庵,山阴(今浙江绍兴)人。生于仕宦之家,少为纨绔子弟,一生淡泊名利,未入仕途。明亡后避居剡溪山中,寄情山水,从事著述。文学创作以小品文见长。文笔空灵生动而饶有情趣,风格独特。著有《陶庵梦忆》《西湖梦寻》。
② 本文选自《陶庵梦忆》。

③楼船，有层楼的游船。
④优僊（xī），优伶和仆役。
⑤童娈，即娈童，俊美的男童。
⑥还，通"环"，环绕。露台，露天的台榭。
⑦浅斟低唱，慢慢斟酒，轻声歌唱。
⑧弱管轻丝，管，吹奏乐器。丝，弹拨乐器。弱、轻，此指轻柔地演奏。
⑨竹肉相发，器乐声伴着歌声。竹，指管乐器。肉，指歌喉。
⑩帻（zé），古代男子的头巾。
⑪跻（jī）：登，升。此处指挤进。
⑫昭庆，昭庆寺，与断桥同为西湖名胜。
⑬嚣（jiāo）：呼叫。
⑭铛（chēng）：温茶、酒的器具。旋（xuàn）：随时，随即。
⑮逃嚣：躲避喧闹。里湖：西湖以苏堤为界分为里湖、外湖，西为里湖。
⑯作意，刻意，用心。
⑰巳出酉归，巳，巳时，约指上午九时到十一时。酉，酉时，约指下午五时到七时。
⑱避月如仇，讽刺语，指缺乏赏月的雅兴。
⑲擎燎，举着火把。
⑳列俟，列队等候。
㉑速，催促。放，趋赴。
㉒二鼓，二更。晚十时始为二更。旧时夜间以鼓点报时。
㉓怖以关门，以关闭城门吓唬游人。
㉔舣（yǐ），摆船靠岸。
㉕颒（huì）面：洗脸。
㉖韵友，风雅之友。
㉗拍人，扑人。

提　示

　　作者以活泼生动的笔墨，描绘了西湖七月半人山人海、万众狂欢的场景，展现了晚明社会别致独特的文化风景。值得称道的是，作者并没有着眼于表面的喧闹场面和美丽的自然景色，而是别出心裁，用形象化的方法，抓住五类游湖赏月者的不同特征，进行细致地描写，不置一字褒贬，而雅俗情态活现，立意颇为别致。文章虽然表现了作者自标高雅、风流自赏的清高，但字里行间洋溢着一种市民文化气息，体现了可贵的平民姿态。

　　本文文笔简洁，形象生动。第一，写人方面，作者善于以形传神，如"装假醉，唱无腔曲""不衫不帻，酒醉饭饱，呼群三五，跻入人丛"等描写，把形态各异的各类游客惟妙惟肖、生动传神地展现在读者面前。第二，作者善于营造氛围，并通过不同氛围的对比，突出文章的主题。第三，语言雅俗结合，颇见功底。作者寓谐于庄，富有调侃意味。如"明为看月而实不看月者""月亦看,看月者亦看,不看月者亦看"等语,富有韵味。

思考与练习

1. 本文在立意上有什么特点?
2. 作者是怎样营造看月氛围的?
3. 本文语言有何风格?

曹雪芹①

甄士隐梦幻识通灵　贾雨村风尘怀闺秀

(《红楼梦》第一回)

　　列位看官：你道此书从何而来？说起根由虽近荒唐，细谙则深有趣味。待在下将此来历注明，方使阅者了然不惑。

　　原来女娲氏炼石补天之时，于大荒山无稽崖炼成高经十二丈、方经二十四丈顽石三万六千五百零一块②。娲皇氏只用了三万六千五百块，只单单的剩了一块未用，便弃在此山青埂峰下。谁知此石自经煅炼之后，灵性已通，因见众石俱得补天，独自己无材，不堪入选，遂自怨自叹，日夜悲号惭愧。

　　一日，正当嗟悼之际，俄见一僧一道远远而来，生得骨格不凡，丰神迥别，说说笑笑来至峰下，坐于石边，高谈快论。先是说些云山雾海神仙玄幻之事，后便说到红尘中荣华富贵。此石听了，不觉打动凡心，也想要到人间去享一享这荣华富贵；但自恨粗蠢，不得已便口吐人言，向那僧道说道："大师，弟子蠢物，不能见礼了。适闻二位谈那人世间荣耀繁华，心切慕之。弟子质虽粗蠢，性却稍通。况见二师仙形道体，定非凡品，必有补天济世之材，利物济人之德。如蒙发一点慈心，携带弟子得入红尘，在那富贵场中、温柔乡里受享几年，自当永佩洪恩，万劫不忘也。"二仙师听毕，齐憨笑道："善哉，善哉！那红尘中有却有些乐事，但不能永远依恃。况又有'美中不足，好事多魔'八个字紧相连属。瞬息间则又乐极悲生，人非物换，究竟是到头一梦，万境归空。倒不如不去的好。"这石凡心已炽，哪里听得进这话去，乃复苦求再四。二仙知不可强制，乃叹道："此亦静极思动，无中生有之数也。既如此，我们便携你去受享受享，只是到不得意时，切莫后悔。"石道："自然，自然。"那僧又道："若说你性灵，却又如此质蠢，并更无奇贵之处。如此也只好踮脚而已。也罢，我如今大施佛法助你助，待劫终之日，复还本质，以了此案。你道好否？"石头听了，感激不尽。那僧便念咒书符，大展幻术，将一块大石登时变成一块鲜明莹洁的美玉，且又缩成扇坠大小的可佩可拿。那僧托于掌上，笑道："形体倒也是个宝物了！还只没有实在的好处，须得再镌上数字，使人一见便知是奇物方妙。然后好携你到那昌明隆盛之邦，诗礼簪缨之族③，花柳繁华地，温柔富贵乡去安身乐业。"石头听了，喜不能禁，乃问："不知赐了弟子那几件奇处，又不知携了弟子到何地方？望乞明示，使弟子不惑。"那僧笑道："你且莫问，日后自然明白的。"说着，便袖了这石，同那道人飘然而去，竟不知投奔何方何舍。

后来，又不知过了几世几劫，因有个空空道人访道求仙，忽从这大荒山无稽崖青埂峰下经过，忽见一大石上字迹分明，编述历历。空空道人乃从头一看，原来就是无材补天，幻形入世，蒙茫茫大士、渺渺真人携入红尘，历尽离合悲欢炎凉世态的一段故事。后面又有一首偈云④：

　　　　无材可去补苍天，枉入红尘若许年。
　　　　此系身前身后事，倩谁记去作奇传？

诗后便是此石堕落之乡，投胎之处，亲自经历的一段陈迹故事。其中家庭闺阁琐事，以及闲情诗词倒还全备，或可适趣解闷；然朝代年纪、地舆邦国却反失落无考。空空道人遂向石头说道："石兄，你这一段故事，据你自己说有些趣味，故编写在此，意欲问世传奇。据我看来，第一件，无朝代年纪可考；第二件，并无大贤大忠理朝廷治风俗的善政，其中只不过几个异样的女子，或情或痴，或小才微善，亦无班姑、蔡女之德能⑤。我总抄去，恐世人不爱看呢。"石头笑答道："我师何太痴耶！若云无朝代可考，今我师竟假借汉、唐等年纪添缀，又有何难？但我想，历来野史皆蹈一辙，莫如我这不借此套者，反倒新奇别致，不过只取其事体情理罢了，又何必拘于朝代年纪哉！再者，市井俗人喜看理治之书者甚少，爱看适趣闲文者特多。历来野史，或讪谤君相，或贬人妻女，奸淫凶恶，不可胜数；更有一种风月笔墨，其淫秽污臭，涂毒笔墨，坏人子弟，又不可胜数。至若佳人才子等书，则又千部共出一套。且其中终不能不涉于淫滥，以致满纸潘安、子建、西子、文君。不过作者要写出自己的那两首情诗艳赋来，故假拟出男女二人名姓，又必傍出一小人其间拨乱，亦如剧中之小丑然，且环婢开口即者也之乎，非文即理。故逐一看去，悉皆自相矛盾、大不近情理之话。竟不如我半世亲睹亲闻的这几个女子，虽不敢说强似前代书中所有之人，但事迹原委，亦可以消愁破闷；也有几首歪诗熟话，可以喷饭供酒。至若离合悲欢，兴衰际遇，则又追踪摄迹，不敢稍加穿凿，徒为供人之目而反失其真传者。今之人，贫者日为衣食所累，富者又怀不足之心，总一时稍闲，又有贪淫恋色、好货寻愁之事，那里去有工夫看那理治之书？所以我这一段故事，也不愿世人称奇道妙，也不定要世人喜悦检读，只愿他们当那醉余饱卧之时，或避世去愁之际，把此一玩，岂不省了些寿命筋力？就比那谋虚逐妄，却也省了口舌是非之害，腿脚奔忙之苦。再者，亦令世人换新眼目，不比那些胡牵乱扯，忽离忽遇，满纸才人淑女、子建文君、红娘小玉等通共熟套之旧稿。我师意为何如?"空空道人听如此说,思忖半晌,将《石头记》再检阅一遍。因见上面虽有些指奸责佞贬恶诛邪之语,亦非伤时骂世之旨;及至君仁臣良父慈子孝,凡伦常所关之处,皆是称功颂德,眷眷无穷,实非别书之可比。虽其中大旨谈情,亦不过实录其事,又非假拟妄称,一味淫邀艳约、私订偷盟之可比。因毫不干涉时世,方从头至尾抄录回来,问世传奇。因空见色,由色生情,传情入色,自色悟空,遂易名为情僧,改《石头记》为《情僧录》。至吴玉峰题曰《红楼梦》。东鲁孔梅溪则题曰《风月宝鉴》⑥。后因曹雪芹于悼红轩中披阅十载,增删五次,纂成目录,分出章回,则题曰《金陵十二钗》,并题一绝云:

满纸荒唐言,一把辛酸泪!
都云作者痴,谁解其中味?

至脂砚斋甲戌抄阅再评,仍用《石头记》。

出则既明,且看石上是何故事。按那石上书云:

当日地陷东南⑦,这东南一隅有处曰姑苏,有城曰阊门者,最是红尘中一二等富贵风流之地。这阊门外有个十里街,街内有个仁清巷,巷内有个古庙,因地方窄狭,人皆呼作葫芦庙。庙傍住着一家乡宦,姓甄,名费,字士隐。嫡妻封氏,情性贤淑,深明礼义。家中虽不甚富贵,然本地便也推他为望族了。因这甄士隐禀性恬淡,不以功名为念,每日只以观花修竹、酌酒吟诗为乐,倒是神仙一流人品。只是一件不足:如今年已半百,膝下无儿。只有一女,乳名英莲,年方三岁。

一日,炎夏永昼,士隐于书房闲坐,至手倦抛书,伏几少憩,不觉朦胧睡去。梦至一处,不辨是何地方。忽见那厢来了一僧一道,且行且谈。只听道人问道:"你携了这蠢物,意欲何往?"那僧笑道:"你放心,如今现有一段风流公案正该了结,这一干风流冤家,尚未投胎入世。趁此机会,就将此蠢物夹带于中,使他去经历经历。"那道人道:"原来近日风流冤孽又将造劫历世去不成?但不知落于何方何处?"那僧笑道:"此事说来好笑,竟是千古未闻的罕事。只因西方灵河岸上三生石畔,有绛珠草一株,时有赤瑕宫神瑛侍者,日以甘露灌溉,这绛珠草便得久延岁月。后来既受天地精华,复得雨露滋养,遂得脱却草胎木质,得换人形,仅修成个女体,终日游于离恨天外,饥则食蜜青果为膳,渴则饮灌愁海水为汤。只因尚未酬报灌溉之德,故其五内便郁结着一段缠绵不尽之意。恰近日这神瑛侍者凡心偶炽,乘此昌明太平朝世,意欲下凡造历幻缘,已在警幻仙子案前挂了号。警幻亦曾问及,灌溉之情未偿,趁此倒可了结的。那绛珠仙子道:'他是甘露之惠,我并无此水可还。他既下世为人,我也去下世为人,但把我一生所有的眼泪还他,也偿还得过他了。'因此一事,就勾出多少风流冤家来，陪他们去了结此案。"那道人道："果是罕闻。实未闻有还泪之说。想来这一段故事，比历来风月事故更加琐碎细腻了。"那僧道："历来几个风流人物，不过传其大概以及诗词篇章而已。至家庭闺阁中一饮一食，总未述记。再者，大半风月故事，不过偷香窃玉、暗约私奔而已，并不曾将儿女之真情发泄一二。想这一干人入世，其情痴色鬼、贤愚不肖者，悉与前人传述不同矣。"那道人道："趁此何不你我也去下世度脱几个，岂不是一场功德？"那僧道："正合吾意。你且同我到警幻仙子宫中，将蠢物交割清楚，待这一干风流孽鬼下世已完，你我再去。如今虽已有一半落尘，然犹未全集。"道人道："既如此，便随你去来。"

却说甄士隐俱听得明白，但不知所云"蠢物"系何东西。遂不禁上前施礼，笑问道："二仙师请了。"那僧道也忙答礼相问。士隐因说道："适闻仙师所谈因果，实人世罕闻者。但弟子愚浊，不能洞悉明白，若蒙大开痴顽，备细一闻⑧，弟子则洗耳谛听，稍能警省，亦可免沉伦之苦。"二仙笑道："此乃玄机不可预泄者。到那时不要忘我二人，便可跳出火坑矣。"士隐听了，不便再问。因笑道："玄机不可预泄，但适云'蠢物'，不知为何，或可一见否？"那僧道："若问此物，到有一面之缘。"说着，取出递与士隐。士隐接了看时，原来是块鲜明美玉，上面字迹分明，镌着"通灵宝玉"四字，后面还有几行小字。正欲细看时，那僧便说："已到幻境！"便强从手中夺了去，与道人竟过一大石牌坊，那牌坊上书四个大字，乃是"太虚幻境"。两边又有一副对联，道是：

  假作真时真亦假，无为有处有还无。

士隐意欲也跟了过去，方举步时，忽听一声霹雳，有若山崩地陷。士隐大叫一声，定睛一看，只见烈日炎炎，芭蕉冉冉，梦中之事便忘了对半。又见奶妈正抱了英莲走来。士隐见女儿越发生得粉妆玉琢，乖觉可喜，便伸手接来，抱在怀中，斗他顽耍一回，又带至街前，看那过会的热闹。方欲进来时，只见从那边来了一僧一道：那僧则癞头跣足，那道则跛足蓬头，疯疯癫癫，挥霍谈笑而至。及到了他门前，看见士隐抱着英莲，那僧便哭起来，又向士隐道："施主，你把这有命无运、累及爹娘之物，抱在怀内作甚？"士隐听了，知是疯话，也不去睬他。那僧还说："舍我罢，舍我罢！"士隐不耐烦，便抱女儿撤身进去。那僧乃指着他大笑，口内念了四句言词，道是：

  惯养娇生笑你痴，菱花空对雪澌澌。
  好防佳节元宵后，便是烟消火灭时。

士隐听得明白，心下犹豫，意欲问他们来历。只听道人说道："你我不必同行，就此分手，各干营生去罢。三劫后，我在北邙山等你。会齐了，同往太虚幻境销号。"那僧道："最妙，最妙！"说毕，二人一去，再不见个踪影了。士隐心中此时自忖："这两个人必有来历，该试一问，如今悔却晚也。"

这士隐正痴想，忽见隔壁葫芦庙内寄居的一个穷儒——姓贾名化、表字时飞、别号雨村者走了出来。这贾雨村原系胡州人氏，原是诗书仕宦之族，因他生于末世，父母祖宗根基已尽，人口衰丧，只剩得他一身一口，在家乡无益，因进京求取功名，再整基业。自前岁来此，又淹蹇住了⑨，暂寄庙中安身，每日卖字作文为生，故士隐常与他交接。当下雨村见了士隐，施礼陪笑道："老先生倚门伫望，敢是街市上有甚新闻否？"士隐笑道："非也。适因小女啼哭，引他出来作耍，正是无聊之甚。兄来得正妙，请入小斋一谈，彼此皆可消此永昼。"说着，便令人送女儿进去，自与雨村携手来至书房中。小童献茶。方谈得三五句话，忽家人飞报："严老爷来拜。"士隐慌的忙起身谢罪道："恕诳驾之罪，略坐弟即来陪。"雨村忙起身亦让道："老先生请便。晚生乃常造之客，稍候何妨。"说着，士隐已出前厅去了。

这里雨村且翻弄书籍解闷。忽听得窗外有女子嗽声，雨村遂起身往窗外一看，原来是一个丫鬟，在那里撷花，生得仪容不俗，眉目清明，虽无十分姿色，却亦有动人之处。雨村不觉看得呆了。那甄家丫鬟撷了花，方欲走时，猛抬头见窗内有人，敝巾旧服，虽是贫窘，然生得腰圆背厚，面阔口方，更兼剑眉星眼，直鼻权腮。这丫鬟忙转身回避，心下乃想："这人生的这样雄壮，却又这样褴褛，想他定是我家主人常说的什么贾雨村了，每有意帮助周济，只是没甚机会。我家并无这样贫窘亲友，想定系此人无疑了。怪道又说他必非久困之人⑩。"如此想来，不免又回头两次。雨村见他回了头，便自为这女子心中有意于他，便狂喜不尽，自为此女子必是个巨眼英豪，风尘中之知己也。一时小童进来，雨村打听得前面留饭，不可久待，遂从夹道中自便出门去了。士隐待客既散，知雨村自便，也不去再邀。

一日，早又中秋佳节。士隐家宴已毕，乃又另具一席于书房，却自己步月至庙中来邀雨村。原来雨村自那日见了甄家之婢曾回顾他两次，自为是个知己，便时刻放在心上。今又正值中秋，不免对月有怀，因而口占五言一律云：

　　未卜三生愿，频添一段愁。
　　闷来时敛额，行去几回头。
　　自顾风前影，谁堪月下俦？
　　蟾光如有意，先上玉人楼。

雨村吟罢，因又思及平生抱负，苦未逢时，乃又搔首对天长叹，复高吟一联曰：

　　玉在匮中求善价，钗于奁内待时飞。

恰值士隐走来听见，笑道："雨村兄真抱负不浅也！"雨村忙笑道：

"不过偶吟前人之句,何敢狂诞至此!"因问:"老先生何兴至此?"士隐笑道:"今夜中秋,俗谓'团圆之节'。想尊兄旅寄僧房,不无寂寥之感,故特具小酌,邀兄到敝斋一饮,不知可纳芹意否⑪?"雨村听了,并不推辞,便笑道:"既蒙谬爱,何敢拂此盛情。"说着,便同了士隐复过这边书院中来。

须臾茶毕,早已设下杯盘,那美酒佳肴自不必说。二人归坐,先是款斟漫饮,次渐谈至兴浓,不觉飞觥限斝⑫起来。当时街坊上家家箫管,户户弦歌,当头一轮明月,飞彩凝辉,二人愈添豪兴,酒到杯干。雨村此时已有七八分酒意,狂兴不禁,乃对月寓怀,口号一绝云:

> 时逢三五便团圆,满把晴光护玉栏。
> 天上一轮才捧出,人间万姓仰头看。

士隐听了,大叫:"妙哉!吾每谓兄必非久居人下者,今所吟之句,飞腾之兆已见,不日可接履于云霓之上矣。可贺,可贺!"乃亲斟一斗为贺。雨村因干过,叹道:"非晚生酒后狂言,若论时尚之学,晚生也或可去充数沽名,只是目今行囊路费一概无措,神京路远,非赖卖字撰文可能到者。"士隐不待说完,便道:"兄何不早言?愚每有此心,但每遇兄时,兄并未谈及,愚故未敢唐突。今既及此,愚虽不才,'义利'二字却还识得。且喜明岁正当大比⑬,兄宜作速入都,春闱一战⑭,方不负兄之所学也。其盘费馀事,弟自代为处置,亦不枉兄之谬识矣!"当下即命小童进去,速封五十两白银,并两套冬衣。又云:"十九日乃黄道之期,兄可即买舟西上。待雄飞高举,明冬再晤,岂非大快之事耶!"雨村收了银、衣,不过略谢一语,并不介意,仍是吃酒谈笑。那天已交了三更,二人方散。

士隐送雨村去后,回房一觉,直至红日三竿方醒。因思昨夜之事,意欲再写两封荐书与雨村带至神京,使雨村投谒个仕宦之家为寄足之地。因使人过去请时,那家人去了回来说:"和尚说,贾爷今日五鼓已进京去了,也曾留下话与和尚转达老爷,说'读书人不在黄道黑道,总以事理为要,不及面辞了。'"士隐听了,也只得罢了。

真是闲处光阴易过,倏忽又是元宵佳节矣。士隐命家人霍启抱了英莲去看社火花灯。半夜中,霍启因要小解,便将英莲放在一家门槛上坐着。待他小解完了来抱时,那有英莲的踪影?急得霍启直寻了半夜,至天明不见,那霍启也就不敢回来见主人,便逃往他乡去了。那士隐夫妇见女儿一夜不归,便知有些不妥,再使几个人去寻找,回来皆云连音响皆无。夫妻二人,半世只生此女,一旦失落,岂不思想,因此昼夜啼哭,几乎不曾寻死。看看一月,士隐先就得了一病;当时封氏孺人也因思女搆疾⑮,日日请医疗病。

不想这日三月十五,葫芦庙中炸供⑯,那些和尚不加小心,致使油锅火逸,便烧着窗纸。此方人家多用竹篱木壁者,大抵也因劫数,于是接二连三,牵五挂四,将一条街烧得如火焰山一般。彼时虽有军民来救,那火已成了势,如何救得下去?直烧了一夜,方渐渐熄去,也不知烧了几家。只可怜甄家在隔壁,早已烧成一片瓦砾场了。只有他夫妇并几个家人的性命不曾伤了。急得士隐惟跌足长叹而已。只得与妻子商议,且到田庄上去安身。偏值近年水旱不收,鼠盗蜂起,无非抢粮夺食,鼠窃狗偷,民不安生,因此官兵剿捕,难以安身。士隐只得将田庄都折变了,便携了妻子与两个丫鬟投他岳丈家去。

他岳丈名唤封肃,本贯大如州人氏,虽是务农,家中都还殷实。今见女婿这等狼狈而来,心中便有些不乐。幸而士隐还有折变地的银子未曾用完,拿出来托他随分就价薄置些须房地,为后日衣食之计。那封肃便半哄半赚,些须与他些薄田朽屋。士隐乃读书之人,不惯生理稼穑等事,勉强支持了一二年,越觉穷了下去。封肃每见面时,便说些现成话,且人前人后又怨他们不善过活,只一味好吃懒作等语。士隐知投人不着,心中未免悔恨,再兼上年惊吓急忿悲痛已伤,暮年之人,贫病交攻,竟渐渐的露出那下世的光景来⑰。

可巧这日拄了拐杖挣挫到街前散散心时,忽见那边来了一个跛足道人,疯癫落脱,麻屣鹑衣⑱,口内念着几句言词,道是:

世人都晓神仙好,惟有功名忘不了!
古今将相在何方?荒冢一堆草没了。
世人都晓神仙好,只有金银忘不了!
终朝只恨聚无多,及到多时眼闭了。
世人都晓神仙好,只有姣妻忘不了!
君生日日说恩情,君死又随人去了。
世人都晓神仙好,只有儿孙忘不了!
痴心父母古来多,孝顺儿孙谁见了?

士隐听了,便迎上来道:"你满口说什么?只听见些'好''了''好''了'。"那道人笑道:"你若果听见'好''了'二字,还算你明白。可知世上万般,好便是了,了便是好。若不了,便不好;若要好,须是了。我这歌儿,便名《好了歌》。"士隐本是有宿慧的⑲,一闻此言,心中早已彻悟。因笑道:"且住!待我将你这《好了歌》解注出来何如?"道人笑道:"你解,你解。"士隐乃说道:

陋室空堂,当年笏满床;衰草枯杨,曾为歌舞场。蛛丝儿结满雕梁,绿纱今又糊在蓬窗上。说什么脂正浓、粉正香,如何两鬓又成霜?昨日黄土陇头送白骨,今宵红灯帐底卧鸳鸯。金满箱,银满箱,展眼乞丐人皆谤。正叹他人命不长,那知自己归来丧!训有方,保不定日后作强梁;择膏粱⑳,谁承望流落在烟花巷!因嫌纱帽小,致使锁枷扛;昨怜破袄寒,今嫌紫蟒长。乱烘哄你方唱罢我登场，反认他乡是故乡。甚荒唐，到头来都是为他人作嫁衣裳！"

那疯跛道人听了，拍掌笑道："解得切，解得切！"士隐便笑一声"走罢！"将道人肩上搭连抢了过来背着，竟不回家，同了疯道人飘飘而去。

当下哄动街坊，众人当作一件新闻传说。封氏闻得此信，哭个死去活来，只得与父亲商议，遣人各处访寻，那讨音信？无奈何，少不得依靠着他父母度日。幸而身边还有两个旧日的丫鬟伏侍，主仆三人，日夜作些针线发卖，帮着父亲用度。那封肃虽然日日抱怨，也无可奈何了。

这日，那甄家大丫鬟在门前买线，忽听得街上喝道之声，众人都说新太爷到任。丫鬟于是隐在门内看时，只见军牢快手[21]，一对一对的过去，俄而大轿抬着一个乌帽猩袍的官府过去。丫鬟倒发了个怔，自思这官好面善，倒像在那里见过的。于是进入房中，也就丢过不在心上。至晚间，正待歇息之时，忽听一片声打的门响，许多人乱嚷，说："本府太爷差人来传人问话。"封肃听了，唬得目瞪口呆，不知有何祸事。

【注释】

①曹雪芹（约1715年~约1763年），名霑，字梦阮，号雪芹，又号芹圃、芹溪。祖籍辽阳，先世原为汉人，明末入满洲籍，属满洲正白旗包衣（奴仆）。曹雪芹生长于南京的贵族家庭，家道沦落后迁居北京，晚年移居北京西郊，穷愁潦倒，"举家食粥"。但他以坚忍的毅力，专心致志于《红楼梦》的写作与修订。乾隆二十七年（1762年），曹雪芹因幼子夭亡，卧床不起，于是年除夕在贫病交加中去世，只留下"琴剑在壁""新妇飘零"和一部未完稿的《红楼梦》。曹雪芹是中国古代最伟大的文学家之一，《红楼梦》是中国古代最伟大的小说作品。

②大荒山，《山海经·大荒西经》："大荒之中有山名曰大荒之山。"此处寓荒唐。无稽崖与后文的情埂峰，均属作者虚拟，分别寓"无稽""情根"之意。

③诗礼簪缨之族，指官宦家族、书香门第。

④偈，梵文意为"颂"，一般为四句韵文。

⑤班姑，即班昭，东汉史学家班固之妹，博学，曾参与续《汉书》。和帝时担任过宫廷教师，号称"大姑"，故称"班姑"。蔡女，指蔡文姬，东汉文学家蔡邕之女，博学多才，精通音律，是历史上有名的才女。

⑥《风月宝鉴》，甲戌本眉批云："雪芹旧有《风月宝鉴》之书，乃其弟棠村序也。"风月，指男女之情。宝鉴，宝镜。

⑦地陷东南，东南大地塌陷下沉。《淮南子·天文训》载古代神话：共工与颛顼争帝，怒而触不周山，折天柱，绝地维，天倾西北，地不满东南。

⑧备细，详细。

⑨淹蹇（jiǎn），艰难窘迫，坎坷不顺。
⑩怪道，怪不得。
⑪芹意，古时有人认为芹菜的味道很美，就向乡豪称赞，乡豪尝后，却觉得很难吃。后人常用"献芹""芹意"等作为送礼或请客的谦词。
⑫飞觥限斝（jiǎ），觥和斝都是古代的酒器。飞觥，挥杯。限斝，行酒令时限定酒数量。
⑬大比，明清科举考试分为三级。第一级是院试，考府县的童生，考取的为生员（秀才）；第二级是乡试，考取的为举人；第三级是会试，考全国的举人，考取的为贡士（再经殿试赐进士出身）。乡试、会试均三年一考，也称"大比"。
⑭春闱，乡试在秋天，称为"秋闱"；会试在转年春天，称为"春闱"。闱，指考场。
⑮孺人，《礼记·曲礼》："天子之妃曰后，诸侯曰夫人，大夫曰孺人，士曰妇人，庶人曰妻。"孺人在明清为七品官之母或妻的封号，旧时也通用为妇人的尊称。
⑯炸供，油炸供神用的祭品。
⑰下世，死亡。
⑱麻屣，麻鞋。鹑衣，鹑鹑的尾巴短秃，如补绽百结，故称破烂衣服为鹑衣。
⑲宿慧，佛家用语，指超越常人的智慧。
⑳膏粱，膏，肥肉、脂肪；粱，美谷、精米。膏粱，指精美的食物。这里用作"膏粱子弟"的略称。择膏粱，意谓挑选富家子弟作女婿。
㉑军牢快手，封建官吏手下执行缉捕、防卫和行刑的隶卒。官僚出巡时，常由他们在前面开路，以炫耀威势。

提 示

第一回是《红楼梦》的纲领、概要，是书中最重要的回目之一。在本回中作者把《红楼梦》书名及故事的来龙去脉交代得一清二楚，并将创作的意图隐含其中。

女娲补天与木石前盟两个神话故事，可看作本书的楔子。通过这两个故事，作者既交代了《红楼梦》故事的来源，又为塑造贾宝玉的性格和表现贾宝玉、林黛玉爱情故事的经过，染上了一层浪漫色彩和神秘色彩。《好了歌》及注解的含义深刻而有哲理，融入了作者对人生世事的体验与理解，字里行间透出深深的幻灭感与虚无感，同时又为故事及人物命运的结局埋下了伏笔，为后文做好铺垫。从以上两点看，作者的构思非常精巧。

甄家荣枯的故事，也是大有深意的。可以说，它是贾府由盛转衰的一个缩影，甄士隐的出家是对后来贾宝玉出家的一种暗示。可见，在全书的开始，作者就营造出一种悲剧气氛，透出了一股悲凉的气息。这对于我们理解作家的整体构思是十分重要的。

思考与练习

1. 《红楼梦》第一回表现了作者怎样的整体构思？
2. 《好了歌》对于我们理解作品的悲剧意蕴有何帮助？

第七章 现代部分

现代文学概述

　　现代文学是在中国社会内部发生历史性变化的条件下，广泛接受外国文学影响而形成的新的文学。它不仅用现代语言表现现代科学民主思想，而且在艺术形式与表现手法上都对传统文学进行了革新，创立了新诗、现代小说、话剧、散文与报告文学等新的文学体裁。

　　现代文学发端于"五四"新文化运动和文学革命。早在19世纪末20世纪初，随着帝国主义侵略所造成的民族危机日益加重，中国先进知识分子在西方新思潮、新文学的启迪下，萌发了改革文学以唤起民族觉醒的启蒙要求，在文学理论、诗歌、小说、戏剧、散文各个领域进行了文学改良的初步尝试。第一次世界大战前后，随着中国新资本主义经济关系的发展，中国社会新的民主势力——无产阶级、资产阶级和小资产阶级知识分子的力量有了很大发展。俄国十月革命的胜利加速了马克思主义在中国的传播，点燃了民族解放的新希望。在这样的经济、政治、思想背景下，反帝反封建的"五四"新文化运动爆发了。1917年，陈独秀在《新青年》杂志上发表《文学革命论》一文，高擎文学革命的大旗，反对封建蒙昧主义和专制主义，提倡科学和民主；反对文言文，提倡白话文，吹响了向封建旧文学猛烈进攻的号角，中国文学从内容到形式都发生了巨大变革。

　　最早发生变化的是诗歌创作。胡适、刘半农、沈尹默在《新青年》上发表了第一批白话诗。胡适的《尝试集》是"五四"运动时期第一部白话诗集。汪静之、冯雪峰等组成了"湖畔诗社"，他们多写情诗，显示出争取婚姻自由、反对封建主义的勇气和激情。代表新诗创始期最高成就的是创造社主将郭沫若。他的诗集《女神》，表现了"五四"时期狂飙突进的时代精神，诗风雄浑豪放，具有典型的浪漫主义风格。其中的《炉中煤》是著名的借物言志的爱国诗篇。20世纪20年代后期，"新月派"崛起，试图使不加节制的自由体诗格律化。新格律体诗的代表人物是闻一多,他的代表作为诗集《红烛》《死水》。收在《死水》中的诗篇《发现》《一句话》,喷发出火热的爱国激情,有震撼人心的艺术力量。徐志摩、朱湘也是"新月派"中很有成就的诗人。这一时期还有"象征派"的兴起,代表人物李金发等,以法国象征主义诗歌为模式,喜欢捕捉朦胧的境界,追求诗歌音乐和形式的美,语言趋向欧化。同样受象征主义诗风影响的现代派诗人戴望舒,早年以诗作《雨巷》闻名,写于20世纪40年代的《我用残损的手掌》一诗说明他跳出了个人的狭隘圈子,致力于对个人和民族的坚贞气节的追求,是思想性较强的一篇作品。30年代初"左联"成立后,新诗的现实主义精神得到张扬,殷夫、蒋光慈、胡也频等诗人以极大的热情写作革命诗歌,讴歌无产者的光辉形象。殷夫有著名的诗集《孩儿塔》。在"左联"领导下,还出现了现代文学史上第一个革命诗歌社团——中国诗歌会,成员有穆木天、杨骚等。当时著名的诗人还有艾青、田间和臧克家,艾青的《大堰河——我的保姆》,田间的《致战斗者》,臧克家的《罪恶的黑手》,都是一时的名作。40年代,抗日根据地和解放区在毛泽东《在延安文艺座谈会上的讲话》指引下,诗歌创作特别活跃,优秀的作品有李季的《王贵与李香香》,田间的《赶车传》(第一部),张志民的《死不着》,阮章竞的《漳河水》。国统区则有"七月诗派",胡风等一批诗人用诗歌作为战斗武器,揭露和抨击国民党反动统治下的种种腐朽没落的社会现象,歌唱人民美好的明天。

"五四"运动以后,小说创作获得了丰收。鲁迅的《狂人日记》,提出了家族制度和封建礼教"吃人"这一重大问题,是现代白话小说的发轫之作。《风波》《故乡》《阿Q正传》《祝福》等篇,都收在鲁迅短篇小说集《呐喊》和《彷徨》之中。鲁迅的小说以熟练老到而又丰富多样的艺术手法,塑造了一系列的典型形象,概括了异常深广的社会历史内容,奠定了中国现实主义小说创作的坚固基石。鲁迅的短篇小说集《呐喊》《彷徨》,达到了时代、民族思想艺术的高峰,《阿Q正传》等经典作品,不但对中国现代作家有着深远的影响,而且引起国际文坛的注目,成为中国现代文学进入世界文学之林的代表作。茅盾、冰心、叶圣陶、王统照等组织起"文学研究会",主张为人生的文学,倾向于现实主义。郭沫若、成仿吾、郁达夫等建立了"创造社",其中郁达夫的小说成就最高,他的自传体小说《沉沦》,以大胆的情怀袒露和夸张的陈述咏叹,构成了作品浪漫而伤感的情调。"左联"的成立,推动了进步小说创作的发展。茅盾的《子夜》,以宏大的规模,真实描画了20世纪30年代初上海的社会面貌,塑造了民族资本家吴荪甫的形象,是这一时期最出色的创作成果。丁玲、张天翼、柔石、沙汀、艾芜、萧军等也在这一时期初露锋芒,写出了一批优秀作品。"左联"以外的进步作家，同样成绩卓著，巴金的《家》（加上后来写成的《春》《秋》合称《激流三部曲》），老舍的《骆驼祥子》，叶圣陶的《倪焕之》，沈从文的《边城》，都为中国现代长篇小说的成熟作出了贡献。抗战时期，沦陷区和国统区小说创作闪耀出光彩，张天翼的《华威先生》、沙汀的《淘金记》、艾芜的《山野》、茅盾的《腐蚀》、老舍的《四世同堂》、巴金的《寒夜》等，从各个不同的侧面揭露了反动统治的黑暗和腐朽。1942年，延安文艺座谈会对"五四"以来现代文学中所存在的某种程度上的生吞活剥马克思主义和西方文化的文学教条主义与艺术教条主义倾向进行了理论上的批评和研讨。在抗日根据地和解放区，作家努力深入生活，与人民群众逐步结合，他们创作的中长篇小说，反映了中国共产党领导下的广大农村天翻地覆的革命性变革，着力刻画了前所未有的工农兵新人形象，出现了一批在内容和形式上都具有鲜明民族性特色的作品。丁玲的《太阳照在桑干河上》，周立波的《暴风骤雨》，赵树理的《小二黑结婚》《李有才板话》，孙犁的小说集《白洋淀纪事》，都深深扎根于农民群众和民族文化传统之中，洋溢着群众生活和革命斗争新鲜活泼的生气。

　　现代戏剧文学以话剧为主体。"五四"时期即有一批先驱者倾力从事西方话剧创作的介绍和引进工作。20世纪20年代初，民众戏剧社、上海戏剧协社、南国社等先后成立，涌现出一批专门创作现代话剧的戏剧家。欧阳予倩、熊佛西、田汉、洪深，他们的作品浸润着对社会和人生问题的关心，具有鲜明的反帝反封建色彩。随着民主革命的深入，戏剧家的队伍中又增添了曹禺、夏衍、阳翰笙、陈白尘、于伶等一批有才华的作者。曹禺的《雷雨》《日出》，通过家庭和社会的悲剧，表现了中国社会尖锐的阶级对立，标志着现代话剧艺术的成熟。夏衍的《上海屋檐下》，贯注着作家对社会现实问题的强烈关切。在艺术上，曹禺的深沉，田汉的热烈，夏衍的朴实，洪深的执着，都为话剧风格的多样化作出了有益的探求。在抗日斗争日益发展的过程中，多角度地反映了抗战生活的优秀剧作，如曹禺的《蜕变》，夏衍的《法西斯细菌》，于伶的《夜上海》，陈白尘的《岁寒图》等不断问世。这一时期历史剧大放异彩。郭沫若的《屈原》，借古讽今，感情炽烈，诗意浓郁，具有独特的浪漫主义风格。其他历史剧作品尚有陈白尘的《太平天国》、阳翰笙的《天国春秋》、欧阳予倩的《忠王李秀成》等。在革命根据地，在文艺为工农兵服务方向的指引下，出现了新秧歌剧运动和新歌剧创作的勃兴，贺敬之等人执笔的《白毛女》，具有鲜明的斗争精神和为群众喜闻乐见的民族化风格，是新歌剧的典范作品。

　　现代散文创作，是在吸收外来思潮和接受中国优秀散文传统的基础上发展起来的。"五四"思想启蒙运动促使诞生了大量议论散文。李大钊、陈独秀刊登在《新青年》杂志上的这类作品，短小精悍，锋芒毕露，兼有战斗性和文学性。鲁迅的杂文最富有批判力量和艺术光彩。他所写的杂文编成了《热风》《坟》《二心集》《伪自由书》等17部杂文集。另外还有回忆散文集《朝花夕拾》、散文诗集《野草》，都成为优美的散文精品。冰心擅长写抒情性散文，赞颂母爱、童心和美好的自然风光，文笔清新隽秀，诗意浓郁。《寄小读者》是她最重要的散文集。郁达夫以写游记、随笔等散文小品为主，他用闲适的笔调抒发感时忧国之情，感情率真，行文自然。朱自清在文学研究会作家中以写散文著称，而且艺术风格比较多样，《桨声灯影里的秦淮河》写得绮丽纤秾，情景交融，而《背影》则以本色白描，言浅情深。报告文学是在现代产生的一个散文新品种，早期作者有瞿秋白、柔石、韬奋等，最有成绩的作者是夏衍。他创作的《包身工》揭露了帝国主义、封建主义势力对包身工进行压榨和蹂躏的罪行，成为报告文学的示范性作品。此外，沈从文、叶圣陶、徐志摩、茅盾、巴金等作家的散文，各呈异彩，形成了现代散文的多品种、多风格景观，彰显出现代散文创作姹紫嫣红的繁荣局面。

1949年，中华人民共和国成立，中国文学掀开了全新的篇章。

郭沫若①

天　狗②

一

我是一条天狗呀！
我把月来吞了，
我把日来吞了，
我把一切的星球来吞了，
我把全宇宙来吞了。
我便是我了！

二

我是月底光，
我是日底光，
我是一切星球底光，
我是 X 光线底光，
我是全宇宙底 Energy 底总量！

三

我飞奔，
我狂叫，
我燃烧。
我如烈火一样地燃烧！
我如大海一样地狂叫！
我如电气一样地飞跑！
我飞跑，
我飞跑，
我飞跑，
我剥我的皮，
我食我的肉，
我嚼我的血，
我啮我的心肝，
我在我神经上飞跑，

我在我脊髓上飞跑，
我在我脑筋上飞跑。

四

我便是我呀！
我的我要爆了！

1920年2月初作

【注释】

①郭沫若（1892年~1978年），原名郭开贞，字尚武。四川乐山人。中国现当代著名文学家、古文字学家、历史学家。郭沫若幼年时入学私塾，打下了比较坚实的旧学基础。1914年赴日本留学后，接触到了大量外国文学作品。"五四"运动爆发后，郭沫若发表了《凤凰涅槃》《晨安》《地球，我的母亲》《站在地球边上放号》《天狗》《心灯》《炉中煤》等诗篇。1921年出版了第一本诗集《女神》。1923年回国后，与成仿吾、郁达夫等一起，先后创办了《创造季刊》《创造周报》和《创造日》。1928年大革命失败后因被通缉逃往日本，创作了《漂流三部曲》等小说和《星空》《瓶》《前茅》等诗集，1937年抗日战争爆发后，郭沫若回国，组织和团结进步文化人士从事抗日救亡活动，创作了《棠棣之花》《屈原》《虎符》《孔雀胆》《南冠草》《高渐离》6部具有浪漫主义特色的历史剧。新中国成立后，创作了《蔡文姬》《武则天》《郑成功》等历史剧。郭沫若一生发表了大量的诗歌、散文、小说、历史剧、传记文学、评论等著作，另有许多史论、考古论文和译作。许多作品被译成日、俄、英、德、意、法等多种文字。

②本诗最早发表于1920年2月7日《时事新报·学灯》，后收入诗集《女神》。

提 示

　　《天狗》是《女神》中一首有代表性的诗篇。诗人一开始便自称"天狗"，而且是一条空前绝后、无与伦比的天狗。它有吞并一切的气势和勇气，有全宇宙的总能量，像闪电般飞奔，这正是"五四"时代要求破坏一切因袭传统、毁灭旧世界的精神的表现。青年郭沫若通过天狗这个幻想夸张的意象，反映了"五四"青年要求个性解放，彻底改造旧世界和旧我，创造新世界和新我的社会理想。

　　诗人利用古老神话中天狗的传说，以丰富奇特的想象，创造了一个空前的、具有时代特征的天狗形象，迸发出无与伦比的积极浪漫主义精神。诗中的每一句都以"我"领起，形成了强烈的排比气势；诗句长短不一，循着自有情感的内在韵律直抒胸臆，粗犷、率真、疾缓自如；全诗的风格是强悍、狂暴和紧张的。

思考与练习

1. 以《天狗》为例，谈谈诗歌中"象"与"意"的关系；天狗这个意象表达了怎样的时代精神？

2. 谈谈你对诗中"我剥我的皮，我食我的肉，我嚼我的血，我啮我的心肝"几句的理解。

徐志摩①

再别康桥②

轻轻的我走了,
　　正如我轻轻的来;
我轻轻的招手,
　　作别西天的云彩。

那河畔的金柳,
　　是夕阳中的新娘;
波光里的艳影,
　　在我的心头荡漾。

软泥上的青荇,
　　油油的在水底招摇;
在康河的柔波里,
　　我甘心做一条水草!

那榆荫下的一潭,
　　不是清泉,是天上虹,
揉碎在浮藻间,
　　沉淀着彩虹似的梦。

寻梦?撑一支长篙,
　　向青草更青处漫溯,
满载一船星辉,
　　在星辉斑斓里放歌。

但我不能放歌,
　　悄悄是别离的笙箫;
夏虫也为我沉默,
　　沉默是今晚的康桥!

悄悄的我走了,

正如我悄悄的来；
　　我挥一挥衣袖，
　　不带走一片云彩。

11 月 6 日中国海上

【注释】

①徐志摩（1896 年～1931 年），名章垿，初字槱森，后改为志摩。浙江海宁人。新月诗派的代表人物，现代著名诗人、散文家。徐志摩 1916 年考入北京大学法科，1918 年赴美留学，后转入伦敦剑桥大学。1922 年回国后，先后在光华大学、东吴大学、大夏大学、南京中央大学、北京大学与北京女子大学任教。1923 年参与成立新月社，加入文学研究会，曾主编《晨报》副刊《诗镌》《新月》月刊、《诗刊》季刊。1931 年 11 月，徐志摩在由南京至北平途中，因飞机在济南附近失事遇难。

　　徐志摩的作品有诗集《志摩的诗》《翡冷翠的一夜》《猛虎集》《云游》，散文集《落叶》《巴黎的鳞爪》《自剖》《秋》，小说集有《轮盘》，戏剧《卞昆冈》（与陆小曼合作），日记《爱眉小札》等。1991 年《徐志摩全集》出版。

②本诗写于 1928 年 11 月 6 日，初载于 1928 年 12 月 10 日《新月》月刊第 1 卷第 10 号，署名徐志摩，后收入新月书店 1931 年出版的《猛虎集》。1921 年徐志摩曾进入剑桥大学研究院读研究生。1928 年秋，徐志摩出国讲学，再度至剑桥大学。康桥，即剑桥。

提　示

　　本诗是徐志摩的代表作品，作于诗人第三次欧游的归国途中，作品将诗人故地重游时的眷恋、珍惜而又略带忧郁的情怀置于梦幻般的诗境之中，成为现代抒情诗的经典。

　　本诗撷取的意象洗练清丽，达到了言约而意赡的艺术效果；诗中的各类比喻兼有象征的意味，将诗人复杂的感情世界有机地融入康河夕阳的柔波内外，水乳交融，浑然天成。本诗具有建筑、绘画和音乐的形式美。全诗四行一节，每节诗行的排列两两错落有致，于参差变化中见整齐；首节与末节采用相似的句式，不仅形式上遥相呼应，产生完美精致的视觉效果，同时营造了梦幻般的感觉。全诗每节押韵，逐节换韵，追求音节的波动和旋律感；另外，诗中叠字的反复运用，强化了诗歌轻盈的节奏，并使它与诗歌内在的感情形成一种审美张力。

思考与练习

1. 本诗的抒情主人公是什么样的形象？
2. 谈谈本诗形式方面的特点。

闻一多①

死　水②

这是一沟绝望的死水，
清风吹不起半点漪沦。
不如多扔些破铜烂铁，
爽性泼你的剩菜残羹。

也许铜的要绿成翡翠，
铁罐上绣出几瓣桃花；
再让油腻织一层罗绮，
霉菌给他蒸出些云霞。

让死水酵成一沟绿酒，
漂满了珍珠似的白沫；
小珠笑一声变成大珠，
又被偷酒的花蚊咬破。

那么一沟绝望的死水，
也就夸得上几分鲜明。
如果青蛙耐不住寂寞，
又算死水叫出了歌声。

这是一沟绝望的死水，
这里断不是美的所在，
不如让给丑恶来开垦，
看他造出个什么世界。

1925年4月

【注释】

①闻一多（1899年~1946年），名亦多，字友三，亦字友山，后改名一多。湖北浠水人。现代著名诗人、文史学者。闻一多1920年前后开始尝试新诗创作，1922年赴美留学，1923年印行第一本新诗集《红烛》。1925年回国后在北京

艺术专科学校和北京大学任教，翌年发表论文《诗的格律》，提出新诗要具有"音乐的美，绘画的美，并且还有建筑的美"。1928年，出版第二本诗集《死水》，此后，闻一多先后在武汉大学、青岛大学、清华大学、西南联大任教，致力于中国古代文学研究，发表《神话与诗》《唐诗杂论》《古典新义》《楚辞校补》等专著。1946年7月15日，昆明各界为爱国进步人士李公朴先生举行追悼大会。闻一多在会上发表了慷慨激昂的演说，会后遭国民党特务杀害。②本诗选自《死水》，新月书店1928年版。

提　示

诗人1925年夏天从国外归来，面对支离破碎的丑恶现实，产生了极度愤懑的情绪，于是，他以低沉、愤怒而内敛的笔调写出了《死水》。作品以隐喻的方式，用一沟死水比喻那个黏滞得流不动的、沤得发臭的、完全丧失了生命力的现实社会。一方面，诗人敢于在黑暗统治下揭露和抨击旧中国社会的腐败和丑恶，表现出积极的思想，另一方面也流露出诗人消极、悲观的情绪。

《死水》在艺术上充分体现了作者的新诗美学追求。闻一多提倡新诗要具备"音乐的美、建筑的美、绘画的美"。从外形看，每句九字，每节四句，排列整饬。从内在韵律上看，每句内部均由四顿组成，内在节奏高度和谐一致；严格的双行押韵、每节一韵的音响效果，使全诗的节调十分动听。作品用词富于色彩感，尽管是写丑恶，却艳丽鲜明，反衬出诗中有意造成的病态美在否定现实中的力度和深度。此外，《死水》在艺术想象、比喻和讽刺的运用等方面都有较高的造诣。

思考与练习

1. 为什么说《死水》一方面表现了诗人思想中积极的一面，另一方面也流露出诗人消极悲观的情绪？

2. 谈谈你对诗歌音乐美、建筑美和绘画美的看法。

3. 谈谈《死水》中衬托和讽刺手法运用的艺术效果。

4. 鲁迅先生曾说，"感情正烈的时候，不宜作诗，否则锋芒太露，能将'诗美'杀掉"。结合本诗，谈谈你的看法。

卞之琳①

断　章②

你站在桥上看风景，
看风景的人在楼上看你。

明月装饰了你的窗子，
你装饰了别人的梦。

十月三日

【注释】

①卞之琳（1910年~2000年），祖籍江苏溧水，生于江苏海门。现代著名诗人、学者。卞之琳1929年就读于北京大学英文系，并开始新诗创作，是30年代中国文坛"现代派"诗歌的代表诗人之一。先后出版了《十年诗草》（1942）、《翻一个浪头》（1951）、《雕虫纪历（1930~1958）》（1979）等诗集。他曾任教于四川大学、西南联合大学、南开大学、北京大学，自1953年起任中国社会科学院研究员，长期从事莎士比亚等外国作家作品的翻译、研究工作。

②本诗选自《鱼目集》，文化生活出版社1935年版。

提　示

　　本诗写于1935年10月，据作者自己讲，这四行诗原在一首长诗中，但全诗只有这四行使他满意，于是就抽出来独立成章，标题即由此而来。李健吾认为它是在"装饰"二字上作诗，暗示人生不过是互相装饰，其中蕴含着无可奈何的悲哀情怀。诗人自己明确表示他的意思是着重在"相对"上。全诗通过两组相关联的意象，表达了一种相对、平衡的观念：人可以看风景，也可能成为别人观看的风景，这是相对的；明月可以装饰你的窗子，而这一切又可能成为他人梦境的装饰，这也是相对的。由此抒发了一种哲理性的思考：宇宙万物息息相关，互为依存。

　　全诗通过客观形象和意象的呈现，将诗意推至更加抽象的层面。诗中运用了类似修辞上的顶针手法，将前一句的结尾作为后一句的开头，使诗行间的逻辑关系十分明确。如果将诗中的两组意象融为一幅画面，可以发现巧妙的视觉效果，全诗构建了一幅和谐雅致的图画。

思考与练习

文学作品一旦脱离了作家,即将解读的权力赋予了读者。请你谈谈,本诗是否还有其他的解读路径?

戴望舒[①]

雨　巷[②]

撑着油纸伞，独自
彷徨在悠长，悠长
又寂寥的雨巷，
我希望逢着
一个丁香一样地
结着愁怨的姑娘。

她是有
丁香一样的颜色，
丁香一样的芬芳，
丁香一样的忧愁，
在雨中哀怨，
哀怨又彷徨；

她彷徨在这寂寥的雨巷，
撑着油纸伞
像我一样，
像我一样地
默默行着
冷漠，凄清，又惆怅。

她默默地走近
走近，又投出
太息一般的眼光，
她飘过
像梦一般地，
像梦一般地凄婉迷茫。

像梦中飘过
一枝丁香地，
我身旁飘过这个女郎；
她静默地远了，远了，
到了颓圮的篱墙，

走尽这雨巷。

在雨的哀曲里,
消了她的颜色,
散了她的芬芳,
消散了,甚至她的
太息般的眼光
丁香般的惆怅。

撑着油纸伞,独自
彷徨在悠长,悠长
又寂寥的雨巷,
我希望飘过
一个丁香一样地
结着愁怨的姑娘。

【注释】

①戴望舒(1905年~1950年),浙江余杭县人。中国现代著名诗人、翻译家。戴望舒早年就读于上海大学、震旦大学,曾留学法国、西班牙。诗作明显地受到法国象征派的影响,是我国"现代派"诗歌的代表。1929年4月,出版第一本诗集《我的记忆》,其中的《雨巷》是传诵一时的名作,因此被称为"雨巷诗人"。后来还出版了《望舒草》《灾难的岁月》等。抗战爆发后,在香港主编《大公报》文艺副刊,1941年底被捕入狱。在狱中写下了《狱中题壁》《我用残损的手掌》等诗篇。新中国成立后,在新闻总署从事编译工作,不久在北京病逝。

②本诗发表于《小说月报》1928年8月号第19卷第8号,后收入诗集《我的记忆》。

提 示

自1927年大革命失败以后,作者和大部分知识分子一样,陷入了极度的悲观和痛苦之中。《雨巷》营造了一个"梦一般的凄婉迷惘"的审美意境,抒发了作者那种在徘徊自怜的哀怨、悲伤、彷徨、迷惘中隐约、朦胧的理想和浪漫情怀,含蓄而隐晦地揭示了一代进步知识青年理想幻灭的孤苦悲情。

《雨巷》的艺术审美价值是中国现代诗歌史上的一个高峰。"雨巷"是一个象征意味浓郁的意象,它的丰富内涵是通过一个真实可信的"我"的形象,去寻找幻影中的"丁香姑娘"而不得的心理过程,来展示诗人理想幻灭时难以名状的痛苦。诗中姑娘的形象其实就是诗人的理想,他彷徨求索,而当姑娘出现时,她的脚步,她的颜色，连同她的太息与惆怅无不带有可望而不可即的象征意味。在诗中，不仅姑娘的形象带有悲剧色彩，抒情主人公——游子的形象也同样如此，他那高洁的追求饱含理想主义的色彩，在现实的困惑中若隐若现、若即若离，这种意向和感情之间的不确定性，甚至有点悖反的情感投射，生成了作品丰富艺术内涵的审美张力。诗人用暗示的方法，尽可能使情感隐蔽、朦胧，悠长寂寥的雨巷，倾圮的篱墙，冷冷的哀怨的蒙蒙细雨等环境渲染和游子对丁香一样的姑娘的期待的描绘，无不与作品中的悲剧感和孤独感暗接。《雨巷》在音乐性方面也有突出的成就。全诗共七节，每节六行，每行长短不等，押韵的位置错综变化，常用首句重叠，加上奇特的字词组合，似断实连的分节跨行，使全诗回荡在一种优美深沉的旋律之中，细腻而传神地暗示了诗人低回而迷惘的心境。

思考与练习

1. 结合中国古代诗歌中吟咏丁香的句子，谈谈它们对本诗的中心意象——丁香姑娘，所起到的作用。
2. 为什么说《雨巷》是典型的象征主义诗作？
3. 结合本诗，谈谈你对现代新诗音乐美的看法。

艾青①

雪落在中国的土地上②

雪落在中国的土地上,
寒冷在封锁着中国呀……

风,
像一个太悲哀了的老妇,
紧紧地跟随着
伸出寒冷的指爪
拉扯着行人的衣襟,
用着像土地一样古老的话
一刻也不停地絮聒着……

那从林间出现的,
赶着马车的
你中国的农夫
戴着皮帽
冒着大雪
你要到哪儿去呢?

告诉你
我也是农人的后裔——
由于你们的
刻满了痛苦的皱纹的脸
我能如此深深地
知道了
生活在草原上的人们的
岁月的艰辛。

而我
也并不比你们快乐啊
——躺在时间的河流上
苦难的浪涛
曾经几次把我吞没而又卷起——
流浪与监禁

已失去了我的青春的
最可贵的日子,
我的生命
也像你们的生命
一样的憔悴呀。

雪落在中国的土地上,
寒冷在封锁着中国呀……

沿着雪夜的河流,
一盏小油灯在徐缓地移行,
那破烂的乌篷船里
映着灯光,垂着头
坐着的是谁呀?

——啊,你,
蓬发垢面的少妇,
是不是
你的家
——那幸福与温暖的巢穴——
已被暴戾的敌人
烧毁了么?
是不是
也像这样的夜间,
失去了男人的保护,
在死亡的恐怖里
你已经受尽敌人刺刀的戏弄?

咳,就在如此寒冷的今夜,
无数的
我们的年老的母亲,
都蜷伏在不是自己的家里,
就像异邦人
不知明天的车轮
要滚上怎样的路程……
——而且
中国的路
是如此的崎岖
是如此的泥泞呀。

雪落在中国的土地上,

寒冷在封锁着中国呀……

透过雪夜的草原
那些被烽火所啮啃着的地域，
无数的，土地的垦植者
失去了他们所饲养的家畜
失去了他们肥沃的田地
拥挤在
生活的绝望的污巷里：
饥馑的大地
朝向阴暗的天
伸出乞援的
颤抖着的两臂。

中国的苦痛与灾难
像这雪夜一样广阔而又漫长呀！

雪落在中国的土地上，
寒冷在封锁着中国呀……

中国，
我的在没有灯光的晚上
所写的无力的诗句
能给你些许的温暖么？

1937 年 12 月 28 日夜间

【注释】

①艾青（1910 年~1996 年），原名蒋海澄，浙江金华人。现代著名诗人。艾青早年曾就学于杭州国立西湖艺术院，1929 年赴法国勤工俭学。1932 年回国后，参加了"中国左翼美术家联盟"，同年 7 月被捕，在被监禁的三年中，他"从绘画转变到诗"。20 世纪 40 年代初，艾青奔赴延安。新中国成立后，曾被错划为右派下放。艾青一生中出版了二十多本诗集，1976 年人民文学出版社出版的诗人自选集《艾青诗选》，收录了自 20 世纪 30 年代到 70 年代末期的主要作品，基本反映了诗人的创作历程和风格特征，其中的《大堰河》《向太阳》《火把》《归来的歌》《鱼化石》等诗作受到普遍好评。
②本诗发表于 1938 年 1 月出版的《七月》第一集第 2 期，后收入《北方》，文化生活出版社 1942 年版。

提　示

本诗集中体现了艾青抗战时期诗歌思想和艺术的双重追求，就是把时代生活个体化，同时又将个体的存在时代化。"雪落在中国的土地上，寒冷在封锁着中国呀"，是本诗反复出现的核心意象，既是中国北方寒夜的生活写照，也是诗人对当时严峻时势的高度概括，构成贯穿全诗的沉重、忧郁的抒情基调。以核心诗句为界，全诗可以分为四个部分，前三个部分，分别描述寒冷的夜晚赶着马车的车夫，坐在船上的少妇，离家的年老母亲，这些具有现实生活实感和画面感的意象群，合成了对中国民众的整体象征意味。最后部分，是诗人当时心境的写照，同时也是对诗人自己与祖国命运关系的探寻，是全诗爱国主义激情抒发的高潮。

本诗选取的意象是具有动荡时代特征的人物形象，它们在写实笔触与艺术美的画面质感中，具有了饱含意蕴的象征空间。立体化和散文化的形式构筑，使全诗获得了一种松散之中强调约束的结构。另外，追求现代口语的内在韵律也是本诗的一个特色。

思考与练习

1. 为什么说这是一首爱国主义的抒情诗？
2. 谈谈本诗在意象创造和整体结构方面的特色。

鲁迅[1]

难行和不信[2]

中国的"愚民"——没有学问的下等人,向来就怕人注意他。如果你无端地问他多少年纪,什么意见,兄弟几个,家景如何,他总是支吾一通之后,躲了开去。有学识的大人物,很不高兴他们这样的脾气。然而这脾气总不容易改,因为他们也实在从经验而来的。

假如你被谁注意了,一不小心,至少就不免上一点小当,譬如罢,中国是改革过的了,孩子们当然早已从"孟宗哭竹""王祥卧冰"[3]的教训里蜕出,然而不料又来了一个崭新的"儿童年"[4],爱国之士,因此又想起了"小朋友",或者用笔,或者用舌,不怕劳苦的来给他们教训。一个说要用功,古时候曾有"囊萤照读""凿壁偷光"的志士;一个说要爱国,古时候曾有十几岁突围请援,十四岁上阵杀敌的奇童。这些故事,作为闲谈来听听是不算很坏的,但万一有谁相信了,照办了,那就会成为乳臭未干的吉诃德。你想,每天要捉一袋照得见四号铅字的萤火虫,那岂是一件容易事?但这还只是不容易罢了,倘去凿壁,事情就更糟,无论在哪里,至少是挨一顿骂之后,立刻由爸爸妈妈赔礼,雇人去修好。

请援,杀敌,更加是大事情,在外国,都是三四十岁的人们所做的。他们那里的儿童,着重的是吃,玩,认字,听些极普通,极紧要的常识。中国的儿童给大家特别看得起,那当然也很好,然而出来的题目就因此常常是难题,仍如飞剑一样,非上武当山寻师学道之后,决计没法办。到了二十世纪,古人空想中的潜水艇,飞行机,是实地上成功了,但《龙文鞭影》或《幼学琼林》[5]里的模范故事,却还有些难学。我想,便是说教的人,恐怕自己也未必相信罢。

所以听的人也不相信。我们听了千多年的剑仙侠客,去年到武当山去的只有三个人,只占全人口的五百兆分之一,就可见。古时候也许还要多,现在是有了经验,不大相信了,于是照办的人也少了。——但这是我个人的推测。

不负责任的,不能照办的教训多,则相信的人少;利己损人的教训多,则相信的人更其少。"不相信"就是"愚民"的远害的堑壕,也是使他们成为散沙的毒素。然而有这脾气的也不但是"愚民",虽是说教的士大夫,相信自己和别人的,现在也未必有多少。例如,既尊孔子,又拜活佛者[6],也就是恰如将他的钱试买各种股票,分存许多银行一样,其实是哪一面都不相信的。

7月1日

【注释】

① 鲁迅(1881年~1936年),原名周樟寿,字豫山,后改名周树人,字豫才。浙江绍兴人。中国现代伟大的文学家、思想家和革命家。鲁迅出身于没落封建家庭,幼年时接受诗书经传的传统文化教育,也接触过底层农民生活。1898年考入南京江南水师学堂,后改入陆师学堂附设矿物铁路学校,接受西方文化教育。1902年留学日本,初学医,后改从文。1909年8月回国,先后在杭州、绍兴任教。辛亥革命后,曾任南京临时政府和北京政府教育部部员、佥事等职。1918年5月,首次用笔名"鲁迅",发表白话小说《狂人日记》。1920年起,先后在北京大学、北京女子师范大学、厦门大学、中山大学任教。1927年10月,定居上海,开始了"左翼"十年的战斗生活。这期间,他的思想由进化论转为阶级论,由革命民主主义者转变成为倾向共产党的革命家。他以大量的战斗檄文抨击国民党反动统治,在粉碎反动派的文化围剿中,成为中国文化革命的巨人。1936年10月19日病逝于上海。

鲁迅一生文学创作近四百万字,翻译五百多万字,古籍整理六十多万字。主要代表作有小说集《呐喊》《彷徨》,杂文集《坟》《且介亭杂文》,散文集《朝花夕拾》,散文诗集《野草》等。他的著作已译成五十多种文字,传播到世界各地。1938年出版过《鲁迅全集》20卷本。1981年人民文学出版社整理出版了《鲁迅全集》16卷本。

② 本篇最初发表于1934年7月20日《新语林》半月刊第二期,署名公汗。后收入《且介亭杂文》。

③ "孟宗哭竹",据唐代白居易所编《白氏六帖》:三国时吴人"孟宗后母好笋,令宗冬月求之。宗入竹林恸哭,笋为之出。""王祥卧冰",据《晋书·王祥传》:王祥后母"常欲生鱼,时天寒冰冻,祥解衣将剖冰求之,冰忽自解,双鲤跃出,持之而归"。这两个故事后来都收入《二十四孝》一书。

④ "儿童年",1933年10月,上海儿童幸福委员会呈准国民党上海市政府定1934年为儿童年。1935年3月,国民党政府又根据中华慈幼协会的呈请,定1935年8月1日开始的一年为全国儿童年。

⑤ 《龙文鞭影》,明代萧良友编著,内容是从古书中摘取一些历史典故编成四言韵语。《幼学琼林》,清代程允升编著,内容系杂集关于天文、人伦、器用、技艺等成语典故,用骈文写成。两书都是旧时学塾的初级读物。

⑥ 既尊孔子,又拜活佛者,指国民党政客戴季陶之流。戴季陶在1934年曾捐款修建吴兴孔庙。同年他又和当时已下野的北洋军阀段祺瑞等发起,请第九世班禅喇嘛在杭州灵隐寺举行"时轮金刚法会",宣扬"佛法"。

提 示

本文通过对旧中国两类群体的勾勒,揭示出由于统治者长期的精神奴役导致的"难行"与"不信"的因果关系,提出"不负责任的,不能照办的教训多,则相信的人少;利己损人的教训多,则相信的人更其少",辩证地指出,"不信"既是"愚民"自保的手段,又是导致国民一盘散沙的毒素,同时也揭露了统治者在精神上既欺人又自欺的丑陋和虚妄。

本文将严密的逻辑思维与生动、具体的形象思维结合在一起,寥寥几笔,凸显了"愚民"与有学识的大人物之间的精神对立面貌,增强了文章的战斗性。作者善于运用反语,含而不露,达到了强烈的讽刺效果。

思考与练习

1. 作者在文章中为什么要划分出"没有学问的下等人"和"有学识的大人物"两类人?

2. 谈谈本文说理的特点。

第七章 现代部分

胡适①

容忍与自由②

十七八年前，我最后一次会见了母校康耐儿大学的史学大师布尔先生（George Lincoln Burr）。我们谈到英国文学大师阿克顿（Lord Acton）一生准备要著作一部"自由之史"，没有完成他就死了。布尔先生那天谈话很多，有一句话我至今没有忘记。他说："我年纪越大，越感觉到容忍（tolerance）比自由更重要"。

布尔先生死了十多年了，他这句话我越想越觉得是一句不可磨灭的格言。我自己也有"年纪越大，越觉得容忍比自由还更重要"的感想。有时我竟觉得容忍是一切自由的根本：没有容忍，就没有自由。

我十七岁的时候（1908）曾在《竞业旬报》上发表几条"无鬼丛话"，其中有一条是痛骂小说《西游记》和《封神榜》的，我说：

《王制》③有之："假于鬼神时日卜筮以疑众，杀。"吾独怪夫数千年来之掌治权者，之以济世明道自期者，乃懵然不之注意，惑世诬民之学说得以大行，遂举我神州民族投诸极黑暗之世界！……

这是一个小孩子很不容忍的"卫道"④态度。我在那时候已是一个无鬼论者、无神论者，所以发出那种摧除迷信的狂论，要实行《王制》的"假于鬼神时日卜筮以疑众，杀"的一条经典。

我在那时候当然没有梦想到说这话的小孩子在十五年后（1923）会很热心地给《西游记》作两万字的考证！我在那时候当然更没有想到那个小孩子在二三十年后还时时留心搜求可以考证《封神榜》的作者的材料！我在那时候也完全没有想想《王制》那句话的历史意义。那一段《王制》的全文是这样的：

析言破律，乱名改作，执左道以乱政，杀。作淫声异服奇技奇器以疑众，杀。行伪而坚，言伪而辩，学非而博，顺非而泽以疑众，⑤杀。假于鬼神时日卜筮以疑众，杀。此四诛者，不以听。

我在五十年前，完全没有懂得这一段话的"诛"正是中国专制体制下禁止新思想、新学术、新信仰、新艺术的经典的根据。我在那时候抱着"破除迷信"的热心，所以拥护那"四诛"之中的第四诛："假于鬼神时日卜筮以疑众，杀。"我当时完全没有想到第四诛的"假于鬼神……以疑众"和第一诛的"执左道以乱政"的两条罪名都可以用来摧残宗教信仰的自由。我当时也完全没有注意到郑玄注⑥里用了公输般作"奇技异器"的例子，更没有注意到孔颖达《正义》⑦

里举了"孔子为鲁司寇七日而诛少正卯"的例子来解释"行伪而坚，言伪而辩，学非而博，顺非而泽以疑众，杀"。故第二诛可以用来禁绝艺术创作的自由，也可以用来"杀"许多发明"奇技异器"的科学家。故第三诛可以用来摧残思想的自由，言论的自由，著作出版的自由。

我在五十年前引用了《王制》第四诛，要"杀"《西游记》《封神榜》的作者。那时候我当然没有梦想到十年之后我在北京大学教书时就有一些同样"卫道"的正人君子也想引用《王制》的第三诛，要"杀"我和我的朋友。当年我要"杀"人，后来人要"杀"我；动机是一样的：都是因为动了一点正义的火气，就失掉容忍的度量了。

我自己叙述五十年前主张"假于鬼神时日卜筮以疑众，杀"的故事，为的是要说明我年纪越大，越觉得"容忍"比"自由"更重要。

我到今天还是一个无神论者，我不信有一个有意志的神，我也不信灵魂不朽的说法。

我自己总觉得，这个国家、这个社会、这个世界，绝大多数人是信神的，居然能有这雅量，能容忍我的无神论，能容忍我这个不信神也不信灵魂不灭的人，能容忍我在国内和国外自由发表我的无神论的思想，从没有人因此用石头掷我，把我关在监狱里，或把我捆在柴堆上用火烧死。我在这个世界里居然享受了四十多年的容忍与自由。我觉得这个国家、这个社会、这个世界对我的容忍态度是可爱的，是可以感激的。

所以我自己总觉得我应该用容忍的态度来报答社会对我的容忍。所以我自己不信神，但我能诚心地谅解一切信神的人，也能诚心地容忍并且敬重一切信仰有神的宗教。

我要用容忍的态度来报答社会对我的容忍，因为我年纪越大，我越觉得容忍的重要意义。若社会没有这点容忍的气度，我决不能享受四十多年大胆怀疑的自由，公开主张无神论的自由了。

在宗教自由史上，在思想自由史上，在政治自由史上，我们都可以看见容忍的态度是最难得、最稀有的态度。人类的习惯总是喜同而恶异的，总不喜欢和自己不同的信仰、思想、行为。这就是不容忍的根源。不容忍只是不能容忍和我自己不同的新思想和新信仰。一个宗教团体总相信自己的宗教信仰是对的，是不会错的，所以它总相信那些和自己不同的宗教信仰必定是错的，必定是异端，邪教。一个政治团体总相信自己的政治主张是对的，是不会错的，所以它总相信那些和自己不同的政治见解必定是错的，必定是敌人。

一切对异端的迫害，一切对"异己"的摧残，一切宗教自由的禁止，一切思想言论的被压迫，都由于这一点深信自己是不会错的心理。因为深信自己是不会错的，所以不能容忍任何和自己不同的思想信仰了。

试看欧洲的宗教革新运动的历史。马丁·路德（Martin Luther）和约翰·高尔文（John Calvin）等人起来革新宗教，本来是因为他们不满意于罗马旧教的种种不容忍，种种不自由。但是新教在中欧、北欧胜利之后，新教的领袖们又都渐渐走上了不容忍的路上去，也不容许别人起来批评他们的新教条了。高尔文在日内瓦掌握了宗教大权，居然会把一个敢独立思想、敢批评高尔文的教条的学者塞维图斯（Servetus）定了"异端邪说"的罪名，把他用铁链锁在木桩上，堆起柴来，慢慢的活活烧死。这是1553年10月23日的事。

这个殉道者塞维图斯的惨史，最值得人们的追念和反省。宗教革新运动原来的目标是要争取"基督教的人的自由"和"良心的自由"。何以高尔文和他的信徒们居然会把一位独立思想的新教徒用慢慢的火烧死呢？何以高尔文的门徒（后来继任高尔文为日内瓦的宗教独裁者）柏时（Beze）竟会宣言"良心的自由是魔鬼的教条"呢？

基本的原因还是那一点深信我自己是"不会错的"的心理。像高尔文那样虔诚的宗教改革家，他自己深信他的良心确是代表上帝的命令，他的口和他的笔确是代表上帝的意志，那末他的意见还会错吗？他还有错误的可能吗？在塞维图斯被烧死之后，高尔文曾受到不少人的批评。1554年，高尔文发表一篇文字为他自己辩护，他毫不迟疑地说："严厉惩治邪说者的权威是无可疑的，因为这就是上帝自己的说话。……这工作是为上帝的光荣的战斗。"

上帝自己说话，还会错吗？为上帝的光荣作战，还会错吗？这一点"我不会错"的心理，就是一切不容忍的根苗。深信我自己的信念没有错误的可能（infallible），我的意见就是"正义"，反对我的人当然都是"邪说"了。我的意见代表上帝的意旨，反对我的人的意见当然都是"魔鬼的教条"了。

这是宗教自由史给我们的教训：容忍是一切自由的根本；没有容忍"异己"的雅量，就不会承认"异己"的宗教信仰可以享受自由。但因为不容忍的态度是基于"我的信念不会错"的心理习惯，所以容忍"异己"是最难得、最不容易养成的雅量。

在政治思想上，在社会问题的讨论上，我们同样的感觉到不容忍是常见的，而容忍总是很稀有的。我试举一个死了的老朋友的故事作例子。四十多年前，我们在《新青年》杂志上开始提倡白话文学的运动，我曾从美国寄信给陈独秀，我说：

此事之是非，非一朝一夕所能定，亦非一二人所能定。甚愿国中人士能平心静气与吾辈同力研究此问题。讨论既熟，是非自明。吾辈已张革命之旗，虽不容退缩，然亦决不敢以吾辈所主张为必是而不容他人之匡正也。

独秀在《新青年》上答我道：

鄙意容纳异议，自由讨论，固为学术发达之原则，独于改良中国文学当以白话为正宗之说，其是非甚明，必不容反对者有讨论之余地；必以吾辈所主张者为绝对之是，而不容他人之匡正也。……

我当时就觉得这是很武断的态度。现在四十多年之后，我还忘不了独秀这一句话，我还觉得这种"必以吾辈所主张者为绝对之是"的态度是很不容忍的态度，是最容易引起别人的恶感，是最容易引起反对的。

我曾说过，我应该用容忍的态度来报答社会对我的容忍。现在常常想，我们还得戒律自己：我们若想别人容忍谅解我们的见解，我们必须先养成能够容忍谅解别人的见解的度量。至少我们应该戒约自己决不可"以吾辈所主张者为绝对之是"。我们受过实验主义的训练的人，本来就不承认有"绝对之是"，更不可以"以吾辈所主张者为绝对之是"。

【注释】

①胡适（1891年~1962年），字适之。安徽绩溪人。现代诗人、学者、思想家。胡适1910年留学美国，入康耐儿大学，后转入哥伦比亚大学，从学于杜威，深受其实验主义哲学的影响。1917年获哲学博士学位，回国后任北京大学教授，宣扬民主、科学，倡导反封建的新文化运动，在《新青年》上发表了《文学改良刍议》，出版新诗集《尝试集》，成为新文化运动的一位主要代表人物。1948年，胡适离开北平，后转赴美国，曾任台湾"中央研究院院长"。1962年在台北病逝。

　　胡适一生在哲学史、文学史、古典文学考证诸多方面都有重要成果。主要著作还有《胡适文存》《白话文学史》《中国章回小说考证》《中国哲学史大纲》等。

②本篇始发于台湾省出版的《自由中国》1959年3月14日第26卷第6期。已被选入《中国新文学大系》（1949~1976）《杂文卷》，上海文艺出版社1997年版。

③《王制》，儒家经典之一《礼记》中的一篇。

④卫道，捍卫自己所信其实未必都对的道理。一般含有贬义，故文中加了引号。

⑤"行伪而坚"句，大意是行为虚伪而执意不改，言论虚伪却能说会道，学识不正却大肆夸口，顺从错误却文过饰非，如此蛊惑百姓。

⑥郑玄注，指汉代郑玄的《礼记注》。

⑦孔颖达《正义》，指唐代孔颖达的《礼记正义》。

提 示

　　作者根据自己一生的阅历与体验，提出"没有容忍，就没有自由"的观点，并强调容忍比自由更重要，容忍是一切自由的必要条件。作者指出，不容忍的心理根源来自"深信自己是不会错的心理"，所以"人类的习惯总是喜同而恶异的，总不喜欢和自己不同的信仰、思想、行为"。胡适检视了自己青年时代"因为动了一点正义的火气，就失掉容忍的度量"的旧事，提出我们必须先养成能够容忍谅解别人的见解的度量，并告诫自己"应该用容忍的态度来报答社会对我的容忍"。

　　本文不仅从古到今，从中到外，援譬喻理，剀切详明，言之有据，而且结合自己的亲身经历和体验，使说理增添了动人的情感力量。文章的语言自然朴实，明晰流畅，全文表现出一种平易严谨的说理品格。

思考与练习

　　1. 文章前半部分中，从引用"四诛"的全文，到对"四诛"的现代阐释，这在全篇中起到了什么作用？
　　2. 作者为什么要引用西方宗教迫害的事例，它与全文的中心观点有什么联系？
　　3. 文章最后谈到"五四"时期与陈独秀的一段往事，作者的用意是什么？
　　4. 说理文应该具有怎样的文风，谈谈你的看法。

茅盾[1]

谈　月　亮[2]

不知道什么原因，我跟月亮的感情很不好。我也在月亮底下走过，我只觉得那月亮的冷森森的白光，反而把凹凸不平的地面幻化为一片模糊虚伪的光滑，引人去上当；我只觉得那月亮的好象温情似的淡光，反而把黑暗潜藏着的一切丑相幻化为神秘的美，叫人忘记了提防。

月亮是一个大骗子，我这样想。

我也曾对着弯弯的新月仔细看望。我从没觉得这残缺的一钩儿有什么美；我也照着"诗人"们的说法，把这弯弯的月牙儿比作美人的眉毛，可是愈比愈不象，我倒看出来，这一钩的冷光正好象是一把磨的锋快的杀人的钢刀。

我又常常望着一轮满月。我见过她装腔作势地往浮云中间躲，我也见过她象一个白痴人的脸孔，只管冷冷地呆木地朝着我瞧；什么"广寒宫"，什么"嫦娥"，——这一类缥缈的神话，我永远联想不起来，可只觉得她是一个死了的东西，然而她偏不肯安分，她偏要"借光"来欺骗漫漫长夜中的人们，使他们沉醉于空虚的满足，神秘的幻想。

月亮是温情主义的假光明！我这么想。

呵呵，我记起来了，曾经有过这么一回事，使得我第一次不信任这月亮。那时我不过六七岁，那时我对于月亮无爱亦无憎，有一次月夜，我同邻舍的老头子在街上玩。先是我们走，看月亮也跟着走；随后我们就各人说出他所见的月亮有多么大。"像饭碗口"，是我说的。然而邻家老头子却说"不对"，他看来是有洗脸盆那样子。

"不会差得那么多的！"我不相信，定住了眼睛看，愈看愈觉得至多不过是"饭碗口"。

"你比我矮，自然看去小了呢。"老头子笑嘻嘻说。

于是我立刻去搬一个凳子来，站上去，一比，跟老头子差不多高了，然而我头顶的月亮还只有"饭碗口"的大小。我要求老头子抱我起来，我骑在他的肩头，我比他高了，再看看月亮，还是原来那样的"饭碗口"。

"你骗人哪！"我作势要揪老头儿的小辫子。

"嗯嗯，那是——你爬高了不中用的。年纪大一岁，月亮也大一些，你活到我的年纪，包你看去有洗脸盆那样大。"老头子还是笑嘻嘻。

我觉得失败了，跑回家去问我的祖父。仰起头来望着月亮，我的祖父摸着胡子笑着说："哦哦，就跟我的脸盆差不多。"在我家里，祖父的洗脸盆是顶大的。于是我相信我自己是完全失败了。在许多事情上都被家里人用一句"你还小哩！"来剥夺了权利的我，于是就感到月亮也那么"欺小"，真正岂有此理。月亮在那时就跟我有了仇。

呵呵，我又记起来了，曾经看见过这么一件事，使得我知道月亮虽则未必"欺小"，却很能使人变得脆弱了似的，这件事，离开我同邻舍老头子比月亮大小的时候也总有十多年了。那时我跟月亮又回到了无恩无仇的光景。那时也正是中秋快近，忽然有从"狭的笼"③里逃出来的一对儿，到了我的寓处。大家都是丱④角之交，我得尽东道之谊。而且我还得居间办理"善后"。我依着他们俩铁硬的口气，用我自己出名，写了信给双方的父母，——我的世交前辈，表示了这件事恐怕已经不能够照"老辈"的意思挽回。信发出的下一天就是所谓"中秋"，早起还落雨，偏偏晚上是好月亮，一片云也没有。我们正谈着"善后"事情，忽然发现了那个"她"不在我们一块儿。自然是最关心"她"的那个"他"先上楼去看去。等过好半晌，两个都不下来，我也只好上楼看一看到底为了什么。一看可把我弄糊涂了！男的躺在床上叹气，女的坐在窗前，仰起了脸，一边望着天空，一边抹眼泪。

"哎，怎么了？两口儿斗气？说给我来评评。"我不会想到另有别的问题。

"不是呀——"男的回答，却又不说下去。

我于是走到女的面前，看定了她，——凭着我们小时也是捉迷藏的伙伴，我这样面对面朝她看是不算莽撞的。

"我想——昨天那封信太激烈了一点。"女的开口了，依旧望着那冷清清的月亮，眼角还噙着泪珠。"还是，我想，还是我回家去当面跟爸爸妈妈办交涉，——慢慢儿解决，将来他跟我爸爸妈妈也有见面之余地。"

我耳朵里轰的响了一声。我不知道什么东西使得这个昨天还是嘴巴铁硬的女人现在忽又变计。但是男的此时从床上说过一句来道：

"她已经写信告诉家里，说明天就回去呢！"

这可把我骇了一跳。糟糕！我昨天全权代表似的写出两封信，今天却就取消了我的资格；那不是应着家乡人们一句话：什么都是我好管闲事闹出来的。那时我的脸色一定难看得很，女的也一定看到我心里，她很抱歉似的亲热地叫道："×哥，我会对他们说，昨天那封信是我的意思叫你那样写的!"

"那个,只好随它去;反正,我的多事是早已出名的。"我苦笑着说,盯住了女的面孔。月亮光照在她脸上,这脸现在有几分"放心了"的神气;忽然她低了头,手捂住了脸,就象闷在瓮里似的声音说:"我撇不下妈妈。今天是中秋,往常在家里妈给我……"

我不愿意再听下去。我全都明白了,是这月亮,水样的猫一样的月光勾起了这位女人的想家的心,把她变得脆弱些。

从那一次以后,我仿佛懂得一点关于月亮的"哲理"。我觉得我们向来有的一些关于月亮的文学好象几乎全是幽怨的,恬退隐逸的,或者缥缈游仙的。跟月亮特别有感情的,好象就是高山里的隐士,深闺里的怨妇,求仙的道士。他们借月亮发了牢骚,又从月亮得到了自欺的安慰,又从月亮想象出"广寒宫"的缥缈神秘。读几句书的人,平时不知不觉间熏染了这种月亮的"教育",临到紧要关头,就会发生影响。

原始人也曾在月亮身上做"文章",——就是关于月亮的神话。然而原始人的月亮文学只限于月亮本身的变动;月何以东升西没,何以有缺有圆有蚀,原始人都给了非科学的解释。至多亦不过想象月亮是太阳的老婆,或者是姊妹,或者是人间的"英雄"逃上天去罢了。而且他们从不把月亮看成幽怨闲适缥缈的对象。不,现代澳洲的土人反而从月亮的圆缺创造了奋斗的故事。这跟我们以前的文人在月亮有圆缺上头悟出恬淡知足的处世哲学相比起来,差得多么远呀!

把月亮的"哲理"发挥得淋漓尽致的,也许只有我们中国罢?不但骚人雅士美女见了月亮,便会感发出许多的幽思离愁,扭捏缠绵到不成话;便是喑鸣叱咤的马上英雄也被写成了在月亮的魔光下只有悲凉,只有感伤。这一种"完备"的月亮"教育"会使"狭的笼"里逃出来的人也触景生情地想到再回去,并且我很怀疑那个邻舍老头子所谓"年纪大一岁,月亮也大一些"的说头未必竟是他的信口开河,而也许有什么深厚的月亮的"哲理"根据罢!

从那一次以后,我渐渐觉得月亮可怕。

我每每想:也许我们中国古来文人发挥的月亮"文化",并不是全然主观的;月亮确是那么一个会迷人会麻醉人的家伙。

星夜使你恐怖,但也激发了你的勇气。只有月夜,说是没有光明么?明明有的。然而这冷凄凄的光既不能使五谷生长,甚至不能晒干衣裳;然而这光够使你看见五个指头却不够辨别稍远一点的地面的坎坷。你朝远处看,你只见白茫茫的一片,消弭了一切轮廓。你变做"短视"了。你的心上会遮起了一层神秘的迷迷胡胡的苟安的雾。

人在暴风雨中也许要战栗，但人的精神，不会松懈，只有紧张；人撑着破伞，或者破伞也没有，那就挺起胸膛，大踏步，咬紧了牙关，冲那风雨的阵，人在这里，磨炼他的奋斗力量。然而清淡的月光像一杯安神的药，一粒微甜的糖，你在她的魔术下，脚步会自然而然放松了，你嘴角上会闪出似笑非笑的影子，你说不定会向青草地下一躺，眯着眼睛望天空，乱麻麻地不知想到哪里去了。

自然界现象对于人的情绪有种种不同的感应，我以为月亮引起的感应多半是消极。而把这一点畸形发挥得"透彻"的，恐怕就是我们中国的月亮文学。当然也有并不借月亮发牢骚，并不从月亮得了自欺的安慰，并不从月亮想象出神秘缥缈的仙境，但这只限于未尝受过我们的月亮文学影响的"粗人"罢！

我们需要"粗人"眼中的月亮；我又每每这么想。

1934 年中秋后

【注释】

①茅盾（1896 年～1981 年），原名沈德鸿，字雁冰。浙江桐乡人。中国现代文学的先驱、文学家。茅盾 1916 年在北京大学预科毕业后，因家庭经济原因到上海商务印书馆工作。1920 年初，开始主持大型文学刊物《小说月报》"小说新潮栏"的编务工作。1921 年 1 月，与郑振铎、王统照、叶绍钧等人发起成立了"文学研究会"。1927 年 9 月起陆续发表《蚀》三部曲（《幻灭》《动摇》《追求》）。1930 年加入中国左翼作家联盟，曾担任"左联"执行书记。1927～1937 年，完成了长篇小说《子夜》和短篇小说《林家铺子》《春蚕》《秋收》《残冬》等的创作。抗日战争期间，完成了小说长篇《霜叶红似二月花》和剧本《清明前后》的创作。新中国成立后主要从事文学评论，人民文学出版社自 1983 年起陆续出版 41 卷本的《茅盾全集》。
②本文原载于《申报月刊》第 3 卷第 10 期。
③"狭的笼"，原为俄国盲诗人爱罗先所作童话的篇名，这里借指封建家庭的樊笼。
④丱（guàn）形容儿童束发成两角的样子。

提　示

《谈月亮》是体现着茅盾对中国传统文化反省与批判精神的一篇优秀散文。自古以来，月亮一直是骚人、雅士、美女、武夫等感情寄托的意象，被看成幽怨闲适缥缈的对象，授人以消极避世的安慰，乃至成为恬淡知足处世哲学的文化规训。作者反向立意，指出月亮的虚幻模糊能引人上当，有化丑为美的功效，进一步揭示出月亮文化背后深藏的伦理文化权力和思维定式成为禁锢人们冲破封建牢笼的精神羁绊，旗帜鲜明地提出我们需要"粗人"眼中的月亮。

文章不仅立意鲜明，而且能够寓理于事，深化主题，增强说服力。通过中外对比与古今对比，揭示中国月亮文化形成中的畸形文化心态。语言自然流畅，亦庄亦谐，风格多变；比喻、拟人等修辞手法的运用，增添了说理的形象性与生动性。

思考与练习

1. 文章中援引的作者自己生活中的两个具体事例，对表现文章的主题起到了什么作用？
2. 谈谈你对本文主题的看法。
3. 谈谈本文说理的艺术特色。

郁达夫①

钓台的春昼②

因为近在咫尺,以为什么时候要去就可以去,我们对于本乡本土的名区胜景,反而往往没有机会去玩,或不容易下一个决心去玩的。正唯其是如此,我对于富春江上的严陵,二十年来,心里虽每在记着,但脚却从没有向这一方面走过。一九三一,岁在辛未,暮春三月,春服未成,而中央党帝,似乎又想玩一个秦始皇所玩过的把戏了,我接到了警告,就仓皇离去了寓居。先在江浙附近的穷乡里,游息了几天,偶尔看见了一家扫墓的行舟,乡愁一动,就定下了归计。绕了一个大弯,赶到故乡,却正好还在清明寒食的节前。和家人等去上了几处坟,与许久不曾见过面的亲戚朋友,来往热闹了几天,一种乡居的倦怠,忽而袭上心来了,于是乎我就决心上钓台去访一访严子陵的幽居。

钓台去桐庐县城二十余里,桐庐去富阳县治九十里不足,自富阳溯江而上,坐小火轮三小时可达桐庐,再上则须坐帆船了。

我去的那一天,记得是阴晴欲雨的养花天,并且系坐晚班轮去的,船到桐庐,已经是灯火微明的黄昏时候了,不得已就只得在码头近边的一家旅馆的楼上借了一宵宿。

桐庐县城,大约有三里路长,三千多烟灶,一二万居民,地在富春江西北岸,从前是皖浙交通的要道,现在杭江铁路一开,似乎没有一二十年前的繁华热闹了。尤其要使旅客感到萧条的,却是桐君山脚下的那一队花船的失去了踪影。说起桐君山,原是桐庐县的一个接近城市的灵山胜地,山虽不高,但因有仙,自然是灵了。以形势来论,这桐君山,也的确是可以产生出许多口音生硬、别具风韵的桐严嫂来的生龙活脉。地处在桐溪东岸,正当桐溪和富春江合流之所,依依一水,西岸便瞰视着桐庐县市的人家烟村。南面对江,便是十里长洲;唐诗人方干的故居,就在这十里桐洲九里花的花田深处。向西越过桐庐县城,更遥遥对着一排高低不定的青峦,这就是富春山的山子山孙了。东北面山下,是一片桑麻沃地,有一条长蛇似的官道,隐而复现,出没盘曲在桃花杨柳洋槐榆树的中间,绕过一支小岭,便是富阳县的境界,大约去程明道的墓地程坟,总也不过一二十里地的间隔。我的去拜谒桐君,瞻仰道观,就在那一天到桐庐的晚上,是淡云微月,正在作雨的时候。

鱼梁渡头，因为夜渡无人，渡船停在东岸的桐君山下。我从旅馆踱了出来，先在离轮埠不远的渡口停立了几分钟，后来向一位来渡口洗夜饭米的年轻少妇，弓身请问了一回，才得到了渡江的秘诀。她说："你只须高喊两三声，船自会来的。"先谢了她教我的好意，然后以两手围成了播音的喇叭，"喂，喂，船渡请摇过来！"地纵声一喊，果然在半江的黑影当中，船身摇动了。渐摇渐近，五分钟后，我在渡口，却终于听出了咿呀柔橹的声音。时间似乎已经入了酉时的下刻，小市里的群动，这时候都已经静息，自从渡口的那位少妇，在微茫的夜色里，藏去了她那张白团团的面影之后，我独立在江边，不知不觉心里头却兀自感到了一种他乡日暮的悲哀。渡船到岸，船头上起了几声微微的水浪清音，又铜东的一响，我早已跳上了船，渡船也已经掉过头来了。坐在黑沉沉的舱里，我起先只在静听着柔橹划水的声音，然后却在黑影里看出了一星船家在吸着的长烟管头上的烟火，最后因为沉默压迫不过，我只好开口说话了："船家！你这样的渡我过去，该给你几个船钱？"我问。"随你先生把几个就是。"船家说话冗慢幽长，似乎已经带着些睡意了，我就向袋里摸出了两角钱来。"这两角钱，就算是我的渡船钱，请你候我一会，上去烧一次夜香，我是依旧要渡过江来的。"船家的回答，只是乌乌恩恩，幽幽同牛叫似的一种鼻音，然而从继这鼻音而起的两三声轻快的咳声听来，他却似已经在感到满足了，因为我也知道，乡间的义渡，船钱最多也不过是两三枚铜子而已。

到了桐君山下，在山影和树影交掩着的崎岖道上，我上岸走不上几步，就被一块乱石绊倒，滑跌了一次。船家似乎也动了恻隐之心了，一句话也不发，跑将上来，他却突然交给了我一盒火柴。我于感谢了一番他的盛意之后，重整步武，再摸上山去，先是必须点一枝火柴走三五步路的，但到得半山，路既就了规律，而微云堆里的半规月色，也朦胧地现出一痕银线来了，所以手里还存着的半盒火柴，就被我藏入了袋里。路是从山的西北，盘曲而上，渐走渐高，半山一到，天也开朗了一点，桐庐县市上的灯光，也星星可数了。更纵目向江心望去，富春江两岸的船上和桐溪合流口停泊着的船尾船头，也看得出一点一点的火来。走过半山，桐君观里的晚祷钟鼓，似乎还没有息尽，耳朵里仿佛听见了几丝木鱼钲钹的残声。走上山顶，先在半途遇着了一道道观外围的女墙，这女墙的栅门，却已经掩上了。在栅门外徘徊了一刻，觉得已经到了此门而不进去，终于是不能满足我这一次暗夜冒险的好奇怪癖的。所以细想了几次，还是决心进去，非进去不可，轻轻用手往里面一推，栅门却呀的一声，早已退向了后方开开了，这门原来是虚掩在那里的。进了栅门，踏着为淡月所映照的石砌平路，向东向南的前走了五六十步，居然走到了道观的大门之外，这两扇朱红漆的大门,不消说是紧闭在那里的。到了此地,我却不想再破门进去了,因为这大门是朝南向着大江开的,门外头是一条一丈来宽的石砌步道,步道的一旁是道观的墙,一旁便是山坡,靠山坡的一面,并且还有一道二尺来高的石墙筑在那里,大约是代替栏杆,防人倾跌下山去的用意,石墙之上,铺的是二三尺宽的青石,在这似石栏又似石凳的墙上,尽可以坐卧游息,饱看桐江和对岸的风景,就是在这里坐它一晚,也很可以,我又何必去打开门来,惊起那些老道的恶梦呢?

空旷的天空里,流涨着的只是些灰白的云,云层缺处,原也看得出半角的天,和一点两点的星,但看起来最饶风趣的,却仍是欲藏还露,将见仍无的那半规月影。这时候江面上似乎起了风,云脚的迁移,更来得迅速了,而低头向江心一看,几多散乱着的船里的灯光,也忽明忽灭地变换了一变换位置。

这道观大门外的景色,真神奇极了。我当十几年前,在放浪的游程里,曾向瓜州京口一带,消磨过不少的时日,那时觉得果然名不虚传的,确是甘露寺外的江山,而现在到了桐庐,昏夜上这桐君山来一看,又觉得这江山的秀而且静,风景的整而不散,却非那天下第一江山的北固山所可与比拟的了。真也难怪得严子陵,难怪得戴徽士,倘使我若能在这样的地方结屋读书,颐养天年,那还要什么的高官厚禄,还要什么的浮名虚誉哩?一个人在这桐君观前的石凳上,看看山,看看水,看看城中的灯火和天上的星云,更做做浩无边际的无聊的幻梦,我竟忘记了时刻,忘记了自身,直等到隔江的击柝声传来,向西一看,忽而觉得城中的灯影微茫地减了,才跑也似地走下了山来,渡江奔回了客舍。

第二日侵晨,觉得昨天在桐君观前做过的残梦正还没有续完的时候,窗外面忽而传来了一阵吹角的声音。好梦虽被打破,但因这同吹竽篥似的商音哀咽,却很含着些荒凉的古意,并且晓风残月,杨柳岸边,也正好候船待发,上严陵去;所以心里虽怀着了些儿怨恨,但脸上却只现出了一痕微笑,起来梳洗更衣,叫茶房去雇船去。雇好了一只双桨的渔舟,买就了些酒菜鱼米,就在旅馆前面的码头上上了船。轻轻向江心摇出去的时候,东方的云幕中间,已现出了几丝红晕,有八点多钟了。舟师急得厉害,只在埋怨旅馆的茶房,为什么昨晚不预先告诉,好早一点出发。因为此去就是七里滩头,无风七里,有风七十里,上钓台去玩一趟回来,路程虽则有限,但这几日风雨无常,说不定要走夜路,才回来得了的。

过了桐庐,江心狭窄,浅滩果然多起来了。路上遇着的来往的行舟,数目也是很少,因为早晨吹的角,就是往建德去的快班船的信号,快班船一开,来往于两岸之间的船就不十分多了。两岸全是青青的山，中间是一条清浅的水，有时候过一个沙洲，洲上的桃花菜花，还有许多不晓得名字的白色的花，正在喧闹着春暮，吸引着蜂蝶。我在船头上一口一口的喝着严东关的药酒，指东话西地问着船家，这是什么山，那是什么港，惊叹了半天，称颂了半天，人也觉得倦了，不晓得什么时候，身子却走上了一家水边的酒楼，在和数年不见的几位已经做了党官的朋友高谈阔论。谈论之余，还背诵了一首两三年前曾在同一的情形之下做成的歪诗：

不是尊前爱惜身，佯狂难免假成真。
曾因酒醉鞭名马，生怕情多累美人。
劫数东南天作孽，鸡鸣风雨海扬尘，
悲歌痛哭终何补，义士纷纷说帝秦。③

直到盛筵将散，我酒也不想再喝了，和几位朋友闹得心里各自难堪，连对旁边坐着的两位陪酒的名花都不愿意开口。正在这上下不得的苦闷关头，船家却大声的叫了起来说：

"先生，罗芷过了，钓台就在前面，你醒醒吧，好上山去烧饭吃去。"

擦擦眼睛，整了一整衣服，抬起头来一看，四面的水光山色又忽而变了样子了。清清的一条浅水，比前又窄了几分，四围的山包得格外的紧了，仿佛是前无去路的样子。并且山容峻削，看去觉得格外的瘦格外的高。向天上地下四围看看，只寂寂的看不见一个人类。双桨的摇响，到此似乎也不敢放肆了，钩的一声过后，要好半天才来一个幽幽的回响，静，静，静，身边水上，山下岩头，只沉浸着太古的静，死灭的静，山峡里连飞鸟的影子也看不见半只。前面的所谓钓台山上，只看得见两个大石垒，一间歪斜的亭子，许多纵横芜杂的草木。山腰里的那坐祠堂，也只露着些废垣残瓦，屋上面连炊烟都没有一丝半缕，像是好久好久没人住了的样子。并且天气又来得阴森，早晨曾经露一露脸过的太阳，这时候早已深藏在云堆里了，余下来的只是时有时无从侧面吹来的阴飕飕的半箭儿山风。船靠了山脚，跟着前面背着酒菜鱼米的船夫，走上严先生祠堂的时候，我心里真有点害怕，怕在这荒山里要遇见一个干枯苍老得同丝瓜筋似的严先生的鬼魂。

在祠堂西院的客厅里坐定，和严先生的不知第几代的裔孙谈了几句关于年岁水旱的话后。我的心跳，也渐渐儿的镇静下去了，嘱托了他以煮饭烧茶的杂务，我和船家就从断碑乱石中间爬上了钓台。

东西两石垒，高各有二三百尺，离江面约两里来远，东西台相会，只有一二百步，但其间却夹着一条深谷。立在东台，可以看得出罗芷的人家，回头展望来路，风景似乎散漫一点，而一上谢氏的西台，向西望去，则幽谷里的情景，却绝对的不像是在人间了。我虽则没有到过瑞士,但到了西台,朝西一看,立时就想起了曾在照片上看见过的威廉退儿的祠堂。这四山的幽静,这江水的青蓝,简直同在画片上的珂罗版色彩,一色也没有两样,所不同的,就是在这儿的变化更多一点,周围的环境更芜杂不整齐一点而已,但这却是好处,这正是足以代表东方民族性的颓废荒凉的美。

从钓台下来,回到严先生的祠堂——记得这是洪杨以后严州知府戴槃重建的祠堂——西院里饱啖了一顿酒肉,我觉得有点酩酊微醉了。手拿着以火柴柄制成的牙签,走到东面供着严先生神像的龛前,向四面的破壁上一看,翠墨淋漓,题在那里的,竟多是些俗而不雅的过路高官的手笔。最后到了南面的一块白墙头上,在离屋檐不远的一角高处,却看到了我们的一位新近去世的同乡夏灵峰先生的四句似邵尧夫而又略带感慨的诗句。夏灵峰先生虽则只知崇古,不善处今,但是五十年来,像他那样的顽固自尊的亡清遗老,也的确是没有第二个人。比较起现在的那些官迷财迷的南满尚书和东洋宦婢来,他的经术言行,姑且不必去论它,就是以骨头来称称,我想也要比什么罗三郎郑太郎辈,重到好几百倍。慕贤的心一动,熏人臭技自然是难熬了,堆起了几张桌椅,借得了一枝破笔,我也在高墙上在夏灵峰先生的脚后放上了一个陈屁,就是在船舱的梦里,也曾微吟过的那一首歪诗。

从墙头上跳将下来,又向龛前天井去走了一圈,觉得酒后的喉咙,有点渴痒了,所以就又走回到了西院,静坐着喝了两碗清茶。在这四大无声,只听见我自己的啾啾喝水的舌音冲击到那座破院的败壁上去的寂静中间,同惊雷似地一响,院后的竹园里却忽而飞出了一声闲长而又有节奏似的鸡啼的声来。同时在门外面歇着的船家,也走进了院门,高声地对我说:

"先生,我们回去吧,已经是吃点心的时候了,你不听见那只公鸡在后山啼么?我们回去罢!"

1932年8月在上海写

【注释】

① 郁达夫(1896年~1945年),原名郁文,字达夫。浙江富阳人。现代著名作家。郁达夫出身于知识分子家庭,1913年9月随长兄赴日本留学,广泛涉猎中外文学和哲学著作,从研究经济学转而走上文学创作的道路。1921年参与发起成立创造社,出版了新文学最早的白话短篇小说集《沉沦》。1923年起在北京大学、武昌师范大学等校任教。1930年参与发起中国自由大同盟,并曾加入中国左翼作家联盟。1938年赴武汉参加抗日救亡工作,同年底去香港、南洋群岛从事抗日宣传活动,新加坡沦陷后流亡至苏门答腊,1945年9月被日本宪兵秘密杀害。

郁达夫一生著述宏富,从 1928 年起,陆续出版了《达夫全集》《达夫自选集》《屐痕处处》《达夫日记》《达夫游记》《闲书》《郁达夫诗词抄》《郁达夫文集》,以及《达夫所译短篇集》等。

②钓台,即严子陵钓台,位于桐庐县城南 15 公里的富春山麓。东汉高士严子陵(严光,字子陵)拒绝光武帝刘秀之召,拒封谏议大夫,来此地隐居垂钓。范仲淹于景祐元年(1034 年)被贬任睦州(今建德梅城)知府,在严光隐居处修建祠堂并作《严先生祠堂记》一文纪念他。本文原载 1932 年 9 月 16 日《论语》第一期。

③此诗作于 1929 年 1 月 23 日,原诗题序为:"旧友二三、相逢海上,席间偶谈时事,怅然若失,为之衔杯不饮者久之。或问昔年走马章台、痛饮狂歌意气今安在耶,因而有作。"1931 年 3 月中旬,作者被迫离沪,回到富阳家中。1932 年春,作者游桐庐严子陵钓台,题此诗于壁上,因而又名之为《钓台题壁》。

提　示

1931 年初,国民党加剧了对左翼文艺运动的文化围剿,"左联五烈士"被秘密杀害。郁达夫离沪避难浙江,"乡愁一动",返乡游历。1932 年回忆旧游,写成此文。文章以游踪为线索,用写意、抒情之笔,在寄情山水中表现出对"中央党帝"的愤慨和对文化高压的不屑,同时也流露了在社会动荡年代中对自我生存状态的感伤之情。

文章成功地将写景与抒情有机地结合在一起。将愤世伤怀的情感与胜地景物的描写交织在一起,在"有我之境"与"无我之境"之间跳转自如。另外,作者还采用了假托梦境,以诗入文的方式,抒发胸臆。作者善于运用比较、反衬以及适度夸张等手法表现钓台的静幽与秀美。文章结构看似简单,却内含匠心,呼应巧妙。

思考与练习

1. 谈谈本文写景与抒情的特点。

2. 谈谈作者在文中插入的舟中入梦一段细节,对文章主题和结构的作用。

朱自清[①]

桨声灯影里的秦淮河[②]

1923年8月的一晚,我和平伯同游秦淮河;平伯是初泛,我是重来了。我们雇了一只"七板子",在夕阳已去,皎月方来的时候,便下了船。于是桨声汩——汩,我们开始领略那晃荡着蔷薇色的历史的秦淮河的滋味了。

秦淮河里的船,比北京万生园、颐和园的船好,比西湖的船好,比扬州瘦西湖的船也好。这几处的船不是觉着笨,就是觉着简陋,局促;都不能引起乘客们的情韵,如秦淮河的船一样。秦淮河的船约略可分为两种:一是大船;一是小船,就是所谓"七板子"。大船舱口阔大,可容二三十人。里面陈设着字画和光洁的红木家具,桌上一律嵌着冰凉的大理石面。窗格雕镂颇细,使人起柔腻之感。窗格里映着红色蓝色的玻璃;玻璃上有精致的花纹,也颇悦人目。"七板子"规模虽不及大船,但那淡蓝色的栏干,空敞的舱,也足系人情思。而最出色处却在它的舱前。舱前是甲板上的一部。上面有弧形的顶,两边用疏疏的栏干支着。里面通常放着两张藤的躺椅。躺下,可以谈天,可以望远,可以顾盼两岸的河房。大船上也有这个,但在小船上更觉清隽罢了。舱前的顶下,一律悬着灯彩;灯的多少、明暗,彩苏的精粗、艳晦,是不一的,但好歹总还你一个灯彩。这灯彩实在是最能勾人的东西。夜幕垂垂地下来时,大小船上都点起灯火。从两重玻璃里映出那辐射着的黄黄的散光,反晕出一片朦胧的烟霭;透过这烟霭,在黯黯的水波里,又逗起缕缕的明漪。在这薄霭和微漪里,听着那悠然的间歇的桨声,谁能不被引入他的美梦去呢?只愁梦太多了,这些大小船儿如何载得起呀?我们这时模模糊糊的谈着明末的秦淮河的艳迹,如《桃花扇》及《板桥杂记》里所载的。我们真神往了。我们仿佛亲见那时华灯映水,画舫凌波的光景了。于是我们的船便成了历史的重载了。我们终于恍然秦淮河的船所以雅丽过于他处,而又有奇异的吸引力的,实在是许多历史的影象使然了。

秦淮河的水是碧阴阴的;看起来厚而不腻,或者是六朝金粉所凝么?我们初上船的时候,天色还未断黑,那漾漾的柔波是这样的恬静,委婉,使我们一面有水阔天空之想,一面又憧憬着纸醉金迷之境了。等到灯火明时,阴阴的变为沉沉了:黯淡的水光,像梦一般;那偶然闪烁着的光芒,就是梦的眼睛了。我们坐在舱前,因了那隆起的顶棚，仿佛总是昂着首向前走着似的；于是飘飘然如御风而行的我们，看着那些自在的湾泊着的船，船里走马灯般的人物，便像是下界一般，迢迢的远了，又像在雾里看花，尽朦朦胧胧的。这时我们已过了利涉桥，望见东关头了。沿路听见断续的歌声：有从沿河的妓楼飘来的，有从河上船里度来的。我们明知那些歌声，只是些因袭的言词，从生涩的歌喉里机械的发出来的；但它们经了夏夜的微风的吹漾和水波的摇拂，袅娜着到我们耳边的时候，已经不单是她们的歌声，而混着微风和河水的密语了。于是我们不得不被牵惹着，震撼着，相与浮沉于这歌声里了。从东关头转弯，不久就到大中桥。大中桥共有三个桥拱，都很阔大，俨然是三座门儿；使我们觉得我们的船和船里的我们，在桥下过去时，真是太无颜色了。桥砖是深褐色，表明它的历史的长久；但都完好无缺，令人太息于古昔工程的坚美。桥上两旁都是木壁的房子，中间应该有街路？这些房子都破旧了，多年烟熏的迹，遮没了当年的美丽。我想象秦淮河的极盛时，在这样宏阔的桥上，特地盖了房子，必然是髹漆得富富丽丽的；晚间必然是灯火通明的。现在却只剩下一片黑沉沉！但是桥上造着房子，毕竟使我们多少可以想见往日的繁华；这也慰情聊胜无了。过了大中桥，便到了灯月交辉，笙歌彻夜的秦淮河，这才是秦淮河的真面目哩。

大中桥外，顿然空阔，和桥内两岸排着密密的人家的景象大异了。一眼望去，疏疏的林，淡淡的月，衬着蓝蔚的天，颇像荒江野渡光景；那边呢，郁丛丛的，阴森森的，又似乎藏着无边的黑暗：令人几乎不信那是繁华的秦淮河了。但是河中眩晕着的灯光，纵横着的画舫，悠扬着的笛韵，夹着那吱吱的胡琴声，终于使我们认识绿如茵陈酒的秦淮水了。此地天裸露着的多些，故觉夜来的独迟些；从清清的水影里，我们感到的只是薄薄的夜——这正是秦淮河的夜。大中桥外，本来还有一座复成桥，是船夫口中的我们的游踪尽处，或也是秦淮河繁华的尽处了。我的脚曾踏过复成桥的脊，在十三四岁的时候。但是两次游秦淮河，却都不曾见着复成桥的面；明知总在前途的，却常觉得有些虚无缥缈似的。我想，不见倒也好。这时正是盛夏。我们下船后，借着新生的晚凉和河上的微风，暑气已渐渐消散；到了此地，豁然开朗，身子顿然轻了——习习的清风荏苒在面上，手上，衣上，这便又感到了一缕新凉了。南京的日光，大概没有杭州猛烈；西湖的夏夜老是热蓬蓬的，水像沸着一般，秦淮河的水却尽是这样冷冷地绿着。任你人影的憧憧，歌声的扰扰，总像隔着一层薄薄的绿纱面幂似的；它尽是这样静静的，冷冷的绿着。我们出了大中桥，走不上半里路，船夫便将船划到一旁，停了桨由它宕着。他以为那里正是繁华的极点，再过去就是荒凉了；所以让我们多多赏鉴一会儿。他自己却静静的蹲着。他是看惯这光景的了，大约只是一个无可无不可。这无可无不可，无论是升的沉的，总之，都比我们高了。

那时河里闹热极了；船大半泊着，小半在水上穿梭似的来往。停泊着的都在近市的那一边，我们的船自然也夹在其中。因为这边略略的挤，便觉得那边十分的疏了。在每一只船从那边过去时，我们能画出它的轻轻的影和曲曲的波，在我们的心上；这显着是空，且显着是静了。那时处处都是歌声和凄厉的胡琴声，圆润的喉咙，确乎是很少的。但那生涩的、尖脆的调子能使人有少年的、粗率不拘的感觉，也正可快我们的意。况且多少隔开些儿听着，因为想象与渴慕的做美，总觉更有滋味；而竞发的喧嚣，抑扬的不齐，远近的杂沓，和乐器的嘈嘈切切，合成另一意味的谐音，也使我们无所适从，如随着大风而走。这实在因为我们的心枯涩久了，变为脆弱；故偶然润泽一下，便疯狂似的不能自主了。但秦淮河确也腻人。即如船里的人面，无论是和我们一堆儿泊着的，无论是从我们眼前过去的，总是模模糊糊的，甚至渺渺茫茫的；任你张圆了眼睛，揩净了眦垢，也是枉然。这真够人想呢。在我们停泊的地方，灯光原是纷然的；不过这些灯光都是黄而有晕的。黄已经不能明了，再加上了晕，便更不成了。灯愈多，晕就愈甚；在繁星般的黄的交错里，秦淮河仿佛笼上了一团光雾。光芒与雾气腾腾的晕着，什么都只剩了轮廓了；所以人面的详细的曲线，便消失于我们的眼底了。但灯光究竟夺不了那边的月色；灯光是浑的，月色是清的，在浑沌的灯光里，渗入了一派清辉，却真是奇迹！那晚月儿已瘦削了两三分。她晚妆才罢，盈盈的上了柳梢头。天是蓝得可爱，仿佛一汪水似的；月儿便更出落得精神了。岸上原有三株两株的垂杨树，淡淡的影子，在水里摇曳着。它们那柔细的枝条浴着月光，就像一支支美人的臂膊，交互的缠着，挽着；又像是月儿披着的发。而月儿偶然也从它们的交叉处偷偷窥看我们，大有小姑娘怕羞的样子。岸上另有几株不知名的老树，光光的立着；在月光里照起来，却又俨然是精神矍铄的老人。远处——快到天际线了，才有一两片白云，亮得现出异彩，像美丽的贝壳一般。白云下便是黑黑的一带轮廓；是一条随意画的不规则的曲线。这一段光景，和河中的风味大异了。但灯与月竟能并存着，交融着，使月成了缠绵的月，灯射着渺渺的灵辉；这正是天之所以厚秦淮河，也正是天之所以厚我们了。

这时却遇着了难解的纠纷。秦淮河上原有一种歌妓，是以歌为业的。从前都在茶舫上，唱些大曲之类。每日午后一时起，什么时候止，却忘记了。晚上照样也有一回。也在黄晕的灯光里。我从前过南京时，曾随着朋友去听过两次。因为茶舫里的人脸太多了，觉得不大适意，终于听不出所以然。前年听说歌妓被取缔了，不知怎的，颇涉想了几次——却想不出什么。这次到南京，先到茶舫上去看看，觉得颇是寂寥，令我无端的怅怅了。不料她们却仍在秦淮河里挣扎着，不料她们竟会纠缠到我们，我于是很张皇了。她们也乘着"七板子"，她们总是坐在舱前的。舱前点着石油汽灯，光亮眩人眼目：坐在下面的，自然是纤毫毕见了——引诱客人们的力量，也便在此了。舱里躲着乐工等人，映着汽灯的余辉蠕动着；他们是永远不被注意的。每船的歌妓大约都是二人；天色一黑，她们的船就在大中桥外往来不息的兜生意。无论行着的船，泊着的船，都是要来兜揽的。这都是我后来推想出来的。那晚不知怎样，忽然轮着我们的船了。我们的船好好的停着，一只歌舫划向我们来了；渐渐和我们的船并着了。铄铄的灯光逼得我们皱起了眉头；我们的风尘色全给它托出来了，这使我踧踖不安了。那时一个伙计跨过船来，拿着摊开的歌折，就近塞向我的手里，说，"点几出吧！"他跨过来的时候，我们船上似乎有许多眼光跟着。同时相近的别的船上也似乎有许多眼睛炯炯的向我们船上看着。我真窘了！我也装出大方的样子，向歌妓们瞥了一眼，但究竟是不成的！我勉强将那歌折翻了一翻，却不曾看清了几个字；便赶紧递还那伙计，一面不好意思地说："不要，我们……不要。"他便塞给平伯。平伯掉转头去，摇手说："不要！"那人还腻着不走。平伯又回过脸来，摇着头道，"不要！"于是那人重到我处。我窘着再拒绝了他。他这才有所不屑似的走了。我的心立刻放下，如释了重负一般。我们就开始自白了。

  我说我受了道德律的压迫，拒绝了她们；心里似乎很抱歉的。这所谓抱歉，一面对于她们，一面对于我自己。她们于我们虽然没有很奢的希望；但总有些希望的。我们拒绝了她们，无论理由如何充足，却使她们的希望受了伤；这总有几分不做美了。这是我觉得很怅怅的。至于我自己，更有一种不足之感。我这时被四面的歌声诱惑了，降伏了；但是远远的，远远的歌声总仿佛隔着重衣搔痒似的，越搔越搔不着痒处。我于是憧憬着贴耳的妙音了。在歌舫划来时，我的憧憬，变为盼望；我固执的盼望着，有如饥渴。虽然从浅薄的经验里，也能够推知，那贴耳的歌声，将剥去了一切的美妙；但一个平常的人像我的，谁愿凭了理性之力去丑化未来呢？我宁愿自己骗着了。不过我的社会感性是很敏锐的；我的思力能拆穿道德律的西洋镜，而我的感情却终于被它压服着。我于是有所顾忌了，尤其是在众目昭彰的时候。道德律的力，本来是民众赋予的；在民众的面前，自然更显出它的威严了。我这时一面盼望，一面却感到了两重的禁制：一、在通俗的意义上，接近妓者总算一种不正当的行为；二、妓是一种不健全的职业，我们对于她们，应有哀矜勿喜之心，不应赏玩的去听她们的歌。在众目睽睽之下，这两种思想在我心里最为旺盛。她们暂时压倒了我的听歌的盼望，这便成就了我的灰色的拒绝。那时的心实在异常状态中，觉得颇是昏乱。歌舫去了，暂时宁静之后，我的思绪又如潮涌了。两个相反的意思在我心头往复：卖歌和卖淫不同，听歌和狎妓不同，又干道德甚事？——但是，但是，她们既被逼的以歌为业，她们的歌必无艺术味的；况她们的身世，我们究竟该同情的。所以拒绝倒也是正办。但这些意思终于不曾撇开我的听歌的盼望。它力量异常坚强；它总想将别的思绪踏在脚下。从这重重的争斗里，我感到了浓厚的不足之感。这不足之感使我的心盘旋不安，起坐都不安宁了。唉！我承认我是一个自私的人！平伯呢，却与我不同。他引周启明先生的诗，"因为我有妻子，所以我爱一切的女人，因为我有子女，所以我爱一切的孩子。"③他的意思可以见了。他因为推及的同情，爱着那些歌妓，并且尊重着她们，所以拒绝了她们。在这种情形下，他自然以为听歌是对于她们的一种侮辱。但他也是想听歌的，虽然不和我一样，所以在他的心中，当然也有一番小小的争斗；争斗的结果，是同情胜了。至于道德律，在他是没有什么的；因为他很有蔑视一切的倾向，民众的力量在他是不大觉着的。这时他的心意的活动比较简单，又比较松弱，故事后还怡然自若；我却不能了。这里平伯又比我高了。

在我们谈话中间，又来了两只歌舫。伙计照前一样的请我们点戏，我们照前一样的拒绝了。我受了三次窘，心里的不安更甚了。清艳的夜景也为之减色。船夫大约因为要赶第二趟生意，催着我们回去；我们无可无不可的答应了。我们渐渐和那些晕黄的灯光远了，只有些月色冷清清的随着我们的归舟。我们的船竟没个伴儿，秦淮河的夜正长哩！到大中桥近处，才遇着一只来船。这是一只载妓的板船，黑漆漆的没有一点光。船头上坐着一个妓女；暗里看出，白地小花的衫子，黑的下衣。她手里拉着胡琴，口里唱着青衫的调子。她唱得响亮而圆转；当她的船箭一般驶过去时，余音还袅袅的在我们耳际，使我们倾听而向往。想不到在弩末的游踪里，还能领略到这样的清歌！这时船过大中桥了，森森的水影，如黑暗张着巨口，要将我们的船吞了下去，我们回顾那渺渺的黄光，不胜依恋之情：我们感到了寂寞了！这一段地方夜色甚浓，又有两头的灯火招邀着；桥外的灯火不用说了，过了桥另有东关头疏疏的灯火。我们忽然仰头看见依人的素月，不觉深悔归来之早了！走过东关头，有一两只大船湾泊着，又有几只船向我们来着。嚣嚣的一阵歌声人语，仿佛笑我们无伴的孤舟哩。东关头转弯，河上的夜色更浓了；临水的妓楼上，时时从帘缝里射出一线一线的灯光；仿佛黑暗从酣睡里眨了一眨眼。我们默然的对着，静听那汩——汩的桨声，几乎要入睡了；朦胧里却温寻着适才的繁华的余味。我那不安的心在静里愈显活跃了！这时我们都有了不足之感，而我的更其浓厚。我们却只不愿回去，于是只能由懊悔而怅惘了。船里便满载着怅惘了。直到利涉桥下，微微嘈杂的人声，才使我豁然一惊；那光景却又不同。右岸的河房里，都大开了窗户，里面亮着晃晃的电灯，电灯的光射到水上，蜿蜒曲折，闪闪不息，正如跳舞着的仙女的臂膊。我们的船已在她的臂膊里了；如睡在摇篮里一样，倦了的我们便又入梦了。那电灯下的人物，只觉像蚂蚁一般，更不去萦念。这是最后的梦；可惜是最短的梦！黑暗重复落在我们面前，我们看见傍岸的空船上一星两星的，枯燥无力又摇摇不定的灯光。我们的梦醒了，我们知道就要上岸了；我们心里充满了幻灭的情思。

1923年10月11日作完，于温州

【注释】

①朱自清（1898年~1948年），原名自华，号秋实，后改名自清，字佩弦。原籍浙江绍兴，生于江苏东海，因祖父、父亲长期定居扬州，故自称扬州人。现代著名作家、诗人、文学研究家。朱自清幼年在私塾读书，深受中国传统文化的影响。1916年考入北京大学预科，翌年，升入本科哲学系。大学毕业后，在浙江、江苏的多所中学任教，是文学研究会的早期会员。1922年商务印书馆出版文学研究会八位诗人的合集《雪朝》，内收朱自清的诗作十九首。1925年，朱自清任清华大学中文系教授，开始从事文学研究，创作方面则转以散文为主。1928年第一本散文集《背影》出版，后陆续出版《欧游杂记》《伦敦杂记》。朱自清在抗战胜利后写的杂文收入《标准与尺度》和《论雅俗共赏》等集中。1948年8月24日，朱自清死于贫病交迫之中。

朱自清著述近三十种，两百余万言，大部分收入开明书店出版的《朱自清文集》（1953）。另有《朱自清古典文学专集》，自1981年起陆续出版。
②本文原载于1924年1月25日《东方杂志》第21卷第2号20周年纪念号。
③引自周作人的诗歌《小孩》，原诗是"我为了自己的儿女才爱小孩子，为了自己的妻才爱女人"，见《雪朝》第48页。

提　示

《桨声灯影里的秦淮河》是朱自清早期散文的代表作。它是作者与俞平伯同游秦淮河后写的一篇同题游记。文章以精致的笔触描绘了秦淮河上的画舫、桥涵、灯光、笛韵、琴声、清风、薄雾，并把这一切都沉浸在一种阴阴的、沉沉的、冷冷的、静静的氛围之中，从而写出了秦淮河文化的病态的美，写出了古老历史的颓败态势。

这篇散文以写景取胜，做到了寓情于景，情景交融；尤其是作者观察细微，注重将自己的主观感受融入所描写的对象中去；故而，全文在循着游览的时空顺序叙述的同时，又贯穿着作者的情感线索。文章笔墨变化多端,有典雅的诗化语言,也有浓艳的语句,呈现出工笔画般的风格。

思考与练习

1. 谈谈本文的结构特点。
2. 谈谈本文写景的特点。

老舍①

趵突泉的欣赏②

千佛山、大明湖和趵突泉,是济南的三大名胜。现在单讲趵突泉。

在西门外的桥上,便看见一溪活水,清浅,鲜洁,由南向北的流着。这就是由趵突泉流出来的。设若没有这泉,济南定会丢失了一半的美。但是泉的所在地并不是我们理想中的一个美景。这又是个中国人的征服自然的办法,那就是说,凡是自然的恩赐交到中国人手里就会把它弄得丑陋不堪。这块地方已经成了个市场。南门外是一片喊声,几阵臭气,从卖大碗面条与肉包子的棚子里出来,进了门有个小院,差不多是四方的。这里,"一毛钱四块!"和"两毛钱一双!"的喊声,与外面的"吃来"联成一片。一座假山,奇丑;穿过山洞,接联不断的棚子与地摊,东洋布,东洋磁,东洋玩具,东洋……加劲的表示着中国人怎样热烈的"不"抵制劣货。这里很不易走过去,乡下人一群跟着一群的来,把路塞住。他们没有例外的全买一件东西还三次价,走开又回来摸索四五次。小脚妇女更了不得,你往左躲,她往左扭;你往右躲,她往右扭,反正不许你痛快的过去。

到了池边,北岸上一座神殿,南西东三面全是唱鼓书的茶棚,唱的多半是梨花大鼓,一声"哟"要拉长几分钟,猛听颇像产科医院的病室。除了茶棚还是日货摊子,说点别的吧!

泉太好了。泉池差不多见方,三个泉口偏西,北边便是条小溪流向西门去。看那三个大泉,一年四季,昼夜不停,老那么翻滚。你立定呆呆的看三分钟,你便觉出自然的伟大,使你不敢再正眼去看,永远那么纯洁,永远那么活泼,永远那么鲜明,冒,冒,冒,永不疲乏,永不退缩,只是自然有这样的力量!冬天更好,泉上起了一片热气,白而轻软,在深绿的长的水藻上飘荡着,使你不由的想起一种似乎神秘的境界。

池边还有小泉呢:有的像大鱼吐水,极轻快的上来一串小泡;有的像一串明珠,走到中途又歪下去,真像一串珍珠在水里斜放着;有的半天才上来一个泡,大,扁一点,慢慢的,有姿态的,摇动上来;碎了;看,又来了一个!有的好几串小碎珠一齐挤上来,像一朵攒整齐的珠花,雪白。有的……这比那大泉还更有味。

新近为增加河水的水量,又下了六根铁管,做成六个泉眼,水流得也很旺,但是我还是爱那原来的三个。

看完了泉,再往北走,经过一些货摊,便出了北门。

前年冬天一把大火把泉池南边的棚子都烧了。有机会改造了!造成一个公园,各处安着喷水管!东边作个游泳池!有许多人这样的盼望。可是,席棚又搭好了,渐次改成了木板棚;乡下人只知道趵突泉,把摊子移到"商场"去(就离趵突泉几步)买卖就受损失了;于是"商场"四大皆空,还叫趵突泉作日货销售场;也许有道理。

【注释】

①老舍(1899年~1966年),原名舒庆春,字舍予,笔名老舍。满族,北京人。现代著名小说家、戏剧家。老舍1918年毕业于北京师范学校,曾任小学校长和中学教员。1924年赴英国伦敦大学东方学院任汉语讲师,并开始从事文学创作。1930年回国后曾在济南齐鲁大学、青岛山东大学任教。抗日战争期间在重庆中华全国文艺界抗敌协会任理事兼总务部主任,主持文协的日常工作。1946年应邀赴美国讲学。1949年回国,曾任中国文联副主席、中国作家协会副主席等职,1951年北京市政府授予他"人民艺术家"的称号。"文革"初期受迫害而去世。

老舍的文学创作生涯历时40年,主要代表作品有短篇小说集《赶集》《樱海集》等,长篇小说《猫城记》《离婚》《骆驼祥子》《四世同堂》等,剧本《国家至上》(与宋之的合作)《面子问题》《桃李春风》(与赵清阁合作)《方珍珠》《龙须沟》《茶馆》《春华秋实》《西望长安》《女店员》等。他的作品具有独特的幽默风格和浓郁的民族色彩,雅俗共赏,已被译成二十余种文字出版。

②本文原载于1932年8月《华年》第1卷第17期。

提 示

本文不只是描述济南的三大名胜之一——趵突泉的自然景观,作者还用同样的篇幅描述了泉边嘈杂拥挤的市场,道出"凡是自然的恩赐交到中国人手里就会把它弄得丑陋不堪"的感叹,语含讽刺,表达了作者冀望自然景观与人文景观和谐统一的审美理想。

老舍先生写景,不仅注重景物本身的描写,还注重对景物周遭环境的描写,本文也是如此,体现了作者一贯的审美追求。文章语言自然、流畅,尤其是描写泉水的文字,采用了多种修辞手法,长短句交错使用,灵动有韵。

思考与练习

1. 作者为什么说,"泉的所在地并不是我们理想中的一个美景"?
2. 试分析本文的结构特点。
3. 分析本篇的修辞特点。

沈从文①

箱子岩②

  十四年以前，我有机会独坐一只小篷船，沿辰河上行，停船在箱子岩脚下。一列青黛崭削的石壁，夹江高矗，被夕阳烘炙成为一个五彩屏障。石壁半腰约百米高的石缝中，有古代巢居者的遗迹，石罅间悬撑起无数横梁，暗红色大木柜尚依然好好的搁在木梁上。岩壁断折缺口处，看得见人家茅棚同水码头，上岸喝酒下船过渡人皆得从这缺口通过。那一天正是五月十五，河中人过大端阳节③。

  箱子岩洞窟中最美丽的三只龙船，皆被乡下人拖出浮在水面上。船只狭而长，船舷描绘有朱红线条，全船坐满了青年桨手，头腰各缠红布，鼓声起处，船便如一支没羽箭，在平静无波的长潭中来去如飞。河身大约一里路宽，两岸皆有人看船，大声呐喊助兴。且有好事者，从后山爬到悬岩顶上去，把"铺地锦"百子鞭炮从高岩上抛下，尽鞭炮在半空中爆裂，形成一团团五彩碎纸云尘，砰砰砰砰的鞭炮声与水面船中锣鼓声相应和。引起人对于历史回溯发生一种幻想，一点感慨。

  当时我心想：多古怪的一切！两千年前那个楚国逐臣屈原，若本身不被放逐，疯疯癫癫来到这种充满了奇异光彩的地方，目击身经这些惊心动魄的景物，两千年来的读书人，或许就没有福分读《九歌》那类文章，中国文学史也就不会如现在的样子了。在这一段长长岁月中，世界上多少民族皆堕落了，衰老了，灭亡了。这地方的一切，虽在历史中照样发生不断的杀戮，争夺，以及一到改朝换代时，派人民担负种种不幸命运，死的因此死去，活的被逼迫留发，剪发，在生活上受新朝代种种限制与支配。然而细细一想，这些人根本上又似乎与历史毫无关系。从他们应付生存的方法与排泄感情的娱乐看上来，竟好像今古相同，不分彼此。这时节我所眼见的光景，或许就和两千年前屈原所见的完全一样。

  那次我的小船停泊在箱子岩石壁下，附近还有十来只小渔船，大致打渔人也弄玩龙船竞渡的，所以渔船上妇女小孩们，精神皆十分兴奋，各站在尾梢上锐声呼喊。其中有几个小孩子，我只担心他们太快乐了些，会把住家的小船跳沉。

  日头落尽云影无光时，两岸皆渐渐消失在温柔暮色里。两岸看船人呼喝声越来越少，河面被一片紫雾笼罩，除了从锣鼓声中尚能辨别那些龙船方向，此外已别无所见。然而岩壁缺口处却人声嘈杂，且闻有小孩子哭声，有妇女们尖锐叫唤声，综合给人一种悠然不尽的感觉。天已经夜了，吃饭是正经事。我原先尚以为再等一会儿，那龙船一定就会傍近岩边来休息，被人拖进石窟里，在快乐呼喊中结束这个节日了。谁知过了许久，那种锣鼓声尚在河面飘着，表示一班人还不愿意离开小船，回转家中。待到我把晚饭吃过后，爬出舱外一望，呀，天上好一轮圆月！月光下石壁同河面，一切如镀了银，已完全变换了一种调子。岩壁缺口处水码头边，正有人用废竹缆或油柴燃着火燎，火光下只见许多穿白衣人的影子移动。问问船上水手，方知道那些人正把酒食搬移上船，预备分派给龙船上人。原来这些青年人白日里划了一整天船，看船的皆散尽了，划船的还不尽兴，并且谁也不愿意扫兴示弱，先行上岸，因此三只长船还得在月光下玩个上半夜。

提起这件事，使我重新感到人类文字语言的贫俭。那一派声音，那一种情调，真不是用文字语言可以形容的事情。向一个身在城市里住下，以读读《楚辞》就"神王意移"的人，来描绘那月下竞舟的一切，更近于徒然的努力。我可以说的，只是自从我把这次水上所领略的印象保留到心上后，一切书本上的动人记载，皆看得平平常常，不至于发生惊讶了。这正象我另外一时，看过人类许多花样的杀戮，对于其余书上叙述到这件事，同样不能再给我如何感动。

十四年后我又有了机会乘坐小船沿辰河上行，应当经过箱子岩。我想温习温习那地方给我的印象，就要管船的不问迟早，把小船在箱子岩下停泊。这一天是12月7号，快要过年的光景。没有太阳的酿雪天，气候异常寒冷。停船时还只下午三点钟左右，岩壁上藤萝草木叶子多已萎落，显得那一带岩壁十分瘦削。悬岩高处红木柜，只剩下三四具，其余早不知到哪儿去了。小船最先泊在岩壁下洞窟边，冬天水落得太多，洞口已离水面两三丈以上。我从石壁裂罅爬上洞口，到搁龙船处看了一下，旧船已不知坏了还是早被水冲去了，只见有四只新船搁在石梁上，船头还贴有鸡血同鸡毛，一望就明白是今年方下水的。出得洞口时，见岩下左边泊定五只渔船，有几个老渔婆缩颈敛手在船头寒风中修补渔网。上船后觉得这样子太冷落了，可不是个办法。就又要船上水手，为我把小船撑到岩壁断折处有人家地方去，就便上岸，看看乡下人过年以前是什么光景。

四点钟左右，黄昏已腐蚀了山峦与树石轮廓，占领了屋角隅。我独自坐在一家小饭铺柴火边烤火。我默默的望着那个火光煜煜的树根，在我脚边很快乐的燃着，爆炸出轻微的声音。铺子里人来来往往，有些说两句话又走了，有些就来镶在我身边长凳上，坐下吸他的旱烟。有些来烘烘脚，把穿着湿草鞋的脚去热灰里乱搅。看看每一个人的脸子，我都发生一种奇异。这里是一群会寻快乐的乡下人，有捕鱼的，打猎的，有船上水手与编制竹缆工人。若我的估计不错，那个坐在我身旁，伸出两只手向火，中指节有个放光顶针的，肯定还是一位乡村里的成衣人。这些人每到大端阳时节，皆得下河去玩一整天的龙船。平常日子特别是隆冬严寒天气，却在这个地方，按照一种分定，很简单的把日子过下去。每日看过往船只摇橹扬帆来去，看落日同水鸟。虽然也同样有人事上的得失，到恩怨纠纷成一团时，就陆续发生庆贺或仇杀。然而从整个说来，这些人生活却仿佛同"自然"已相融合，很从容的各在那里尽其性命之理，与其他无生命物质一样，惟在日月升降寒暑交替中放射，分解。而且在这种过程中，人是如何渺小的东西，这些人比起世界上任何哲人，也似乎还更知道的多一些！

听他们谈了许久，我心中有点忧郁起来了。这些不辜负自然的人，与自然妥协，对历史毫无担负，活在这无人知道的地方。另外尚有一批人，与自然毫不妥协，想出种种方法来支配自然，违反自然的习惯，同样也那么尽寒暑交替，看日月升降。然而后者却在慢慢改变历史，创造历史。一份新的日月，行将消灭旧的一切。我们用什么方法，就可以使这些人心中感觉一种"惶恐"，且放弃过去对自然和平的思想，重新来一股劲儿，用划龙船的精神活下去？这些人在娱乐上的狂热，就证明这种狂热使他们还配在世界上占据一片土地，活得更愉快更长久一些。不过有什么办法，可以改造这些人的狂热到一件新的竞争方面去？

一个跛脚青年人，手中提了一个老虎牌新桅灯，灯罩光光的，洒着摇着从外面走进屋子。许多人皆同声叫唤起来："什长，你发财回来了，好个灯！"

那跛子年纪虽很轻，脸上却刻划了一种油气与骄气，在乡下人中仿佛身分特高一层。把灯搁在木桌上，坐近火边来，拉开两腿摊出两只手烘火，满不高兴的说："碰鬼，运气坏，什么都完了。"

"船上老八说你发了财，瞒我们。"

"发了财，哼。瞒你们？本钱去七角，桃源行市一块零，有什么捞头，我问你。"

这个人接着且连骂带唱的说起桃源后江的情形，使得一般人皆活泼兴奋起来。话说得正有兴味时，一个人来找他，说猪蹄膀已炖好了，酒已热好，他搓搓手，说声有偏各位，提起那个新桅灯就走了。

原来这个青年汉子，是个打鱼人的独生子。三年前被省城里募兵委员招去，训练了三个月，就出去打仗。打了半年仗，一班弟兄中只剩下他一个人好好的活着，奉令调回后防招新军补充时，他因此升了班长。第二次又训练三个月，再开到前线去打仗。于是碎了一只腿，抬回军医院诊治，照规矩这只腿得用锯子锯去。一群同乡皆以为从辰州地方出来的人，"辰州符"比截割高明得多了，就把他从医院中抢出，在外边用老办法找人敷水药治疗。说也古怪，那只腿居然不必截割全好了。战争是个什么东西他也明白了。取得了本营证明，领得了些伤兵抚恤费后，于是回到家乡来，用什长名义受同乡恭维，又用伤兵名义作点生意。这生意也就正是有人可以赚钱，有人可以犯法，政府也设局收税，也制定法律禁止，那种从各方面说来都似乎极有出息的生意。我想弄明白那什长的年龄，从那个当地唯一成衣人口中，方知道这什长今年还只二十一岁。那成衣人尚说：

"这小子看事有眼睛，做事有魄力，蹶了一只腿，还发财走好运。若两只腿弄坏，那就更好了。"

有个水手插口说："这是什么话。"

"什么画，壁上挂。穷人打光棍，一只腿打坏了不顶事。如两只腿全打坏了，他就不会赚了钱，再到桃源县后江玩花姑娘！"

成衣人末后一句把大家皆弄笑了。

回船时，我一个人坐在灌满冷气的小小船舱中，计算那什长年龄，二十一岁减十四，得到个数目是七。我记起十四年前那个夜里一切光景，那落日返照，那狭长而描绘朱红线条的船只，那锣鼓与呼喊，……尤其是临近几只小渔船上欢乐跳掷的小孩子，其中一定就有一个今晚我所见到的跛脚什长。唉，历史，多么古怪的事物。生硬性痈疽的人，照旧式治疗方法，可用一点点毒药敷上，尽它溃烂，到溃烂净尽时，再用药物使新的肌肉生长，人也就恢复健康了。这跛脚什长，我对他的印象虽异常恶劣，想起他就是个可以溃烂这乡村居民灵魂的人物，不由人不寄托一种幻想……二十年前澧州地方一个部队的马夫，姓贺名龙，一菜刀切下了一个兵士的头颅，二十年后就得惊动三省集中十万军队来解决这马夫。谁个人会注意这小小节目，谁个人想象得到人类历史是用什么写成的！

1934 年

【注释】

①沈从文（1902年~1988年），苗族人，原名沈岳焕。湖南凤凰人。现代著名文学家、文史研究专家。沈从文1918年自家乡小学毕业后，随当地土著部队流徙于湘、川、黔边境与沅水流域一带。1922年在"五四"思潮吸引下来到北京，升学未成，开始文学创作活动。抗战前，共出版了20多个作品集，1934年问世的中篇小说《边城》是其小说创作成熟的标志。抗战爆发后到西南联大任教，1946年回到北京大学任教，新中国成立后在中国历史博物馆和中国社会科学院历史研究所工作，主要从事中国古代服饰的研究，1988年病逝于北京。

沈从文的文学作品《边城》《湘西》《从文自传》等，在国内外有重大的影响，其作品被译成四十多个国家的文字出版，并被十多个国家或地区选入大学教材。

②本文原题为《湘行散记——箱子岩》，载1935年4月10日《水星》二卷一期，后收入《湘行散记》（商务印书馆1936年6月初版）。本篇选自百花文艺出版社的《沈从文散文选集》（2000年1月版）。

③农历五月十五为大端阳节。

提　示

作家选取沅水中段的悬崖——箱子岩，作为寻觅历史踪迹、思索未来的一个支点，把湘西的历史与现实连接起来。随着现代文明的入侵，一些值得永远珍视、世代流传的乡风民俗因时移事迁失落衰亡了。偏处一隅的湘西已经不再是一块净土，某些恶劣的灵魂毒素却在一点一点地生长蔓延，腐蚀着这些"乡下人"纯美、圣洁的身心。作者对此感到深深的忧郁，尽管他没有直接表明自己的评判，却将自己的情感态度与价值追求渗透在文章的字里行间。他在箱子岩前追昔抚今的背后藏匿着悲悯的民族忧患意识和种族存亡断续的危机意识。

作家善于选取典型形象，尤其是年轻的跛脚什长这个"可以溃烂这乡村居民灵魂的人物"，有画龙点睛之妙，含不尽之意于言外。文章采用对比结构，将箱子岩前的风物人事放在他离别了故乡十几年之后，从一个从湘西土著到城市作家的叙述框架之中，强化了作品的深层含义。文章的语言饱蘸乡土色彩。淳朴、明净的叙述语言和素描手法，表现了湘西自然的原始色彩；在人物个性描写方面，地道的湘西方言和语句语式，给人古朴、新鲜、自然之感。

思考与练习

1. 一般认为，沈从文的作品有一个"民族品德的发现与重造"的总主题。结合本文以及以前的阅读经历，谈谈你的看法。

2. 谈谈你对年轻的跛脚什长这个艺术形象的看法。

3. 谈谈本篇的语言特色。

巴金[①]

废 园 外[②]

晚饭后出去散步,走着走着又到了这里来了。

从墙的缺口望见园内的景物,还是一大片欣欣向荣的绿叶。在一个角落里,一簇深红色的花盛开,旁边是一座毁了的楼房的空架子。屋瓦全震落了,但是楼前一排绿栏杆还摇摇晃晃地悬在架子上。

我看看花,花开得正好,大的花瓣,长的绿叶。这些花原先一定是种在窗前的。我想,一个星期前,有人从精致的屋子里推开小窗眺望园景,赞美的眼光便会落在这一簇花上。也许还有人整天倚窗望着园中的花树,把年轻人的渴望从眼里倾注在红花绿叶上面。

但是现在窗没有了,楼房快要倒塌了。只有园子里还盖满绿色。花还在盛开。倘使花能够讲话,它们会告诉我,它们所看见的窗内的面颜,年轻的,中年的。是的,年轻的面颜,可是,如今永远消失了。因为花要告诉我的不止这个,它们一定要说出八月十四日的惨剧[③]。精致的楼房就是在那天毁了的。不到一刻钟的功夫,一座花园便成了废墟了。

我望着园子,绿色使我的眼睛舒畅。废墟么?不,园子已经从敌人的炸弹下复活了。在那些带着旺盛生命的绿叶红花上,我看不出一点被人践踏的痕迹。但是耳边忽然响起一个女人的声音:"陈家三小姐,刚才挖出来。"我回头看,没有人。这句话还是几天前,就是在惨剧发生后的第二天听到的。

那天中午我也走过这个园子,不过不是在这里,是在另一面,就是在楼房的后边。在那个中了弹的防空洞旁边,在地上或者在土坡上,我记不起了,躺着三具尸首,是用草席盖着的。中间一张草席下面露出一只瘦小的腿,腿上全是泥土,随便一看,谁也不会想到这是人腿。人们还在那里挖掘。远远地在一个新堆成的土坡上,也是从炸塌了的围墙缺口看进去,七八个人带着悲戚的面容,对着那具尸体发愣。这些人一定是和死者相识的吧。那个中年妇人指着露腿的死尸说:"陈家三小姐,刚才挖出来。"以后从另一个人的口里我知道了这个防空洞的悲惨故事。

一只带泥的腿,一个少女的生命。我不认识这位小姐,我甚至没有见过她的面颜。但是望着一园花树,想到关闭在这个园子里的寂寞的青春,我觉得心里被什么东西搔着似地痛起来。连这个安静的地方，连这个渺小的生命，也不为那些太阳旗的空中武士所宽容。两三颗炸弹带走了年轻人的渴望。炸弹毁坏了一切，甚至这个寂寞的生存中的微弱的希望。这样地逃出囚笼，这个少女是永远见不到园外的广大世界了。

花随着风摇头，好像在叹息。它们看不见那个熟悉的窗前的面庞，一定感到寂寞而悲戚吧。

但是一座楼隔在它们和防空洞的中间，使它们看不见一个少女被窒息的惨剧，使它们看不见带泥的腿。这我却是看见了的。关于这我将怎样向人们诉说呢？

夜色降下来，园子渐渐地隐没在黑暗里。我的眼前只有一片黑暗。但是花摇头的姿态还是看得见的。周围没有别的人，寂寞的感觉突然侵袭到我的身上来。为什么这样静？为什么不出现一个人来听我愤慨地讲述那个少女的故事？难道我是在梦里？

脸颊上一点冷，一滴湿。我仰头看，落雨了。这不是梦。我不能长久立在大雨中。我应该回家了。那是刚刚被震坏的家，屋里到处都漏雨。

1941年8月16日在昆明

【注释】

①巴金（1904年~2005年），原名李尧棠、字芾甘。四川成都人。现代著名作家。巴金1923年从封建家庭出走，1927年年初赴法国留学，出版了处女作《灭亡》。1928年底回到上海，从事创作和翻译。从1929年到1937年，创作了《激流三部曲》中的《家》，以及《爱情的三部曲》（《雾》《雨》《电》）等小说。抗日战争爆发后，巴金在各地致力于抗日救亡文化活动，创作了《家》的续集《春》和《秋》等其他长篇小说。在抗战后期和抗战结束后，巴金创作了中篇小说《憩园》《第四病室》和长篇小说《寒夜》。中华人民共和国成立后，巴金曾任全国文联主席、中国作家协会主席、全国政协副主席等职，"文革"后，出版了五卷本的《随想录》，成为新时期文学的一部重要作品。人民文学出版社于1986年起陆续出版了《巴金全集》26卷本。

②本篇原载1942年1月昆明《西南文艺》第2期，后收入1942年6月重庆烽火社出版的散文集《废园外》，现收入《巴金文集》第10卷。

③八月十四日的惨剧：1941年7月，巴金和萧珊从重庆到昆明。8月14日，日本帝国主义的飞机对云南昆明市区和近郊进行了轰炸，造成平民大量伤亡。

提　示

《废园外》是巴金抗战时期的散文名篇。它以看似平淡的笔墨表现了国民党政府消极抗日、积极反共政策给广大人民造成的物质与精神的双重痛苦，也揭露了日本帝国主义残杀无辜、荼毒生灵的战争罪行。

　　文章构思巧妙，作者选取空袭后的一个特定场景，通过描写人的青春、活力、自由和生命被任意践踏来表现战争的残酷与邪恶，并引发人们对侵略战争反人类本质的思考。作者以花草的勃勃生机衬托出人在战争中的渺小和脆弱，展示了生命遭到毁灭的莫大悲哀。

思考与练习

　　1. 本文通过巧妙的构思，表达了鲜明的主题。请你谈谈文章在这方面所采用的手法。

　　2. 谈谈文章最后一段（结尾）的作用。

下 编

应用文写作

第八章 应用文写作的一般原理

第一节 绪 论

一、应用文的概念、分类及特点

（一）应用文的概念

应用文是各级各类机构或个人在处理公、私事务中形成并使用的具有特定用途和规范体式的文章。它是机构之间、机构与个人之间以及个人与个人之间实现业务性、事务性、专业性沟通和交流的必要工具。[①]

应用文是文章大家族中的重要成员，与文学作品不同，它以实际应用为目的。有学者概括说："应用文就是'应'付生活，'用'于实务的文章。"从应用文的源流演变来看，它是伴随着文字的起源而产生、适应社会的需要而发展的一类文章。社会生活的迅猛发展和日益丰富，使得应用文的文体种类越来越多，使用范围越来越广，使用频率越来越高，使用队伍也越来越庞大。可以说，应用文已经成为这个时代不可缺少的、最为大众化的信息沟通工具，它在文章大家族中独树一帜。

（二）应用文的分类

根据文章作者的不同，写作目的、使用范围的差异等，应用文可分为公务文书和私人文书两大类。

1. 公务文书

凡是党政机关、企事业单位、群众团体等各级各类机构在处理公

---

① 谈青、郭建庆：《应用写作进阶》，上海人民出版社 2008 年版，第 3 页。

共事务的活动中形成和使用的内容完整、体式完备的书面材料,可统称为公务文书。公务文书包括通用文书和专用文书两大系列。

(1) 通用文书:是指党政机关、企事业单位、群众团体在公务活动中共同使用的应用文章,如机关公文、机关事务文书等。

根据文书在内容、结构和格式方面所遵行的规定和标准的不同,通用文书可分为法定公文和事务文书两种情况。前者如机关公文,遵行中共中央办公厅、国务院办公厅印发的《党政机关公文处理工作条例》;后者如计划、总结类文体,遵行长期写作实践中形成的约定俗成的规定和标准。

(2) 专用文书:是指具有专门职能的机关、部门或团体为特定的目的而写作,在一定领域内使用的应用文章。这类文章具有特定的内容、格式和用途,有其各自的特殊性和明显的专业特点。如财经专用文书中的合同、审计报告、市场调查报告等,司法文书中的起诉书、调解书、公证书等,科技应用文书中的科技实验报告、专利申请书、科技成果鉴定书等。

2. 私人文书

凡是人们为处理个人事务,表达个人的意向、情感,以实现个人的某种目的而撰写的应用文章,可统称为私人文书。如求职书、契约、私人书信、电文、演讲稿等。

私人文书是和公务文书相对而言的,前者为处理私人事务而写,以个人名义制作;后者则为公务而作,以法定作者的名义发出。

(三) 应用文的特点

1. 实用性

实用性是应用文的根本特性,也是应用文写作的根本要求,它是应用文在长期的写作实践中形成的区别于其他文章的鲜明个性,可以说,应用文的其他特点都是由这一根本特性决定的。应用文都是为处理某项公私事务、解决某个实际问题而写的,或提出解决某一问题的政策、措施,或协商处理某一纠纷,或发布需要周知的事项,或个人之间关于某一事务的契约等,都有着明确的目的性和针对性。对于应用文而言,"为世用者,百篇无害;不为用者,一章无补。"(王充《论衡》)要办事,要解决问题,才要写相应的应用文,每一篇应用文都为实际生活中一件具体的事服务。如果所写的文章不务实,不办事,不反映问题,不解决问题,或不提出建议,不提供方案,那就不实用,也就称不上是好的应用文。因此,写作应用文,应当从实际出发,确有必要行文的,一定要写;而且在写作过程中,一定要围绕解决实际问题这一目的来组织材料,阐明观点,不能讲假话、空话、套话,否则就违背了应用文的根本要求。

2. 规范性

规范性是指应用文从内容到形式都有一种约定俗成的规定体式。这种体式在很多类别的应用文中都不能随意突破，突破了就叫"不合体"，不伦不类，就会削弱它的应用价值。写文章讲究量体裁衣，这一要求在应用文写作中表现尤为突出。应用文体式的规范性主要体现在以下几个方面：

一是每种文体都有自己独特的文体风格，如新闻中的动态消息，其文体风格主要表现为客观地报道新近发生的事件，不掺杂带有主观情感的评述和议论。再如机关公文，主要是向行文对象讲明情况、问题和要求，或要对方知情，或要对方答复，或要对方执行，语言简洁，表意明确，文体风格严肃平易。

二是每种文体都有各自特定的使用范围和文体名称，不能错用。如报告和请示，都是下级对上级的行文，但报告是向上级汇报工作、反映情况，而请示是向上级请求指示、批准，如果写请示事项却选用报告，就是错用文体，不合规范。

三是应用文一般都有各自相对稳定的文体格式。如机关公文，要有标题、主送机关、正文、落款等项目，而且对这些项目在文面上的排列位置都有明确具体的要求和规定，它们必须各安其位，不能随意变动。格式不规范，会影响公文执行的严肃性和约束力。

应用文的规范性与实用性是密切联系的。一方面，应用文的规定体式是为提高工作效率、解决实际问题，在长期的使用过程中逐渐形成的共识，在一定的阶段内保持相对稳定，有利于应用文实际应用目的的实现；另一方面，应用文的规范体式也不是一成不变的，它随着时代的发展而不断变化，不适应时代与社会发展的文体必将被淘汰，适应时代和社会需要的新文体也会不断产生，应用文的规定体式也要适应时代的需要而及时调整。因此，对于应用文的规范性在认识和应用上不要陷入一成不变的误区，也不要在文体写作与文体格式之间简单地画等号，认为学习应用文就是学格式。正确的态度应当是在重视、遵守应用文规范的前提下，根据实际内容，发挥主观创造性，力求取得更好的实用效果。

3. 针对性

应用文的针对性包含两层含义：一是应用文的内容具有很强的针对性。或针对实际工作、生活中存在的问题，或针对单位、地区、国家大事，或针对私人事务，行文目的明确而具体。二是应用文有特定的读者对象。一般来说，散文、小说这些文学作品，读者对象往往比较笼统，不具体，不明确，并且读者愿意读就读，不愿意读完全可以不读；而应用文的读者对象十分明确和具体，告知某个事项，提出某项要求，必须指向明确的接受对象，否则其行文目的将难以达成，同时这种读者身份并不取决于读者本身的主观意愿，不存在愿不愿意读的问题，表现在公文中，其主送机关、抄送机关都是对读者范围的明确界定。

4. 平易性

应用文以实际应用为根本目的，因此，其内容要求简明扼要，不需要高谈阔论，说明情况就行；表述要求明白畅达，解决问题即可，避免隐晦、曲折。其总体风格表现为朴实平易。

应用文平易性的特点，主要体现在语言运用上，要精练、准确、平实、规范。写人要真有其人，写事要确有其事，汇报情况要完整，合乎事实。人名、地名、数字、引文要准确，不能夸张、虚构、想象，避免使用描写、抒情等手法。应用文要真正写得平易，并不容易，要达到这一境界，作者不仅要有深厚的知识修养和娴熟运用文笔的功底，还要具有良好的文风。

5. 时效性

应用文多为解决实际问题而作，而问题的解决往往有时间要求，因此，应用文具有时效性的特点。应用文的写作往往是限时而写，限时发挥效用。所谓限时而写，就是要在规定的时间内写作完成并及时交付。历史上曾有"倚马可待"的记载：晋代桓温领兵北征，命令袁虎速拟文告，袁虎靠着战马，一会儿就写成七张纸。很显然，公文如果不在规定的时间内完成，就起不到应有的作用。

所谓限时发挥效用，是指应用文一般都有一定的有效期限，如合同、协约等，约定的事项在一定的期限内有效；条规一类的应用文在执行过程中，也往往随着情况的变化而需要修订，通常新的条规一产生，原有的即宣告失效；再如，各级党政部门发的文件，一般都是针对某个问题或某项工作，一旦问题解决或工作完成，文件也就完成了它的既定使命，之后可以作为档案资料保存，仅具查考价值，而不再对读者发挥现实效用。

二、应用文写作的重要意义和应用文作者的基本素质

（一）应用文写作的重要意义

应用文写作作为一种制作精神产品的脑力劳动，产生于人们的生活实践，直接为生产、管理、经营等各项工作服务。对于个人而言，写作行为不仅是个人工作能力与水平的重要体现，也是提高个人素质的有效途径。

1. 社会工作开展的需要

应用文是党政机关、企事业单位、社会团体以及个人处理公共与

私人事务的文书，对社会生活中各项工作的开展，发挥着不可低估的作用。比如在国家的经济工作中，经济工作的组织、运行与管理主要就是由机关公文来指导、部署的。在企业经济活动中，财经应用文扮演了极为重要的角色。企业经济活动的重点就是处理好人、财、物、产、供、销之间的关系，而财经应用文中的经济合同、经济规章制度等，对促进这些关系的协调发展发挥了指导、调节与纽带的作用。在企业日常业务中，财经应用文还起着重要的凭证与参考作用。经济活动业务头绪纷繁，复杂多变，难以脱离以文字为工具的记录工作，而这些记录文字对于反映企业实际业务情况，对以后生产发展发挥着备查、咨询的凭证与参考作用。此外，经济新闻对于优化经济环境，经济法律文书对于保护正常经济活动，商业广告对于经济活动的刺激等都充分发挥了应用文的重要影响力。在个人事务中，私人文书中的个人述职报告、应聘书、借据、协议等，在个人的成长、生活中发挥的作用也不可小视。因此，从大处讲，应用文关系到国计民生，从小处说，关系到日常生活，作用不可谓不大。如果没有应用文，社会各项工作难以正常运转，社会生活会受到极大影响。

2. 个人工作能力与水平的重要体现

写作本质上是一种创造性思维的表现，这种创造性思维，来源于客观生活，同时又是对客观生活进行鉴别、分析、开拓、提炼、综合的结果，作者的能力、素质、知识结构、气质禀赋等全部化合于文章之中，因此，对于应用文而言，它不仅是客观社会生活实践的反映，也是个人工作能力与水平的重要体现。个人工作能力强，水平高，就能驾驭工作，反映在应用文写作中，不仅能把工作的过程有条不紊地表述出来，而且对工作中经验与成绩、问题与不足也能作深入思考，进行更深层次与更高水平的分析与综合，表现出可贵的全局意识、创新意识与团队意识。相反，如果个人不能胜任工作，水平较差，自然对工作难以作全面、深入而独特的分析。因此，应用文写作水平，不仅能反映出个人文章写作能力的强弱，也是衡量个人工作能力与水平的重要标尺。

3. 提高个人素质的有效途径

应用文不仅能体现出作者写作能力与水平的高低，而且能够体现出作者的素质、修养与综合能力。反之，如果从应用文写作的角度来提高个人素质，也不失为一种有效的途径。从工作的角度来看，通过写作应用文，可以对工作进行全面分析，厘清思路，寻找问题，总结既往，规划未来，这对于增强个人的自信心、责任感与使命感，发挥个人在工作中的主动性，提高工作效率、工作能力与水平，具有重要的意义。从个体的角度来看，通过写作应用文，还能增强个人的整体素质与综合能力。写作是一种综合性、创造性的行为。通过写作，不仅可以督促自己广泛学习各种知识，丰富个人的知识储备，增强利用知识进行自我创造与更新的能力，还可以培养敏捷的思维反应能力，有条不紊的办事能力，追求完美的审美能力和坚忍不拔的意志力，以及严肃认真的工作态度，等等。因此，写作应用文对于个人的自我完善与成长具有重要的作用。特别是在社会生活瞬息万变的今天，要不断适应各种变化，勇敢地面对各种挑战，就必须重视个人素质的完善与提高，而写作应用文无疑是其中最有效的途径之一。

（二）应用文作者的基本素质

1. 思想政治素质

思想政治素质是应用文作者必备的基本素质。它既包含思想认识水平与道德品质表现，也包含政治理论修养与政策研究水平。应用文写作，无论是私人文书，还是公务文书，都是即事而作，应时而用，为解决实际工作、生活中的问题而进行的。应用文写作牵涉面广，政策性强，不仅需要作者具备诚信朴实的人格品质、客观公正的处世态度，更需要具有较高的思想认识与政策理论水平。因为一个人思想认识水平、政策理论水平的高低，决定了他认识、研究问题的角度与深度，也决定了他处理问题的能力与效果。应用文写作的过程，从认识论的角度来看，都是以马列主义、毛泽东思想、邓小平理论、"三个代表"重要思想、科学发展观、习近平新时代中国特色社会主义思想为指导，在对当前形势进行深入调查、研究基础上提出工作思路与要求的创造性思维过程。应用文的质量、水平如何，关键看认识问题是否全面客观、分析问题是否深刻恰当、解决方案是否切实可行。这一切主要取决于作者的政策理论素养与思想认识水平。很难想象，一个思想平庸、认识肤浅、政策理论水平低的人能够写出一篇立意准确、分析透彻、政策性与理论性都很强的应用文章。

特别是在当前，社会变化日新月异，各种利益关系错综复杂，新事物、新情况、新问题层出不穷。这既为社会管理带来棘手的难题，也使应用文作者面临新的挑战。写作者只有提高思想认识水平，才能处变不惊，透过纷繁复杂的社会现象，抓住事物本质，把握解决问题的思路与方法，写出高质量、高水平的文章。因此，应用文作者一定要注意加强学习，努力提高自己的思想认识水平和政治理论素质，切实提升分析问题、解决问题的实际能力。只有这样，才能从较高层次上为应用文章的写作奠定深厚的理论功底，提供不竭的精神动力与智力资源。

2. 文化业务素质

如果说较高的思想政治素质是写好应用文的基本前提，那么坚实的文化业务素质则是写好应用文的重要保证。应用文写作的专业性很强，问题的提出、内容的展开以及采取的对策绝大多数来自现实工作实际，指导具体的工作实践。对于公务文书而言，大多具有一定的适用范围，其内容涉及本行业、本系统、本部门的专业技术知识。如果作者一味在理论上高谈阔论，蹈空驾虚，脱离业务，或者不熟悉、不掌握相关的业务知识，不仅分析问题无关痛痒，提出对策无的放矢，就连基本的字面行文也难免说外行话，闹出笑话。从这一意义上讲，应用文写作也是专业写作。只有熟悉专业技术知识，才有可能写出符合要求的应用文章。

在掌握专业基本知识的同时，应用文作者还要尽可能地拓宽知识面，努力掌握相关领域的专业知识。随着现代科学技术的发展，生产力水平的提高，社会分工越来越细，专业部门越来越多，部门之间的依赖性也越来越强。如果仅仅满足于单位内部的文稿拟定，已有的业务知识足以应对，但是随着单位之间往来的频繁，业务领域的不断扩大，应用文作者必须不断更新原有的业务知识和补充新的知识。只有这样，才能在不断变化的形势和任务面前立于不败之地。例如，作为公司会计，如果仅仅满足于单位内部的日常做账，进行简单的会计核算，那么写一份简单的"财务分析报告"对他来说或许轻而易举，运用原有的知识游刃有余。如果公司业务不断扩大，增加了外贸出口业务，那么他就必须学习了解相关的国际贸易知识，学习国际金融、涉外税收等方面的专业知识，否则就会落伍，难以胜任不断变化的岗位需求。

3. 掌握应用文写作的规范和技巧

应用文作者不仅需要具备思想政治、文化业务等方面的基本素质，还需要熟练掌握应用文写作的规范和技巧。因为应用文写作归根到底是一项写作实践活动，是知识、素质、能力的外化与物化。如果不具备应有的规范和技巧，就难以把政策理论水平、分析解决问题的能力以及专业技术知识充分地表现出来，就会对实际工作产生不利的影响。只有具备了应用文写作的基本能力和规范技巧，自觉掌握、驾驭写作规律，才能在已有理论素养与业务素质的基础上，写出高水平的应用文章。

这里还需要纠正两种错误认识。一是认为应用文与文学创作、普通文章写作没有什么区别，只要会写一般的文章，就一定能写好应用文；二是以为应用文写作就是一个格式的问题，掌握了格式就会写作。这两种错误认识实际上是不熟悉、不理解应用文写作规律的必然结果。诚然，应用文写作离不开写作的基础理论与基本知识，但作为文章中的一个大类，它又具有自身的写作规律与基本要求。应用文在立意取材、结构安排、遣词造句等方面均有不同于其他文章写作的特殊性。另外，虽然应用文的外在结构与部分用语带有一定的通用性，但是如果把应用文写作归结为简单的格式，就一定写不好应用文。因为所谓的格式仅仅是文章最外在的表现形式，内容的提炼表达、组织安排、语言的风格、措辞等无不需要作者专门的写作能力。因此，学习应用文写作必须把握应用文不同于其他文章的本质属性，掌握应用文写作的基本知识，在此基础上多读、多练，把应用文写作的基本规范技巧和特殊规律转化为自身的写作能力与水平，这样才能写出好的应用文章。

第二节　立意选材

一、主题、立意与材料

（一）主题、立意、材料的含义

1. 主题、立意的含义

主题，是作者在文章中所表达的中心内容和思想倾向。主题集中体现了作者的写作意图，是文章内容的重要组成部分。

在不同文体的文章中，对主题的称谓也各有不同。一般而言，在文学作品和记叙类文章中，称之为主题、主题思想或中心思想；在议论类文章中称之为中心论点或基本论点；在说明类文章中多称之为中心意思；在应用文中则有人称之为主旨。

主题这一概念，在我国古已有之，古代文论中所说的"意""义""旨""主意""理""主脑"等概念，就是今天所说的主题。如"凡为文以意为主"（杜牧《答庄充书》），"古人作文一篇，定有一篇之主脑。主脑非他，即作者立言之本意也。"（李渔《闲情偶寄》）

写文章首先要确立主题，确立主题在文章写作学中称为"立意"。

2. 材料的含义

材料，指作者为特定的写作目的而收集的，或写入文章中的一系列事实现象和理论依据，如人物、事件、景物、情理、数据、例证、名言等。材料与主题构成了文章的内容。

材料与素材、题材、资料等概念既有联系，也有区别。

在文艺创作和文艺评论中，经常使用"素材""题材"的概念。凡作者在创作前从现实生活中收集、积累，未经综合、整理的那些零碎、分散、不系统的原始材料，一般称为"素材"；从大量素材中经过作者选择、集中、加工、提炼而写入文章中的创作材料，则称为"题材"。

应用文一般不使用"素材"和"题材"的概念，而使用含义较为宽泛的"材料"。它既包括那些没有写进文章中去的大量原始材料，也包括那些经过作者选择、集中、加工、提炼，写入文章中的材料。

在应用文中，有时还使用"资料"这一概念。所谓资料，主要指作者在写作过程中用来参考和引用的各种材料，以及专为工作、学习和科学研究等实际需要而收集、编写的有关材料。它和写作材料的内涵较为接近。

（二）主题、立意、材料的作用

1. 主题、立意的作用

确立主题——立意，是文章写作的第一要务。这主要表现如下。

首先，主题是文章的"灵魂"。主题是作者思想、情感、态度和观点的集中反映，在文章中起着主导和决定作用。一篇文章如果没有主题，犹如一个人没有灵魂，也就没有生命力。

主题还决定着文章的质量、价值、作用和影响。文章涉及面有广有狭，影响力有强有弱，发挥的作用也有大有小，其价值不可等量齐观，究其根本，则在于文章的主题。主题正确与否，有无深刻内涵，往往是衡量文章质量高低、价值大小、作用强弱与影响好坏的重要标准。因此，在动笔写作之前，一定要实事求是，深入思考，广泛联系，多层次、多角度、全方位地发掘材料，提炼主题，以充分发挥主题应有的作用。

其次，主题是文章的"统帅"，对应用文其他构成要素具有聚合作用，处于统摄全文的关键地位。主题的作用如同军队统帅，决策调度，掌控全局。一篇文章，由主题、材料、语言、结构、表达方式等要素组成，主题对材料的取舍、结构的安排、语言的锤炼、表达方式的综合运用等，起着决定性的制约作用。这些要素必须服从、服务于主题的需要。围绕主题，作者才能在纷繁复杂的材料中抓住主要矛盾、中心环节、全文主线；没有主题，作者就难以组织材料、谋篇布局，再丰富生动的材料也难以构成文章，更起不到表情达意、交流思想的作用。如果主题不正确，不集中，选用的材料再典型精当，结构再天衣无缝，语言再清新流畅，表达再新颖精彩，仍然不能算是好文章。总之，只有主题才能在一篇文章中贯通首尾、统领全篇，将文章的各个要素紧密地联系起来，使之成为一个有机整体。

2. 材料的作用

材料是构成文章内容的基本要素之一，它的作用主要体现在以下三个方面。

首先，材料是文章写作的基础。文章写作需要材料，犹如建房盖屋需要砖木石瓦，制造机器需要钢材一样。没有材料，如"巧妇难为无米之炊"，任何写作活动都无法进行。没有材料的支撑，文章必然会言之无物，虚而不实，流于空泛；勉强硬写，也是干干巴巴，缺乏生机，因此，写文章需要占有大量的材料，这是古今文章家总结出来的最基本、最重要的经验。材料是写作的基础，积累材料是作者动笔前首要的工作，不积累足够的材料，是写不出好文章的。

其次，材料是形成主题的前提。人们写文章，总是要表明自己的观点，反映一种思想和认识，但人的正确思想和认识从哪里来？既不是从天上掉下来的，也不是人的头脑中固有的，而是来源于社会实践，来源于对现实材料的分析研究和科学概括。毛泽东同志曾经在《改造我们的学习》中指出，学习和研究问题，应当"不凭主观想象，不凭一时的热情，不凭死的书本，而凭客观存在的事实，详细地占有材料，在马克思列宁主义一般原理的指导下，从这些材料中引出正确的结论"。[①]

从主题形成的几种情形看，或是作者在长期工作生活实践中孕育而成，或是作者通过调查、采集，从所得材料中分析归纳而产生，或是作者受到某一事物、事理的启迪，触动灵感，思想豁然开朗，而产生出明确而独到的见解等。实际上，它们都是以平时积累的材料为前提，离开了材料，主题就成了没有根基的空中楼阁，是根本立不起来的。主题不是外在的、游离于材料之外的东西，也不是作者单纯"主观意念"的产物，更不是人为硬贴上去的"标签"，而是对全部材料思想意蕴的高度概括，主题只能从材料中产生。因此，材料是引发感受、提炼观点、形成主题的前提。只有从所占有的全部材料中对其内涵本质进行深入开掘，领悟其深刻意义，才能形成有价值的主题。

最后，材料是表现主题的支柱。动笔前，材料是形成主题的前提和基础，主题一旦形成，行文时材料则成为表现主题的支柱。文章写作的过程，其实就是以材料表现、说明、论证观点的过程。没有材料的支撑，主题根本无法树立；没有恰当的、能够说明问题的材料的支撑，主题即使树立起来了也立不牢。

二、应用文的立意

（一）应用文立意的基本要求

1. 正确

主题要正确，是对应用文立意的基本要求。对私人文书而言，正

---

① 毛泽东：《毛泽东选集》第三卷，人民出版社1991年版，第801页。

确意味着要遵守法律和有关制度规定，符合客观实际情况，合乎人情事理；对公务文书而言，主题正确是指主题要符合客观实际，符合事物的发展规律，符合党和国家的方针政策，文章所提出的问题，应该有针对性，所提出的办法、措施、各种观点，应该实事求是，要和国家的政令法规相一致。具体来讲，公务文书的主题要正确，须从以下三个方面予以考虑。

（1）符合党和政府的方针政策。公务文书是保证公务活动正常进行的工具，而党和政府的方针政策又是公文的灵魂，是保证公文主题正确的基础。因此，草拟公文必须在遵守党和政府的方针政策的前提下进行，只有这样才能确保其主题的正确性和内容的可行性。

（2）符合本地区、本部门的领导意图。所谓领导意图，就是党和政府的方针政策在本地区或本部门的具体化。从表现形式来说，领导意图本身反映着方针政策，有时二者紧密结合，甚至融为一体。离开了方针政策，领导意图就失去了存在依据，反之，如果照搬方针政策，而缺少结合实际的具体内容，这样的领导意图也不会对工作有什么促进作用。

（3）具体办法和措施符合实际情况，切实可行。应用文，尤其是公文总是为解决工作中的实际问题而制发的，再英明的方针政策，再正确的领导意图，也要通过具体的办法和措施付诸实施，因此，实事求是地制定具体办法和措施是保证公文主题正确的关键所在。

2. 鲜明

主题要鲜明，就是要十分明确地表达出作者的立场、态度和看法，赞成什么，反对什么，提倡什么，批判什么，都要旗帜鲜明，毫不含糊。文学作品的主题往往通过艺术形象，以曲折委婉的手法，含蓄间接地流露或暗示出来，主题越隐蔽，越含蓄，越耐人寻味，越能给人留下思考、回味和想象的空间，而且对同一部作品的主题，不同的读者还可以有不同的理解。应用文的主题，与此完全不同，它必须鲜明突出，让读者迅速、准确地把握作者的写作意图，了解到问题的实质，并且只能这样理解，而不能曲解、误解或产生歧义。

应用文要做到主题鲜明，应把握以下三点：一是正确而鲜明地阐发党和政府的方针政策；二是直接而明白地表达作者的主要意图、立场和态度；三是具体意见、办法和要求等必须明确，便于执行和操作。

3. 务实

所谓务实，是指主题的确立要从实际出发，切实可行。鉴定应用文好不好的标准之一，就是看其内容是否务实，能否解决实际问题。反映情况、交流信息，情况、信息就要有用；指导工作、制定规划，意见、办法就要可行；宣传教育，揭露批评，就应当切中时弊，深入人心。确立主题,既要注意解决日常工作中的旧问题,又应当特别注意解决前进中产生的新矛盾。如果只是照抄照转,照搬照套,或是赶时髦、随大流,写些应景文章,或者说些假、大、空、套话,洋洋洒洒,离题万里,任你结构多么新颖,语言多么生动,终是纸上谈兵,于事无益。

4. 集中

所谓集中,是要求一篇应用文只能有一个主题,一个中心,集中表达一个主要意图、一个基本观点,全文围绕这个中心,把它说深说透。不管文章是三言两语,还是千言万语,要求都只能有一个中心贯穿全篇。只有主题集中了,才能突出重点,抓住关键,便于读者掌握文章的基本精神,也才能有针对性地解决主要问题。如1929年毛泽东同志写的《湖南农民运动考察报告》,尽管内容很多,篇幅也较长,但中心意思只有一个:必须正确认识农民运动在中国革命中的重要作用,正确对待群众运动。再如1952年毛泽东同志起草的《中共中央关于西藏工作方针的指示》,涉及好几个问题,但都围绕一个中心:在西藏工作中要团结多数,孤立少数,注意策略。提倡一个中心,就是不要多主旨、多中心。

要使文章主题集中,应注意以下三点:一是一文一事,突出单一性;二是动笔前要目的明确,想清楚为什么要写,要解决什么问题;三是重点要突出,防止面面俱到。如果下笔之前,就已酝酿出一个中心,胸有成竹,心中有数,行文时就不会想到哪里写到哪里,就能有计划有步骤地表达出"立言之本意",表达出业已确立的那唯一的一个中心。

总之,对应用文的主题,必须进行反复提炼,才能做到立意正确、鲜明、务实、集中。

(二) 应用文立意的来源

文学作品的立意较为自由灵活,而应用文以解决工作生活中的实际问题为着眼点,为"事"而写,为"行"而作,因此,应用文的立意要受到领导、决策部门、约稿单位或约稿人的制约,同时,还要受到本地区、本系统、本部门具体情况、群众意愿和行文规则的制约,并不完全取决于撰稿者本人。它要求对人对事的分析、评价,必须客观、公正,不能从个人的好恶出发,不能掺杂主观的感情色彩。一般来说,应用文的立意主要源于以下几个方面。

1. 来源于领导意图

有些应用文,尤其是机关公文,具有非常明显的"受命写作""遵命写作"的特点,这些文章的主题,往往不是撰稿人直接从事实材料中归纳概括出来的,而是按照领导意图确立的。比如要发一个通知，告知有关部门开展一项工作，怎样开展这项工作，在开展工作的过程中应注意哪些问题等，都不是由通知的具体撰写者自己决定，而必须根据领导的意图来确立。这里所说的"领导"，是指各级领导机关的主要负责人或领导集体，他们是单位的法定代表。需要注意的是，领导意图也不是凭空产生的，而是建立在对上级的方针政策、工作任务要求以及对相关工作认真调研的前提之下，以工作实践为基础的。在这种情况下，领导交办往往是某些应用文写作的起点，应用文的撰写者应当正确领会领导意图，写好"遵命文章"。

2. 来源于客观实际情况和工作实践的需要

文章是社会生活的反映，应用文章是社会生活中客观情况和工作实践的一种表现形式。人们在纷繁复杂的社会生活中遇到大量的客观情况需要研究，在具体的工作实践过程中出现种种实际问题需要解决。比如编制计划，联系商洽，总结汇报，拟定办法，以此来推动和指导工作，解决或处理问题等。这就是说，客观情况和工作实践的需要决定了应用文章的写作目的和内容，因此，这类文章在立意时，要求我们一方面密切注意社会生活中出现的各种各样的客观情况，了解这些情况的发展进程及其在不同阶段上的特点；另一方面，在工作实践过程中，要善于发现问题，分析问题，并从实际需要出发，按照不同时期党和国家的方针政策，提出解决问题的正确主张。比如有一份财政部《关于诉讼费和聘请律师的费用改由企业成本列支的函》，其主旨是"诉讼费和聘请律师的费用改由企业成本列支"，它是根据客观实际情况确立的。企业为了处理经济法律事务而聘请了临时律师或常年律师，所发生的律师聘请费和诉讼费应如何列支，自然就成了问题，财政部为了解决这一问题，就发了这份函件。反之，如果企业没有这一问题，这一函件也就无由立意了。

3. 来源于党和国家的方针政策、有关规章制度和上级指示精神

应用文的立意除了直接来源于领导意图和实际工作、生活需要外，有时还根据党和国家的方针政策、有关规章制度和上级指示精神确定。在党政组织系统中，下级部门除了办理上级部门直接交办的事项外，还要依据上级的有关文件主动地、有创造性地开展工作。比如，每年的中央经济工作会议开过以后，中央各职能部门就要根据会议确定的指导思想和任务要求，分别制订各系统的工作计划，其立意符合程序，合法有效，在实践中有关单位和个人应当遵照执行。

当然，应用文的立意方式不一定都是单一的，有时可能考虑到多种实际情况。例如，地方政府在上级有关文件精神的指导下，结合本地的实际情况，探索适合本地特点的经济发展思路，这时文章的立意方式就比较综合了。

(三) 应用文主题的表达

文学作品的主题，往往通过对事件过程的叙述、人物形象的刻画、作者的议论，甚至细节的描写等诸多方式表达出来，没有哪一部文学作品会开宗明义"我这部作品的中心思想是……"，然而我们却能够通过对作品中诸多因素的分析、归纳，认识到作品的主题意旨。因此，优秀的文学作品，总是精义内含，神溢言外，让读者透过冷静、平淡、含蓄的叙述与描写，充分发挥联想和想象去领略作者的写作意图。

应用文在这一点上与文学作品截然不同。文学作品的欣赏可以"仁者见仁，智者见智"，而应用文的主题却不允许让读者去归纳，去综合，它必须在文章中用最直接的语言毫不含糊地表述出来，而且还要让受文者在理解上不产生任何歧义，由此，应用文在主题表达方面便形成了自己独特的方式，主要表现在以下几个方面。

1. 一文一事

一文一事，即一篇文章集中只讲一件事情，围绕一个主题，把主要意见表达清楚。

2. 片言撮要

晋代文论家陆机在其代表作《文赋》中说："立片言以居要，乃一篇之警策。"意思是说，写文章要用一两句精练扼要的话，概括出文章的主要内容，揭示出文章的主题。这种用"片言"揭示主题的方法，我们称之为"片言撮要"。在应用文中，"撮要"经常被安置在篇首或者段首，起着不同的提示作用。

（1）篇首撮要。将整篇文章的主要内容概括出来，也就是撮要，放在文章的开头，开门见山点明主旨。如有一份市场预测报告《六大物资需求有变　三升一平两降》，其主旨是对国内六种大宗生产资料的需求情况进行预测分析。作者在开头即对主要内容进行了概括："中国物资信息中心最新提供的一季度形势分析报告中，对2001年国内六种主要大宗生产资料的需求量和产量进行了分析和预测。报告认为，六种大宗产品中铜铝、建材市场需求仍可观，成品油需求旺盛，供小于求矛盾还将进一步发展，汽车需求增幅大体与去年持平，但钢材、橡胶今年市场需求增幅会明显回落。"然后紧承这一撮要，在主体部分对预测的六大物资"三升一平两降"的原因、增幅、产量等进行了具体分析。经过分析，我们发现，篇首撮要便于读者在最短的时间内抓住文章的主要精神或主要观点。

（2）段首撮要。也称段旨撮要，这是应用文表达一段或一个层次主要内容时所使用的方法。有时是将一段或一个层次的要点，用一两句精练扼要的话归纳概括出来，放在一段或一个层次的开头，有人也将其称为"条首句",句后用句号作断,与下文的详细阐述区分开;有时将其提炼成小标题的形式,单独占行。为了使层次更加清晰,上述两种情况有时还分条列项,标明序号。

段首撮要常用于较长的文章之中,一篇文章有一个总的主题或观点,为了表现这一总的主题或观点,还要从几个方面分别阐述,于是将文章分成若干层次或若干段,每一层次或段落又有其自身的段旨,这是分观点。总观点对各分观点具有统摄作用,分观点从各个方面支持说明总观点。

篇首撮要和段首撮要配合使用,可以使文章层次分明,结构清晰。一篇较长的文章,通过浏览篇首、段首撮要,便可迅速了解全文的行文思路和主要内容。

3. 标题现旨

标题现旨,即把文章的主题在标题中概括体现出来,这种方式便于读者迅速、准确地把握文章的中心内容和基本观点。尤其是在机关公文写作中,标题的拟定非常关键。"标题"能否"现旨",是不是准确简要地概括了公文最主要的内容,往往是衡量公文标题是否合格的重要标准。公文的标题一般由发文机关、事由和文种三部分组成,其中,事由部分必须把"事"概括清楚,这是突出公文主题的关键要素。例如《国务院关于稳定消费价格总水平保障群众基本生活的通知》,这一标题中的事由"稳定消费价格总水平保障群众基本生活"便是主题。读者通过看标题,就能抓住主题,迅速把握通知的内容。

三、应用文的选材

(一)应用文材料的收集

1. 收集材料的范围

明确材料收集的范围,是应用文内容做到客观、全面的重要保证。那么应用文的写作需要占有哪些材料呢?

(1)正面的材料和反面的材料。正面的东西,总是在同错误的东西作斗争的过程中发展起来的,掌握两方面的材料,有利于进行比较研究,使认识更加全面。有些反面材料,还可以用来衬托正面材料,或作为反驳和批判的对象,起到比正面说教更大的作用。

(2)点上的、具体的、典型的材料和面上的、概括的、一般的材料。点上的、具体的、典型的材料能够反映事物的深度;面上的、概括的、一般的材料能够反映事物的广度,把两者结合起来,所写出来的文章,才能点面结合,既反映事物的全貌,又能突出重点;既有针对性,又有指导性。

(3) 现实的材料和历史的材料。应用文的实用性很强，现实的材料能够体现新情况、新问题、新经验，对应用文来说是非常重要的。但是历史材料可以作对比、研究之用，有时也是必不可少的，掌握了历史材料，才可以搞清楚发展的脉络和趋向。比如，要写一个工厂本年度成本变化的财务活动分析报告，势必要用本年度的成本与去年的成本相比较，如果不掌握历史资料，也就无从比较，难以得出正确的结论。

(4) 直接的材料和间接的材料。这里有两层含义，一是指不仅要深入实际，获取第一手材料——作者亲身观察、感受、体验、经历、调查所得到的材料，即直接材料，还要充分利用别人的成果——通过文字材料、书籍报刊、文件资料以及听取汇报、他人口传所得到的别人实际经历的材料，即间接材料；二是指不仅要收集和所写事物有直接关系的材料，还要注意收集和所写事物有间接关系的材料。

直接材料当然是最基本的，但我们不可能，也没有必要对所有的材料都通过亲身实践来获取。因此在收集直接材料的同时，还需要充分利用别人提供的间接材料。间接材料倘能运用得当，其在文章中也会发挥不可估量的作用。

(5) 事实材料和事理材料。事实材料是反映问题、表现思想和制定政策的重要依据，有了充足的事实材料，才能把问题认识得更清楚，把政策制定得更合理，写作应用文离不开事实材料；事理材料同样不可忽视，马列主义的基本观点、党和国家的方针政策、上级有关的指示精神、理论界的各种新见解以及历史的经验教训等，也都是形成文章主题、表现作者观点的有力根据。应用文写作中，把事实材料和事理依据紧密联系起来，能够使文章既具理论的深刻性，又有现实的可靠性。

(6) 文字材料和数据材料。文字材料指的是那些用文字记录、表达的情况和事例，这类材料生动具体。数据材料是指那些用数量表示的事物和现象，它通常包括各种计划指标、统计数字等。数据材料是相关的社会现象的高度浓缩，虽然看上去比较枯燥、抽象，但用来说明问题往往比一般的文字叙述更有力、更清楚，因此写作中应该注意收集。

2. 收集材料的原则和方法

(1) 全面详尽，贪多务得。材料多了，才能从中找出规律性的东西，才能形成自己正确的观点。从一百个事例的概括中得出的结论显然要比从十个事例的概括中得出的结论更客观，更有说服力。材料多了，在写作时才能有比较，有鉴别，才能旁征博引，随手拈来。从一百个事例中挑选出的三个显然要比从十个事例中挑选出的三个更典型，更生动，因为它的选择范围广、余地大、代表性强。没有一定的数量也就没有一定的质量,所以要全面而且尽可能多地收集材料。既不可"主题先行",带着框框为既定观点,或领导意图,或个人主观愿望去寻求材料,也不可浅尝辄止,掌握了一点材料就心满意足。

材料在收集阶段或许尚不能辨明其价值,这时就要有"贪多务得"的精神。韩愈在《进学解》一文中指出,占有材料应该"贪多务得,细大不捐""俱收并蓄,待用无遗"。许多文章大家的经验和写作实践都说明,占有材料应该不厌其多,越多越好。积累丰厚,应有尽有,才便于鉴别、比较,择优录用,写作起来,也才能得心应手,使文章既有深度,又有广度。

(2)明确方向,限定范围。这与上述"全面的原则"是相辅相成的。收集材料有两种情形:一是有了清晰、明确的写作意图后,现用现收集;二是平时日积月累。一般而言,在写作活动中,两种情形同时并存。前者固然收集材料的针对性强,效率高,但是仓促之间难免有所疏漏;后者虽然写作的意图不够清晰、具体,看似漫无目的,其实大致的方向和范围还是有的。

收集材料时,一方面,我们可以围绕自己的业务工作收集材料,并进行合理的分类、整理,这样应用时就能有效地组织相关材料,构思成文;另一方面,关注自己感兴趣的问题,并注意收集有关材料,久而久之,也会在大量材料的基础上,形成自己的认识和观点。因此,收集材料总要围绕一定的方向,在一定的范围内进行。目的不明和漫无边际的材料收集,既耗费大量的人力、物力,所收集的材料也难以在必要的时候发挥作用。

(3)整理分类,分析研究。材料如果只放在本子里、卡片上、档案室、夹子内,那是"死"材料,要让它"活"起来,既好用又能用得好,就要经常整理分类。在明确方向、限定范围的基础上,再划分小的门类,把材料分门别类储存起来。整理分类的过程,也是对材料进行鉴别、深化认识的过程。在这个过程中,还可以发现材料之间由此及彼的联系,比较出主次轻重的不同,并通过进一步的分析研究,在大量材料的基础上逐渐形成明确具体的认识,这同时也为写作过程中材料的选择、运用做好了准备。所以说,整理分类、分析研究的过程也是写作活动中的一个重要环节。

3. 收集材料的途径

(1)深入实际,调查研究。确立主题最有力的材料是第一手材料,而获取第一手材料的主要途径是深入实际,调查研究。毛泽东在《反对本本主义》一文中曾反复强调:"没有调查,没有发言权。"[①]有的作者说:"文章是用脚跑出来的,三分写,七分跑。"跑,就是迈

[①] 毛泽东:《毛泽东选集》第一卷,人民出版社1991年版,第109页。

开双脚,去进行调查。起草政策性文件,拟订计划和实施方案,撰写调查报告、总结,都离不开深入实际进行调查,否则根本无法动笔。

为了占有丰富的材料,必须进行深入的调查研究。陈云同志曾经提出:"领导机关制定政策,要用90%以上的时间做调查研究工作,最后讨论决定,用不到10%的时间就够了。"调查研究的方式很多,如个别访问、开调查会、抽样调查、典型调查等,但无论采用哪种方式方法,都必须放下架子,同群众打成一片,这样才能调查到真实、可靠的材料。正如毛泽东同志所说:"没有满腔的热忱,没有眼睛向下的决心,没有求知的渴望,没有放下臭架子、甘当小学生的精神,是一定不能做,也一定做不好的。"①

(2) 广泛阅读,勤作笔记。阅读,是获取间接材料的主要途径。人的知识,很大一部分是通过阅读积累起来的。人们在亲身实践中获取的直接材料总是有限的,由于时间和精力的限制,一个人根本不可能对每一件事都去调查了解,大量的资料是从阅读书报、杂志、文件、文献中获取的。通过阅读,可以开阔视野,启迪思维,提高认识,丰富知识,学习写作技巧,领悟写作范式等。随着信息时代的来临,人们会越来越重视通过阅读来获取信息,获得知识和写作的材料,特别是对于学术著作、论文等文体的写作来说,通过阅读获取材料具有更重要的意义。

如何通过平时的积累占有间接材料?其要诀就是多读勤记。由于各人的习惯不同,所以采取的方法各式各样。阅读的方法有泛读和精读,还可具体细分为探测性、理解性、评价性、借鉴性、欣赏性、创造性阅读等,可根据需要加以选择。为了提高阅读效果,获取必要的写作材料,读书要"三到":眼到、心到、手到。随时作笔记、札记和卡片,将有价值的材料分类剪贴。还要掌握文献检索的方法,并能利用互联网等现代化技术手段去检索有关资料,以备不时之需。

(二) 应用文材料的选择

收集、积累材料当然是越多越好,但不能有多少材料,就用多少材料,需要先进行一番挑选,这就是材料的选择。

选择材料,就是经过分析、比较、鉴别之后,对材料进行取舍。茅盾先生在谈了收集材料要"贪多务得"之后,还明确指出:"选用的时候,可就要象关卡的税吏似的百般挑剔了;整整一卡车的'货',全要翻过身来,硬的要敲一敲,软的要扪一把,薄而成片的,还要对着阳光照了又照——一句话,用心尽力,总想找个把柄,便扣下来,不让过卡。"《茅盾论创作》这段话充分体现了选择材料要"严"字当

---

① 毛泽东:《毛泽东选集》第三卷,人民出版社1991年版,第790页。

头的总原则。

那么，如何对材料进行选择呢？

1. 围绕主题选择材料

这是选择材料的一条最重要的原则。主题是文章的灵魂和统帅，材料必须受它的支配。在主题形成之前，材料是形成主题的基础，而主题一旦确立，材料便成为表现主题的支柱。因此只有选择那些最能说明、表现主题的材料，才能突出主题。凡是与主题无关或关系不大的材料，哪怕极为生动，作者十分喜爱，都要坚决舍弃。否则，材料芜杂，枝蔓丛生，就会"繁花损枝""膏腴害骨"。比如写调查报告、工作研究、论文等，如果罗列材料过多，主题反而会被众多材料所淹没。

围绕主题选材，一方面要善于辨析鉴别材料，包括材料的内涵、与主题关系的密切程度等；另一方面要能忍痛割爱，下决心将那些与主题关系不密切的材料舍弃。

在写作中易犯的一个毛病是，出于对材料的喜爱而不忍"割爱"，总想把收集来的所有材料，都塞进一篇文章中去，有时用到甲材料，又觉得与甲材料相关的乙材料也不错，就不管这篇文章的主题是否需要乙材料，也千方百计地硬塞进去，舍不得丢掉。有的是一个完整的材料，只有一部分与主题有关，却全部照搬，不加裁剪，结果，造成材料堆砌，不但不能鲜明地表现主题，反而淹没了主题，使文章芜杂、臃肿，大大降低了文章的质量。因此，只有在加深理解文章主题的基础上，认真辨析，勇于取舍，真正围绕主题来选择材料，才能使文章变得精练、充实。

2. 选择真实的材料

应用文选材要求绝对的真实，事实上的真实，即必须真有其人，实有其事，确有此论，时间、地点、事例、数据甚至细节，都要经过核查，不能夸大，不能缩小，更不能随意编造、虚构，而要如实反映事物的本来面貌。这是应用文写作时选择材料的一个基本要求，是由应用文的本质特征——实用性，即解决实际问题的现实需要所决定的。应用文使用材料时，对材料的取舍、梳理、集中、综合，绝不能任意改变材料的性质，否则，材料本身的价值就会发生变异，导致歪曲事实真相，使应用文的可靠性、可行性和指导工作的价值丧失殆尽。例如，我们写请示、报告、总结、调查报告等，其中每一个事例、数据、图表、引文等都必须准确无误，保证材料的绝对真实，这样才会有说服力，才有利于问题的解决。如果文字材料或数据图表失真，就会引起人们对整篇文章的怀疑，造成不良影响。

要使材料真实、准确，作者就要亲自调查采访，细心观察，尽可能使用第一手材料；引用别人的材料时要细心鉴别，核对原文，不可断章取义，更不能歪曲原意；要坚决杜绝使用捕风捉影、道听途说的材料，不可以讹传讹。

3. 选择典型的材料

通过"个别"反映"一般"，通过"典型"反映"共性"，这是应用文写作反映现实生活和客观事物的共同规律。所谓典型材料，指的是最具代表性、最能概括和揭示事物本质的材料。这类材料具有广泛的代表性和强大的说服力，能够小中见大，以一当十，以少胜多。

我们写一篇总结、报告、经验介绍、调查报告等，往往要收集八个、十个甚至几十个事例，而最终写进去的，可能只有几个。可见，写文章，材料不在多而在精，只要能说明问题的本质，解剖一只或几只"麻雀"也就够了。

另外，那些偶然的、个别的表象，就是不典型的材料。列宁说："如果从事实的全部总和、从事实的联系去掌握事实，那么，事实不仅是胜于雄辩的东西，而且是证据确凿的东西。如果不是从全部总和、不是从联系中去掌握事实，而是片断的和随便挑出来的，那么事实就只能是一种儿戏，甚至连儿戏也不如。"① 这说明，一个不典型的真实材料，如果写进应用文中，往往比一个假材料还有害。因为假的可以揭穿，以正视听，而不典型的真实材料，由于它是真人真事，因而更具有欺骗性。

当然一个材料的典型性并不是绝对的，主要看其反映、表现主题的程度。同一则材料，从不同的角度看，其典型性的内涵是不同的。例如，"滥竽充数"的故事，用以比喻不学无术、没有真才实学而混世，无疑是典型的材料；如果用以说明齐王管理制度不严，导致南郭先生长期混迹其中，虽然也有一定的道理，但是材料本身却不甚典型了。

4. 选择新颖的材料

社会在发展，时代在前进，新事物层出不穷，写作文章，要敢于和善于从前进的新生活中选用新鲜的材料，包括新人、新事、新情况、新成果、新经验、新数据、新思想等，这样才能反映新面貌、提出新问题、揭示新矛盾、讲出新道理，从而使读者耳目一新，印象深刻，引起思想上的共鸣，从中获得新的启示。

对应用文而言，选择新颖的材料尤其重要。应用文是围绕现实功用，为满足工作、生活的实际需要而作的，具有很强的时效性。实践中出现的新情况要及时沟通，新问题要及时反映，新经验要及时总结，新矛盾要及时化解，新政策、新要求、新任务也要不断适应现实需要而制定，所收集、选择的材料自然要立足于现实，注重新颖生

---

① 列宁：《列宁全集》第28卷，人民出版社1990年版，第364页。

动。唯有如此，作者的写作意图才能实现。

"文章最忌百家衣"（陆游《次韵和杨伯子主簿见赠》），需要注意的是，即使是主题展现了时代精神，很有创见，但如果不注重从日新月异的生活中撷取鲜活、生动的事例，所选材料陈陈相因，东拼西凑，也会使人感到是老调重弹，味同嚼蜡。

（三）应用文材料的运用

经过选择后的材料固然是文章写作所必需的材料，但是这些材料自身的价值、作用并不一样，作者不能原封不动地照搬进文章之中，而且不同的作者在运用这些材料时会有不同的处理方式，致使材料的使用效果也因人而异。因此，如何根据主题表达的需要和文章的总体安排，对这些材料进行鉴别、开拓、剪裁、综合，使其达到最优化的效果，是文章写作中必须予以考虑的。

1. 精于鉴别

选择材料时的鉴别主要是指鉴别材料的真伪、新旧以及是否与主题相关，而运用材料时的鉴别主要是指鉴别材料的意义与价值。因为每一则材料有不同的内涵，对于作者的写作意图表现有不同的意义，即便同是典型的材料，也存在因表现角度、布局安排、详略处理等原因难以充分利用的问题，因此，在运用材料之前，要识别材料在文章中所起的作用与价值，是主要作用还是次要作用，是作主要材料还是作背景材料，进而确定其恰当的位置，做到材尽其用。

2. 善于开拓

任何一则单独的材料，如果不加以联系、拓展，写进文章中就显得孤立、单薄，给人以生搬硬套的感觉。如果围绕这则材料，加以灵活联系，多方开拓，就能纵横自如，发掘出很多有用的内涵，使文章内容丰富，生气灌注。因此，在运用材料时，要善于从以下几个方面进行开拓：

第一，要善于联系。材料的内涵往往是有限的，但是如果把这则材料同其他相近的材料进行由此及彼的联系，就会从中找出很多有规律性的东西，进而不断发掘、丰富原有材料的蕴含。

第二，要善于拓展。材料的表现往往是静态的、现时的，如果能将其置于历时性的考察中，放在过去、现在、未来的链条上，考察其对于过去的突破意义，对于未来的开拓作用，就更能深入发掘其现实表现的深刻内含。如果能够由表及里，在不同层次上开掘出材料的蕴含，同样能增强文章的纵深感。

第三，要善于多角度思考问题。呈现在我们面前的材料，基本上是正面的、单一角度的，我们可以从多个角度，甚至是从假设的角度，从反向的角度，拓展材料的现实意义。比如一则《关于危房改造的请示》中，危房的数量、现状、资金不足等是现实的材料，如果行文的时候，从假设的角度，假定危房垮塌将会造成人员伤亡等严重后果，活用这些材料，文章的说服力将会大大增强。

3. 巧于剪裁

剪裁是运用材料的基本功，是指对材料的取舍、详略的安排等。对材料的取舍一般通过鉴别即可确定，而对材料的详略处理，则需从文章结构的全局出发，根据材料在文章中的地位和作用，进行详略疏密的安排。主要之处应详写，做到泼墨如水，密不透风；次要之处应略写，做到惜墨如金，疏能走马。只有这样，文章才能简洁清楚，有理有力。

切忌在运用材料的过程中，不分主次，不顾详略，平均用力。比如在对于安全生产事故的通报中，对事故的结果、损失要详写，对事故过程则需略写。如果详略处理不当，则会影响制发通报的实际效果。

4. 长于综合

综合是指对个别的、零散的材料进行分析、综合，寻找共性，把握规律，让材料完全为作者所驾驭和运用。因为在文章写作过程中，涉及的材料很多，而且有些材料的属性、内涵重叠，如果对每则材料都采用相同的处理方式，就会拖沓烦琐，而且容易影响文章内容的组织与观点的表达。如果在具体运用材料的时候，善于归纳相近材料，概括其共同特征，综合其内容内涵，文章自然就会精练简洁。

综合绝不是任意拼凑，也不是把各个材料机械相加，而是以分析为基础，根据材料之间的有机联系加以运用。因此，在综合运用材料之前，一定要善于研究材料，深入分析材料的本质与规律，找出材料之间的差异与共性，在此基础上，通过综合，实现一般与个别、本质与现象、必然与偶然、多样性与单一性的统一，更深刻地揭示对象的本质与规律。

第三节　营构表达

一、结构

（一）结构的含义

所谓结构，就是文章的组织框架，即作者根据主题的需要和体裁的特点，按照事物的发展规律和内在联系，对材料进行合理的安排而形成的文章的内部构造。

文章的结构实质上是作者思路的反映。关于什么是思路的问题，语言学家张志公在《怎样锻炼思路》一文中曾作过这样的解释："作者的思路是他对客观事物怎样观察、理解、认识的反映。思路不是凭空产生的，而是以客观事物为基础的。客观事物反映在作者头脑里，经过观察、理解、认识的过程，形成了他对这件事物的印象、看法、态度或感情。把这些印象、看法、态度或感情理出个头绪来，就是所谓的思路。按照这个思路写成文章，就是所谓组织结构。文章的结构组织是否清晰严密，表明他对所写的客观事物是否形成了鲜明的印象、看法、态度或感情。"由此可见文章反映客观事物，不是简单、机械、照相式的摹写，而是经过作者头脑的思考和加工，制作出来的精神产品。作者在动笔前，文章的大体框架就已经在头脑中"内现出来"；形诸文字后，其思路就"外化"成了文章的结构。因此，思路是文章结构的内在依据，结构则是思路的具体体现和外在形式。由于人们的思想观点、生活经历、文化素质、才情禀性不同，写作目的和文体等存在差异，所以思考问题的习惯、方法和轨迹也有区别，这种情况反映到文章里，就形成了各篇文章不同的思路。

（二）结构的作用

结构在文章写作中有着重要的作用。它是凸显文章主题，表现文章内容的重要手段。如果说主题是文章的"灵魂"，材料是文章的"血肉"，那么结构就是文章的"骨架"。一个人如果没有一个健壮、匀称的骨架，灵魂便无所寄托，血肉就无所依附。同样，一篇文章如果没有一个好的组织结构，那么材料就会散乱无序，更谈不上表现主题，也就不成其为一篇文章。因此，结构是文章必不可少的要素，安排结构也是文章写作过程中不可缺少的一个步骤。

历代作家，无一例外地对文章的结构给予高度的重视和自觉的追求。清代戏剧理论家李渔在《闲情偶寄》中有个形象的说法：布局好比"工师之建宅"，"基地初平，间架未立，先筹何处建厅，何方开户，栋需何木，梁用何材，必俟成局了然，始可挥斤运斧"。意思是说，安排文章结构，好比盖房子先要有间架，哪里作厅，哪里作堂，哪里立柱安梁，哪里留门开窗，栋需何木，梁需何材，事先都应有一个统筹安排。文章写作过程中，当材料齐备，主题确立，下一步就要考虑文章的结构了，比如怎样对材料进行合理排队，哪些材料先写，哪些材料后写，哪些材料详写，哪些材料略写，怎样开头，如何展开，在哪里照应，如何过渡，怎样结尾等。这种把材料系统化、条理化，组成一篇完整文章的过程，就是安排结构的过程。

(三) 结构的基本内容

文章的结构一般可分为宏观结构和微观结构。宏观结构指的是文章的整体思路、总体结构、整篇设计、大体框架；微观结构指的是文章结构的具体内容，包括标题、开头、结尾，层次、段落、过渡、照应，主次、详略等的设计。宏观结构是微观结构依循的前提，微观结构是宏观结构的具体体现。

下面主要介绍微观结构的几项内容：层次和段落、过渡和照应、开头和结尾。

1. **层次和段落**

（1）层次。层次，也称"意义段""结构段""逻辑段""部分"，是文章内容之间的关系和次序，即文章内容展开的步骤。人们通常所说的先写什么，后写什么，指的就是层次。层次是文章内容的基本组成单位，它是事物发展的阶段性、客观矛盾的各个侧面以及人们认识和表达问题的思维过程在文章中的反映。安排好文章的层次，有助于受文者准确清晰地接收信息，把握要领，从而更好地贯彻执行相关要求。

在行文中，层次的划分通常以序码、关联词、重复词语、过渡句段、空行、小标题等来显示。层次的划分要依据主题表达的需要和文体的特点，体现客观事物本身发展、变化和人们认识事物的规律性和条理性，各个层次之间要有内在的联系，体现出某种逻辑关系，如连续、并列、补充、转折、因果、递进等。

应用文安排层次常见的主要有并列式、递进式、总分式。

①并列式：即各层之间的关系为并列关系。如《关于进一步加强证券公司监管的若干意见》一文中，主体部分并列5个层次，分别从"关于证券公司的设立""关于证券公司的变更""关于证券公司的风险管理""关于证券公司的日常监管""信托投资公司在分业过程中设立证券公司"5个方面对加强证券公司的监督管理，规范证券公司的行为进行了详细说明。5个层次分条列项，层次清晰。

②递进式：即层次之间的关系是层进关系。各层次之间有一定的顺序，并且这种顺序不能颠倒。常见的有按时间顺序、按事件发展过程或发展阶段、按逻辑关系等来安排层次。

一些指挥性公文，如决定、批复、通知等，或传达贯彻上级领导部门的指示精神，或就某一方面的问题作出决定，下发所属部门，对文中的指示精神或决定事项等，无须分析议论，这样的文件多由两部分组成，即"提出问题—解决问题"，而"分析问题"这一环节则不在文中体现。

有不少文件，常常将并列式与递进式结合起来使用。或是大层之间为递进关系，各个大层中的小层次用并列关系；或是先大层之间为并列关系，大层里的小层分析用递进关系。

③总分式：即各层次之间是总述和分述的关系。可以先总后分，可以先分后总，还可以总—分—总。先总后分的结构用得较多，总结、调查报告等常采用这种方式。

（2）段落。段落，又叫自然段，是文章中最小的，可以独立的结构单位，代表作者思路发展的一个步骤。段落，它的形式标志是换行、空格，即另起一段要转行，段的开头空两格。

在写作中，内容单一、意思完整的自然段称为规范段；由于受文件格式、主题要求以及某种语境的制约而形成的，与规范段不同的段落形态，称为非规范段。在应用文中，兼义段和过渡段是常见的段落形式。

①兼义段，是指在一个自然段中表达两个或两个以上的意思，形成段落大于层次的现象。这种兼义段多见于机关公文，如常见的通知，有的仅一个自然段："现将《中华人民共和国企业所得税暂行条例实施细则》发给你们，望认真贯彻执行"。这一自然段，有两层意思，一是发布文件，二是提出希望。按照规范段的要求，应该分两个自然段，可它没有，这就形成了篇、段、层合一的非规范段。

②过渡段，它的作用是承上启下，也属非规范段。如市场调查《皇帝的女儿也愁嫁——舟山鱼为什么游不动》一文中，在提出问题和分析问题之间，有这样一句话："为什么舟山鱼游不动了呢？行家们最近分析认为，主要有以下四条原因"。另外，还有一些起强调、提示、称谓、提问作用的段落，也单独分行，但在内容上并不是一个完整的、单一的意思。这也属于非规范段。如经济评论《以鲜明特色赢得大市场》中，用了一个设问句"小小饺子，何以赢得大市场？"作为一个自然段，起到了强调、提示作用。

段落和层次，两者关系很密切。层次总是借助于一定的段落，才得以显现，一个内容较复杂的层次，可能包括几个甚至更多的段落。划分层次是为了反映文章内容的先后次序，而安排段落则主要着眼于表达过程中的间歇、转折和强调。它们之间：

大多数情况下是段落小于层次，由几个段落组成段落群，表达一层意思；有的一个段落正好反映了一个完整的内容，成为一个层次，这是常规：规范段；在特殊情况下，段落也可能大于层次，即一个大的段落中包含几个内容不同的层次，这是变格：兼义段。

段落的划分，要注意单一性、完整性；要匀称得当，不宜过长或过短；各段之间要有内在联系，上下段之间要衔接自然。

2. 过渡和照应

文章的结构，不仅要求层次清楚，还要紧凑严密，各层次、各段落要互相衔接，前后连贯，成为有机的整体。为此，就需要过渡和照应。

（1）过渡。过渡是文章层次、段落之间的衔接与转换。它在文章中起承上启下的作用，使相邻的层次、段落上下连贯，前后衔接，使文章文脉贯通，浑然一体。

应用文中的过渡常见的有两种情况：

一是在层次与层次之间由总到分或由分到总时，中间一般需要过渡。如《××县财政局关于收回到期周转金的情况报告》一文中，第一层次末尾"未收回的原因主要有三条"，第二层次末尾"鉴于以上情况我们提出三条措施"，都是由总到分的过渡语，最后"总之，我们要多方面做好工作，力争把……"这是由分到总的过渡语。这种过渡在大型报告、总结中经常用到。

二是内容转换时，特别是段与段之间的对比转折处，常常需要过渡。如《解放牌汽车为什么滞销》一文，第一层次介绍长春一汽建厂以来为社会主义建设所做的贡献，第二层次转到问题的介绍，之间用了过渡词"但是"。

过渡，有时用词，如前后对比转折的，常用"但是"过渡；前后有次序关系的，常用"首先""其次""再次"等词语过渡；需对前面内容作总括的，常用"总之""以上"等词语过渡。有时用句，如介绍典型经验的调查报告，开始用对比材料概括说明所取得的成绩，怎样过渡到对具体经验的介绍呢？中间常用这样一些设问句："他们腾飞的奥秘是什么呢？""他们为什么会取得这样大的成绩？""他们取得成绩的原因是什么呢？""他们成功的秘诀何在？"等。有时用段来过渡。运用过渡一定要合理、恰当，根据文章的需要来定。一篇文章之中，过渡之处不宜过多，否则，会给人以矫揉造作之感。

（2）照应。照应，指前后内容的关照呼应。前面提到的问题，后面要有着落；后面提到的内容，前面要有所铺垫，有所交代。照应，既可以帮助读者把握文章的脉络和各层次之间的内在联系，又可以使文章重点突出，结构严谨。

照应的方式，常用的有首尾照应、前后照应和题文照应。

首尾照应。有些总结，调查报告等文种，开头概括总述，结尾处再就有关问题总结一下，和开头呼应。如调查报告《解放牌汽车为什么滞销》的开头写道："长春第一汽车制造厂自1953年建厂以来，生产了92万余辆汽车，为我国社会主义建设做出了很大贡献。"在结尾处写道："我们相信，在各方面的支持下，解放牌汽车一定可以尽快地取得在国际市场的竞争力，为我国汽车工业的发展做出新的贡献。"

前后照应。即通过前后呼应，突出所照应的文章内容，以加深读者的印象。如某单位年度工作报告开头部分谈到"坚持加强思想政治工作带动全局工作的指导方针"，较好地完成了各项工作任务后，在"主要体会"部分再次强调："坚持加强思想政治工作，是顺利完成各项工作任务的根本保证。"

题文照应。即文章正文的内容和标题相照应，多半是开篇点题，如《关于城市燃气管道事故的通报》开头："近一个时期，城市燃气管道事故频繁发生，造成城市居民伤亡和财产损失。现将今年1、2月份燃气管道重大事故通报如下"。

当然，并不是每篇文章都需要照应，那些篇幅较短，内容较少的文章，就无须照应，顺其自然就可以了。

总之，过渡和照应主要是解决文章整体美的问题，属于布局技巧。用好了这个技巧，结构就可以承前启后，脉络贯通，前后呼应，反之，应用得不自然，便会弄巧成拙，"画虎不成反类犬"。

3. 开头和结尾

（1）开头。文章的开头，古人称之为"起笔"，是指文章从哪里下笔，从什么问题写起。它是组成文章的第一层"阶梯"。由于它的位置比较特殊，而且又带有"奠基"的意味，因此，历来文章家都对其非常重视。谢榛主张"起句当如爆竹，骤响易彻"；陶宗仪要求"起要美丽"，如"处女于前"；李渔认为"开卷之初，当以奇句夺目，使人一见而惊，不敢弃去"；林纾比喻"身到名山，来到菁华荟萃处，已有一股香气，先来扑人"等。

开头是不容易的。高尔基在《论写作》中说："开头第一句是最困难的，好像在音乐里定调一样，往往要费很长的时间才能找到它。"唱歌时，调子定高了，后面唱不上去；调子定低了，又放不开嗓子。文章开头的写作，和唱歌定调一样重要。

文章开头难，并不是说无规律可循。应用文重在务实，要解决实际问题，不同于文学作品，它的开头不需要描写环境，渲染气氛，抒发感情，引人入胜等"形象化"的手法，绝大多数是开门见山，直奔主题，让读者"一望而知其余味所在"。其具体的表现形式，常见的有以下几种：

①目的、根据式开头。这种开头方式简明交代文章写作的目的和根据，以明确文章内容的重要性和合理性。如《国务院关于统一内外资企业和个人城市维护建设税和教育费附加制度的通知》的开头为："为了进一步统一税制、公平税负，创造平等竞争的外部环境，根据第八届全国人民代表大会常务委员会第五次会议通过的《全国人民代表大会常务委员会关于外商投资企业和外国企业适用增值税、消费税、营业税等税收暂行条例的决定》，国务院决定统一内外资企

业和个人城市维护建设税和教育费附加制度,现将有关问题通知如下"。这种开头方式写作意图指向明确直接,有利于取得较好的执行效果。

②阐述式开头。这种开头方式围绕文章主题,阐述基本观点,为具体内容的展开奠定基调。例如《国务院关于实行公民身份号码制度的决定》的开头为:"建立和实行公民身份号码制度,是国家加强社会管理的一项重要基础建设,也是实现社会信息化管理的重要措施,对于促进我国社会主义现代化建设和经济体制改革,方便群众生活和保护公民的合法权益,具有十分重要的作用。"通过简短论证,阐述实行公民身份号码制度的重要意义,加深读者对全文内容的理解。这种开头在指挥性公文中运用较多。

③背景式开头。这种开头方式概述文章观点产生的背景,以之作为行文依据,同时有利于作者和读者统一思想认识,以便更好地理解和执行文章的有关要求。例如《国务院关于稳定消费价格总水平保障群众基本生活的通知》的开头为:"今年以来,按照党中央、国务院关于处理好保持经济平稳较快发展、调整经济结构和管理通胀预期关系的要求,各地区、各部门积极采取措施,发展生产、保障供应、强化监管,保证了市场供应和价格总水平基本稳定。7月份以来,受国内外多种因素影响,以农产品为主的生活必需品价格上涨较快,价格总水平逐月攀升,加大了城乡居民特别是中低收入群体的生活负担。"这种开头方式表述极为概括,不需要展开铺陈,有利于自然导入正文内容。

④导语式开头。这种开头方式以简要的文字,揭示文章的主题,使读者对全文内容形成大致的认识。例如《××市税务局××××年上半年工作报告》的开头为:"××××年上半年,我们在党委的正确领导下,按照今年全年工作的总部署,坚持加强政治思想工作带动全局工作的指导方针,较好地完成了各项工作任务,取得了一定的成绩,同时也总结了一定的经验教训。"开头概述文章内容,引领全文,常用于调查报告、总结、纪要等文体。

⑤提问式开头。这种开头方式以提问的方式引出文章的主要内容,并在此基础上层层深入,揭示出问题的实质,从而给人以水到渠成之感。如经济新闻《大型国企引领中国经济增长》的开头为:"目前从国家经贸委经济信息中心传出消息,515户国家重点企业去年共实现利润2253.2亿元,与去年相比增幅近九成,预计占全部国有企业利润的98%,国家重点大中企业已成为引领中国经济增长的重要力量,快速增长的利润到底是从哪里来的呢?"提问式开头便于引起读者的注意和思考,而且能够使下面的内容顺接自然。

⑥致意式开头。这种开头方式多用于表达欢迎、祝贺、感谢、哀

悼等的公关礼仪文书中。如中国修辞学会致澳门写作学会的贺信："欣闻贵会主办的'语言风格学与翻译写作国际研讨会'在澳门举行，谨向大会致热烈的祝贺。"

⑦规定式开头。这种开头方式是指那些有明文规定如何开头，或是虽无明文规定，但是长期以来形成比较固定的开头方式。如合同契约类文件，一般有示范文本，明确文本开头的具体内容及格式。再如公文中的批复，开头一般引叙来文作为批复依据。凡规定性的开头方式，除特殊情况外，一般都应严格遵守。

总之，在写作中，无论采用哪一种开头方式，都既要考虑表达效果，又要考虑文体特征和文章主题表达的需要，还要紧密结合主题需要，清除空话、套话等"穿靴戴帽"的形式主义做法和"下笔千言，离题万里"的不良文风。

（2）结尾。文章的结尾，古人称为"收笔"，它是全文内容发展的自然收束。俗话说，编筐编篓，重在收口。结尾的好坏，同开头一样，直接影响文章的质量。好的结尾，能使文章"锦上添花"，不恰当的结尾往往导致文章"前功尽弃"。

结尾的艺术表现功能较之开头要更强一些。一篇文章，如果开头美妙至极，结尾不能善终，无异于"为山九仞，功亏一篑"；相反，如果起句平平，而结尾精彩，则使读者难忘"临去秋波那一转"。古代文章大家对文章结尾也十分重视，白居易提出"卒章显其志"；姜夔强调"一篇全在尾句，如截奔马"；谢榛要求"结句当如撞钟，清音有余"；李渔则强调"终篇之际，当如媚语摄魂，使之执卷流连，若难遽别"；林纾在《春觉斋论文》中说"为人重晚节，行文看结穴。"足见结尾在文章中占据着十分重要的位置。

文学作品的结尾，可以不点破主题，写得十分含蓄，可以提出几种不同意见让读者去分析、研究、探讨、回味，可以言有尽而意无穷，"巧酿余味"。而应用文多是为解决问题而作，因此，特别强调在结尾处要提出结论性的意见、建议、办法或措施，要言尽意止，意尽笔停，似"力截奔马"，不能有弦外之音。应用文的结尾方式，常用的有以下几种：

①总结式结尾。这种结尾方式是指在文章的最后，对全文的主题进行简要的总结概括，帮助读者进一步理解全文，加深印象。如《没有围墙的大学——全国政协高教自考调查随行记》："全国政协调查组通过大量的调查之后认为，自考事业的发展和繁荣，最根本的原因在于它适应了我国改革开放和社会经济发展的需要；而社会主义建设事业的进一步发展，必将为自考事业开辟更加广阔的发展道路。"篇末点明题旨，收束全文，从而给人留下深刻的印象。

②强调式结尾。是指在结尾处对文章的主题进行强调、说明，以

引起重视，便于贯彻执行。通知、通报、决定等公文以及总结、调查报告等事务文书多用这种结尾方式。如《国务院办公厅关于对少数地方和单位违反国家规定集资问题的通报》："为了维护正常的金融秩序，保持社会稳定，促进改革开放和国民经济既快又好地健康发展，各地区、各部门和各单位都必须严格按照国务院有关文件的规定执行。各地区、各部门都要对本地区、本部门集资和发行各种证券的情况进行一次检查，凡违反规定的，要比照上述办法进行处理；对情节严重的，要加重处罚，同时登报公布。今后，对违反国家规定的集资活动，各新闻单位要发挥舆论监督作用，公开揭露其错误做法和违纪行为。"这个结尾语气严肃，态度坚决，进一步强化了文章的主题，突出了作者的发文意图。

③鼓舞式结尾。指在结尾处，根据主旨的要求，展望未来，鼓舞斗志，常见于总结、报告以及新闻宣传类的一些文种。如《××市税务局××××年税收工作总结》："在新的一年里，我们将遵照国务院《关于整顿税收秩序加强税收管理的决定》等三个文件的精神，发扬成绩，克服缺点，振奋精神，努力工作，为增加税收，平衡国家财政预算，振兴地方经济做出新贡献。"

④说明式结尾。这种结尾方式一般用于法规性文体，说明生效时间、处罚办法、解释权限等内容。如《党政机关公文处理工作条例》："本条例由中共中央办公厅、国务院办公厅负责解释"。"本条例自2012年7月1日起施行。1996年5月3日中共中央办公厅发布的《中国共产党机关公文处理条例》和2000年8月24日国务院发布的《国家行政机关公文处理办法》停止执行。"言简意赅，意尽言止，表现出法规性文件的严肃性。

⑤规定式结尾。这种结尾方式是指以明文规定或约定俗成的用语收束全文。如合同的结尾，最后一般要写明合同的有效期限、份数及保管等内容："本合同正本两份，双方各执一份；副本五份，甲方三份，乙方两份。本合同自双方盖章之日起生效。"再如公文中的一些文种在长期的使用过程中形成的特定的结尾语："当否，请指示""以上如无不妥，请批准""特此批复"等。这种结尾程式性较强，在写作实践中运用广泛，一般情况下应予以遵守。

⑥自然收尾。指文章的主要内容写完之后，不加任何言外之文，自然收尾。这种结尾方式在应用文中也较为常见。

总之，无论采用哪一种结尾方式，都要根据文章主题表达的需要和作者的写作意图来确定，只有这样，文章结构才能给人以严谨完整、流畅自然之感。

（四）应用文结构的原则和要求

1. 应用文结构的原则

（1）正确反映客观事物的发展规律和内在联系。文章是客观事物的反映，而一切客观事物本是相互联系和具有内在规律的，因此文章的结构必须反映客观事物本身的发展规律和内在联系。这是安排应用文结构的一项基本原则。比如一项工作的开展，总有个从开始到结束的过程；一个问题的处理，总有个提出问题、分析问题、解决问题的顺序；一个现象的出现、存在，其自身也必定有着一定的原因和结果、表面和本质、正面和反面、主体和从属等方方面面的种种联系。当我们写文章来反映这些工作、问题和现象时，就要符合它本身的这种内在联系，这便是文章组织结构的依据。如果文章的组织结构正确反映了事物的发展规律和内在联系，就能把事物表现得眉目清楚，条理分明；反之，文章结构违背了客观事物的内在联系，那就难以准确地反映事物的本来面貌。因此，好的文章结构，既反映客观事物发生、发展、变化和结果的轨迹，有条不紊，顺"理"成"章"，又反映人们认识客观事物思维的路线，表现出严密的逻辑性。

（2）必须服从表现主题思想的需要。主题属于文章的思想内容，结构属于文章的外在表现形式，形式必须为内容服务。

主题是文章的灵魂和统帅，是文章的总纲。一篇文章安排结构的根本目的，在于更好地表现主题。因此，写文章时，究竟怎样合理安排材料，从何处讲起，到哪里收束，哪些内容在前，哪些内容殿后，怎样分段，如何划分层次等，都必须根据主题表达的需要来考虑。刘勰在《文心雕龙·附会》中曾运用比喻对此做了较为全面的阐述："凡大体文章，类多枝派，整派者依源，理枝者循干，是以附辞会义，务总纲领，驱万途于同归，贞百虑于一致，使众理虽繁，而无倒置之乖，群言虽多，而无棼丝之乱。"其中的"源""干"指的就是文章的中心，"众理""群言"等所有材料的整理和安排都要"依源""循干"，服从表现主题思想的需要。

（3）要适应不同文体的特点和要求。不同的文章体裁，在反映生活的角度、容量及表现方式上也不尽相同。应用文种类繁多，文种不同，其结构方式也有所不同。

从外部的格式要求上看，有些文种，如机关公文，具有国家明文规定的统一格式，内容安排也相对固定，这些在写作时必须严格遵守；有些文种虽然没有明文规定，但在长期的写作实践中也形成了较为成熟的约定俗成的内容安排模式，写作时也要尽可能遵从。

从文章内容的安排和组合上看，有些文种是写未做而要做的事情，如计划、通知等，其内容通常要按"为什么—做什么—怎样做及具体措施"的顺序来安排；有些文种是写已经做过的事情，如报告、总结等，其结构则常按"根据什么—做了什么—做得怎样—有什么经验教训及今后新的打算"这样的顺序来安排。

文种的不同结构特点，是由其反映内容的特殊规律所决定的，也是为体现应用文"务实、办事"的原则，为提高读写效率服务的，因此我们在写作应用文时，一定要使文章结构符合不同文种的特点和要求。

需要注意的是，文章是客观事物的反映，其结构形式应多姿多彩，各具特色。如果墨守成规，蹈袭前人模式，就成了毫无生气的"八股调"、千篇一律的"老面孔"，是没有人愿意看的。"文似看山不喜平"（张曰斑《尊西诗话》），结构只有巧妙新颖，富于变化，才能更好地表现纷纭复杂的社会内容。应用文体在长期写作实践中形成了某些约定俗成的稳定体式，但那只是一个大致的框框，对于一篇具体文章来说，在规范的体式里仍有一个如何布局谋篇的问题。因此，每篇文章在写作之前，都要根据特定的写作目的和实际内容，精心构思，恰当安排，以求其结构形式灵活多样，具有鲜明的个性，从而更好地反映丰富多彩的客观世界。

2. 应用文结构的要求

（1）严谨。指文章各部分之间有严密的逻辑联系，精当细密，无懈可击。这主要是就文章内容之间的深层次联系而言的。安排文章的结构，必须首先依据客观事物的内在联系，对先写什么，后写什么，何者为主，何者为次，前后内容之间有什么必然联系等，事先一一考虑清楚，做到既无挂一漏万、顾此失彼的情形，也无颠三倒四、破绽百出的毛病。如《中共中央关于加强和改进党的作风建设的决定》，先写加强和改进党的作风建设的极端重要性和紧迫性，次写指导思想和主要任务，再写具体内容，最后写加强对作风建设的领导。四部分内容逻辑严密，符合人们认识问题和开展工作的普遍思路。

（2）自然。指文章结构顺理成章，行止自如。好的文章结构自然流畅，没有牵强拼凑的痕迹，从开头到展开，再到收束，内容的推进，自然而然，前呼后应，过渡巧妙，一气呵成。

（3）完整。指内容齐全，结构完备。文章结构的完整，首先来自内容的全面完整，如果内容本身残缺不全，结构看似完整，实则有很大缺陷。结构的完备，还指形式上的要素齐全。比如文章开头、结尾要具备，必要的过渡照应要安排，等等。有些文章在分述时，写完"一方面"的情况，漏了"另一方面"；说了"首先"，忘了"其次"，这些都是结构不完整的表现。古人作文有所谓"凤头、猪肚、豹尾"的说法，要求文章不但开头、主体、结尾各部分齐全，而且要各有特色，文章的开头要像凤凰的头那样秀气、漂亮，吸引人，文章的结尾要像豹子尾巴那样有力、刚健,而中间的主体部分则要像猪的肚子那样沉甸甸、有分量,充实丰满。

(4) 明晰。指文章自始至终的线索清楚明了。如前所述,结构是作者思路的反映,是作者思维运行路线的外化。文章的内容意念要条理分明,起、承、转、合要衔接自然,结构才能做到一线贯穿,脉络清楚,有条不紊。清晰的文章结构既有利于文章内容的组织安排,也有利于读者尽快地掌握内容,把握作者的写作意图。如《中共中央关于加强和改进党的作风建设的决定》,不仅全文结构严谨,具体内容安排也清晰明了。在第一部分"加强和改进党的作风建设的极端重要性和紧迫性"中,先写党风建设面临的国际环境、国内形势和党的队伍建设的新情况,次写党面临的新任务,再写到党的作风建设的经验成绩、问题不足,最后由存在的问题自然而然过渡到党的作风建设的重要性与紧迫性,思路非常明晰。

(五) 如何提高应用文结构安排的能力

安排文章的结构,不是单纯的写作技巧问题,本质上应该是思路问题。李渔在《闲情偶寄》中指出:"袖手于前,始能疾书于后",强调动笔前要下苦功"袖手"思考,厘清思路,然后才会出现握笔"疾书"的写作佳境。文章的结构,实质上是作者根据客观事物本身的内部规律和事物之间的相互联系,经过深思熟虑所形成的思路在文章中的体现和反映。这种体现和反映,在应用文写作中通常都是明显、直接的。一篇文章的结构,与作者观察、理解、认识客观事物的思维脉络是密切相关的。

结构是思路的直接现实和外在表现形式,作者用书面语言将自己的思路清晰缜密地反映出来,就形成了结构。

提高应用文结构安排的能力,可以从以下几个方面入手。

1. 养成认真观察事物、分析问题的良好习惯

人们认识外界事物是有个过程的,即由不认识到认识,由认识得少到认识得多,由认识得浅到认识得深。观察在整个认识过程中起着重要的作用。观察不但可以获得第一手材料,而且可以开阔思路,促进认识的深化。所以,锻炼思路,要养成认真、细致观察事物的习惯。

观察事物,不能只停留在事物的表面,还要把观察和分析研究结合起来,冷静地进行思考,只有这样,才能真正把握事物的实质和精髓。

2. 学习和掌握一定的逻辑知识

作家们历来十分重视逻辑对文章写作的重要性,指出写文章"要讲逻辑",要学点"文法和逻辑",培养和提高思维的能力。思维,是人脑对客观事物的本质属性和内在规律的反映。而逻辑,或称

逻辑学,正是关于思维形式及其规律的一门科学,或者说是一门指导人们正确思维、认识客观真理的科学。应用文写作主要运用逻辑思维,有时也运用形象思维。逻辑思维又称抽象思维,是以概念为主要材料,运用判断、推理等形式来反映客观事物,揭示事物本质特征和内在联系的思维活动形式。形象思维又称艺术思维,是以表象为主要材料,始终有形象伴随,并带有浓郁感情色彩的思维活动形式。合乎逻辑,就是要符合客观事物的实际情况,符合思维的规律性。具体地说,就是要做到概念明确、判断恰当、推理科学、论证和反驳有说服力、结论可靠。在思维行进过程中,要善于分析和综合、归纳和演绎、比较和分类、抽象和概括、系统化和具体化。表现在文章中逻辑结构的标志是纲举目张、中心突出,层次清楚、秩序井然,严谨细密、匀称饱满,完整统一、通篇一贯,开头、中间和结尾有一种内在的联系,而不要互相冲突。

3. 善于运用联想和创造性思维来开拓思路

联想,是以表象为基础,由一事物想到另一事物的心理活动。在写作过程中,构思的进行、思路的开拓、文思的推进、意境的创造、方法和技巧的运用等,都离不开联想。刘勰说:"文之思也,其神远矣。故寂然疑虑,思接千载;悄然焉容,视通万里;吟咏之间,吐纳珠玉之色;眉睫之间,卷舒风云之声;其思理之致乎。"说的就是联想在开拓思路、结构文章中的重要作用。

创造性思维,是一种具有开放性、动态性、科学性、多样性、灵活性、超前性特点的思维方式。有意识地运用创造性思维,往往能够拓展思路,另辟蹊径,出奇制胜。写作,从本质上说,是一种富有创造性的精神生产活动。一个具有创造性思维的作者,必定视野开阔,思想活跃,思路宽广,在认识和表述客观事物的思维活动中,具有独创性,能够开拓新领域,进入到新境界,获得创新的成果。

4. 拟订写作提纲

拟订提纲,就是把头脑中想好的文章格局,用文字固定下来,以此作为写作时遵循的蓝图。提纲是文章的骨架,是写作准备工作完成后将构思付诸实施的重要环节,是作者执笔成文的依据,是文章写作中不可缺少的酝酿过程。通过拟订提纲,把作者大脑中漂浮的意念、朦胧的思绪、散乱的材料外化出来,这样不仅可以使作者思路清晰,文脉畅通,上下衔接,有条不紊,而且能综观全局,通盘考虑,抓住要领,突出中心。写作提纲有"粗纲"和"细纲"之分,可依各人的习惯和文章的性质、篇幅而定。

5. 要掌握不同应用文体的结构特点

应用文在长期的使用过程中,形成了大致稳定的结构体式。有的文体,如机关公文,不仅外在的规格样式有严格的规定,而且其内容的结构安排也形成了相对固定的模式,如请示,一般要按照"请示缘由—请示事项—结尾语"的结构顺序来安排材料;批复的正文也由"引叙来文—批复意见—结尾语"三部分组成,等等。应用文体的格式特点是提高办文效率的重要保证,写作时应熟知并遵守,这样才可以提高驾驭不同文体的结构能力。当然,应用文的结构并非固定不变,任何作者单靠套用现成格式都是难以提高结构能力的,他必须在掌握不同文章格式的内在结构原理、遵守原有体式的基础上,依据不同的内容,最大限度地发挥自己的创造性,找到最为合适的表达文章主题的结构。

二、语言

(一)语言的含义

语言是以语音为物质外壳,以语词为建筑材料,以语法为结构规律而构成的符号体系。语言是一种特殊的社会现象,是人类社会最重要的思维工具和交际工具,是人区别于动物的本质特征之一。

语言有口头语言和书面语言之分。口头语言,是人们口头上交际使用的语言,它是人类语言的基本形态,是书面语言产生和发展的基础和源泉。口头语言简练、干脆、灵活、生动,可表达的内容极其丰富,范围无限广阔,并可借助手势、面部表情等表情达意,使人感到生动逼真。由于人们日常口头谈话是即兴的,脱口而出,所以句子比较简短,多用省略句、独立句,常出现句子不完整、用词不准确、说话不连贯,甚至中断和转换话题等现象。

书面语言,是写文章时用的信息符号,即人们书面交际使用的语言。书面语言是以口头语言为基础和源泉产生和发展起来的。它一经产生,就突破了口头语言在空间上的障碍和时间上的局限,能在更广阔的范围内和更长久的时间里流传,大大丰富和加强了语言的交际功能,并同口头语言一起成为人类社会语言交际的基本形态。同口头语言相比,书面语言失去了口头语言表达的表情态势、语言直观性和交际各方当场迅速反应等优点,但却比口头语言更加精密、严谨、准确、规范和富于变化,这是因为书面语言是在大众口头语言的基础上,通过历代文章大家们反复提炼加工,经传播后为人们在写文章时广泛使用的缘故。

(二)语言的作用

语言的作用可以从与思维的关系、与写作的关系两个方面来体会。

1. 语言和思维

语言和思维有着直接的联系。语言是思想的外衣,是思想的直接现实。它既是人类表达思想的工具，也是进行思维活动的工具。没有语言载体的思想是不存在的。高尔基在《论文学》中说过"语言是一切事实和思想的外衣。"思想有了语言的"外衣"，才能产生和存在，这说明了思想对语言的依赖性；另外，语言又是从属于思想的东西，不论是口头语言还是书面语言，都要受思想的支配和制约。文章的语言应该是"词意相符"，即用准确的语言完美地表达出文章的思想内容。如果"词不逮意"，即写作时遇到了语言障碍，那就难以表达出文章的思想内容，实现作者的写作意图。

2. 语言和写作

语言是文章的第一要素。刘勰在《文心雕龙·章句》中说："夫人之立言，因字而生句，积句而为章，积章而成篇。"不论什么人，只要写文章，就得使用语言这个表情达意的工具。写作的过程，就是运用语言能动地反映客观事物和作者思想感情的过程。

语言是文章的"细胞"，是文章最基本的建筑材料。一篇文章，有了明确的主题、精选的材料和巧妙的组织结构，但最终还要通过语言文字表达出来，使它成为有形的东西。离开了语言，不论多么深刻的思想，多么丰富的材料，多么精妙的结构，多么高明的表现手法，不过是装在作者的头脑里看不见、听不到、摸不着的东西，当然也就无法进行表达和交流。对于学习写文章的人来说，练就正确、规范地运用语言文字的过硬本领，乃是最重要的基本功。

（三）应用文语言的主要特点

1. 平实

所谓平实，是指语言要平直、朴实，如鲁迅先生所说："有真意，去粉饰，少做作，勿卖弄。"① 平直，是就应用文的笔法而言的，应用文是为解决实际问题而说服读者，而不是用形象化的描绘去感染读者，故其用笔贵在直言，采用直陈方式，不拐弯抹角，不矫饰夸张；朴实，是就应用文的用词而言，朴素实在，如实表现事物的本来面目，不管是叙述事实，还是说明事理，不追求藻饰铺陈，基本不用或少用修饰性词语，于平淡中见神采，呈现语言的本色之美。

在语言运用方面，应用文和文学作品语言总体风格的差别是显而易见的。文学作品的语言追求形象性和情感性，在语言材料的运用方面，多用形象的、富于情感色彩的词，广泛使用描绘性的、积极的修辞方法，如比喻、拟人、夸张，甚至双关、通感等，以增强语言的表现力和感染力；而应用文则一般不需要进行形象描写，也不使用夸张、双关等修辞方式，不追求华丽的文采，只须将事情交代清楚，让

---

① 鲁迅：《鲁迅全集》第四卷，人民文学出版社2005年版，第631页。

人明白即可，它的特征是语言的明确性、简要性和程式性。

2. 准确

所谓准确，是指写作应用文选用的词语和句式，表义确定，不产生歧义。对某个说法或某一段话，可以这样理解，也可以那样理解，就是语义不确定，容易产生歧义。例如，某单位发放奖金的通知中有这样一条："病假、事假三天以上者，扣发当月奖金。"这个规定可以理解为"够三天"就扣，也可以理解为"超过三天"才扣，财务部门如何执行？还有的单位这样规定："如果售货员与顾客吵架，值班经理应立即向负有责任的售货员提出警告，并记录在案，作为奖金发放的依据。"这里就有可能产生歧义，作者的本意应表达为"作为少发或扣发奖金的依据"，但咬文嚼字的话就有可能理解为吵架也是生财之道。所以说，语言准确与否，直接影响着应用文处理事务的现行效用，如果模棱两可，含糊其辞，便会让受文单位无所适从。

文学作品追求含蓄之美，往往给读者留下思考回味的余地，而应用文的语言不允许这样。应用文，有的是传递信息，据以作出决策的；有的是传递决策，要人照办的；有的是阐明有关政策，要人执行的。所以，它要求语言必须准确、清楚，让人看了就懂，懂了就能立即行动起来。因此，用语准确是应用文写作对语言的重要要求。

写作应用文要做到语言准确，应注意这样几点：一是表述中语义要确定；二是选词要注意辨析词义；三是语句要合乎语法、逻辑；四是要正确使用标点符号。

3. 简明

应用文应力求用语简单，表述明确，增加信息密度，以质取胜。毛泽东在《反对党八股》中说："现在是在战争的时期，我们应该研究一下文章怎样写得短些，写得精粹些。延安虽然还没有战争，但军队天天在前方打仗，后方也唤工作忙，文章太长了，有谁来看呢？有些同志在前方也喜欢写长报告。他们辛辛苦苦地写了，送来了，其目的是要我们看的。可是怎么敢看呢？长而空不好，短而空就好吗？也不好。我们应当禁绝一切空话。但是主要的和首先的任务，是把那些又长又臭的懒婆娘的裹脚，赶快扔到垃圾桶里去。"[①]

写作应用文要做到语言简明，应注意：一是吃透所写事物；二是注意炼字炼句；三是可以适当选用文言词和单音单纯词，适当运用简称。

4. 得体

所谓得体，简单地说就是要合乎特定的语境及文体特点。要符合作者的身份和读者对象的实际，与所要达到的目的及客观环境和谐一

[①] 毛泽东：《毛泽东选集》第三卷，人民出版社1991年版，第834页。

致，恰到好处。说什么，不说什么，说到什么程度，用什么语气，选择什么词汇，都要考虑最后的效果。

（1）合乎特定的语境。应用文是用于交际的，而且有时是给特定的读者看的，这就构成了应用文特定的社会语言环境。如果读者看了不满意，或者看不明白，交际目的自然难以实现。所以写作应用文，使用语言必须考虑语境——读者对象的实际，这里包括两层含义：

一是要考虑与读者的社会关系。应用文是特定社会关系的产物，是写作者与受文者沟通联系的工具。双方间的社会关系不同，对作者在运用语言时的具体要求也就不同，只有在语言的使用上准确体现这种社会关系，才会取得较好的沟通效果。如个人与个人之间是平辈关系，还是长辈与晚辈关系，是朋友，还是对立面；机关与机关之间是领导与被领导、指导与被指导关系，还是平级关系，不相隶属关系，文章的语言都要有所区别，词语、句式、语气都必须准确体现和反映本来的社会关系。如果搞得不好，沟通就有可能变为隔阂，至少令人不悦，使人不愿读，甚至不愿接受文章。周恩来总理在世时特别注重语言的得体，当时国家领导人接待外宾的一份通讯报道，用了"接见"这个词，周总理看到后，指示记者改成"会见"，即平等的双方见面。这就避免了"接见"居高临下的意味，防止外宾产生不愉快的感觉，体现了大小国家一律平等的精神。一字之改，改得非常得体，合乎读者对象的实际。

二是要考虑读者对象的知识水平，也就是说要考虑读者对应用文内容的接受能力。比如关于金融危机，写文章介绍这种现象，如果是写给社会上一般人看，那么应尽量少用专业术语，做到通俗易懂；如果是写给同行看的，则可以不避专业术语，深入探讨金融领域的专业问题。否则，文章就难以达到预期目的。毛泽东早在《反对党八股》中就曾说过："共产党员如果真想做宣传，就要看对象，就要想一想自己的文章、演说、谈话、写字是给什么人看，给什么人听的，否则就等于下决心不要人看，不要人听……射箭要看靶子，弹琴要看听众，写文章做演说倒可以不看读者不看听众么？"① 这段话概括得十分恰当、中肯。写文章必须考虑读者的接受能力，这是保证文章有较好的传播效果的前提。只有以读者为中心，才能做到有的放矢，才能使文章有较强的针对性，也才能使文章的实用性得以充分展现。

（2）合乎文体要求。每一篇具体的文章总有一定的文体归属，文学文体与应用文体的语言风格各具特色，因此，在运用语言时必须注意保持这些特色，自觉受其约束，否则就很难写出有实际效果的文

---

① 毛泽东：《毛泽东选集》第三卷，人民出版社1991年版，第836页。

章来。如果在应用文,尤其在公文文体中滥用文学性的语言,滥用助于直接表意的语言形式,如拟人、夸张、反语等修辞格,那么,这种公文就不成其为公文,轻则闹出笑话,重则使文章产生负面效应,给工作带来损害。

5. 程式化

人们在长期的应用文写作实践中,逐渐总结出了一些比较固定的特殊句式、特殊行款和规范用语,而且一般不允许用别的形式、别的词语去代替它们,由此形成了应用文语言程式化的特点,使应用文语言呈现出言简意赅、简洁准确和典雅庄重的风格。比如机关公文,在写作中常用的程式性词语主要有:开端用语,如"为了""根据";引叙用语,如"欣悉""近接""据查";过渡用语,如"为此""据此""现通知如下""现函复如下";征询用语,如"妥否""是否可行";期复用语,如"请回复""请批复";综述用语,如"综上所述""总之";结尾用语,如"此复""为盼""特此函达"等。这些语言模式便于作者很快掌握公文的特有语言形式,且与其他文体有效地区分开来,体现公文特有的语言风格。

(四)提高应用文语言表达能力的途径

语言是文章的第一要素。文章的优劣在很大程度上取决于作者语言表达能力的高低。因此,语言表达能力是学习写作的最基本的功底。那么如何提高应用文的语言表达能力呢?

1. 加强思维训练

语言是思想的直接现实。语言不仅是思维活动的工具,也是思维内容的现实表达。语言表达能力的高低,往往取决于思维的质量,包括思路是否清晰,认识是否深刻,思维的视角是否新颖,等等。一般而言,思想清楚,认识深刻,视角新颖的人,写出的文章才能脉络清晰自然,表现力强,语言生动活泼。反之,如果思维混乱,头脑中一团乱麻,认识肤浅,视角陈旧,那么写出的文章一定平庸、晦涩,令人不知所云,正如作家秦牧在《艺海拾贝》中所说:"文字的暧昧是由于思想的朦胧。"因此,提高语言表达能力,一定要注意加强思维训练。比如,平时读书看报的过程中,要有意识地把握作者思路的展开与推进、作者思想认识的角度与深度。与他人交谈中,既要自觉地检视本人意见与态度表达是否清晰、严密、新颖,也要用心体会别人思维表达的优点与缺陷。久而久之,个人思维的水平与质量就会逐渐提高,语言表达能力也会逐步增强。

2. 提高语言素养

思维训练对于语言表达能力的提高固然重要,但是如果作者语言素养较低,词汇贫乏,语法不通,高质量的思维成果表达不出,或词不达意，还是写不出令人满意的篇章。因此，提高语言素养对于写作来说也很重要。

阅读经典美文对于提高语言素养非常有帮助。经典性的文章，其在语言运用方面堪称表率。对应用文而言，其中也有相当多的机关公文、事务和专用文书在语言运用方面非常典范。如党中央和国务院发布的重要文件，一些著名的调查报告与学术论文等，其语言表达也值得细细学习和品味。通过阅读，一方面，可以感受、学习、借鉴其突出的语言文字表达优点；另一方面，也可以丰富个人的词汇语料库，为今后的写作做好准备。

提高语言素养，还需要在日常生活和写作中，培养对语言的兴趣和敏感，通过推敲词义，辨别词性，培养语感，逐渐提高语言表达能力。兴趣是最好的老师。在兴趣的引导下，才能敏锐地把握语言的精妙，在点点滴滴的训练中进一步提高。辨析词义词性，选用最恰当的词语是语言表达过程中最基本的步骤之一。特别对于应用文写作来说，所选词语的恰当与否，不仅体现个人的语言表达能力，甚至关系到工作的顺利开展，大局的稳定与事业的兴衰成败。因此，根据内容或对象的特点仔细辨析词语的内涵，选择恰当的词语是提高应用文写作能力的重要手段。

培养语感也是提高语言素养的重要环节。语感表现为对音节的节奏、句子的匀称、句意的完整、语调的流畅自然等的感觉。在写作过程中，语感对于作者的遣词造句、字句成篇有很大的影响，甚至对内容的表达也起着支配、制约作用，并最终影响文章风格的形成。因此，在平时对经典篇章的大量阅读与写作实践的深切感受中，要学会对语言的审美，养就良好的语感，以提高个人的语言素养和语言表达能力。

总之，只有加强思维训练与提高语言素养双管齐下，才会使两者相得益彰，不断提高个人的语言表达能力。

三、表达方式

（一）表达方式的含义

表达方式是构成文章的要素之一，是作者运用语言反映客观事物和主观思想的方法和手段。

由于客观事物本身千差万别，而人们反映客观事物的目的又各不相同，因而所采用的方法和手段也各有侧重：有的陈述过程，有的描绘形象，有的抒发感情，有的阐述见解，有的解说事物的性状，这样就形成了叙述、描写、抒情、议论和说明五种不同的表达方式。

(二) 表达方式的作用

表达方式是增强文章表达效果的重要手段。我们写文章，除了要有正确的主题、精当的语言之外，还需要采用丰富多样的、恰当的表达方式，才能使文章的思想内容得以圆满的表现。

在文章中，各种表达方式常常是综合运用的。孤立地使用某一种表达方式，很难使文章具有良好的表达效果。但不同的文体往往有其主要运用的表达方式，议论文主要运用议论，说明文主要运用说明，记叙文主要运用叙述、描写。对于应用文而言，主要使用的表达方式是叙述、议论和说明。

(三) 应用文中常用的几种表达方式

1. 叙述

（1）叙述的含义和作用。叙述，就是作者在文章中对事情发展和人物经历所作的述说和交代。它是写作中最基本、最常见的表达方式之一。

叙述包含六个要素，即时间、地点、人物、事件、原因、结果。在叙述时一般要把这六个要素交代清楚，给读者以清晰完整的印象。当然，并非每篇文章都必须把这六个要素完全加以交代，倘使读者不会产生疑问，某些要素可以略去。

叙述的作用主要体现在以下几个方面：

①记述事件发生、发展的过程。事件的发生、发展有一定的原因，各种事物之间有复杂的联系，通过叙述，可以把事件的过程和结果交代清楚，揭示其发展变化的原因及事物的内在联系，让读者掌握事态全貌及其本质。

②介绍人物的经历和事迹。通过对人物身世、地位、经历、事迹等的介绍，使读者对所写的人物有一个全面、概括的了解。

③为议论说理的文章提供论据。议论中作为论据的事实材料，主要通过叙述来提供。在说明文中，对解说对象的一般交代，也离不开叙述。

（2）叙述的人称。叙述往往有一定的视角，即由谁来叙述，表现出来就是人称。因此，所谓人称，就是作者认识和表现事物的角度和立足点。人称主要有第一人称和第三人称。人称的划分是有相对独立性的，但人称的使用却是可以转换的。一篇文章在交换使用一、三人称时，改换不宜频繁，且务必交代清楚。必要时，可以运用过渡句或过渡段进行提示，以免造成混乱。

（3）叙述的方式。叙述有多种方式，从叙述的先后次序上分，有顺叙、倒叙、插叙、平叙。

所谓顺叙，就是按照事情发生、发展的先后顺序来叙述。有的按照时间先后顺序展开叙述，有的按照事件的发展过程进行叙述，有的按照作者认识的变化加以叙述。顺叙的长处在于由头至尾，次第井然，便于组织材料，容易贯通文理。但是，顺叙容易流于平淡，缺少波澜。

所谓倒叙，就是把事件的结局或某个最突出的片段提到前边来叙述，然后再从头叙述。倒叙的优点是以其突发性造成对读者的强烈刺激，以撩人的悬念吸引读者阅读的兴味，使文章开卷生波。采用倒叙要找准倒叙的起讫点，一则新人耳目，吸引读者；二则衔接自然，文理贯通，勿使纠缠，令人模糊不清。

所谓插叙，是指在叙述进行中，中断原来的叙述，插入另一段叙述，这段插入的叙述结束后，再继续原来的叙述。使用插叙，文章容量加大，对表现人物和实现主题具有积极作用，而且有断有续，能调剂读者的神经。

所谓平叙，是指叙述两件或两件以上同时发生的事情，先叙述一件再叙述另一件，或两件交叉进行叙述。这种叙述有分有合，一般是先合，然后中断合叙的线索，用"花开两朵，各表一枝"的办法，最后复归于合叙。

从叙述的详略程度上分，有具体叙述、概括叙述。概括叙述，是对人物事件作简括的介绍，给读者一个概要的印象；具体叙述，是对人物事件进行详尽的介绍，力求给人切实生动的印象。

另外，从叙述的线索上分，有合叙、分叙；从叙述的不同角度上分，有直叙、借叙等。

（4）叙述的基本要求。

①线索分明，交代清楚。线索是穿结文章材料、推进内容发展的筋节。叙述时不把线索梳理清楚，就会杂乱无章，头绪纷乱。因而，叙述时无论是以时间为线索、以人物为线索，还是以中心事件为线索；或者以单线和复线、明线和暗线进行叙述，都要穿结有条，次第井然。对于叙述的六要素，一般都要作交代，使读者对事物的来龙去脉有一个清晰的印象，要省略时必须不影响读者的理解和接受，否则不能随意省略。

②详略得当，突出重点。无论是人物，还是事件，凡是重要的地方，能深刻表现主题之处，叙述要详细，有所侧重，突出重点。对于次要的地方，不需要着力叙述的地方，就要略写，无须使用大量笔墨。否则，轻重倒置，冲淡要害，影响主题的表达。

③起伏曲折，力戒平淡。叙述也需波澜跌宕，起伏多变，快慢适宜，断续恰当，妙趣横生，激荡读者的心胸；要克服无主次，淡而无味，没有感情高潮的平庸絮叨。

（5）叙述在应用文中的运用。叙述是文章写作中最基本、最常用的表达方式之一，不同种类的文章对叙述的要求不同，这是由文体特点和文章的主题决定的。在一般的记叙类文章中，叙述的目的在于呈现事物发展的真实过程，因此多以直接叙述和具体叙述为主，叙述的人称、角度和方式比较灵活，而且在叙述过程中调动各种积极修辞手法，注重形象地表现事物发展过程中的场面、细节和人物。而在应用文中，虽然有的文体本身以叙述事实、反映情况为宗旨，但绝大多数文体运用叙述的目的是处理问题，为了给读者提供了解文件所产生的背景、情况和事实依据，帮助读者领会作者的写作意图和文章的精神要旨。有的文体以所叙述的事实作为立论的根据，如评论、论文和公文中的通报、情况报告等；有的文体依据所叙述的事实作出决策或预测，如计划、调查报告、税务文书、审计文书以及公文中的决定、批复等；有的文体以所叙述的事实作为签订协议的依据，或以所叙述的事实作为凭证，如合同等。因此应用文在运用叙述时，与普通的记叙文便有所不同。应用文在使用叙述这种表达方式时，叙述的人称一般以第三人称为主，如实地叙述事实，力求真实、确切，决不允许夸大或缩小；多以直陈性的概括叙述为主，不迂回铺陈，转弯抹角；为使文章头绪清楚，大多使用顺叙的方式；文笔简练质朴，一般较少使用修饰性的词语。

2. 议论

（1）议论的含义及作用。

议论，就是作者通过逻辑推理和事实材料表明自己的观点和态度，达到明辨是非和阐明事理的目的。

议论反映的是事物的因果关系。完整的议论包含三个要素，即论点、论据和论证。论点，指作者的观点、主张，由作者提出来使读者去接受；论据，是指证明论点的事实和道理，它在议论中是建立论点的依据，所以叫论据；论证，就是用论据证明论点的过程，它把论点和论据按照一定方式联系起来，阐明它们之间的因果关系，以合乎逻辑的方式说服读者。

议论的用途广泛。在议论文中，它是议论说理的主要形式，运用概念、判断、推理和证明的思维形式阐明事理。在记叙文中，它用来评价作品中的人物和事实，为升华人物情感和深化主题服务。在应用文中的议论和评价，往往是画龙点睛，一语中的，指明事物的内蕴，使文章主题更加鲜明。

（2）议论的种类。

议论可分为两种：一种是以论证正面观点为主的议论，称作立论；另一种是以驳斥反面观点为主的议论，称作驳论。立论与驳论不能截然分开，一般情况是：在立论的文章中，需要批驳错误论点来进一步阐明正面观点，即立中有驳；在驳论的文章中，也要在批驳错误论点的同时，确立正面的观点，即驳中有立。

（3）议论的方法。

①例证法。例证法是列举事实来证明论点的方法。正确的论点来自客观存在，用事实做论据是论证论点的有效方法。用来做论据的事实材料，可以是具体事例，也可以是概括的事实，还可以是统计数字。其中的关键在于收集和选择最典型、最有说服力的事实，列举出来作为论据对论点加以证明。

②分析法。这是一种通过分析问题进行论证的方法。它借助于分析问题，剖析事理，揭示论点和论据之间的因果关系，从而将论点树立起来。

③引证法。引用经典著作、名家名言、公理定理等来证明论点的方法叫引证法。引用的事理、言论，是经过实践检验和被人承认的，所以它们不需要再论证，直接引用做论据就可以证明论点。

④对比法。对比法就是以事物的相互比照来证明论点的方法。事物是互相比较而存在的，在对比中容易辨明是非，说清道理。对比，可以用历史事实或过去情况与当前的事物做纵的比较，也可以用两种对立的事物做横的比较。为此，有人把对比法称作纵横比较法。

⑤类比法。把两种事物相同或相似的特征进行比较，得出与之相关的结论，就叫类比。这种方法通常以讲故事、打比方的形式，把抽象的道理比喻明白，从而得出结论。类比是一种形象化的论证方法。类比的两个对象，必须有相似点。运用类比一定要严格挑选事例，不能停留在现象的比拟上，要抓住类比事物的本质属性。

⑥归纳法。从个别到一般的论证方法叫归纳法，用事实作论据证明论点时，往往使用这种方法。运用归纳法，要防止以偏概全，即不能根据一些个别的、非本质的事实得出一般性的结论。

⑦演绎法。从一般到个别的论证方法叫演绎法，它的论证方向同归纳法正好相反。演绎法的大前提是一个一般原理，结论是特殊场合的道理。使用演绎法，作为一般原理的大前提一定要正确，推理过程要严密，从而保证结论的正确性。

（4）议论的基本要求。

①论点要正确鲜明。论点正确是对议论的最重要、最基本的要求。要反驳的论点必须是错误的，要建立的论点必须是正确的，不能强词夺理，以错反错。此外，论点还应当鲜明，不能吞吞吐吐，模棱两可，搞折衷主义。

②论据要充实可靠。论据是支撑论点的，论据不充足，或者不能得出结论，或者得出的结论不能令人信服。论据还要确凿无疑。郭沫若说："材料缺乏顶多得不出结论而已，而材料不正确，便会得出错

误的结论。这样的结论比没有更要有害。"①

③论证要合乎逻辑。论证中,论点与论据之间的联系包含着种种推理,推理一定要准确,分析问题要严密,从而使整个论证过程无懈可击。

(5) 议论在应用文中的运用。

在应用文写作中,如果说运用叙述是为了给读者提供了解文件产生的背景、情况和事实根据,那么,运用议论则是为了给读者提供理解文件精神的理论依据。作者或根据需要援引党和国家的方针政策、有关学科的基本理论,增强文章主题的说服力;或根据所掌握的情况有针对性地阐明采取措施的缘由、目的,或者指陈利弊得失,以期对读者起到启发、提示作用。在应用文中议论不是目的,而是作者提出观点、表明态度的理论基础、依据和前提。因此,应用文在运用议论这一表达方式时与议论文写作的要求不同,不是通篇议论,不要求论点、论据、论证三要素俱全,而是通常以正面立论为主,直接从正面讲出道理,原则性地阐明理由,为读者理解文章主题做出阐释和提示,表现出针对性强、简要凝练、精当深刻等特点。它或在记述某人某事的基础上,画龙点睛地予以评价;或在摆出现象后,精准恰当地阐明其内在实质或意义;或在叙述工作中存在的问题之后,简要地予以分析,并提出解决的办法和意见。议论的笔调多是论断式、评判式和总结式的,强调说理性、逻辑性和通俗性。

3. 说明

(1) 说明的含义及作用。

说明,是用简明扼要的文字,把事物的形状、性质、特征、构造、功用、成因、演变等解说清楚的一种表达方式。

被说明的事物,可以是具体的事物、实体,如电脑、松树;也可以是抽象的事理,如相对论、统筹方法等。说明的目的,在于使读者对事物的本质属性获得正确的认识,即教人以知,导人以用。

(2) 说明的方法。

①定义与诠释。定义是用简明扼要的文字,通过揭示概念内涵明确概念的说明方法。用形式逻辑的公式表示就是,被定义者 = 种差 + 邻近的属概念。下定义分三个步骤:第一步,找出被定义者的邻近的属概念。如"文学"的属概念有"艺术""意识形态""上层建筑"等,而"艺术"则是"文学"邻近的属概念。第二步,找出被定义者的种差。所谓种差,就是同一个属概念下的几个同级种概念在内涵(即本质属性)上的差别。"文学"在属概念中同级种概念有"音乐""舞蹈""绘画"等,它们在内涵方面的差别是"以语言为工具

---

① 郭沫若:《郭沫若全集·历史编》第二卷,人民出版社1982年版,第3~4页。

和手段"。第三步，把被定义者和"种差+属"组成的定义项联结起来。这样，就得出了"文学是以语言为工具和手段的艺术"。诠释，就是对事物的概念、性质、特点、功能、原理等进行详细解释。

定义与诠释这两种说明方法的区别主要有两点：第一，定义法是抓住被定义者的内涵说明被定义者；诠释法灵活多样，通俗易懂，在内容和形式上不像定义法那样严格完整，只揭示被定义者的一部分内涵就可以了。第二，定义法与诠释法都是用"某某是什么"或"某某怎么样"来表示，定义法"是"字两边的话可以互换，而诠释法"是"字两边的话不能互换。如果将定义法和诠释法结合起来使用，则既可揭示事物的本质特征，又可对事物的性质、状态、功能等进一步加以解释，使读者对事物既有概括的认识，又有具体的了解。

②分类与分解。分类就是根据事物的形状、性质、成因、功能等属性的异同将其分成若干类，然后依照类别逐一加以说明。如重工业可分为冶金工业、机器制造工业、采掘工业等，对冶金工业、机器制造工业、采掘工业等逐一加以说明，即为分类法。分解是把被说明的事物分成若干部分，逐一加以说明，从而达到说明整体事物的目的。例如，人体解剖学将人体分为神经系统、呼吸系统、消化系统、循环系统等，然后再对每个系统中的器官分别给予说明，从而达到对人体的完整认识。

分类与分解两种说明方法的区别是，分类是根据事物的特点分别归类，即以某种性质为标准，把大类分成若干小类，大类与小类是属与种的关系。分解是把整体分成许多部分，如把句子分为主语、谓语、宾语等；主语、谓语、宾语是句子的组成部分，而不是句子的种概念。如果把句子分成单句和复句，则是分类了。

③举例与引用。举例是通过个别事物的举例，把抽象的道理和复杂事物的概念、特征、功用、原理等解说得具体形象、通俗易懂。引用就是引证有关资料，使说明的对象具有可靠的依据，帮助读者进一步了解说明对象。

④比较和比喻。比较就是用熟知的事物去和陌生的事物作比照，使读者有个由此及彼的理解。比喻是用熟知的事物比喻不常见或不易懂的事物或道理的一种说明方法。

⑤数字和图表。运用数字解说事物的属性和特点就叫数字说明法。有的事物、事理有时从别的角度很难说清楚，一旦运用数字说明，便会使人易于了解和接受。为了增强直观性，或对一些仅用文字难以说明的事物配以图片、表格，从而帮助读者更好地理解说明对象，这就是图表法，图表法在教科书和应用文中使用较为普遍，效果非常显著。

（3）说明的基本要求。

①表达的客观性。作者要站在客观的立场上，解说事物，阐明事

理，不要把自己的主观意志强加入说明之中。

②内容的科学性。要熟悉和了解说明对象，符合科学地解说事物和事理，要把握住特点，说对，说准。

③文字的准确性。对定义、概念的表述，文字要准确严密，援引的数字也必须准确无误。

（4）说明在应用文中的运用。

在应用文写作中，说明是最基本、最常用的表达方式之一。应用文在运用说明这一表达方式时，作者一般只作纯客观、公正的介绍，不掺杂主观的好恶和炫示性的夸饰，事实、数据真实准确，而且注重前后内容的逻辑关系、层次顺序，突出重点，简明扼要。

在应用文中，尤其是财经应用文中，数字是最具说服力的材料。因为任何财经活动、财经信息都与数量有着直接的、密不可分的联系。财经活动往往是围绕数量的变化进行的，经济运行质量往往通过数字表现出来，而财经信息本身常常就是一组数据。因此，在财经应用文中，利用数字来反映情况，说明问题，是其表达方式的重要特点。

总结上述三种表达方式在应用文中的运用情况，我们发现，应用文一般兼用叙述、说明、议论三种表达方式，并根据文书的性质和行文目的的要求，在选用时有所侧重。如工作报告、通报、大事记、纪要等，侧重使用叙述的形式，以展现工作的发展过程、事情的原委以及成绩与不足；发布行政法规、规章、公告，制定合同、协议书等侧重使用说明的形式，使人清楚、明白地知晓应当遵守的规范和应当履行的职责、义务等；撰写决定、讲话稿等侧重使用议论的方式，阐述论点，说明论据并加以论证。还有些内容比较复杂的文书，如总结、调查报告等还要同时兼用两种以上的表达方式，即在说明目的、根据、情况和叙述事实的基础上论证道理，阐明观点。总之，不论制作哪种文书，都应从实际出发，根据其性质选择恰当的表达方式。

提　示

本章着重介绍了应用文写作的一般原理。

第一，应用文不同于文学作品，它是"应"付生活，"用"于实务的文章。实用性是应用文的根本特性，其他特点均由此生发。应用文写作具有重要的实践意义，作者应具备多方面的素质。

第二，应用文内容上的构成要素是主题和材料。主题是文章的灵魂与统帅，处于主导和决定性的地位，对材料等各要素起着统摄作用。材料是文章写作的基础，是形成主题的前提，又是表现主题的支柱。写作应用文要确立主题，即立意。与文学作品相比，应用文的立意要做到正确、鲜明、务实和集中，既要考虑上级领导的意图，有关文件、指示精神，也要结合客观工作实践。写作应用文还要学会收集、选择和运用材料，掌握相应的原则和方法。

第三，应用文形式上的构成要素是结构、语言和表达方式。文章主题确立之后，就要根据主题的需要考虑安排材料的顺序、详略、衔接等问题，结构是否合理、恰当，直接关系着主题的表达。应用文的结构安排要做到严谨、自然、完整、明晰，要正确反映客观事物的发展规律和内在联系，要服从表现主题思想的需要，还要适应不同文体的特点。

作者的写作意图要通过恰当的语言和表达方式体现出来，与文学作品不同，应用文的语言具有平实、准确、简明、得体、程式化的特点。提高应用文语言表达能力要从加强思维训练，提高语言素养等方面入手。叙述、议论、说明是应用文常用的三种表达方式。它们在应用文中运用时有各自不同的特点和要求。掌握这些特点和要求，对于提高应用文写作能力具有重要的意义。

思考与练习

1. 结合时代特点和自身学习、工作的实际，谈谈学习应用文写作的重要意义。

2. 简述应用文主题与材料的关系。

3. 下面是一份商调函中的描述，用语是否恰当，如何修改，请结合应用文语言的特点加以分析。

贵厂女工孙××与鄙厂干事金××，是一对恩爱伴侣，两人苦于相隔两地、鸳鸯分飞。双方感情备受煎熬不说，还加重了家庭负担，年迈双亲随女方缺人照料而苦不堪言，幼弱女儿随男方缺少母爱而目不忍睹。这实在是现代生活的一幕大悲剧！

4. 下文综合运用了叙述、议论、说明几种表达方式，具体指出何处是叙述？是具体叙述还是概括叙述？何处是议论？这种议论同一般议论文体的议论有何不同？何处是说明？

查账证明书

关于××厂××××年度的决算报表，已经按照一般的会计原则检查了该厂有关财务账册凭证。对于××等人反映的事项，已向有关单位和人员进行了解得到解决。该厂财务账目是清楚的，对于会计处理不很恰当而影响财务指标的部分，也通过查账做了必要的调整，并重新编制了决算表一份（见附件）。我们认为表内所列指标比较正确地反映了该厂××××年度财务状况及经营结果。

特此证明。

查账单位：××市审计局

查账人：×××

××××年×月×日

第九章　党政机关公文

第一节　党政机关公文概述

一、党政机关公文的概念

在我国，可以说自从有了文字，就产生了公文。《周易·系辞》中记载："上古结绳而治，后世圣人易之以书契，百官以治，万民以察。"这里的"书契"，既是指文字，也是指用文字写成的文书。在漫长的历史发展过程中，尽管公文的内容和体式不断地经历着变化、发展和创新的过程，公文的载体也从甲骨、金石、竹木、缣帛发展到纸张、磁介质、感光介质、运用在数字设备环境中的数码形式等，但公文的本质属性——作为国家政权和社会集团在自己的活动中用来表达意图、传布决策、联系公务、处理事务、记录政事的书面工具这一基本功能，却一直古今相通，在革故鼎新中存在着明显的传承关系。

"公文"一词，在各朝各代有着不同的名目：殷商时称"典册"，秦时称"典籍"，汉代称"文书""文案"，三国称"公文"，唐宋称"文卷""案卷"，元代称"文卷""簿籍"，明代称"文牍""卷牍"，清代称"牌子""本章"，而近代最多的是称"文牍""文书"等。发展至今，公务文书往往简称"公文"。公务文书是党政机关、社会团体和企事业单位用来处理公共事务的一类应用文。公务文书由不同历史阶段或时期的不尽相同的许多文种组成，形成一个体系。在公务活动中选择什么样的文种，由公务活动的目的、行文主体的职权及其与行文客体之间的关系来决定。其中，党政机关公文作为党和国家机关行使职权、实施管理的重要工具，是使用范围较广的一个大类，党和国家制定了专门的标准和办法来规范它的制作、处理和使用，而且根据形势的发展和社会的需要进行过多次修订。这类公务文书因其使用时在内容、结构和格式等方面有严格的国家明文规定，与普通的处理日常工作的事务文书有所区别，所以通常被称为法定公文，现在通行的是 2012 年 4 月 16 日中共中央办公厅和国务院办公厅印发的《党政机关公文处理工作条例》（2012 年 7 月 1 日起施行，以下简称 2012 年《条例》）。

机关公文的发展经历了曲折的变化过程，其中，党的机关公文和国家行政机关公文曾经是两个既有区别又有密切联系的系列。

20 世纪 80 年代以来，我国党政机关公文进入了日臻规范的发展阶段。从 1981 年开始，国务院或国务院办公厅曾先后四次发布国家行政机关公文处理的相关文件：《国家行政机关公文处理暂行办法》（1981 年 2 月）、《国家行政机关公文处理办法》（1987 年 2 月）、修订版《国家行政机关公文处理办法》（1993 年 11 月）和《国家行政机关公文处理办法》（2000 年 8 月，以下简称 2000 年《办法》），这是国家行政机关公文处理依据的一系列发展情况；而中国共产党机关公文处理系统，则有《中国共产党各级领导机关文件处理条例（试行）》（1989 年 4 月）和《中国共产党机关公文处理条例》（1996 年 5 月，以下简称 1996 年《条例》），这是党的机关公文处理所依据的规范。

2012 年 4 月 16 日，中共中央办公厅和国务院办公厅联合印发了《党政机关公文处理工作条例》（中办发〔2012〕14 号），将党的机关公文处理与行政机关公文的处理统一起来，标志着我国党政机关公文处理工作的科学化、规范化、制度化建设进入了一个崭新的阶段。也就是说，2012 年《条例》是从 2000 年《办法》和 1996 年《条例》直接继承发展而来的，在此之前，党的机关公文和行政机关公文是各自有规可循、有法可依的；而 2012 年《条例》发布之后，党、政两个系统的机关公文全面整合，形成了全新的党政机关公文体系，行文与办理开始统一执行 2012 年《条例》的规定。

2012 年《条例》第一章第三条明确规定："党政机关公文是党政机关实施领导、履行职能、处理公务的具有特定效力和规范体式的文书，是传达贯彻党和国家方针政策，公布法规和规章，指导、布置和商洽工作，请示和答复问题，报告、通报和交流情况等的重要工具。"这一规定，突出了党政机关公文作为法定文的特有属性，即"特定效力"和"规范体式"，这是机关公文区别于一般事务类文书的重要特征。

二、党政机关公文的特点

党政机关公文在它的产生和发展过程中，逐步形成了区别于其他文体的特点，主要表现在以下几点。

(一) 法定的权威性

机关公文的权威性是其他任何文字材料都无法比拟的，这一点可以从以下三个方面来理解。

1. 机关公文的写作主体是法定的

机关公文必须由法定的作者拟定和发布。所谓法定的作者，是指依法成立，并能以自己的名义行使权利和承担义务的组织，它可以是党政机关，如中共中央、国务院，省委、省人民政府；也可以是机关部门，如中共中央办公厅、国务院办公厅，省委办公厅、省人民政府办公厅；还可以是党和国家首长、党政机关领导人等。需要注意的是，领导人是经过法定选举程序，由上级委任或批准的，以他们的名义制发公文，不是私人身份或个人意愿，而是以他所在机关法定领导人的身份行使职权，因而也是法定的作者。由此可见，制发公文都是"受领导之命，代单位立言"，不是私人创作活动，而是典型的公务行为。一般公民是无权制发公文的。

2. 机关公文的内容必须依法制定

公文是因管理的需要而制发的，而管理有层次、有职权分工，法定作者必须在法定的职权范围内根据公务活动的需要制发公文，超越自己的职责权限和违背国家法律、法规规定而制发的公文是无效的。

3. 机关公文代表国家权力机关的意志

机关公文一经公布生效，便具有法定的强制力和约束力，受文单位和相关人员应根据公文的要求及时作出相应的反应。如果无视公文的权威，对应办的公文置之不理或者违反，就要受到相应处罚或者法律制裁。

(二) 鲜明的政治性、政策性

制发机关公文不是一般的抒发个人感受，也不是传播科学知识和进行理论研究，它是对党和国家的事务进行有效管理的重要工具，根据公务活动的需要而制发的。或用来传达贯彻党和国家的方针政策、公布法规和规章，或履行职能、处理公务，其基本内容都是党政机关、团体、单位的指挥意志、行动意图、公务往来和活动情况的真实记录，直接反映作者的政治立场和根本利益，保证党和国家政治生活的正常运转，这些都是公文政治性、政策性的直接体现。

(三) 一定的时效性

任何机关的公文，它的执行效用都有明显的时间限度，即在法定的或一定的时间范围内才有效，超过这个时间限度就失效，这是公文的现实执行效用。公文要按时制发，按时执行，否则就会延误工作。由于公文的内容和用途不同，其时效也有长有短。工作任务完成并检查验收之后，这类公文的效力也随之结束，只留作档案资料备查或研究。比如一份会议通知，如果不能提前一段时间制发，会影响受文单位准备；如果不按通知要求准时到会，也是违反会议要求；会议结束，这份通知便自动转化为档案资料，不再具有现实执行效用。

（四）严格的规范性

机关公文的规范性体现在公文从形成到处理的各个环节。从制作方面看，公文有特定的文体名称和适用范围，有法定的写作格式，有严格的语言文字规范；从传递方面看，公文有特定的行文关系和行文规则；从处理方面看，有严格的收文、发文等一系列办文程序等。为规范党政机关公文的格式，国家质量监督检验检疫总局、国家标准化管理委员会专门发布了《党政机关公文格式》（中华人民共和国国家标准 GB/T 9704—2012），这一标准从公文用纸的技术指标、幅面及版面要求、印制装订，到公文中各要素编排规则和整体式样等，都做了详细规定。严格的规范性，是维护公文的权威性、提高公文运行效率的重要保证，也是加强公文指挥传达作用、促进工作顺利开展的有效手段。因此，制发、处理公文，必须自觉按照这一规范进行。

三、党政机关公文的作用

党政机关公文"是传达贯彻党和国家方针政策，公布法规和规章，指导、布置和商洽工作，请示和答复问题，报告、通报和交流情况等的重要工具"，因此工具性是它的本质属性，其作用与党政机关的公务活动密切相关，可以归纳为以下几个方面。

（一）指挥组织作用

大至一个国家，小至一个团体，都需要领导者、管理者去指挥和组织被领导和管理的人群同心协力地实现一定的计划和目标。在这个过程中，公文发挥着重要作用，公文是传达、贯彻党和政府方针政策的有效形式，上级机关通过公文传达工作决策和安排，这是下级机关开展各项公务活动的指导纲领和重要依据，"按红头文件办"已经成为机关、单位甚至个人的自觉行动。一般来讲，直接的上级领导机关的公文对下级机关发挥具体领导的作用；上级业务指导机关的公文对下级职能机关起业务指导作用。

(二)联系沟通作用

公文是加强各机关之间联系的手段和纽带,有上行文、下行文、平行文之分,它通过发布政令措施、请示和答复问题、汇报沟通情况、商洽联系等方式,上情下达,下情上达,不相隶属机关之间相互沟通,以此来促进上下级之间、部门与部门之间的工作交流与合作,从而使各单位、各部门协调一致地开展工作,使整个党政系统良好运转。只有上下左右信息畅通,才能及时了解情况,有效而迅速地作出决策,各项公务活动和管理工作才会卓有成效。因此,公文对现代国家管理来说,联系沟通作用非常重要。

(三)宣传教育作用

代表不同阶级、阶层或社会集团利益的公文作者,制发公文的一个共同目的,是要用作者的政治倾向、思想观点、行动计划去说服教育受文对象,争取他们站到自己的立场上来。古代公文中的诰、谕、教等这方面的功能非常突出。党和政府各项方针政策的贯彻执行,各项工作任务的完成,都要依靠广大干部和群众的积极性和创造性,而公文具有较强的政策性、理论性和实践活动的指导性,在国家管理中发挥着阐明事理、启发觉悟和提高认识水平的宣传教育作用。如下行公文可以使下级机关和广大干部群众了解党和国家的方针政策,以及上级领导机关的指示精神;上行公文也可以使下级机关及时得到上级领导机关相应的指导或指示;平行公文可以使不相隶属的机关之间交流经验、互通情报等,因此,在一定程度上,公文发挥着宣传教育工具的作用。尤其是现代公文中许多宣告性文件和重要会议上领导所作的报告、决议、决定、公报等,宣传教育作用非常明显。

(四)准绳规范作用

任何一个社会组织系统,为了朝着一个既定的方向、目标运作并达到预期的目的,必须通过制发相关文件去控制、协调和规范人们的行为。法规和规章是一种规定人们行为准则的普遍性规范,而公文是发布法规、规章与宣布施行各种措施的重要形式,国家各级权力机关、执行机关发布的命令、决定、通告、通知等,对各级机关的各项工作和活动起着规范和准绳作用,它们在一定的时间和空间范围内,有着法定的权威性,任何组织和个人都不得违反。因此,公文是依法办事,维护国家管理秩序,实现管理法治化、科学化的重要基础和保证。

(五) 记录凭证作用

党政机关公文是在党政机关的公务活动中产生和应用的，是机关公务活动的真实记录，也是机关公务活动的依据和历史凭证。有些公文虽然失去了现实执行效用，但在一定历史时期内还有查考价值，有的还成为珍贵的历史记录和凭证，被永久保存下来，成为档案资料，世代发挥作用。这些公文在拟定现实计划、总结工作、处理问题时，是重要的参考资料和凭据，也是编史修志的依据和凭证。

四、党政机关公文的种类

(一) 党政机关公文的种类及其适用范围

党政机关公文处理条例或办法的历次修订中，文种的变动都是重要内容，国务院办公厅1987年规定行政机关公文有10类15种，1993年修订为12类13种，2000年规范为13种。中共中央办公厅1989年规定党的机关公文有13种，1996年规范为14种。

2012年《条例》将党政机关公文统一规范为15种，它们的种类名称及适用范围分别为：

第1种，决议。适用于会议讨论通过的重大决策事项。

第2种，决定。适用于对重要事项作出决策和部署、奖惩有关单位和人员、变更或者撤销下级机关不适当的决定事项。

第3种，命令（令）。适用于公布行政法规和规章、宣布施行重大强制性措施、批准授予和晋升衔级、嘉奖有关单位和人员。

第4种，公报。适用于公布重要决定或者重大事项。

第5种，公告。适用于向国内外宣布重要事项或者法定事项。

第6种，通告。适用于在一定范围内公布应当遵守或者周知的事项。

第7种，意见。适用于对重要问题提出见解和处理办法。

第8种，通知。适用于发布、传达要求下级机关执行和有关单位周知或者执行的事项，批转、转发公文。

第9种，通报。适用于表彰先进、批评错误、传达重要精神和告知重要情况。

第10种，报告。适用于向上级机关汇报工作、反映情况，回复上级机关的询问。

第11种，请示。适用于向上级机关请求指示、批准。

第12种，批复。适用于答复下级机关请示事项。

第13种，议案。适用于各级人民政府按照法律程序向同级人民代表大会或者人民代表大会常务委员会提请审议事项。

第14种，函。适用于不相隶属机关之间商洽工作、询问和答复问题、请求批准和答复审批事项。

第15种，纪要。适用于记载会议主要情况和议定事项。

2012年《条例》规定的这15个文种，分别是在2000年《办法》的基础上增加了2个：决议和公报；在1996年《条例》基础上增加了4个：命令、公告、通告和议案，删减了3个：指示、条例和规定。由此形成了15个现行文种。相比较而言，2012年《条例》的文种规定从2000年《办法》继承得多些，从1996年《条例》继承得少些，总体上侧重于原行政公文系列。

在公文制发和运行实践中，为了认识、撰写、使用和管理的需要，通常根据不同的标准和角度，将公文划分成若干类别，常用的公文分类方法有以下几种：

按公文的来源划分：有收文和发文之说。凡是其他机关送来的公文，对于受文机关来说，都叫收文；本机关发出去的公文，都叫发文，其中，发给本机关内部的公文，叫内部公文，发给其他机关的公文，叫对外公文。

按行文方向划分：可分为上行文、下行文和平行文。上行文，指向具有隶属关系的上级领导、指导机关呈送的公文，如报告、请示；下行文，指向所属被领导、指导机关发送的公文，如命令、决定、通知、通报、批复等；平行文，指向同一组织系统的同级机关或非同一组织系统的任何机关发送的公文，如函。

这种根据文件的去向，从行文关系上对公文进行分类，在我国有着悠久的历史，近年来，有学者研究认为，公文的行文应当根据社会的变化而作出适当的调整，在传统的上行、下行、平行之外，还存在第四种行文方向，他们把公告、通告等没有具体主送机关、行文对象是泛指的公文，统称为"泛行文"或"通行文"。一家之言，也有一定的道理。

按功能划分：可分为指挥决策类公文、公布知照类公文、报请商洽类公文。

按密级划分：有一般公文、秘密公文、机密公文、绝密公文之说。

按紧急程度划分：有特急、加急之分。

以上这些类别名称，是行文实际中的常用说法，不一定太严谨，但可以帮助我们从各个侧面去了解各类公文的一般用途和特征。

（二）党政机关公文文种的使用原则

关于公文文种使用应遵循的基本原则，1956年10月，国务院秘书厅《关于公文名称和体式问题的几点意见（稿）》指出："不同的公文名称，反映着不同的目的和要求，也反映着行文机关之间的关系和发文机关的权限范围。划清各种公文名称的使用界限，正确地使用公文名称，对于做好公文处理工作，具有重要意义。"这段文字，阐述了公文文种确定的根据，也指出了正确使用公文文种的必要性。2012年《条例》要求：公文起草应当做到"文种正确"。那么，在行文实践中，如何正确选用文种呢？可以从以下三个方面考虑。

1. 使用公文文种要符合行文的目的

公文写作强调"意在笔先"，其主旨受行文目的的制约，要根据法定作者预先从现实的公务活动中萌发、形成的写作意图、目的，来确定行文主旨，选择合适的文种去撰制公文。比如，同样是下行文，如果行文目的是对某些重要事项作出决策和部署，则用"决定"；如果是要求下级机关办理一般事项，则用"通知"；对于重要问题提出见解和处理办法，则用"意见"。同样是上行文，如果行文目的是向上级机关汇报工作，反映情况和回复上级机关的询问，则用"报告"；向上级机关就某一问题或某项工作请求指示、批准，则用"请示"；如果行文目的是在平行的或不相隶属的机关之间对某些工作进行商洽，或者询问和答复某些问题，以及请求批准和答复审批事项，则用"函"行文。

2. 使用公文文种要符合法定作者的职权

一般来说，凡是通用公文文种，法定机关都可使用，但有些文种的使用，要受发文机关权限的制约，不能乱用。如"命令（令）"，在行政机关系统，只有国家主席、国务院及其所属部委、地方各级人民政府才有权使用；"议案"，只适用于各级人民政府和其他有议案提出权的机构或人民代表，向同级人民代表大会或常务委员会提请审议事项时使用；"公告"，一般用于省级以上国家权力机关、党政领导机关或有关职能部门，以及新华社经授权向国内外宣布重要事项或法定事项。这些文种必须慎重加以使用。如果无视法定权限而任意使用公文文种，就很可能越权行文，造成行文混乱。

3. 使用公文文种要符合与主送机关的行文关系

发文机关（行文主体）使用公文文种，不仅要弄清自身的权限范围，还要弄清与主送机关（行文受体）之间的关系。这种行文关系是机关之间因职权不同而形成的，它决定了文种的选用。纵观各机关之间的关系，有以下四种类型。

（1）同一组织系统中的上下级之间属于领导与被领导的关系，如政府系统中的国务院与各省、自治区、直辖市人民政府。

（2）同一组织系统中的上级主管业务部门与下级主管业务部门

之间的业务指导与被指导关系，如教育部与各省、自治区、直辖市教育厅。

（3）同一组织系统中同级机关之间的平行关系，如政府系统中的同级财政、文教、公安等部门之间。

（4）非同一组织系统的机关之间（不分级别高低）的不相隶属关系，如省人民政府与省军区之间，省人民政府与省共青团、省妇联之间等。

以上四种类型的机关之间由于工作需要互相行文，就构成了一定的行文主体与受体之间的行文关系、行文走向。前两种类型的机关之间，处于领导或业务指导地位的上级机关可以向与其有直接领导或业务指导关系的下级机关使用下行文，其选用文种有命令（令）、决定、意见、批复、通知、通报等；下级机关向上级领导机关或业务指导机关可以报送上行文，其选用文种有报告、请示、议案、意见等。上述后两种类型的平行机关或不相隶属机关之间，在联系或协商工作时，可以互相传送平行文，其文种一般宜用函。

五、党政机关公文的格式

公文的格式，即公文的规格样式，主要包括用纸要求、印装规格、各要素编排规则等。党政机关公文格式，要结合2012年《党政机关公文处理工作条例》（中办发〔2012〕14号）和国家标准《党政机关公文格式》（GB/T 9704—2012，2012年6月29日发布，2012年7月1日实施，以下简称《格式》）综合掌握。2012年《条例》和《格式》的出台，整合统一了党、政两大公文系列，统一了公文版式，彻底解决了长期以来存在的"各唱各的调，各吹各的号"的问题，增强了公文的权威性。

2012年《格式》中规定，公文用纸采用A4型，天头（上白边）为37mm±1mm，订口（左白边）为28mm±1mm，版心尺寸为156mm×225mm。公文应当左侧装订。

2012年《条例》中规定："公文一般由份号、密级和保密期限、紧急程度、发文机关标志、发文字号、签发人、标题、主送机关、正文、附件说明、发文机关署名、成文日期、印章、附注、附件、抄送机关、印发机关和印发日期、页码等组成。"这18个要素中，有的是公文的必备要素，有些则根据实际情况的需要加以选择。2012年《格式》将版心内的公文格式要素划分版头、主体、版记三部分。版头，指公文首页红色分隔线以上的部分；主体，指首页红色分隔线（不含）以下、公文末页首条分隔线（不含）以上的部分；版记，指公文末页首条分隔线以下、末条分隔线以上的部分。各部分又包含不同的构成要素,这些构成要素的编排规则如下。

1. 版头部分

版头部分位于公文首页的上方,包括份号、密级和保密期限、紧急程度、发文机关标志、发文字号、签发人等要素。

(1) 发文机关标志。由发文机关全称或者规范化简称加"文件"二字组成,也可以使用发文机关全称或者规范化简称。联合行文时,发文机关标志可以并用联合发文机关名称,也可以单独用主办机关名称。

发文机关标志居中排布,上边缘至版心上边缘为35mm,推荐使用小标宋体字,颜色为红色,以醒目、美观、庄重为原则。联合行文时,如需同时标注联署发文机关名称,一般应将主办机关名称排列在前;如有"文件"二字,应当置于发文机关名称右侧,以联署发文机关名称为准上下居中排布。

(2) 份号。是公文印制份数的顺序号。涉密公文应当标注份号。

如需标注份号,一般用6位3号阿拉伯数字,顶格编排在版心左上角第一行,如"000001"。

(3) 密级和保密期限。指公文的秘密等级和保密的期限,涉密公文应当根据涉密程度分别标注"绝密""机密""秘密"和保密期限。

正确划分密级非常重要。公文内容涉及党和国家的秘密,需要在一定的时间里限制在一定范围内阅读而不能公开,注明公文密级有着重要的政治意义。秘密等级由发文机关根据实际需要确定,在认定和划分密级时要注意准确,如果划分过严,提高了密级,会妨碍文件精神的贯彻执行;如果划分过宽,又容易造成泄密,给党和国家带来不应有的损失,所以要认真对待。

如需标注密级和保密期限,一般用3号黑体字,顶格编排在版心左上角第二行。保密期限中的数字用阿拉伯数字标注,如:绝密★30年,机密★20年,秘密★10年。

(4) 紧急程度。指公文送达和办理的时限要求。根据紧急程度,紧急公文应当分别标注"特急""加急"。标明紧急程度,是为了确保公文的时效,使紧急事项得到及时处理。紧急程度由公文签发人根据实际需要确定,既不要贻误紧急工作的及时处理,也不要滥标急件。

如需标注紧急程度,一般用3号黑体字,顶格编排在版心左上角;如需同时标注份号、密级和保密期限、紧急程度,按照份号、密级和保密期限、紧急程度的顺序自上而下分行排列。

(5) 发文字号。由发文机关代字、年份、发文顺序号组成。联合行文时,使用主办机关的发文字号。

发文字号编排在发文机关标志下空二行位置，用 3 号仿宋，居中排布。年份、发文顺序号用阿拉伯数字标注；年份应标全称，用六角括号"〔 〕"括入；发文顺序号不加"第"字，不编虚位（即 1 不编为 01），在阿拉伯数字后加"号"字。上行文的发文字号居左空一字编排，与最后一个签发人姓名处在同一行。

（6）签发人。2012 年《条例》要求："上行文应当标注签发人姓名。"签发人，指公文事项的责任者。由"签发人"三字加全角冒号和签发人姓名组成，居右空一字，编排在发文机关标志下空二行位置，也就是发文字号右侧。"签发人"三字用 3 号仿宋体字，签发人姓名用 3 号楷体字。

如有多个签发人，签发人姓名按照发文机关的排列顺序从左到右、自上而下依次均匀编排，一般每行排两个姓名，回行时与上一行第一个签发人姓名对齐。

版头部分发文字号之下 4mm 处居中印一条与版心等宽的红色分隔线，这条线将版头部分与下面的主体部分分开，清晰醒目。

2. 主体部分

主体部分包括标题、主送机关、正文、附件说明、发文机关署名、成文日期、印章、附注、附件等要素。

（7）标题。是指一份公文的具体名称，由发文机关名称、事由和文种组成。

发文机关名称、事由和文种三要素俱全的标题一般称为完全式标题，省略发文机关名称或事由的往往称为省略式标题。标题事由常用介词"关于"领起，概括、限定公文的内容范围，突出主题。

标题编排在红色分隔线下空二行位置，一般用 2 号小标宋体字，分一行或多行居中排布；回行时，要做到词意完整，排列对称，长短适宜，间距恰当，标题排列应当使用梯形或菱形，不宜采用上下长度一样的长方形和上下长、中间短的沙漏型。多个发文机关名称之间一般用空格分开，不加顿号，换行时省略。

公文标题应当准确简要地概括公文的主要内容，做到"标题现旨"。拟制时要注意：

①要从 2012 年《条例》规定的公文种类中正确选用文种名称。对于标题而言，文种是不可缺少的组成部分，它规范行文关系、行文方向，明确界定内容的适用范围。一份公文，文种不具，则不成其为公文标题；而文种错用，标题则自伤其文，同公文主旨、内容将产生距离，甚至带来负面影响，因此，撰写公文时务必要正确选择，不用、错用或生造、自拟文种都是不规范的，如：×市××局为适应工作需要，向市政府行文要求批准成立××处，拟定标题《关于请求成立××局××处的报告》，请求上级批准，属于事前请示性质，用

报告显然不对；某县政府请求市政府减少粮食定购任务，行文标题写成《关于削减粮食定购任务的请示报告》，请示和报告是两个各有分工的文种，连用是不规范的。再如，向上级部门报告开展拥军爱民活动情况，标题为《关于我区开展拥军爱民活动情况的汇报》；某县政府向上级行文要求增拨化肥，标题为《关于要求增拨化肥的申请》，等等。以上提到的"汇报""申请"等均不属于党政机关公文的文种，因此，用在公文标题中是不规范的。再如《××省财政厅转发财政部关于××工作的意见》，缺少文种，也不规范。

②标题中对事由的概括必须准确、简要，将"事"说清楚。如《××市物资局关于购销油石、砂轮、金刚砂等物资的管理措施请转告所属单位执行的通知》《××市××区人民政府为加强交通安全管理请于××路上禁止重型卡车行驶的请示》，标题罗列了公文所有的事项和要求，冗长烦琐，不准确、不简明。还有的标题虽然简单，但意图并没有概括准确，如《××市人民政府关于基本生活保障的通知》，简而不明，也容易产生歧义。

(8) 主送机关。指公文的主要受理机关，应当使用机关全称、规范化简称或者同类型机关统称。向下普发的公文，主送机关名称应当规范、稳定。一般来说，公文除公报、公告、通告、纪要外，都应标明主送机关。主送机关种类较多，一般按系统和级别分开，在同一系统内的单位之间用顿号表示并列，在不同系统的单位之间用逗号点开，表示并列，如"各省、自治区、直辖市人民政府，国务院各部委、各直属机构"；如果主送机关很多，还可用统称或泛称，如"各有关单位"。

主送机关俗称"抬头"，编排于标题下空一行位置，用 3 号仿宋，居左顶格，回行时仍顶格，最后一个机关名称后标全角冒号。

正确认定主送机关，是公文发出后能够得到及时处理的关键，因此必须根据公文内容的办事意向、隶属关系和职权范围来确定行文关系。2012 年《条例》第四章对上行、下行、平行的机关公文的行文规则作了详细的规定。

(9) 正文。是公文的主体，用来表述公文的内容。公文的开头、中间、结尾一般按照"缘由—事项（事实）—要求"这一思路安排材料，结构全文。当然，在实际写作中，也不必完全拘泥于这样一个三要素俱全的结构，每一份公文都针对相应的工作实际、现实问题，有各自的写作要求，内容简单的可以采用篇段合一式，内容较多的可分段写，必要时可分条列项。正文要写得简明扼要，层次清楚。

公文首页必须显示正文。一般用 3 号仿宋体字，编排于主送机关名称下一行，每个自然段左空二字，回行顶格。文中结构层次序数依次可以用"一、""（一）""1.""（1）"标注；一般第一层用黑体字、第二层用楷体字、第三层和第四层用仿宋体字标注。

（10）附件说明。指公文附件的顺序号和名称。

公文如有附件，用 3 号仿宋字体，在正文下空一行左空二字编排"附件"二字，后标全角冒号和附件名称。如有多个附件，使用阿拉伯数字标注附件顺序号，如"附件：1. ×××"；附件名称后不加标点符号。附件名称较长需回行时，应当与上一行附件名称的首字对齐。

（11）发文机关署名。署发文机关全称或者规范化简称，用 3 号仿宋字体。

（12）成文日期。署会议通过或者发文机关负责人签发的日期。联合行文时，署最后签发机关负责人签发的日期。成文日期使用阿拉伯数字将年、月、日标全，年份应标全称，月、日不编虚位（即 1 不编 01）。

（13）印章。公文中有发文机关署名的，应当加盖发文机关印章，并与署名机关相符。有特定发文机关标志的普发性公文和电报可以不加盖印章。

关于发文机关署名、成文日期和印章的编排，2012 年《格式》中规定：

①加盖印章的公文：印章用红色，不得出现空白印章。成文日期一般右空四字编排。

单一机关行文时，在成文日期之上、以成文日期为准居中编排发文机关署名。印章端正、居中下压发文机关署名和成文日期，使发文机关署名和成文日期居印章中心偏下位置，印章顶端应当上距正文（或附件说明）一行之内。

联合行文时，一般将各发文机关署名按照发文机关顺序整齐排列在相应位置，并将印章一一对应、端正、居中下压发文机关署名，最后一个印章端正、居中下压署名和成文日期。印章之间排列整齐、互不相交或相切，每排印章两端不得超出版心，首排印章顶端应当上距正文（或附件说明）一行之内。

②不加盖印章的公文：

单一机关行文时，在正文（或附件说明）下空一行右空二字编排发文机关署名，在发文机关署名下一行编排成文日期，首字比发文机关署名首字右移二字。如成文日期长于发文机关署名，应当使成文日期右空二字编排，并相应增加发文机关署名右空字数。

联合行文时，应当先编排主办机关署名，其余发文机关署名依次向下编排。发文机关名称上下并排长短不一时，可等距撑开，使长度相同。

③加盖签发人签名章的公文：签名章一般用红色。

单一机关制发的公文加盖签发人签名章时，在正文（或附件说明）下空二行右空四字加盖签发人签名章，签名章左空二字标注签发人职务，以签名章为准上下居中排布。在签发人签名章下空一行右空四字编排成文日期。

联合行文时，应当先编排主办机关签发人职务、签名章，其余机关签发人职务、签名章依次向下编排，与主办机关签发人职务、签名章上下对齐；每行只编排一个机关的签发人职务、签名章；签发人职务应当标注全称。

需要注意的是，当公文排版后所剩空白不能容下印章或签发人签名章、成文日期时，可以采用调整行距、字距的措施解决，用印页（或发文机关署名页）必须有正文，绝不能再采用页首加圆括号标注"此页无正文"字样的做法。

（14）附注。指公文印发传达范围等需要说明的事项。公文如有附注，居左空二字加圆括号编排在成文日期下一行。

（15）附件。指公文正文的说明、补充或者参考资料。

附件要另面编排，置于版记之前，与公文正文一起装订。"附件"二字及顺序号用3号黑体字顶格编排在版心左上角第一行。附件标题居中编排在版心第三行。附件顺序号和附件标题应当与附件说明的表述一致。附件格式要求与正文相同。

如果附件与正文不能一起装订，应当在附件左上角第一行顶格编排公文的发文字号并在其后标注"附件"二字及顺序号。

3. 版记部分

版记位于公文最后一面的下方，包括抄送机关、印发机关和印发日期等要素。

版记中的要素用分隔线框起，分隔线与版心等宽，首条分隔线和末条分隔线用粗线，中间的分隔线用细线。首条分隔线位于版记中的第一个要素之上，末条分隔线与公文最后一面的版心下边缘重合。

（16）抄送机关。指除主送机关外需要执行或者知晓公文内容的其他机关，应当使用机关全称、规范化简称或者同类型机关统称。

如有抄送机关，一般用4号仿宋体字，在印发机关和印发日期之上一行、左右各空一字编排。"抄送"二字后加全角冒号和抄送机关名称，回行与冒号后的首字对齐，最后一个抄送机关名称后标句号。

如需把主送机关移至版记，除将"抄送"二字改为"主送"外，编排方法同抄送机关。既有主送机关又有抄送机关时，应当将主送机关置于抄送机关之上一行，之间不加分隔线。

（17）印发机关和印发日期。指公文的送印机关和送印日期。印发机关和印发日期一般用4号仿宋体字，编排在末条分隔线之上，印发机关左空一字，印发日期右空一字，用阿拉伯数字将年、月、日标全，年份标全称，月、日不编虚位，后加"印发"二字。

版记中如还有其他要素，要将其与印发机关和印发日期用一条细分隔线隔开。

4. 页码

页码，指公文页数顺序号。页码位于版心外，一般用4号半角宋体阿拉伯数字，编排在公文版心下边缘之下，数字左右各放一条一字线，一字线上距版心下边缘7mm。单页码居右空一字，双页码居左空一字。公文的版记页前有空白页的，空白页和版记页均不编排页码。公文的附件与正文一起装订时，页码应当连续编排。

以上18个要素的编排，是公文的一般格式。除一般格式外，根据实际工作需要，2012年《格式》仍然保留了信函格式、命令（令）格式和纪要格式三种特定的格式。

在公文格式的掌握上，需要注意的是，在2000年《办法》和1996年《条例》的基础上，2012年《条例》和《格式》在整合时作了明显变动，主要表现在：一是将党政机关公文的用纸规格统一为国际标准A4型（210mm×297mm）；二是将密级、紧急程度从右上角改为左上角；三是增加了发文机关署名格式要素，要求印章、署名要齐全；四是成文日期要求用阿拉伯数字标注；五是增加了页码格式要素；六是版记由3号字改为4号仿宋体；七是取消了备受争议的"主题词"要素。主题词本用于提炼公文内容，便于公文检索查询，但在实际工作中，主题词编写随意性大，基本起不到应有的作用，反而增加了工作量。随着计算机速度的加快和存储量的加大，全文检索已经成为现实工作中最快速、便捷、准确的检索手段，主题词也就失去了存在的意义。取消以后，我们再不必为查阅大量主题词而烦恼，也再不必为主题词标注是否正确而担心。

总之，公文格式是整个公文的有机组成部分，它同公文内容一起构成一个互相联系和制约的有机整体。规范化的公文格式，不但能提高公文的防伪性和权威性，也更加便于管理。我们应当全面熟练地掌握公文格式，提高工作质量和工作效率。党政机关公文的具体式样如图9-1至图9-10所示。

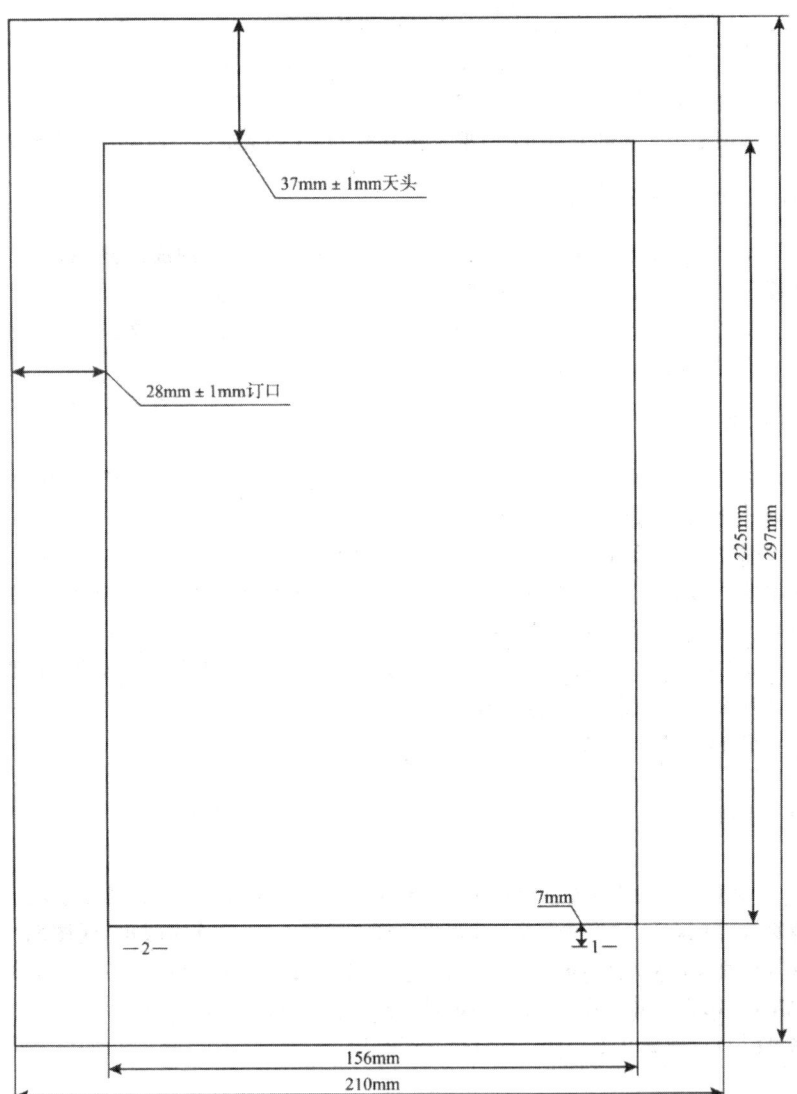

图 9-1　A4 型公文用纸页边及版心尺寸

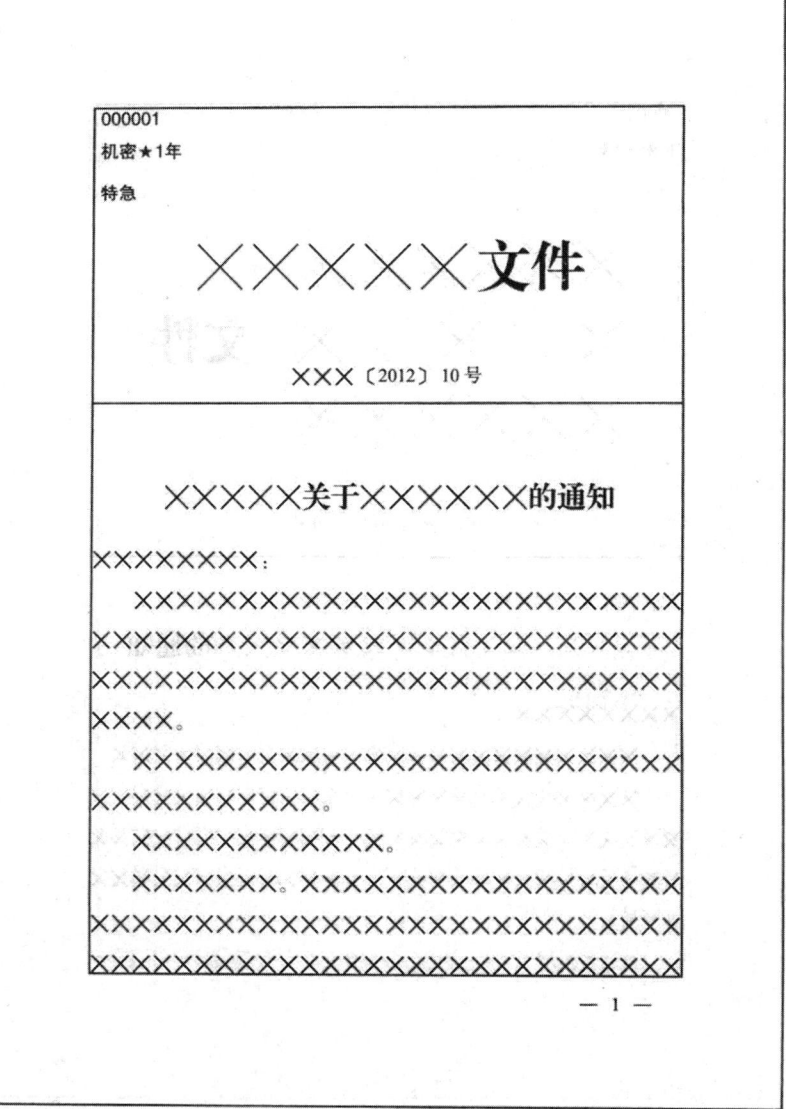

图9-2 公文首页版式

注：版心实线框仅为示意，在印制公文时并不印出。

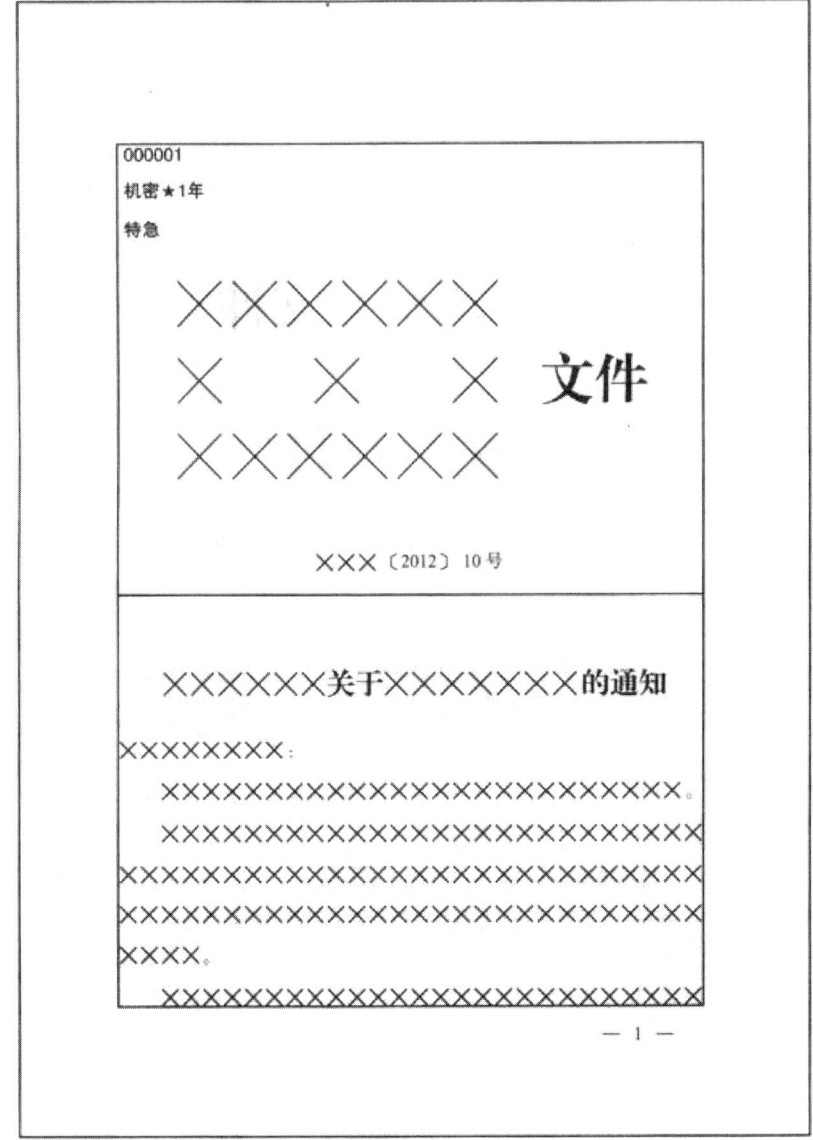

图9-3 联合行文公文首页版式1

注：版心实线框仅为示意，在印制公文时并不印出。

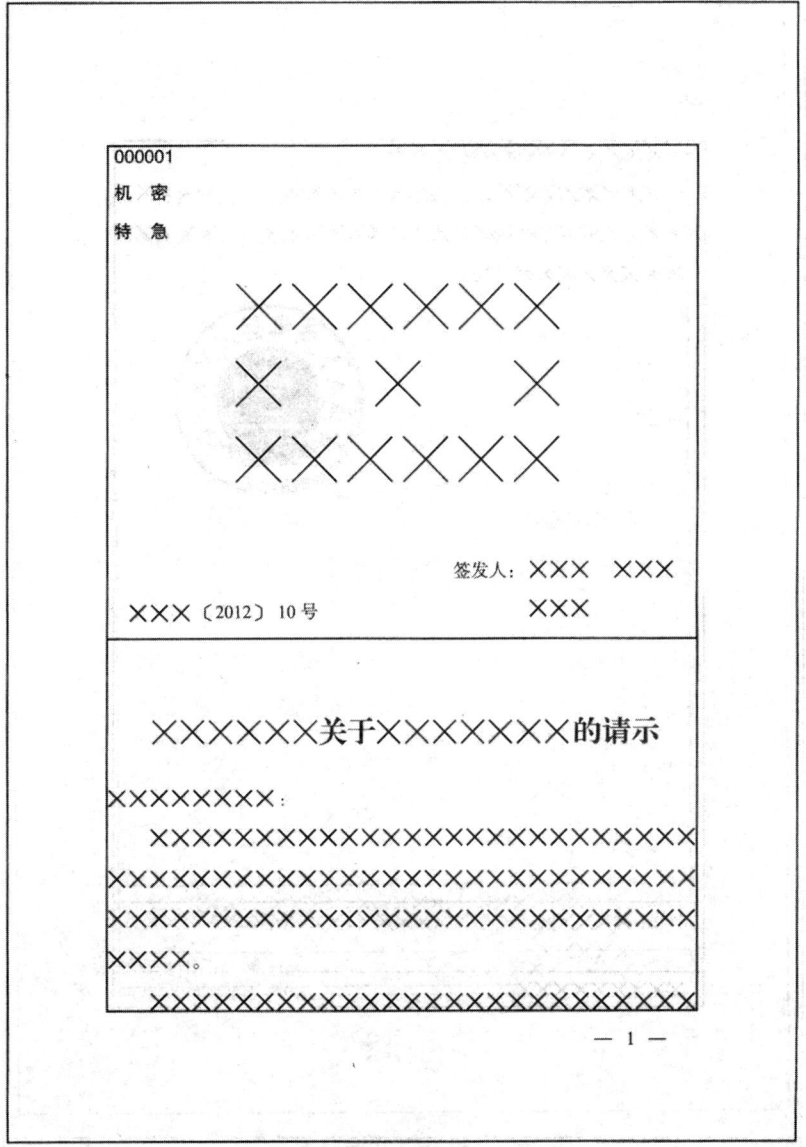

图 9-4 联合行文公文首页版式 2
注：版心实线框仅为示意，在印制公文时并不印出。

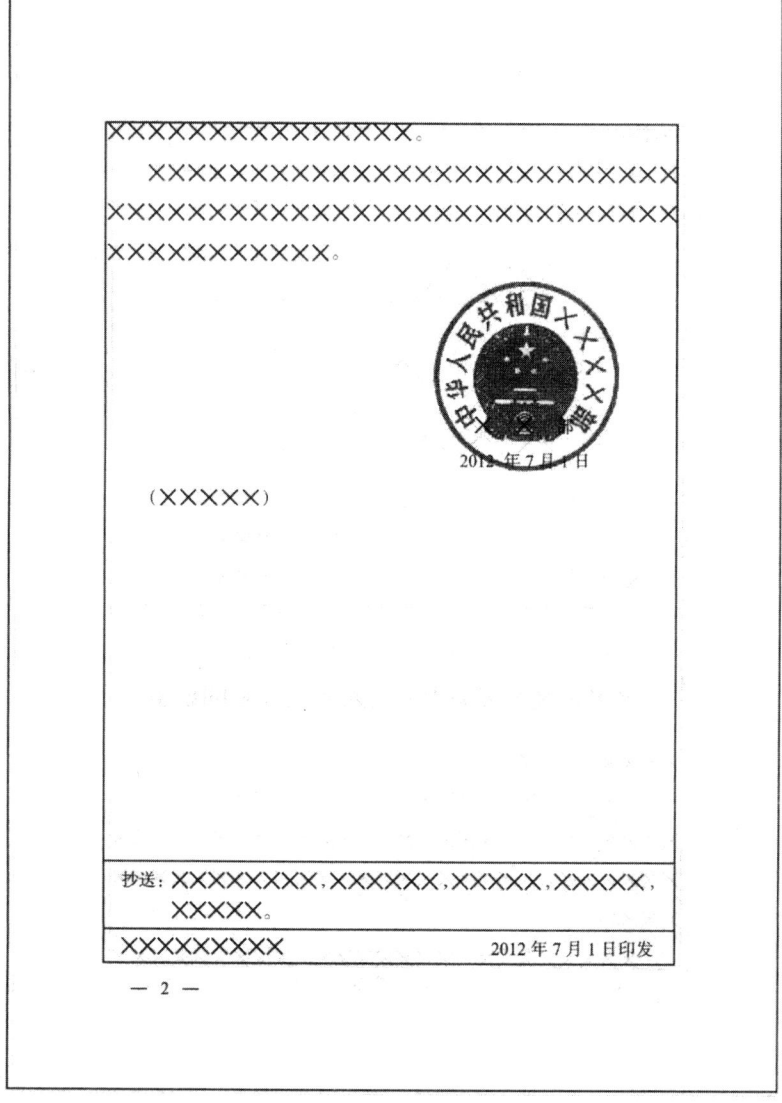

图9-5 公文末页版式1

注：版心实线框仅为示意，在印制公文时并不印出。

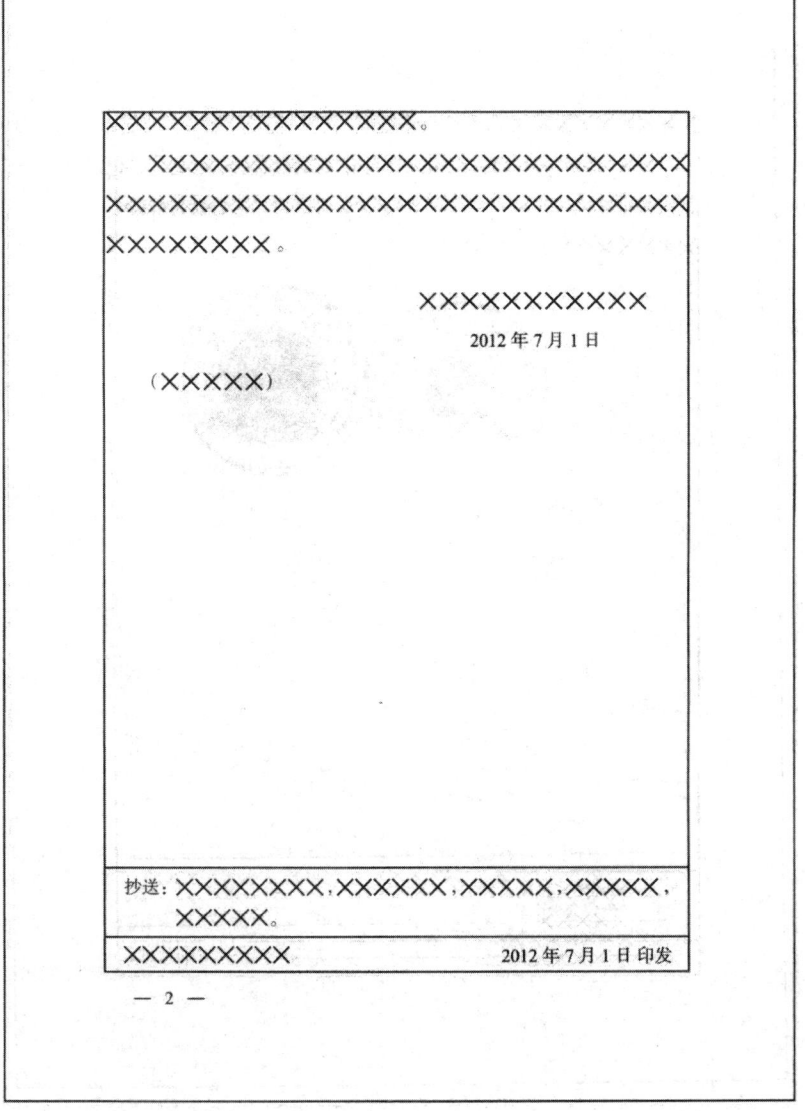

图 9-6 公文末页版式 2

注：版心实线框仅为示意，在印制公文时并不印出。

图 9-7 联合行文公文末页版式 1
注：版心实线框仅为示意，在印制公文时并不印出。

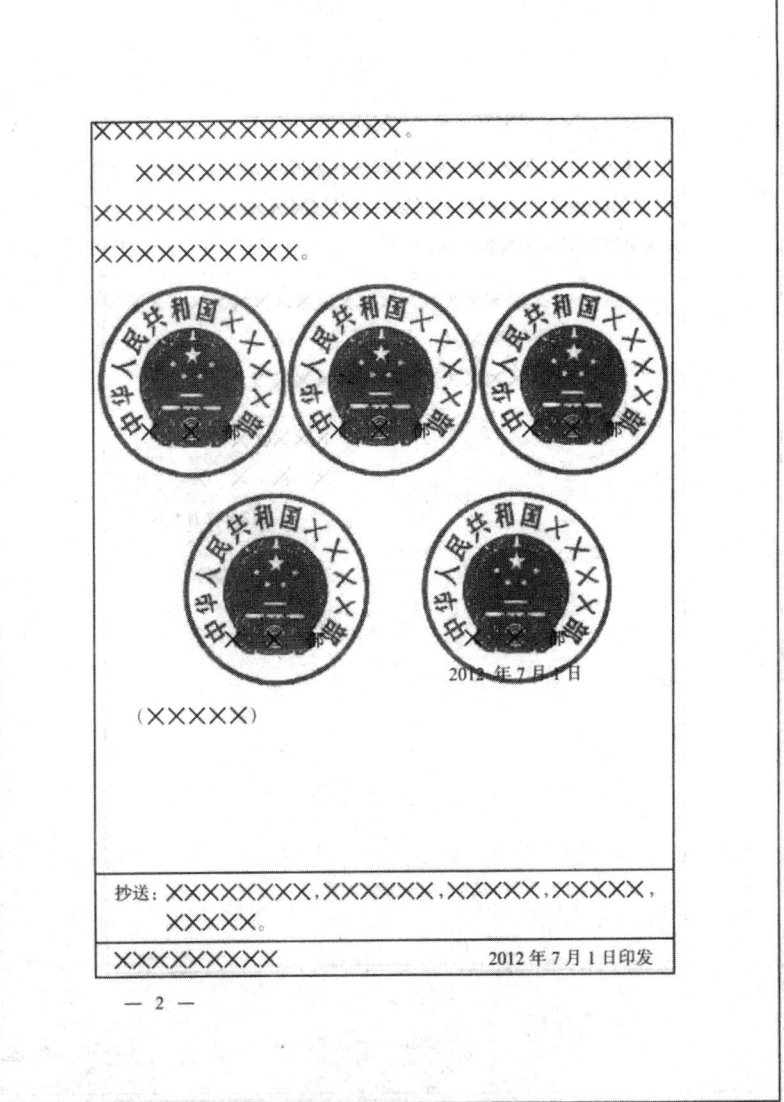

图 9-8 联合行文公文末页版式 2

注:版心实线框仅为示意,在印制公文时并不印出。

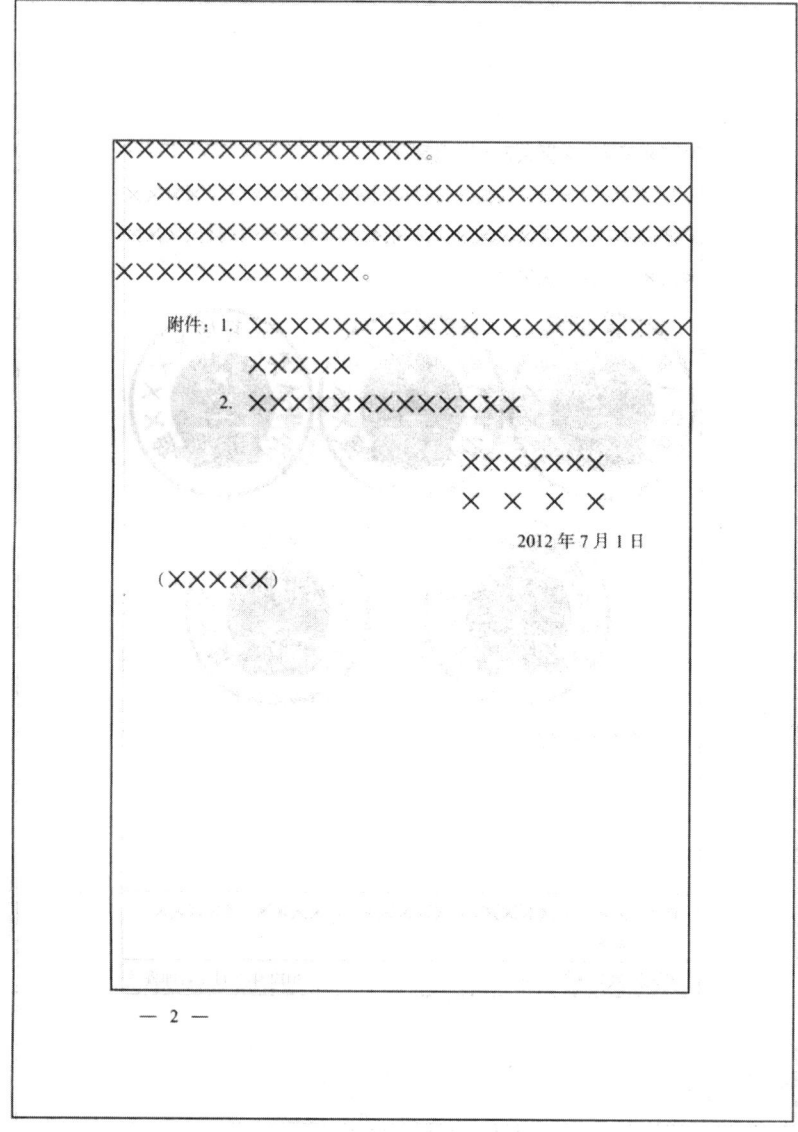

图 9-9 附件说明页版式

注：版心实线框仅为示意，在印制公文时并不印出。

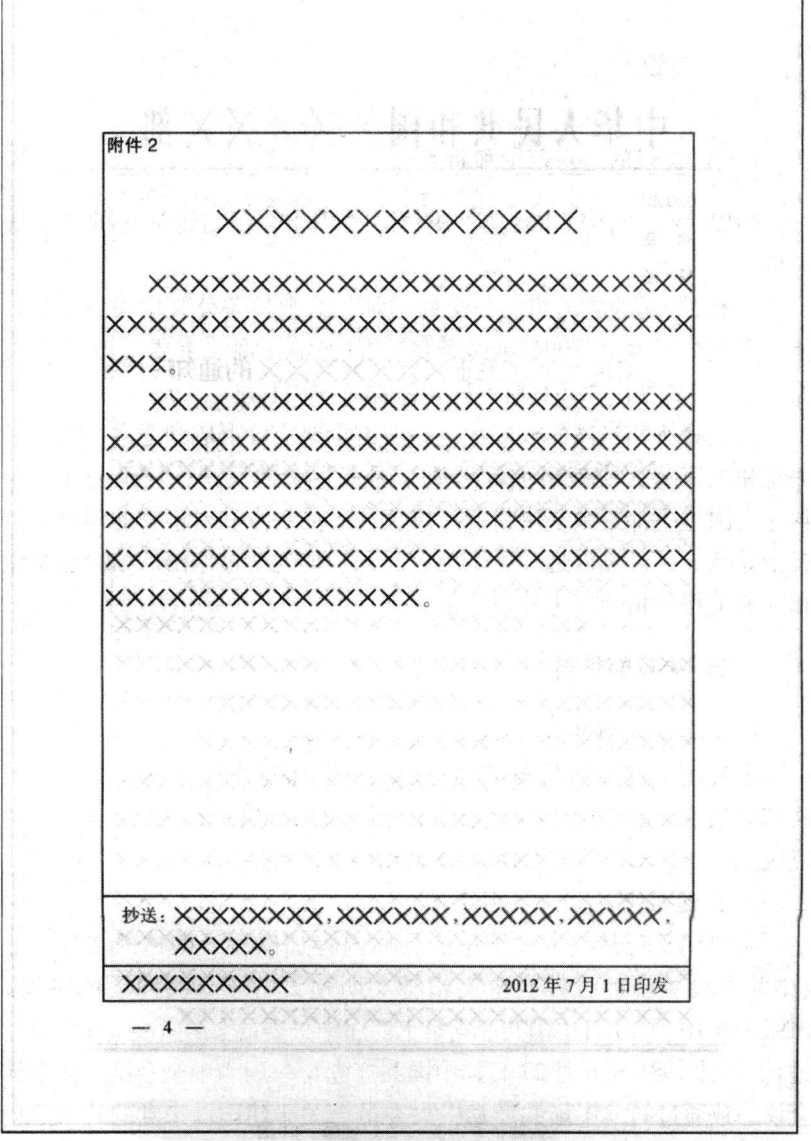

图 9-10　带附件公文末页版式

注：版心实线框仅为示意，在印制公文时并不印出。

第二节 决议、决定、命令（令）

一、决议

（一）决议的适用范围和特点

2012年《条例》中规定：决议，适用于会议讨论通过的重大决策事项。

"决议"是原党的机关公文的文种，行政机关公文中没有。2012年《条例》延续了1996年《条例》的规定，将"重要"改为"重大"，一字之改，含义有所不同，增加了重要程度。

决议具有相当高的权威性，一般由重要会议形成和通过，内容事关党和国家重大决策事项，是党和国家意志的反映，一经公布，全党、全国上下都必须坚决执行。决议通过的观点和对事物的评价，具有指导意义，影响深远。关于历史问题、个人功过作出的结论也是党和国家工作的指导思想和理论依据。

（二）决议的种类

1. 批准公布性决议

主要用于批准和公布某种法规、提案而写作的决议，如《中国共产党第二十次全国代表大会关于〈中国共产党章程（修正案）〉的决议》。

2. 阐述性决议

主要用于对某些重大结论的具体内容加以展开阐述的文件。如《中共中央关于加强社会主义精神文明建设若干重要问题的决议》（1996年10月10日中国共产党第十四届中央委员会第六次全体会议通过）。再如1981年6月27日，中国共产党十一届六中全会第六次全体会议一致通过的《中国共产党中央委员会关于建国以来党的若干历史问题的决议》，它是中国共产党历史上具有深远影响的重要文件。

（三）决议的撰写

1. 标题

决议标题一般采用完全式标题形式，由发文机关名称（或会议名称）+ 事由 + 文种构成。标题下注明会议名称及决议通过的日期,用圆括号括起。

2. 正文

决议正文一般由决议缘由、决议事项和结语三部分组成。

(1) 决议缘由:一般简要说明有关会议审议决议涉及事项的情况,陈述作出决议的原因、根据、背景、目的或意义。

(2) 决议事项:写明会议通过的决议事项,或会议对有关文件、事项作出的评价、决定,或对有关工作做出的部署安排和要求、措施。

(3) 结语:一般紧扣决议事项有针对性地提出希望、号召和执行要求。

(四) 决议写作的注意事项

(1) 要紧扣会议精神和主题,准确阐明会议决策事项,体现与会者的集体意志,做到中心明确,重点突出。

(2) 由于会议内容具有多面性,与会者讨论的问题比较广泛,所以,会议决议要更加注重结构严谨,条理清晰。要恰当运用习惯用语区分决议的不同段落层次,如"会议决定""会议同意""大会要求""大会指出""会议号召"等,以此表明与会者的立场观点,表示会议的决定事项是与会者集体讨论的成果。

二、决定

(一) 决定的适用范围和特点

2012年《条例》中规定:决定,适用于对重要事项作出决策和部署、奖惩有关单位和人员、变更或者撤销下级机关不适当的决定事项。

"决定"是原党的机关公文和行政机关公文的共有文种,两者在对重要事项作出决策和安排这一功能上是基本重合的,另外"奖惩"和"变更或撤销"两项功能是原党的机关公文的"决定"所不具备的。2012年《条例》对于"决定"适用范围的规定,第一项功能采用了1996年《条例》的说法,而后两项功能则采用了2000年《办法》的表述。

作为重要的指令性公文,决定的特点主要表现在:

1. 决断性

发文机关根据有关方针政策以及形势需要,在法定的范围内,有权对有关事项、问题、行动作出决策和安排,不受其他因素、条件的限制,因此具有决断性的特征。而且决定一经作出,对下级工作或所辖系统内有关事项具有强制约束力,收文单位和个人必须严格执行,权威性强。

2. 指挥性

决定是对下级单位或某一方面的工作提出重要的指导性意见，确定具体措施及实施方案，要求下级单位依照执行，具有比较强的指示方向的作用。

（二）决定的种类

根据内容和用途，决定可分为指挥性决定和知照性决定两大类：

第一，指挥性决定，有的侧重于确定某方面的方针政策，以统一认识和行动，对某些重要的问题进行政策交代或政策引导，方针政策性较强，如《中共中央 国务院关于深化教育改革全面推进素质教育的决定》；有的侧重于对重大政治活动、经济活动、行政活动作出安排，规定性较强，如《国务院关于修改和废止部分行政法规的决定》。

第二，知照性决定，重在宣告、知照，让下级机关、单位及人员知晓领导机关、有关部门或单位的某些重大安排，或告知群众将采取的重大措施，如《国务院关于实行公民身份号码制度的决定》；还可以用来对英雄模范、先进人物进行表彰或对某些人员进行纪律处分，如《国务院关于2020年度国家科学技术奖励的决定》《××局关于对××所犯错误的处分决定》等。

（三）决定的撰写

1. 标题

决定一般采用完全式标题形式，如《教育部关于授予张丽莉同志"全国优秀教师"称号的决定》，发文机关名称、事由和文种三要素俱全。

2. 主送机关

决定是下行文，主送机关为下级单位。普发性的可以不标收文对象。

3. 正文

根据决定内容的实际情况，正文有基本型、三段型、直叙型三种结构模式。

（1）基本型。由"缘由 + 决定事项"两部分组成。即首先简要说明决定的原因、目的或根据，然后阐明决定的内容，两者之间有基本的因果关系。决定事项如果内容较多，可以分条列项。

（2）三段型。由"缘由 + 决定事项 + 号召"三部分组成。即在基本型的基础上，增加发出号召或提出实施要求部分。重大政策性、部署性决定大都采用这种结构模式。

（3）直叙型。起笔入题，开门见山，直接阐明决定事项。

以上三种结构模式，只是基本的参考形式，在实际写作中，正文到底如何安排，还要依主题表现的需要来定，没有千篇一律的模式。

（四）决定写作的注意事项

1. 要有针对性

决定属于重要决策性公文，其内容必须与党和国家的有关方针政策、现行法律法规和上级单位的规定精神保持一致，要考虑决定的长久影响，务求提出的各项原则与措施务实稳妥，观点正确，还要切合现实情况，有针对性地解决实际问题。

2. 要注意政策的连续性

新的决定应该是过去同类决定的继续和发展，要能够对经济和社会进步起到推动作用，一定要防止与过去所作决定不一致或相矛盾的情况。

（五）决议与决定辨析

决议和决定同属党政领导机关的指挥决策性公文，但两者也有区别。

1. 制作程序不同

决议，须经某一级机关或组织机构的法定会议对某一议题进行集体讨论，由法定多数成员表决通过，然后形成正式文件，并以会议的名义公布；而决定，却不一定经过法定会议讨论通过的程序，它既可以是某种会议讨论研究的成果，形成正式文件予以公布，也可由各级领导机关直接制作并予以公布。

2. 作用有异

决议，适用于会议讨论通过的重大决策事项；而决定，除用于党政领导机关对重要事项或重大行动做出决策、安排和规定外，还用于奖惩和变更或者撤销下级机关不适当的决定事项。

3. 写法有别

决定在行文中一般不多阐述理论上的道理，而往往着重提出开展某项工作的步骤、措施、要求等，要写得明确、具体，措施也更落实，约束力强，可以直接成为下级机关行动的准则。而决议，往往写得比较概括，原则性强，下级机关在贯彻执行时，多数还要根据决议制定相应的具体措施或实施办法。

三、命令（令）

（一）命令（令）的适用范围和特点

2012年《条例》中规定：命令（令），适用于公布行政法规和规章、宣布施行重大强制性措施、批准授予和晋升衔级、嘉奖有关单位和人员。

命令是原来行政机关公文的文种，党的机关公文中没有。2012年《条例》关于命令适用范围的表述主要是从2000年《办法》继承来的，同时有所增删。增加了"批准授予和晋升衔级"的功能，删去了"依照有关法律"这一不说自明的要求，删去了"宣布施行重大强制性行政措施"中的"行政"限定，说明此功能党政机关均可使用。

命令（令）是党政机关较高规格的发文形式，其特点可以概括为：

1. 作者的限定性

一般来说，中央领导人、各党政部门首长，以及省、市（县）、各级党委、政府及负责人在法定权限内可以使用命令。命令具有很高的权威性，企事业单位、人民团体以及基层部门不能使用命令。

2. 作用的强制性

命令的强制性大大高于其他下行公文。由于各种法规、规章大都通过命令形式发布，受令单位和有关人员必须绝对服从，坚决执行，不能有丝毫偏差，没有商洽变通的余地，更不允许抵制和违反，否则将受到惩处。俗话说"令行禁止""军令如山"，充分反映了命令的强制性特征。

（二）命令（令）的种类

根据内容，命令（令）可分为公布令、强制令、嘉奖令以及授衔令等类型。

公布令，主要用来颁布行政法规和规章，如条例、规定、制度、办法等，如《中华人民共和国国务院令》（2023年第765号），由国务院总理签署发布了《社会保险经办条例》。

强制令，主要用来发布重大强制性措施和规定，如《中华人民共和国国务院关于在拉萨市实行戒严的命令》，由国务院总理签署，宣布在拉萨市实行戒严，以维护社会秩序，保障公民人身、财产和公共财产安全。

嘉奖令，主要用来表彰、奖励有功单位、集体或个人，如《国务院 中央军委关于表彰参加国庆阅兵装备工作各单位和全体同志的命令》，《国务院 中央军委关于授予金春明同志"雷锋式消防战士"荣誉称号的命令》。

授衔令，主要用来批准授予和晋升衔级。这是2012年《条例》中命令功能扩充后新增的一个类型。

(三) 命令（令）的撰写

1. 标题

命令（令）的标题可以采用完全式标题形式，即"发文机关名称+事由+文种"，强制令、嘉奖令以及授衔令通常采用这种形式；而公布令往往以"发文机关名称（或机关首长）+文种"的形式标记，如"中华人民共和国主席令""中华人民共和国国务院令"。

需要说明的是，命令和令是一个文种，两种称呼，在具体运用上，为了使其标题在语法上合乎规范和音节上的错落有致，一般说来，三要素齐备时常用"命令"，省略事由时常用"××令"的形式。

2. 主送机关

当命令限定发给某些单位时，要在正文前顶格标明受令机关；属于普发性命令则不需要标明受令机关。

3. 正文

公布令，正文直接交代发布对象，即法规、规章名称，通过会议或批准机关名称及通过或批准的时间，施行时间。如"《存款保险条例》已经2014年10月29日国务院第67次常务会议通过，现予公布，自2015年5月1日起施行。"

强制令，正文一般由发令缘由和发令事项组成，有时也提出发令要求。

嘉奖令，正文一要交代嘉奖缘由，即被嘉奖集体或个人的先进事迹；二要对事迹进行分析，表明嘉奖的目的，同时作出嘉奖决定，或授予荣誉称号，或记功、晋级，或给予相应的奖励、奖金等；三要写明希望和号召要求。

（四）命令（令）写作的注意事项

第一，命令是具有最高权威性和强制力的文种，必须严格按照法定权限制发，不能越权行文。

第二，命令所针对的事项必须是重要问题或重大事件，一旦发布，就要求不折不扣地执行，没有商量的余地。因此，撰写命令时，要斟酌是否确需发布命令，防止小题大做，更不能随意发号施令。

第三，命令必须表意十分准确，切忌模棱两可；语言庄重严肃，简洁精练；语气坚决肯定，正确运用禁令语言。

例文 1

中国共产党第二十次全国代表大会
关于《中国共产党章程（修正案）》的决议[①]

（2022 年 10 月 22 日中国共产党第二十次全国代表大会通过）

中国共产党第二十次全国代表大会审议并一致通过十九届中央委员会提出的《中国共产党章程（修正案）》，决定这一修正案自通过之日起生效。

大会认为，推进马克思主义中国化时代化是一个追求真理、揭示真理、笃行真理的过程。（略）

大会认为，在百年奋斗历程中，党始终践行党的初心使命，团结带领全国各族人民书写了中华民族几千年历史上最恢宏的史诗，创造了一系列伟大成就，积累了宝贵历史经验。（略）

大会认为，习近平同志在庆祝中国共产党成立一百周年大会上代表党和人民作出实现了第一个百年奋斗目标、全面建成了小康社会、正在向着全面建成社会主义现代化强国的第二个百年奋斗目标迈进的庄严宣告，党章据此作出相应修改。（略）

大会认为，党的二十大提出以中国式现代化全面推进中华民族伟大复兴，并将此确定为新时代新征程中国共产党的中心任务。（略）

大会认为，全面建设社会主义现代化国家，是一项伟大而艰巨的事业，前途光明，任重道远。（略）

大会认为，党的十九大以来，以习近平同志为核心的党中央围绕统筹推进"五位一体"总体布局、协调推进"四个全面"战略布局，提出一系列新理念新思想新战略。（略）

大会认为，党的十九大以来，习近平同志就加强国防和军队建设、统战工作、外交工作提出一系列新理念新思想新战略。（略）

大会认为，党的十九大以来，党坚持打铁必须自身硬，坚持以党的政治建设为统领，推动全面从严治党向纵深发展，党的建设取得许多新的重大成果和成功经验，应该及时体现到党章中，使之转化为全党共同意志和共同遵循。（略）

大会认为，中国共产党是领导我们事业的核心力量，党的领导是

[①] 资料来源：《中国共产党第二十次全国代表大会关于〈中国共产党章程（修正案）〉的决议》，新华网，2022 年 10 月 22 日（登录日期：2024 年 8 月 20 日），http://www.news.cn/2022-10/22/c_1129075493.htm。

实现中华民族伟大复兴的根本保证。(略)

大会认为，总结吸收党的十九大以来党的工作和党的建设的成功经验，并同总纲部分修改相衔接，对党章部分条文作适当修改很有必要。(略)

大会认为，进入新时代，党和国家面临的形势之复杂、斗争之严峻、改革发展稳定任务之艰巨世所罕见、史所罕见，正是因为确立了习近平同志党中央的核心、全党的核心地位，确立了习近平新时代中国特色社会主义思想的指导地位，党才有力解决了影响党长期执政、国家长治久安、人民幸福安康的突出矛盾和问题，消除了党、国家、军队内部存在的严重隐患，从根本上确保实现中华民族伟大复兴进入了不可逆转的历史进程。(略)

大会要求，党的各级组织和全体党员在以习近平同志为核心的党中央坚强领导下，高举中国特色社会主义伟大旗帜，弘扬伟大建党精神，增强"四个意识"、坚定"四个自信"、做到"两个维护"，更加自觉地学习党章、遵守党章、贯彻党章、维护党章，为全面建设社会主义现代化国家、全面推进中华民族伟大复兴而团结奋斗！

例文 2

中共中央　国务院关于 2023 年度国家科学技术奖励的决定①

(2024 年 6 月 24 日)

中国式现代化关键在科技现代化，全面建成社会主义现代化强国关键看科技自立自强。党的十八大以来，以习近平同志为核心的党中央坚持把科技创新摆在国家发展全局的核心位置，健全新型举国体制，加快推进高水平科技自立自强，我国科技事业取得历史性成就、发生历史性变革，进入创新型国家行列。广大科技工作者奋力投身科技创新，不断取得新成果、实现新突破，为中国式现代化建设提供了坚实支撑。

为深入贯彻习近平新时代中国特色社会主义思想和党的二十大精神，深入实施科教兴国战略、人才强国战略、创新驱动发展战略，中共中央、国务院决定，对为我国科学技术进步、经济社会发展、国防

---

① 资料来源：《中共中央　国务院关于 2023 年度国家科学技术奖励的决定》，新华网，2024 年 6 月 24 日（登录日期：2024 年 8 月 20 日），http://www.news.cn/politics/20240624/f9e32110a6c7457eb5e1fd93a81f47fc/c.html。

现代化建设作出突出贡献的科学技术人员和组织给予奖励。

根据《国家功勋荣誉表彰条例》《国家科学技术奖励条例》的规定，经国家科学技术奖励评审委员会评审、国家科学技术奖励委员会审定和科技部审核，党中央、国务院批准并报请国家主席习近平签署，授予李德仁院士、薛其坤院士国家最高科学技术奖；党中央、国务院批准，授予"拓扑电子材料计算预测"国家自然科学奖一等奖，授予"三维流形的有限复叠"等48项科技成果国家自然科学奖二等奖，授予"集成电路化学机械抛光关键技术与装备"等8项科技成果国家技术发明奖一等奖，授予"绿色生物基材料包膜控释肥创制与应用"等54项科技成果国家技术发明奖二等奖，授予"复兴号高速列车"等3项科技成果国家科学技术进步奖特等奖，授予"'深海一号'超深水大气田开发工程关键技术与应用"等16项科技成果国家科学技术进步奖一等奖，授予"耐寒抗风高产橡胶树品种培育及其应用"等120项科技成果国家科学技术进步奖二等奖，授予约翰·爱德华·霍普克罗夫特教授等10名外国专家中华人民共和国国际科学技术合作奖。

党中央号召，全国科技工作者要向国家最高科学技术奖获奖者及全体获奖人员学习，更加紧密团结在以习近平同志为核心的党中央周围，深刻领悟"两个确立"的决定性意义，增强"四个意识"、坚定"四个自信"、做到"两个维护"，锚定科技强国建设目标，坚持"四个面向"，大力弘扬爱国、创新、求实、奉献、协同、育人的科学家精神，加强基础研究和应用基础研究，打好关键核心技术攻坚战，加快实现高水平科技自立自强，以科技创新支撑高质量发展、保障高水平安全，培育发展新质生产力，为以中国式现代化全面推进强国建设、民族复兴伟业作出新的更大贡献。

例文3

中华人民共和国主席令①
第九号

《全国人民代表大会常务委员会关于修改〈中华人民共和国个人所得税法〉的决定》已由中华人民共和国第十三届全国人民代表

---

① 资料来源：全国人大常委会办公厅：《中华人民共和国全国人民代表大会常务委员会公报》，2018年第5号，第54页。

大会常务委员会第五次会议于 2018 年 8 月 31 日通过,现予公布,自 2019 年 1 月 1 日起施行。

中华人民共和国主席　习近平
2018 年 8 月 31 日

第三节　公报、公告、通告

一、公报

(一) 公报的适用范围和特点

2012 年《条例》中规定:公报,适用于公布重要决定或者重大事项。

公报是原来党的机关公文文种,行政机关公文中没有,这个文种从原党的机关公文继承而来,其适用范围稍有改动:一是将"公开发布"精简为"公布",二是将"重大事件"改为"重大事项"。相比而言,"事项"比"事件"涵盖面更广,"事件"局限于客观事实,而"事项"则除了包括"事件"外,还包括做事的方法、措施、要求等更广泛的相关内容。

公报是公布知照性公文,经常在报刊、广播、电视、互联网上发布,是党和政府正式发布的官方的报道。它的作用是将党和政府以及人民团体的重大事件或决定事项,详细具体、迅速广泛地传递到国内外。

(二) 公报的种类

1. 会议公报

一般用以公布党的重要会议召开的情况及会议所作的决定。如《中国共产党第二十届中央委员会第一次全体会议公报》,公布了中国共产党第二十届中央委员会第一次全体会议选举批准的中央政治局委员、中央政治局常务委员会委员、中央委员会总书记,中央书记处成员、中央军事委员会组成人员、中央纪律检查委员会书记、副书记和常务委员会委员名单。

2. 统计公报

一般用来发布国民经济和社会发展各方面情况的统计数字。如国家统计局《2010 年第六次全国人口普查主要数据公报(第 1 号)》。

3. 外交公报

涉及两个或两个以上国家的政府、政党、团体等在会谈或交往后发表的文件，主要公布会谈各方面的观点及取得的共识，如《中美联合公报》。

（三）公报的撰写

1. 会议公报

（1）会议公报的标题由会议名称 + 文种名称组成，如《中国共产党第十八届中央委员会第一次全体会议公报》。

（2）开头，写明会议基本情况，包括会议的时间、地点、出席人员、主持人。如"中国共产党第十八届中央委员会第一次全体会议，于 2012 年 11 月 15 日在北京举行。出席会议的有中央委员 205 人，候补中央委员 171 人。中央纪律检查委员会委员列席会议。习近平同志主持会议并作了重要讲话。"

（3）主体，介绍会议审议情况和主要精神，如"全会选举了中央政治局委员、中央政治局常务委员会委员、中央委员会总书记；根据中央政治局常务委员会的提名，通过了中央书记处成员，决定了中央军事委员会组成人员；批准了十八届中央纪律检查委员会第一次全体会议选举产生的书记、副书记和常务委员会委员人选。名单如下"。

结尾，有时以发出号召或提出希望和要求作结。

2. 统计公报

统计公报的开头一般交代统计数据的由来，概述统计时间、统计范围、统计方法等统计工作情况。主体部分，切入汇总后的统计事实、数据等实质性内容。此类公报往往自然收尾。

3. 外交公报

外交公报往往以新闻的形式将重大外交事件向国内外公布。其写法与新闻消息有些类似。开头，概括叙述最核心、最重要的新闻事实，接近于消息的"导语"部分。接着具体写明事件的过程以及与此有关的立场、态度、做法、评价等，可以按时间顺序和逻辑顺序来安排层次，类似于消息的主体。结语部分根据情况可以省略。

（四）公报写作的注意事项

第一，公报的写作要注意借鉴报道的写作要领。公报经常用于报道重要会议情况，发布涉及国民经济与社会发展的重要数据或基本情况，以及宣布一些重大事件、重要决定及其形成过程等，具有较强的客观报道性，因此，拟写公报时，应将事件发生的时间、地点、人物、原因和事件的结果以及事件的来龙去脉交代清楚。

第二，要突出公报的权威性。公报是非常严肃庄重的文种，其内容必须是为全社会所关切的重大事项，所以要慎重选择公报的内容，避免"小题大作"。

二、公告

（一）公告的适用范围和特点

2012年《条例》中规定：公告，适用于向国内外宣布重要事项或者法定事项。

公告是原行政机关公文文种，党的机关公文中没有。这一文种及其适用范围从行政公文中继承而来，未作改动。

公告的特点可以概括为：

1. *受文对象广泛*

公告内容面向国内外，比其他任何一种公文发布和告知的范围都要广泛。尽管发布公告的机关与被告知的对象没有明显的隶属关系，但影响所及，一事牵动国内外。公告多数授权媒体播发，如"新华社受权公告"。

2. *内容重大*

公告不是告诉社会各界一般情况，而是代表国家或政府庄严宣告重大事项或法定事项，具有宣告天下的重要作用。所以应当慎用公告，避免"小题大做"，不能事无巨细，随意把公告当广告、启事来用。

3. *作者限定*

由于公告所涉及的事项特别重大，所以通常由国家领导机关或政府有关职能部门制发，如国务院、全国人大等，地方党政机关一般不使用公告，社会团体和企事业单位也无权发布公告。

一般来讲，只有同时满足以上三个条件，才能使用"公告"这一文种。

（二）公告的种类

根据所公布的内容的不同，公告可分为两种类型。

一是重要事项公告，主要用来宣布需要国内外周知的重要事项，如国家领导机构的选举结果，重大国事活动，重大事件，还有党政机关的重要规定或决定事项等。

二是法定事项公告，主要由政府有关职能部门，依据有关法令、法规，按照法定程序发布，如《中国证券监督管理委员会公告》《中华人民共和国商务部公告》等。

(三) 公告的撰写

1. 标题

公告的标题可以用完全式标题，标明发文机关、事由和文种，也可以用"××（机关或事由）公告"的形式标记。如：《中华人民共和国商务部关于2016年反倾销反补贴措施到期情况的公告》《中国证券监督管理委员会公告》等。

2. 正文

内容较少的公告，可以直陈其事，篇段合一；如果内容相对复杂，可以采用"缘由＋事项"的模式，先交代发布公告的目的、依据或背景，再写明公布的事项，事项可分项撰写。最后用"现予公告""特此公告"作结。

（四）公告写作的注意事项

第一，要注意公告的发文权限。它原则上由国家较高级领导机关使用，向国内外公布重大事宜，基层单位和业务部门不能滥用这个文种。

第二，要注意公告的内容级别。它用于告知重大事项或者法定事项，内容涉及面广，有必要令中外周知。一般性内容不必告知天下，也不宜使用公告公布。

第三，公告重在宣布，要求公众知晓，没有强制性，但由于它是向国内外发布，所以涉及的事实要反复核实，确保无误，以免造成不良影响，用语要格外准确规范，概括精练。

（五）公报与公告辨析

两者分别从党的机关公文和行政机关公文继承而来，都有公布知照的作用，区别在于：

第一，从发布机关来说，党的领导机关多用公报，政府机关多用公告。

第二，从内容来说，宣布单独事件多用公告，发布会议情况、谈判情况、统计情况等多用公报。宣布法定事项，用公告而不用公报。

三、通告

（一）通告的适用范围和特点

2012年《条例》中规定：通告，适用于在一定范围内公布应当遵守或者周知的事项。

通告是原行政机关公文，党的机关公文中没有，这一文种及适用范围是从行政机关公文继承而来，但有所改动，改动的部分主要体现在公布范围，即将原来的"社会各有关方面"改为"在一定范围内"。

通告的特点可以概括为：

1. 应用领域的广泛性

这主要表现在三个方面：一是涉及内容广泛。政治、经济、文化各个领域，各行各业，凡需要社会公众遵守和周知的事项均可在通告中发布。二是公布方式多样。无论政府公报，还是张贴、登报、电视、广播等途径，都可发布。三是使用单位广泛。机关、团体、企事业单位均可使用。

2. 信息内容的周知性

通告直接面对告知范围内的人员，要求人们普遍了解和知晓有关事项，明确政策法令，严格规范自己的行为，而不是在系统内部逐级下达。因此，通告大多不必标写主送机关。

3. 作用效力的强制性

通告的政策法规效力和制约性很强，它常常对某些事项作出严格规定，适用范围内的人们必须遵守和执行，不得违反，否则将予以教育、处理以至法律制裁。

（二）通告的种类

通告按其内容，可以分为周知性通告和规范性通告两类。

1. 周知性通告

这类通告主要用于在一定范围内公布需要周知或办理的事项，如《北京市人民政府关于2008年北京奥运会开幕式当天放假的通告》。

2. 规范性通告

这类通告主要用于政府或职能部门针对专门问题作出规定事项，要求严格遵守。如《中华人民共和国公安部通告》（1999年7月22日），公布了依法取缔"法轮功组织"后的六项重要规定。

（三）通告的撰写

1. 标题

通告的标题可以用完全式标题，也可以省略事由，采用"发文机关＋文种"的形式，如《中华人民共和国公安部通告》。

2. 正文

通告正文通常是告知某些具体事项和对某些方面作出明确规定，要求告知对象严格遵循，在行文结构上，往往采用"缘由＋事项"的模式，先交待发布通告的目的、依据或背景，以增强发文的权威性和针对性,再准确说明告知的具体事项,最后用"本通告自×年×月×日起施行""特此通告"等作结,或自然收尾。

(四) 通告写作的注意事项

第一,要符合党和国家的方针政策和法律法规。尽管通告的约束力很强,但它毕竟不是单独立法,通告的内容要有法可依,要注意在内容上、在处罚规定上不能与现行法律规章相抵触。

第二,要明确具体地阐明需要遵守或周知的事项,对于"允许做什么""禁止做什么""违反后如何惩处"等内容要明确规定。语气要坚决肯定,文字表述要简明易懂,便于阅读和理解。

(五) 通告与公告辨析

通告和公告的共同点在于告知,两者的区别主要表现在:

1. 发布范围不同

公告是告知中外的公文,发布范围最为广泛;通告只是在国内一定区域或业务范围内发布,用以提醒人们必须遵守或需要周知某些事项。

2. 重要程度不同

公告所涉及的都是重大事项;通告所涉及的是相对较为一般的事项。

3. 作用不同

公告以宣布重大消息为主要目的,一般对告知对象没有直接的强制力或约束力;通告不仅要告知消息,而且对适用范围内的所有单位和人员都具有明显的强制力和约束力。

例文 1

中国共产党第二十届中央委员会
第三次全体会议公报[①]

(2024 年 7 月 18 日中国共产党第二十届
中央委员会第三次全体会议通过)

中国共产党第二十届中央委员会第三次全体会议,于 2024 年 7

[①] 资料来源:《中国共产党第二十届中央委员会第三次全体会议公报》,新华网,2024 年 7 月 18 日(登录日期:2024 年 8 月 20 日),http://www.news.cn/politics/leaders/20240718/a41ada3016874e358d5064bba05eba98/c.html。

月 15 日至 18 日在北京举行。

出席这次全会的有，中央委员 199 人，候补中央委员 165 人。中央纪律检查委员会常务委员会委员和有关方面负责同志列席会议。党的二十大代表中部分基层同志和专家学者也列席了会议。

全会由中央政治局主持。中央委员会总书记习近平作了重要讲话。

全会听取和讨论了习近平受中央政治局委托所作的工作报告，审议通过了《中共中央关于进一步全面深化改革、推进中国式现代化的决定》。习近平就《决定（讨论稿）》向全会作了说明。

全会充分肯定党的二十届二中全会以来中央政治局的工作。一致认为，面对严峻复杂的国际环境和艰巨繁重的国内改革发展稳定任务，中央政治局认真落实党的二十大和二十届一中、二中全会精神，完整准确全面贯彻新发展理念，坚持稳中求进工作总基调，统筹推进"五位一体"总体布局、协调推进"四个全面"战略布局，统筹国内国际两个大局，统筹发展和安全，着力推动高质量发展，进一步推动和谋划全面深化改革，扎实推进社会主义民主法治建设，不断加强宣传思想文化工作，切实抓好民生保障和生态环境保护，坚决维护国家安全和社会稳定，有力推进国防和军队建设，继续推进港澳工作和对台工作，深入推进中国特色大国外交，一以贯之推进全面从严治党，实现经济回升向好，全面建设社会主义现代化国家迈出坚实步伐。

全会高度评价新时代以来全面深化改革的成功实践和伟大成就，研究了进一步全面深化改革、推进中国式现代化问题，认为当前和今后一个时期是以中国式现代化全面推进强国建设、民族复兴伟业的关键时期。中国式现代化是在改革开放中不断推进的，也必将在改革开放中开辟广阔前景。面对纷繁复杂的国际国内形势，面对新一轮科技革命和产业变革，面对人民群众新期待，必须自觉把改革摆在更加突出位置，紧紧围绕推进中国式现代化进一步全面深化改革。

全会强调，进一步全面深化改革，必须坚持马克思列宁主义、毛泽东思想、邓小平理论、"三个代表"重要思想、科学发展观，全面贯彻习近平新时代中国特色社会主义思想，深入学习贯彻习近平总书记关于全面深化改革的一系列新思想、新观点、新论断，完整准确全面贯彻新发展理念，坚持稳中求进工作总基调，坚持解放思想、实事求是、与时俱进、求真务实，进一步解放和发展社会生产力、激发和增强社会活力，统筹国内国际两个大局，统筹推进"五位一体"总体布局，协调推进"四个全面"战略布局，以经济体制改革为牵引，以促进社会公平正义、增进人民福祉为出发点和落脚点，更加注重系统集成，更加注重突出重点，更加注重改革实效，推动生产关系和生产力、上层建筑和经济基础、国家治理和社会发展更好相适应,为中国式现代化提供强大动力和制度保障。

全会指出,进一步全面深化改革的总目标是继续完善和发展中国特色社会主义制度,推进国家治理体系和治理能力现代化。到二〇三五年,全面建成高水平社会主义市场经济体制,中国特色社会主义制度更加完善,基本实现国家治理体系和治理能力现代化,基本实现社会主义现代化,为到本世纪中叶全面建成社会主义现代化强国奠定坚实基础。要聚焦构建高水平社会主义市场经济体制,聚焦发展全过程人民民主,聚焦建设社会主义文化强国,聚焦提高人民生活品质,聚焦建设美丽中国,聚焦建设更高水平平安中国,聚焦提高党的领导水平和长期执政能力,继续把改革推向前进。到二〇二九年中华人民共和国成立八十周年时,完成本决定提出的改革任务。

全会强调,进一步全面深化改革要总结和运用改革开放以来特别是新时代全面深化改革的宝贵经验,贯彻坚持党的全面领导、坚持以人民为中心、坚持守正创新、坚持以制度建设为主线、坚持全面依法治国、坚持系统观念等原则。

全会对进一步全面深化改革做出系统部署,强调构建高水平社会主义市场经济体制,健全推动经济高质量发展体制机制,构建支持全面创新体制机制,健全宏观经济治理体系,完善城乡融合发展体制机制,完善高水平对外开放体制机制,健全全过程人民民主制度体系,完善中国特色社会主义法治体系,深化文化体制机制改革,健全保障和改善民生制度体系,深化生态文明体制改革,推进国家安全体系和能力现代化,持续深化国防和军队改革,提高党对进一步全面深化改革、推进中国式现代化的领导水平。

全会提出,高水平社会主义市场经济体制是中国式现代化的重要保障。必须更好发挥市场机制作用,创造更加公平、更有活力的市场环境,实现资源配置效率最优化和效益最大化,既"放得活"又"管得住",更好维护市场秩序、弥补市场失灵,畅通国民经济循环,激发全社会内生动力和创新活力。要毫不动摇巩固和发展公有制经济,毫不动摇鼓励、支持、引导非公有制经济发展,保证各种所有制经济依法平等使用生产要素、公平参与市场竞争、同等受到法律保护,促进各种所有制经济优势互补、共同发展。要构建全国统一大市场,完善市场经济基础制度。

全会提出,高质量发展是全面建设社会主义现代化国家的首要任务。必须以新发展理念引领改革,立足新发展阶段,深化供给侧结构性改革,完善推动高质量发展激励约束机制,塑造发展新动能新优势。要健全因地制宜发展新质生产力体制机制,健全促进实体经济和数字经济深度融合制度,完善发展服务业体制机制,健全现代化基设施建设体制机制,健全提升产业链供应链韧性和安全水平制度。

全会提出,教育、科技、人才是中国式现代化的基础性、战略性支撑。必须深入实施科教兴国战略、人才强国战略、创新驱动发展战略,统筹推进教育科技人才体制机制一体改革,健全新型举国体制,提升国家创新体系整体效能。要深化教育综合改革,深化科技体制改革,深化人才发展体制机制改革。

全会提出,科学的宏观调控、有效的政府治理是发挥社会主义市场经济体制优势的内在要求。必须完善宏观调控制度体系,统筹推进财税、金融等重点领域改革,增强宏观政策取向一致性。要完善国家战略规划体系和政策统筹协调机制,深化财税体制改革,深化金融体制改革,完善实施区域协调发展战略机制。

全会提出,城乡融合发展是中国式现代化的必然要求。必须统筹新型工业化、新型城镇化和乡村全面振兴,全面提高城乡规划、建设、治理融合水平,促进城乡要素平等交换、双向流动,缩小城乡差别,促进城乡共同繁荣发展。要健全推进新型城镇化体制机制,巩固和完善农村基本经营制度,完善强农惠农富农支持制度,深化土地制度改革。

全会提出,开放是中国式现代化的鲜明标识。必须坚持对外开放基本国策,坚持以开放促改革,依托我国超大规模市场优势,在扩大国际合作中提升开放能力,建设更高水平开放型经济新体制。要稳步扩大制度型开放,深化外贸体制改革,深化外商投资和对外投资管理体制改革,优化区域开放布局,完善推进高质量共建"一带一路"机制。

全会提出,发展全过程人民民主是中国式现代化的本质要求。必须坚定不移走中国特色社会主义政治发展道路,坚持和完善我国根本政治制度、基本政治制度、重要政治制度,丰富各层级民主形式,把人民当家作主具体、现实体现到国家政治生活和社会生活各方面。要加强人民当家作主制度建设,健全协商民主机制,健全基层民主制度,完善大统战工作格局。

全会提出,法治是中国式现代化的重要保障。必须全面贯彻实施宪法,维护宪法权威,协同推进立法、执法、司法、守法各环节改革,健全法律面前人人平等保障机制,弘扬社会主义法治精神,维护社会公平正义,全面推进国家各方面工作法治化。要深化立法领域改革,深入推进依法行政,健全公正执法司法体制机制,完善推进法治社会建设机制,加强涉外法治建设。

全会提出,中国式现代化是物质文明和精神文明相协调的现代化。必须增强文化自信,发展社会主义先进文化,弘扬革命文化,传承中华优秀传统文化,加快适应信息技术迅猛发展新形势,培育形成规模宏大的优秀文化人才队伍，激发全民族文化创新创造活力。要完善意识形态工作责任制，优化文化服务和文化产品供给机制，健全网络综合治理体系，构建更有效力的国际传播体系。

全会提出，在发展中保障和改善民生是中国式现代化的重大任务。必须坚持尽力而为、量力而行，完善基本公共服务制度体系，加强普惠性、基础性、兜底性民生建设，解决好人民最关心最直接最现实的利益问题，不断满足人民对美好生活的向往。要完善收入分配制度，完善就业优先政策，健全社会保障体系，深化医药卫生体制改革，健全人口发展支持和服务体系。

全会提出，中国式现代化是人与自然和谐共生的现代化。必须完善生态文明制度体系，协同推进降碳、减污、扩绿、增长，积极应对气候变化，加快完善落实绿水青山就是金山银山理念的体制机制。要完善生态文明基础体制，健全生态环境治理体系，健全绿色低碳发展机制。

全会提出，国家安全是中国式现代化行稳致远的重要基础。必须全面贯彻总体国家安全观，完善维护国家安全体制机制，实现高质量发展和高水平安全良性互动，切实保障国家长治久安。要健全国家安全体系，完善公共安全治理机制，健全社会治理体系，完善涉外国家安全机制。

全会提出，国防和军队现代化是中国式现代化的重要组成部分。必须坚持党对人民军队的绝对领导，深入实施改革强军战略，为如期实现建军一百年奋斗目标、基本实现国防和军队现代化提供有力保障。要完善人民军队领导管理体制机制，深化联合作战体系改革，深化跨军地改革。

全会强调，党的领导是进一步全面深化改革、推进中国式现代化的根本保证。必须深刻领悟"两个确立"的决定性意义，增强"四个意识"、坚定"四个自信"、做到"两个维护"，保持以党的自我革命引领社会革命的高度自觉，坚持用改革精神和严的标准管党治党，完善党的自我革命制度规范体系，不断推进党的自我净化、自我完善、自我革新、自我提高，确保党始终成为中国特色社会主义事业的坚强领导核心。要坚持党中央对进一步全面深化改革的集中统一领导，深化党的建设制度改革，深入推进党风廉政建设和反腐败斗争，以钉钉子精神抓好改革落实。

全会强调，中国式现代化是走和平发展道路的现代化。必须坚定奉行独立自主的和平外交政策，推动构建人类命运共同体，践行全人类共同价值，落实全球发展倡议、全球安全倡议、全球文明倡议，倡导平等有序的世界多极化、普惠包容的经济全球化，深化外事工作机制改革，参与引领全球治理体系改革和建设，坚定维护国家主权、安全、发展利益。

全会指出,学习好贯彻好全会精神是当前和今后一个时期全党全国的一项重大政治任务。要深入学习领会全会精神,深刻领会和把握进一步全面深化改革的主题、重大原则、重大举措、根本保证。全党上下要齐心协力抓好《决定》贯彻落实,把进一步全面深化改革的战略部署转化为推进中国式现代化的强大力量。

全会分析了当前形势和任务,强调坚定不移实现全年经济社会发展目标。要按照党中央关于经济工作的决策部署,落实好宏观政策,积极扩大国内需求,因地制宜发展新质生产力,加快培育外贸新动能,扎实推进绿色低碳发展,切实保障和改善民生,巩固拓展脱贫攻坚成果。要总结评估"十四五"规划落实情况,切实搞好"十五五"规划前期谋划工作。

全会指出,要统筹好发展和安全,落实好防范化解房地产、地方政府债务、中小金融机构等重点领域风险的各项举措,严格落实安全生产责任,完善自然灾害特别是洪涝灾害监测、防控措施,织密社会安全风险防控网,切实维护社会稳定。要加强舆论引导,有效防范化解意识形态风险。要有效应对外部风险挑战,引领全球治理,主动塑造有利外部环境。

全会强调,要结合学习宣传贯彻全会精神,抓好党的创新理论武装,提高全党马克思主义水平和现代化建设能力。要健全全面从严治党体系,切实改进作风,克服形式主义、官僚主义顽疾,持续为基层减负,深入推进党风廉政建设和反腐败斗争,扎实做好巡视工作。要巩固拓展主题教育成果,深化党纪学习教育,维护党的团结统一,不断增强党的创造力、凝聚力、战斗力。

全会按照党章规定,决定递补中央委员会候补委员丁向群、于立军、于吉红为中央委员会委员。

全会决定,接受秦刚同志辞职申请,免去秦刚同志中央委员会委员职务。

全会审议并通过了中共中央军事委员会关于李尚福、李玉超、孙金明严重违纪违法问题的审查报告,确认中央政治局之前作出的给予李尚福、李玉超、孙金明开除党籍的处分。

全会号召,全党全军全国各族人民要更加紧密地团结在以习近平同志为核心的党中央周围,高举改革开放旗帜,凝心聚力、奋发进取,为全面建成社会主义现代化强国、实现第二个百年奋斗目标,以中国式现代化全面推进中华民族伟大复兴而团结奋斗!

例文 2

国务院第七次全国人口普查
领导小组办公室公告[①]

〔2020〕3 号

根据《中华人民共和国统计法》和《全国人口普查条例》规定，国务院决定于 2020 年开展第七次全国人口普查。现将有关事项公告如下：

一、普查对象：普查标准时点在中华人民共和国境内的自然人以及在中华人民共和国境外但未定居的中国公民，不包括在中华人民共和国境内短期停留的境外人员。

二、普查内容：姓名、公民身份号码、性别、年龄、民族、受教育程度、行业、职业、迁移流动、婚姻生育、死亡、住房情况等。

三、普查时间：普查标准时点是 2020 年 11 月 1 日零时。入户工作时间是 2020 年 10 月 11 日至 12 月 10 日。

四、普查方式：由政府人口普查机构派普查员到住户家中进行登记，或由住户自主填报普查短表。普查员、普查指导员入户登记时应出示县级以上人民政府人口普查机构统一颁发的工作证件。

五、依据《中华人民共和国统计法》和《全国人口普查条例》规定，公民有义务配合人口普查，如实提供普查所需资料。各级普查机构及其工作人员，对普查对象的个人信息必须严格保密。

六、地方各级人民政府、各部门、各单位及其负责人，各级普查机构和普查人员在普查工作中如有违法行为，将依法依规追究相关法律责任。人口普查对象阻碍普查机构和普查人员依法开展人口普查工作，构成违反治安管理行为的，将由公安机关依法给予处罚。

请社会各界及全体普查对象，积极支持配合第七次全国人口普查工作。

国务院第七次全国人口普查领导小组办公室
2020 年 10 月

---

① 资料来源：国务院第七次全国人口普查领导小组办公室：《国务院第七次全国人口普查领导小组办公室公告》，国家统计局网，2020 年 10 月 1 日（登录日期：2024 年 8 月 20 日），https://www.stats.gov.cn/xw/tjxw/tzgg/202302/t20230202_1894153.html。

例文 3

关于向社会公开征求《会计师事务所和注册会计师执业投诉举报处理办法（征求意见稿）》意见的通告[①]

财办监〔2022〕52 号

为贯彻落实《国务院办公厅关于进一步规范财务审计秩序促进注册会计师行业健康发展的意见》（国办发〔2021〕30 号），进一步规范会计师事务所和注册会计师执业投诉举报处理工作，维护公民、法人和其他组织的合法权益，提升行政执法标准化、规范化水平，依照《中华人民共和国注册会计师法》等法律法规，我部研究起草了《会计师事务所和注册会计师执业投诉举报处理办法（征求意见稿）》。现向社会公开征求意见，请于 2023 年 1 月 28 日前将意见以纸质或电子邮件形式反馈我部，反馈材料中请注明联系人及联系方式。

感谢对注册会计师行业发展的大力支持！

联系人：（略）

联系电话：（略）

传真：（略）

电子邮箱：（略）

通讯地址：（略）

附件：1. 会计师事务所和注册会计师执业投诉举报处理办法（征求意见稿）（略）
2.《会计师事务所和注册会计师执业投诉举报处理办法（征求意见稿）》起草说明（略）

财政部办公厅
2022 年 12 月 22 日

---

① 资料来源：财政部办公厅：《关于向社会公开征求〈会计师事务所和注册会计师执业投诉举报处理办法（征求意见稿）〉意见的通告》，中华人民共和国财政部网，2022 年 12 月 22 日（登录日期：2024 年 8 月 20 日），https：//jdjc. mof. gov. cn/jianchagonggao/202212/t20221229_3860961. htm。

第四节　意见、通知、通报

一、意见

（一）意见的适用范围和特点

2012 年《条例》中规定：意见，适用于对重要问题提出见解和处理办法。

"意见"是原来行政机关公文和党的机关公文的共有文种。"意见"作为公文文种，兴起于改革开放后的 20 世纪 80 年代后期，尽管当时还没有将其规定为正式公文，但在机关工作中的使用还是相当频繁的，1996 年《中国共产党机关公文处理条例》，第一次把"意见"确定为党的机关正式公文文种，从而改变了十多年来"意见"有实无名的状况，适应了改革开放的新形势对公文处理的要求；2000 年《国家行政机关公文处理办法》，也将"意见"列为正式文种，促进了党务、政务公文的统一。2012 年《条例》更是将"意见"直接"录用"。

意见，就某项工作提出见解和处理办法，表明看法和主张，以起到指导或建议的作用，具有行文方向的多向性和临案语气的多样性等特点。

1. 行文方向的多向性

一般来说，在党政公文中，绝大多数文种具有严格的方向性，是上行的不能用于下行，是下行的不能用于上行。但"意见"却可以用于上行、下行和平行。用作上行文时，向上级机关或部门提出工作建议和参考意见；下行时，向下级机关表明主张，阐明工作原则、方法和要求；平行时，可以向不相隶属机关或单位提出参考意见，或就某一专门性工作作出评估、鉴定和咨询。

2. 临案语气的多样性

意见的写作，要根据发文机关的社会地位、权力等级和发文主体的角色、身份，准确定位意见的内容，并在庄重、严肃、简明的基础上，定位临案语气。一般来讲，上行意见往往就重要问题站在参谋的角度，采用建议性的口气，语气和缓，谦恭有礼，表现在行文中，结尾在提出要求时，通常使用"以上意见如无不妥，请批转各地区、各部门贯彻执行"等语句。下行意见尽管带有指导性和执行性，但民主协商的成分居多，多用指导性语气，少用指令性词语，结尾常使用"请参照执行"或"请结合本地实际情况，认真贯彻执行"一类词语。平行意见，客气平和，平等尊重，便于对方接受。

（二）意见的种类

按其行文方向，意见可分为上行意见、下行意见和平行意见。

1. 上行意见

上行意见又有呈报性意见和呈转性意见之分。

呈报性意见，是下级向上级提出某方面工作的建议、设想，向上级献计献策，以供上级决策参考。

呈转性意见，是有关单位就开展和推动某项工作提出建议和意见，呈送上级机关审定后，由上级机关批转更大范围的有关单位执行的意见。正是这一用法，取代了过去的"呈转性报告"的职能。意见一经上级机关批转，即代表了上级机关的要求。呈转性意见常被领导机关以通知的形式批转各地执行。如《财政部关于工商行政管理部门实行收支两条线管理后经费保障的意见》，由国务院批准并由办公厅行文转发各省、自治区、直辖市人民政府和国务院各部委、各直属机构贯彻执行。

2. 下行意见

下行意见因内容侧重点的不同又可分为指导性意见和实施性意见。

指导性意见是党政领导机关用于阐明工作原则、指导下级工作开展的下行文，它同决定、通知等文种一样，对下级有一定的规范作用和行政约束力，但有别于决定和通知之处是它具有较突出的指导性，更注重原则性和灵活性的结合，规定性和变通性的结合，为下级单位开展工作留有较大的创造空间。如《国务院关于城市优先发展公共交通的指导意见》，分别从树立优先发展理念、把握科学发展原则、明确总体发展目标、实施加快发展政策和建立持续发展机制五个方面，对城市公共交通的发展提出了有效的指导性意见。

实施性意见，是对某一时期某方面的工作规定目标和任务，提出措施、方法和步骤一类实施要求的下行文。如《国务院关于落实〈政府工作报告〉和国务院第一次全体会议精神重点工作部门分工的意见》，党的十八大之后，就中央经济工作会议、《政府工作报告》和国务院第一次全体会议明确的重点工作，国务院提出了详细的部门分工意见。其中，哪项工作，哪些部门负责，谁牵头，如何开展，达到什么目标和要求等，都安排得清清楚楚，有关单位必须认真照章落实。

3. 平行意见

用于就有关重要问题向平行主管机关提出见解和处理办法，或业务职能部门、专业机构就某项专门工作、业务工作经过调查、研究或鉴定、评审后，把商定的鉴定、评估结果写成意见提供给有关方面作为决策依据,如《关于××地区开发××旅游区的可行性评估意见》。平行意见具有建议性、建设性和协商性。需要注意的是,向不相隶属机关提出意见只能在对方首先提出要求的前提下才能以意见这一文种行文,否则应考虑用函的形式。

(三) 意见的撰写

1. 标题

意见涉及的事项有时很宏观,具有全局性、整体性的特点,有时又很具体,事项较为单一。因此,意见标题的拟定,一定要根据文件内容、行文方向、文件出台的背景,准确地概括出意见涉及的事项。既不可"大事化小",局限于细部;也不可过于笼统,不利于理解、执行。例如《中共中央办公厅　国务院办公厅关于进一步推行政务公开的意见》《国务院办公厅关于加快电子商务发展的若干意见》《关于新时期加强高等学校教师队伍建设的意见》等。

2. 正文

意见的正文一般都比较长,所以应当特别注意安排好内容表达的层次,一般分开头、主体和结尾三部分。

(1) 开头。一般需要交代行文的缘由,阐述文件产生的政策依据、现实背景、制发文件的目的意义等内容,其主要目的是让受文机关了解行文的必要性、重要性,在思想认识上与发文机关取得一致,以便认真执行文件。

(2) 主体。这是意见的核心,需要把对重要问题的见解或处理办法一一写明。主体部分要紧密围绕中心内容进行安排。结构安排的依据是客观事物的内在联系和发展规律。凡是符合客观规律和事理逻辑的,就是正确的;如果不顾及内容之间的逻辑联系,随意安排,不仅结构混乱,内容也无着落,并最终影响到对文件的理解与执行。主体部分的内容安排常见的有两种结构形式。

一是并列式结构。围绕中心内容的各组成部分分列并排,如《国务院办公厅关于促进金融租赁行业健康发展的指导意见》,全文围绕促进金融租赁行业的健康发展,分别从"加快金融租赁行业发展,发挥其对促进国民经济转型升级的重要作用""突出金融租赁特色,增强公司核心竞争力""发挥产融协作优势,支持产业结构优化调整"等八个方面,对工作的开展提出了指导性意见,这几个方面横向并列,层次清晰。

二是递进式结构,主体内容根据工作的逻辑展开,内容之间存在不可移易的先后次序。一般而言,先阐述意义认识、指导思想、基本原则、任务目标,再谈步骤、措施、注意事项,最后谈管理、要求、组织领导等内容。概括地说,就是先思想认识,后具体措施;先宏观，后微观；先主要，后次要；先根本，后枝节。如《国务院办公厅关于发展众创空间推进大众创新创业的指导意见》一文中，先谈"总体要求"，包括指导思想、基本原则、发展目标，次谈"重点任务"，最后落实到"组织实施"，三个部分逻辑关系非常顺畅。

（3）结尾。结尾部分或由主体内容自然收束，或提出执行要求，或交代其他相关事项。

（四）意见写作的注意事项

1. 讲究政策性

意见是发文单位政策见解的体现，起草人必须深刻领会并掌握党和国家的有关方针政策，以此作为提出意见的指导思想，这是写好意见的基础。起草人要掌握大量第一手资料，善于对事物的本质进行分析研究，反映事物的发展规律。

2. 要找准行文角度

意见具有多重"身份"，行文比较灵活。因此找准行文角度很重要。如果是请求上级审批的意见，应按请示的要求来写；如果是向下行文，就要提出符合实际、具体可行的政策与措施要求，切实发挥指导作用；如果向同级单位发出意见，则应以协商的态度，阐明本单位的意见和主张。

3. 要主题集中，条理清晰

意见大多篇幅较长，应围绕一个主题，将一项工作、一个问题的性质、特点、利弊、政策主张与解决办法，讲深讲透，切忌洋洋洒洒、漫无边际、主题分散。为了达到良好的表达效果，必须保证结构严谨、层次分明，一般采用分条列项的方式，或适当设置小标题，突出发文机关的见解和主张。

二、通知

（一）通知的适用范围和特点

通知这个文种的适用范围新规定变动较大，先来比较一下：

2000 年《国家行政机关公文处理办法》中规定："通知，适用于批转下级机关的公文，转发上级机关和不相隶属机关的公文，传达要求下级机关办理和需要有关单位周知或者执行的事项，任免人员。"

1996 年《中国共产党机关公文处理条例》中规定："通知，用于发布党内法规、任免干部、传达上级机关的指示、转发上级机关和不相隶属机关的公文、批转下级机关的公文、发布要求下级机关办理和有关单位共同执行或者周知的事项。"

2012年《党政机关公文处理工作条例》中规定:"通知,适用于发布、传达要求下级机关执行和有关单位周知或者执行的事项,批转、转发公文。"

通过比较,我们知道,通知是原来党的机关公文和行政机关公文共有的文种,而2012年《条例》中关于通知用途的表述与2000年《办法》和1996年《条例》对照,都有较大改动,其中最主要的一处改动就是删除了任免功能。另外,还有几处改动值得注意:一是调整了各项功能用途的表述顺序,将使用频率更高的"传达要求下级机关执行和有关单位周知或者执行的事项"放到了最前面;二是将"批转下级机关的公文,转发上级机关和不相隶属机关的公文"直接精简为"批转、转发公文";三是比之2000年《办法》,增加了"发布"功能;四是与1996年《条例》相比,删掉了"发布党内法规"和"传达上级机关的指示"的功能,并将其并入"发布、传达要求下级机关执行和有关单位周知或者执行的事项"这一规定中。

作为公文中使用频率最高的文种,通知具有以下特点。

1. 功能多样,使用广泛

通知兼有指示工作、知照事项、发布、批转和转发文件等多种功能,使用通知不受发文机关级别高低限制,各级机关、团体和企事业单位均可使用,因此,在党政公文中,通知是使用频率最高的一个文种。

2. 行文灵活

通知用途广,种类多,但都是以传达要求、知照事项为主,因此在写法上可以根据客观情况,灵活安排内容结构,可长可短,可繁可简,将应知应办的事项交代清楚即可。

(二) 通知的种类

根据内容和用途的不同,通知可分为以下几种类型。

1. 指示性通知

传达领导或职能部门的指示、意见、规定等事项,或向下级单位布置工作,可以用指示性通知。如《财政部、国家税务总局关于廉租住房、经济适用住房和住房租赁有关税收政策的通知》,这一通知对支持廉租住房、经济适用住房建设和住房租赁市场发展的免征或减征的优惠作了详细的政策规定;再如《国务院办公厅关于开展第一次全国政府网站普查的通知》,对第一次全国政府网站普查工作,从普查的目的和范围、方式和内容,到时间进度、组织和实施等各个方面进行了全面的部署。这类通知的规定性、指导性、部署性比较突出,前者侧重于政策法规性指示,后者侧重于工作部署性要求,所以有的教材把这类通知也称为"规定性通知"或"布置性通知",强调其不得违反或照此执行的特点。

2. 发布、告知性通知

主要用于发布、传达需要有关单位周知或执行的事项，如印发文件，建立、撤销或调整某个机构，召开会议、启用新章等。如《国务院关于印发促进大数据发展行动纲要的通知》《国务院办公厅关于成立国家制造强国建设领导小组的通知》《关于启用中华人民共和国环境保护部印章的通知》等，这类通知以发布文件、告知事项为主。

3. 批转、转发性通知

上级机关批准下级机关的公文，并转发给相关的下级机关贯彻执行时，用批转性通知。下级机关的公文一旦被上级机关批转，就具有了上级机关的意图，具备了上级机关公文的权威，与上级机关所制发的公文一样，具有了同等效力。如《国务院批转发展改革委等部门关于深化收入分配制度改革若干意见的通知》，其批转过程就是：国家发展和改革委员会、财政部、人力资源社会保障部向国务院联合上报了《关于深化收入分配制度改革的若干意见》，国务院同意了这个意见，并转发各省、自治区、直辖市人民政府和国务院各部委、各直属机构，要求认真贯彻执行。批转性通知的转发对象是下级机关的公文。

把上级机关或不相隶属机关的公文发给自己的下级单位时，用转发性通知，如《××省财政厅转发财政部关于引导企业科学规范选择会计师事务所的指导意见的通知》，这个通知的转发对象是上级机关的公文；再如《国务院办公厅转发财政部关于加快发展我国注册会计师行业若干意见的通知》，国务院办公厅和财政部之间是不相隶属关系，因此这个通知的转发对象是不相隶属机关的公文。

由此可见，批转和转发，尽管都是"转"，但转发的对象是有区别的。

（三）通知的撰写

1. 标题

通知的标题有时可以根据实际情况，在文种前面加上特定的定语，如"××紧急通知""××重要通知""××联合通知""××补充通知"等。

批转、转发性通知和印发文件的通知，它们的标题往往是大标题套小标题的形式，在拟制时需要注意：

（1）要根据行文目的，在标题中准确使用批转、转发、发布或印发等词语。

（2）遇到多层次转发的情况，标题中可只保留原发文机关名称，略去中间环节，避免叠床架屋。

（3）避免重复使用"关于"，如《××市政府关于批转市计委关于××问题的报告的通知》，前一个"关于"可以省去，被转文件标题文种前的结构助词"的"也可以省去。

（4）如果被批转或转发的文件是几个机关联合行文，那么在拟定标题时，可以只标明主办机关名称，其他发文机关用"等"字略去，以使标题尽量简短。

2. 主送机关

通知一般用作下行文，所以主送机关是下级单位。

3. 正文

一般来说，正文的构文程式通常为"通知缘由—通知事项（事实）—通知要求"。但通知的行文比较灵活，用途不同，正文的内容和结构也有差异。

（1）指示性通知。这类通知的针对性、规范性比较强，需要从实际出发，摆情况，谈问题，提出处理原则或具体明确的要求，如《国务院办公厅关于进一步加强涉企收费管理减轻企业负担的通知》，开头直接阐述行文目的，交代制发通知的缘由，然后"现就××问题有关事项通知如下"，自然过渡到通知事项；事项部分将如何加强涉企收费管理工作分条列项，一一列清；最后以提出要求作结。这样写，有目的，有根据，有内容，有要求，首尾贯通，非常完整。

（2）发布、告知性通知。印发文件的通知正文，多为告知受文单位，某一文件已经上级机关批准或某一会议讨论通过，现予发布或印发，并要求贯彻执行。

告知事项的通知，多用来通报情况，传递信息，一定要写清楚应知应办的事项。如比较常用的会议通知，用于通知会议的召开及有关事项。完整的会议通知一般应当包括这样几项内容：召开会议的缘由（目的、根据或背景），会议的主题或议程，与会人员条件及名额，会议的时间（会期）、地点，应备的有关材料、费用，报到时间、地点及有关联系事宜等。拟写会议通知，一般来讲，只要明确了这六项内容，就比较具体齐全了。

（3）批转、转发性通知。两者的共同特点是中转，不同的是转发对象不一样，所以在用语上有所不同。

批转性通知批转的是下级单位的公文，是"先批再转"，这个"批"一般用"同意"或"批准"来表示，然后转发下去，要求贯彻执行。

转发性通知只有"转"，如果转发的是上级机关的公文，其行文模式一般是"现将××文件（上级机关文件）转发给你们，请遵照执行"。如果转发的是不相隶属机关的公文，必要时还要交代转发的依据，即"××文件（被转发的不相隶属机关的文件）已经上级机关同意（或批准）"，然后"现转发给你们，请遵照执行"。

有时发文机关还要结合本地区、本部门或本系统的具体情况，对批转或转发的文件作些补充、阐发，点明要旨、意义，申明发文意图，提出相应的要求和指导性意见等，这些内容可另行一段或若干段落，要写得总揽全局，简洁概括。

印发文件和批转、转发文件的通知，有的教材干脆合称"颁转类通知"，这类通知写作的程式化比较突出，拟稿的时候可直接套用成熟的模式，不必放弃固定模式另行构文。

（四）通知写作的注意事项

第一，通知事项要明确。通知的操作性很强，因此，拟写通知必须将需要传达、周知和贯彻落实的事项交代清楚，便于接收单位理解和执行，绝不能含糊其辞，模棱两可，更不能让人产生歧义。

第二，讲究发文依据。为保证行文效果，要注意增强发文的权威性，在文中要将发文的政策法规依据或事实依据进行明确交代。

三、通报

（一）通报的适用范围和特点

2012年《条例》中规定：通报，适用于表彰先进、批评错误、传达重要精神和告知重要情况。

通报是原党的机关公文和行政机关公文共有的文种，2012年《条例》中的表述变动不大。通报一般在机关、团体、企事业单位内部使用，如有需要往往抄送上级领导机关，扩大宣传教育的范围。通报的特点主要表现在：

1. 宣传教育性

通报通过表彰先进人物的先进事迹，为人们树立学习的榜样；通过批评错误行为，教育人们从中吸取教训，避免类似事件的再次发生。通过对先进事迹和错误事实的分析，可以提高人们的思想觉悟和认识水平，起到宣传教育的作用。

2. 典型性

通报的人物或事件无论是集体还是个人，无论是正面的还是反面的，都必须是真实存在的典型，而不能是一般的好人好事或坏人坏事。通报的内容只有人物、事件真实确凿，具有典型性，才有说服力，才会有较大的宣传价值和教育指导意义。通报只有选材典型，才能收到"点亮一盏灯，照亮一大片"的效果。

（二）通报的种类

根据内容性质，通报可分为表彰性通报、批评性通报和情况性通报。

表彰性通报，即表彰先进集体或先进个人的通报。这种通报，通过公布具有典型性的好人好事，树立典型，推广经验，鼓励先进，弘扬正气，以达到教育群众的目的，如《国务院办公厅关于对全国第二次大督查发现的典型经验做法给予表扬的通报》。

批评性通报，即批评有关单位或个人的错误或不良倾向的通报。这种通报，通过揭露具有典型性的错误事实和不良倾向，分析问题发生的原因，指出造成的严重后果，从而引起有关方面的重视，引以为戒，如《教育部办公厅关于山东湖南黑龙江三起中小学生溺亡事故的紧急通报》。

情况性通报，即传达重要精神或情况的通报。如《财政部、国家税务总局关于耕地占用税暂行条例贯彻落实情况的通报》，耕地占用税暂行条例的实施是涉及人民利益的大事，各部门是否及时贯彻落实了条例要求，落实情况如何，这都属于"重要情况"，财政部、国家税务总局及时将条例及其实施细则发布以后各有关部门的贯彻落实情况进行了通报，并对下一步工作的开展提出了新的要求。

（三）通报的撰写

1. 标题

在标题中要突出通报事项，表明作者的态度。

2. 主送机关

通报的主送机关一般是本机关、本系统的下属单位，并且常常抄送上级机关和有关单位，以扩大宣传教育的范围。有些普发性的或在本单位内部公开张贴的通报，也可以不写主送机关。

3. 正文

通报以告知事实、情况，申明意义、目的为主，在内容结构上，一般包括主要事实或情况、分析决定、号召或要求三个部分；在表达方式上，有叙述，有议论，叙议结合。叙以表明通报的事实，议以揭示问题的性质。表彰性通报主要是表彰先进个人或集体，所以需要介绍先进事迹，分析可贵精神，指出主要经验，号召或要求大家学习；批评性通报，主要是批评反面典型，所以需要写明错误事实，概括问题实质，分析主要原因，指出教训或严重后果，以防类似事件的再次发生；情况性通报，主要是叙述工作情况，分析工作中出现的问题，对今后工作提出改进意见或要求。

（四）通报写作的注意事项

第一，通报的事实要真实、典型，充分发挥对工作的指导作用和对干部群众的教育功能。

第二，通报的语言要恰如其分。通报是在发文单位对客观事实有了明确的态度与原则立场之后的行文，对事实的分析和评价要实事求是，合情入理，讲究分寸，不能空发议论，借题发挥。尤其是对事件的定性要慎重推敲，切忌片面化和绝对化。

（五）通知与通报辨析

通知和通报这两个文种在沟通情况、传达信息方面有相似之处，区别在于：

1. 行文目的不同

通报的告知，是使受文单位了解某一情况或典型事件，从而受到教育；通知的告知是使受文单位了解发文机关要求做什么和怎么做，从而行动起来。

2. 表达方式不同

通报写作要有叙有议，叙以告知事实，议以点明意义；通知写作重在说明事项，把应知应办的事情交代清楚。

3. 所提要求不同

发通报必须针对事件、针对本系统实际，提出要求，可繁可简，比较强调原则；发通知重在告知政策，布置工作，强调"遵照执行"，要求比较具体，而且指挥性、强制性突出。

例文 1

国务院办公厅关于健全基本医疗
保险参保长效机制的指导意见[①]

国办发〔2024〕38 号

各省、自治区、直辖市人民政府，国务院各部委、各直属机构：

为积极应对人口老龄化、就业形式多样化，适应人口流动和参保需求变化，持续巩固拓展全民参保成果，夯实基本医疗保险制度根基，经国务院同意，现就健全基本医疗保险参保长效机制提出以下意见。

一、总体要求

以习近平新时代中国特色社会主义思想为指导，全面贯彻落实党

---

① 资料来源：国务院办公厅：《国务院办公厅关于健全基本医疗保险参保长效机制的指导意见》，中国政府网，2024 年 7 月 26 日（登录日期：2024 年 8 月 20 日），https://www.gov.cn/zhengce/zhengceku/202408/content_6965742.htm。

的二十大和二十届二中、三中全会精神，完整准确全面贯彻新发展理念，加快构建新发展格局，着力推动高质量发展，坚持以人民为中心的发展思想，深入实施全民参保计划，强化部门联动，加快补齐短板，分类精准施策，优化参保结构，提高参保质量，维护群众依法参保权益，在高质量发展中增进民生福祉，切实解决好群众看病就医的后顾之忧。

——明晰各方责任，落实依法参保。落实公民依法参加基本医保的权利和义务，引导公民增强自身健康第一责任人意识和主动参保意识，推动用人单位依法履行缴费义务，压实各级政府及部门责任，形成政府主导、部门协同、基层动员、单位履责、个人尽责的共建共治共享格局。

——完善政策措施，鼓励连续参保。规范统一参保管理服务，完善激励约束、分类资助参保等措施，有效调动基层积极性，健全参保长效机制，形成良好参保局面。

——提升服务质量，强化有感参保。从参保登记、申报缴费、管理服务、动员宣传、绩效考核、待遇保障等多方面采取综合性举措，持续深化改革，提升医保服务便捷性、可及性和定点医药机构服务规范性，不断提高参保群众满意度和获得感。

二、完善政策措施

（一）完善参保政策。进一步放开放宽在常住地、就业地参加基本医保的户籍限制。特大城市、超大城市要切实落实持居住证参保政策，推动外地户籍中小学生、学龄前儿童在常住地参加居民医保。超大城市要取消灵活就业人员、农民工、新就业形态人员在就业地参加基本医保的户籍限制，做好在就业地参加职工医保工作。鼓励大学生在学籍地参加居民医保，落实参保相关政策，抓好大学生参加居民医保扩面工作。

（二）完善筹资政策。推进居民医保缴费与经济社会发展水平和居民人均可支配收入挂钩，保持财政补助和个人缴费合理的比例结构。对特困人员、最低生活保障对象、符合条件的防止返贫监测对象等困难群众参保按有关规定给予分类资助。落实从失业保险基金中支付领取失业保险金人员的职工医保（含生育保险）费政策，并确保与参保职工同等享受医疗保险、生育保险待遇。支持职工医保个人账户用于支付参保人员近亲属参加居民医保的个人缴费及已参保的近亲属在定点医药机构就医购药发生的个人自付医药费用。适应就业形式多样化，研究完善灵活就业人员参保缴费方式。

（三）完善待遇政策。在巩固住院待遇水平基础上，可根据经济社会发展水平和医保基金承受能力，稳步提升基本医保门诊保障水平。有条件的地区可将居民医保年度新增筹资的一定比例用于加强门诊保障，并向基层医疗机构倾斜，引导群众在基层就医。

建立对居民医保连续参保人员和零报销人员的大病保险待遇激励机制。自2025年起，对断保人员再参保的，可降低大病保险最高支付限额；对连续参加居民医保满4年的参保人员，之后每连续参保1年，可适当提高大病保险最高支付限额。对当年基金零报销的居民医保参保人员，次年可提高大病保险最高支付限额。连续参保激励和零报销激励，原则上每次提高限额均不低于1000元，累计提高总额不超过所在统筹地区大病保险原封顶线的20%。居民发生大病报销并使用奖励额度后，前期积累的零报销激励额度清零。断保之后再次参保的，连续参保年数重新计算。具体政策标准由各省份根据医保基金承受能力等实际情况确定。

自2025年起，除新生儿等特殊群体外，对未在居民医保集中参保期内参保或未连续参保的人员，设置参保后固定待遇等待期3个月；其中，未连续参保的，每多断保1年，原则上在固定待遇等待期基础上增加变动待遇等待期1个月，参保人员可通过缴费修复变动待遇等待期，每多缴纳1年可减少1个月变动待遇等待期，连续断缴4年及以上的，修复后固定待遇等待期和变动待遇等待期之和原则上不少于6个月。缴费参照当年参保地的个人缴费标准。等待期具体标准由各省份根据自身情况确定。

三、优化管理服务

（四）准确掌握参保情况。国家医保局建立全民参保数据库，实现"一人一档"管理，定期将未参保人员信息推送至省级医保部门。省级医保部门要及时掌握本地区常住人口、户籍人口、参保人员、未参保人员等信息，定期更新全民参保数据库。发挥各地基层网格化管理优势，对于人户分离的应参保未参保人员，户籍地与常住地加强配合，共同落实参保扩面责任。持续做好重复参保治理工作，优化新增参保登记，提升参保质量。

（五）协同开展参保动员。每年9月开展基本医保全民参保集中宣传活动。广泛发动各级医保部门、经办服务机构、定点医药机构、相关政府部门及企事业单位开展宣传动员，充分发挥传统媒体和新媒体作用，创新宣传形式，丰富宣传载体，讲好医保故事，回应社会关切，让群众充分了解政府投入情况以及基本医保在抵御疾病风险、减轻医药费用负担方面的积极作用，普及医疗保险互助共济、责任共担、共建共享理念，营造良好参保氛围。鼓励有条件的地区探索以家庭为单位组织动员参保。积极依托社会力量，发挥志愿宣讲员、形象大使等作用，培养一支懂医保、有热情、肯奉献的参保宣传动员员队伍。

（六）大力提升服务能力。推动落实出生医学证明、户口登记、医保参保、社会保障卡申领等"出生一件事"集成化办理，简化手续，优化流程，促进监护人为新生儿在出生当年参保。医保部门和税务部门要丰富参保缴费方式，拓展个人缴费及纳入医保结算的医药费用查询渠道，为参保人员提供线上线下多样化、便捷化的参保缴费等服务。用3年时间逐步统一全国居民医保集中征缴期。发挥商业银行、商业保险机构等网点作用，延伸医保公共服务。健全完善个人信息授权查询和使用机制，助力参保人员在购买商业健康保险等方面获得便捷服务。

（七）切实改善就医体验。加强定点医药机构管理，增强医药服务可及性。积极创造条件，将自愿申请且符合条件的村卫生室纳入医保结算范围，推动实时结算。推进村卫生室合理配备国家集采药品，方便农村居民就近看病就医，更好推进分级诊疗。加强定点医药机构监管，加大对欺诈骗保等违法违规行为的整治力度，用好医保基金，减轻群众医药费用负担。大力推动医保码（医保电子凭证）、社会保障卡（含电子社保卡）、移动支付等数字化医保服务应用。

四、强化部门协同

（八）明确部门职责。医保部门统筹做好参保动员、预算编制、基金收支、转移接续、宣传解读等工作，加强医保基金管理和监督。人力资源社会保障等部门与医保部门协同做好参保登记工作。税务部门做好征收工作和缴费服务，及时回传缴费信息，加强与医保部门数据比对，协助做好参保动员工作。财政部门按职责对基本医保基金的收支、管理情况实施监督，审核并汇总编制基本医保基金预决算草案，及时落实各级财政补助资金。教育部门积极配合医保部门，加强工作协同与数据共享，不断提高学生基本医保参保水平，不得以任何形式强制或变相强制学生购买商业保险产品。

（九）强化部门联动。医保部门与公安部门加强配合，做好参保人员信息与人口信息数据比对。医保部门与人力资源社会保障部门共同支持社会保险业务协同联动，协助做好领取失业保险金人员缴纳职工医保（含生育保险）费工作。各级公安、卫生健康、医保、人力资源社会保障部门积极配合，做好新生儿"出生一件事"服务。卫生健康部门合理编制区域卫生规划，优化医疗资源配置，加强医疗机构行为监管。医保部门加强与卫生健康部门联动，推动医疗费用增长合理有度且与经济社会发展水平、医保筹资水平和群众承受能力相适应。医保部门加强与民政、卫生健康等部门联动，动员引导社会力量依法规范参与医疗救助活动。医保部门会同有关部门推动基本医保与商业保险协同发展，加强多层次医疗保障衔接。

（十）推进信息共享。医保部门要及时掌握参保人员变动信息，为扩大参保覆盖面和治理重复参保提供数据支撑。各有关部门与医保部门在符合国家数据安全管理和个人信息保护有关规定的前提下，依托各地大数据平台等渠道，及时共享公民出生、死亡和户口登记、迁移、注销等信息，以及医疗救助对象、在校学生、就业人员、企业设立变更注销、基本养老保险、医疗保险等的有关信息。具体共享形式由各地有关部门协商确定。

五、保障措施

（十一）加强组织领导。把坚持和加强党的领导贯穿于基本医保参保各方面和全过程。各有关部门要按照职责分工，强化系统联动，同向发力，共同推动参保扩面工作。地方各级人民政府要高度重视，采取有效措施，加强指导督促，扎实做好参保扩面工作。各级医保部门要全力抓好参保工作，实现参保规模稳中有升、参保质量不断提高。统筹地区要考虑当前与长远，坚持尽力而为、量力而行，围绕参保政策、激励约束、组织动员、部门协同等方面抓好贯彻实施，逐步规范并合理调整有关政策，加强精准测算，确保各项措施平稳落地，保障基金运行安全平稳可持续。重大事项及时请示报告。

（十二）强化综合评价。建立健全参保工作综合评价体系，确保压实责任。各地在落实目标责任中要防止"一刀切"和层层加码，避免增加基层负担。

（十三）保障资金支持。各地区按规定落实经费保障政策。有条件的地区可根据参保计划完成情况及参保质量等情况给予激励，充分调动基层积极性。财政部、国家医保局将各地参保工作等绩效情况作为分配中央财政医疗服务与保障能力提升补助资金（医疗保障服务能力建设部分）的调节系数。

国务院办公厅
2024 年 7 月 26 日

例文 2

国务院办公厅印发《关于加快内外贸一体化发展的若干措施》的通知[①]

国办发〔2023〕42 号

各省、自治区、直辖市人民政府，国务院各部委、各直属机构：

《关于加快内外贸一体化发展的若干措施》已经国务院同意，现

[①] 资料来源：国务院办公厅：《国务院办公厅印发〈关于加快内外贸一体化发展的若干措施〉的通知》，中国政府网，2023 年 12 月 7 日（登录日期：2024 年 8 月 20 日），https://www.gov.cn/zhengce/zhengceku/202312/content_6919597.htm。

印发给你们，请认真贯彻执行。

国务院办公厅
2023 年 12 月 7 日

关于加快内外贸一体化发展的若干措施（略）

例文 3

山东省人民政府
关于 2023 年度县域经济高质量发展
差异化评价结果的通报①

鲁政字〔2024〕75 号

各市人民政府，各县（市、区）人民政府，省政府各部门、各直属机构，各大企业，各高等院校：

  2023 年，全省各级、各部门坚持以习近平新时代中国特色社会主义思想为指导，全面贯彻党的二十大精神，深入落实省委、省政府关于促进县域经济高质量发展的决策部署，坚持绿色低碳引领，深化改革开放创新，全省县域综合实力实现新跃升。经差异化评价，确定龙口市等 20 个县（市、区）为"高质量发展先进县"，济南市槐荫区等 10 个县（市、区）为"高质量发展进步县"。

  希望以上县（市、区）珍惜荣誉、砥砺奋进，充分发挥示范带动作用，再立新功、再创佳绩。其他县域要以先进为榜样，积极寻标对标，找准差距不足，加快塑成高质量发展新优势，全面提升县域发展综合实力。各级、各部门要紧扣高质量发展主题，坚持市场化改革方向，因地制宜，综合施策，持续做优做强县域经济，不断激发县域发展活力动力，推动全省县域经济绿色低碳高质量发展取得新突破，为奋力开创新时代社会主义现代化强省建设新局面作出新的贡献。

  附件：2023 年度县域经济高质量发展差异化评价结果

山东省人民政府
2024 年 5 月 23 日

---

  ① 资料来源：山东省人民政府：《山东省人民政府关于 2023 年度县域经济高质量发展差异化评价结果的通报》，山东省人民政府网，2024 年 5 月 23 日（登录日期：2024 年 8 月 20 日），http：//www.shandong.gov.cn/jpaas-jpolicy-web-server/front/info/detail? iid = 72f3842f52414d3282318b62e965126f。

第五节 报告、请示、批复

一、报告

(一) 报告的适用范围和特点

2012年《条例》中规定：报告，适用于向上级机关汇报工作、反映情况，回复上级机关的询问。

报告是原党的机关公文和行政机关公文共有的文种。2012年《条例》中关于报告用途的表述与2000年《办法》比较，是将《办法》最后一项功能"答复上级机关的询问"改为"回复上级机关的询问"。"答复"改"回复"，意思不变。与1996年《条例》相比，除将"答复"改"回复"外，还取消了"向上级机关提出建议"的功能，此项功能现由"意见"承担。

报告是党政机关在行使管理职能的过程中使用的一种公文，它不同于一般的调查报告、演讲报告和业务上使用的某些专业性报告，如可行性研究报告、纳税检查报告等。党政机关公文的报告在适用范围、管理职能和写作要求上均有不同于其他专业性报告的方面，不能将它和非党政公文的种种"报告"相混淆。

报告应用广泛，使用频率较高，是下情上达的主要途径和重要手段。各基层单位主要以报告的形式，帮助上级及时了解情况，掌握下情，为领导决策提供依据；同时也通过报告及时向上级反映工作情况，以便及时接受上级的监督和指导。所以写好报告对于现实工作有着非常重要的意义。

报告的特点主要表现在以下几方面。

1. 陈述性

报告的写作目的是向上级机关汇报做了哪些工作或发生了什么事情，是怎样做的，情况怎样，重在讲述事项和情况的事实本身，所以，要围绕所要汇报的工作和情况，告而少论，甚至告而不论。即使在交代背景、总结经验时，也要用简明概括的语言，客观陈述，把意思表达清楚即可，不能大发议论或过多论证。陈述性是报告区别于总结的一个重要特点。

2. 事后行文

报告是下级机关在工作进行到一定阶段或完成后，把情况、事件向上级机关汇报，是将已经做过的或已经发生的事情报告给上级机关，所以事后行文是报告在行文时间方面的一个特点，也是报告与请示的重要区别之一。

（二）报告的种类

报告的种类很多，工作中常用的有以下几种：

1. 工作报告

即本地区、本系统或本单位、本部门工作到了一定阶段，向上级机关进行汇报所用的报告。根据内容特点，工作报告又有综合报告和专题报告之分。

综合报告用于反映一定阶段、一定范围的多方面工作情况，注重综合性和全面性。写法上常采用点面结合的方法，既要根据写作目的详写重点内容，又要兼顾非重点内容，有成绩，有不足，有经验，有教训，力求所反映的情况全面、典型、有新意。例如，《××市税务局2024年上半年工作报告》一文，即将本单位上半年几项主要工作的完成情况、工作中的经验体会、存在的主要问题等，向上级部门进行了全面汇报。这种报告往往是每个单位年度或半年定期的常规报告。

专题报告用于反映某项专门工作或工作某一方面的情况，内容较为集中，注重专一性，写法根据报告的不同性质和作用而定，比较灵活。如果是总结经验的工作报告，就要侧重写情况、成绩并提炼出有价值的经验；而偏重汇报情况的工作报告，则着重写情况、做法、成绩或问题。专题报告在实际工作中用得较多。如《山东省人民政府办公厅关于国务院文件办理情况的报告》一文，是山东省府办公厅向国务院办公厅专题汇报国务院文件的办理工作，报告用绝大部分篇幅详细说明了本单位办理国务院文件的具体做法，以及收到的效果，这是汇报的重点内容，对目前仍然存在的问题和今后的努力方向只在结尾部分简略提到，很显然这一部分不是汇报的重点，点到为止。

2. 情况报告

一般是将某一偶发事件、特殊问题的情况及时向上级反映所用的报告，如《铁道部关于193次旅客快车发生重大颠覆事故的报告》，即是针对突发事件向上级所作的汇报。

工作报告和情况报告，有的教材中合称为"汇报性报告"，因为它们的重点都在于汇报工作，反映情况。

3. 答复报告

即下级机关回答上级机关询问时所写的报告。它与主动向上行文的报告不同，是被动行文，一般是先交代写作缘由，再针对上级询问的问题或提出的要求作答，可用"特此报告"作结。

4. 报送报告

即下级机关向上级机关报送文件、物件时，随文随物写的报告，可以说是给文件、物件开的一个介绍信，起介绍作用，如《××学院关于报送××工作方案的报告》。

（三）报告的撰写

1. 标题

标题的事由部分要准确简要地概括出报告的主要内容，如《×××省人民政府关于××市第三棉花加工厂特大火灾事故检查处理情况的报告》，事由具体明确，一目了然；综合性报告的标题一般比较宽泛，可以省略"关于……的"介词结构，如《××市人民政府2023年工作报告》，这种定期制发的报告需要标明时间，以示区别。

2. 主送机关

报告应坚持"主送一个机关"的原则，如果需要，可抄送有关的上级机关。

3. 正文

报告的主要任务是下情上达，以总结工作和反映情况为主，不同类型的报告，其正文部分的内容和结构安排有所不同。

（1）工作报告。这类报告正文的结构模式多表现为：报告缘由—报告事项—报告结语。

缘由部分，一般概括交代工作开展的目的、依据、背景和基本情况，让人对报告的主要内容先有一个初步的了解和总体的印象，然后用"现将主要情况汇报如下"过渡到具体报告事项。

事项部分，如果是综合报告，一般要安排工作情况（做法、成绩及经验）、存在的问题和今后的打算等内容，写作重点放在工作情况的介绍；如果是专题报告，多是侧重介绍经验性的做法，需要精心提炼。事项部分的写作要突出汇报重点，切忌面面俱到，写成流水账；经验的概括也要有条理，有特色，有实用价值。

结语，可用"特此报告"作结，也可自然收尾。

（2）情况报告。这类报告往往针对某一偶发事件、特殊情况向上级汇报。为了使上级机关全面了解情况，汇报的内容应当包括：出现了什么情况、为什么会出现这种情况和怎样应对这种情况等。这便自然地构成了情况报告所特有的行文思路：陈述情况—分析原因—提出对策（措施或建议）。

陈述情况，这是开头部分，一般直接切入事件发生的时间、地点、经过、损失情况及善后处理过程等。

分析原因，对于事故发生的原因，可以从主观、客观等多个角度进行全面深入的分析，指出应该从中吸取的教训。

提出对策，针对前述情况和原因，提出整改的措施或建议，对主要责任者提出处理意见。

（3）答复报告。应当根据上级的询问，简明扼要有条理地进行回答，做到上级怎么问，下级就怎么答，上面问什么，下面就答什么，不能答非所问，也不可旁生枝节。如"前接××函，询问我县水质污染原因及其治理问题，现将有关情况报告如下"。

（4）报送报告。报送报告的正文比较简单，一般只说明报送文件、物件的名称和数量即可。如"现将我县《××××年会计报表》一套一式两份上报你处，请审查"。

（四）报告写作的注意事项

第一，行文要及时。对当前出现的新情况、新问题以及有关事件，应及时向上级领导机关汇报，切莫贻误时机，以便上级及时了解情况并作出正确决策，避免造成更大损失。

第二，情况要属实。报告的情况是领导决策的依据，贵在真实可靠。因此，要深入了解有关情况并如实报告，既不能夸大，也不能缩小，切忌言过其实，故意"隐恶扬善"。提供虚假信息，会造成决策失误，其后果不堪设想。

第三，内容要集中。要一事一报，中心明确。特别注意不得夹带请示事项，这是2012年《条例》行文规则中明确规定的要求。

二、请示

（一）请示的适用范围和特点

2012年《条例》中规定：请示，适用于向上级机关请求指示、批准。

请示也是原党的机关公文和行政公文的共有文种。2000年《办法》和1996年《条例》关于请示的表述完全一致，2012年《条例》直接继承，未做改动。

需要注意的是，在职责范围内，党和国家的方针政策已有明文规定，自己有条件、有可能处理的事情，都要自行处理，不能事无巨细，事事请示，动不动就矛盾上交，推卸责任。

请示的主要特点有以下几方面。

1. 行文的期复性

请示是下级机关为请求上级机关批准某一事项或解决某个问题而制发的，请示的目的是得到反馈，即期待上级明确表态，予以答复。批复就是专为反馈请求事项而设的文种。体现在写作结构中，请示的结尾语用征询期复用语。

2. 内容的单一性

请示应当一文一事，这是由公文的时效性决定的。亟待解决的问题用请示行文，迫切期望得到上级及时的批复，如果一份公文中请示多个问题，则不易分清主次缓急，无法着手审批；还有可能涉及多个分管部门，既要分别审阅，又要集体研究协调意见，很不利于请示问题的及时解决，所以请示必须体现内容单一、集中的特点，坚持"一文一事"。

（二）请示的种类

根据用途，请示可以分为要求批准型和解决疑问型两种类型。

第一种是要求批准型。需要上级机关审定或批准后才能办理的事项，应该用要求批准型的请示。如《××市商业局关于增设地下防火栓需要资金的请示》，增设地下防火栓，资金短缺，需要上级批拨，解决困难，用请示。

第二种是解决疑问型。工作中遇到新问题，无章可循，自己感到"吃不准""拿不定"，或者对某些规章制度中的个别条文不理解，需要上级进一步明确，都可以用解决疑问型的请示行文。如《关于糯米纸适用税目、税率的请示》。

（三）请示的撰写

1. 标题

标题中要点明请示事项，正确使用"请示"这一文种名称。不能将"请示"写成"申请""报告"或"请示报告"。

2. 主送机关

请示原则上只能主送一个机关。受双重领导的单位向上级请示，应根据上级职责，主送其中一个负责答复请示事项的单位，必要时抄送另一个上级单位。

3. 正文

请示的写作思路是说明原因，请求批准或指示，所以在长期的写作实践中，形成了"请示缘由—请示事项—结尾语"这一基本模式。其中，事项是核心，要围绕请示事项，详细阐述缘由。

缘由的阐述可以从依据、目的和背景等方面入手。要求上级表态，上级是准还是不准，关键取决于理由是不是让人信服。请示写得好不好,关键也看理由阐述得是不是合理、必要。这一部分的写作一定要做到情况确实,数据准确,理由充分,把话说到点子上。切不可夸大事实,编造理由。虚假信息一旦被拆穿,后果可想而知。信息的真实可靠,是科学决策、有效管理的前提条件,用虚假信息来换取眼前要求的满足,势必损害整体利益,实际上也就损害了自身的长远利益。

请示事项,要明确地写清楚请示什么问题,要求批准什么事项,要求解决什么困难等,不能模棱两可,含糊其辞。请求资金要写明数额,请求物资要写明品名、规格、数量,不可只摆问题,不提方案,矛盾上交,让上级提供解决办法。为及时得到上级的批复,应提出有根有据、切实可行的处理意见。如果认为解决问题有两种以上的办法,可一一列出,供领导决策时参考。如果本单位意见有分歧,也应该分别陈述不同意见的内容,并加以分析、比较、各述利弊,并提出倾向性意见,供上级权衡、批复。

一份完整的请示,情况与意见,二者不可偏废。只有情况说明,没有意见或建议,把责任推给上级机关,或只提意见、建议,缺少情况的交代,都会使上级机关难以迅速作出决断,是不可取的。

结尾,用征询期复用语,常用"妥否,请批复""是否妥当,请指示""以上如无不当,请批准"等。切忌语气生硬,催迫要挟,如"以上请示,请于十日内批复""此项工程定于五月二日动工,请于此日前给予批准"等。

(四)请示写作的注意事项

第一,坚持"主送一个机关"的原则。收文单位应该是直接的上级主管部门,需要同时送其他机关的,应当使用抄送形式,但不得抄送下级机关。如果主送机关不止一个,也就是"多头请示",其后果,一是可能会相互推诿,"踢皮球",请示事项得不到及时回复;二是如果批复意见不一致,下级机关会无所适从,不利于工作的开展。

第二,严格按照隶属关系逐级行文,不得越级请示。如果直接主管决定不了,再由其逐级向上请示。如果因事情重大或情况特殊必须越级行文时,应抄送所越过的直接上级。

第三,要把握好请示的内在逻辑。不论请示什么问题,也不论文字多少,请示的内在逻辑一般都包括"为什么请示"和"请示什么问题"两个层次。前一个层次突出请示事项的理由,要把"有必要解决这个问题"说清楚;后一个层次突出请示事项的内容,要围绕"解决问题的可能性""方案的可行性"或"解决问题的有利条件"

做文章。

(五) 请示与报告辨析

请示和报告这两个典型的上行文,在公文的发展过程中,有过分分合合的经历,使用过程中常有混用的情况发生,因此,应该加以辨析。它们的不同主要表现在:

1. 性质要求不同

请示是期复性公文,要求上级予以明确的答复;报告是陈述性公文,把工作或情况汇报清楚是它的行文目的,不需要上级回复。因此,在实际工作中,请示被称为"办件",而报告则被称为"阅件"。

2. 行文时间不同

请示是事前行文,事项不经上级领导同意,不能擅自办理;报告是事后行文,也可以根据实际情况,在事情进行过程当中汇报,以使上级领导及时掌握情况。

3. 行文语气不同

请示是请求指示、批准,语气谦和,表示对上级领导的尊重,避免使用"决定""必须"一类比较强硬的词语,结尾语用征询期复用语;报告是汇报工作和情况,是陈述语气,实事求是地讲明事情的内容、经过即可,结尾语可用"特此报告,请审阅"等。

三、批复

(一) 批复的适用范围和特点

2012年《条例》中规定:批复,适用于答复下级机关请示事项。

很显然,它是被动行文,和下级机关的请示相对应,有请示,才有批复,没有请示,也就谈不上批复。批复是原来党的机关公文和行政机关公文中都有的文种,适用范围两者一致,纳入新的党政机关公文系列时,适用范围未做修改。

作为指挥性公文,批复的特点主要表现在:

1. 针对性

批复针对的对象是下级机关的请示,答复同级或不相隶属机关的询问或请批准的事项,不用批复。批复的内容必须针对请示事项予以明确答复,它不涉及与请示内容无关的其他问题,因此批复的标题、开头、结尾也应该和请示的标题、结尾相呼应。

2. 指示性

批复由领导机关制发,代表领导机关的职权和意图,具有指示性，而且往往十分具体。对下级机关请示的问题，或同意，或不同意，或批准，或不批准，或暂缓，或指导，都反映直属上级机关的决策意图，有严格的约束力，要求下级机关认真遵守或执行。请示未经上级机关批复，不能办理。

（二）批复的种类

根据内容的不同，批复可以分为以下几种类型：

1. 批准型批复

即对下级机关请示事项表示同意的批复，如《国务院关于同意建立促进展览业改革发展部际联席会议制度的批复》。

2. 否定型批复

即对下级机关的请示持否定态度的批复，这类批复往往要讲明否定的理由，如《民政部关于广东省撤销河源市郊区设立新河县问题的批复》，在否定了广东省的请示之后，针对请示的理由，进行了分析，指出其请示事项的不合理之处，并提出了新的工作要求，以理服人而不是以权压人，体现了民主、科学的工作态度。

3. 解答型批复

即针对下级对有关法律、法规、政策、措施等的询问而进行解答的批复。法律、法规、政策的解释权往往在制定机关，本机关无权解释的可逐级向上请示，直到有权作出解释的机关。这种解答对下级具有指示性，是下级开展工作的依据，因此一定要严肃对待，必要时还应出示相关的文件依据。

（三）批复的撰写

1. 标题

批复的标题中往往标明对请示问题的态度，如《×××关于同意购买消防器材所需资金的批复》《司法部关于不宜办理"安乐死"公证事项的批复》等，其中，"同意""不宜"这些词态度明确。

在写作实践中，那种《对××请示的批复》和《对××号文的批复》的标题形式都不能准确概括批复的主要内容，不符合标题的制作要求，是不规范、不可取的。

2. 主送机关

批复的主送机关应该是上报请示的机关。

3. 正文

批复的正文一般包括批复引语、批复事项和结尾语三部分。

批复引语，交代批复的缘由，即为什么有这个批复，其基本模式是引叙来文。引叙来文，一般应当先引标题，后引发文字号，常用这样的固定句式:"你×《关于××问题的请示》(发文字号)收悉(悉)。"称呼对方发文机关应该用相应的第二人称,即"你"加上来文单位名称的最后一个字:你署(海关总署)、你局(公安局)、你处(高教处)等,然后用过渡句引出下文批复内容,如"经研究,现批复如下""现答复如下"。

批复事项,即具体的批复意见。应该根据党和国家的方针、政策以及实际情况,对请示中提出的事项或问题,作出明确答复。有的还写出批复希望或执行要求,以利贯彻执行,要尽量简洁明了。

针对不同的请示事项,在写作时可以选择不同的侧重点。对内容单一的请示可以只表明同意或批准的意见,对于内容较复杂的请示,则要逐项表态,并对有关事项加以说明,如《国务院关于同意建立促进展览业改革发展部际联席会议制度的批复》中,在对商务部《关于建立促进展览业改革发展部际联席会议制度的请示》作了肯定表态"同意"之后,又对今后工作的开展提出了要求:"联席会议不刻制印章,不正式行文,请按照国务院有关文件精神认真组织开展工作",规定明确,要求严格。

结尾语,常用"此复""特此批复",也可省略。

(四)批复写作的注意事项

第一,要体现政策性和可行性。批复要有政策依据和现实依据,在批复前必须进行充分的调查研究。首先,应认真研究来文的内容和背景,审核其真实性与必要性,根据事实判断其请示事项的必要性和请示理由的合理性;其次,应查阅有关的规定和指示,以使批复的意见符合政策与法律法规;最后,如果是属于已经处理过的问题,则应查阅前案处理的材料,以便对问题的处理具有连续性;如果请示的事项涉及其他机关和部门,在批复时应与有关机关或部门进行协商,并取得一致意见,避免相互矛盾或抵触。

第二,要态度明朗,答复具体。批复要有针对性,要紧扣请示,明确作答,同意或不同意都要明确表态,下级请示什么,就答复什么,不要离开请示的内容,发表空泛的意见,尤其是在文末提出希望和要求时,一定要和上文批复内容形成有机的整体,要直陈直叙,不空发议论,不借题发挥,不节外生枝。

第三,在语言表达上,相应地,也要做到准确简要,语气肯定,切忌含糊其辞,模棱两可。

例文1

国务院关于财政转移支付情况的报告
——2023年8月28日在第十四届全国人民代表大会常务委员会第五次会议上①

财政部部长　刘　昆

委员长、各位副委员长、秘书长、各位委员：

受国务院委托，现向全国人大常委会报告财政转移支付情况，请予审议。

一、财政转移支付基本情况

财政转移支付是指上级政府对下级政府无偿拨付的资金，包括中央对地方的转移支付和地方上级政府对下级政府的转移支付，主要用于解决地区财政不平衡问题，推进地区间基本公共服务均等化，是政府实现调控目标的重要政策工具。1994年，我国实施了分税制财政体制改革，相应建立了规范的财政转移支付制度。2014年修改的预算法规定，财政转移支付应当规范、公平、公开，以推进地区间基本公共服务均等化为主要目标。落实预算法要求，我国转移支付体系随着政策变化不断拓展和调整，逐步构建起"一般性转移支付+专项转移支付"的框架，其中，一般性转移支付以均衡地区间基本财力为目的，由下级政府统筹安排使用；专项转移支付按照法律、行政法规和国务院的规定设立，用于办理特定事项。2019年，中央财政整合设立共同财政事权转移支付，主要用于履行教育、医疗、养老、就业等基本民生领域的中央财政支出责任，为与预算法规定衔接，编制预算时暂列入一般性转移支付。目前，总体上形成了以财政事权和支出责任划分为依据，以一般性转移支付为主体，共同财政事权转移支付和专项转移支付有效组合、协调配合、结构合理的转移支付体系。

近年来，中央财政在财力紧张的情况下，通过优化支出结构，加大对地方转移支付力度。从资金规模上看，2023年，中央对地方转移支付规模达到10.06万亿元。从支出结构上看，为增强地方财政统筹能力，不断增加一般性转移支付规模，提高一般性转移支

---

① 资料来源：《国务院关于财政转移支付情况的报告——2023年8月28日在第十四届全国人民代表大会常务委员会第五次会议上》，中国人大网，2023年9月1日（登录日期：2024年8月20日），http://www.npc.gov.cn/npc/c2/c30834/202309/t20230901_431400.html。

付占比。

落实预算法要求，自2015年起，中央财政单独编制中央对地方转移支付分地区预算草案，反映转移支付预算分项目、分地区情况。为提高地方预算编制的完整性和准确性，每年10月底前按照本年度转移支付预计执行数的一定比例将下一年度转移支付预计数提前下达至地方。在全国人民代表大会批准中央预算后，采取因素法、项目法等方式及时将转移支付分配下达地方。其中，因素法主要采用与支出相关的因素并赋予相应的权重或标准，通过公式计算得出分配结果；项目法主要根据相关规划、竞争性评审结果等将资金分配到特定项目。

二、近年来转移支付管理制度改革情况

按照党的十八届三中全会关于深化财税体制改革的部署，2014年，国务院印发《关于改革和完善中央对地方转移支付制度的意见》（国发〔2014〕71号），对转移支付制度改革作出全面部署。按照文件要求，中央财政增加一般性转移支付规模和比例，清理整合专项转移支付，规范专项转移支付分配和使用，加强转移支付绩效管理，推进转移支付信息公开，努力提高转移支付管理水平，更好服务党和国家发展大局。近年来，对标对表党的十九大及十九届历次全会、党的二十大精神，按照党中央、国务院决策部署，认真落实预算法规定和全国人大审议意见，纵深推进转移支付制度改革，进一步提升转移支付管理效能。

（一）健全转移支付制度顶层设计。2016年，国务院印发《关于推进中央与地方财政事权和支出责任划分改革的指导意见》（国发〔2016〕49号），从顶层设计的角度提出了财政事权和支出责任划分改革的总体原则。按照文件要求，财政部会同有关方面积极推进中央与地方财政事权和支出责任划分改革，出台了基本公共服务、外交、教育、科技等多个领域的改革方案。2019年，经国务院批准，财政部印发改革方案，根据财政事权和支出责任划分改革要求，理顺转移支付的功能定位、边界分类和管理机制。其中，一般性转移支付主要用于均衡地区间财力配置，保障地方政府日常运转和推动区域协调发展；共同财政事权转移支付主要用于履行中央承担共同财政事权的支出责任，增强地方对基本民生和基本公共服务的保障能力；专项转移支付主要用于办理特定事项，引导地方贯彻落实党中央重大决策部署。

（二）建立财政资金直达机制。2020年，为应对新冠疫情冲击，按照党中央、国务院决策部署，中央财政创设财政资金直达机制，在保持现行财政体制不变、资金分配权限不变和保障主体责任不变的前提下，建立了"中央切块、省级细化、备案同意、快速直达"的工作流程，推动资金直达市县基层、直接惠企利民。2021年起，常态化实施财政资金直达机制，直达资金范围由增量资金拓展到存量资金，基本实现了民生补助资金的全覆盖。鼓励地方通过自有财力安排的资金同步纳入直达管理，放大直达机制效果。从实施情况看，财政直达资金下达速度更快、资金投向更准、资金保障更足、使用监管更严，是保障基层"三保"和落实惠企利民政策的重要政策工具，有效促进了管理效能和资金效益的"双提升"。

（三）建立定期评估机制。根据预算法规定，每年对共同财政事权转移支付和专项转移支付进行评估，重点评估项目是否符合党中央、国务院决策部署和法律、行政法规规定，是否与财政事权和支出责任划分相衔接，支出政策是否已经到期，政策目标是否已经实现等，根据评估结果调整支出政策和项目安排。对不符合党中央、国务院决策部署和法律、行政法规有关规定，已经到期或已经实现政策目标的，原则上予以取消；对政策目标、资金投向、资金管理方式接近的，予以整合。

（四）完善预算管理。严格落实预算法和全国人大要求，优化转移支付预算编制，逐步提高年初预算落实到地区的比例。严格执行全国人大批准的预算，严控执行中预算调剂，确需追加预算的，按规定履行报批程序。按照一项资金制定一个管理办法的原则，要求每个转移支付项目均制定资金管理办法，明确实施期限、资金用途、分配办法等，并结合形势变化及时修订完善。从严控制新设转移支付项目。严格执行"先定办法，后分资金"的规定，未制定资金管理办法的，原则上不得下达预算，不得突破资金管理办法调整分配资金。加强资金分配测算基础数据管理，统一并规范转移支付测算分配数据来源，增强分配结果的公平性和准确性。

（五）切实强化绩效管理。贯彻落实《中共中央 国务院关于全面实施预算绩效管理的意见》，对共同财政事权转移支付、专项转移支付实施绩效管理。规范转移支付绩效目标管理，将绩效目标与转移支付预算同步下达，作为地方组织预算执行、开展绩效自评的依据。自2022年起组织对部分新增或到期延续转移支付项目开展事前绩效评估，提高支出的科学性、精准性。加强转移支付重点绩效评价，聚焦党中央、国务院重大决策部署和民生重点领域，每年选取部分转移支付项目开展财政重点绩效评价。强化转移支付绩效评价结果应用，推动将绩效评价结果应用于预算安排、政策调整和改进管理，切实提高财政资源配置效率和使用效益。

三、转移支付政策效能不断提高

随着转移支付制度不断完善，转移支付的政策效能持续释放，为推动地区间财力均衡、推进基本公共服务均等化和保障国家重大政策落实提供了制度保障,在促进经济社会持续平稳健康发展中的作用日益显现。

(一)均衡地区间财力配置,推动区域协调发展。不断增加中央对地方转移支付规模,优化转移支付分配办法,通过财政困难程度系数等合理调节,促进更多资金流向欠发达地区和财政困难地区。对革命老区、民族地区、边疆地区和欠发达地区设立专门的转移支付项目,支持相关地区加快发展。在转移支付的调节下,地区间财力差距不断缩小。

(二)加大"三保"支持力度,保障基层财政平稳运行。以2005年起实施的"三奖一补"政策为基础,不断健全县级基本财力保障机制,引导带动地方政府下沉财力,合力做好基层"三保"工作。中央财政持续加大资金投入,县级基本财力保障机制奖补资金由2018年的2462.79亿元增加到2023年的4107亿元,年均增长10.8%。筑牢兜实基层"三保"底线。地方财政部门也积极采取措施,主动压实责任,多措并举增强基层"三保"能力。在各级财政部门共同努力下,基层财力水平持续提高,县级"三保"支出得到有力保障。

(三)引导加大基本公共服务投入,切实保障和改善民生。坚持以人民为中心的发展理念,通过完善转移支付管理机制,激励引导地方投入更多资源加快基本公共服务均等化进程,稳步提升基本公共服务供给质量和水平。巩固完善城乡统一、重在农村的经费保障机制,支持推进卫生健康体系建设,提高城乡居民基本医保人均财政补助标准和基本公共卫生服务经费人均财政补助标准,提高退休人员基本养老金,加强困难群众基本生活保障。

(四)强化国家重大战略财力保障,推动党中央决策部署落地落实。加大财政投入,支持如期打赢脱贫攻坚战,2016—2020年每年增加安排中央财政专项扶贫资金200亿元,五年累计安排5305亿元。支持巩固拓展脱贫攻坚成果同乡村振兴有效衔接,稳步增加中央财政衔接推进乡村振兴补助资金,支持联农带农富农产业发展,促进脱贫人口就业和持续增收。支持打好蓝天、碧水、净土保卫战,加强生态文明建设,持续改善生态环境,大气污染防治资金从2018年的200亿元增至2023年的330亿元,水污染防治资金从2018年的150亿元增至2023年的257亿元。围绕产业链供应链补短板集中发力,支持建设现代化产业体系,2020年整合设立产业基础再造和制造业高质量发展专项资金,2020—2023年累计安排402.49亿元,推动提升我国产业链供应链稳定性和竞争力。

(五)加强疫情防控经费保障,支持疫情防控取得重大决定性胜利。新冠疫情发生以来,中央财政加大疫情防控经费保障力度,

2023年通过一般性转移支付安排财力补助资金1700亿元、使用2022年权责发生制结转资金300亿元，支持地方做好疫情防控等工作，重点向县级财政倾斜。支持新冠病毒疫苗接种，各级财政对医保基金负担的疫苗及接种费用给予补助。全力保障患者救治等疫情防控必要支出，对符合条件的一线医务人员和防疫工作者发放临时性工作补助。安排补助资金支持地方有效处置局部疫情，妥善解决受疫情影响人员的生活困难问题，支持边境地区稳边固边，加强边境疫情防控。

四、进一步完善财政转移支付的主要考虑

完善财政转移支付制度是深化财税体制改革的重要内容，是党和国家大政方针落实的重要保障。按照党中央、国务院决策部署和全国人大有关要求，财政部将会同相关部门在推进中央与地方财政事权和支出责任划分改革、完善中央与地方财政收入划分的基础上，认真落实预算法要求，坚持问题导向，突出改革重点，进一步完善转移支付制度，促进转移支付项目设置更加规范、分配方法更加科学、管理手段更加有效、法律制度更加健全，更好发挥财政在国家治理中的基础和重要支柱作用，为推动高质量发展和扎实推进中国式现代化提供坚实的制度保障。

（一）推动完善转移支付法律制度。推动修改预算法，将共同财政事权转移支付单独作为一类管理，将实践证明行之有效的管理措施上升为法律，为深化转移支付改革提供法律支撑。适时研究制定财政转移支付条例等配套法规，对转移支付的功能定位、分类体系、设立程序、分配管理、退出机制等作出全面系统的规定。针对转移支付管理面临的突出问题，加强制度建设，强化监督，进一步规范转移支付预算编制、执行和资金使用、管理等行为。

（二）建立健全转移支付分类管理机制。根据各类转移支付的功能和特点，分类施策，精准发力，不断完善管理措施，提高科学性。一般性转移支付结合财力状况稳步增加，并向中西部财力薄弱地区倾斜，完善分配方法，促进地区间财力分布更加均衡。共同财政事权转移支付根据中央财政支出责任足额安排，探索实行差异化的补助政策，推进地区间基本公共服务水平更加均衡。专项转移支付根据党中央、国务院重大决策部署合理安排，资金定向精准使用，强化对地方的引导激励，并逐步退出市场机制能够有效调节的领域。

（三）改进转移支付预算编制。按照财政事权和支出责任划分，调整优化转移支付项目设置，更好地体现财政事权改革成果。加强财政资金统筹，清理规范支持同一战略、同一领域、同一行业的转移支付，减少交叉重复。完善转移支付定期评估机制，不断提高评估质效，促进转移支付项目有进有出、动态优化。保持合理适度的转移支付规模,加大支出结构调整力度,加强对重点领域的资金保障,提高对国家重大战略的支撑能力。细化转移支付预算编制,提高年初预算落实到地区的比例。

(四)加强转移支付分配使用和绩效管理。优化转移支付分配办法,完善支出成本差异、财政困难程度评价方法等工具,探索建立区域间均衡度评估机制及指标体系,合理确定支出标准和支出责任分担比例。加快转移支付资金下达进度,严格落实预算法规定,除据实结算等特殊项目外,一般性转移支付在全国人大批准预算后30日内下达、专项转移支付在90日内下达。优化直达资金管理,合理确定直达资金范围和规模,提高直达资金使用效率。改进转移支付绩效管理,稳步推进事前绩效评估,健全转移支付绩效指标体系,提高转移支付绩效目标质量,加大绩效评价结果运用力度,结合政策实施效果和形势变化,适时调整支出政策,确保将资金用在刀刃上。加快推进预算管理一体化系统应用,健全从源头到末端的转移支付管理体系,强化资金全过程、全链条、全方位监管。依法落实转移支付公开要求,提高透明度。

(五)进一步推进省以下转移支付制度改革。督促指导省级政府落实主体责任,清晰界定省以下财政事权和支出责任,理顺省以下政府间收入划分,完善省以下转移支付制度。推动省级结合财力可能加大对市县一般性转移支付力度,促进省内财力均衡。根据基本公共服务保障标准、支出责任分担比例、常住人口规模等,结合政策需要和财力可能等,足额安排共同财政事权转移支付,确保共同财政事权履行到位。规范专项转移支付管理,根据政策目标合理安排省以下专项转移支付项目。

委员长、各位副委员长、秘书长、各位委员:

长期以来,全国人大对推进财政转移支付制度改革给予了大力支持和悉心指导,提出了许多宝贵的意见建议。我们将坚持以习近平新时代中国特色社会主义思想为指导,全面贯彻落实党的二十大精神,以深入开展学习贯彻习近平新时代中国特色社会主义思想主题教育为契机,深刻领悟"两个确立"的决定性意义,增强"四个意识"、坚定"四个自信"、做到"两个维护",按照全国人大常委会的审议意见,以"抓铁留痕"的工作作风和"时时放心不下"的责任感,持续深化转移支付制度改革,不断提升转移支付管理实效,推动转移支付管理工作再上新台阶,为经济社会持续健康发展提供有力支撑。

例文 2

青浦区体育局关于举办青浦区
第六届运动会开幕式的请示①

青体〔2023〕21 号

青浦区人民政府：

经区委、区政府研究同意，以"韵动健康 幸福青浦"为主题的青浦区第六届运动会于 2023 年 5 月至 11 月举办。按照既定安排，拟于近期举办运动会开幕式。总体安排如下：

一、时间地点

拟于 2023 年 9 月 16 日（星期六）下午 2：00 在区体育文化中心举行。

二、总体安排

（一）开幕仪式

拟请副区长、运动会组委会主任张彦主持开幕仪式

1. 仪仗队、运动员入场；

2. 奏唱中华人民共和国国歌；

3. 拟请区委副书记、区长、运动会组委会名誉主任杨小菁致辞；

4. 拟请市体育局党组书记、局长徐彬致辞；

5. 运动员、裁判员代表宣誓；

6. 拟请区委书记徐建宣布开幕。

（二）群众体育展示

1. 第一篇章"最江南·毓灵秀"。以太极拳、绸扇舞、江南船拳、健身操、啦啦操等群众基础较为广泛的运动项目为重心，展示青浦厚重的人文底蕴和蓬勃的全民健身事业。

2. 第二篇章"温暖家·耀菁彩"。以乒乓操、羽毛球、击剑、曲棍球、花样跳绳等动感激烈的运动为主，运用快闪的形式呈现出青浦体育激情绽放、百花争鸣的形态。

3. 第三篇章"幸福城·向未来"。以龙鼓、龙舟、帆船、赛艇、皮划艇等水上运动为特色，展现青浦竞技体育成果，号召全区人民凝心聚力共同创造青浦更辉煌的明天。

---

① 资料来源：《青浦区体育局关于举办青浦区第六届运动会开幕式的请示》，上海市青浦区人民政府·体育局官网，2023 年 8 月 29 日（登录日期：2024 年 8 月 20 日），https：//www.shqp.gov.cn/sport/tyzwgk/ml/yw/20230928/1140643.html。

三、活动规模

领导嘉宾、参赛代表团、演职人员及观众等近 900 人。

四、拟邀请领导嘉宾

拟邀请市体育局主要领导、分管领导；拟邀请区四套班子主要领导、分管领导及相关领导；拟请各镇、街道主要负责人、分管负责人；各部、委、办、局、区直属事业单位、人民团体、区属公司主要负责人；相关驻青单位主要负责人；区运会组委会委员、区全民健身领导小组成员及相关企业负责人等参加。

五、工作保障

为确保开幕式安全有序，经与公安多次踏勘协商，制定了运动会开幕式安保方案，安排警力对会场及周边区域的交通治安进行秩序维护及安全保卫；聘请有资质的第三方加强安保及后勤保障服务工作，安排特保进行现场秩序维护及突发事件应对；招募志愿者开展现场引导及志愿服务工作；制定医疗保障方案，现场配备救护人员及救护车辆。同时，组委会各部室紧密配合，各项筹备工作均有条不紊推进。

特此请示，妥否，请批复。

2023 年 8 月 29 日

例文 3

山东省人民政府办公厅
关于举办 2024 青岛国际啤酒节的批复[①]

鲁政办字〔2024〕41 号

青岛市人民政府：

你市《关于举办 2024 青岛国际啤酒节的请示》（青政呈〔2024〕16 号）收悉。经省政府同意，现批复如下：

一、同意 2024 年 7 月 19 日至 8 月 11 日在青岛市举办 2024 青岛国际啤酒节，主办单位为青岛市人民政府。

二、认真贯彻落实中央八项规定及其实施细则精神，严守财经纪律，严格控制活动规模和经费支出，厉行勤俭节约，反对铺张浪费，做到简朴务实高效。

[①] 资料来源：山东省人民政府办公厅：《山东省人民政府办公厅关于举办 2024 青岛国际啤酒节的批复》，山东省人民政府网，2024 年 4 月 24 日（登录日期：2024 年 8 月 20 日），http://www.shandong.gov.cn/art/2024/6/27/art_100619_44841.html。

三、严格执行新型冠状病毒感染"乙类乙管"新阶段常态化防控有关规定，落实疫情防控责任；认真落实安全责任，强化安全措施，加强人员检查及现场管理，确保活动安全有序开展。

四、不得进行违规宣传，不得随意改变活动名称和增减主办单位，不得违规邀请领导干部出席。

五、不得以举办活动为由，向下级单位、企业和个人打广告、收费、摊派、拉赞助、转嫁费用，不得使用财政资金邀请各类名人明星，不得发放礼金、礼品、贵重纪念品和各种有价证券、支付凭证。

六、请于活动结束后1个月内，将活动内容、规模、费用总额和支出等情况以及是否存在违规违纪问题的自查情况报省政府，并抄送省文化和旅游厅。

山东省人民政府办公厅
2024年4月24日

第六节　议案、函、纪要

一、议案

（一）议案的适用范围和特点

2012年《条例》中规定：议案，适用于各级人民政府按照法律程序向同级人民代表大会或者人民代表大会常务委员会提请审议事项。

议案原来是行政机关公文文种，党的机关公文没有，很显然，这个文种是从原行政机关公文继承而来，2012年《条例》中关于议案用途的表述也是从2000年《办法》继承来的。从适用范围的表述中可以分析出来，尽管2012年《条例》已将党政机关公文管理法规合二为一，但议案这个文种还是专属行政机关使用。

从议案的使用，可以看出它具有专用性和法定性的特点。它专门用于各级人民政府向同级人民代表大会提请审议事项，其他机关、团体、企事业单位和个人均不得使用；议案是国家宪法及有关法律专门规定的公文，从提出、汇总、立案到审议、议决、通过，都必须依法、依序进行，政府机关必须依照法律程序行使职权或履行职责，因此法定性较为突出。

(二) 议案的种类

根据内容的不同，议案可以分为以下几种类型：

(1) 重大事项议案，如《国务院关于提请审议兴建长江三峡工程的议案》。

(2) 立法议案，如《国务院关于提请审议〈中华人民共和国海商法（草案）〉的议案》。

(3) 批准条约议案，如《国务院关于提请审议批准〈中华人民共和国和吉尔吉斯共和国领事条约〉的议案》。

(三) 议案的撰写

1. 标题

议案的标题必须采取完全式标题形式，发文机关名称、事由和文种三要素俱全。

2. 主送机关

议案的主送机关必须是同级人民代表大会或常务委员会。

3. 正文

议案的正文由缘由、议案事项和审议请求三部分组成。

缘由，阐述提出议案的原因、根据和目的，要充分客观，简洁明了。

议案事项，即议案提请审议的具体事项，如重大事项、立法、选举、罢免、预决算等。

审议请求，即结语，多用"以上议案，请审议"或"现提请审议"等惯用语来表述。

(四) 议案写作的注意事项

第一，议案内容必须符合国家和人民利益的需要，符合现行法律法规和有关方针政策。为此，应搞好调查研究，广泛听取各方面意见，经过可行性论证，保证所提方案切实可行。

第二，要熟悉收文机关的职权范围，根据法定职权行文。如果某一事项的审议权属于同级人民代表大会或其常委会，就必须提请其审议；如果属于政府职权范围内的事项，则不必提出议案。

第三，议案要言之有理。一定要将理由和根据说明清楚，文字表达要准确严谨，条理分明，体现出议案的庄重性和严肃性。

二、函

(一) 函的适用范围和特点

2012年《条例》中规定：函，适用于不相隶属机关之间商洽工作、询问和答复问题、请求批准和答复审批事项。

函是原来党的机关公文和行政机关公文的共有文种。2012年《条例》关于函的用途采用了2000年《国家行政机关公文处理办法》的表述，与1996年《条例》相比，现在的规定更加全面地强调了"函只适用于不相隶属机关之间行文"这一原则。

函作为商洽性的平行文，其主要特点表现为：

1. 平行性

在行文方向上，以平行为主，主要用于不相隶属机关之间相互行文。

2. 多用性

函应用广泛，任何一级机关、团体和企事业单位均可使用。既可用于相互商洽工作，询问和答复问题，又可用于向业务主管部门请求批准事项及业务主管部门审批或答复事项。写法灵活，使用便捷。

（二）函的种类

按照内容和作用的不同，函可分为商洽函、询问函、申请函、告知函和答复函。

（1）商洽函，主要用于商洽、请求协助解决某一问题，如干部商调、联系参观、请求帮助支援等，其标题往往是《关于商洽××事项的函》。

（2）询问函，主要用于向对方了解有关事项。

（3）申请函，也称请批函，即向有关主管职能部门请求批准事项的函。如向工商部门请求办理营业执照；向税务部门请求减免税；向财政部门请求拨款等。只要与这些主管部门之间不存在上下级隶属关系，就得用"函"来行文。

需要注意，请求批准时，如果审批权限在不相隶属机关的业务主管部门，要用平行文"函"；如果审批权限在上级机关，就要用"请示"了。相应地，上级机关对请批准事项的回复，用"批复"；不相隶属机关的业务主管部门对请批准事项的回复，用答复函。如《山东省人民政府关于建议将济南海关升格为副厅级单位的函》，受文单位是海关总署，山东省人民政府与海关总署之间是不相隶属关系，所以用函，而不能用请示。

（4）告知函，不相隶属单位之间相互通知事项时使用的函，如《审计署关于审计机关参加各级地方政府有关财经工作会议的函》，受文机关是各省、自治区、直辖市人民政府，审计署告知这些受文单位，在召开有关财经工作的会议时，应让审计人员参加。从行文关系看，是不能用"通知"的。

（5）答复函，即答复对方来函商洽、询问、申请事项的函，如

《财政部、环境保护部关于同意天津市开展排放权交易综合试点的复函》。

（三）函的撰写

1. 标题

函的应用范围较广，因此在标题中应体现商洽、询问、申请、告知或答复的事项内容，文种要注明"函"或"复函"。

2. 正文

函的正文写作程式一般为：缘由—事项—结尾语。

（1）缘由部分，一般要将商洽、询问、申请、告知事项的基本情况介绍清楚，讲明依据、目的，用过渡词"为此""为……"，使原因、目的更加明晰，自然过渡到发函事项。复函的缘由，基本模式与批复相似，也是引叙来文，然后用"经研究，现函复如下"过渡。

（2）事项部分，写明商洽要求、询问内容、请批内容、告知内容或答复意见。事项要明确具体，语气要委婉恳切，提出要求应给对方留有余地，不要强人所难。复函则针对来函商洽、询问、请批的内容明确作答，内容较多时，可分条陈述。

（3）结尾语，商洽函、询问函常用"请予函复""请研究函复""望予函告""请复函告知""盼复"等期复用语；申请函常用"可否，请予审批""可否，请函复"等征询期复用语；告知函常用"特此函告""特此函达"；复函常用"特此函复""专此回复""特此函答"等。结尾语也可以省略，但不能使用"此致敬礼"之类的寒暄语体。

（四）函写作的注意事项

第一，要做到平等相待，以诚相商。函是代表机关向外联系工作、商洽事项、请求帮助的，要让对方理解、接受、支持，取得圆满效果，就要以诚恳、平易的态度，用恳切、朴实的语言与对方洽谈协商有关事宜，不可打官腔、强加于人，避免使用"你们要（不要、必须、应该、注意）"等带指示性语气的词语以及"承蒙关照""此致敬礼"之类客套、寒暄语体。如果双方中有一方不采取合作、平等的态度，缺乏诚意，不仅会使商洽事项落空，而且会损害双方的团结协作关系。

第二，要做到开门见山，目的明确。函不能跟平常写信一样寒暄问候，拉家常，长篇大论，要把商量的事项和询问的问题，开门见山地直接提出，并要主动爽快地把问题症结和自己的处理意见、要求告诉对方，做到叙事清楚，说理有节。不可漫无边际地东拉西扯，也不要委婉隐晦,闪烁其辞,不可故作姿态,也不可曲意逢迎。

第三,要推断对方心理,注意写法技巧。函的撰写应根据具体内容,通过推断对方见函后的心理特征,来选择不同的写法。如答复函,假若属于肯定性的,开头就可以直接答复问题,再叙述其他有关事宜,这样既能使对方充分掌握复函内容,也能促进单位间的密切合作。假若属于否定性的,开头就不宜直接提出否定内容,而是先简明、恳切地说明理由,最后表明否定态度,这样能取得对方谅解,感到否定是正常的、合理的,不致产生误解和反感。

三、纪要

(一) 纪要的适用范围和特点

2012年《条例》中规定:纪要,适用于记载会议主要情况和议定事项。

纪要,即会议纪要。是原党的机关公文和行政公文的共有文种。"纪"同"记",是记录,"要"是要点,纪要,就是记录要点。与会议记录相比,纪要具有条理化、要点化和功能多样化的特点。会议记录是"有言必录",而纪要则是根据会议记录整理提炼出来的主要精神和议定事项,凡是没有取得一致意见的内容,不能写入纪要。纪要既有反映情况、沟通信息的作用,也具有指导功能,它反映某一方面的动态,为有关部门提供参考,也规范有关单位的认识和行动,下发或经领导机关批转后,便成为各有关单位的行动依据。

(二) 纪要的种类

根据内容和用途,纪要可分为办公会议纪要、工作会议纪要和讨论会纪要三类。

第一类,办公会议纪要。办公会议,多是机关、单位的领导成员定期召开,形成惯例的会议,研究机关单位的工作安排、工作进度,或对工作中的某些问题形成统一处理意见。记载这种会议的讨论情况和议定事项的会议文件,称为办公会议纪要。一般是内部文件,有时根据需要也可下发。

第二类,工作会议纪要。一般用于范围较大的重要会议,如全国或全省(市)性的工作会议,或重要领导机关联席召开的解决某一问题的重要会议,会议议定的事项重大,涉及党和国家的重要方针政策的贯彻落实,需要广大干部和群众了解情况,统一认识,积极配合,这种纪要具有明显的指示和指导作用,如《关于研究耕地占用税征收、管理、使用问题的会议纪要》等。

第三类，讨论会纪要。召开学术研讨会、理论研讨会、座谈会、协商会等，记载会议座谈和讨论的情况，反映与会者对会议议题的认识，对某些学术、理论问题的看法、建议和意见，通报学术研究动态、成果等，可以用讨论会纪要，如《应用写作首届学术研讨会纪要》。

（三）纪要的撰写

1. 标题

纪要的标题有两种形式：一种是由"会议名称+纪要"组成，如《市长办公会议纪要》；另一种由"事由+纪要"组成，如《关于研究今年农产品收购资金问题的会议纪要》。

2. 主送机关

纪要一般不写主送机关。但是，以机关名义印发会议纪要的通知要写明主送机关。

3. 正文

（1）开头。介绍会议的基本情况，包括会议召开的时间、地点、主持人、会议名称、主要议题、参加会议的有关单位与人员等内容。如《×× 省人民政府常务会议纪要》开头："×年×月×日上午，×××省长主持召开第××次省政府常务会议，听取了关于全省收费、罚款项目审核处理情况和全省近几年集资情况的汇报。纪要如下"。

（2）主体部分。围绕会议的主要精神和议定事项简要叙述会议的主要内容。这一部分应注重体现"要"字，注意行文的条理化和理论化，要在吃透会议材料的基础上，对会议讨论意见进行分析综合和提炼加工。另外，在语言运用上，要简洁清晰，讲究用语，上报的纪要，应该考虑使用上行文的语气，如"会议讨论了以下几个问题""会议考虑"；下发的纪要，可以使用"会议要求""会议号召""会议强调"等词语；还有些纪要的专用语，如"会议认为""会议讨论了""会议听取了"等，也要注意恰当使用。

针对不同性质的会议，在概述会议内容时应考虑采用不同的结构方式：

第一，集中概述法。这种写法是把会议的基本情况，讨论研究的主要问题，与会人员的认识、议定的有关事项（包括解决问题的措施、办法和要求等），用概括叙述的方法，进行整体的阐述和说明。这种写法多用于办公会议，而且讨论的问题比较集中单一，意见比较统一，容易操作，篇幅相对短小。在具体表述上，常采用"会议讨论了""会议研究了""会议认为""会议确定"等词语，来统领会议的有关内容、主要精神和议定事项。如果会议的议题较多，可分条列述。

第二，分项叙述法。召开大中型会议或议题较多的会议，一般要采取分项叙述的办法，即把会议的主要内容分成几个大的问题，然后加上标号或小标题，分项叙写。这种写法侧重于横向分析阐述，内容相对全面，问题也说得比较细，常常包括对目的、意义、现状的分析，以及目标、任务、政策措施等的阐述。

第三，发言提要法。这种写法是把会议上典型性、代表性的发言加以整理，提炼出内容要点和精神实质，然后按照发言顺序或不同内容，分别加以阐述说明。这种写法能比较如实地反映与会人员的意见。座谈会议纪要可采用这种写法。

当然，以上三种结构安排方式并非与三类会议完全对位。在实际写作活动中应根据实际情况来确定内容的安排。例如，座谈会议纪要如果是带有工作办公性质的会议，那么在写法上，可注重叙写会议达成的共识和主要议定事项。

（3）结尾。通常情况下，纪要不单独写结尾，往往在主体部分的最后一个问题写完后即结束全文。有些纪要需要单独写一段结尾，或是写会议主持人或其他领导人的总结讲话，或是对会议作出一些基本估计，发出号召，提出希望等。

（四）纪要写作的注意事项

第一，做好必要的准备工作。动笔之前，编写者应尽可能了解会议的宗旨和指导思想，掌握会议议程，充分估计会议有可能出现的情况，做到心中有数。要留心做好会议记录，为编写纪要奠定基础。

第二，忠实地反映会议内容。编写纪要的目的，在于准确真实地反映会议的精神实质，为此，就要抓住与会者达成的共识和议定事项，围绕会议宗旨和讨论情况进行整理概括，不要把个别人的意见当作共识来反映。在研讨性会议纪要中，既要写清一致意见，也要写清重要的不同意见，这也是忠实于会议内容的表现。

第三，善于提炼会议结论。在概括会议主要精神或结论性意见时，有"四要"可以借鉴：一要抓住主要领导人或某些权威人士的发言内容，领会其精神实质；二要抓住主持人发表的意见，特别是他的总结性发言内容；三要区分讨论过程中的意见和表态性的结论性意见；四要把握多数人意见，尤其在对重大问题意见不完全统一时，要按照少数服从多数的原则，以多数人的意见为结论性意见。

例文1

国务院办公厅关于同意辽宁省承办2028年第十五届全国冬季运动会的函①

国办函〔2023〕107号

体育总局、财政部：

你们《关于辽宁省承办第十五届全国冬季运动会的请示》（体竞字〔2023〕133号）收悉。经国务院领导同志批准，现函复如下：

一、同意辽宁省承办2028年第十五届全国冬季运动会。

二、体育总局、辽宁省人民政府要坚持以习近平新时代中国特色社会主义思想为指导，深入贯彻习近平总书记关于体育工作的重要讲话和指示批示精神，完整、准确、全面贯彻新发展理念，落实党中央、国务院有关规定，按照"简约、安全、精彩"的办赛要求，充分结合辽宁省经济社会发展实际，共同组织好2028年第十五届全国冬季运动会，为强国建设、民族复兴伟业贡献体育力量。

三、筹备和举办2028年第十五届全国冬季运动会的经费主要由辽宁省人民政府自筹，中央财政给予一次性定额补助。中央财政定额补助资金主要用于运动会举办和场地维修等，场馆设施建设所需资金由辽宁省人民政府自行负担。

国务院办公厅
2023年10月22日

例文2

中共山东省人民政府研究室党组会议纪要②

2021年第18次

2021年11月19日下午，党组成员、副主任苏庆伟同志在省政

---

① 资料来源：《国务院办公厅关于同意辽宁省承办2028年第十五届全国冬季运动会的函》，中国政府网，2023年10月22日（登录日期：2024年8月20日），https://www.gov.cn/zhengce/zhengceku/202310/content_6911694.htm。

② 资料来源：《中共山东省人民政府研究室党组会议纪要》，山东省人民政府网，2021年11月24日（登录日期：2024年8月20日），http://www.shandong.gov.cn/art/2021/11/24/art_98596_10299111.html。

府西会议楼第三会议室主持召开党组会议,集体学习党的十九届六中全会精神,传达学习李干杰同志在全省基层党建工作座谈会上的讲话精神。纪要如下:

一、关于集体学习党的十九届六中全会精神。会议集体学习了党的十九届六中全会会议公报,中共中央办公厅和省委办公厅关于学习宣传党的十九届六中全会精神的通知。会议要求,要加强领导、精心组织,迅速兴起学习宣传贯彻热潮,通过党组理论学习中心组学习、专题培训、"三会一课"、主题党日等各种形式对全室人员进行教育培训。要以学习宣传贯彻党的十九届六中全会精神为动力,加强研究部署谋划,扎实做好各项工作,为明年党的二十大召开营造良好氛围。

二、关于传达学习李干杰同志在全省基层党建工作座谈会上的讲话精神。会议传达学习了李干杰同志在全省基层党建工作座谈会上的讲话精神。会议要求,一要提高政治站位,增强抓好基层党组织建设的思想自觉、行动自觉,以实际行动增强"四个意识"、坚定"四个自信"、做到"两个维护";二要总结经验教训,从思想引领、组织生活、制度完善、监督约束、执纪问责、工作协同、落地见效、以上率下、选人用人等9个方面全面检视,扎实做好基层党建工作;三要压实工作责任,聚焦解决实际问题,大力倡树"严、真、细、实、快"的工作作风,确保各项工作高标准部署、高质量落实。

党组成员、副主任赵昌军参加会议。一级巡视员李树典,二级巡视员马忠雨,王庆勇、于美山列席会议。党组成员、副主任苟成富因公请假。刘进元作会议记录。

提　示

本章着重介绍了党政机关公文的写作知识。

第一,党政机关公文的概念、种类和格式在2012年4月中共中央办公厅和国务院办公厅发布的《党政机关公文处理工作条例》(中办发〔2012〕14号)中有明确规定,其中,党政机关公文的格式是本章的重点,也是难点,要结合2012年国家标准《党政机关公文格式》(GB/T 9704—2012,2012年6月29日发布,2012年7月1日实施)综合掌握。

2012年《党政机关公文处理工作条例》规定:"公文一般由份号、密级和保密期限、紧急程度、发文机关标志、发文字号、签发人、标题、主送机关、正文、附件说明、发文机关署名、成文日期、印章、附注、附件、抄送机关、印发机关和印发日期、页码等组成。"这18个要素中,有的是公文的必备要素,有些则根据实际情况的需要加以选择。2012年《党政机关公文格式》将版心内的公文格式要素划分为版头、主体、版记三部分。版头,指公文首页红色分隔线以上的部分;主体,指首页红色分隔线(不含)以下、公文末页首条分隔线(不含)以上的部分;版记,指首条分隔线以下、末条分隔线以上的部分。各部分又包含不同的构成要素。应正确掌握各构成要素的含义、要求和它们在文面上的排列规则。

公文的格式具有法定的规范性和相对确定性,这是它和一般文章不同的重要标志之一。严格按照公文格式行文,能够确保公文的合法性、完整性和有效性,有利于公文处理的规范化和科学化。

第二,2012年《党政机关公文处理工作条例》中规定我国现行党政机关公文有15种,本章按《条例》中的排列顺序,三个一组作为一节,每节对每个文种分别从适用范围、特点、种类、写法和写作注意事项等几个方面进行了详细介绍;对相近的文种,如决议和决定、公报和公告、公告和通告、通知和通报、报告和请示等进行了辨析。

第三,在15个文种中,意见、通知、通报、报告、请示、批复、函和纪要是工作中常见常用的几个文种,它们的适用范围和内容结构各不相同,在撰写时应根据不同文种的要求,掌握写作要领。

第四,对决议、决定、命令(令)、公报、公告、通告、议案这几个文种,也应大致了解它们的适用范围和内容结构。

思考与练习

1. 代国务院办公厅拟写一份通知,将2015年经国务院同意的文化部、财政部、新闻出版广电总局、体育总局制定的《关于做好政府向社会力量购买公共服务工作的意见》转发给各省、自治区、直辖市人民政府和国务院各部委、各直属机构,要求结合实际,认真贯彻执行。成文日期×××年5月5日。注明此件公开发布。

2. 根据所给材料,代××驾驶员培训中心向××市交通运输局拟写一份添置教练车的公文。要求正确选用文种,符合相应的公文语体风格。材料如下:

近些年,我市私家车总量持续增长,驾驶员培训中心的业务也呈现出较好的发展态势。为进一步扩大业务,为社会服务,中心打算添置10辆比亚迪××型教练车。添置教练车后,预计可满足当前驾驶培训需要,年培训人数可从现在的700人达到1200人,培训效益可望翻倍。因此专门行文,请求批准。

第十章　机关事务文书

第一节　机关事务文书概述

一、机关事务文书的含义与种类

机关事务文书，是指党政机关、企事业单位、社会团体等在处理日常公务时除法定公文外广泛使用的一类应用文书。它通行于各行各业，沿用约定俗成的惯用体式制作，在日常公务活动中具有很强的实用性、事务性，属于公务文书中的通用文书。

当今社会，各机关、部门或单位之间的联系日益频繁，公务活动日益增多，需要使用事务文书指导工作，规范行为，沟通情况，交流信息，总结经验，礼仪应酬等，因此，事务文书的应用范围广泛，使用频率很高。

机关事务文书的分类没有统一的规定，大致包括以下几类：

第一类，计划类文体：计划、安排、规划等；

第二类，调查总结类文体：调查报告、总结、述职报告等；

第三类，会议类文体：开幕词、闭幕词、会议报告等；

第四类，记录简报类文体：简报、会议记录、大事记等；

第五类，规章准则类文体：章程、条例、规定、办法、细则、规则、规程、制度、守则、公约等；

第六类，告知类文体：声明、启事；

第七类，礼仪类文体：请柬、聘书、迎送词、答谢词、贺电、贺词、祝词、讣告、悼词等。

二、机关事务文书的特点

机关事务文书与法定公文同属公务文书中的通用文书序列，两者有许多相似之处，但也有细微处的不同，主要表现在：

第一，两者都要由一定的作者制发，但法定公文一定要由法定的作者拟定和发布，按照法定的程序制作和处理，而事务文书作者的法定性和制发程序不及公文那样严格。

第二，两者都具有政治性和政策性，它们都担负着传达、贯彻党和国家方针政策、处理机关公务的重要任务，它们的内容与国家的政治、政策密切相关，但事务文书的这一特点不及法定公文那样显著，一般不具有行政约束力和法定的权威效力。

第三，两者都依照规定的体式制作，并按照机关、组织的隶属关系行文，但法定公文制作的依据是国家的明文规定，如《党政机关公文处理工作条例》（中办发〔2012〕14号），其中对公文的种类、格式、办理、管理等做了一系列详密的规定，必须严格执行，不得有丝毫疏忽，否则会影响公文的效力，而事务文书的制作没有这样严格细致的规定，它依照长期以来约定俗成的惯用体式制作，不强行统一，规范程度相对较弱。

三、机关事务文书的作用

机关事务文书的主要作用体现在以下几个方面。

第一，部署指导工作，总结经验教训，如计划、总结；

第二，宣传教育，动员群众，如会议类文体中的会议报告；

第三，沟通情况，留存备考，如简报、调查报告，会议记录、大事记；

第四，规范行为，约束行动，如规章制度；

第五，告知事体，礼仪应酬，如声明、启事及礼仪性文体。

机关事务文书是通用文书中的一个大类，本章着重分析计划、总结、调查报告和简报等工作中常用的几种文体的特点和写作要领。

第二节 计 划

一、计划的含义和种类

（一）计划的含义

计划是单位或个人，为做好某项工作，完成某项任务，根据党和国家的方针、政策和上级的指示、要求，结合本单位或个人的实际情况，确定具体的目标任务，提出相应的措施、步骤和要求而写成的一种事务文书。它是使用频率较高的一种文体，广泛应用于党政机关、社会团体和企事业单位。写好计划对减少工作的盲目性，提高工作的自觉性、主动性，督促检查指导工作和提高工作效率具有重要的意义。

我们常见的规划、纲要、工作要点、打算、设想、安排、方案等，都是对未来一个时期的工作或活动做出部署和安排，都属于计划的范畴，只是它们在时限长短、内容详略、范围大小等方面有一定的区别。一般来说，规划、纲要是指时间较长、范围较广、内容较概括，展示发展远景和总体目标的计划，如《三峡工程规划》《国家中长期教育改革和发展规划纲要》；工作要点是指领导部门向所属单位布置工作、交代政策、明确任务时采用的偏重政策性、原则性指导的计划，如《××大学2024年党政工作要点》；打算、设想是指非正式的、初步形成的粗线条的计划，如《××市关于设立高新技术产业开发区的设想》《××局关于年终清查"小金库"的打算》；安排是指工作内容明确具体、适用时间较短、范围较小的一种计划，如《××市城乡建设委员会关于2024年市政建设的初步安排》，方案是指对将要实行的某项重要工作，从目的、要求、方式、方法到具体进度进行安排，经上级批准后方可执行的计划，如《2024年清产核资工作方案》等。

（二）计划的种类

计划的应用范围广泛，按照不同的标准，可以划分为不同的类型：

第一，按内容划分，可分为工作计划、教学计划、学习计划等。

第二，按范围划分，可分为系统计划、单位计划、个人计划等。

第三，按时间划分，可分为长期计划（三年或五年以上）、短期计划（年度、季度、月份）和临时性计划。

第四，按内容含量划分，可分为综合性计划和专题性计划。综合性计划反映的内容比较全面，而专题性计划多用来安排某项具体工作。

第五，按写作形式划分，可分为文字式计划、表格式计划。

二、计划的作用和特点

（一）计划的作用

1. 组织保证作用

计划是贯彻党和国家的方针政策和上级指示要求的重要保证，计划一经确定，无论单位或个人，都要统一思想认识，统一行动，保证计划的顺利实施，服从服务于整个工作的大局。

2. 调配控制作用

古人云："凡事预则立，不预则废"，有了计划，管理者就会对未来工作的目标、措施、步骤做到心中有数，增强工作的可预见性，减少盲目性和随意性，合理调配人力、物力、财力，充分发挥执行者的积极性和创造力,以提高工作效率,圆满完成计划的各项指标。

3. 监督约束作用

有了计划,就可以按照预定的进度,检查工作的进展情况,及时发现、解决问题,科学、合理地配置资源,提高工作质量和效率。

(二) 计划的特点

1. 明确的目的性

计划是为完成一定时期内特定的工作任务而做出的安排和打算。其目的是显而易见的。因此在制订每份计划前,必须深刻领会上级领导的指示精神,认真研究本单位的实际情况,明确工作目标、任务和要求,只有这样才能统一认识,集中力量,为圆满完成计划的各项指标奠定坚实的基础。

2. 科学的预见性

计划毕竟是对未来工作的预想性部署和安排,因此科学的预见是制订计划的前提。制定者既要深刻理解党和国家的方针政策,把握政策导向,又要深入实际,调查研究,充分掌握各种历史的、现实的和全局的、局部的各种情况和资料,认真听取群众的意见,集思广益,反复论证,从而制订出切实可行的计划。当然,无论制定者多么有远见,具体安排多么周密严谨,它也总是有待于实践的检验。

3. 突出的可行性

为做好某项工作,实现某一目标,使整个工作有条不紊、高质量、高效率地完成,计划必须切实可行。一方面,任务指标的预定要植根于现实,既不可过高,让执行者觉得可望而不可即,从而挫伤他们的积极性,使计划落空;又不可太低,让执行者觉得轻而易举,一蹴而就,这样也不利于发挥他们的潜力,从而失去了制订计划的意义。因此计划的目标、任务,应稍高于计划执行者的能力,让他们经过努力可以实现。另一方面,为完成目标任务而制定的方法要得当,措施要得力,步骤要具有可操作性,这样才能达到预期目的。计划没有可行性是没有价值的。

4. 严格的约束性

计划虽然不是法定公文,没有法定的权威性和行政约束力,但是它一旦被批准通过和下达,就会在特定的范围、特定的时间内产生一定的权威性和约束力,规范、指导有关部门和人员的实践活动。因此,在计划执行过程中,必须自觉维护计划的权威,不打折扣,不随意变通,积极稳妥、扎扎实实地开展工作,保证计划的完成。

三、计划的撰写

计划的写作形式主要有两种:文字式和表格式,这里主要介绍文字式计划的写作。计划的写作要把握三个要领：一是基本格式要完整；二是解决好两个问题，即明确做什么和怎么做；三是语言要准确、简洁、明白。

计划的格式一般包括标题、正文和落款三部分。

1. 标题

标题，即计划的名称，它一般由制定计划的单位名称、适用期限、内容范围或性质及文体名称四部分构成，如《××省交通厅2024年工作计划》。如果计划尚需经过讨论定稿，应在标题后面用圆括号注明"征求意见稿""草案""讨论稿"等字样。

2. 正文

正文一般包括开头、主体和结尾三部分。

（1）开头。也叫前言，用简明扼要的文字说明制订计划的依据和总的目标任务，主要说明"为什么"和"做什么"，这是计划中统领全文的总纲。依据，主要是指党和国家的方针政策和上级的指示精神，以及本单位基本情况的总体分析，这是制订计划的出发点。还可以在此基础上提出总的目标任务。这一部分要开门见山，简洁明快，切忌大话、空话、套话，废话连篇。

（2）主体，是计划的核心，要明确回答到底怎样完成目标任务，即"怎么做"的问题。目标任务是谋划措施与步骤的重要依据，一份计划一般只有一个总目标，在总目标下，还可以有子目标或分步目标。实现目标的措施要明确具体，切实可行；步骤要写清楚实现目标的工作程序和时间安排，先做什么，后做什么，每一步在什么时限内完成，达到何种程度等。

如果是综合性计划，那么在这一部分，要对前言中的总体目标任务进行科学分解，可以分成并列的几个方面，以工作的主次轻重为顺序，还可以以时间或工作开展的先后为顺序，然后针对每个方面工作的特点和要求，制定相应的落实措施和步骤，重点要突出，主次要分明。

如果是专题性计划，则可直接切入到具体目标任务的实施。要详细说明为完成目标任务采取的具体方法、措施，人力、物力、财力的调配运用，有关部门的具体分工，不同时限达到的具体要求，落实到工作数量、质量、效率、效益等各个方面。

主体部分要做到条理清楚，层次分明，具体明确。尤其是各项内容的逻辑次序要严谨周密，哪些在前，哪些在后，要符合客观事物的内在的联系。

（3）结尾。这一部分可根据内容需要来确定。或者点明工作重点，强调主要环节，或者说明注意事项，分析可能出现的问题，或者提出希望和号召，激励大家为完成计划而努力奋斗，或者意尽言终，写完措施后文章自然收束。

3. 落款

在正文的右下方，应写明制订计划的单位名称和成文日期。若标题中已有单位名称，可只写明成文日期。

四、计划的写作要求

（一）坚决吃透"两头"

计划的写作，不能闭门造车，一要吃透"上头"，深刻理解党和国家的方针政策、上级的指示精神；二要吃透"下头"，深入研究本单位的实际情况。计划具有较强的政策性，计划的制订要服从党和国家工作的大局，体现有关的方针政策和指示精神。制订计划，还要实事求是，一切从实际出发，认真分析工作所面临的内外部环境，有利因素和不利因素，历史状况和现实情况，以往成功的经验和失败的教训。只有这样，才能保证计划的可行性。

（二）计划目标要明确，措施要切实可行

制订计划要从实际情况出发，制定的目标任务、要求达到的标准应该明确，要规定清楚数量、质量、工作步骤和时间进度，不能模棱两可，责任不清，要求不明。要针对目标任务提出具体措施，分清主次，突出重点，提出实施计划的具体办法和力量部署，这是完成计划的有力保证。

（三）条理要清晰，语言要准确

制订计划在形式上要注意整体结构，要条理清晰，写清楚先做什么，后做什么。语言以叙述说明为主，以准确简洁为原则，不要过多地议论。

例文

济南市财政局 2024 年度政务公开培训计划[①]

为进一步提升全局政务公开工作人员的业务能力与水平，根据国家、省、市政务公开工作有关部署，结合我局政务公开工作实际，制

[①] 资料来源：《济南市财政局 2024 年度政务公开培训计划》，济南市财政局网，2024 年 3 月 5 日（登录日期：2024 年 8 月 20 日），http：//jncz.jinan.gov.cn/art/2024/3/5/art_98331_4825809.html。

定 2024 年度业务培训计划如下：

一、指导思想

以习近平新时代中国特色社会主义思想为指导，深入贯彻落实党中央国务院、省委省政府和市委市政府关于全面深化政务公开的工作要求，紧扣群众需要，继续坚持创新发展，不断提升公开实效，进一步提升财政工作透明度和政府公信力。

二、培训内容

一是开展集中学习。学习贯彻《中华人民共和国政府信息公开条例》和《国务院办公厅关于施行中华人民共和国政府信息公开条例若干问题的意见》；学习《2024 年山东省政务公开工作要点》和《2024 年济南市政务公开工作要点》等政策文件。

二是举办政务公开工作培训会。邀请专家讲解 2024 年第三方评估指标体系、方式、方法，现场互动交流政务公开评估相关工作。

三、培训要求

各处室、单位要高度重视政务公开培训工作，积极组织相关人员参训。办公室要加强对培训方案的组织实施和参训人员的管理，切实保证培训质量。

济南市财政局
2024 年 3 月 5 日

第三节　总　　结

一、总结的含义和种类

（一）总结的含义

总结是单位或个人对前一段时间内的工作进行回顾、检查和反思，对其综合、归纳和分析，从中找出经验和教训，并使之条理化、系统化，以指导今后工作而形成的一种事务文书。

（一）总结的种类

总结是现实工作中应用范围很广、使用频率很高的一种文体。我们可以根据不同的标准，把总结划分成不同的类型：

第一，按内容划分，有工作总结、学习总结、思想总结、生产总结等。

第二，按时间划分，有年度总结、季度总结、月份总结、阶段总结等。

第三，按范围划分，有系统总结、单位总结、班组总结、个人总结等。

第四，按功能划分，有汇报性总结和经验性总结。

第五，从总结的内容含量来看，还可以分为综合性总结和专题性总结。

二、总结的作用和特点

（一）总结的作用

1. 有利于检验方针、政策的正确性和落实情况，提高认识水平

我们工作的最终目的就是贯彻落实党和国家的方针、政策，并且检验方针、政策正确与否。正如毛泽东同志所说："所谓经验，就是实行政策的过程和归宿。政策必须在人民实践中，也就是在经验中，才能证明其正确与否，才能确定其正确和错误的程度。"通过总结，我们可以结合工作实践，加深对方针、政策的理解和把握，实现从感性到理性、从实践到理论的飞跃，提高思想认识水平。

2. 有利于提高决策水平，指导今后工作

通过总结，可以从中提取经验，吸取教训，明确方向，为领导层决策提供参考和依据，提高决策水平；有利于在以后工作中发扬成绩，纠正错误，克服盲目性，增强自觉性，进一步做好工作。

3. 有利于单位间沟通情况，交流经验

通过总结，有利于上下级之间相互沟通，统一认识，促进工作；也有利于不同单位间增进了解，肯定成绩，找出差距，交流经验，取长补短，共同提高。

（二）总结的特点

1. 客观性

总结的基础是客观事实。写总结必须坚持实事求是的原则，一切从实际出发，决不可歪曲甚至篡改事实。在分析研究过程中，依据的标准也要客观，要正确对待成绩与缺点，经验和教训，坚持两点论，防止片面性，反对绝对化。只有在客观事实基础上总结出的经验和教训，才是真正有规律性的东西，才具有指导工作的意义和价值。

2. 指导性

总结的目的不是留恋怀旧，也不是陶醉于过去的成绩，而是通过对过去工作的回顾，找出经验，发现不足，从中总结出有规律性的东

西，用以指导今后的工作实践，这是总结的出发点和归宿，因此，指导性是总结的重要特性。

3. 理论性

既然总结的目的在于指导工作，那么总结的内容就不能只对工作事实和成绩简单堆砌，对有关材料和数据机械罗列，而是要上升到一定的高度，对大量的工作材料进行分析思考，去伪存真，去粗取精，由此及彼，由表及里，从感性认识上升到理性认识，体现出规律性和理论性，从而指导今后的工作。

三、总结的撰写

总结的基本格式一般包括标题、正文和落款三部分。

1. 标题

总结的标题根据内容范围、目的的不同，常用的有以下两种形式。

（1）公文式标题。这类标题一般由单位名称、时限、内容和文体名称组成，如《××省教育厅2023年工作总结》，也可以省略部分要素，或由单位名称、内容和文体名称组成，或由内容和文体名称组成，如《××市社会治安综合治理工作总结》《灾区卫生防疫工作总结》等。这种标题形式庄重、醒目，综合性总结和专题性总结都可以使用。

（2）普通文章式标题。可以用单行标题，这类标题直接概括总结的内容，鲜明地表明总结的主题，如《坚持向财务管理要效益》《围绕产品特点搞好结构调整》，也可以用双行标题，这类标题由正题和副题组成。正题一般揭示总结的内容，点明观点，突出主题，副题一般补充说明单位名称、时限、内容和文体名称，如《适应新形势，研究新情况，解决新问题——××市信访办公室2023年工作总结》《挖潜力、促效益、补损失——××厂2023年工作总结》等，正副标题相互补充，信息概括较为全面。

2. 正文

总结的正文往往因内容、目的的不同而呈现不同的内容安排。综合性总结一般包括基本情况概述，成绩、做法、经验和体会，存在问题、不足和今后的打算、努力方向等；专题性总结，尤其是经验总结，一般着眼在前两部分内容。

（1）基本情况概述。这一部分概括叙述工作的基本情况，包括工作开展的背景、内外部环境、主客观条件、总结的时限和范围、成绩，以及对工作情况的总体评价等。并不是每篇总结对这几个方面都要面面俱到，可以根据总结的内容有所侧重，但要实事求是、中肯贴切、简洁精练。这是总结的引言、总提，起着开宗明义、提纲挈领的重要作用。

（2）成绩、做法、经验和体会。这一部分需要结合充分的事实、典型的材料和确凿的数据，具体详细地阐述工作所取得的成绩、采取的主要措施和做法，以及实际工作中的切身体会和具有典型意义的经验。由于总结的角度和侧重点不同，这一部分的具体内容和结构安排差别比较大。总的来说，常用的有以下几种结构方式：

①以工作为纲。首先把工作分成几个方面；其次在每项工作中，结合具体事实分析工作是如何开展的，包括曾经面临的形势、遇到的困难和采取的主要措施，写明所取得的成绩；最后再写体会。这种写法常见于综合性总结中。

②以成绩、成效为纲。首先，把工作成绩概括为几个方面，按主次轻重排列；其次具体介绍所采取的措施、主要做法；最后写体会。这种写法比较适合专题性总结的写作。

③以经验、体会为纲。这种写法即把总结的经验或体会分条列项，把成绩、做法融入其中。常见于专题性的经验总结的写作。

这一部分内容涉及面广，时间跨度大，无论采用哪一种写法，都既要做到条理清楚、逻辑严密，又要实事求是、事理结合；既要立足全局、高屋建瓴，又要精微细致、解剖麻雀。在具体撰写中，为了使纲目要点明晰，常常采用首括句（段旨撮要）或小标题统领材料的方式。首括句或小标题的提炼可以借鉴以下几个角度：

①围绕"措施"提炼，讲做法，融合事实和成效，证明措施是经验性的做法，如：

第一、抓力度，领导重视到位

第二、抓指标，目标考核到位

第三、抓合力，综合协调到位

第四、抓制度，责任追查到位

第五、抓素质，队伍建设到位

②围绕"措施＋目标"提炼，讲做法，明确工作目标，如：

第一、全面调查摸清底数，确保重点工作对象

第二、认真开展学习教育，奠定政治思想基础

③围绕"措施＋成效"提炼，讲做法，阐明做法的成效，如：

第一、以干部"三讲"为龙头，搞好党性党风教育，形成了"率先示范"效应

第二、以师生员工多层面"三讲"为主体，抓住关键性环节，形成了"同频共振"效应

第三、以系列"三讲"教育为动力，推进各级党组织的建设，形成了"核心辐射"效应

④围绕"体会"提炼，体会是对一系列工作的切身体验的提炼，好的做法自然融入其中，成效也不言而喻，如：

第一、准确的办学定位，是学院发展的根本原因
第二、科学的人才管理，也是推动学院发展的重要因素

首括句或小标题，一般句式、字数相近，使主体部分相对比较独立和完整。提炼好首括句或小标题，可以增强主旨的鲜明性，突出醒目；增强文章的层次性，条理清楚；还可以增强文章的易读性，便于快速阅读。首括句或小标题的提炼最见概括材料和遣词造句的功夫，显示了思路的清晰，能够使读者迅速便捷地掌握好的经验和做法，写总结调研类文章务必要加强这方面的训练。在行文中，还要时刻注意经验体会、做法和成效三者的有机统一，要明确经验体会是什么，通过什么样的做法取得了这样的经验和体会，这样做取得了怎样的成果，成效体现出来才能证明经验有价值，因此，无论从哪一个角度提炼首括句或小标题，这三点都是有机融合在一起的。

（3）存在的问题、不足和今后打算、努力方向。除专题性的经验总结外，一般总结在阐述了成绩、做法、经验和体会后，还要指出工作中存在的问题和不足，提出改进的措施，明确今后的努力方向和打算。这一部分内容虽不需要十分详细，但要具体实在，切不可笼统、抽象，敷衍塞责，做表面文章。

3. 落款

可以采用计划的落款方式，位于正文右下方，署单位名称和成文日期。如果标题中已有单位名称，只写明成文日期也可。如果总结是用以发表和交流，则需把单位名称置于标题之下。

四、总结的写作要求

（一）做好材料的积累

俗话说："巧妇难为无米之炊"。对于写作总结来说，如果不能充分地积累、占有材料，作者就会陷入"无米之炊"的困境。因为材料是作者分析研究问题的基础和前提。只有占有了大量的、有代表性的材料，作者才能全面、正确、深刻地揭示出经验、教训等"有规律性的东西"，为今后的工作实践指明方向。否则，作者就会脱离实际，摆架子，做样子，闭门造车，分析问题隔靴搔痒，阐述观点见解肤浅，展望未来目光狭隘，甚至以空洞虚假的、错误有害的所谓的"规律"将未来的工作实践引入歧途。因此，作者在写作总结之前，一定要深入实际调查研究，积累和占有丰富的材料。可以通过工作计划、会议记录、有关的上行和下行公文以及工作日记、大事记等途径

积累材料。在积累材料的过程中，既要有文字材料，又要有数字材料；既要有概括的、"面"上的材料，又要有具体的、"点"上的材料；既要有实际工作的材料，又要有工作背景的材料。

（二）突出重点，写出特点

写总结一定要结合本单位的实际情况，总结出新鲜的、反映单位特点和个性的经验和教训。有些总结，观点浮泛，见解一般，面貌雷同，除了单位名称和具体数字外，几乎一模一样。即便是同一单位的总结，除了日期以外，也基本上年年相似，岁岁雷同。这样的总结对实际工作还有什么指导意义呢？造成这种现象的原因是多方面的。或是目的不明确，或是材料不充分，或是其他原因，但最主要的还是重点不突出，特点不鲜明。要解决这一问题，首先从结构的安排、材料的选择、叙述的详略上突出重点和主要工作。从重点和主要工作的全过程，包括部署工作的指导思想、目标、措施和步骤，以及最终的实施结果和效果，分析工作所取得的成绩，总结取得成绩的经验和体会。其次对做得比较出色的、有特点的、有深刻认识和体会的工作，要写出独到的经验和体会。

（三）观点和材料要有机统一

写总结既不是甲乙丙丁、一二三四般地罗列材料，也不是蜻蜓点水、天马行空似地大发议论，而要把观点和材料有机地统一起来，结合起来，以观点统率材料，以材料说明观点。在工作中取得了什么成绩，有什么体会，有哪些教训，总结不是干巴巴地概括出这些内容，而是以典型、准确、生动的事实和严密的逻辑推理来说明每项成绩是怎么取得的，为什么有这些体会，教训是怎么得来的。只有这样，读者才能从中受到启发，总结才能有说服力，才能对今后的工作真正有指导意义。

例文

济南市历城区财政局 2023 年工作总结[①]

一、坚持"稳中求进"，财政收入量质齐升

2023 年全区实现一般公共预算收入 1401229 万元，完成预算的

[①] 资料来源：《济南市历城区财政局 2023 年工作总结》，济南市历城区人民政府网，2024 年 1 月 15 日（登录日期：2024 年 8 月 20 日），http://www.licheng.gov.cn/gongkai/site_lichengquqczji/channel_63899cd83759918282629cf0/doc_65aa11e48842bca5cea5de12.html。

100.30%，增长 11.09%，其中：税收收入 1153052 万元，完成预算的 100.20%，增长 9.33%；非税收入 248177 万元，完成预算的 100.76%，增长 20.11%。实现税收比重 82.29%。成功跨越 140 亿元关口，收入总量全市排名第三，财政收入再上新台阶，推动经济发展稳中向好、进中提质。

二、加强支出统筹，预算管理持续发力

始终把"六稳""六保"摆在优先位置予以保障，牢固树立"过紧日子"思想，通过压减一般性支出、积极对上争取等手段，提高财政资金配置效率和保障能力。2023 年全区实现一般公共预算支出 982526 万元，居各县区前列，实现民生和社会事业重点支出 807397 万元，占一般公共预算支出的 82.18%，连续三年实现民生支出占比超八成目标要求，财政保障重点民生能力持续增强。

三、突出服务发展，稳住经济有力有效

（一）统筹资金，强化重大战略任务财政保障

一是融入区委"4433"工作推进体系，在切实兜牢"三保"底线的基础上，共计安排促进"四大主导产业"发展资金近 15 亿元，有效保障了全区重大决策部署落地落实。二是统筹调度资金，安排国有企业注资等产业扶持资金 8.28 亿元。三是推进基金定投模式改革，参与设立、招引生物医药、智能传感器基金 6 只，完成北京希望组、成都实时技术等企业落地，为全区双招双引、重点企业服务走访等工作顺利开展提供了良好基础。

（二）助企纾困，推动惠企政策直达快享

一是全力落实关于稳经济一揽子措施，全区涉税市场主体超 11 万户，占全市总户数 15%，总量全市第一。二是落实纾困专项贷款政策，纾困贷为 2655 户中小微企业（含企业主），个体工商户放款，金额达 6.57 亿元，本年新增担保额全市排名第一。

（三）提质扩围，拓展多元融资渠道

一是将专项债券用作重大项目资本金，积极对上争取，2023 年共计到位政府债券资金 29.75 亿元，增长 67.98%，创历年新高，支持了唐冶（三甲）医院、济南市医疗康养综合服务基地、双循环贸易物流服务产业园基础设施等重点项目建设。二是积极推动重点项目融资。推动宋刘、七里河、洪楼广场片区等城市更新项目融资和贷款资金落地，从金融机构取得授信额度逾 300 亿元。

四、坚持改革赋能，财政管理体系高效协同

（一）强化财源建设，夯实财政基础

一是牵头打造财源建设平台，建立财税内外部数据资源的整合共享机制，实现财政、工信、住建、自然资源等主要经济部门关键数据共享共用。二是制定《历城区服务企业联动工作机制》，根据企业年

度区级税收贡献,建立分层级服务联系机制,帮助纾困解难。

(二)深化国企改革,提升核心竞争力

一是打造国企在线监管平台,对企业大额资金、三重一大、投资管理、债务管理等重点领域实施在线监管,用信息化手段保障国有资本平稳运行。二是完善考核激励机制,引入"一利五率"考核,同时将企业年度预算执行情况纳入经营业绩考核。三是出台《全面预算管理办法》《阳光采购监督管理办法》《投融资项目管理的意见》,强化企业预算管理,规范采购行为,降低融资成本,防范企业债务风险。

(三)深化政府投资体制改革,构建全过程工作体系

通过制定政府投资项目管理、概算管理、预算管理、审计监督和代建制等五项管理办法,构建起从项目立项、决策审批、预算编制、资产管理、绩效评价到追责问责等全过程工作体系,实现对政府投资项目各实施节点的有效管理,提高对政府隐债和财政支付风险防控能力。

(四)扎实推进绩效管理,节约财政资金

一是丰富"1+2+N"预算绩效管理制度体系。修订绩效目标、事前绩效评估、绩效运行监控等制度文件10余个。二是深化成本绩效改革,在各年度成本效益分析的基础上共研究制定了分行业、分领域支出标准5个,并将评价结果和支出标准应用于预算编制。三是加强预算绩效结果应用。推动评价结果与预算安排、政策调整等进行实质性挂钩,根据2023年财政重点绩效评价结果,共压减2024年相关项目支出预算资金1.92亿元,压减率18.43%。

五、提升监督效能,财政监管走深走实

(一)完善国资监管机制,确保国有资产安全完整

起草制定《济南市历城区行政事业单位物业管理办法》,进一步规范我区行政事业单位物业费的管理,促进党风廉政建设和节约型机关建设。盘活脱离公益属性的行政事业单位资产,涉及房屋院落6处、专业检测设备一宗,已转让至区属国企名下,在促进企业资产扩容的同时,实现资产保值增值。

(二)优化政府采购营商环境,推进数字化监管

政府采购放管服改革工作更加有效,一是推广政府采购领域远程异地评审,优化评审资源共享,实现评审专家在线视频交流、异地同步评审、在线确认评标结果。二是政府采购项目进入公共资源交易,成本再降级,服务更到位,为约1936家企业免除投标文件制作费约193.6万元,免除投标保证金约5808万元,免除履约保证金约27104万元。

(三)创新预算监督工作机制,实现"花钱共问效"

深入落实各级人大监督和预算管理意见,贯通人大常委会财经委

员会、纪委监委、财政、审计四大监督和组织部门绩效考评职能，构建了历城区预算监督五方协同机制，搭建共享共治平台。经过一段时间运行，在预算执行、政府债券和预算绩效管理等方面都取得显著效果。

（四）加强会计管理和非税管理工作

一是会计信息采集通过审核人员1800人，信息变更1367人，继续教育记录6512条；助力我区会计服务业发展，以提高效益为中心，以为企服务为抓手，与三家服务业规上企业建立联系制度，跟踪管理。二是落实"放管服"和"互联网+政府服务"改革要求，非税收入收缴全流程电子化；推进医疗收费电子票据在医保领域应用，将"鲁快报"服务应用接入"爱山东""山东通"运行，实现异地线上医保报销业务办理。

六、兜牢安全底线，财政风险防控务实有效

（一）防控债务风险，防范资金安全

一是对债券资金支持项目全部实施绩效评价，严格落实政府债务化解方案，千方百计筹措各类资金按时足额归还债券本息、化解政府隐债。二是开展全区财经纪律重点问题专项整治工作，推进减税降费政策落实、基层"三保"、收入工作、地方政府债务管理、惠民惠农财政补贴资金"一本通"等整治行动，对我区相关事项进行全面自查自纠。三是进行会计信息质量检查并进行检查公示，对发现的会计基础不规范、预算编制不科学、未严格执行预算等问题及时反馈，督促整改到位。

（二）紧盯城投债务风险，健全举债融资监管体系

搭建国企监管平台，信息化手段形成企业债务日常监测常态机制，重点加强到期债务和高息非标债务监测，推动建立风险隔离"防火墙"，防范风险外溢转移。实施企业举债统一管理，从严控制未列入政府投资计划或明显超出企业承接能力的项目融资。

七、从严管党治党，党建引领聚合力

（一）讲大局、把方向，党建引领扎实有效

构建"1+433"党建工作体系，即强化"一个统领"，在党建引领下开展"四大行动"，聚焦"三项工作"，深化"三项改革"，持续打造"红色动能集聚，兴财强政有我"党建品牌，着力以高质量党建推动财政高质量发展。一是深化理论学习，主题教育走深走实。坚持不懈用习近平新时代中国特色社会主义思想凝心铸魂，实现理论学习"全覆盖"，与党组理论中心组、"三会一课"等学习形式有机融合，开展"财政讲堂"常态学习模式，邀请专家学者授课，参观党性教育基地，通过丰富的学习形式强化理论武装、提振工作作风，砥砺财政人德才兼备的品行追求。二是厚实党建根基，党建工作全面提升。提高党内政治生活质量，召开机关党委会议8次，党员大会8

次，主题党日活动12次，我来讲党课活动13次，组织党员培训16次，结合"双报到"开展志愿服务活动15次，并圆满完成机关党委换届工作。三是聚焦党建引领，党建与财政工作深度融合。利用"书记突破项目"，将财政收支、民生保障、国企改革、绩效管理等重点工作作为课题进行深入研究探讨，实现机关党建与财政业务的深度融合。四是加强阵地建设，发挥党建文化和廉洁文化教育引导作用。打造廉洁文化墙和"财苑书屋"等集党员教育活动开展、廉洁文化宣传、党的二十大精神宣讲等功能于一体的综合型阵地，引导财政干部守牢廉政底线。

（二）讲责任、树清廉，从严管党治党

一是开展党风廉政警示教育月活动，观看廉洁警示教育片，用鲜活案例增强财政干部拒腐防变的"免疫力"；利用"财苑书屋"和廉洁文化墙等综合型阵地，营造了"学廉、尊廉、崇廉、爱廉"良好氛围；领导班子成员2次讲授廉政党课，深刻阐释财政部门反腐倡廉的重要意义；参观齐鲁银行廉洁文化展馆、山东廉政教育馆等警示教育基地，增强财政干部遵纪守法和廉洁自律意识。二是引导青年干部扣好廉洁"扣子"，班子成员履行"一岗双责"，与青年干部进行谈心谈话；开展"青年话廉"分享会，财政青年通过交流座谈、分享心得感悟财政青年反腐倡廉的重要意义，会后录制了廉洁心语微视频，获得136次点赞、81次转发。

2024年1月15日

第四节 调查报告

一、调查报告的含义和种类

（一）调查报告的含义

调查报告就是根据特定的意图和目的，对客观事物和社会问题进行深入调查和认真分析研究之后，写成的揭示事物本质、规律的事务文书。调查报告是使用频率较高的一种应用文体，从运用情况看，在标题中，凡以考察报告、调查记、调查、调查汇报等为文体名称的，都属于调查报告的范畴。

毛泽东同志是我们党大兴调查研究之风的开创者，他提出了"没有调查没有发言权"的著名论断。调查报告在领导工作中的作用越来越重要,它已经成为开展工作不可或缺的基本手段和领导决策的基础和依据。

(二)调查报告的种类

1. 根据调查报告的内容范围,调查报告可分为综合调查报告和专题调查报告

综合调查报告,就是围绕一个中心问题,对某一单位、地区或系统,或某一涉及面较广的事项进行多方面的调查取材,在此基础上分析研究、整理撰写而成的调查报告。这种调查报告课题重大,涉及面广,在实际工作中对上级部门制定方针政策有重要的参考作用。

专题调查报告,就是对一项工作、一个事件或一种社会现象进行专项调查研究后写成的调查报告。这种调查报告内容具体单一,涉及范围小,更贴近工作实际,往往适合对当前迫切需要了解、解决的问题和事项的调查。

2. 根据调查报告内容性质的不同,调查报告可分为介绍经验的调查报告、揭露问题的调查报告、反映情况的调查报告

介绍经验的调查报告,简称经验调查,主要介绍具有普遍指导意义的典型经验,为有关部门提供具体的经验、做法,以推动整个工作的全面开展。

揭露问题的调查报告,简称问题调查,主要是揭示实际工作中的缺点、失误,和违背党的方针政策、违反党纪国法的行为,以及社会生活中的不良现象和倾向。其目的是通过大量的事实,归纳教训,揭示问题产生的根源,提出相应的解决方案,以引起有关部门的重视和全社会的关注。

反映情况的调查报告,简称情况调查,包括反映工作情况的调查报告和反映社会新生事物的调查报告两种情形。前者针对某项工作的现状或群众普遍关心的热点问题、关系国计民生的重大问题进行深入调查和分析研究,提出建议,为领导机关、决策部门了解情况、研究问题、制定和修改有关政策、采取相应措施提供依据;后者是对社会生活中出现的新生事物的产生背景、原因、发展过程和规律,以及它的存在意义、影响和发展前途进行调查分析后写成的,其主要意义是帮助人们提高认识,树立对新生事物的正确态度,在实际生活中采取正当的行动。

二、调查报告的作用和特点

(一)调查报告的作用

在我们党的历史上,从大革命阶段到解放战争时期,出自共产党

人手笔的调查报告,在推动人们认识世界、改造世界方面,发挥了不可限量的作用。《湖南农民运动考察报告》《兴国调查》《长冈乡调查》等农村调查名篇,至今光芒闪耀。中华人民共和国成立以来,从社会主义革命和建设时期,到改革开放新时期,对调查报告,人们的认识显著提高,这一文体的产量显著加大,功效显著增强。就其作用而言,主要体现在以下几个方面。

1. 传递相关信息

调查报告可以反映某地区、某单位包括某个人的现实状况,发展历程,以及人们关心的热点问题,这些材料、数据及相关认识,可通过传播媒体而递送信息,增进地区之间、单位之间、上下之间的了解,相互启发,推进工作。

2. 总结工作经验

调查报告能够反映某一方针政策在具体地区、单位贯彻执行的状况,介绍在工作中获得成功的先进单位、优秀个人的典型经验,此种经验虽产生于特定对象,却具有指导性、启发性,而用调查报告的形式总结出来,推广开来,就可以变为共同财富,起到点上开花、面上结果的作用。

3. 揭露存在的问题

作为光明的对立面,阴暗也是客观存在的。违反党纪国法的行为,生活中的消极腐败现象,工作中的缺点、错误,诸如此类,调查报告可以揭露,进而剖析原因,分析危害,提出办法。社会生活中的个案,往往可以在面上找到投影。特定单位出现的问题,汲取的教训,便于各个单位引以为戒,警钟长鸣。

4. 提供决策基础

党和政府的正确决策,取决于对现实状况的准确认识和科学分析,而这种认识、分析则源于对客观实际的系统、深入和周密的把握。调查报告反映社情民意,揭示新情况、新经验,对领导机关调整政策,制定政策,大有裨益。在社会发展瞬息万变的今天,各级领导都非常重视调查研究工作,认为调查研究是我们的谋事之基,成事之道。

(二)调查报告的特点

1. 针对性

调查报告是一种针对性很强的文体,这主要体现在调查意图、目的的针对性和调查对象的特定性。我们衡量一篇调查报告价值的大小,主要看它是否反映了党和国家的方针、政策的贯彻执行情况,是否准确地抓住了当前工作中迫切需要解决的问题,是否有利于各项工作的深入开展。针对性越强,反映问题就越典型,内容就越符合实际工作需要，这样的调查报告价值就越大。因此，写作调查报告必须从工作的实际需要出发，明确调查目的，选择有代表性的事物，进行深入调查和分析研究。只有这样才能充分发挥调查报告的作用。

2. 真实性

调查报告来自现实生活，是在对客观事实深入调查的基础上产生的。无论是总结推广典型经验，还是揭露问题本质根源、反映基本情况，调查报告都必须"求真"，从客观实际出发，以真人实事为依托，通过对事实材料的分析研究，得出正确的结论。因此，真实性是调查报告的生命，是调查报告的价值和意义之所在。偏离了真实性这一基础，任何貌似深刻的结论都是没有说服力的，站不住脚的。

3. 深刻性

调查报告的意义和价值不仅体现在它对客观事物的真实反映上，更重要的还要"求是"，在实事和"求真"的基础上深刻地揭示事物的内在本质，探索事物的发展规律，发掘出一些深层次的矛盾，提出符合实际的结论，以作为决策的依据和行动的指南，帮助人们从个别中找出一般，从偶然中发现必然，透过现象看本质。所以，写作调查报告，不能停留在对客观事实的一般性描述上，还要上升到理论层面，对情况进行深刻的分析研究，得出符合客观实际的观点、结论。

三、调查报告的撰写

调查报告是对客观事物深入调查、分析研究之后，整理撰写而成的书面报告，"调查"是写作调查报告的前提，"报告"是调查研究成果的集中体现和形成科学认识的展示形式，没有调查和研究的过程就没有调查报告的产生。因此写作调查报告，必须先做好调查和研究工作。

（一）调查取材

1. 明确调查意图，带着问题调查

在调查活动开始前，调查者的意图必须明确，要了解哪些情况，解决什么问题，切不可随心所欲，否则就会陷入盲目被动的境地。

2. 制订好调查计划

科学、周密、合理的调查计划是做好调查工作的保证。其内容主要包括调查的目的、时间、对象、方式、方法以及调查提纲等等。

3. 要有正确的指导思想和态度

对客观事物展开调查，在思想上必须以马列主义、毛泽东思想为指导，坚持实事求是的路线，正确地对待历史的、现实的、正面的、反面的、概括的、具体的各种材料。还要做到态度认真、诚实、谦虚,毛泽东同志说过:"没有满腔的热忱,没有眼睛向下的决心,没有求知的欲望,没有放下臭架子、甘当小学生的精神,是一定不能做,也一定做不好的。"在调查过程中,如果仅仅是听听汇报,翻翻记录,做做样子,浮在上面蜻蜓点水,走马观花,是决不会得到真实生动的第一手材料的。

4. 讲究调查方式、方法

在调查过程中,恰当合理的调查方式和方法是高效率、高质量获取材料的重要保证。调查的方式有全面调查、典型调查、抽样调查三种。在日常工作中,经常运用的调查方法有问卷调查、开座谈会、个别交谈、实地考察等。

(二)分析研究

通过调查获取材料之后,接下来就是对材料的分析研究。有的调查报告只罗列情况和现象,这是有"调"无"研",有的虽然对事实现象进行了分析提炼,但分析得不准、不深、不透,也等于无"研",对材料进行分析研究是调查报告写作之前的重要一环。分析研究的根本方法就是毛泽东同志提出的"去粗取精,去伪存真,由此及彼,由表及里"。

由于调查得来的材料是零碎的、散乱的、直感的,并且材料的来源渠道不同,材料的性质差别也很大,因此在深入研究时,必须对材料予以鉴别。鉴别材料就是区别材料的真伪、优劣,就是"去粗取精,去伪存真";然后再对材料进行比较、整理、综合,找出材料之间内在的本质联系,从具体到抽象,从个别到一般,透过现象看本质,也就是"由此及彼,由表及里"。

分析研究的过程也是作者提取观点、得出结论的过程。这一过程是非常复杂的,难度也是相当大的。一方面,观点的形成要受到材料的制约。调查得来的材料未必能满足需要,有时材料的真实性、典型性不足;有时在分析研究过程中还需要补充新材料,需要再回到实际中作调查。另一方面,观点的形成还受一个人的政策水平、理论水平和分析判断能力的制约。对国家方针政策的理解掌握程度如何,对政治经济理论通晓运用程度怎样,分析判断问题的能力高低,都直接影响到最终观点或结论的质量。因此,在对材料进行分析研究时,要抓住事物的本质,不要停留于对表面现象的罗列;要注意定性分析和定量分析的结合,既要对事物的性质、特点和走向进行分析——定性分析,也要通过典型数据摆事实、讲道理,用数量关系揭示事物的根本特性——定量分析,避免抽象空泛和烦琐枯燥,还要辩证、全面、准确地分析问题,防止一叶障目,片面极端。

(三) 构思撰写

调查报告的基本格式一般包括标题、署名和正文。

1. 标题

常用的有两种形式:

(1) 公文式标题。明确标明调查内容和文体名称,使人一目了然,如《关于搞活县域经济的调查》《关于海南进口和倒卖汽车等物资问题的调查报告》。

(2) 普通文章式标题。可以用单行标题,直接揭示文章主题,或者归纳全文内容,如《城乡居民收入差距及其决定因素研究》,但这种标题形式文体特征不够明显,较明显的是双标题形式,即正题、副题相结合,正题揭示调查报告的中心,副题指明调查对象、内容和文体名称,如《企业累如牛,摊派何时休——关于湘潭市向企业乱摊派问题的调查》《何时缚住苍龙——徐州市整顿煤炭市场的调查》。

调查报告的标题形式多种多样,不管采用哪一种形式,都要力求准确、简明、醒目。

2. 署名

在标题的下方,署作者姓名或调查组名称。

3. 正文

调查报告的正文一般包括开头、主体和结尾三部分。

(1) 开头,也称作前言,引言。这一部分简要介绍调查的基本情况,包括背景、目的、对象、内容、范围、方式等,有的还将调查结论进行简要概括放在这一部分,给读者一个总体印象,同时为主体部分的展开作好准备。写法上可采用点题式、概述式、提问式等不同形式,要做到开宗明义,简练概括。

(2) 主体。详细阐述调查的主要内容,揭示客观事物的本质规律,表达作者的观点。主体部分的结构形式常用的有横式、纵式、综合式三种。

①横式结构。这种结构形式按照事物的性质或内在联系,并列地从几个方面来组织材料,各方面之间呈横向并列关系,组合在一起就构成了事物的整体。这种结构形式观点鲜明,条理清楚,能够比较全面地反映客观事物。如《泉城的"阳光大姐"——济南市妇联创建妇女就业服务组织调查》是一份典型的经验调查,作者在文中总结了济南市妇联创建"阳光大姐"服务组织的三条经验,即"运用市场机制,打造服务品牌""加强引导扶持,创造良好环境"和"注重心理指导,增强自尊自信"。这三条经验虽然有先后次序的不同,但在整体结构上呈现出横向并列的关系。横式结构在调查报告中运用得相当广泛,应当熟练掌握。

②纵式结构。这种结构形式按照事物发生、发展的时间顺序或内在逻辑来组织安排材料,通过层层递进、深入,来揭示事物的本质规律。这种结构形式脉络清晰,线索分明,符合读者认识事物、分析事理的思维习惯。如《兴国农村文化调查》中,作者设计了"序言""走进兴国""文化发展的'三个春天'""多元的农村文化景观""文化活动的功效""几个应引起重视的问题""结语"七个小标题,循序渐进,对江西兴国县农村文化发展的历史、现状和未来作了全面的回顾、介绍、分析和展望,全篇按照事物发展的内在逻辑和读者的思维习惯,步步推进,好似谜底层层揭开,认识渐渐明朗,给人以水到渠成之感。

③综合式结构。这是一种横式、纵式两种结构交错使用、相互配合的结构形式。它兼有横式结构和纵式结构的特点,适用于内容繁多、头绪复杂的大型调查报告。这种结构形式或是在以时间、内在逻辑为主线安排材料的过程中,为了把问题说清楚,横向展开叙述、说明;或是在横向安排材料的过程中,对一些问题的来龙去脉加以交代,使文章纵横交错,纲目并举。

(3) 结尾。调查报告的结尾灵活多样,如何结尾主要依据文章内容的需要确定。有的事毕言止,不设结语;有的设置结语,作为有机部分,收束全文,常用的有总结式、展望式、建议式等,都要求简洁有力,全篇浑然一体。

四、调查报告的写作要求

(一) 材料要真实典型

写作调查报告的目的就是通过对调查得来的材料进行深入的分析研究,得出科学的结论,材料的真实与否,直接关系到结论的对错,文章价值的大小。因此,材料的真实性是第一位的,这是调查报告写作的前提和基础。作者在搜集、选择材料的过程中,必须明辨真伪,决不可道听途说,敷衍了事。

在调查报告写作过程中,作者还必须考虑选择、使用的材料是否典型。不同的材料蕴含的意义不同,反映问题的角度、程度也不尽相同。典型的材料有广泛的代表性和说服力,在文章中能起到以一当十的作用。因此,作者必须慧眼独具,善于辨析材料的意义,对那些经过艰苦努力搜集而来,却意义一般的材料要能忍痛割爱。

(二) 观点和材料要统一

在一篇文章中,观点是灵魂和统帅,是取舍和组织、安排材料的最主要的依据，而材料是形成观点的基础，观点一旦形成，材料就会成为表现观点的支柱。因此，观点与材料是辩证统一，相辅相成的。在调查报告写作中，单纯地罗列材料，或者喋喋不休地空谈，只能使文章材料与观点相游离，难以做到以理服人。只有观点与材料密切结合，以丰富、典型的材料，鲜明、有力地说明观点，才能真正表达出作者的观点，实现调查报告的价值。

（三）在表达上要叙议结合

叙，指叙述；议，即议论。调查报告在叙述事实、说明情况时，作者既要如实反映情况，更要结合材料进行分析，展开议论与说理，表明态度和观点。调查报告经常采用叙议结合的表达方式，或先提出观点，然后以事实材料说明论证；或先陈述事实，说明情况，再分析研究，得出结论；或边叙边议，边摆事实，边讲道理，最终得出结论。这种表达方式是写作调查报告必须遵循的准则，它不仅有利于反映客观情况，阐述鲜明观点，而且只有材料与观点两者紧密结合，有机统一，才能构成一篇严谨完整、文脉贯通的篇章。

例文

为青春插上圆梦的翅膀
——高校毕业生就业工作调查与思考
光明日报联合调研组[①]

"恭喜你，可以签三方协议了！"窗外的玉兰花开得正盛，贵州大学应届毕业生文心（化名）接到了某中学招聘负责人的电话，这所学校她向往已久了。

"之前一天面试过四五个岗位，各种行业都尝试过。"文心告诉调研组，自己一度被这样的"连轴转"搞得焦虑不已，幸好学校组织了职业性格测评，使自己明确了就业方向。"老师还帮我联系往届校友，介绍了很多不错的岗位。"

眼下正值招聘旺季，各大高校毕业生纷纷进入求职市场。调研发现，我国高校毕业生就业工作正稳步推进，稳就业政策持续显效。

---

① 资料来源：《为青春插上圆梦的翅膀——高校毕业生就业工作调查与思考》，载于《光明日报》2024年4月25日。

凝聚合力：各显身手千方百计促就业

浙江杭州，一所高校引进了"AI面试官"系统，为毕业生进行面试技巧培训；山东济南，一场"春风行动"带岗直播间里，线上互动量达20万人次；甘肃兰州，一批高校教师组成专业就业指导团队，通过"简历门诊"为毕业生提供精细化就业辅导……

高校毕业生是国家宝贵的人才资源，他们的就业是稳发展、惠民生的要事，也是各地各部门高度重视的心头事。

部门协同"一盘棋"，有声有色——

"这学期忙得脚打后脑勺，我和同学都是一边准备毕业论文，一边找工作。"中央财经大学应届毕业生余沛时告诉调研组。

"那怎么兼顾？"调研组问道。

余沛时掏出手机，打开了"京企直聘"线上求职小程序。"用这个小程序，在线就可以投递简历，还能随时查看进度，节约时间精力，论文答辩与企业春招两不误！"

"京企直聘"小程序是北京市国资委积极盘活市管企业岗位资源，开展校园专场招聘工作的一个缩影。北京市国资委通过统筹市属企业提供2.8万余个应届岗位资源，为高校毕业生打造国企求职"直通车"。

这样的校园招聘活动多种多样。今年以来，教育、人社、国资、共青团、工商联等部门和团体全方位联动，多方协调促就业。

"昨天的'军工系统专场招聘会'，好多岗位都跟我专业对口，找工作不用'大海捞针'了。"西北工业大学毕业生鲁璐高兴地说。

今年3月以来，由共青团陕西省委组织的"千校万岗·就业有位来"青年人才招聘会已经举办了三场，鲁璐口中的"军工系统专场招聘会"就是其中之一。

四川、重庆人社部门联合举办的第四届成渝地区双城经济圈就业创业活动周还未启动，就吸引了不少毕业生的关注。

"在成都就能找重庆的工作，这一点最吸引我。"宋佳祥是四川轻化工大学的毕业生，老家在重庆，毕业后打算回渝工作。"就业服务越来越'到家'了！"他难掩兴奋。

近年来，全国工商联牵头开展的"百城千校万企"民企高校携手促就业行动，为高校毕业生铺设了到民营企业就业的"快车道"。

"对企业来说，这样的活动既可以招揽人才，又降低了公司组织招聘活动的成本，可以说是企业和人才双向奔赴。"北京某科技公司人力资源负责人高思仪表示，"近几年，民营企业对高校毕业生的吸引力在不断增强，希望借助政府的好政策，建好我们的人才库。"

校企联动"一体化"，创新显效——

用人单位和毕业生信息的不对称，影响了求职招聘效率的提升。

近年来，越来越多高校将"走出去"和"请进来"相结合，主动走近市场对接需求，实现就业渠道和岗位的双拓展。

"我也当了一回'推销员'，很有成就感。"中国地质大学（北京）水资源与环境学院辅导员万胜说。不久前，万胜所在的学院专程到山东省水利科学研究院、水利勘测设计院等单位上门走访，主动推销人才。

"通过面对面交流，一下子解决了好几个学生的就业，还加强了与企业的联系，了解了市场需求，以后培养学生更有针对性了。"万胜高兴地说。

调研发现，不少地方在探索"政企校"三位一体协同育人新模式上新意频出，政府、企业、学校多方协同，对口培养出更多应用型、复合型人才。

2023年年底，中国计量大学发起成立"量大精聘"政产学就业育人共同体，推动市域层面产学研深度融合，打通"高校育才、学生成才、企业得才、地方留才"全链条。

"就业育人共同体的效果已经显现，今年毕业季愿意留在杭州钱塘科学城的毕业生明显增多了。"中国计量大学就业部门工作人员告诉调研组。

越来越多的新模式也渐次落地。"学校教的技能在实习时都特别好用，就像提前掌握了通关'秘籍'。"合肥职业技术学院毕业生郑岳宝说。合肥职业技术学院从当地企业用人需求出发，以"产业"布局"专业"。得益于此，郑岳宝一毕业就入职了当地一家与他所学专业对口的企业。

调研组了解到，目前市场对技能人才需求旺盛，部分技术工种岗位缺工突出。为更好地培养适应企业需求的合格技能人才，一些职业院校探索形成了"校长围绕厂长转、专业围绕产业转、教学围绕生产转；学校像工厂、教室像车间、老师像师傅、学生像徒弟"的"三转四像"办学模式。

就业服务"百花开"，暖心到位——

就业不断线、服务不打烊。湖南长沙把"校聘小屋"开进了学校，将岗位信息、政策"宝典"、求职指导送到毕业生身边，全天候为学生提供"一站式"就业服务；广西来宾依托大型商业机构打造"招聘夜市"，请来高校就业指导老师现场坐镇，提供个性化服务和指导。

有的高校搭建起集政策咨询、数据分析、手续办理等多功能于一体的智慧就业系统，以数字技术赋能毕业生就业工作。

中国人民大学自主开发设计了国内高校首个智慧职业发展中心平台——不仅可以在学生入校之初就提供一人一策的"规划图"，还能自动生成记录成长轨迹的"日记簿";不仅能根据专业和实践情况精描就业"路线图",更能因人而异提供个性化的技能"练兵场"。

简历优化、智能匹配岗位、一对一模拟面试……平台上,智能小伙伴"小艾"一直"在线"。"修改简历、面试都可以通过平台实现,好像有一个专属职业规划师一直陪伴、鼓励自己。"中国人民大学学生叶哲楷说。

找准症结:打通高质量充分就业的堵点难点

促进高校毕业生高质量充分就业是我国迈向高质量发展阶段的必然要求。在技术飞速迭代、产业迅速转型的背景下,实现高质量充分就业还面临哪些堵点难点?

供需矛盾呈现"新特点"——

调研发现,当前先进制造业、生物医药、能源环保、现代信息技术与人工智能等新兴产业加速发展,市场对高层次、高技能人才的需求量越来越大,高质量劳动力和新兴技术人才短缺成为我国就业结构性矛盾的新特点。

"我们公司很喜欢应届毕业生,他们学习能力强,乐于接受新事物。"北京市某环保设备公司负责人博龙介绍,然而一些大学生对环保领域相对前沿的新理论、新技术掌握得还不到位,从课堂知识到工程操作还有不小距离。

在近年来异军突起的专精特新"小巨人"企业,专业人才不足越来越成为掣肘企业发展的关键因素。

"由于生产工艺的特殊性,对员工的技术水平和专业技能要求较高,我们在用工上一直比较紧缺。"一家主要经营光学电子元器件的公司负责人告诉调研组,尽管政府在岗位对接、实习见习、人才职称申报等方面给予了大力支持,但高层次人才还是更青睐大公司,中小企业对他们的吸引力相对有限。

就业新观念催生"新现象"——

"我不想只做一个打工人,还想要一点诗和远方!"在一家知名求职平台上,这条评论的点赞量很高。

调研发现,随着时代的发展,高校毕业生的就业观念、就业心理发生了新的变化,除了考虑收入前景,还综合考虑工作内容、文化氛围、个人与社会价值等诸多因素。

对我国东、中、西部地区7个省区市的14所本科院校、4所专科院校,覆盖研究生、本科生、专科生三类群体,随机抽样的1829份调查问卷显示,除工作稳定性、薪资待遇外,工作生活平衡、职业成长、所在城市、兴趣爱好等,也是高校学生就业选择时看重的因素。

不少毕业生一时找不到满意的工作,于是选择等等再说。中国人民大学教育学院教授崔盛说:"有的学生就业预期比较高,还有少部分学生以此延缓就业压力。"

"'海投'简历投到人都麻了。""有没有什么工作钱多活少离家近?"调研发现,少数毕业生求职目标比较模糊,既没有明确的职业规划,又在能力素养和心理准备上有所欠缺。

"总有同学问我,大家都在考公务员,自己也需要试试吗?"北京外国语大学就业创业中心主任兰建华经常遇到有类似困惑的学生。"找工作之前应充分了解自我和市场需求,适合自己的才是最好的,要破除盲目从众、随大流的就业误区。"

就业多样化呼唤"强保障"——

小程序开发员、互联网营销师、直播带货员……随着数字经济快速发展,自由的工作状态、潜在的发展机遇,使这些新兴职业越来越受到高校毕业生的欢迎。

"又是一个点赞超出预期的视频!""这期视频让我涨粉1300多人呢!"这是中国传媒大学大三学生芙蕖(化名)的"创业日常",作为一名哔哩哔哩视频平台的博主,他创作的二次元动漫作品圈粉无数,帮他挣了不少零花钱。

"毕业后我打算继续发挥个人优势,做自媒体创业。"但芙蕖也坦言,干这行最担心收入不稳定,缺乏足够保障。

目前,就业形式多样化已成为高校毕业生就业的显著特点,但不少灵活就业者却在社保覆盖范围之外。"后顾之忧"让不少学生打了退堂鼓。

"新就业形态引发传统劳动关系的变革,组织方式、就业观念都亟须更新。相比之下,在从业者权益保护、社会保障、政策支持等方面还有短板,相关配套服务有待加强。"中央民族大学教育学院教授孙立会说。

统筹施策:护航高校毕业生就业之路

促发展,打造高质量就业岗位"蓄水池"——

当前,新质生产力正在引领就业市场发展新方向,以"低碳化"为代表的绿色经济、以"智能化"为代表的数字经济和以"品质化"为代表的新消费催生出一大批新的岗位需求和就业机会。

"应加快推进适应新质生产力发展要求的创新型人才培养,引导更多优秀高校毕业生到重点行业、重点领域、重点地区施展才华。"北京市教委高校学生处处长王栋建议。

西部计划志愿者唐懿飞目前正在新疆塔城地区从事基础教育志愿服务工作,他在当地开展的"送课到校""特色社团"等活动,受到师生好评。像唐懿飞一样,越来越多的高校毕业生通过"三支一扶"、农村教师特岗计划、大学生乡村医生等项目到基层一线建功立业。

浙江大学经济学院党委副书记梁艳告诉调研组:"基层治理体系和治理能力现代化急需人才支撑,劳动社保、社区管理、农村电商、养老服务、农业科技、社会工作等很多领域都是大学生的用武之地。"

"应畅通高校毕业生在基层的成长路径,构建下得去、留得住、干得好、流得动的长效机制。"曾多次赴北京高校招募毕业生的四川自贡荣县县委党校常务副校长祁思越建议,应创造成长成才的有利条件,加大教育培训力度,拓宽晋升渠道,健全激励保障机制,引导高校毕业生心向基层、扎根基层。

民营企业是吸纳就业的主力军。"应发挥好中小微企业和民营经济在吸纳高校毕业生就业方面的作用。"中国青少年研究中心研究员陈晨认为,一方面要改善民营经济发展环境,通过就业补贴、扩岗补助、税收优惠等扶持政策支持民营企业稳岗拓岗,释放活力;另一方面要引导毕业生正确认识民营经济的作用和贡献,转变择业观。

强教育,优化高水平人才供给"产业链"——

2023年2月,教育部等五部门发布的《普通高等教育学科专业设置调整优化改革方案》提出,到2025年,优化调整高校20%左右学科专业布点,新设一批适应新技术、新产业、新业态、新模式的学科专业。

"高等院校应加快构建'招生—培养—就业'联动机制,推动人才培养和产业发展新业态、职业岗位新要求、就业工作新动向相挂钩。"新疆大学政治与公共管理学院副院长黄晨建议,依据招生形势、就业需求、人才培养优势来优化办学资源配置,推动专业设置与经济社会发展需求相匹配。

目前,不少地方探索形成了高校与科研院所、高水平企业联合培养模式,通过打造"双师双能型"教师队伍,实现教学过程与生产过程对接、人才培养与产业需求融合。秦皇岛工业职业技术学院团委书记、辅导员陈琳表示:"对于职业院校来说,需精准把握办学特色和人才培养定位,构建以培养技能型高级专业技术人才为主的教学体系,主动融入地方产业发展需求。"

优环境,完善高效能就业服务"大循环"——

今年毕业求职季,除了传统的线下双选会,各种新形式新举措轮番亮相。

在广东广州,"春风送岗促就业,精准服务助发展"专场云招聘活动一次性发布了2400多个岗位需求;浙江宁波推出了校招猎头服务,扮演就业"红娘"角色,对接联系高校二级学院,在毕业生、用人单位间主动架起"鹊桥"……

"应继续在强化就业供需匹配上下功夫,运用大数据、云计算等新一代信息技术,做到线上线下协同发力,让就业信息更精准畅通。"宁波人才发展集团党委副书记、总经理孟雪说。

此外,调研组还发现,不少高校毕业生在求职中遭遇过虚假招聘、违约金不合理、模糊劳动报酬等问题。共青团杭州市委青年就业创业工作部部长陈楠表示,就业工作涉及部门条线、工作板块多,应加快健全统一领导、分工负责、部门联动、高效运转的就业协同配合机制,营造公平公正的就业环境,维护毕业生求职就业的合法权益,帮助毕业生走出求职权益"小白"的困境。

毕业生就业服务不是就业部门一家的"门前雪",而是需要全社会协力演奏的"交响乐"。

"就业服务不是单纯的服务,而是在大育人格局中让学生体会到党和国家、学校、社会等各方用心用情引领、保障青年成长成才的重要方式。"燕山大学经济管理学院辅导员杨小丽说,学校、老师要做好毕业生思想观念的引路人、能力提升的铺路人、政策服务的对接人。

第五节 简 报

一、简报的含义、作用和特点

(一) 简报的含义

简报的历史可以追溯到两千年前汉代的"邸报",也叫"邸抄"或"邸钞",是抄发皇帝谕旨、臣僚奏议和有关政治情报的抄本。发展到今天的简报,是机关、团体、企事业单位为汇报工作、交流信息、总结经验、反映问题而编写的简明新颖的情况报告或报道的汇编,又叫"动态""简讯""情况反映""内部参考"等。对于简报的总体认识,可以从以下几个方面来理解。

1. 简报是一个系统、机关或单位传递情况或信息的载体

简报所收稿件,可以是信息的汇总,情况的报告,可以是事件的报道,还可以是对某方面工作或某个问题进行调查分析后所形成的调查报告。与报刊等其他信息载体相比,其内容虽然广泛,但并不是以全社会作为反映对象,也不向全社会进行公开报道,而是仅限于反映与机关、单位公务活动有关的情况,在机关内部传播。

2. 简报不是机关公文,不具有法定效力和行政约束力

上级下发的简报没有指令性;下级上报的简报不要求上级批复表

态；不相隶属机关之间交换的简报没有相互制约的作用。与机关公文相比，简报只是机关事务工作中常用的交流信息、沟通情况的一种有效方式。

（二）简报的作用

在机关公务活动中，简报的作用是十分明显的。上级机关和领导人通过简报，便于及时掌握实情，为指导工作和制定政策提供依据。下级机关通过简报，可以向上级汇报工作、反映情况，以便及时得到上级的领导和指导，更好地开展工作；不相隶属机关之间通过简报可以互通情况、交流信息，加强横向联系。因此，简报在机关工作中使用频率很高。它还可以根据工作的需要改写成报告、新闻、通讯等文章。编写简报是机关办公室的一项经常性、基础性工作，也是办公室"以文辅政"的重要组成部分。对机关工作人员来说，编写简报可以说是做好工作的"入门功夫"，是提高语言文字表达等综合能力的有效途径，它可以较全面地锻炼写作能力，为各种公文的写作奠定基础。

简报的作用和功能是逐步得到认识和推广的，1956年6月9日，国务院《关于所属各部门工作报告制度的规定》中指出："工作简报：各办、外交、计委、建委、体委、民委、侨委，两周向总理写一次工作简报，明白扼要地报告所掌管的范围内重大问题的处理，工作中的重要情况和经验。"当时的简报，是下级机关专门用来向上级部门反映情况的，随着形势的发展，简报的作用逐渐得到推广，应用范围更为广泛，由单纯的上行，发展到了下行、平行，成了机关事务工作中不可缺少的工具。

（三）简报的特点

1. 快，即讲求时效

简报要发挥它的作用，就要及时迅速地把工作中有普遍意义的经验加以推广，有倾向性的问题加以报告，有参考价值的信息加以传送。一些重要情况和信息要在一两天，甚至几个小时之内就要报道出来，让有关领导和部门获悉，类似于"抢"新闻。如果拖拖拉拉，慢条斯理，就可能失去工作的宝贵时机，使重要情况失去意义。在某种特殊的场合和环境下，时间就是简报的质量，及时就能发挥简报的作用。因此，简报的运用要树立强烈的时间观念，编写人员要对客观事物有敏锐的反应能力，快写、快印、快发。

2. 简，形式短小

这是由"快"的特点决定的，长篇大论，冗长繁杂，势必要花许多时间去推敲，自然快不起来。简，是指简报语言简练、篇幅简短。它要做到迅速地反映情况,用简洁明了的语言把重要的有实际意义的情况直截了当地表达出来。在篇幅上,要短小精悍,如果内容确实重要难以割舍,可以分成几期,编成一个统一主题下的简报系列。

3. 新,内容新颖

表现在两个方面:一是材料新,即所反映的是新情况、新事物、新动态、新问题。只有这些新东西才能引起人们的关注,促使人们思考。如果简报的内容都是些人所共知、时过境迁的陈旧消息,那就没什么价值了;二是观点新,即新的认识和见解。简报要求在反映客观情况的同时,还要对情况从新的角度加以分析研究,挖掘出新的内涵,产生新的认识和理解,总结出新的经验。即使是并不十分新鲜的材料,经过认真剖析,也应使其透出新意。这样,简报的内容才能给人以新的思想启迪,打开新的思路。

4. 密,有一定的机密性

简报一般只在机关单位内部流通,不向全社会公开发布,有一定的阅读范围。由于简报反映的内容不同,密级不同,阅读对象也不一样。有的简报,某一级别的干部可以阅读,低一级的就不能阅读,在一定时间和范围内,具有保密性质。一般地说,越是高级领导机关编印的简报,机密程度就越高。

二、简报的种类

简报的种类很多,可以从不同角度进行分类。按内容含量,有综合简报和专题简报;按内容特点,有动态简报和经验简报;按写作对象,有工作简报和会议简报;按日期规模,有定期简报、不定期简报、长期简报和临时简报等。

在日常工作中,常用的有以下几种:

1. 工作简报

即用来反映各项工作情况的简报。包括定期反映工作情况和问题、经验、教训的日常工作简报,反映某项中心工作进行情况的短期性中心工作简报,报道某项专门工作的专题简报等。

2. 动态简报

一般用来汇集社会各个阶层对国内外形势变化、方针政策或其他重大措施的公布实施以及工作业务动向和日常生活中各种问题的思想反映,比如有的机关专门定期编印《舆情信息》,供机关领导参阅。这类简报能以客观准确的事实材料,为有关部门研究问题,制定方针政策和具体措施提供依据,具有较高的参考价值,保密性强,一般控制发放范围,只上行给有关领导。领导掌握情况以后,可以及时采取措施，排除干扰，解决重大的认识问题或实际问题，以保证党和国家方针政策的顺利贯彻。

3. 会议简报

这是反映会议召开情况和会议主要精神及与会人员意见与建议的临时性简报，一般由大会秘书处或主持单位编写，分连续性简报和综合性简报两种。

（1）连续性简报，又叫会议进程简报，是随着会议的进程而陆续编发的，内容是连续的，能比较全面地反映会议各个阶段的情况，包括预备会情况、开幕式情况、大会发言、小组讨论情况、典型发言摘要等。这种简报的期数视会议规模而定。

（2）综合性简报，又叫会议纪要式简报，是在某个会议结束时所写的概括会议情况的简报。它可以综合反映会议进展情况，与会人员的重要发言、意见、建议，以及会议决定、领导人的讲话等，起传达会议精神的作用。

三、简报的编排与编写方法

（一）编排格式

简报的编排样式包括报头、报体和报尾三部分。

1. 报头部分

该部分位于第一页上方，一般占全页的1/3篇幅，通常有通栏红线与正文隔开，样式和内容相对固定，主要包括：

（1）简报名称。位于报头中心位置，用套红大号字体，如"××简报""××动态""××信息"等。

（2）简报期数。位于简报名称正下方，一般按年编期，依次序编号；有的在年序号下面再标出出版以来的总序号，写为"总第×期"。如果内容特殊，需要改变分发范围，可在简报名称下加"增刊"字样，增刊要单独编期。

（3）编印单位。位于通栏红线之上，期数左下方，如"××局党委办公室编""××会议秘书处编"等。

（4）编印日期。位于通栏红线之上，期数右下方，年月日一般要写全。

（5）密级。在报头左上角，注明"绝密""机密""秘密""内部刊物"等。

（6）编号。在报头右上角，按印数编号，以利于保存和查找。

现行各类简报，一般均含有上述内容，但排版形式多样，有横排，有竖排，在具体编写时可根据情况灵活掌握。

2. 报体部分

该部分是简报的核心部分，即编排简报文章的部分。可能会包括这样几项内容：

（1）目录。综合性简报或内容较多的简报，往往在第一页报头之下编排目录。有的按篇章的内容性质和重要程度排列，有的按页码顺序编排，还有的以固定栏目形式编排。只有一篇文章的简报，不必排目录。

（2）按语。按语是简报制发主体加写的，是针对正文内容为读者写的提示语。它引导读者理解办报机关的主张和意图，为什么肯定某一经验，为什么批评某一错误，为什么提倡某一做法，都是从事关全局的角度，提出值得注意的带有倾向性的意见。

按语位于间隔线之下，标题之上，注明"编者按"或"编者的话"，其印刷字体与标题、正文有所区别。不必为每篇文章都加按语，但转载的文章一般都加写按语。按语也可放在文章之后，称为"编后"。

按语有评论性、说明性和注释性三种类型：

评论性按语，主要是对文章所反映的问题加上必要的评议，直陈编者的意见，揭示事件所蕴含的意义。

说明性按语，主要是说明文章刊载的目的，或是说明文章的参考价值，或是向读者交代某些必要情况，如传达领导指示，介绍作者情况，对读者、投稿者提出某种希望或要求等。

注释性按语，主要是对文章中出现的读者不太熟悉的人物或事物加以简单的注释，如注解有关资料、解释专业术语等。

（3）简报稿。

标题：简报稿的标题要求"直言其事，明显其意"，力求确切、简洁、醒目。

正文：排印在标题之下，可根据简报类别及内容特点选择不同的写法，几种常见的编写方法见后面专题讲解。

署名：正文结束后，要紧跟着标出撰稿者或供稿单位，用圆括号括起来。

3. 报尾部分

该部分位于简报最后一页下方，包括两项内容：

（1）发送范围，表明收文者。用两条通栏横线框起，其间纵向顶格齐头标"报""送""发"，报上级，送平级，发下级。

（2）印发份数，注明本期总印数备查。在最下方通栏横线之下右下方，写明"共印×份"，有的还注明本期责任编辑等。

（二）编写方法

采写简报与编印简报是两项工作。采写，是作者深入实际，调查采访，选择材料写成稿件，提供给编辑人员。编，是编辑，是将现成的稿件编排出来，其任务是选择稿件，修改润色，加写按语。尽管具体分工不同，但两者目标是一致的。稿件编排样式已如前述，简报稿的采写主要有以下几种方法：

1. 消息报道式

简报被称为机关内部的新闻报刊，因此常采用消息的写作方法，但与报刊上的新闻消息又有区别，相比而言，文风较为朴素。其内容结构一般包括前言、主体和结尾三部分：

（1）前言，也称导语，是正文的开头，要求把全文的主要事实和中心思想用简明的一句话或一段话概括出来，即所谓"篇首举其目"。

（2）主体，紧承导语，用典型事例或准确数据将导语具体化。要求恰当安排结构，层次分明地把具体情况写清楚。在表达上，主要采用叙述的方式，结构主要有两种：一是按时间顺序，即按事件发生发展的先后顺序来安排结构；二是按逻辑顺序，即按内容之间的内在联系来安排结构，为了醒目，常用小标题和条首句概括的形式。

（3）结尾，或者对主体事实作概括性小结，以加深读者印象；或者对事件、问题进行分析，肯定成绩，总结经验，找出差距，指明今后努力方向；或者提出要求和号召，动员群众为完成某项任务而努力。也可文终意止，不必再写结尾。有些简报进行连续性报道，为了引起人们对事情今后发展的关注，可以交代"事件发展情况将陆续报道"或"问题正在进一步调查中"。

2. 文件汇编式

机关和企业在日常公务中有大量文件上传下达，但并不是每个工作人员都有资格和必要看到这些文件的原文，特别是一些涉及机密内容的公文。在这种情况下，就可以通过简报将某些一般人员应当知晓的内容摘编，或将一些有参考价值、无须保密的文件直接编发出来，加强单位内部信息的沟通和交流，促进工作的开展，同时也增强了集体生活的民主性和凝聚力。这种形式往往加写按语，以表明编者的观点，说明转发的目的。

3. 工作研究式

针对工作中存在的一些问题进行分析研究，提出解决问题的意见和办法，以推动工作的开展，这种文体往往结合实际工作，针对性、理论性较强，但一般文字比较简短，不作长篇大论。

例文

中国银行业协会"百行进万企"融资对接工作简报
第6期[①]

(2020年4月16日)

为贯彻国务院"六稳"政策落地实施，推动银行业金融机构进一步打通金融供给与需求的对接瓶颈，全力支持小微企业抗击疫情、复工复产，助力实体经济持续稳健发展，中国银行业协会按照银保监会《关于进一步做好银行机构"百行进万企"融资对接工作的通知》（银保监办便函〔2020〕107号）等文件要求，印发《关于深入推进"百行进万企"融资对接工作的通知》，积极联动地方银行业协会发挥宣传、组织、推动、督促作用，收集整理各地方银行业金融机构的优秀典型案例，每日编报《百行进万企 银企系列动态》简报，由中银协负责宣传推广。2020年4月16日简报内容如下：

山东省：

工商银行、建设银行、民生银行等银行机构扎实开展"百行进万企"融资对接工作

工商银行银行山东省分行：疫情期间，工商银行山东省分行利用线上媒体平台，重点介绍"一平台三产品"以及个人经营贷款等其他普惠金融产品，通过"小微企业节""千名专家进小微"等系列活动，围绕"三联动""三走进"系列现场营销活动，提供综合化普惠金融服务，传递工行温度。截至3月10日，工商银行山东省分行百行进万企应走访客户42544户，其中已填报问卷27079户，进度63.65%，达成意向数量124户，已完成授信客户74户。

建设银行山东省分行：建设银行山东省分行通过现场+视频方式进行"百行进万企"融资对接的安排和部署，明确企业对接责任人，层层压实责任，确保政策传导到位、客户对接到位、金融服务到位，要求各机构积极响应、快速行动，一是强推动，成立专门领导小组和推动小组，统筹安排、全力推动；二是广宣传，拓宽宣传渠道，将线上线下结合，传统新兴融合，内部外部契合；三是重保障，保证信贷

---

① 资料来源：《中国银行业协会"百行进万企"融资对接工作简报第6期》，天津市银行业协会网，2020年4月16日（登录日期：2024年8月20日），https://www.tabc.com.cn/system/2020/04/17/030018593.shtml。

资源、财务资源、审批资源足额到位；四是稳落地，确保问卷调查、实地走访和融资服务效果，问需于企，形成银企对接的长效机制。

民生银行济南分行：在山东银保监局的统筹指导下，根据山东省银行业协会倡议，民生银行济南分行积极响应、勇于担当、主动作为，"百行进万企"融资对接工作在全辖55个网点全面启动。民生银行济南分行积极搭建小微企业非金融合作平台，甄选客户关注的热点话题，通过定期开展公益大讲堂等方式，为客户提供最及时的信息来源及业务帮助。目前已开展小微讲堂活动上百场，覆盖小微客户超过5000人次，涵盖内容包括财税经营、劳务管理、家庭医疗、法商专题等，受到了小微客户的普遍认可。

陕西省：

农业发展银行宝鸡分行：借助"百行进万企"支持"菜篮子"、保障基本民生、助力疫情防控陕西银行业已经为"百行进万企"小微企业发放贷款超50亿元。其中农业发展银行宝鸡分行按照"百行进万企"工作要求，组织辖内机构积极开展并持续深化"百行进万企"融资对接工作，目前已经向小微企业投放信贷资金4亿元，有力支持了"菜篮子"，保障了基本民生，帮助小微企业复工复产稳健发展。同时，发放抗疫应急贷款11笔8920万元，为疫情防控做出了努力。

提　示

机关事务文书在日常公务活动中具有很强的实用性、事务性，具有某种惯用体式，是应用文章的一个大类。它不属于正式公文，但比正式公文的使用频率更高，应用更广泛。

事务文书包括的文体较多，本章选择了其中的计划、总结、调查报告、简报几个文体具体讲述。

对于计划来说，最重要的也许不是它的写法而是怎样使计划实施，社会生活中的许多计划最后都成了纸上谈兵，这样的教训不胜枚举，希望在学习中首先能引起我们的一些思考，计划的目标和实施步骤是重点；总结最难写的部分不在于对做过事情的周全的叙述，而在于对工作实践中所取得成绩和存在问题的理论升华，要想真正使自己的总结有水平、有价值，这一关键部分的提炼必须认真揣摩；调查报告的写法固然重要，但在具体写作前准确获得被调查对象的事实材料也许更为重要，因为这是一篇调查报告最坚实的基础，在学习写作调查报告时，这项基础性的工作千万不能忽视；简报不是一种文体，而是多种信息和文体的载体，有其固定的编排格式，应熟练掌握排版样式和简报稿的撰写方法。

思考与练习

1. 分析下面这份计划存在的问题并提出修改意见。

中国建设银行××支行第四季度工作计划

今年的工作十分繁忙，尤其是第四季度的工作，如何把本季度工作搞好，作下列计划：

(1) 抽出时间认真学习有关基建改革的文件。

(2) 深入单位了解完成工作量的情况和资金支用情况，为审查好年终决算打基础。

(3) 了解建设单位明年的计划安排和完成情况，以便做好明年信贷计划工作。

(4) 认真地与建设单位对清基建计划，避免超计划支出。

××××年×月

2. 阅读下面这段调查材料，请仿照提示用小标题的形式概括出专业村的六种类型。

兰溪县16个乡镇拥有除粮食外主导产业产值占工农业总产值40%以上的专业村59个，按主导产品划分，概括起来共有以下几种类型：

(1) 提示：<u>农副产品规模效益型</u>。主要围绕一种或几种农副产品，全村农户都来种植，靠规模效益提高产出比，达到优质高效的目的。目前，全县已发展起这类专业村20个，占总数的33.9%，其中花生专业村10个，食用菌专业村7个，蔬菜专业村3个。

(2) ＿＿＿＿＿＿＿＿＿＿＿＿。发挥山坡面积大、水资源条件好的优势，发展养牛、养鱼、养鹅等畜牧水产养殖业。目前全县形成这类专业村3个，占全县专业村的5.1%。

(3) ＿＿＿＿＿＿＿＿＿＿＿＿。开发荒坡、荒地资源，栽植板栗、苹果、茶叶、胡桑等经济林，目前已形成这类专业村25个，占全县专业村的42.3%。

(4) ＿＿＿＿＿＿＿＿＿＿＿＿。以国有企业为依托，带动周围群众开采矿业，目前已形成这类专业村4个，占全县专业村的6.8%。

(5) ＿＿＿＿＿＿＿＿＿＿＿＿。围绕市场需要从事商业、餐饮、旅店等服务行业，现已形成这类专业村5个，占全县专业村的6.8%。

(6) ＿＿＿＿＿＿＿＿＿＿＿＿。主要以专业建筑队带动农户从事建筑施工、建筑材料加工、经销等行业，目前这类专业村2个，占全县专业村的3.4%。

3. 撰写一篇个人学习计划。

第十一章 财经专用文书

第一节 财经专用文书概述

一、财经专用文书的含义

财经专用文书,也称财经专业文书,是指在财经活动中形成和发展起来的专门用于处理财经业务、反映财经内容的应用文。它是应用文大家族的重要成员,具有应用文的一般特性,与其他专业应用文相比,又有自身的特点。

二、财经专用文书的特点

(一) 专业性

财经工作本身具有很强的专业性,而财经专业应用文是以反映财经活动为内容的,所以它不同于基础性写作,而是一种财经领域的专业性写作。它的理论基础是反映财经工作和经济发展规律的经济理论,它的写作内容贯穿于财经管理活动的全过程,主要材料来自生产、交换、分配、消费的实践,阐述的观点是各个环节需要解决的问题,它的各种文体,都是为搞好经济管理、提高经济效益而确定的,它的语言、表达方式都要体现经济管理的专业性,使用大量的专业术语。因此,不具备一定的财经专业知识,是难以胜任财经专用文书写作工作的。

(二) 政策性

党和国家的方针政策是一切财经工作的生命线,也是财经文书写作的准则和依据。有些财经文书,本身就是开展财经活动的方针政策;有些财经文书所提供的信息、数据、资料等,是制定方针政策的重要依据；有些财经文书，其内容是检验财经政策的执行情况，这些都是财经文书政策性的体现。因此，财经文书的写作一定要体现国家财经政策的精神，要以有关法规和政策为依据去分析财经现象，研究财经形势，解决财经问题。财经文书的写作在贯彻方针政策的同时，还要遵循法律法规，不能搞"上有政策，下有对策"，制作涉外经济文书，还要注意符合国际经济公约和国际惯例，要符合国家政权的政治意向和根本利益。

（三）定量性

经济活动往往用数字说明问题，因此，财经类应用文比一般工作应用文更注重定量分析，常使用大量数据反映情况，说明问题，许多文章离开数字将难以作出分析，得出结论。如市场调查报告，分析的主要依据是数据，分析的基本方法是通过数字的对比进行定量分析，没有调查得来的数据，写作便无法进行。

财经应用文的种类很多，本章着重介绍市场调查报告、合同、审计报告、纳税检查报告、经济新闻和经济论文的写作。

第二节　市场调查报告

一、市场调查报告的含义和应用

经济部门或企业经营管理者运用科学的方法，有目的、有计划、系统地对市场需求、供应和商品销售情况进行搜集、记录、整理和分析研究，从而得出结论，并据此对今后市场供需态势做出合理推论，这就是市场调查；把调查得来的资料进行筛选、整理和加工，形成完整的书面材料，就是市场调查报告。

市场调查报告是市场调查结果的集中体现，也是市场信息的重要载体。从文体写作这个角度来说，在调查报告的大家庭中，它是在财经领域具体运用时形成的一种变体，因其内容紧紧围绕市场这一主题而与其他类型的调查报告区别开来。

我国的市场调查是随着经济的发展逐渐兴盛起来的。在计划经济时期，主要是卖方市场，一方面，国民的购买力比较低，对物质文化生活的需求不高；另一方面，商品生产的数量少，产品的规格、品种、花色比较单一，市场范围比较小，市场需求变化不大，而产品的生产厂家和经营商店也不愁商品没有销路。因此。很少对市场进行周密的调查。改革开放之后，计划经济逐渐向商品经济过渡，市场情况发生了很大变化，卖方市场已经向买方市场转化。生产发展了，人们的物质生活水平提高了，购买力也大幅度提高，尽管市场上的商品不断增加品种、花色，为消费者提供了越来越多的选择余地，但总是赶不上消费者的需求。市场上的供需矛盾推动着市场经济不断向前发展，旧的矛盾刚刚解决，新的矛盾涌现出来，市场情况瞬息万变，难以把握，这就需要经常不断地对市场进行调查。商品的生产者需要了解消费者对自己产品的意见和要求，需要研究消费者的购买心理，研究市场的消费趋势，以便制定生产决策；经营管理部门也需要调查研究市场，研究供需矛盾，掌握市场动态，以便制定政策，从财政、金融、税收、物价等方面发挥国家的宏观调控作用，促进生产发展，满足人们日益增长的物质文化生活的需要。在发展社会主义市场经济的今天，调查市场，了解市场需求情况，不断解决市场上出现的供需矛盾，成了企业经营者和财经管理部门的一个经常性课题。

时下，重视市场调查，在市场中寻找自身的坐标，已成为企业家们的共识，各类商情调查、投资咨询、企业策划等新潮职业应运而生。他们从市场调查与市场分析入手，根据消费者的需求，对企业的生产与产品的设计进行指导，协助企业组织以消费者需求为中心的生产活动，并通过广告推销产品。同时，又根据市场对产品和服务的反映，为企业下一步生产和新产品开发提供反馈信息。可以说，通过科学有效的市场调查为企业和政府部门提供决策资讯，一方面为这些新潮职业提供了无限商机；另一方面也为市场调查报告这个文体提供了更为广阔的生存空间。

二、市场调查报告的特点

（一）针对性

针对性是市场调查的灵魂，主要包括两个方面：第一，市场调查总是为了说明某一个问题，或者为了解决某一个问题，所以必须做到目的明确，有的放矢；第二，市场调查必须明确阅读对象，阅读对象不同，他们的要求和所关心的问题也不一样。如果既不明确解决的问题，也不明确阅读对象，针对性不强，撰写的报告就是盲目而毫无意义的。针对性越强，指导意义也就越大，作用也越大。

（二）预见性

市场调查应紧紧扣住市场活动的新动向、新问题，寻找一些人们未知的新发现，提出新观点，形成新结论，这个结论必须带有预见性，才能具有重要的使用价值，达到指导经营活动的目的。不要把众所周知的、常识性的、陈旧的观点或结论作为调查的成果。有预见性的结论被有识之士采纳，会产生巨大的经济效益；不及时采纳这样的建议，对经营活动做出调整，也会给企业造成不应有的损失。

（三）时效性

信息时代，市场竞争更加激烈，企业在生产经营活动中必须掌握准确、及时、系统的经济资料，对市场变化迅速做出反应，并对未来状况加以预测，才能在竞争中立于不败之地。因此，要顺应瞬息万变的市场形势，市场调查报告的写作必须讲求时间效益，及时反馈市场信息，而且要及时到达使用者手中，使经营决策能够快步跟上市场形势的发展变化。

三、市场调查报告的分类

市场调查的内容涉及市场营销活动的整个过程，凡是直接或间接影响市场经营销售的情报、信息，都是市场调查的内容，根据内容的侧重点不同，可以将市场调查报告分为以下几类：

（一）市场环境调查

市场环境调查主要包括经济环境、政治环境、社会文化环境、科学环境和自然地理环境等。具体的调查内容可以是市场的购买力水平，经济结构，国家的方针、政策和法律法规，风俗习惯，科学发展动态，气候等各种影响市场营销的因素。

（二）市场需求调查

市场需求调查主要包括消费者需求量调查、消费者收入调查、消费结构调查、消费者行为调查，如消费者为什么购买、购买什么、购买数量、购买频率、购买时间、购买方式、购买习惯、购买偏好和购买后的评价等。

（三）市场供给调查

市场供给调查主要包括产品生产能力调查、产品实体调查等。如为某一产品市场可以提供的产品数量、质量、功能、型号、品牌，生产供应企业的情况等。

（四）市场营销因素调查

市场营销因素调查主要包括产品、价格、渠道和促销的调查。产品的调查主要有了解市场上新产品开发的情况、设计的情况、消费者使用的情况、消费者的评价、产品生命周期阶段、产品的组合情况等。产品的价格调查主要有了解消费者对价格的接受情况，对价格策略的反应等。渠道调查主要包括了解渠道的结构、中间商的情况、消费者对中间商的满意情况等。促销活动调查主要包括各种促销活动的效果，如广告实施的效果、人员推销的效果、营业推广的效果和对外宣传的市场反应等。

（五）市场竞争情况调查

市场竞争情况调查主要包括对竞争企业的调查和分析，了解同类企业的产品、价格等方面的情况，了解他们采取了什么竞争手段和策略，做到知己知彼，通过调查帮助企业确定竞争策略。

四、市场调查报告的撰写

（一）市场调查报告的结构

市场调查报告一般包括标题、正文、署名三部分。

1. 标题

市场调查报告标题一般由调查单位、调查内容和文体名称等要素组成，如《××厂关于××牌电视机产销情况的市场调查》《××市居民家庭饮食消费状况调查报告》等。

2. 正文

正文分为开头、主体、结尾三部分。

（1）开头。又称前言部分，这一部分是对调查情况的简要说明。包括调查的原因、时间、对象（地区、范围）、经过、方法（是普查，还是随机抽查）等。其具体形式可以是：

①说明式。即用说明的方式，对调查的时间、地点、对象、经过、方式进行简单介绍，使人对报告有一个总体印象。

②议论式。提出调查的中心问题，并对该类问题的重要性以及问题的性质加以议论，以加深读者对该类问题的理解和重视。有关调查的时间、地点、对象、经过、方式暂不说明，而是随着后文的叙述予以说明。

③结论式。将报告所取得的基本结论先在前言中提出来，使读者获得对调查的本质性认识。

（2）主体。

①基本情况。这部分可按时间顺序进行表述，有历史的情况，有现实的情况；也可按问题的性质归纳成几个类别加以表述。无论如何

表述，都要求如实反映调查情况。其经济运行的具体情况，要有调查数字，其表述可用叙述与图表相结合的方式。

②分析或预测。即通过分析研究所收集的资料，预测市场发展的趋势。市场调查报告虽然不以预测为重点，但很多报告的资料分析，都暗含对市场前景的判断。

③建议或措施。这是这类报告的落脚点。根据分析或预测得出的结论，思考相应对策，既要有针对性，又要有可行性。

（3）结尾。这是全文的结束部分，或重申观点，或加深认识。这部分也可省略。

3. 署名

为了对调查内容负责，通常在末尾右下方署调查单位名称或调查人员姓名，并注明完稿日期。如在报刊上公开发表，署名则在标题下方，一般省略完稿日期。

（二）市场调查报告的写法

1. 做好写作前的准备工作

写作调查报告之前，必须先认真地进行市场调查，搜集资料，做好写作的各项准备工作。在对资料进行分析研究过程中，还应参阅相关的政策法规和理论资料，发现带有规律性的东西，找出解决问题的办法。

2. 选用恰当的表述方法

由于市场调查报告往往既要反映情况又要揭示规律、表述观点、提出解决问题的方法，所以，它常常是综合使用叙述、说明和议论三种表达方法。要注意正确把握文体的性质和表达方法。叙述时，选用的事实要确凿，数据和图表要准确；说明时，文思脉络要清晰、完整；议论时，观点要鲜明，观点与材料要统一，符合事理的发展逻辑。

例文

2023年上饶市青少年网络环境和网络使用情况调研报告[①]

2023年8月17日

为深入了解青少年使用互联网情况、接触使用短视频、直播、网络游戏情况，以及网络环境对青少年影响情况，进一步打造清朗网络

---

① 资料来源：《2023年上饶市青少年网络环境和网络使用情况调研报告》，上饶市统计局官网，2023年8月17日（登录日期：2024年8月20日），https://www.zgsr.gov.cn/tjj/tjfxz/202308/0772269ef9e54ed2b5d99247c7673a8f.shtml。

环境，促进学生健康成长提供重要参考，上饶市统计局高度重视，按照省统计局社科文处的安排部署，迅速制定调研方案，积极开展调研。

本次调研对象包括就读小学、初中和高中的在校生（共收到有效学生问卷124份），相应年级在校生的家长（共收到有效家长问卷154份），短视频和网游公司，以及教育、网信、工信、新闻出版、公安、司法、市场监管等相关职能部门。报告聚焦未成年人互联网使用、教育监管、网络安全等情况，分析未成年人互联网使用特点和存在的问题，有针对性地提出建议。

一、问卷核心数据

1. 未成年网民上网情况

家长给孩子配备智能手机的比例为44.8%，给孩子配备平板电脑、智能手表和不能上网的手机的比例分别为31.2%、24.0%和15.6%。未成年网民主要通过父母的手机、自己的手机和平板电脑上网，上网主要是：学习占75.0%，聊天交友占51.6%，听歌、听电台占44.4%，搜索信息占37.1%，玩游戏占36.3%。有79.9%的家长了解孩子上网做什么。从对网络的依赖程度来看，50.8%的未成年网民认为对网络不太依赖；认为比较依赖、完全不依赖和非常依赖的比例分别为34.7%、7.3%和7.3%。从家长限制和监督孩子上网情况来看，家长严格限制孩子上网时间、有所限制和不限制的比例分别为29.2%、66.2%和4.5%；家长经常监督孩子上网干什么、偶尔监督和不监督的比例分别为48.1%、48.7%和3.2%。

2. 短视频、直播相关情况

70.1%的家长认为孩子看短视频、直播但不沉迷，21.4%的家长认为孩子不看，但也有4.5%的家长认为孩子不仅看而且沉迷其中。76.5%的家长了解孩子看短视频、直播内容。10.4%的父母严格禁止孩子看短视频、直播，73.9%的父母会限定观看时长，44.3%的父母会限定观看内容。未成年网民看短视频、直播的主要原因是：缓解学习压力占68.0%，对视频内容感兴趣占48.0%，学习更多知识占41.0%，无聊空虚打发时间占37.0%，结交更多朋友占21.0%。未成年网民主要通过抖音、快手和哔哩哔哩三大平台看短视频、直播。最受未成年网民欢迎的短视频、直播类型分别是：搞笑类占56.0%，休闲类占42.0%，游戏类占33.0%。67.5%的家长对短视频、直播平台设置的青少年模式非常了解或有所了解，32.5%的家长不太了解或完全不了解。76.8%的家长认为短视频、直播平台设置的青少年模式非常有用或比较有用，23.2%的家长认为基本没用或完全没用。

3. 网络游戏相关情况

60.4%的家长认为孩子玩但不沉迷于网络游戏，认为孩子不仅玩还沉迷、不玩网络游戏和不清楚的比例分别为 9.7%、27.9% 和 1.9%。73.1% 的家长认为了解孩子所玩的游戏。16.7 的家长严格禁止孩子玩网络游戏，79.6% 的家长限定玩游戏时长，32.4% 的家长限定游戏种类，仍有 5.6% 的家长完全不限制孩子玩网游。2021 年国家发布了未成年人网络游戏防沉迷新规，其主要内容是要求向未成年人提供网络游戏服务的时间限制和注册登录实名制等。有 33.3% 的未成年网民非常了解该新规，45.8% 的略有了解该新规，还有 20.8% 的不了解该新规。家长对未成年人网络游戏防沉迷新规的了解和认可情况：非常了解新规的家长占 16.2%，略有了解的占 57.1%，不了解的占 26.6%；97.3% 的家长非常赞同或比较赞同新规，只有 2.7% 的家长不太赞同；60.2% 的家长认为这项新规防止青少年沉迷游戏的效果很好或较好，35.4% 的家长认为效果一般，4.4% 的家长认为没有效果。

4. 网络环境相关情况

（1）网络安全方面。45.5% 的家长反映孩子在上网过程遇到过不良或负面信息，32.5% 的家长反映没有，22.1% 的家长不清楚。7.1% 的家长反映孩子在上网过程中遭遇过网络暴力，72.7% 的家长反映没有，20.1% 的家长不清楚。68.2% 的家长给孩子开展过网络安全防范教育。（2）网络文化方面。68.5% 的未成年网民使用过网络流行用语，59.7% 的未成年网民会模仿网上的行为或说话方式。64.9% 的家长不支持也不反对孩子使用网络流行用语，31.1% 的家长反对，3.9% 的家长支持。63.6% 的家长不支持也不反对孩子模仿网上的行为或说话方式，35.1% 的家长反对，1.3% 的家长支持。38.3% 的家长认为网络文化会对孩子选择未来职业产生很大影响，51.9% 的家长认为略有或没有影响，9.7% 的家长认为说不清。

二、主要发现

1. 未成年人网络依赖程度较高。2021 年我国未成年网民工作日平均上网时长在 2 小时以上的比例为 8.7%，节假日平均上网时长在 5 小时以上的比例为 9.9%；而本次学生问卷中工作日平均上网时长在 2 小时以上的比例为 11.3%，节假日平均上网时长在 5 小时以上的比例为 7.3%；家长问卷中工作日平均上网时长在 2 小时以上的比例为 11.0%，节假日平均上网时长在 5 小时以上的比例为 13.0%。未成年网民对互联网的主观依赖程度较高。根据 2021 年全国的数据来看，42.0% 的未成年网民认为自己对互联网没有依赖心理；而本次学生问卷中仅有 7.3% 的学生完全不依赖，家长问卷中仅有 3.2% 的家长认为孩子完全不依赖。

2. 互联网平台监管初见成效，青少年模式有待进一步推广完善。近年来，国家开展的"清朗·'饭圈'乱象整治"专项行动，推动全国未成年网民经常参与网上粉丝应援行为的比例从2020年的8.0%下降至2021年的5.4%，而本次家长问卷中未成年网民经常参与网上粉丝应援行为的比例为0.8%。2019年以来，各大短视频、游戏等网络平台陆续推出青少年模式，在帮助未成年人减少网络依赖和网络不良信息方面发挥了积极作用。调查发现，尽管91.0%的未成年人和97.4%的家长都知道青少年模式，但主动使用青少年模式的未成年人不到四成，22.0%的未成年网民主要通过家长账号观看短视频、直播，23.2%的家长认为青少年模式基本没用或完全没用。未成年人游戏账号管理趋于严格，但有26.0%的未成年网民通过家长的QQ、微信、手机号或邮箱等注册游戏账号，有22.9%的未成年网民通过家长的账号玩网络游戏。

3. 视频平台成为获取信息重要渠道，未成年网民上网时遭遇不良或负面信息仍然较为普遍。视频平台是未成年人获取消息的重要渠道之一，其内容会对未成年人的思想观念产生影响。从学生问卷来看，超七成未成年网民通过抖音、快手、B站等视频平台获取信息，但当前未成年网民对于网络信息来源渠道的鉴别意识还不高。从学生问卷来看，45.2%的未成年网民在上网过程中遭遇过不良或消极负面信息，其中占比最高的是淫秽色情类低俗信息（21.0%），暴力、犯罪等教唆信息（17.7%）等。从家长问卷来看，45.5%的家长明确表示自己的孩子在上网过程遇到过不良或负面信息。

4. 家庭对未成年人上网影响较大，提升家长网络素养很有必要。上网时长是否受到家长限制、是否与父母共同生活，显著影响未成年网民的网络依赖程度。从学生问卷来看，经常受到家长限制的未成年网民，对互联网有依赖心理的比例为29.4%，比不受家长限制的未成年网民低20.6个百分点；与父母双方共同生活的未成年网民中，认为自己非常依赖或比较依赖互联网的比例为42.9%，而与父母中的某一方生活的未成年网民中，这个比例为47.6%。从家长问卷来看，与父母双方共同生活的未成年网民中，家长认为其非常依赖或比较依赖互联网的比例为47.5%，而与父母中的某一方或其他亲属生活的未成年网民中，这个比例分别为67.6%和52.6%。

三、有关建议

1. 加强制度法规建设。一是加强新修订的《中华人民共和国未成年人保护法》《中华人民共和国家庭教育促进法》等普法宣传和执法检查，严厉整治各类有害内容和违法犯罪，及时发现处置网络欺凌行为；守住专属平台安全底线，压实平台主体责任，强化应用上线、内容发布等前端管理，加强功能安全风险评估，禁止出现各类违法不良内容，不得诱导充值消费，切实保障未成年人在网络空间的合法权益。二是适应互联网传播规律，增强官方媒体的吸引力和影响力，牢牢掌握网络意识形态工作的主动权，让网络成为弘扬主旋律、传播正能量的阵地。三是在互联网治理的法规、规章和文件中增加对未成年人保护的规定，为网络素养提升、个人信息网络保护、网络沉迷防范等事关未成年人切身利益的重大问题，提供更加全面、坚实的法律保障。

2. **强化技术力量支持。** 加大对上网监控和过滤软件的开发运用，完善网络监控管理机制，对于不适宜未成年人浏览的网站，实行严格的年龄和身份核实的措施。鼓励安装绿色上网过滤软件。推动青少年模式改良升级，一是探索未成年人特质识别认证技术，完善未成年人身份识别机制，帮助监护人更好履行监督管理和保护职责；二是提升互联网平台责任主体意识，督促互联网平台落实主体责任，严格遵守各项法律法规，定期开展自律规范，持续加强内容自查，彻底清理本平台有损未成年人身心健康的有害内容，持续健全未成年人防沉迷保护机制。积极打造良好网络环境，严格把控内容审核环节，严厉惩处发布和传播不良网络内容的相关人员，让未成年人能够持续拥有良好的网络环境。

3. **加强未成年人网络教育。** 一是持续普及未成年人网络素养教育，扎实推进网络素养教育进校园、进社区、进家庭，帮助青少年提高网络认知，让未成年人能够健康使用网络应用、正确认识网络规则、理性判断网络现象、科学对待网络行为，持续筑牢安全用网思想防线。二是加强未成年人网络安全教育，国家在"网络保护"专章中明确规定了政府有关部门在预防和干预沉迷网络方面的职责，以及父母或者其他监护人、学校、网络产品和服务提供者各方面预防沉迷网络的义务，依法惩处利用网络从事危害未成年人身心健康的活动，形成家庭、学校、社会多方位保护合力，营造良好安全的未成年人网络环境。三是加强农村地区未成年人网络常识、网络技能、网络规范、网络安全等方面的教育。引入社会力量，帮助农村地区家长更好承担起教导未成年人正确使用互联网的责任。

4. **凝聚社会各界合力。** 互联网行业平台应瞄准未成年人需求，多创作、传播健康向上的内容，从未成年人的视角出发，多供给优质的精神文化产品。学校应开展丰富多彩的文体活动，引导学生过精神充盈的生活。政府要加强公共文化服务体系建设，让图书、文体设施、社区活动等更可及，为未成年人打开更广阔的精神世界。社会要挖掘和鼓励未成年人的主观能动性，督促其形成健康上网的认知及自我约束态度，在外界给予干预监管的同时，进一步降低未成年人的网络使用风险。同时将家庭摆在责任主体第一位，提升家长的教育素质，使广大家长不仅知网懂网，还要知娃懂娃，在家庭中为未成年人筑牢网络安全的防线。织密家校政社多位一体的保护网，共同为未成年人健康成长营造良好网络环境。

第三节 合 同

一、合同的含义和特点

2020年5月28日，十三届全国人民代表大会第三次会议通过了《中华人民共和国民法典》，第一千二百六十条规定："本法自2021年1月1日起施行。……《中华人民共和国合同法》……同时废止。"

《中华人民共和国民法典》（以下简称《民法典》）第四百六十四条规定："合同是民事主体之间设立、变更、终止民事权利义务关系的协议。"合同的本质就是当事人通过自由协商，决定其相互权利义务关系，并根据其意志调整他们相互间的关系，它具有如下法律特征：

（1）合同是一种民事法律行为。民事法律行为是一种最重要的法律事实，是民事主体（包括自然人、法人和其他组织）实施的能够引起民事权利和义务的产生、变更或终止的合法行为。只有在合同当事人作出的意思表示符合法律要求的情况下，合同才具有法律约束力，并受到国家法律的保护。

（2）合同的目的是设立、变更或终止债权债务关系。

（3）合同的内容须是两个以上当事人协商一致的协议。

（4）合同必须是当事人在平等、自愿的基础上订立。

除此之外，合同还具有全面、具体、准确等特点。

合同的订立和执行应遵循合同自由原则、公平正义原则和诚实信用等原则。《中华人民共和国合同法》以平等主体之间的合意为出发点，它作为调整平等民事主体之间的交易关系的法律，规范合同的订立、合同的有效或无效，合同的履行、变更、解除、保全，违反合同的责任等问题，是民法的重要组成部分，它对于维护交易秩序、保障合同自由、维护合同正义、保护当事人利益、促进经济发展、规范市场行为至关重要。

二、合同的种类

《民法典》将合同分为典型合同与准合同两大类，其中的典型合同，按照内容，规定为19种，分别是：买卖合同，供用电、水、气、热力合同，赠与合同，借款合同，保证合同，租赁合同，融资租赁合同，保理合同，承揽合同，建设工程合同，运输合同，技术合同，保管合同，仓储合同，委托合同，物业服务合同，行纪合同，中介合同，合伙合同。

按照形式，把合同规定为书面形式合同、口头形式合同和其他形式合同。口头形式，是指当事人只用语言为意思表示订立合同，而不用文字表达协议内容，这种形式简便易行，在日常生活中经常被采用，如集市上的现货交易、商店里的零售等，一般都采用口头形式。

书面形式是指合同书、信件以及数据电文（包括电报、电传、传真、电子数据交换和电子邮件）等可以有形地表现所载内容的形式，常见的有这样几种：

（1）文字叙述合同，当事人将双方商定的内容用文字叙述的方式记录下来，这是普通的书面形式合同。

（2）表格合同，它是当事人双方合意的内容及条件，主要体现为一定表格上的记载，能全面反映当事人权利义务的简易合同。表格合同及其附件、有关文书、通用条款，组成完整的合同。

（3）车票、保险单等合同凭证。这种凭证虽然不是合同本身，但它是借以确认双方权利义务的载体，表明当事人之间已存在合同关系，这在法律及有权机关制定的规章中已有明确规定。

（4）合同确认书。即通过信件、数据电文等方式签订合同，事后双方以书面形式据以确认的合同形式。它可以把分散的协议文件统一起来，使之更加具体明确，便于双方保管和履行。

（5）定式合同。又称格式合同、标准合同、定型化合同，是指合同的条款事先由一方当事人拟定好，在订立合同时，另一方当事人要么接受，要么不接受的合同。

这里主要介绍文字叙述合同的撰写方法。

三、合同的撰写

合同的成立要有这样几个先决条件：

一是必须具有双方或多方当事人。合同是平等主体的自然人、法人、其他组织之间设立、变更、终止民事权利和义务的协议，是当事人之间的合意，因此，合同必须有双方或多方当事人。只有一方当事人根本不可能成立合同。

二是当事人对合同内容协商一致，否则无法确定当事人的权利和义务。

三是合同的成立要经过要约和承诺两个阶段，要约是希望和他人订立合同的意思表示，承诺是指受要约人同意接受要约条件以缔结合同的意思表示。两项过程完成，合同才能成立。

合同的内容由当事人约定，一般包括以下条款：（1）当事人的名称或者姓名和住所；（2）标的；（3）数量；（4）质量；（5）价款或者报酬；（6）履行期限；（7）履行地点和方式；（8）违约责任；（9）解决争议的办法。

合同的撰写在结构上包括以下几个部分：

1. 标题

即合同的名称，用以提示合同的性质，如《买卖合同》《租赁合同》等。

2. 当事人名称

即签订合同的双方（或多方）当事人名称，要写全称。为了表述方便，可在当事人名称后面用括号注明"甲方""乙方""丙方"，或依据合同内容称"借方""需方"，或"承租方""出租方"，但不能称"我方""你方""他方"，如：

订立合同双方：××商场（以下简称甲方）
　　　　　　　××皮鞋厂（以下简称乙方）

3. 正文

一般也要有开头、主体和结尾三部分。

（1）开头，写明当事人双方签订合同的依据或目的。当事人双方签订合同的依据必须是《中华人民共和国民法典》及有关政策规定，目的也要明确，如：

根据《中华人民共和国劳动合同法》《中华人民共和国建筑法》和××市有关规定，经双方协商一致，签订本合同。

这一内容体现合同经过了要约和承诺的过程，合乎法定程序，具有法律效力，是不可缺少的。然后可以用"主要条款如下"或"条文如下"，引出合同的具体内容。

（2）主体，写明双方协商的主要条款。

①标的。是合同中权利和义务所指向的对象，是合同的中心内容，如买卖合同的标的是某种产品，建设工程的标的是工程项目。任何合同如果缺乏标的，它本身也就不存在了。标的必须具体明确，否则容易造成差错。

②数量和质量。是衡量标的的尺度，也是衡量当事人双方权利、义务大小的尺度。合同数量规定要准确、可靠，计量单位要明确，有些产品要规定合理的磅差和正负尾数，否则发生纠纷不易分清责任。质量是区别标的的具体特征，是检验标的的内在素质和外观形态优劣的标准。产品质量的技术要求，包括物理（或机械）性能、化学性能、使用特性、耗能指标、工艺要求、卫生和安全要求等，凡是有法定标准可依据的，要指出遵循的是哪级标准；没有法定标准可依据的，要明确双方协议的具体标准以及检验方法。合同中明确标准，对

于检验和保证产品质量具有积极意义。

③价款或酬金。取得对方产品而支付的代价叫价款，获得对方的劳务或智力成果所支付的代价叫酬金。价款或酬金简称价金，是货币形式的交换条件，体现了商品交换关系的客观要求。当事人在订立合同时，必须明确规定标的的价金和计算标准。除法律另有规定的以外，必须用人民币计算支付；除国家允许使用现金履行义务以外，必须通过银行转账结算；在履行合同过程中，如果价格有变动，合同中也规定按国家统一调整的价格执行的，则按新价格执行，否则临时协商解决。

④履行的期限、地点和方式。明确期限有利于双方合理安排生产和工作，所以必须订得具体、明确，使双方分清责任，按时完成任务；履行的地点和方式包括包装要求、费用负担、交货方式、交货地点和运输负担等，都要写清楚。

⑤违约责任。又称罚责，是对不按合同规定履行义务的制裁措施，包括经济责任和法律责任，具有补偿性和制裁性双重属性。

除了以上5种主要条款外，当事人双方协商一致的符合法律规范的其他内容也可写入合同。

（3）结尾，注明合同的份数和保存。一般是双方各执一份，起凭证作用，有的双方当事人的上级主管部门各执一份，有的还需交鉴证机关一份，起监督和保证作用。

如果有表格、图纸或实样，可以附在合同后面，在这里注明件数和名称。

4. 落款

（1）署名。写明合同双方的单位名称全称和代表姓名，并签名盖章。如果需要双方上级单位证明和鉴证机关审核意见，也要写明双方上级单位和鉴证机关名称并盖章。

（2）签订的日期。写在署名的右下方，也可以写在标题的下方。

例文

房屋买卖合同

卖　方（以下简称甲方）：×××
买　方（以下简称乙方）：×××

甲、乙双方根据国家法律、法规之相关规定，在平等自愿和诚实信用的原则下，经协商一致，订立本合同。

一、房产状况

甲方自愿出售位于×市×区×路×号×号楼×单元×室的房产给乙方，房屋所有权证书号：××字第××号；房屋所有权人为：×××；产别：私有房产；房屋建筑面积为：××平方米。（以上内容以《房屋所有权证》登记为准）。附属设施包含：无。房屋抵押租赁情况：无。

甲方保证和承诺此房产无任何权属等经济纠纷，并如实陈述房产权属状况、设备装饰情况及相关关系；乙方对甲方上述转让的房产具体状况已做充分了解，自愿购买甲方上述房产。

二、成交价格

甲乙双方经协商一致，同意本合同项下房产及其配套设施的总价款为： 人民币（大写）：××元整（小写¥××）。

三、付款方式

签订合同当日，乙方向甲方支付定金人民币（大写）××元整（小写¥××）。如乙方违约，甲方有权扣留定金；如甲方违约，乙方有权索回双倍定金。

甲乙双方办理房屋权属过户手续当日，乙方将房款人民币（大写）××元整（小写¥××）向甲方全部结清。

四、甲乙双方办理过户等手续所产生的相关税费由甲乙双方各自承担。

五、甲方负责在房屋交付日之前腾出该房屋并结清相关缴费。乙方负责在房屋交付日签订房屋交接书作为房屋转移占有的标志。自交付日起，房屋及其配套设施物品损坏或所发生费用由乙方自行承担。甲方在房屋交付日向乙方交付钥匙。

六、其他约定事项

1. 甲方声明系房屋所有权人并在房产交割之前将户口从该房产所在地迁走。如因甲方原因造成房屋不能过户，视为甲方违约。

2. 如因乙方原因造成房屋不能过户，视为乙方违约。

3. 约定过户时间为合同签署并结清定金××天之内。

七、争议解决方式：本合同在履行中如发生争议，由甲乙双方协商解决，协商不成的，双方同意提交××仲裁委员会仲裁。

八、本合同自双方签字之日起生效。本合同正本一式两份，甲乙双方各执一份。

甲方（签字）： 乙方：（签字）
身份证号码： 身份证号码：
联系电话： 联系电话：
共有人（签字）： 共有人（签字）：

委托代理人（签字）：	委托代理人（签字）：
身份证号码：	身份证号码：
年　月　日	年　月　日

第四节　审计报告

一、审计报告的含义和特点

审计报告是审计人员受国家审计机关、企业主管部门或财政、税务、银行等单位的指派或委托，对国家机关或企事业单位的财务收支及经济活动、经营管理进行审查后，将审计情况和审计结果进行汇总所写的书面报告，也叫审计报告书。

我国审计监督的范围很广，国务院各部门和地方各级政府的财政收支，以及财政金融机关和企事业单位的财务收支均包括在审计监督之中。审计报告是审计工作的一个重要组成部分，是实现审计目的、发挥审计监督作用的一个关键步骤，它是审计工作成果的体现，也是审计工作的最终产品，它对于维护国家法律法规、维护财经纪律、维护社会主义经济秩序具有重要的意义。

审计报告有三个重要特点：

1. *总结性*

审计人员在围绕审计任务开展工作时，每进行一步都要详细记录，以这些记录为原始材料，做出书面结论性意见，这是审计工作的最后也是最重要的一个步骤，既是对被审计单位的财务、工作作风等情况的全面评价，也是对自身工作的总结，所以审计报告就是审计工作的总结报告，具有较强的总结性。

2. *答复性*

审计工作一般是上级或有关部门交办或委办的，工作结束后，必须以书面形式向交办或委办单位有所交代，所以，在审计报告中要针对交办、委办单位的要求和目标，以国家法规为标准对事实进行科学分析，一一答复说明，做出审计结论，使交办单位或委办单位可以根据审计意见，对有关问题做出正确、适当的处理。

3. *公证性*

虽然各类审计报告的要求和内容不尽相同，但审计人员是以第三者的身份，按国家有关规定进行审计工作，是合法的、有效的，完成的审计报告是具有公证作用的文件，具有合法的证明效力。

二、审计报告的种类

（一）按审计机构与被审计单位的关系，可分为外部审计报告与内部审计报告

1. 外部审计报告

该报告指国家审计机关和社会上独立开业的会计师事务所撰写的审计报告。国家审计机关是国家执法机关，具有很高的权威性，它所作的审计报告结论具有法律的强制性。会计师事务所是民间机构，开展审计业务，受委托进行审计，多数为了出具公证证明，或提供咨询意见，因此它所做的审计报告多具有公证性质。

2. 内部审计报告

该报告指机关、企事业单位内部审计组织所写的审计报告，用以评价、审核各项经济业务活动和会计资料、统计资料是否真实可信，并提出改进意见，为领导优化管理提供依据。

（二）按审计范围，可分为综合审计报告与专项审计报告

1. 综合审计报告

这是针对被审计对象的全部财务、经济效益和财经法纪遵守情况所作的审计报告。进行这种全面的审计，需要较多的人力、较长的时间，因此，只有在十分必要的情况下，才进行全面审计。

2. 专项审计报告

这是针对被审计对象的某项财务工作或个别问题进行审计所作的报告。多用于反映和揭露被审计单位存在的问题，对于严重违反财经纪律和国家政策、法规的，一经发现，往往立案审计，并做出报告，交主管部门或政法机关处理。

三、审计报告的撰写

审计报告一般由标题、主送单位、正文、落款和附件等部分组成。

1. 标题

一般采用公文式标题，标明被审计单位名称、审计内容和文种，如《关于××厂财务收支情况的审计报告》，或以文体名称作为标题，如《审计报告》。

2. 主送单位

应为交办单位或委办单位。

3. 正文

（1）前言。概括说明对被审计单位进行审计的依据、范围、内

容、目的及进行审计的时间和审计工作完成的情况。

（2）基本情况。主要介绍被审计单位的概况，包括业务性质、规模、经营和主要业务、财务资金情况、主要经济指标、内部经济管理组织、职工人数等。

有时这两部分可以合写。一般来说，综合审计报告中的这两部分内容比较完整、详尽，专项审计报告可以简单一些。

（3）审计评价（主要问题）。写明审计中发现的主要问题，这是审计报告的核心内容。说明问题要做到：第一，问题要有针对性，不要牵扯其他无关的事项；第二，问题要有实质性，凡列入审计报告的差错金额，必须是对于有关财务指标和有关项目有实质性影响的，至于一些技术性差错，可通知企业纠正，不必列入审计报告；第三，问题要有严重性，凡有意弄虚作假、违法乱纪，金额巨大，情节恶劣，以及影响面大、群众关心的问题，在审计报告中都应该作为重点进行详细说明。

（4）审计结论。根据审计任务的要求，对被审计的财经活动状况做出结论性的评价，正面的可以简明扼要，反面的要抓住重点明确具体；对严重违法乱纪的单位或个人，要根据问题的性质、情节，依照有关法律法规，提出追究经济责任或法律责任的审计决定；也可以提出有针对性的意见或建议，以供参考。

4. 落款

在审计报告的右下方，主审人员签名盖章，注明完稿日期。

5. 附件

对审计中发现的违纪事实，一定要有确凿的证据，包括有关人员的证词、调查时的笔录、重要凭证等，这些证据，一般作为附件附在报告的后面。

例文

关于济南市2022年度市级预算执行和其他财政收支的审计工作报告[①]

——2023年8月24日在市十八届人大常委会第十次会议上

济南市审计局局长　丁林桥

主任、各位副主任、秘书长、各位委员：

受市人民政府委托，现向市人大常委会报告2022年度市级预算

---

① 资料来源：《关于济南市2022年度市级预算执行和其他财政收支的审计工作报告》，济南市审计局官网，2023年8月24日（登录日期：2024年8月20日），http://jinanaudit.jinan.gov.cn/art/2023/8/24/art_31371_4772939.html。

执行和其他财政收支审计工作情况，请予审议。

根据《审计法》有关规定，按照市委、市政府要求，市审计局对2022年度市级预算执行和其他财政收支情况进行了审计。工作中，坚持以习近平新时代中国特色社会主义思想为指导，深入贯彻习近平总书记对山东、对济南工作的重要指示要求和关于审计工作的重要论述，认真落实各级党委审计委员会要求，聚焦促进全市经济社会高质量发展，立足经济监督定位，高质量推进审计全覆盖，努力做好常态化"经济体检"工作，较好地发挥了审计在护航保障强省会建设中的重要作用。

一是聚焦高质量发展首要任务，以更高站位服务中心大局。围绕稳住经济基本盘，组织开展稳经济扩内需促消费、国资国企改革、工业技改等审计，揭示政策制定实施过程中存在的创新引领作用不强、扶持资金使用效益不明显等问题。围绕"项目突破年"确定的十大领域重点任务，组织开展数字济南建设、新旧动能转换起步区建设、PPP项目建设等审计，推动解决制约经济社会高质量发展的瓶颈和难题。

二是聚焦增强财政保障能力，以更大力度推进提质增效。围绕健全完善节约型财政保障机制，提高财政资金绩效，对市级预算执行和决算草案及市城管局、市交通运输局等12个部门预算执行情况开展审计，推动盘活各类存量资金，增强对重大战略任务的财力保障。加大对全口径国有资产的审计力度，全面揭示各类资产管理使用中存在的突出问题，推动盘活存量资产、扩大有效投资。

三是聚焦构建权威高效监督体系，以更优机制汇聚工作合力。印发《关于加强审计监督与各类监督协同贯通的实施意见》，同步配套8个分类实施意见，加强审计监督与纪检监察、巡察、组织人事、人大、政协、行业主管部门等监督的贯通协同，推动审计监督层次更深、力度更大、效率更高。坚持审计工作"一盘棋"，省市区审计机关上下联动，在民生、投资、国企等领域联合开展8项审计，进一步跨层级跨区域跨系统反映问题、揭示风险。

四是聚焦破除体制机制障碍，以更实举措推动审计整改。把督促审计整改作为日常监督的重要抓手，建立全面整改、专项整改、重点督办相结合的审计整改总体格局，推动审计发现问题从"点上改""具体改"向"面上改""深化改"延伸。截至2023年6月，对上年度市级预算执行审计发现的问题，已完成整改81项，整改问题金额99.08亿元，完善制度52项。

审计结果表明，在市委、市政府坚强领导下，市级各部门、各单位锚定"勇当排头兵、建设强省会"目标不动摇，有效应对各种困难和挑战，全力以赴推动高质量发展、促进高效能治理、打造高品质生活，较好完成了市十八届人大一次会议确定的目标任务。2022年，全市一般公共预算收入1001.14亿元，可比增长8.1%。全市一般公共预算支出1225.57亿元，在落实重大战略、打造工业强市、扶持科技创新、服务"双招双引"、统筹发展安全、兜底社会民生等方面发挥了重要作用，有力保障了各项重点任务的有效落实，2022年度预算执行和其他财政收支情况总体较好。

一、市级预算执行和决算草案审计情况

2022年，市级一般公共预算总收入715.45亿元、总支出715.45亿元，市级收支平衡。市级政府性基金总收入1114.62亿元、总支出1041.65亿元，结转下年72.97亿元。市级国有资本经营预算总收入5.33亿元、总支出4.72亿元，结转下年0.61亿元。市级社会保险基金预算当年收入307.25亿元、当年支出279.27亿元，加上年结转收入431.42亿元，年末滚存结余459.4亿元。结果表明，财政部门不断加强收支管理，保障重点需求，实现财政平稳运行。发现的主要问题：

（一）财政资源统筹方面

1. 部分财政资金未盘活使用。市级行政事业单位公有住房收入等3个财政专户7.67亿元资金连续两年以上未使用。20个部门单位实有资金账户结存资金2.29亿元未及时上缴财政盘活使用。45个部门单位结余结转资金5.35亿元纳入预算后当年仍未使用，2022年末全部收回。

2. 部门单位收入未有效统筹。81个部门单位将事业基金等非财政拨款收入5.14亿元编入2022年支出预算，实际支出2.17亿元，执行率42.22%，资金统筹使用效率低。

（二）预算管理方面

1. 预算项目库管理不严格。主要是国有资本经营预算项目储备不充分，未划分项目优先级；市本级和起步区部分入库项目信息不细化，未明确到具体支出项目；济南高新区存在为下达预算指标将项目临时入库、同一项目多次重复入库的问题。

2. 预算编制不精细。一是部分项目预算编制不细化。172个部门单位的商品和服务支出项目预算9.3亿元编入"其他商品服务支出"，未明确到具体支出事项。二是支出标准建设仍需完善。大型会议论坛活动涉及的场馆租赁、展位搭建等主要事项支出标准存在"制度空白"，导致活动支出预算编制不精细、同类事项支出差异较大。

3. 政府购买服务改革推进较慢。根据中央和省级要求，2022年要加大城乡社区公共服务等6大公共服务重点领域的购买服务力度。2022年市本级政府购买服务预算4.67亿元，比2021年减少1.4亿元，但用于后勤服务等政府履职所需辅助性服务预算2.67亿元，比

2021 年增长 1.44 倍，与改革方向不符。

（三）预算支出绩效方面

1. 预算绩效管理仍存在薄弱环节。一是事前绩效评估不全面。主要是部分追加项目未开展事前绩效评估、大型会议论坛活动未开展项目经济性评估。二是绩效指标设置不够科学合理。12 个部门单位 14 个项目预算调整较大，但未更新绩效指标；起步区部分项目定性指标多、定量指标少。三是绩效自评管理不规范。7 个部门 14 个项目自评依据不足、项目评分与实际情况不符、绩效评价与项目管理和业务管理脱节。

2. 部分上级转移资金分配不及时。4 项上级转移支付资金分配方案滞后或分配项目准备不充分，未在规定时间内下达，涉及资金 8171 万元。

3. 部分资金使用效益不高。一是动用预备费安排的 5 个项目执行率仅 20.08%，造成 4323.54 万元资金闲置，其中 1883.88 万元结存在区县。二是部分国有资本经营预算项目实施较慢，至 2023 年 5 月末有 1.18 亿元未使用。三是济南高新区 23 个项目追加预算 1.5 亿元全部未支出。

（四）决算草案编报方面

对财政及部门决算草案编报情况进行核查发现，一是 149 个部门单位应缴财政收入等 4124.38 万元、济南高新区非税收入 7860 万元未及时入库，影响决算完整性。二是 12 个部门单位决算草案中未足额编入 2022 年末结余结转资金 1.69 亿元，影响决算准确性。

（五）新增政府专项债券管理方面

1. 申报的专项债券项目与国家重大战略契合度不高。2022 年仅有 5 个区县 9 个项目按照国家重大战略领域申报债券需求，其中，审核通过的项目仅 3 个、债券额度 3 亿元。

2. 部分项目需求与债券发行不衔接。10 个项目申报的债券规模与实际资金需求不匹配，造成项目调整和资金阶段性闲置，涉及资金 10.91 亿元；对 3 个跨年度项目缺乏连续性支持，增加项目后期资金筹集难度。

3. 部分项目推进缓慢。24 个项目前期准备不充分，延期开工或未按期完工；8 个项目资金筹集不到位，进展慢。

4. 资金管理使用不规范。2 个项目 2.84 亿元债券资金支出进度较慢；1 个项目未履行专项债券调整程序自行增加建设内容，造成债券资金超范围支出；8 个项目未开展预算绩效评价。

二、部门预算执行审计情况

对 12 个市直部门单位及所属 39 家二级单位进行了重点审计，并对有关事项进行了延伸，发现各类问题金额 10.95 亿元。结果表明，部门单位预算编制、支出控制和绩效管理进一步加强，资金管理使用更趋规范。发现的主要问题：

（一）部门预算编制不规范。一是1个部门和5家所属单位预算编制不完整，未将结转结余资金和专项收入纳入预算管理，涉及资金2.39亿元。二是1个部门和2家所属单位6个项目预算编制论证不充分、不科学，资金滞留或闲置1163.82万元。三是1个部门和7家所属单位支出预算分类不规范、资金用途未细化，涉及资金3142.52万元。

（二）项目预算执行率较低。一是部分部门整体项目支出慢，2022年3个部门单位年初项目预算21.7亿元，受减收影响，实际支出11.87亿元，执行率为54.7%。二是部分项目预算执行率低，2个部门和6家所属单位的9个项目，预算安排资金4350万元，当年支出1021.07万元，平均执行率为23.47%。三是5个部门对参与分配的转移支付资金监管力度不够，6988.22万元资金在区县滞留或闲置。

（三）政府采购制度执行不严格。一是1个部门和2家所属单位违反合同约定，提前支付维保费用、项目价款等147.66万元。二是3个部门和4家所属单位67个采购项目，存在服务项目未经集中采购、未按磋商文件签订采购合同、项目采购信息发布不及时、招标代理单位对供应商资格审查不到位等问题。

三、重大经济政策与改革事项审计情况

（一）稳经济、扩内需、促消费政策落实审计情况。重点审计了助企纾困政策措施落实和政府消费券投放核销情况。结果表明，相关区县和部门单位认真贯彻助企纾困各项政策，出台促进消费持续恢复发展的若干措施，有效激发了市场主体活力。发现的主要问题：一是部分政策落实不到位。2个区县未落实房租减免政策，涉及租户226户、租金1623.82万元。3个区县未落实"欠费不停供"政策。二是助企纾困资金审核拨付慢。展位费补贴审核拨付用时近10个月，"信易贷"贷款补助手续复杂、层级过多，涉及资金287.57万元。三是政策执行存在监管盲区。违规向3956户企业发放稳岗返还补贴135.73万元。合作平台后台技术存在漏洞，致使172名用户违规多领取核销消费券6.74万元。合作平台拖期兑付商家家电消费券2967.05万元。四是政策兑现全程网办程度低。"泉惠企"平台梳理发布的118项政策兑现事项中，有52项仍采用线下方式申报，占比44.07%。

（二）数字济南政策落实审计情况。重点对部分市直部门单位落实数字济南建设"1+4+N"政策体系和重点任务情况进行了审计。结果表明，有关部门单位认真落实市委、市政府部署要求，扎实有序推进各项工作，数字济南建设取得明显成效。发现的主要问题：一是数字机关建设不够集约、安全、高效。8个部门113个政务系统未纳入市大数据局归口管理。4个部门未建立网络安全责任制考核制度，44个信息系统未按规定进行定级备案和等保测评。机关内部"一次办成"平台使用率低，19个信息化项目未有效利用。二是数字政府部分平台作用发挥不充分。"12345"热线智能平台未如期建成。"济南养老服务地图"和5个区县建设的数据文旅平台信息更新维护不及时，部分功能未实现、系统使用率低。三是工业数字化转型亟需加快。未建设完成分级分类工业互联网解决方案供给资源池，接入或接受浪潮云洲双跨平台服务的本地企业不足300家，接入确定性网络的企业仅6家。部分工业互联网标识解析二级节点发展缓慢，2个已停止建设，1个接入企业不足20家。省级2022年奖补资金1850万元未及时拨付至企业。

（三）全市国有企业重点改革政策落实审计情况。对市国资委及13户市属国有企业重点改革政策落实情况进行了审计调查，重点抽查了其中5户。结果表明，市国资委积极推动各项改革任务落实，有力促进了市属国资国企高质量发展。发现的主要问题：一是产业扶持措施不健全。主管部门在服务国有"链主"企业强链、补链、延链等方面，未协调有关部门健全配套政策和保障措施。二是个别企业未严格控制非主业投资。1户企业在主业以外投资6家房地产公司，涉及出资及借款3.8亿元，投资主业以外的商品贸易业务，货款形成逾期5319.48万元，存在或有风险。三是盈利能力和研发投入不足。10户竞争类企业中，有7户资产利润率低于1%。13户企业2022年平均研发投入强度1.86%，与"到2025年，市属企业整体研发投入强度达到3%"的目标存在较大差距。四是混改激发企业活力作用未得到充分发挥。主管部门及市属企业混改制度不够完善，尚未开展混改效果分析等工作。2户企业10个混改项目未实际引进先进的技术和管理模式，其中2个项目已停止经营，涉及出资及借款5681.29万元。五是国企改革发展基金效能未充分释放。基金实际出资到位1.92亿元，仅占计划规模的9.62%。2022年拨付的国有资本经营预算收益5212.19万元未按要求注入基金，资金闲置未发挥效益。

（四）工业技改政策落实审计情况。对工业技改政策落实及奖补资金发放情况进行了审计，共抽查106户企业115个项目，涉及发放奖补资金1.53亿元。结果表明，我市积极发挥政策导向作用，持续加大工业技改投入力度，工业经济转型升级取得明显成效。发现的主要问题：一是以智能化改造为主导的改造目标实现效果不理想。2021年申请工业技改补贴的310个项目中，智能化改造项目42个，占比仅13.55%。二是落实财政涉企资金"绿色门槛"政策不及时。3户受到环境违法处罚的企业获技术装备投入普惠性奖补资金2259万元。

三是主管部门未设定项目绩效目标，绩效自评指标体系设置不完善。四是部分扶持资金审核时间跨度较长，个别长达22个月；5个区县向企业拨付奖补资金不及时，涉及资金9479万元。

四、重大项目与重点民生资金审计情况

（一）重大投资项目审计情况

1. PPP项目建设审计情况。重点对历下区、历城区和商河县3个区县政府和社会资本合作项目实施情况进行了审计调查，涉及17个项目，计划总投资87.95亿元。结果表明，相关区县积极引入社会资本参与重点项目建设，有效缓解了财政资金压力。发现的主要问题：一是项目前期论证不充分。1个项目预测的运营收入无法实现，政府方每年将多支出运营成本188.7万元。二是1个项目实际执行融资利率较招标文件确定利率高152个基点，增加政府方利息支出3674万元。1个项目合同约定的政府付费标准与经批准的实施方案及招标文件不一致，增加未来付费约1863万元。三是部分社会资本方履约不到位。5个项目社会资本方未按合同及时全额缴纳注册资本金。3个项目社会资本方未按协议约定融资1.48亿元，导致拖欠工程款。9个项目社会资本方履约保函约定执行不到位，增加政府方风险。四是部分项目投资控制力度不足。3个项目重复计算工程量、高套定额，多计工程款186.65万元。

2. 新旧动能转换起步区配套基础设施建设审计情况。对济乐高速南延线、黄河大道一期、大桥水厂等重点项目进行了审计。结果表明，各参建单位积极履行建设主体责任，不断完善制度流程，拓宽融资渠道，全面推进起步区配套基础设施建设。发现的主要问题：一是项目建设总体进度较慢。审计调查的70个工程项目中有62个建设滞后，其中截至审计日16个仍未开工、24个未按期竣工。二是投资控制不到位。济泺路穿黄隧道等已竣工项目中，有34个单项工程结算不及时，涉及合同金额96.87亿元。3个项目存在提前支付材料款8000万元、多计工程价款258.53万元、应付未付工程款294.76万元等问题。三是落实促进建筑业高质量发展政策不到位。22个项目未实施工程总承包、11个项目未实施全过程工程咨询。此外，建设单位在项目组织实施过程中存在应招标未招标、未招先定、个别项目不同投标人投标报价异常一致等问题。

3. 济钢片区开发建设跟踪审计情况。对济钢片区开发建设、产业项目推进、济钢森林公园等基础设施建设情况进行了跟踪审计。结果表明，济钢片区建设突出功能定位，基础设施及配套建设不断完善。发现的主要问题：一是电力配套设施拆除与新建工作推进慢。2021年申请出让的56个地块中，有24个地块不满足供电建设条件，影响片区整体开发进度。二是重大项目未及时开工。济钢经贸生态港项目计划投资131.28亿元，列入2021年度省重大项目清单，完成备案批复后超过2年未拿地开工。三是项目建设管理不规范。2个项目未经审批部门核准实施工程总承包招标，涉及合同金额9.64亿元。4个项目未有效落实农民工工资专用账户管理制度。

4. 安置用房建设审计情况。重点对济南城市建设集团有限公司等3户国有企业2015年以来承担的安置用房建设情况进行了审计调查。结果表明，相关企业认真履行建设主体责任，在推进安置房建设方面做了大量工作，取得了积极进展。发现的主要问题：一是安置房建设整体推进缓慢。由于项目拆迁进度慢、规划调整大、部门工作衔接不畅，5.43万套安置房交付超过拆迁协议期限。二是保障房建设迟缓。18个保障房项目未与安置房同步建设，其中14个项目受拆迁等因素影响目前尚未开工建设。三是安置房分配管理不到位。3户国有企业超面积差价款底数不清，未及时收取差价款7575.71万元，应收未收租金及物业费3833.93万元。四是部分项目投资控制不严，存在工程量不实、重复计取等问题，多计造价3152.14万元。

（二）重点民生项目与资金审计情况

1. 乡村振兴政策及资金审计情况。对4个区落实乡村产业振兴相关政策措施和市本级及4个区县高标准农田建设管护情况进行了审计。结果表明，我市采取多项措施深化乡村产业发展平台建设，持续提升全市粮食综合生产能力。发现的主要问题：一是部分惠农政策未落实。6个农业生产社会化服务项目服务小农户作用不突出，其中2个项目农户未受益，涉及资金109.5万元。9个新建冷链仓储保鲜设施未享受到农业生产用电价格优惠。二是部分项目建设管理不到位。4个乡村产业项目未按时完成，涉及资金328.55万元。2个高标准农田建设项目与其他涉农项目位置重叠，部分项目内容无法实施，影响施工建设质量。三是高标准农田管理制度执行不严格。市本级和2个区县未建立项目储备库制度，4个区县存在未制定或完善管护经费使用制度、未落实项目管护主体、管护协议签订不规范等问题。四是数据平台管理不规范。2个区投资395.56万元建设的现代农业产业园数据平台资产未纳入部门管理，且运营服务不到位、后续推广力度不足、数据存在安全隐患。

2. 基础教育普惠发展政策落实审计情况。对历城区、章丘区、市南部山区3个区（功能区）基础教育普惠发展政策落实情况进行了审计调查。结果表明，我市近年来全面深化教育改革，优化资源配置，推动基础教育普惠发展政策落到实处。发现的主要问题：一是2个区公办学前教育资源配置不达标。幼儿园教师持证上岗率、在编率低，176所幼儿园师生比未达到1:8的配比标准，其中师生比最高达1:34。77所幼儿园超过班额人数上限，17所幼儿园班级数量超过适宜规模,普惠性民办幼儿园数量少、发展慢。二是 1 个区学校建设缺乏整体规划,项目前期论证不充分,5 所学校未实质性开工或建成后无法投入使用,涉及资金 1.37 亿元。三是 2 个区 8 个项目配建的幼儿园、中小学未建设或建成未及时移交。

3. 城市社区治理审计情况。对部分市级部门单位和 8 个区 2021 年至 2022 年城市社区治理情况进行了审计调查。结果表明,我市高度重视社区治理工作,持续加大资源要素投入力度,城市基层社区治理水平不断提升。发现的主要问题:一是基础保障存在短板。3 个区滞留社区工作经费等专项资金 1110 万元,13 个老旧小区社区综合服务设施用房面积不达标,76 个社会工作站专业人员比例未达标。二是社区养老服务发展不均衡,供给不足与闲置并存。180 家社区日间照料中心运营能力不强,存在硬件设施不达标等问题,同时 5 处社区养老服务设施闲置未使用。三是智慧社区建设推进力度不够。我市尚未出台智慧社区建设专项规划,缺乏顶层设计。投放在社区的 676 台服务基层的自助终端设备利用率低,涉及资金 1382.94 万元。

4. 文旅融合政策及相关资金审计情况。对市本级及市中区等 10 个区县 2020 年至 2022 年文旅融合政策落实和宣传文化旅游发展资金绩效情况进行了审计调查。结果表明,我市结合资源禀赋和比较优势,落实文旅融合发展各项政策措施,为推动文化旅游高质量发展提供有力支撑。发现的主要问题:一是部分文旅重点项目推进不力。4 个重点文旅项目未开工或停工停业,3 个项目进展缓慢。二是文物遗产保护力度不足。主管部门未按规定建立文物保护项目库,6 个区县近三年财政累计投入资金均不足 100 万元。6 个区 91 处不可移动文物未得到及时修缮,存在损毁灭失风险。4 个区 10 个项目立项未实施,2719.12 万元文物保护资金闲置或被调整使用。三是地方公共文化服务存在短板。部分农家书屋利用率低,个别书屋一年借阅量不足 50 本;不同区县间,农家书屋图书采购折扣差异大;2 个区近三年未按标准足额安排农村电影放映资金预算 454.04 万元,导致拖欠 2022 年放映服务费 175.9 万元。

五、国有资产资源审计情况

按照省人大常委会《关于加强国有资产管理情况监督的决定》,继续关注企业、金融、行政事业和自然资源等 4 类国有资产管理使用情况。

(一)企业国有资产管理审计情况。结合市属国有企业经济责任审计和投融资风险情况审计调查等项目,对市国资委监管的 13 户企业开展了国有资产管理审计。结果表明,截至 2022 年末,资产总额 9976.41 亿元,负债总额 7138.13 亿元,所有者权益总额 2838.28 亿元。发现的主要问题:

1. 经营风险防控不力。一是投资决策不审慎存在损失风险。3 户企业投资的 111 个项目中，13 个未进行前期论证，63 个可行性研究、尽职调查等程序不完备。2 户企业投资负面清单禁止的项目，其中 6 个项目经营停滞或面临经营风险，涉及出资及借款 3.4 亿元。二是项目实施面临风险隐患。2 户企业控股的 6 家公司，实际经营由其他股东控制，国有股东控制权弱化。1 户企业未及时退出高风险投资，股权投资及委贷本息存在损失风险，涉及资金 1190.82 万元。三是参股投资回报率不高。13 户企业 2022 年收到参股公司分红 5.43 亿元，年度投资回报率 2.18%，有 9 户企业当年投资回报率低于 1%，难以覆盖当期融资成本。

2. 出借资金及担保面临风险。一是出借资金形成逾期。3 户企业及所属公司向非控股公司或民营企业出借资金，逾期未收回本息 9.41 亿元，存在较大损失风险。二是内部担保规模较大。6 户企业存续 284 笔内部担保，其中 1 户企业内部担保规模超过上年净资产总额，易引发企业整体流动性风险。

3. 部分资产管理不规范。一是房产管理基础工作不够扎实。2 户企业房产管理涉及多个内部部门，职责交叉或衔接不畅，造成底数不清或监管脱节。二是部分资产运营收益不高。有的企业经营性房产连续三年收益率不足 2%；有的企业房屋租金收取不及时，涉及 3833.69 万元。三是资产长期闲置未有效盘活。3 户企业部分工程项目、住宅和公寓类房产等资产建成后未投入运营，建筑面积逾 38 万平方米。

（二）金融企业国有资产管理审计情况。重点审计了 3 户国有企业代政府出资管理的 55 只政府投资基金情况。结果表明，截至 2022 年末，55 只基金总实缴出资 196.02 亿元，其中政府类资金实缴 72.64 亿元，共投资项目 348 个。发现的主要问题：

1. 基金资源配置不够优化。基金总认缴规模 459.28 亿元，实缴到位 196.02 亿元，占比 42.68%，可用资金受限；部分基金规模小，除天使类基金外，基金规模在 1 亿元以下的有 13 只，不利于集中优势资源扶持重点产业发展。

2. 基金投资效果未达预期。一是部分基金对本地支持力度不够，3 只基金投资项目未实现落地我市的招引目标或投资金额未达到协议要求。二是投资进度缓慢，造成资金闲置，2 只基金实缴资金 4.28 亿元到位超过 1 年未投出；1 只基金设立近 3 年仅投出 1.75 亿元，投资比例为 34.31%。三是投资项目产出不佳，5 只基金未开展实质性业务或投出项目阶段性效果与前期目标差距较大，4 只基金投资的 5 户企业存在资不抵债、破产清算等经营异常情况，1.2 亿元投资存在风险。

3. 基金内控管理不到位。3 户国有企业 22 只基金存在投资管理资料缺失、决策程序倒置、投后管理不到位等问题；2 户国有企业未严格落实绩效评价制度，34 只基金 2022 年未进行绩效评价，不利于基金规范管理和高效运行。

（三）行政事业性国有资产管理审计情况。对市直预算单位资产管理使用情况进行了大数据筛查，对 22 个市直部门单位及所属 39 个二级单位的资产管理使用情况开展了审计。发现的主要问题：

1. 资产信息不实。一是 11 个部门单位房产 1.31 万平方米、土地 36.6 万平方米、公务用车 15 辆、固定资产及信息系统 2884.4 万元未及时入账。二是 5 个部门单位已完工项目长期未竣工决算或未及时转增资产 7.12 亿元。三是 3 个部门单位未按照机构改革要求及时划转资产，涉及资产原值 1.84 亿元。四是 2 个部门单位约 1.07 万平方米房屋已被拆除或出售、1024.51 万元土地及地上建筑物被征占，账面未核销。

2. 资产使用和处置不规范。一是 4 个部门单位未经审批或未进行评估出租房产 7869.42 平方米，2 个部门单位应收未收租金 545 万元。二是 2 个部门单位 2497.64 万元资产调拨手续不完备。三是 2 个部门单位未及时处置已报废或长期无法使用的资产，涉及金额 371.22 万元。

3. 资产低效闲置。一是 8 个部门单位的 5.34 万平方米房产、41.99 万元设备长期闲置。二是部分公务用车使用率低或闲置，47 个部门单位 166 辆公车年行驶里程不足 1000 公里。

（四）国有自然资源资产管理审计情况。对全市矿产资源开发及生态修复情况和历城区、章丘区 2 名区政府领导干部履行自然资源资产管理责任情况开展了审计。发现的主要问题：

1. 矿产资源开发监督不力。3 个区 5 户矿山企业涉嫌违规采矿或非法采矿，涉及矿产资源市场价值约 6.34 亿元；1 个县应收未收矿山企业矿产资源收益 1312.71 万元。

2. 矿产资源权益金缴存使用不规范。抽查 26 户矿山企业，有 11 户未足额缴纳矿山地质环境治理恢复保证金或基金，涉及金额 1.2 亿元；1 户企业违规挪用矿山地质环境治理恢复基金 107 万元用于生产经营，2 户企业未按规定补齐 529.19 万元基金。

3. 矿山修复监管不到位导致企业超采。14 个矿山生态修复项目未经批准，超出设计范围多开挖砂石约 214.63 万吨，市场价值约 8212 万元；1 户企业在矿山生态修复项目中超出合同约定多开挖山体，未缴纳土石料处置价款 212.61 万元。

4. 自然资源资产保护不到位。2 个区未对 287 处泉水建立名泉保护生态补偿机制，未编制完成泉群保护详细规划；1 个区未完成 207

棵古树名木的建档管理,未建立古树名木保护补偿制度;1个区建筑物非法侵占河道0.38公顷、湿地0.45公顷,应征未征水土保持费及污水处理费662.11万元。

5. 生态环境监管仍存在盲区。629家大中型餐饮单位未与厨余垃圾处置机构签订收运协议;13户企业产生的4.13吨危险废物超期贮存;1户重点排污企业未纳入污染源监测信息共享系统,20户排污企业未生成监测方案,9户排污企业上传监测数据不全;51户危险废物产生企业未被录入全省固体废物智慧管理系统。

六、重大违纪违法线索

2022年7月以来,审计发现并移送问题线索27起,涉及14人、资金36.36亿元。一是矿产资源管理领域涉嫌违纪违法问题10起,主要是承担自然资源管理工作职责的领导干部失职失察造成国家矿产资源灭失、矿山经营者非法采矿等问题。二是国有资产管理领域涉嫌资产损失问题8起,主要是违规出借资金、违规参股、私分国有资产、利益输送等问题。三是政府采购领域涉嫌违规违法问题4起,主要是违规招标、围标串标等问题。四是财政资金管理领域涉嫌违规违纪问题3起,主要是骗取财政补贴资金等问题。五是违反廉洁自律规定涉嫌违纪违法问题2起,主要是公职人员使用信用卡违规套现、家属违规经商办企业等问题。

七、审计建议

(一)深化预算改革,增强财政服务保障能力。健全集中财力办大事机制,有效统筹部门单位财政拨款和非财政拨款资金,加大对重大战略、基本民生等关键领域和环节的投入。落实零基预算管理机制,加快支出标准化建设,打破支出固化僵化格局,继续压减非必要非刚性支出,促进预算规模合理、编实编细。完善全面预算绩效管理体系,瞄准事前评估、成本管控、绩效自评等薄弱环节补链、强链,促进资金提质增效。做好新增专项债券项目审核、分配及发行的统筹衔接,优化投向结构,确保"好钢用在刀刃上"。

(二)推动政策落地,促进经济社会高质量发展。完整准确全面贯彻国家和省、市重大政策措施,加强产业、投资、消费、数字化改革、外资外贸等领域的统筹协调,形成政策叠加放大的正向效果。提高落实效率与质量,创造性抓好政策分解和细化,分析影响政策执行、项目推进、要素保障、政策效益等方面的堵点、难点,破除执行中不衔接、不配套等问题,打通政策落实"最后一公里"。健全政策评估机制,强化政策统筹,科学研判市县财政保障和承受能力,分类采取延续、优化、调整、加强等举措,推进财政资金精准扶持,持续释放政策效应。

(三)增进民生福祉,破解群众急难愁盼问题。聚焦加快提高人民群众生活品质，深化农村农业、住房、教育、社会治理、公共文化等重点民生领域的服务保障，推动优质公共服务资源向基层和薄弱环节倾斜。提高民生服务数字化、智慧化水平，以数字化改革撬动民生保障和社会治理的质量变革、效率变革、动力变革。压实民生项目和资金的管理责任，加强部门协同，补齐机制短板，紧盯群众最关心最直接最现实的利益问题，进一步推动惠民富民政策落实落地，更好地惠民生、解民忧、暖民心。

（四）坚持底线思维，防范化解重大风险隐患。财政领域，兜牢政府债务和"基层三保"风险底线，健全风险处置机制，加强库款管理，避免由于财力分散导致财力保障不足。金融领域，筑牢"资本为纲"经营理念，以资本理念约束资产增长和资产配置，完善基金投后跟踪管理机制和重大风险管控机制，规范投资决策和退出程序，及时防范化解投资风险。国企国资领域，建立创新激励长效机制，整合盘活企业各类资产，推进传统产业改造升级，拓宽企业融资渠道，推动国有资本向主业集中、向优势企业集中，提升国有企业竞争力。资源环境领域，严格落实自然资源管理和生态环境保护制度，加强日常监管，健全完善资源环境审计监督与自然资源联合执法监督协作配合机制，形成资源环境监督合力。

本报告反映的是此次市级预算执行和其他财政收支审计发现的主要问题。对这些问题，市审计局依法征求了被审计单位意见，出具了审计报告、下达了审计决定；对重大违纪违法问题线索，依纪依法移交有关部门进一步查处。有关区县、部门和单位正在积极整改。市审计局将跟踪督促，年底前报告全面整改情况。

主任、各位副主任、秘书长、各位委员：

今年是全面贯彻落实党的二十大精神的开局之年，是实施"十四五"规划承上启下的关键一年。我们将更加紧密地团结在以习近平同志为核心的党中央周围，以习近平新时代中国特色社会主义思想为指导，全面贯彻落实党的二十大精神和二十届中央审计委员会第一次会议精神，锚定"勇当排头兵、建设强省会"战略定位，依法全面履行审计监督职责，自觉接受市人大常委会监督，为加快建设"强新优富美高"新时代社会主义现代化强省会作出新的更大贡献！

附件：济南市2022年度市级预算执行和其他财政收支审计查出问题清单（略）

第五节 经济新闻

随着党和政府的工作重点转移到经济建设上来,作为党和政府的舆论工具,经济报道已经成为新闻报道的重点和中心,它迅速反映经济领域中有价值、有意义的事实材料,让人们了解国内外经济发展的现状和趋势,指导自己的生产和经营管理,以取得较好的经济效益。经济报道涉及工业、农业、商业、金融、财税等经济建设和管理的各个方面,内容广泛;消息、通讯、时事评论都可采用,体裁多样。

一、经济新闻的含义和特点

(一) 经济新闻的含义

新闻有广义和狭义之分。广义的新闻,是消息、通讯、特写、新闻评论等诸种新闻文体的总称。狭义的新闻,则专指"消息"。

经济新闻是对新近发生的经济活动或经济工作事实的简要报道。与一般新闻不同,经济新闻特指经济领域里的事实,不包括军事、科技、文艺、体育等其他社会内容,范围较集中;与一般经济信息不同,它必须具有新闻价值和特点。

(二) 经济新闻的特点

1. 真实性

真实是新闻的生命,当然,真实也应该是经济新闻的本质属性。经济新闻的真实性体现在两个方面,一是所报道的事实必须完全符合客观实际,无论是时间、地点、人物、事件、结果,还是事情的过程、细节、数字、背景,都要准确,不能有任何形式和程度的虚构和想象。这与文学作品的经过加工处理的"艺术真实"有着本质的区别。二是作者对事物的分析和概括,也必须准确恰当,不能以偏概全,随意拔高或贬低。中共中央原宣传部部长陆定一曾说:"新闻工作搞来搞去还是个真实问题。新闻学千头万绪,根本性的还是这个问题。有了这一条,就有信用了。有了信用,报纸就有人看了。"1923年美国报纸编辑协会制定的《新闻工作准则》中也规定:"诚实、真实、准确——忠诚于读者是一切新闻工作的名副其实的基础。"

2. 新颖性

有新意的内容才称得上是"新"闻,才会吸引人。这种新意体现在事实新、思想新。以前从未出现过的新事物、新情况、新成就、新动向，报道出来，本身就具有新鲜感；以前出现过的事物，选择一个新的角度，反映时代的新精神，给人以新的启迪，也会使人耳目一新。要使写出的经济新闻有新意，其写作者必须有发现经济领域新情况的超强敏感和对经济发展总体情况的全面了解，要经常学习国家有关的经济政策，了解经济体制改革的战略部署，对当前经济活动的重点及主要经济部门的动态做到心中有数，还要对经济领域和经济部门的生产、技术、业务等充分熟悉，积极补充现代化科学技术知识，这样才能对经济领域出现的新动向作出及时的、有意义的反映，为人们提供准确而有价值的经济信息。

3. 时效性

人们总是对新近发生的事件最感兴趣，正如俗话所说的：先睹为快。因此，力求迅速及时地把新近发生、发现的事实报道出去，最大程度地缩减新闻事实的发生与报道出去这两者之间的时间距离，是新闻报道的重要特征，也是新闻存活及构成新闻价值的重要条件，一旦事过境迁，新闻便会成为旧闻，失去新闻的价值。经济活动的空前活跃，要求经济报道必须以高度的敏感，及时有效地捕捉最近、最新的经济动态，并迅速作出反应，这样才能把握经济发展的脉搏，指导、推动经济工作的开展。一般来说，一条新闻的发布离事实发生的时间越近，它所具有的新闻价值就越大，它所产生的社会效益和经济效益也就越大，尤其在当今社会，交通、电信技术飞速发展，为提高新闻的时效性创造了有利条件。经济新闻在注重时效性的同时，也应注意选择适当的报道时机，有些内容，政策允许的情况下才能报道，不能一味图快。

4. 趣味性

俗话说，隔行如隔山，经济活动、经济门类本身十分复杂，经济部门的分工也越来越细，报道经济新闻如果不考虑读者的实际，过于注重技术性、业务性，将无法满足人们关注经济建设的需求。有经验的作者下笔总是善于抓住有特点的事实和细节，加上生动的叙述，恰当的描写，巧妙的修辞，把枯燥乏味的专业术语、统计数字，变得具体可感，通俗易懂，把思想性和可读性有机地结合起来，使经济新闻变得具有趣味性。这样，经济新闻才能起到既传播信息，又提高人们认识水平的作用。

二、经济新闻的分类

（一）动态经济新闻

这是报刊中最常见的一种新闻类型，它及时报道国内外重大经济事件或某单位、某部门的某一经济事件以及社会生活经济领域中的新情况、新动向、新变化和新成就，具有形式短小，内容集中、新颖等特点，如《京沪连锁"巨头"首次联手开店》，及时报道了北京西单商场、北京超市发公司、上海华联超市3家大型商业零售、连锁企业联合开办连锁店的消息，对商家们下一步的经营管理有一定的启发。再如《基本医疗保障已覆盖12.59亿人》，报道了医改实施以来我国着力扩大医保覆盖面的有关信息。

（二）典型经济新闻

这种新闻用来报道经济建设中的新典型、新经验，用典型推动一般，具有很大的借鉴意义，如《精品农业趟开山亭农民致富路》，介绍了山东潍坊山亭区引进名优稀特，发展精品农业，取得高产高收益的成功经验，为广大农村脱贫致富开拓了新的思路。

（三）综合经济新闻

这种新闻主要围绕一个主题，综合反映某地区、某系统、某时期带有全局性的经济情况或问题，反映面比较大，内容概括性比较强。如《大型国企引领中国经济增长》，从产销增长、重点行业和盈利大户三个方面详细报道了大型国有企业盈利增长情况，并对原因进行了简单分析，使人们对大型国有企业的经济发展状况有所了解。

（四）述评经济新闻

这种新闻是就某一经济问题进行评述，说明它的价值和意义，在写作形式上，一般夹叙夹议，在叙述事件的发生、发展的同时，对所报道的事实进行分析，发表意见和看法，对经济活动有指导和监督作用，如《房地产市场调控向何处去——我国房地产市场调控问题述评》。

三、经济新闻的撰写

如前所述，狭义的"新闻"即指"消息"，消息是报刊上最常见的新闻文体，本部分经济新闻的撰写主要分析"消息"的写作方法。

（一）消息的结构

消息采写要"快速出击""闻风而动"，在长期的写作实践中形成了自己的结构形式，常见的有以下几种。

1. "倒金字塔式"结构

就是把最重要、最新鲜、最精彩的新闻事实放在最前面，把次要的内容放在稍后,按重要性递减的顺序安排材料,这种结构形式很像倒置的金字塔。这种结构起源于19世纪60年代美国南北战争时期,是一种传统的最常见的新闻结构形式。这种结构的好处是符合新闻的特点,把最重要的事实摆在第一段,可以避免一般事实掩盖重要事实。读了第一段,便知道了消息的主要内容,便于读者阅读,也便于编辑及时、有效地处理稿件。它的局限性是程序固定、单一,掌握不好,容易写得呆板、生硬,与标题、导语、主体重复。"倒金字塔"式结构多用于动态消息。

2. "金字塔式"结构

这种结构是相对于"倒金字塔"式结构而言的,它不像"倒金字塔"式依据材料的重要性安排结构,而是依据事件发展的顺序来写。事件的开头,便是消息的开头,事件的结束,便是消息的结尾。直到最后,才把事情的结果、最重要的材料显示出来。就像讲故事一样,从头到尾娓娓道来,情节步步推进,把高潮安排在后面,这种形式与我国传统小说类似,西方也称之为"编年体"。它在"倒金字塔"未产生之前,一直为世界各国的新闻写作者采用。这种结构行文自然、流畅,不足之处是容易平铺直叙,缺乏起伏变化。

3. "悬念式"结构

这种结构针对读者急于了解事实结果的心理,抓住事件发展的关键性环节,把读者一步一步引向事件的高潮。"悬念式"结构适合于那些故事性较强,以情节取胜的新闻。

除上述几种结构外,在报纸上还可以看到不少结构比较自由的消息。这些灵活多样、没有固定格式,但在总体上又符合新闻写作的要求,恪守新闻的真实性、实效性、客观性等原则的消息结构,可称为"自由式"结构。

(二) 消息的要素

消息的构成要素一般包括:标题、导语、主体、背景材料和结尾等。

1. 标题

标题的制作极为重要,它是新闻最关键的部位,点睛之笔,俗话说:"读书看皮,读报看题",读者往往通过浏览标题来选定阅读对象,有的报纸还专设了"标题新闻"。一方面,标题要高度概括新闻事实,使读者一目了然;另一方面,要新颖、生动、醒目,最大限度地吸引读者的注意力。

新闻的标题主要有多行标题、双行标题和单行标题三种形式。多行标题是指三行以上的标题,其中最常见的是三行标题,由引题、正题、副题构成。引题在正题之上,也叫眉题或肩题;正题也叫主题或母题，是一则消息的本题；副题又叫子题或辅题，在正题之下。这种标题形式，信息含量丰富，宣传声势大，常用于报道重大的事件。在字体使用上，正题要大些，引题、副题要相对小些，以突出正题的地位。在作用上，引题交代新闻背景，介绍新闻发生的原因、意义，或烘托气氛，引出正题；正题是标题的主体部分，是对主要事实和思想的概括；副题对正题加以补充说明。新闻的标题，根据需要，可以使用三行标题，也可以省去引题或副题，使用双行标题，还可以使用单行标题，只保留正题。

拟制新闻标题，首先要注意虚实结合，所谓实，指标题包含实质性内容，用新闻事实命题；所谓虚，指不包含实质性内容，只是介绍背景、渲染气氛或点明意义。单行标题，都是一个相对完整的句子，必须是实题；双行或多行标题，一般虚实结合，可以正题为实，引题、副题为虚，也可以正题为虚，其余为实。其次要准确简洁，鲜明生动，在恰当概括消息基本内容的同时，注意采用多种修辞技巧，使引题、正题、副题形成一个完整的整体。

2. 导语

导语是新闻文体特有的一个概念，也是消息区别于其他新闻文体的一个显著特征。它是消息的开头，往往用一两句精练的话，概括出最主要的事实或思想，它担负着揭示主题和吸引读者注意力的重任。可以概括事实，可以描写场景，可以提出问题，可以对比映衬，可以摆出结果，还可以作出评论，都要根据报道的主题和内容来确定，切忌平淡空洞，套话连篇。

导语一般包含五个要素，即：何时（When）、何地（Where）、何人（Who）、何事（What）、何故（Why），这五个要素英文单词的第一个字母都是"W"，所以习惯上被称为"五个W"，一般来说，新闻中具备了这"五个W"，基本事实也就交代周全了。有时还要加一个"H"，即怎样（How）。但并不是所有的导语都必须五、六个要素俱全，可以根据实际写作的需要加以省略。

报纸上刊登的消息，在开首部分还要有消息头，如"本报讯"或"××社××地×月×日电"等。消息头在其他文体中是见不到的，属消息文体独有。紧接消息头之后的便是导语。

3. 主体

主体紧承导语，对导语提及的事实内容作具体的叙述与展开。这一部分的写作，要围绕主题，用一定的形式把事实材料组织起来，可以按照内容重要性递减的顺序展开，也可以按照事件发展的顺序展开，还可以按照事物内在的逻辑顺序安排层次。

4. 背景材料

这是对经济新闻事件发生的历史条件、现实环境和原因的说明，可以帮助读者更好地了解消息反映的内容。经济新闻的背景材料主要有三种，一是对比性材料，通过对经济现象历史与现实的比较，进一步突出新闻事实的意义，衬托深化主题；二是说明性材料，用于说明产生新闻事实的历史或现实原因、政治背景、地理环境、物质条件等，帮助读者全面、完整地掌握新闻事实，理解新闻事实产生的必然性；三是注释性材料，对文中所提到的专业术语、技术知识、产品特点性质作解释说明，帮助读者准确理解新闻内容。

背景材料在文中没有固定位置，多数把它放在主体部分，也可以放在导语或结尾，可以独立成段，也可以分散穿插，但要注意适度使用，不能喧宾夺主，要与新闻事实自然衔接，不可相互脱节，彼此游离。背景材料的交代也没有固定的要求，用与不用，用在何处，应根据内容的需要灵活掌握。

5. 结尾

一般比较简短，应紧扣消息主题和新闻事实顺势而成，不要画蛇添足。有些新闻事实在主体部分已写清楚，其意已明，就不必再硬加一个结尾。

例文

辽宁：奋力改革振兴 建设智造强省[①]

高技术制造业增加值增长 15.5%，电子及通信设备制造业增加值增长 33.3%，计算机及办公设备制造业增加值增长 29.5%……今年上半年，辽宁高质量发展亮点频现。

《中共中央关于进一步全面深化改革、推进中国式现代化的决定》提出，"加快推进新型工业化，培育壮大先进制造业集群，推动制造业高端化、智能化、绿色化发展"。当前，辽宁全省上下认真学习领会党的二十届三中全会精神，务求将全会精神落到实处、取得实效，以进一步全面深化改革推动全面振兴，坚持补短板与锻长板并举，积极培育发展新质生产力，推动智造经济实现质的有效提升和量的稳步增长。

走进位于沈阳市的沈鼓集团转子车间，只见一辆辆吊车好似力大无穷的巨人之臂，轻松地举起沉重的铸件；工人们站在数控机床旁，轻触面板即可精准操纵机器；车间墙壁上的电子屏幕滚动显示各种数

---

① 资料来源：刘勇：《辽宁：奋力改革振兴　建设智造强省》，载于《光明日报》2024年7月25日。

据,实时展示生产线的进度……

从"脚尖"做工到"指尖"完工,沈鼓集团的转变秘诀在于"智改数转"。今年以来,沈鼓集团将科技创新的焦点聚于新质生产力,推进智能化改造和数字化转型,加快部署数字化设计与敏捷设计,赋能企业研发设计、运营管理、生产制造、用户服务全流程,完成了全部核心车间的数字化改造升级,攻克了多项技术关卡和重大装备研制难题。

"数字化转型是传统产业实现高质量发展的必由之路。"沈鼓集团党委副书记、工会主席李宝纯表示,通过以数字化催生自主创新的全产业链变革,传统产业也能实现转型升级,迸发生机活力。

在数字化、智能化的生产车间外,辽宁自由贸易试验区也展现出改革创新的"智造力"。在辽宁自贸区沈阳片区,一系列首创性改革举措正展开探索,艺术品智慧核对监管、跨境电商零售进口便捷监管、建筑信息模型智能审批等新模式推出;财税金融改革创新深化,设立企业出口退税资金池,实现数字人民币跨地区电子缴税……通过云计算、物联网、大数据等信息技术的全面应用,辽宁自贸区将制度创新和企业诉求紧密结合,让企业发展乘上智能数字快车。

"牢牢扭住自主创新的'牛鼻子',才能实现领跑。我们拿下了各手机品牌高端马达国产替代90%的订单。"坐落在盘锦市的辽宁中蓝电子科技有限公司副总裁陈军表示,企业核心产品从4000万像素全球最小前置镜头到2亿高像素防抖马达全系列覆盖,产品技术达到国际领先水平。目前,中蓝电子拥有专利1600余项,预计到2025年底,形成高质量专利2000项以上。

"无米难为炊",丰硕的智造成果离不开对科技研发和科创产业的金融支持。资源集聚地区挂牌科技金融支行、获取"技术改造与设备更新贷款"项目清单、实现全省首笔科技创新再贷款支持贷款投放……"我们积极融入区域内科技创新平台建设以及科技成果转化进程,重点围绕科技研发、技术改造等建设及转化进度,适配金融产品。"中国工商银行辽宁省分行行长助理厉还瑾说。

辽宁省工业和信息化厅相关负责人表示,学习贯彻党的二十届三中全会精神,我们要牢牢把握高质量发展这一首要任务,聚力新型工业化这一关键任务,深化供给侧结构性改革,进一步健全促进实体经济和数字经济深度融合、提升产业链供应链韧性和安全水平等制度机制,坚持以科技创新引领产业升级,加快建设4个万亿级产业基地和22个重点产业集群,全力打造具有国际竞争力的先进制造业新高地。

第六节 经济论文

一、经济论文的含义

经济论文是经济学学术论文的简称,是运用经济学理论知识和专业知识,在分析、研究经济问题的基础上写成的表述研究成果的学术论文。经济论文是进行科学研究、介绍研究成果的工具,具有一定的学术水平和学术价值。经济论文对于提高人们的认识水平和实践能力,对于推进理论研究的深入和经济活动的开展,具有十分重要的作用。

二、经济论文的特点

(一) 学术性

学术论文是学术研究成果的载体,是作者在某一专业领域中对某一课题进行潜心研究而获得的结果,具有很强的系统性和专业性。因此,学术性是经济论文的主要特点。没有学术性的论文,就不能称之为学术论文。正是由于这一点,经济论文就和偏重说理、议论、评介的评论文章有了区别,也和有感而发、不求系统,只在某一点上谈感想、讲心得、说体会的普通文章不同。学术论文要求作者站在一定的理论高度,依托深厚的学识功力,对所研究的课题有全面系统的了解,熟悉学术界的研究动态,解决学术上有意义、有价值的问题。

(二) 理论性

经济论文应具有一定的理论价值,揭示经济活动的客观规律。在写作过程中,作者需要对本质的东西加以剖析,对规律性的东西进行探讨。因此,经济论文作者不仅要对研究对象有全面的认识,还要善于深入思考,将自己的发现和认识提高到理论的高度。在论证过程中,作者要深入浅出,全面阐述自己的观点,运用概念、判断、推理等手段进行论证,使论文体现较强的理论色彩。理论性对于经济论文来说是非常重要的,它要求作者不仅对专业知识有良好的理论素养,而且要掌握相关的理论,具有较强的理论思维能力,并能在正确观点的指导下开展研究,进行写作。

（三）创新性

创新性是经济论文的核心。科学研究的意义在于发现和创新。对于经济学而言，没有发现和创新的研究，不仅对现实经济活动毫无益处，而且空耗时间、精力和财力。因此，创新是衡量一篇经济论文价值有无、影响大小的重要尺度。

经济论文的创新性体现在多个方面，或者选择的课题新，或者研究的方法新，或者展开的角度新，或者取得的成果新。任何科学研究都是建立在前人的研究基础之上的。作者要取得创新性的研究成果，必须站在学科前沿，了解最新的研究动态，选取合适的研究对象，经过扎实的研究，取得突破性的成果，提出富有创见性的观点和看法。有价值的经济论文往往能够体现作者的新发现、新创造、新见解，能在学术上取得新的突破。

三、经济论文的撰写

经济论文的撰写，包括选题、收集资料、分析研究资料、确立论点、拟定提纲、撰写成文等步骤。

（一）选题

所谓选题，就是确定一篇学术论文的主攻方向，也就是确定论文主要研究的问题或者主要解决的问题。选择研究的课题是写作经济论文的关键性一步。选题关系着研究工作的难易、成果的大小，关系着论文的价值，甚至关系到研究的成败。选题，往往能够反映作者的才智、眼光和学术识见。因此，选择一个好的研究课题是论文成功的一半。选题一般要遵循以下几条原则。

1. 选择有价值的课题

对于经济论文而言，有价值的课题就是关系国计民生及企业生产发展的问题，关系社会经济管理与发展的问题，以及关系经济理论发展的课题。

写作经济论文的最终目的是推动国家经济建设的发展，指导企业的经济管理活动。所以，选择关系国计民生的重大问题进行研究探讨，或者为某一企业单位的生产发展在理论上提供正确决策依据，是经济论文作者首先考虑的课题。例如《国有企业民营化的均衡模型》《中国城镇化水平和速度的实证分析与前景预测》《中国城镇居民劳动收入差距演变及其原因》《我国地区间公共事业发展成本差异评价研究》等，这些选题或关系国家宏观经济发展，或关乎百姓民生利益，选题具有较高的价值。还有一类纯理论探讨的课题，虽然不能直接用于实际的生产和其他社会实践,但是对于解决经济理论上的疑难问题,完善经济理论体系,有着巨大的理论价值,这样的经济论文也有重要的科学价值。

2. 选择有新意的课题

科学研究永远处于开拓性状态之中,论文选题必须注重有新意、有特色,写出作者的真知灼见和独特创造,这样的论文才会取得新突破,具有创新性价值。有新意的选题可以是别人从未涉足的研究领域,填补学术上的空白;可以是边缘学科的研究或比较研究;也可以是学术领域内具有时代特点的新课题;还可以是从新的角度解决悬而未决的旧问题。如《中国经济发展中碳排放增长的驱动因素研究》《外商直接投资对区域经济的产出效应》《中国的资本外逃问题研究》《半强制分红政策的市场反应研究》等,这些选题关注的领域、切入的角度或研究的方法无疑具有一定的新意。

3. 选择难易适中的课题

选题的可行性原则,是指写作者必须从主观和客观两个方面的条件来考虑课题实施的可行性。有些选题固然有理论价值,但是是否具有现实的可行性,还需要作者认真考虑。如果难度太大,超出了作者自身能力与水平,或者目前尚不具备研究解决的条件,这样的选题就不可行。因此选题时应该考虑到主客观的实际情况,实事求是,量力而行。

选题是否可行,从客观上讲,应从资料条件、研究时间、实验设备、经费保障等方面进行分析。如果条件具备,研究工作就能顺利开展;如果条件不具备,即使选题很好,也难以完成。从主观方面来说,首先,要选择难度适当的课题,切忌好高骛远,脱离实际,又应经过努力可以完成。其次,要选择自己有浓厚兴趣的课题。最后,要选择能充分发挥自己业务专长的课题,扬长避短,力求取得论文的最佳效果。

(二) 搜集资料

课题选定以后,还不能立即动笔写作,而是需要围绕课题搜集有关资料。收集资料是开展学术研究、撰写学术论文最重要的一步。科学研究实质上就是从纷繁的资料中发现事物的内在规律,揭示资料蕴含的本质意义。在经济论文写作中,经济观点的提出,需要经济资料做依据;经济资料的数量和质量直接影响论文质量的高低;结论的推断需要建立在对全部资料的分析研究基础之上,论证观点需要资料的支撑。

搜集经济论文资料应注意的问题:

(1) 通过经济资料的搜集,应准确、及时地掌握前人的研究成果，了解课题目前已达到的研究程度，确立自己研究的"起点"。

（2）收集与论文相关的数据资料。需要作者花大量的精力和时间，通过调查有关研究对象和阅读有关图书情报资料获得相关数据资料。

（3）了解国家有关的经济政策、方针以及法律、法令。写作经济管理论文往往会涉及有关的经济政策，有时还会涉及国家法律，因此在搜集论文资料时，应注意这方面的材料。

（三）分析研究资料

收集来的资料需要经过研读、鉴别、分析、综合等处理工作，才有可能成为对论文真正有用的资料，为经济论文写作提供可靠的资料保证。

研读既是对材料的鉴别、筛选，也是对材料的理解、思考。在经济论文中直接使用的资料，应该是经过研读、鉴别后精心挑选出来的。所以，在阅读文献资料过程中，要求对资料进行分析、比较、鉴别，力求去粗取精、去伪存真。

研读、鉴别材料的过程，也是对材料的意义和蕴含进行分析、综合的过程。分析和综合是一切科学研究的重要环节，也是写好学术论文的关键所在。分析，是一种基本的思维方法。运用这一方法可以在思维中把客观事物分解成各个部分、阶段、属性，区分出本质的和非本质的、偶然的和必然的各种因素，使我们的认识由直观性、表面性，深入事物的内部以及它的各个部分、要素中去，并找出它的本质方面，获得深刻的认识。对资料分析的过程，其实就是透过现象认识本质的过程。综合，则是在分析的基础上，把对象的各个部分、各个方面、各个环节、各个因素联结起来，结合成一个统一整体进行考察的思维形式。综合是按对象各部分之间的有机联系从整体上把握事物，更深刻地揭示事物的本质。对资料的分析与综合是学术论文写作的主要思维方法。

（四）确立论文观点

论文观点，是作者研究成果的集中体现。它的产生，需要建立在前人研究的基础之上，建立在对所收集资料的分析研究之上。

确立论文观点，要善于吸收前人的研究成果，了解前人已经取得的成就，在此基础上，应当考虑如何深化前人的研究，或纠正前人的谬误，或补充前人的遗漏，或开拓前人未涉足的领域；或标新立异，翻新旧说等等。这是确立论文观点可以选取的几种思路。同时，还要有一种"问题意识"，结合对资料的分析研究，注意抓住矛盾，发现问题，深入寻找解决问题的办法，以求取得突破。一方面，需要通过对材料的系统分析，梳理出其中的条理、顺序，归纳出材料间共同的规律，得出独到的结论；另一方面，通过"去粗取精、去伪存真、由此及彼、由表及里"的过程，在抽象概括中高屋建瓴，确立自己的观点。

（五）撰写成文

1. 标题

标题是文章内容的集中体现，或揭示研究对象，或表明中心论点，或概括主要内容。一个好的标题，不但要生动醒目，吸引读者，而且要精练简洁，开门见山。作者应根据论文内容的特点和个人的写作习惯，拟定恰当的标题。

2. 绪论

亦称序言、引言、导言、前言，是论文的开头。学术论文的绪论或用以说明研究的动机、目的，或介绍研究的背景，或研究课题的价值与意义，或概述论文的中心内容。绪论主要是统领全文，为下文的展开创造条件。绪论一般要求语言简洁，开门见山。

3. 本论

本论是学术论文的主干部分。在这一部分中，要求作者有条有理、逻辑严密地论述课题研究的过程、方法和结论。从内容上看，本论部分是在收集的资料的基础上，展开论证，提出观点。就内容的表现次序看，主要有两种结构形式。一种是按照作者对研究对象的认识发展过程，依次安排论文内容的层次。比如，针对某一经济现象，可以按照提出问题，分析问题与解决问题的自然顺序结构。另一种是，将论文的总论点分解为若干个分论点的逻辑顺序结构。总论点居于统帅地位，分论点分别从不同角度、不同层面支持总论点。这一结构形式要求论文具有严密的逻辑性和明晰的条理性。总论点是论文的中心观点，是论文全部内容的集中指向。而分论点是从研究对象的不同侧面，不同层次或各个阶段进行分析。总论点是统帅，是焦点，分论点是基础，是前提。本论部分的写作要注意处理总论点与分论点之间，以及分论点与分论点之间的内在联系。根据各层次与主题的疏密关系以及层次间的逻辑关系，确定每个层次在论文中的地位和次序。与主题关系最紧密的层次，无疑是最重要的，占有主要地位。层次之间的关系若是并列关系，则次序先后灵活掌握；若是连锁式的层层深入关系，则次序先后不容颠倒。

4. 结尾

结尾是论文的总收束。它是本论部分的自然延伸，内容发展的必然结果。结尾应对本论分析、论证的问题，加以科学地总结，高度综合、概括出论文的结论。当然，有时论文会在结尾强调所论述问题的重要性，或有待进一步探讨和研究的地方。但是无论怎样，切忌使用号召式和余音式结尾，既不可拖泥带水，该收不收，也不能草率收尾，不了了之。

5. 附注

附注是学术论文的附加部分。附注的作用主要是注明引文出处，标注参考文献。加注的形式主要有尾注、脚注两种形式，作者可根据有关要求选择使用。但是，在同一篇论文中，加注的形式必须统一。

在对引文进行注释时，要根据引文的文献出处标注，以便读者核查。如引自专著，需要在作者之后，写明书名、出版社、出版年月、版本、引文所在页码。如引自期刊，需要写明原文作者、篇名、期刊名、年份、期号。

提　示

财经专用文书具有很强的专业性，是财经类专业学生必须掌握的写作内容。选取其中比较有代表性的几种文体进行具体讲述，不仅使学生能够熟练掌握这几种文体，而且可以对自学其他文体起到一定的示范作用。

市场调查、经济新闻是报刊中常见的文体，结合教材的理论知识，多找些实例加以分析，根据实际工作需要多写多练，理论和实践结合，才能真正掌握它们的写法；合同、审计报告相对来说专业性更强，也要结合工作实际，有所侧重地学以致用；经济论文是运用所学的理论知识和专业知识，来分析、研究和解决实际经济问题的重要手段，是培养经济管理人员创造能力的重要途径，在现实工作中也有重要的实践意义。

思考与练习

1. 请辨析以下合同用语是否妥当，并说明理由。

（1）上等材料。

（2）一流工艺。

（3）优质产品。

2. 某一中外合资项目合同中，外方用一条船作为投资，作价20万美元，在合同中仅写了"一条船"，无其他文字说明，当中方单位派人去接船时，一看是一条破旧不堪的船，根本无法开动，结果合同难以履行。问：在合同中怎样对这条船作些具体的说明，才不会导致问题产生？

3. 请分析指出下面这份合同写作上存在的问题。

借款合同

为扶持和支持农村个体专业户发展商品生产，县政府委托专业户服务公司（为甲方），因××镇专业户王××同志（为乙方）申请建设养鸡项目的要求，经协商签订本合同共同遵守。

（1）甲方自2020年8月20日提供给乙方月息7.2‰的贷款5万元，乙方接受贷款后，保证用于该建设项目。

（2）贷款期限为壹年，即2021年8月20日终止。乙方必须在终止之前还清本利，逾期不还者，除按月息7.2‰计算全贷期的利息外，并按合同法处以罚款。

（3）担保单位除负责该项贷款专款专用外，并保证按期还清本息，否则应承担经济责任。

（4）本贷款由县建设银行，根据贷款有关规定予以监督支付使用。

（5）本合同一经签字后，即具有法律效用，如有违约者，由鉴证机关按照合同法给予经济处罚。

本合同正本二份，甲、乙双方各执一份，副本六份，分别送县政府、建行、计委、商品粮基地办公室、担保单位、鉴证部门各一份。

甲方：李××（盖章）

乙方：王××（盖章）

鉴证机关：××县工商行政管理局（盖章）

担保单位：×××（盖章）

2020年8月5日

参考文献

［1］袁行霈：《中国文学史》（第三版），高等教育出版社 2023 年版。

［2］朱栋霖、吴义勤、朱晓进：《中国现代文学史》（第三版），北京大学出版社 2018 年版。

［3］漆绪邦：《中国散文通史》（增订版），首都师范大学出版社 2014 年版。

［4］陈才智：《中国诗歌史》，山西教育出版社 2021 年版。

［5］程俊英、蒋见元：《诗经注析》，中华书局 2017 年版。

［6］黄寿祺、梅桐生：《楚辞全译》，中华书局 2007 年版。

［7］杨伯峻：《春秋左传注》，中华书局 2016 年版。

［8］杨伯峻：《论语译注》，中华书局 2017 年版。

［9］章启群：《庄子新注》，中华书局 2018 年版。

［10］张觉等：《韩非子译注》，上海古籍出版社 2016 年版。

［11］［宋］郭茂倩：《乐府诗集》，中华书局 2017 年版。

［12］隋树森：《古诗十九首集释》，中华书局 2020 年版。

［13］［汉］司马迁撰，顾颉刚领衔点校：《史记》，中华书局 2014 年版。

［14］费振刚：《全汉赋校注》，广东教育出版社 2005 年版。

［15］赵幼文：《曹植集校注》，中华书局 2018 年版。

［16］徐克强：《陶渊明集述解》，天津人民出版社 2021 年版。

［17］张兆勇：《谢灵运集笺释》，中国社会科学出版社 2017 年版。

［18］吴云：《建安七子集校注》，天津古籍出版社 2005 年版。

［19］范文澜：《文心雕龙注》，人民文学出版社 2023 年版。

［20］董上德：《世说新语别裁详解》，四川人民出版社 2022 年版。

［21］李凯：《陈子昂全集校注》，巴蜀书社 2023 年版。

［22］陈铁民：《王维集校注》，中华书局 2020 年版。

［23］孙钦善：《高适集校注》，中华书局 2019 年版。

［24］朱金城、瞿蜕园：《李白集校注》，上海古籍出版社 2018 年版。

［25］谢思炜：《杜甫集校注》，上海古籍出版社 2016 年版。

[26] 朱金城：《白居易集笺校》，上海古籍出版社2020年版。

[27] 吴在庆：《杜牧集系年校注》，中华书局2016年版。

[28] 郑在瀛：《李商隐诗全集》，崇文书局2024年版。

[29] 詹安泰：《李璟李煜词校注》，人民文学出版社2020年版。

[30] 刘真伦、岳珍：《韩愈文集汇校笺注》，中华书局2017年版。

[31] 吴小如：《柳宗元集校注》，上海古籍出版社2020年版。

[32] 吴小如：《黄庭坚诗集注》，中华书局2013年版。

[33] 吴小如：《陆游全集校注》，浙江古籍出版社2016年版。

[34] 薛瑞生：《乐章集校注》，中华书局2015年版。

[35] 谭新红：《苏轼词全集》，岳麓书社2018年版。

[36] 孙虹：《清真集校注》，中华书局2007年版。

[37] 王仲闻：《李清照集校注》，中华书局2020年版。

[38] 辛更儒：《辛弃疾集编年笺注》，中华书局2018年版。

[39] 洪本健：《欧阳修诗文校笺》，上海古籍出版社2009年版。

[40] 王水照：《王安石全集》，复旦大学出版社2023年版。

[41] 狄宝心：《元好问集》，国家图书馆出版社2022年版。

[42] 傅丽英、马恒君：《马致远全集校注》，语文出版社2002年版。

[43] 杜贵晨：《高启诗选》，商务印书馆2022年版。

[44] 聂小晴：《纳兰词》，线装书局2022年版。

[45] 郭延礼：《龚自珍诗选》，人民文学出版社2009年版。

[46] 夏咸淳：《张岱诗文集》（增订本），上海古籍出版社2019年版。

[47] 冯其庸：《瓜饭楼重校评批〈红楼梦〉》，青岛出版社2013年版。

[48] 俞平伯：《红楼梦研究》，北京出版社2024年版。

[49] 郭沫若：《女神》，人民文学出版社2020年版。

[50] 徐志摩：《徐志摩全集》，浙江人民出版社2015年版。

[51] 闻一多：《闻一多诗全编》，浙江文艺出版社2007年版。

[52] 卞之琳：《卞之琳诗艺研究》，安徽教育出版社2020年版。

[53] 戴望舒：《戴望舒作品精选》，云南人民出版社2019年版。

[54] 艾青：《艾青诗集》，译林出版社2023年版。

[55] 鲁迅：《鲁迅杂文全编》，人民文学出版社2006年版。

[56] 胡适：《胡适文存》，外文出版社2013年版。

[57] 茅盾：《茅盾散文集》，高等教育出版社2016年版。

[58] 郁达夫：《郁达夫散文集》，北方文艺出版社2019年版。

[59] 朱自清：《朱自清散文集》，学苑出版社2020年版。

［60］老舍：《老舍经典散文全集》，北方文艺出版社2017年版。

［61］沈从文：《沈从文散文精编》，作家出版社2018年版。

［62］巴金：《巴金散文》，人民文学出版社2022年版。

［63］叶圣陶：《怎样写作》，中华书局2007年版。

［64］李昌远：《中国公文发展简史》，复旦大学出版社2007年版。

［65］张胜难、王丽琴、郑春梅：《应用文写作》，东北师范大学出版社2018年版。

［66］夏海波：《公文写作与处理》（第三版），北京大学出版社2018年版。

［67］韩国廷：《应用文写作》，中国石化出版社2018年版。

［68］赵国宏：《应用文写作》，企业管理出版社2019年版。

［69］李丹、马悦：《应用文写作》，西南财经大学出版社2019年版。

［70］高玲：《应用文写作》，化学工业出版社2019年版。

［71］刘俐：《应用文写作》，人民交通出版社2020年版。

［72］陈丽萍、冷淑敏：《应用文写作》，南京大学出版社2020年版。

［73］李凯：《应用文写作》，科学出版社2020年版。

［74］孙发禄：《应用文写作》，中国财政经济出版社2020年版。

［75］许亚非：《应用文写作》，北京理工大学出版社2021年版。

［76］王永春：《应用文写作》，华中科技大学出版社2021年版。

［77］李婕、路开源：《应用文写作》，高等教育出版社2022年版。

［78］王毅、孙辉、陈龙、史为恒：《应用文写作》，清华大学出版社2022年版。

［79］韦济木、丁世忠：《应用文写作》（第二版），西南交通大学出版社2022年版。

［80］凌伟荣：《应用文写作》，浙江大学出版社2022年版。

［81］罗卫红：《应用文写作》，江苏大学出版社2022年版。

［82］吴怀东：《应用文写作》，高等教育出版社2022年版。

［83］张子泉、刘兆信、单体刚：《应用文写作》，清华大学出版社2022年版。

［84］高雅杰：《应用文写作》（第四版），北京交通大学出版社2023年版。

［85］罗永妃、王强：《应用文写作》，华东师范大学出版社2023年版。

[86] 徐中玉：《应用文写作》（第六版），高等教育出版社2023年版。

[87] 丛海霞：《应用文写作》，重庆大学出版社2023年版。

[88] 火玥人：《应用文写作》，北京大学出版社2023年版。

[89] 陈永生、熊小军：《应用文写作》，合肥工业大学出版社2023年版。